ISBN : 978-2-81000-027-2
Tirage N° 1

Roman Abramovitch

football, pétrole, pouvoir

Alban Traquet

Roman Abramovitch football, pétrole, pouvoir

Les éditions du Toucan

À toutes mes familles

Présentation

Ce qui frappe d'emblée chez Roman Abramovitch, ce sont ses paradoxes, son air souvent insondable, les apparences trompeuses qu'il dégage. Avec son look terriblement banal et sa barbe de trois jours, il détonne dans les castes exclusives qu'il fréquente.

Même dans les situations les plus solennelles, on note un regard fuyant, parfois vide, en décalage, comme s'il n'était jamais vraiment là où il se trouve.

Sa voix douce cache pourtant une froide détermination, comme une revanche sur la fatalité que rien ne semble pouvoir contrarier. Jailli du chaos de la Russie postcommuniste, l'orphelin s'est fait tout seul. Il n'est pas le produit d'une bonne famille de la nomenklatura soviétique. Il a rapidement quitté l'université pour se lancer tête baissée dans le business. Même s'il vit dans le luxe et l'abondance, il préfère le port de l'uniforme jean baskets à la convenance du costume trois pièces. Ses interlocuteurs se disent surpris par sa confondante simplicité.

Loin de l'arrogance affichée par son ex-associé et mentor Boris Berezovski, Abramovitch interpelle par son comportement effacé, pouvant confiner à l'absence. On ne l'imagine pas à la charge dans ce « combat de bouledogues sous un tapis », selon l'expression employée, un jour, par Winston Churchill, pour décrire les arcanes politiques du Kremlin.

Orphelin devenu multimilliardaire.

À travers cet ultime raccourci, telle est la passionnante énigme posée par l'oligarque russe. Sa trajectoire sidérante épouse une épopée frénétique : celle de la Russie contemporaine, de la dislocation de l'URSS jusqu'au retour à l'ordre et à la croissance des années Poutine. Durant cette période intense, le self-made-man venu d'Oukhta, un ancien goulag, a su profiter des transformations économiques radicales vécues par son pays pour accumuler en un temps record un gigantesque capital. Jusqu'à devenir l'homme le plus riche de Russie et intégrer très tôt le club restreint des vingt premières fortunes mondiales. Un « exploit » pour cet ancien mécanicien, né en 1966.

Armé d'un opportunisme implacable et d'un sens de l'adaptation instinctif, Abramovitch a accompagné, dans l'ombre, les mandats successifs des présidents Boris Eltsine et Vladimir Poutine. Le récit de son parcours hors norme est un fil rouge nécessaire à l'appréhension de la nouvelle Russie. Avec ses excès, ses scandales, sa dureté mais aussi ses atouts, sa grandeur retrouvée et sa redoutable énergie. L'oligarque est le fruit de cette pluralité bouillonnante. Du Grand Nord russe de son enfance à la loge présidentielle du stade de Stamford Bridge, à Londres, sa vie ressemble à une saga supersonique.

Il a fallu attendre le printemps 1999 pour que le peuple russe découvre son visage, alors qu'il était déjà aux commandes d'une grosse compagnie pétrolière, Sibneft, et qu'il appartenait au proche entourage de Boris Eltsine. Acteur du pillage économique et industriel de la Russie dans les années 1990, il s'est transformé en « sauveur » du district autonome de Tchoukotka, une région désertique située à l'extrême est du pays, dont il est gouverneur depuis 2000. Il se dit à l'écart du jeu politique mais possède la confiance du pouvoir russe, qui a fait d'Abramovitch un allié sous surveillance. Comment interpréter autrement l'exceptionnelle transaction effectuée en 2005, quand il a revendu la majorité des parts de Sibneft au géant Gazprom, le conglomérat énergétique contrôlé par l'État, pour plus de 11 milliards d'euros ?

Sa prise de contrôle de Chelsea, à l'été 2003, lui a valu une exposition internationale qui a décuplé l'attention portée à son égard. Depuis, il affronte invariablement les questions suscitées par la fulgurance de son ascension, l'origine de sa richesse et ses relations troubles avec les caciques du Kremlin.

Entouré de gardes du corps, il parcourt le globe à l'intérieur de son Boeing 767 privé ou s'isole à bord d'un de ses yachts rutilants. Père de cinq enfants, il a divorcé en mars 2007, après seize ans de mariage avec une ancienne hôtesse de l'air d'Aeroflot, pour vivre une aventure beaucoup plus médiatique en compagnie d'une jeune styliste de mode. C'est Abramovitch, people malgré lui. Une exception dans le monde des oligarques. Rubriques financières, chroniques politiques, journaux sportifs ou presse à sensations, ce grand timide aux yeux clairs est devenu un centre d'attention multipolaire.

L'intérêt qu'il suscite reste proportionnel au silence qu'il s'impose. Ses interviews et interventions publiques sont rarissimes. Abramovitch privilégie l'écoute à la parole. Mal à l'aise dans l'exercice oratoire, il répercute cette réserve méfiante dans sa communication, extrêmement verrouillée. Sollicité pour ce livre, il a refusé toute entrevue. Ses plus fidèles associés ont adopté une ligne de conduite identique. Le reste n'est que relations publiques : son porte-parole s'emploie inlassablement à positiver le parcours nébuleux de son boss. Sa réputation d'affairiste sans scrupules, né des privatisations sauvages et du capitalisme de bandits de la décennie 90, doit laisser la place à une image lisse d'entrepreneur efficace, patriote et philanthrope.

Il fallait donc aller plus loin pour cerner cet homme aux contours fascinants. Resituer sa trajectoire dans la complexité d'une Russie en pleine mutation. Collecter les pièces de son puzzle intime. Dénouer les fils de son destin crypté. Écouter les réactions qu'il suscite. D'Oukhta à Moscou, de Londres à Anadyr, en lointaine Tchoukotka, cette biographie est un essai à escales, un reportage au long cours, un voyage dans l'époque et l'environnement de ce personnage contrasté, héros opaque d'un véritable roman russe.

OUKHTA

Si j'avais su que ce petit garçon...

Ivan Lagoda ouvre la porte sans méfiance et assure l'accueil avec un grand sourire. Il guide ses invités impromptus vers le salon et s'installe à son bureau. Le voilà prêt à entamer une discussion dont il a pris l'habitude. Assis devant ses livres ouverts et une vieille calculatrice, ce professeur d'économie à l'Université d'Oukhta écoute les questions, en sachant pertinemment que l'attention qu'on lui porte n'a rien à voir avec son métier. Pour ceux que ce pâle immeuble de quatre étages situé au 22, rue Oktiabrskaïa intéresse, Lagoda est un interlocuteur recherché et privilégié. Ce vieux monsieur affable est l'ancien voisin de Roman Arkadievitch Abramovitch.

Lagoda égrène les souvenirs d'un petit orphelin qui habitait deux étages plus bas, avec son oncle Leib et sa tante Ludmilla, dans l'appartement n° 4, un logement de 55 m^2 similaire au sien. Un enfant d'origine juive, « minutieux et très poli ». Si l'oligarque au regard furtif passe aujourd'hui la moitié de son temps dans son Boeing 767 privé à parcourir le monde, la trace de son destin trouble et fulgurant se remonte ici, à Oukhta, localité industrielle de 147 000 habitants, située en république des Komis, à 1 300 kilomètres au nord-est de Moscou.

« Si j'avais su que ce petit garçon deviendrait tellement riche et aussi célèbre, j'aurais tenu un journal quotidien de toutes ses paroles, de tous ses faits et gestes, lance le vieil homme sur un ton grandiloquent. Il aimait jouer au hockey, il était souvent avec mon fils Sergueï. Il venait aussi chez nous, il s'asseyait à la même place que vous, là, sur ce canapé ! » Lagoda désigne une étagère et la vieille table, en faux bois laqué, sur laquelle il travaille et poursuit ses recherches : « Je les ai rachetées quand son oncle et sa tante sont partis à la retraite, à Kalouga [à l'ouest de Moscou]. »

Chez les Lagoda, les choses ont peu évolué depuis leur arrivée dans cet immeuble en 1968, juste après sa construction. Alors qu'aujourd'hui, l'ancien petit voisin s'assoit sur des sofas qui représentent plusieurs années de salaire pour le professeur d'économie. Quand on en vient à évoquer la destinée hors du commun de « Romka », Lagoda se montre moins bavard et se fond dans un fatalisme typiquement russe. « Il a rapidement réussi sur le plan financier. Quand j'en parle avec mes collègues, tous sont étonnés par une telle trajectoire. Certains ont une attitude négative qui trahit de l'envie. D'autres s'insurgent contre les oligarques. D'autres encore disent qu'il a eu de la chance. Moi, je reste plutôt neutre… C'est arrivé, alors que puis-je en penser ? » À chacun de se faire son opinion…

Dans chaque famille de Russie se niche une tragédie intime, liée aux vagues de persécutions, de déportations ou d'exécutions qui ont marqué les longues années de dictature communiste dans l'ex-Union soviétique. Pour dénouer les fils de l'enfance et de la jeunesse d'Abramovitch dans la lointaine Oukhta, et trouver la source de son destin d'opportuniste discret mais avisé, il faut d'abord remonter la trace de ses grands-parents paternels jusqu'à Taurage, en Lituanie, au début de la Seconde Guerre mondiale.

Nachmanas Abramovicius, son épouse Taube et leur trois fils ont alors une situation enviable, dans cette cité située à l'ouest de la République balte, près de l'actuelle frontière avec l'enclave russe de Kaliningrad. Nachmanas est alors propriétaire d'un domaine fermier et d'un petit hôtel. Mais l'invasion de l'Armée rouge en juin 1940 va bouleverser la vie de la famille. Taurage est immédiatement « soviétisée » : nationalisations, restriction des libertés et du culte, confiscation des biens... Nachmanas est considéré comme un « ennemi du peuple » par les forces occupantes et le NKVD[1] notifie son « caractère antisoviet ». Il se voit condamné pour « capitalisme » et « exploitation », puis exproprié.

Début juin 1941, les Abramovicius font partie d'une vingtaine de familles juives de la ville déportées vers le nord de la Russie. L'enfer les attend : direction Syktyvkar, la capitale de la république des Komis, sur la bordure occidentale de l'Oural. Taube est montée dans un wagon à bestiaux réservé aux femmes, avec ses trois fils, Nachmanas rejoignant celui des hommes. Son épouse arrive à destination, pour être immédiatement jetée dans un

1. Le Commissariat du peuple aux affaires intérieures, ancêtre du KGB.

camp de prisonniers avec ses enfants. Nachmanas ne les reverra jamais. En effet, le train a été découplé et son wagon n'a jamais stoppé à Syktyvkar : il a poursuivi son trajet plein est, vers Krasnoïarsk, au milieu de la Sibérie. Condamné aux travaux forcés, Nakhim Abramovitch (son nom a été russifié) mourra au goulag des suites d'un accident sur un chantier. À Syktyvkar, Taube est obligée de reprendre sa vie à zéro. Elle est employée à la cantine des travailleurs du camp. Son nom a été également été russifié ; elle est devenue Tatiana et élève, comme elle le peut et sous surveillance, Leib, Abraham et Arkadi – le benjamin, futur père de Roman.

Cette tragédie n'empêchera pas la famille déchirée de s'en sortir, armée d'une détermination farouche. Arrivés à l'âge adulte, les fils Abramovitch ont tous trouvé une situation. Abraham a rejoint Moscou, la capitale, où il occupe un poste de responsable dans le domaine de la construction. Leib est parti à Oukhta, à 250 kilomètres au nord-est de Syktyvkar, où il gère l'approvisionnement d'une entreprise d'État, OukhtaLes, spécialisée dans le commerce du bois. Arkadi s'est établi à Syktyvkar et a trouvé un poste au service d'approvisionnement d'une entreprise de construction. Il rêve secrètement de s'installer en Israël ; il a aussi rencontré Irina Vassilievna, une jeune fille juive d'ascendance ukrainienne, au début des années 1960, dans un *sovnarkhoz* (conseil de l'économie nationale au temps de l'URSS). Irina vient de Saratov, une cité à la réputation de porte-bonheur – elle a accueilli plusieurs grands noms de l'histoire soviétique, comme le cosmonaute Iouri Gagarine – située sur la rive droite de la Volga, à 850 kilomètres au sud-est de Moscou. Arkadi et Irina s'installent ensemble et, début 1966, la jeune femme tombe enceinte ; elle attend un garçon. Pour son premier accouchement, elle souhaite rejoindre sa mère dans sa ville d'origine et s'éloigner du climat ingrat de Syktyvkar. Le 24 octobre 1966, à Saratov, naît Roman Arkadievitch Abramovitch.

Le bonheur du nouveau couple est de très courte durée. Moins d'un an après la naissance de Roman, Irina est de nouveau enceinte. Cette seconde bouche à nourrir, dans des conditions de vie difficiles, la fait réfléchir. Elle décide de se faire avorter mais l'intervention clandestine tourne mal. Atteinte d'une infection sanguine, Irina décède à 28 ans. Roman n'a que 18 mois. Et, à 30 ans à peine, son père se retrouve veuf. Plongé dans son travail, il confie Romka à sa grand-mère, Tatiana. Un nouveau drame touche la famille en mai 1969. Lors de l'une de ses nombreuses visites d'usine, Arkadi est victime d'un grave accident : le bras d'une grue en manœuvre se brise et s'écrase sur lui, lui broyant les jambes. Il décédera quelques jours plus tard d'une complication artérielle, en laissant orphelin le petit Roman, qui n'a que deux ans et demi. Son oncle Leib et sa tante Ludmilla ont déjà deux filles, Natacha et Ida, mais récupèrent le garçonnet. Ils s'installent dans le salon et offrent à Roman leur chambre à coucher de l'appartement n° 4 du 22, rue Oktiabrskaïa, à Oukhta.

Il n'est pas difficile de remonter le triste temps soviétique en débarquant dans cette ville grise du nord russe, surtout quand elle est déjà plongée, de nuit, dans ses longs mois d'hiver. Descente d'avion sur le tarmac, au bout de la piste enneigée, et sortie directe sur… l'allée qui longe le petit aérogare monolithique. L'entrée du bâtiment se fait par un sas au toit de planches et de bâches, où trône une bétonneuse dans un décor de chantier négligé. Les bagages se récupèrent sur un tapis roulant hors d'âge et minuscule, qui fait penser aux circuits 24 de l'enfance. Et après quelques minutes de taxi, la première impression d'Oukhta, ce sont d'abord ces épaisses fumées blanches crachées par les usines pétrochimiques qui entourent la ville et la font vivre. Le centre, sans âme, pris dans une torpeur glacée, ressemble à une banlieue uniformément morne, avec de longues avenues bordées d'immeubles de brique et de béton.

Un lieu de morosité figée, à peine égayé par quelques bâtiments bas, de type pétersbourgeois, une place avec une fontaine et l'inévitable statue du poète « national », Alexandre Pouchkine. On sent aussi une odeur âcre, par relents, qui flotte dans l'air au gré des rejets des usines et raffineries alentour. La région d'Oukhta est connue depuis la fin du XVIe siècle pour son sous-sol regorgeant d'hydrocarbures. À cette époque, les autochtones récupéraient la substance huileuse à fleur de rivière : elle servait de lubrifiant. C'est de cette contrée que sont arrivés les premiers barils de pétrole à Moscou… La nationalisation de l'industrie pétrolière par le régime soviétique, en 1920, et l'industrialisation planifiée ont fait sortir de terre Oukhta le 20 août 1929, date officielle de l'installation, sur le site, des premiers explorateurs et… prisonniers déportés. Il fallait des mains et des experts pour exploiter les nombreux gisements du territoire des Komis et développer leur production. L'URSS a donc déporté en masse, de la basse main-d'œuvre aux plus grands spécialistes, pour fonder cette cité née de la terreur stalinienne, accouchée de force sur les planches d'un ancien goulag.

Cette histoire douloureuse, Vladimir Ilitch Moseev, l'adjoint au maire, la fait partager avec une sombre passion. Il offre d'abord « le » livre de sa ville, une sélection de clichés amateurs assez évocateurs de l'ambiance locale. On y découvre des paysages piégés par le gel, la magie des aurores boréales, une jeunesse sportive et disciplinée mais aussi de multiples photos, sous tous les angles, de raffineries, de citernes, de gazoducs et d'oléoducs. « L'expédition de 1929 est arrivée à cent mètres d'ici, en bateau, sur la rivière Oukhta, développe-t-il. On arrêtait les gens en fonction de leur spécialité professionnelle puis on les envoyait ici. Cela évitait de recruter et de payer des personnes pour les envoyer dans une région peu attractive. »

Moseev tourne l'écran de son ordinateur pour illustrer son catalogue de souvenirs. Les photos d'époque défilent en diaporama. « Regardez, mon grand-père, ancien colonel dans l'armée polonaise, était spécialisé en géophysique. Il a été emprisonné dans un camp pendant huit ans et on ne l'a jamais laissé partir de la ville. Mon grand-père est donc d'origine polonaise, mon père est russe, ma mère, biélorusse, et mon épouse, komie. Oukhta a d'abord été un petit village, du nom de Tchibiou. Dans les années 1940, le chemin de fer a été construit et il a permis de relier la bourgade à Vologda puis Moscou. Le pétrole a commencé à être acheminé par voie ferrée. En 1943, Oukhta a obtenu le statut de ville. La république des Komis était une région quasiment “fermée”, où les conditions d’accès et de sortie étaient largement réglementées. Pendant très longtemps, Oukhta n’était pas accessible par la route, on ne pouvait s’y rendre que par le train ou l’avion. Je me souviens d’être allé en Pologne à la fin des années 1980 ; j’ai voulu montrer la ville d’où je venais : impossible ! elle n’était pas située sur les cartes. En revanche, les structures de l’économie locale n’ont jamais varié : pétrole et gaz sont les deux industries les plus présentes. »

Celle du bois a fait l’objet d’un enseignement spécifique à l’Université technologique, l’ancien Institut industriel où Abramovitch a passé quatorze mois en 1983-1984. « Nous étions dans la même fac mais j’ai trois ans de plus que lui alors je ne l’ai pas fréquenté, poursuit-il. Son oncle Leib, lui, qui était chef d’une grosse entreprise de marchandises, était assez connu ici. »

L’allure bonhomme de Moseev tranche avec celle de son supérieur, le maire Oleg Kazartsev. Le « chef de l’administration locale », selon la terminologie administrative russe, n’a pas la faconde érudite de son collègue. Il fait preuve d’une retenue rigide ou méfiante sur tous les sujets de discussion, attitude qui colle parfaitement avec son style crayeux de bureaucrate à l’ancienne. L’activité économique d’Oukhta ?

« À quoi cela peut-il vous servir que je vous parle de cela ? Je ne vous donnerai pas de chiffres sur les activités de Loukoil ou de Gazprom[1], cela relève du secret économique. » Roman Abramovitch ? « Nous sommes heureux de tous ses succès. Quelqu'un qui a réussi mérite du respect et de la considération. Mais à partir du moment où il a quitté Oukhta, il n'a jamais eu d'influence sur le destin de la ville, dans quelque domaine que ce soit : économique, culturel ou politique. »

Une attention dont a profité l'école n° 2, où Romka a effectué le début de sa scolarité, du 30 août 1973 au 30 octobre 1974. « La mairie lui a demandé une aide mais il n'a rien envoyé, rapportent Anna et Irina, deux institutrices. En revanche, l'école l'avait sollicité en 2005 pour qu'il donne un million de roubles *(environ 27 500 €)* et nous les avons obtenus. Nous avons pu rénover les sols, effectuer des réparations, améliorer la cantine... » Elles mènent la visite guidée de l'établissement, montrent son ancienne salle de classe, puis vont chercher le vieux registre rangé dans le bureau du directeur. En face du n° 29 de la liste d'élèves de

1. Loukoil est le deuxième producteur pétrolier du pays. Gazprom, gigantesque conglomérat énergétique contrôlé par l'État, est la première entreprise de Russie. C'est également la quatrième capitalisation boursière au monde.

l'époque : Roman Arkadievitch Abramovitch, avec la mention subsidiaire de nationalité, « Juif ».

La discussion se poursuit tranquillement au secrétariat de scolarité, avec un verre de *morojka*, une douceur liquoreuse locale, tirée d'une baie qui pousse dans les marais de la région. Le petit geste du mécène a été logiquement apprécié. En octobre 2006, à l'occasion des 40 ans de ce dernier, l'école lui a envoyé un télégramme et le journal de l'établissement. Mais l'ascension douteuse de ce *zemliak*, cet enfant du pays, est loin de susciter l'admiration. À Oukhta, tout le monde n'a pas su profiter de la perestroïka et des privatisations du début des années 1990. Le milliardaire avide et arriviste ne semble pas vraiment mériter qu'on lui érige une statue, à l'image de Pouchkine. « Ce n'est pas un sujet dont on parle souvent car il n'est pas digne d'intérêt, poursuit une institutrice. Il a réussi, il est arrivé là où il voulait et c'est un grand stratège. Il était au bon endroit, au bon moment. Mais nous préférons montrer en exemple de grands sportifs comme le champion olympique de hockey sur glace Sergueï Kapoustine [né à Oukhta, décédé en 1995], champion olympique en 1976 à Innsbruck avec l'URSS. »

Roman se prenait-il pour l'idole locale, Kapoustine, au temps des jeux d'enfants avec son voisin Sergueï, au pied de l'immeuble du 22, rue

Oktiabrskaïa ? En tout cas, son petit camarade le perd de vue à l'automne 1974. Abramovitch poursuit son périple familial : il est envoyé à Moscou, boulevard Tsvetnoï, où vivent sa grand-mère Tatiana et son autre oncle, Abraham. L'élève est inscrit juste à côté, rue Troubnaïa, à l'école n° 232, où il passera neuf ans. Un établissement, qui a également bénéficié, à plus grande échelle, de son aide, au début des années 2000. Des travaux de rénovation (cantine), de modernisation (installation d'ordinateurs) et d'extension (gymnase flambant neuf) réalisés par… l'entreprise de son oncle Abraham. Dans leur biographie d'Abramovitch parue en 2004, les auteurs Dominic Midgley et Chris Hutchins rapportent le texte de la lettre envoyée au mécène par les bénéficiaires de sa gratitude : « Cher Roman Arkadievitch, les élèves et les professeurs de l'école n° 232 vous remercient pour votre énorme bonté envers nous. Votre bonne action sera toujours gardée en mémoire. Quand on utilise le gymnase, on pense à vous. Quand on mange à la cantine, on pense à vous. Quand on utilise la salle d'ordinateurs, on pense à vous[1]… »

1. Dominic Midgley et Chris Hutchins, *Abramovitch, The Billionaire from Nowhere*, Londres, Harper Collins, 2004, p. 25.

Aujourd'hui, en revanche, les inspecteurs de travaux finis ne semblent plus les bienvenus à l'école n° 232. Consignes adressées par Abramovitch ? Volonté de ne plus communiquer sur le sujet ? À l'entrée de l'établissement, un agent de sécurité demande de patienter quelques instants sur le perron. Un responsable surgit sans se présenter et débite sèchement un discours de quelques phrases sans écouter la moindre question. « Roman Arkadievitch était petit quand il était inscrit ici. Maintenant, il est gouverneur de la Tchoukotka[1] et il a une représentation à Moscou. Alors adressez-vous à son service de presse. Au revoir. »

L'histoire des wagons-citernes.

Sorti du lycée en 1983, à 17 ans, Roman cherche à entrer à l'université. Son éducation a été façonnée par l'obstination et la débrouillardise de ses oncles. Il se cherche une voie, une spécialisation. Il va la trouver dans l'univers industriel saturé de pétrole où il a passé son enfance : à Oukhta. Le jeune homme remonte en république des Komis et s'inscrit à l'Institut industriel. Il n'y restera que

1. Cette région autonome peu peuplée, dont Abramovitch est gouverneur depuis 2000, est située à l'extrémité orientale de la Russie, en face de l'Alaska.

quatorze mois, avant de partir effectuer son service militaire dans l'artillerie à Kirzach, en grande banlieue de Moscou. Temps éphémère d'une vie d'étudiant insouciante, dont Ilmar et Aïvar Traat, deux frères d'origine estonienne, ex-collègues de fac d'Abramovitch, gardent un morceau à vendre.

Rendez-vous matinal intrigant. Le duo a évidemment des souvenirs mais, surtout, une proposition à faire. Ils allument un ordinateur, font défiler le diaporama – une vingtaine de clichés scannés datés des 7 et 8 novembre 1983. À l'époque, c'est l'ancien chef du KGB, Youri Andropov, une idole de Poutine, qui dirigeait l'URSS. On reconnaît Ilmar sur une photo de groupe, en haut à gauche, avec Roman en longue gabardine, le seul des six à ne pas porter de chapka. Les autres clichés en noir et blanc montrent Abramovitch lors d'une soirée entre amis, avec sa copine de l'époque, la jolie blonde Vika, ou en simple pose extérieure collective. Aïvar sort une pellicule originale de sa petite boîte noire : il en veut une somme et attend une proposition. Même si une partie de ces photos a déjà été publiée, grâce aux récupérations effectuées chez d'autres amis de l'époque, les deux frères veulent faire fructifier le hasard de leur rencontre avec l'oligarque… et l'original se négocie au prix fort.

Leur improbable quête ne les empêche pas d'offrir une visite guidée dans leurs anciens repères. Un petit détour par le *Stari Zamok* (« Vieux Château »), qui a conservé son cachet kitsch antique. L'endroit, un sous-sol voûté aux murs couverts de fausses pierres apparentes, sert de cantine étudiante à l'heure du déjeuner et se transforme en discothèque le soir. Abramovitch y passait souvent. « On se voyait essentiellement là-bas, se souvient Ilmar. C'est lui qui a rejoint notre groupe de copains. On avait une vie typiquement estudiantine : on travaillait et on s'amusait. On ne s'ennuyait pas, on n'avait pas besoin d'ordinateur ni d'Internet. On a perdu beaucoup de bonnes choses de ce temps-là ; les relations sociales étaient meilleures. Aujourd'hui, les gens sont beaucoup plus individualistes.

— Vous parliez de politique entre vous, à l'époque ?

— Non, on était jeunes… La seule façon dont on en parlait, c'était pour se moquer, en faisant des blagues.

— Vous avez connu son oncle Leib ?

— Oui, il dirigeait une sorte de combinat. Son activité couvrait l'ensemble du territoire de la république des Komis. Il exportait jusqu'en Finlande et cela lui permettait de rapporter des produits de l'extérieur en période difficile.

— Avez-vous été surpris de la façon dont Roman a réussi ?

— Oui, c'était inattendu. Est-ce de la chance ou non ? J'ignore si l'on peut dire ça. Vous connaissez sa nationalité[1]... Ce sont des gens doués qui ont beaucoup de relations. Il a su en profiter et les utiliser. En tout cas, il a vraisemblablement commencé sa carrière en réalisant une affaire pas très nette. Vous avez entendu parler de l'histoire des wagons-citernes détournés à Oukhta ? »

C'est inévitable. Cette « histoire des wagons » est la principale anecdote qui accompagne le décollage de l'oligarque. Impossible de ne pas l'évoquer quand on parle d'Abramovitch. Ce dossier porte un numéro, le 79067, et avait donné lieu à l'ouverture d'une enquête, qui n'a pas eu de suites, par le parquet de Moscou[2]. Une affaire consignée à la fin du printemps 1992 (quelques mois après l'effondrement de l'URSS), dont Abramovitch nie l'existence[3].

À l'époque, le jeune *trader* pétrolier a parfaitement pris ses marques avec la nouvelle donne économique et s'est déjà marié deux fois. Un an aupa-

1. Le témoin évoque les origines juives d'Abramovitch.
2. NTV, 30 mai 1999.
3. Dominic Midgley et Chris Hutchins, *op. cit.*, p. 43.

ravant, il s'est uni avec Irina Malandina, une hôtesse de l'air d'Aeroflot, qui va rester son épouse pendant seize ans, avant de divorcer en 2007. Quant à son premier mariage, il avait eu lieu en décembre 1987, avec Olga Lissova, une étudiante en géologie de l'Institut industriel d'Oukhta. Une jeune femme de trois ans son aînée, déjà mère d'une petite fille, mais qui ne pouvait plus avoir d'enfants.

Leur liaison va durer deux ans, période où Abramovitch démarre véritablement sa vie de capitaliste débrouillard à Moscou. Il explore les opportunités offertes par la perestroïka, la politique de « restructuration » lancée par Mikhaïl Gorbatchev après son arrivée au pouvoir en 1985. Pour sortir l'URSS d'une situation et d'un blocage économiques désastreux, Gorbatchev a consenti à libérer l'initiative individuelle et autorisé la création de petites firmes privées. Abramovitch en profite, avec l'aide d'amis, comme son associé Evgueni Chvidler, qui l'accompagnent encore aujourd'hui.

Il travaille alors dans une coopérative baptisée Ouïout (« confort douillet »), produisant des jouets distribués sur le marché moscovite. Une production favorisée par l'implication de sa seconde femme, Irina. L'hôtesse de l'air rapporte de l'étranger des modèles que les entrepreneurs copient et mettent ensuite en vente sur le marché. Puis Abramovitch s'oriente vers d'autres activités moins romantiques, comme le négoce de pétrole. Intervient alors la fameuse histoire des wagons. « C'est précisément ce genre d'activités qui faillit coûter sa liberté au futur milliardaire », indique le magazine de luxe *Bourgeoisie*, un mensuel pourtant conciliant, édité par un jeune empereur des médias proche de Poutine, Konstantin Rykov. Le mensuel poursuit : « Le 19 juin 1992, Abramovitch fut arrêté et mis en détention, en raison de la suspicion qui pesait sur lui d'avoir dérobé cinquante-cinq wagons remplis de carburant appartenant à la raffinerie de pétrole d'Oukhta. Selon les éléments de l'enquête, la société que dirigeait Abramovitch avait transporté du carburant sous une fausse identité, en ayant eu le temps de détourner 4 millions de roubles. Mais le suspect fut remis en liberté et l'affaire bientôt enterrée[1]. »

Un fondé de pouvoir fictif aurait été attribué à AVK – Aveks-Komi, une société dirigée par Abramovitch – pour acheminer le diesel vers Riga (Lettonie). Le mensuel économique russe *Karera* va même plus loin dans un article intitulé « Roman et son porte-monnaie ». Abramovitch se serait montré prêt à compenser tout de suite la perte, ce qui aurait

1. *Bourgeoisie*, mars 2007.

permis de mettre fin à l'accusation portée contre lui. « Il retint la leçon et chercha alors à s'entourer de protecteurs sérieux, poursuit le magazine. Il commença par appeler des « amis » qui avaient des liens avec des barons du pétrole en Sibérie. Puis il entra en relation avec Boris Berezovski, qui lui fit confiance pour transférer des fonds dans des compagnies offshore à l'ouest. Pour cela, Abramovitch créa pas moins de quinze petites sociétés à travers lesquelles il réussit à gagner ses premiers millions[1]. »

Décollage réussi… Les plus résignés préfèrent parler de « chance ». Les institutrices de l'école n° 2 sourient sans illusions et soupirent une maxime qui colle au personnage : « Il a été au bon endroit, au bon moment. » Une formule reprise par leurs élèves qui suivent de loin l'ancien écolier d'Oukhta devenu un milliardaire inaccessible. Une étudiante francophone, croisée dans un café, utilise une expression bancale mais finalement assez évocatrice du sentiment inspiré à certains par l'orphelin devenu oligarque : il est « mal célèbre », dit-elle joliment. Il a acquis son argent d'une façon malhonnête. Enfin, c'est ce que ses parents lui ont raconté…

Oukhta s'est habituée à cette notoriété grise tout en s'intriguant de la publicité inattendue qu'elle

---

1. *Karera*, décembre 2006.

peut lui donner. Une comédie musicale adaptée de la vie d'Abramovitch et tirée de sa biographie éditée en Angleterre est en projet et braque un spot inattendu sur l'ancien camp de travailleurs forcés. En novembre 2007, le site internet de la ville d'Oukhta reprenait les extraits d'un reportage paru dans l'édition russe du magazine *Smart Money*, qui dévoilait quelques dialogues de cette improbable pièce à base d'amour, de pétrole, de football et de pouvoir. Il tarde à voir le jour : début 2008, son script était toujours à l'étude aux États-Unis. Sa création rencontre une difficulté majeure : la location de salles de spectacle à Londres est extrêmement chère. Dans la première mouture, la scène d'ouverture se déroule dans un petit appartement miteux. Elle débute avec Olga, la première épouse de l'oligarque, qui lui demande : « Roman, quand allons-nous pouvoir partir d'ici ? Quand est-ce que tu vas faire de l'argent ? »

Personne n'a le souvenir d'avoir revu Abramovitch à Oukhta après l'histoire des wagons. « Rien ne le retient, ne le ramène ici », constate Moseev, l'adjoint du maire. Ivan Lagoda, le vieux professeur d'économie, raconte que son fils Sergueï a essayé d'entrer en contact avec son ancien voisin amateur de hockey, en 1999. Abramovitch venait d'être élu député à la Douma d'État, la Chambre basse du Parlement russe. « Il s'est annoncé, sa secrétaire a répondu qu'il n'était pas là. Il y est retourné une seconde fois et a obtenu la même réponse. Alors il n'a pas insisté », soupire-t-il. Pendant que l'ouvrier Sergueï, noué à son humble destin, trimait sur les oléoducs, Abramovitch était devenu le roi du pétrole.

MOSCOU

Vous êtes en sécurité.

Il n'y a que trente mètres à parcourir pour sortir des bureaux moscovites de la société d'investissements Millhouse, au 4, rue Sadovnitcheskaïa, et passer la porte d'entrée du grand hôtel Baltchoug, qui fait face au Kremlin, sur l'autre rive de la Moskova. C'est dans le salon de ce palace que John Mann, directeur des relations publiques de Millhouse Capital, la holding contrôlée par Roman Abramovitch, fixe ses rendez-vous.

Mann est un trentenaire afro-américain, originaire de Washington, au parcours riche et singulier. Diplômé de Harvard en sciences politiques, spécialiste de la Russie et de l'URSS, il a fait ses classes chez Burson-Marsteller, une des plus grosses agences de relations publiques au monde, abonnée aux causes « difficiles » (B-M a travaillé pour la firme d'industries chimiques Union Carbide, suite à l'explosion meurtrière de Bhopal, en Inde, en 1984, ou encore pour le régime saoudien après les attentats du 11 septembre 2001 à New York). Mann a ensuite passé sept ans à Almaty, au Kazakhstan, comme directeur de management chez Golden Eagle Services, une société de consulting spécialisée dans l'exploitation des matières premières et des ressources énergétiques. Un domaine d'expertise qui l'a rapproché de Roman Abramovitch et de son plus proche associé, Eugene Chvidler, *via* leur compagnie pétrolière Sibneft, où il a été embauché en octobre 2002.

Directeur des relations internationales avec la presse chez Sibneft jusqu'à sa vente au conglomérat Gazprom, détenu par l'État, en septembre 2005 (76,6 % des parts pour 11,1 milliards d'euros), Mann est ensuite nommé directeur des relations publiques, sans changer d'adresse, dans la maison mère, Millhouse. Il présente brièvement ce monstre financier : « Les deux principaux partenaires au sein de Millhouse sont Roman Abramovitch et Eugene Chvidler. Nous recherchons des compagnies à fort potentiel de développement, principalement sur le marché russe. C'est celui que nous connaissons le mieux. Notre aire d'investissement s'étend d'abord au secteur de l'acier : Millhouse détient 41,3 % du capital du groupe Evraz et dispose de trois représentants à son conseil d'administration[1]. Nous investissons aussi dans l'industrie pharmaceutique [Millhouse détient 40 % de Pharmstandard], l'immobilier, les médias, avec le magazine de sport *Prosport* et une revue consacrée au vin, *Magnum*, et les mines d'or en Tchoukotka. » En décembre 2007, Abramovitch s'est lancé dans l'acquisition de 40 % de la compagnie minière Highland Gold, un investissement estimé à plus de 400 millions de dollars qui confirme son intérêt pour le secteur de l'or. D'après Mann, Millhouse emploie une grosse centaine d'employés à Moscou et une dizaine à Londres, dans la filiale anglaise, chapeautée par Eugene Tenenbaum.

Interlocuteur sympathique, Mann est le dircom et porte-parole d'un homme qui ne s'exprime quasiment jamais, dans une firme où personne ne souhaite dialoguer. « C'est amusant, réplique-t-il. Les journalistes disent que nous sommes très secrets.

1. Il s'agit d'Eugene Chvidler, Eugene Tenenbaum et Olga Pokrovskaïa, tous anciens dirigeants de Sibneft.

Mais si vous allez voir n'importe quelle autre grosse holding de la planète, ils vous diront aussi "je ne peux pas vous répondre" quand vous leur poserez des questions trop précises ou détaillées sur leur fonctionnement. »

Dans le cas d'Abramovitch, c'est pourtant très tentant. Depuis l'« affaire des wagons » de 1992, l'oligarque a su avantageusement surfer sur le capitalisme sauvage qui a marqué le double mandat présidentiel de Boris Eltsine (décédé le 23 avril 2007), puis sortir indemne de la reprise en main des grandes entreprises stratégiques par l'État, sous le « règne » de Vladimir Poutine. Une épopée sidérante, durant laquelle il est devenu l'homme le plus riche de Russie, en obtenant la confiance et la protection financière des deux derniers présidents russes. Là où certains ont perdu leur vie dans cette jungle sans pitié, dans laquelle le meurtre commandité était un moyen de dissuader la concurrence, là où d'autres ont été contraints à l'exil ou croupissent en prison, comme Mikhaïl Khodorkovski, l'ancien président de Ioukos, pour avoir défié le pouvoir, Abramovitch a manœuvré de façon idéale, entouré de juristes et d'un bataillon de gardes du corps.

Mais à quel prix ? Grâce à quelles méthodes, quels compromis, quelles protections, quelles trahisons, quels accords inavouables ? Si l'on croit au principe qu'aucune grosse richesse, dans la nouvelle Russie, n'a pu être acquise de façon strictement légale, le cas d'Abramovitch, avec son patrimoine estimé à 15,7 milliards de dollars, selon le classement 2007 établi par le magazine *Forbes*, peut difficilement échapper au doute.

« Derrière chaque grande fortune se cache un grand crime », a écrit Balzac. Depuis le début des années 1990, la chronique de l'accumulation du capital, dans l'ex-Union soviétique, est émaillée d'anecdotes meurtrières, sordides ou scandaleuses, liées à un terme générique récurrent : « mafia(s) ». Après l'effondrement de l'ex-URSS, de nombreux livres, rapports, essais et reportages ont été consacrés à la criminalité organisée dans la Russie postsoviétique, aux privatisations bradées des années 1990 et à l'appropriation d'immenses richesses par une petite caste d'hommes d'affaires connectés au pouvoir, les fameux oligarques. Mais il est toujours ces interlocuteurs muets, extrêmement méfiants ou tenus par une clause de confidentialité très stricte à l'évocation des recherches effectuées sur le personnage Abramovitch ; ces remarques récursives incitant à la précaution : « C'est risqué », « Méfiez-vous », « On ne vous dira rien »... Autant de blocages, de refus ou de sous-entendus qui minent insidieusement l'énergie d'une enquête. Alors, devant ces mises en garde, autant poser naïvement la question au communicant John Mann.

« – Comment expliquez-vous cette réaction récurrente – “Faites attention !” – dès que l’on annonce travailler sur Roman Abramovitch ?

— (*Silence de réflexion.*) Il n’y a pas de raison particulière de faire attention. Nous n’avons évidemment jamais mis la pression sur qui que ce soit. La seule chose, c’est que vous allez trouver de nombreuses personnes autour de lui qui ne parleront pas. Moi, mon boulot, c’est de parler. Mais ne vous inquiétez pas, tout va bien, vous êtes en sécurité ! »

C’est une déclaration manuscrite datée du 31 janvier 2000, rédigée et signée par son auteur. Comme chaque député élu à la Douma, Roman Abramovitch a dû remplir ce document autobiographique lors de son entrée à la Chambre basse du Parlement russe pour présenter sa situation civile et familiale et résumer son parcours scolaire, universitaire et professionnel. Un descriptif d’une quarantaine de lignes, qui présente rapidement le CV de l’oligarque jusqu’à ses 33 ans. Il figure également sur le site internet de la région de Tchoukotka, dont il est le gouverneur depuis décembre 2000.

À l’issue de son année d’études à l’Institut industriel d’Oukhta, en 1983-1984, Abramovitch écrit ceci : « Je fus appelé au service de l’armée soviétique, puis démobilisé en 1986. De janvier 1987 à janvier 1989, j'ai travaillé comme mécanicien dans le trust MosspetsMontaj SU-122 et j'ai poursuivi mes études à l'Institut de transport automobile de Moscou. De janvier 1989 à mai 1991, je fus le représentant de la coopérative Ouïout puis, jusqu'à mai 1993, directeur d'une petite entreprise, AVK. De juin 1993 à décembre 1995, j'ai occupé les fonctions de directeur de PetrolTrans. En 1996, je fus introduit dans le conseil des directeurs de la société anonyme Sibneft. » Il ajoute qu'il a intégré l'Académie juridique de Moscou en 1999, où il a obtint un diplôme par correspondance, et indique le boulevard Tsvetnoï – l'adresse de sa grand-mère – comme lieu de résidence.

Cela fait court pour comprendre la trajectoire d'un homme qui a su se faire une place privilégiée au sommet du pouvoir en un temps record, au milieu des années 1990, puis devenir multimilliardaire sous la double présidence de Poutine. Il faudra attendre la fin du printemps 1999 pour que la Russie découvre le visage et la personnalité de cet oligarque mal rasé, doté d'un regard fuyant et mélancolique, au look tellement banal qu'il passait totalement inaperçu. À l'été 2003, il accède à une notoriété mondiale en prenant le contrôle du club de football londonien de

Chelsea. Une exposition qui alimentera sans cesse, depuis, les questions sur la façon dont cet individu habile et effacé a pu se constituer une richesse si importante dans une période aussi courte. Ces questions trouvent une première réponse dans la transition brutale d'un régime soviétique déliquescent – et corrompu – vers un capitalisme sauvage – et non moins corrompu. Comme de nombreux oligarques, Roman Abramovitch est le fruit de cette révolution. Il en sera ensuite l'un des principaux bénéficiaires.

Il fallait tout changer.

« Il n'était plus possible de vivre ainsi, il fallait tout changer. » Le constat de faillite est prononcé le 25 décembre 1991 par Mikhaïl Gorbatchev, lors de son dernier discours en tant que président de l'URSS. Démissionnaire, le père de la glasnost (« transparence ») et de la perestroïka (« restructuration ») doit céder sa place à Boris Eltsine, élu président de la nouvelle Russie indépendante six mois plus tôt, qui lui succède au Kremlin. Dès l'automne, Eltsine avait chargé une équipe de jeunes réformateurs libéraux d'une mission sans précédent dans l'histoire politique du monde moderne : faire basculer, « en cinq cents jours », le pays le plus vaste du monde d'une économie centralisée sclérosée vers une économie capitaliste moderne.

Assistés de conseillers occidentaux (en particulier états-uniens, comme Jeffrey Sachs et les « Harvard Boys »), deux trentenaires convertis au libéralisme construisent ces réformes et les mènent à marche forcée : en charge des finances puis Premier ministre, Egor Gaïdar opère la libération des prix dès le début de l'année 1992 ; dans le même temps, Anatoli Tchoubaïs, à la tête du Comité pour la propriété d'État (GKI), est chargé de mettre en œuvre la première phase de privatisation des entreprises publiques. Le 7 avril 1992, dans un discours prononcé devant le Congrès des députés du peuple, le président Boris Eltsine lance fièrement : « Nous avons besoin de millions de propriétaires, pas de centaines de millionnaires ! » Mauvaise pioche... La Russie n'était pas préparée à une transition aussi brutale. Cette « thérapie de choc » (peu de thérapie et beaucoup de choc, noteront les moqueurs...) entraîne la jeune et fragile démocratie dans le chaos : l'inflation explose, plonge la Russie dans la récession, et les entreprises privatisées font immédiatement l'objet d'une lutte féroce entre anciens dirigeants apparatchiks, qui souhaitent en garder la possession, « voleurs dans la loi » (caïds de la pègre) et jeunes opportunistes, souvent issus des komsomols (les jeunesses communistes) et nourris au lait de la perestroïka.

« Il fallait tout changer », avait déclaré Gorbatchev… Effectivement. À la fin de l'année 1992, tout a changé pour le bas peuple. En pire, malheureusement. Le bilan de la soumission aux lois du marché et de la dérégulation se révèle désastreux. Cette année-là, le PIB de la Russie dégringole de 19 %. L'espérance de vie amorce une chute vertigineuse : pour les hommes, elle passe de 64,2 ans en 1989 à 57,6 ans en 1994. L'inflation dérape violemment : son taux mensuel dépasse les 30 % à l'automne. C'est également le début d'une sanglante guerre des gangs, qui culminera durant les années 1993-1994 à Moscou et dans plusieurs grandes villes du pays. Tous les matins, la presse russe fait état d'assassinats et de règlements de comptes entre factions rivales se disputant le contrôle d'entreprises de secteurs clés de l'économie russe (pétrole, gaz, métaux, automobile, bois).

Souterraine mais déjà bien présente sous le régime soviétique, la *mafiya* s'affiche désormais au grand jour, dans les nouveaux restaurants, les boîtes de nuit et les casinos qui fleurissent dans la capitale. Dès le printemps 1993, Eltsine témoignait que les deux tiers des structures commerciales russes étaient tombées aux mains du crime organisé… « La structure du pouvoir dans le pays était une pyramide à trois côtés composée de gangsters, d'hommes d'affaires et du gouvernement », affirmera le rédacteur en chef de l'édition russe du magazine *Forbes*, Paul Klebnikov, qui sera assassiné par balles en sortant de son bureau à Moscou le 9 juillet 2004[1].

Le premier président élu de Russie souhaitait que le programme de privatisation crée une vaste classe de petits actionnaires. Le système monté par Tchoubaïs était celui d'une privatisation par bons, censé permettre au plus grand nombre de participer à cette opération. « Chaque citoyen de Russie et chaque famille aura la liberté de choix. Le bon de privatisation est un billet vers l'économie libre pour chacun d'entre nous[2] », avait annoncé Eltsine. Pour éviter tout retour en arrière, le processus devait s'effectuer à grande échelle et très rapidement, en moins de deux ans. Le passage au secteur privé de plus de la moitié des entreprises industrielles était prévu dans ce délai. Le schéma standard prévoyait la vente de 29 % des actions d'une entreprise publique contre des bons lors d'enchères publiques et la

1. Paul Klebnikov, *Parrain du Kremlin. Boris Berezovski et le Pillage de la Russie*, Paris, Robert Laffont, 2001, p. 14.

2. Cité par Anders Aslund, *How Russia Became a Market Economy*, Washington, 1995, p. 235.

redistribution de 51 % à la direction et au personnel. Le reste serait conservé par l'État dans l'attente d'une vente ultérieure.

Terrible désillusion pour les idéalistes de ce capitalisme populaire ! La pauvreté qui régnait dans le pays lors de l'hiver 1993-1994 poussa une grande majorité de Russes à revendre leurs bons sans attendre ou à investir dans des fonds d'investissement mutuels pyramidaux, qui s'effondrèrent sur le marché boursier en 1994. La privatisation massive de toute l'industrie, des petites et moyennes entreprises aux grandes sociétés d'État du domaine énergétique, conduisit à saturer le marché. Enfin, la valeur nominale des bons fut fixée à un niveau très bas, contribuant à dévaloriser de façon presque ridicule la valeur de l'ensemble de l'industrie russe. L'État vendit ainsi ses meilleurs actifs pour des sommes insignifiantes.

C'est dans ce contexte agité qu'Abramovitch, jeune négociant en pétrole, va opportunément prendre son essor à partir de 1993. À 26 ans, le directeur de PetrolTrans, comme il se présente dans son CV squelettique, décolle dans un business lucratif. L'ancien mécanicien achète le pétrole à des producteurs locaux au prix domestique et le revend à l'étranger, grâce à une licence d'exportation. Une bascule encouragée par un autre dysfonctionnement aberrant, corollaire à cette dérégulation précipitée. L'Union soviétique tirait des revenus conséquents de ses immenses ressources en matières premières, grâce à la différence entre les prix – bas – du marché intérieur et ceux du marché extérieur. Pour donner un exemple, le prix du nickel russe était plus de trois fois supérieur sur le marché international. Cette source de devises s'assécha avec le désengagement de l'État du commerce extérieur, notamment dans le contrôle de l'import/export et des droits de douane. Grâce à l'obtention de licences d'exportation délivrées aux clients bien introduits, des dizaines de sociétés privées engrangèrent d'énormes profits en jouissant du différentiel de prix entre les marchés domestique et international.

Il est difficile de cerner l'activité exacte et l'ensemble des connexions établies par Abramovitch durant cette période. En plus de PetrolTrans, il aurait lancé, dirigé et liquidé une vingtaine de sociétés au début des années 1990. En tout cas, il est certain qu'il connaît une propulsion extraordinaire à partir de 1995, grâce aux liens qu'il a noués avec deux hommes déterminants dans son accession aux plus hautes sphères du Kremlin : son associé en affaires Leonid Diatchenko, alors gendre de Boris Eltsine, puis, surtout, Boris Berezovski, considéré comme le « parrain » des oligarques russes.

Le récit condensé du parcours de Berezovski, de l'écroulement du régime soviétique à la création de Sibneft, est essentiel. Il permet de comprendre comment Abramovitch, l'élève timide, a pu intégrer en douceur les arcanes du Kremlin puis tranquillement prospérer, en profitant des connections, des accointances et des protections de son exubérant mentor.

Moscou est gouvernée par la racaille !

Né le 23 janvier 1946 à Moscou, juif, mathématicien de formation, Berezovski a suivi un brillant cursus de chercheur sous l'Union soviétique. À 23 ans, il intègre la prestigieuse Académie des sciences, où il se consacre à l'étude du processus de prise de décision. Il acquiert rapidement une réputation d'analyste bavard, ambitieux et incroyablement énergique. « C'était un générateur d'idées, selon Vladimir Grodski[1], un ancien camarade d'université. Il formulait tout ce qui lui venait à l'esprit. Une moitié de son raisonnement ne tenait pas debout mais l'autre moitié était géniale. »

1. David Hoffman, *The Oligarchs: Wealth and Power in the New Russia*, New York, Public Affairs, 2002, p. 132.

Le grand rêve de Berezovski, c'est d'obtenir le prix Nobel. Mais arrivé à la quarantaine, dans la foulée de la perestroïka, il se lasse de l'aridité des sciences dures et se tourne vers les opportunités grandissantes qui s'ouvrent à lui et à son pays. En mai 1989, il pose les bases d'un joint-venture qui deviendra son premier empire : LogoVaz, contraction des noms d'une société italienne d'intégration mécanique, Logosystems, et d'AvtoVaz, le géant de l'industrie automobile soviétique, constructeur des Lada, ou Jigouli, installé dans la ville de Togliatti.

Après avoir été l'une des gloires de l'URSS lors de sa construction, à la fin des années 1960, AvtoVaz n'est plus qu'un géant rouillé et désossé lorsque s'amorce le déclin irréversible du régime soviétique. L'entreprise est minée par le vol et le marché noir des pièces détachées, à la distribution planifiée et largement insuffisante. Progressivement dégagés de l'étreinte étatique, les revendeurs n'assurent plus leur rôle. À l'origine, LogoVaz était chargée de fournir des logiciels d'automation à l'usine de Togliatti. Mais Berezovski change rapidement de cap. Flairant le marché qui s'ouvre, il se transforme en revendeur de voitures : LogoVaz va jouer le rôle d'immense concessionnaire pour AvtoVaz et Berezovski va progressivement noyauter le contrôle des deux sociétés, avec l'aide de son « porte-flingue », le fidèle Badri Patarkatsichvili[1].

L'homme d'affaires téméraire va s'enrichir grâce à la mise en place d'un système de paiement astucieux, lui permettant de jouer avec la conjoncture ultra-inflationniste, pour négocier l'achat et le remboursement de véhicules. Il monte aussi un schéma de fausses exportations, très en vogue à l'époque : des voitures destinées au marché extérieur sont en réalité vendues en Russie mais payées en devises étrangères, toujours avec des délais de paiement et des conditions préférentielles. Il achète à bas prix et revend cher des véhicules à une usine qui perd de l'argent... Fin 1993, Berezovski décide de lancer le projet d'une nouvelle unité de production, financée par des fonds privés, grâce à une structure de placement nommée Avva. Un protocole d'accord est signé entre Avva, AvtoVaz et la société américaine General Motors pour mener à bien cette ambition, celle de fabriquer la nouvelle « voiture populaire » sur le modèle de la Coccinelle de Volkswagen. Il obtient une ligne de crédit bancaire de 150 millions de dollars et les citoyens russes

1. Candidat malheureux à l'élection présidentielle en Géorgie en janvier 2008, Badri Patarkatsichvili est décédé à Londres le 13 février 2008.

sont sollicités pour collaborer au financement du projet, par l'achat de certificats de dépôt qui rapporteront 50 millions de dollars[1].

La belle idée s'effondre presque aussi vite qu'elle était née : la compagnie General Motors se désengage rapidement de l'association, refroidie par la corruption et la criminalité (des « protecteurs » de la compagnie aux réseaux de revendeurs) qui règne dans cette nébuleuse. Les fonds obtenus sont insuffisants pour remplir les objectifs de production. La valeur des certificats s'effondre. La « voiture populaire » ne verra jamais le jour… mais Berezovski continue de faire son beurre, dans un contexte criminogène.

En effet, LogoVaz fait l'objet d'affrontements sanglants entre bandes criminelles pour sa « protection ». Sous la couverture d'un « toit » (*kricha*) tchétchène, la société attire la convoitise de concurrents, en particulier la puissante Fraternité de Solntsevo. En juillet 1993, une fusillade avait fait trois morts devant le hall d'exposition de LogoVaz à Moscou… La situation est tellement tendue que Berezovski décide de quitter provisoirement la Russie. « En 1993, je subissais d'énormes pressions de la part de personnes que je ne veux pas nommer, a-t-il raconté. Ce fut alors que je partis passer plusieurs

1. Paul Klebnikov, *op. cit.*, p. 164-165.

jours en Israël[1]. » Dont il obtiendra, à cette occasion, la nationalité. L'année suivante, un attentat à la voiture piégée aurait même dû lui coûter la vie. Le 7 juin 1994, à 17 h 20, une voiture abritant une bombe télécommandée explose au passage de sa Mercedes devant les grilles du Club, les locaux de réception de sa société, à Moscou. Son chauffeur, décapité, est tué sur le coup ; son garde du corps y laisse un œil. Mais l'homme d'affaires s'en sort miraculeusement, malgré plusieurs brûlures.

Durant l'hiver 1993-1994, Berezovski obtient le code d'entrée du Kremlin, par l'intermédiaire d'un personnage essentiel qui participera, l'année suivante, à son rapprochement avec Abramovitch : le banquier Piotr Aven, ancien ministre du Commerce extérieur. C'est également lui qui présente Vladimir Poutine à Berezovski pour la première fois, en 1991. En fait, Berezovski et Aven, dont le père est également mathématicien, se connaissent depuis plusieurs années. Début 1989, Aven avait participé à l'élaboration de LogoVaz. « Berezovski a toujours voulu faire des milliards de dollars, avait-il remarqué à l'époque. Il prenait des risques toujours plus importants[2]. »

1. *Segodnia*, 14 novembre 1996.
2. David Hoffman, *op. cit.*, p. 142.

Les pièces du puzzle se mettent en place. Aven met Berezovski en contact avec un homme clé de l'entourage de Boris Eltsine : son nègre Valentin Ioumachev, un ancien journaliste d'*Ogoniok*, qui deviendra plus tard le gendre du président en épousant sa fille cadette, Tatiana. Ioumachev avait rejoint l'entourage d'Eltsine en 1989 en rédigeant le premier tome des mémoires d'Eltsine, *Jusqu'au bout !*. Pour la suite, intitulée *Sur le fil du rasoir*, il souhaite une collaboration avec un important homme d'affaires. Fin 1993, alors qu'Eltsine vient de mater l'opposition du Parlement et de renforcer ses pouvoirs présidentiels, Berezovski propose de prendre en main le processus et fait imprimer l'ouvrage (publié par *Ogoniok*) en Finlande.

Cependant, le président se plaint du faible montant des recettes rapportées par le livre. Ioumachev et Berezovski se chargent alors de faire un effort. « Ils entreprirent de remplir le compte en banque personnel d'Eltsine à Londres en expliquant que l'argent représentait les droits d'auteur du livre, rapporte Alexander Korjakov, qui fut chef de la sécurité personnelle de Boris Eltsine. Vers la fin de 1994, le compte était créditeur de près de 3 millions de dollars. Berezovski se vanta à plusieurs reprises d'être la personne qui avait organisé l'accumulation des fonds personnels d'Eltsine (...). Pendant les années 1994 et 1995, Ioumachev se présentait chaque mois au Kremlin pour rendre visite à Eltsine. Personne ne comprenait pourquoi ce journaliste si mal fagoté et toujours débraillé venait régulièrement voir le président, discutait en tête à tête avec lui et repartait au bout de quelques minutes. Je connaissais la raison de ces visites. Ioumachev apportait à Eltsine les intérêts du compte : environ 16 000 dollars en argent comptant. Eltsine rangeait les billets dans son coffre-fort[1]. »

Pour remercier Berezovski, Eltsine le parraine comme membre de son club de tennis privé, le Club présidentiel, qui réunit hauts fonctionnaires et membres les plus influents du gouvernement. L'ancien mathématicien a réussi son coup : il fait désormais partie de la « famille », le premier cercle du président russe, qui réunit à l'époque sa fille Tatiana Diatchenko, son mari Leonid, Valentin Ioumachev et Alexander Korjakov, le vieux confident, premier garde du corps du président.

Berezovski vise toujours plus haut. Il veut gagner en influence, guigne davantage de pouvoir et encore plus d'argent. Cette stratégie passe par la maîtrise du principal média, la télévision, et des ressources publicitaires qu'elle permet d'engranger.

1. Paul Klebnikov, *op. cit.*, p. 140-141.

Avec la création des filiales LogoVaz-Presse et LogoVaz-Publicité, il avait tenté une implantation dans le secteur, fin 1993, sans succès. Une première réponse à son ennemi intime et concurrent Vladimir Goussinski. Patron du conglomérat bancaire Most et allié du maire de Moscou Youri Loujkov, « Gouss » (son surnom, « oie » en russe) possède déjà le réseau pionnier et indépendant NTV, qui émet depuis octobre 1993. Berezovski se méfie du puissant Goussinski, qu'il considère comme un obstacle à son ambition et à sa réussite. Il ira même jusqu'à prétendre que celui-ci était derrière l'attentat à la voiture piégée qui faillit lui coûter la vie...

Berezovski pousse Eltsine et Korjakov à ouvrir le capital d'Ostankino, la première chaîne de TV russe, la seule diffusant sur la totalité du territoire. Nous sommes à l'automne 1994. En face, Goussinski est au top : considéré comme l'homme le plus riche de Russie, classé au deuxième rang en termes d'influence, il surclasse Berezovski, qui occupe respectivement les 17e et 13e places de ce classement[1]. Politiquement, « Gouss » devient donc très gênant car il peut profiter de la fragilité du régime, qui vient de subir le krach du rouble et l'échec d'une offensive armée à Grozny, fin novembre, prélude à la première

1. *Moscow Times*, 22 juillet 1994.

guerre de Tchétchénie. NTV n'a pas hésité à diffuser des images humiliantes de ce revers et continuera d'offrir une couverture « réaliste » du conflit qui rendra furieux le Kremlin. Le 30 novembre, Eltsine accède à la requête de Berezovski : il signe le décret qui officialise la création de la nouvelle « télévision publique russe », ORT. Il est prévu que l'État conserve 51 % des parts. Contrairement à ce que stipule la loi, les 49 % restantes partent, sans vente aux enchères, directement dans les mains d'un pool d'actionnaires dominé par Berezovski, qui décide lui-même des bénéficiaires et du montant des parts.

Deux jours après, Goussinski comprend vraiment qui est le nouveau boss : alors qu'il se rend au siège de Most, le SBP (le Service présidentiel de sécurité de Korjakov) prend en poursuite son convoi. « Gouss » parvient tout de même à rejoindre ses bureaux et s'y enferme. Il croit avoir affaire à des gangsters et il appelle la brigade de lutte contre le crime organisé, qui débarque mais repart aussitôt en constatant qu'il s'agit de véhicules officiels des forces armées russes. Les hommes de Korjakov encerclent le bâtiment et font sortir des voitures les chauffeurs et les membres du service de protection du magnat. Ils les plaquent visage contre terre et les tiennent virilement en respect, ce qui donnera son nom – « Faces dans la neige » – à cette opération hollywoodienne. Goussinski, affolé, contacte alors en catastrophe un de ses amis, responsable de la direction moscovite du FSB. Les agents du Service fédéral de sécurité arrivent à leur tour : une brève fusillade éclate jusqu'à ce qu'un des hommes du FSB reconnaisse un de ses anciens collègues au SBP. Cela permit de mettre un terme à cet affrontement rocambolesque. L'étau s'est définitivement resserré autour de Goussinski, qui préfère fuir temporairement la Russie. Le 18 décembre, il s'envole pour Londres, où il restera six mois.

Son rival à présent hors de Russie, Berezovski doit reprendre en main le fonctionnement erratique de « sa » chaîne, ORT, soumise aux luttes de clans politiques qui se disputent son temps d'antenne, et de son juteux marché publicitaire. Malgré des ressources importantes issues de la réclame, ORT perd énormément d'argent. Ses revenus commerciaux sont siphonnés par des sociétés de production intermédiaires. Berezovski doit alors composer avec le directeur général et présentateur vedette de la chaîne, Vlad Listiev, qui dispose également de sa propre agence de publicité. Berezovski, qui accuse des pertes, veut réorganiser le secteur publicitaire à son avantage. Listiev tient à garder sa position dominante. Le 20 février 1995, il annonce un moratoire sur la publicité afin d'y établir des normes plus

« éthiques ». Le 1er mars, le présentateur star de la télé russe est abattu devant chez lui par deux hommes armés.

Son meurtre crée une immense émotion dans l'opinion publique. Berezovski, parti en Grande-Bretagne la veille du drame, rentre précipitamment en Russie pour assister aux obsèques de Listiev. Mais de retour au siège de sa société LogoVaz, il trouve des policiers venus l'interroger, en tant que témoin, sur l'assassinat. À cet instant apparaît un homme dont le décès par empoisonnement, le 23 novembre 2006, fera la une des journaux de la planète : l'agent Alexander Litvinenko ! Lieutenant-colonel du FSB, Litvinenko était aussi, à l'époque, attaché à la protection de Berezovski (il l'avait connu l'année précédente, quand il fut chargé de l'enquête sur son attentat manqué). Dans la pagaille, il sort sa carte du FSB et une arme, menace de tirer si les enquêteurs décident d'embarquer l'homme d'affaires, retranché dans ses bureaux[1]. Les policiers finissent par prendre sa déposition en le laissant libre.

1. Cette scène est décrite en détail dans le livre coécrit par Alex Goldfarb et Marina Litvinenko, *Meurtre d'un dissident*, Paris, Robert Laffont, 2007, p. 49-52. Voir aussi Martin Sixsmith, *The Litvinenko File*, Pan Books, Londres, 2007, p. 97.

Berezovski se défendra de toute implication dans l'affaire, en enregistrant un message vidéo destiné à Eltsine, en compagnie d'Irina Lesnevskaïa, productrice à ORT et proche de la famille présidentielle. Dans leur appel, ils soupçonnent Goussinski (qui n'est plus en Russie) et le maire de Moscou d'être à l'origine d'un complot visant à atteindre, par ricochet, le président. « La chose la plus importante, Boris Nikolaïevitch (...), que je voudrais vous dire, est qu'il est très difficile de dire de nos jours qui détient l'autorité réelle, lance Berezovski dans cet enregistrement. (...) Boris Nikolaïevitch, vous ne commandez plus à Moscou ! Moscou est gouverné par la racaille ! »

La manœuvre a porté ses fruits. Au printemps 1995, Berezovski a désormais les mains libres. Il a pris le contrôle de la « chaîne du président » et dispose d'une influence sans cesse grandissante. Il accroît son empire médiatique en rachetant la sixième chaîne et deux journaux russes. Il débute ses démarches envers la compagnie aérienne Aeroflot, dont il prendra le contrôle à l'automne 1995. Il reste un dernier secteur essentiel à conquérir : celui du pétrole, qui va amener Berezovski et Abramovitch à conclure une alliance très profitable. Quand et où les deux hommes se sont-ils croisés pour la première fois ? Toujours le flou... Klebnikov date cette rencontre au début de l'année 1995. Une autre version la fixe à l'été de la même année, aux Caraïbes, sur le yacht du banquier Piotr Aven[1]. En tout cas, leur association constituera le véritable détonateur de la carrière d'Abramovitch. Berezovski a déniché un partenaire spécialisé dans le marché pétrolier, pourvoyeur des fonds nécessaires, dont il apprécie le calme, la patience et la discrétion. En contrepartie, Abramovitch trouve une occasion unique d'approcher et d'intégrer la « famille ». Pour devenir celui qu'Alexander Korjakov appellera dans ses mémoires le « caissier[2] ». Le « porte-monnaie », le financier de la famille Eltsine.

« Au départ, Abramovitch faisait partie d'une centaine de candidats potentiels à un tel rôle, analyse Azer Moursaliev, rédacteur en chef adjoint du quotidien *Kommersant*. À l'époque, ces jeunes gens énergiques et ambitieux faisaient leur business à la limite de la légalité, et la légalité elle-même n'était pas délimitée, dans la mesure où l'État était anarchique. Une très grande partie de ces ambitieux repose aujourd'hui au cimetière. Ils se sont volés et entretué. Ce n'était pas du capitalisme sauvage, non,

1. Dominic Midgley et Chris Hutchins, *op. cit.*, p. 44-45.
2. Alexander Korjakov, *Boris Yeltsin : Ot rassveta do zakata (Boris Eltsine : De l'aube au crépuscule)*, Moscou, Interbuk, 1997.

c'était encore pire que ça. Berezovski pensait que le défaut d'Abramovitch, au début, était son déficit d'éducation et de prestance. Par rapport à Berezovski, justement, ou Goussinski, Abramovitch n'est pas un Cicéron. Alors ils l'ont formé. Si les oligarques avaient été généraux, Abramovitch aurait été colonel. Mais il dispose d'une intelligence vive, il pense vite. Il a fini par s'imposer. »

Berezovski pensait fortement au pétrole depuis 1992. Cette année-là, il avait contribué à la création du club d'affaires international des industries du pétrole. Puis lancé un joint-venture entre LogoVaz et le producteur de pétrole Samaraneftgaz, qui devint actionnaire de sa structure d'investissements Avva. Lorsque le président russe prend la décision de lancer une nouvelle phase de privatisation[1], cette fois monétaire, à travers la mise aux enchères de participations dans des entreprises de secteurs clés comme l'énergie, les métaux ou les télécommunications, Berezovski comprend que l'heure est venue pour lui d'investir sérieusement dans ce secteur extrêmement lucratif.

En 1995, les seules grandes entreprises pétrolières à n'avoir pas été privatisées sont gérées par la

1. Sur cette seconde phase, voir Hilary Appel, *A New Capitalist Order*, University of Pittsburgh Press, 2004, p. 93-103.

société d'État Rosneft. Rosneft dispose de gisements de pétrole considérables, ainsi que d'infrastructures parmi les meilleures du pays. Pour Berezovski, ce trésor devient très vite l'objectif numéro un. Mais plusieurs obstacles se présentent face aux désirs du magnat. Rosneft est en effet dirigée par Alexander Poutilov, un ami de longue date de Vaguit Alekperov, le dirigeant de la première compagnie pétrolière russe, Loukoil. Alekperov convoite également la société publique. En outre, le ministre du Pétrole et de l'Énergie de l'époque est un proche d'Alekperov et paraît déterminé à privilégier les intérêts de ce dernier.

C'est là que Roman Abramovitch va accéder à une dimension supérieure, en suggérant à Berezovski la concrétisation d'un plan destiné à s'emparer des deux meilleurs actifs de Rosneft : la société de production de pétrole Noïabrskneftegaz et la raffinerie d'Omsk, considérée comme la première du pays. L'idée avait été présentée au gouvernement par les responsables des deux entreprises dès novembre 1992. Abramovitch la formalise : il s'agit de créer une nouvelle société, Sibneft, modèle de l'« intégration verticale » des deux activités.

À la fin du printemps 1995, Berezovski va plaider en faveur de Sibneft auprès de ses interlocuteurs gouvernementaux, en particulier le Premier ministre Viktor Tchernomyrdine et l'intendant en chef de l'administration présidentielle, Pavel Borodine. Il effectue aussi un lobbying auprès d'Alexandre Korjakov, le chef de sécurité d'Eltsine, un intermédiaire obligatoire. Berezovski peut déjà compter sur l'aide d'Abramovitch mais il est un peu court pour boucler son propre financement : il cherche 15 millions de dollars sur les 50 millions nécessaires. Il se lance dans un mini-tour du monde, sollicite le financier George Soros, qui refuse, et opère finalement la jointure grâce au banquier Alexander Smolenski. De son côté, Abramovitch bénéficie de contacts rapprochés avec le gendre du président, Leonid Diatchenko, qu'il fréquente dans le cadre de ses activités de négoce de pétrole à Omsk, en Sibérie occidentale. Là-bas, les préparations du montage coïncident avec un troublant fait divers qui a lieu durant l'été. Le 19 août 1995, on retrouve le cadavre du directeur général de la raffinerie, Ivan Litskcvitch, qui était défavorable à cette intégration, au fond d'une rivière… L'enquête n'établira pas de preuve d'un crime crapuleux[1].

Le 29 septembre 1995, Boris Eltsine signe le décret de création de la compagnie pétrolière Sibneft.

---

1. Paul Klebnikov, *op. cit.*, p. 225 ; *Kommersant*, 8 septembre 1995.

Le ministre du Pétrole et de l'Énergie a été tenu à l'écart de la décision. Il ne reste plus à Berezovski et Abramovitch qu'à s'emparer du nouveau sixième groupe pétrolier de Russie en obtenant le bénéfice de sa privatisation. Pour cela, ils vont profiter de l'opération « prêts contre actions », élaborée par plusieurs poids lourds des affaires au début du printemps 1995.

En effet, en mars de cette année-là, trois des banquiers les plus importants du pays, Vladimir Potanine (Onexim), Alexander Smolenski (Stolichnïi) et Mikhaïl Khodorkovski (Menatep), furent reçus au Kremlin pour présenter leur plan. Il était relativement simple : les banques accorderaient à l'État des prêts gagés sur des paquets d'actions qui leur seraient laissées en gérance. Des enchères seraient ensuite organisées pour répartir ces actions à la banque offrant le prêt le plus élevé. Au bout de trois ans, si l'État n'a pas remboursé son prêt, la banque pourrait mettre en vente ces actions et reverser à l'État seulement 30 % du produit de cette vente. Le 31 août, le processus fut acté par décret présidentiel. Il concernait les 29 compagnies les plus importantes du pays (à l'exception de Gazprom), toutes liées par un point commun : une production tournée vers l'exportation, génératrice de belles et bonnes devises.

Dans cette étape, l'un des facteurs clés fut le rôle de la fille d'Eltsine, Tatiana, dont l'influence sur son père était très forte. Selon le général Korjakov, Diatchenko allait chez le président pour lui signifier quels oligarques il convenait de soutenir et lesquels devaient être écartés[1]. Berezovski et Abramovitch n'avaient pas de soucis à se faire : c'est avec l'ancien mathématicien que Tatiana entretenait les rapports les plus directs et son mari de l'époque, Leonid, en affaires avec la raffinerie d'Omsk, était un partenaire du jeune Roman Abramovitch.

Dans les faits, les autorités en charge des privatisations n'ont jamais vraiment envisagé que les prêts soient remboursés. C'est ainsi que des participations élevées ou majoritaires dans des joyaux de l'industrie soviétique, comme Norilsk Nickel, le principal producteur mondial de nickel, les entreprises pétrolières Ioukos, Sidanko et Loukoil, ou encore le combinat métallurgique de Novolipetsk, furent cédées à un groupe exclusif de banques favorisées. Formellement, il était interdit à ces banques, dépositaires des paquets d'actions, d'en prendre possession. Cependant, étant elles-mêmes organisatrices des enchères, elles n'hésitèrent pas à écarter des offres plus élevées et à prendre le contrôle défi-

1. Alexandre Korjakov, *op. cit.*

nitif des actions mises en vente par le biais de sociétés écrans. Le manque à gagner pour le budget public fut considérable.

Exemple, et ce n'est pas le pire, avec le géant Norilsk Nickel (35 % des réserves mondiales de nickel), convoité par Potanine : l'enchère était fixée à 170 millions de dollars pour la vente de 38 % des parts et de 51 % des droits de vote. Un deal qui entraînait, de fait, le contrôle de la firme. Il y avait quatre offres : trois affiliées à Potanine et une émanant de la société Kont, au nom de la banque Rossïiski Kredit de Vitali Malkine. Quelques jours avant la vente, Rossïiski Kredit déposa une offre d'achat de 355 millions de dollars. Mais elle fut disqualifiée, au motif de garanties insuffisantes de provisionnement. Le 17 novembre 1995, Potanine, *via* sa banque Onexim, remporta l'enchère en proposant à peine 100 000 dollars de plus que le prix de départ…

L'ouverture des enchères à des investisseurs étrangers aurait pu permettre à la Russie de récupérer beaucoup plus d'argent de ces mises aux enchères. Ce ne fut pourtant pas le sens des décisions prises par le gouvernement. En termes d'accumulation du capital, cette opération constitue l'un des plus grands hold-up commis par une petite caste d'entrepreneurs et de financiers à l'encontre de l'économie d'un grand pays industrialisé. Berezovski se vantera d'ailleurs publiquement, en 1996, de détenir la moitié de l'économie russe, avec six autres oligarques[1].

On doit rappeler que la manœuvre, inspirée par Potanine et promue par Tchoubaïs, intervint à la veille d'échéances électorales très importantes, à un moment où Boris Eltsine connaissait une impopularité record au sein de l'opinion russe et était donné très largement battu, dans les sondages, à la future élection présidentielle. De la sorte, le concept « prêts contre actions » n'était pas seulement une façon, pour un petit groupe de businessmen, de s'accaparer les ressources en matières premières du pays. Il constituait aussi le moyen pour les hommes au pouvoir de contraindre ces oligarques à participer financièrement à la réélection de Boris Eltsine, puisqu'ils ne pouvaient disposer du contrôle effectif de leurs acquisitions qu'un fois la présidentielle de 1996 passée... En gros, la légalité d'une transaction était uniquement dépendante de son approbation – ou non – par le pouvoir.

Dans ce grand partage entre initiés, Sibneft, créée en catastrophe, fut la dernière compagnie à

1. *Financial Times*, 1er novembre 1996.

être privatisée. L'État avait décidé de vendre 51 % de ses actions. La vente aux enchères eut lieu le 28 décembre 1995. La mise à prix fut fixée au tarif plancher de 100 millions de dollars, alors que, moins de deux ans plus tard, la valeur des actions Sibneft sur le marché boursier russe représentera près de 5 milliards de dollars… Deux banques firent une offre : Inkombank, dont la filiale d'extraction métallique, Sameco, offrait 175 millions de dollars, et NFK (Compagnie financière des pétroles) créée par Berezovski pour l'occasion, qui proposait 100,3 millions. La Chambre d'audit russe établira que NFK était un joint-venture « à 50-50 », composé de la société Vektor-A, détenue par la Petrol-Trans d'Abramovitch, et de la United Bank de Berezovski.

Alfred Kokh, alors président du Comité pour la propriété, relate un épisode sidérant de cette vente : « La vente aux enchères commence. Soudain, on entend un bruit de pas. La porte s'ouvre. Un homme entre et pose un fax sur la table du comité… "Moi (…), directeur de l'usine Sameko, je retire mon offre." Et voilà tout. Il n'y eut aucune compétition (…). Quelque chose a dû arriver entre-temps pour que, se foutant complètement de la réaction de son propriétaire et patron [Inkombank] ainsi que du fait qu'il serait ridicule et deviendrait l'objet de la risée générale jusqu'à la fin de ses jours, il...

— Vous pensez qu'il a fait cela contre la volonté d'Inkombank ?

— J'en suis sûr à 100 %. (...). Sans doute a-t-il considéré que sa vie était plus importante que son patron[1]. »

La prise de contrôle de Sibneft peut continuer. Neuf mois plus tard, le 19 septembre 1996, les deux associés se portent acquéreurs de 19 % supplémentaires, *via* le joint-venture ZAO Firma Sins, qui remporte l'enchère face à un autre joint-venture détenu par... Abramovitch. Un mois plus tard, 15 % supplémentaires sont mis en vente. Vainqueur : ZAO Refine Oil, joint-venture de deux sociétés détenues par Abramovitch[2].

La seconde étape de l'opération « prêts contre actions » prévoyait enfin que les entreprises privatisées passeraient réellement entre les mains des financiers qui les conservaient depuis deux ans comme nantissement de leurs prêts ; les sociétés ayant remporté les premières enchères sont alors chargées d'organiser la seconde. Pour Sibneft, celle-ci se déroula le 12 mai 1997, un an après la réélec-

1. Paul Klebnikov, *op. cit.*, p. 236.
2. Dominic Midgley et Chris Hutchins, *op. cit.*, p. 52-55.

tion de Boris Eltsine. Comme lors de l'opération de vente initiale, ce sont 51 % qui furent mis aux enchères. Le prix de départ était de 101 millions de dollars et la société NFK, responsable de la vente, avait ajouté à la condition de la garantie bancaire pour participer un dépôt de 190 millions de dollars sur ses propres comptes. En cas de défaite, l'argent ne serait restitué au perdant que quarante-cinq jours après la vente. Deux acheteurs importants s'alignèrent cependant : les banques Alfa et Onexim. Mais les tracasseries administratives posées par NFK (détenue, rappelons-le, par Berezovski) furent telles qu'aucun des deux ne parvint à remplir les conditions pour que son offre soit examinée. Finalement, la société NFK remporta l'adjudication après avoir effectué une offre de 110 millions de dollars. Sur le site internet de Sibneft – avant que la société ne soit cédée à Gazprom, en septembre 2005 –, le processus de la vente tenait en deux paragraphes très sobres, sans mention de prix. Aussi court qu'un CV d'Abramovitch.

Qui est donc ce Roman ?

« En 1996, je fus introduit dans le conseil des directeurs de la société anonyme Sibneft », précise donc l'orphelin, désormais membre du clan des oligarques. Ce terme est définitivement entré dans le langage courant début 1996, suite à la parution d'un essai de la sociologue Olga Krichtanovskaïa[1]. Oligarchie : « Régime politique où l'autorité est entre les mains de quelques personnes ou de quelques familles puissantes », explique le dictionnaire Larousse. Pour qu'ils gardent et fassent fructifier leurs avantages, ces privilégiés doivent absolument faire réélire Boris Eltsine, mal en point, alors que la Russie s'englue dans le sale conflit tchétchène. Lassé par les arrangements au sommet du pouvoir et un contexte économique délétère, le peuple peste contre la *dermokratizatsiya* (*dermo* signifie « merde » en russe). La « menace rouge », représentée par Guennadi Ziouganov, est tangible ; deux mois plus tôt, les communistes ont remporté les élections législatives à la Douma, la Chambre basse du parlement russe.

Au nom des privilèges acquis et à préserver, Berezovski et Goussinski décident d'oublier leur rivalité et vont sceller une alliance mémorable lors du Forum économique mondial de Davos. Conforté par ses succès et son rôle stratégique, Ziouganov s'est déplacé en Suisse. Il est l'attraction des médias

1. « Oligarchie financière en Russie », *Izvestia*, 10 janvier 1996.

et des investisseurs occidentaux, devant lesquels il offre une image de social-démocrate bon teint, qui laissera la Russie poursuivre la route du libéralisme. Ce n'est pas vraiment l'avis de George Soros, qui conseille à Berezovski de préparer ses bagages en cas de victoire de Ziouganov, auquel cas il finira « pendu à un lampadaire »...

Dans la délégation russe, Anatoli Tchoubaïs est également présent. Mais beaucoup moins entouré. Quelques jours plus tôt, le réformateur avait été renvoyé du gouvernement, à cause de l'impopularité provoquée par l'opération « prêts contre actions » qu'il a dirigée... Mais il prépare une contre-offensive, avec les oligarques. Le 3 février, Berezovski appelle Goussinski dans sa chambre d'hôtel et lui propose de conclure un pacte. Le but : mettre en œuvre tous les moyens pour empêcher Ziouganov de succéder à Eltsine. Il joue sur la corde sensible : « Volodia, demande-t-il à Gouss, tu sais ce que feront les communistes quand ils seront au pouvoir ? Ils te mettront en prison parce que tu es un riche Juif[1]. » Les anciens ennemis, qui détiennent deux grandes chaînes susceptibles de faire basculer l'opinion publique, se réconcilient au nom de leurs propres intérêts vitaux.

1. Alex Goldfarb et Marina Litvinenko, *op. cit.*, p. 81.

Le dernier jour du Forum, le 5 février, Tchoubaïs défouraille lors d'une conférence de presse musclée, où il dénonce un Ziouganov à deux faces : l'une arrangeante, pour l'étranger, et l'autre, réelle et d'un autre âge, pour son pays. Il annonce des heures tragiques pour la Russie s'il venait à succéder à Eltsine : fin de la liberté de la presse et opposants jetés en prison, le tout pouvant se terminer dans un bain de sang… De retour à Moscou, Tchoubaïs prend en main le QG d'une campagne lancée avec des moyens financiers et médiatiques énormes. Les « sept banquiers » alliés (Berezovski, Goussinski, Khodorkovski, Smolenski, Potanine, Fridman et Vinogradov) bourrent la tirelire. La fille du président, Tatiana, s'installe dans le rôle de conseiller spécial, une stratégie calquée à l'époque sur celle de… Claude Chirac pour son père.

Des spécialistes de l'opinion et de la communication anglo-saxons (comme Lord Tim Bell, gourou britannique des relations publiques, qui travaille aujourd'hui avec Berezovski) viennent renforcer l'équipe. Eltsine se lance dans une tournée électorale moderne, « à l'américaine ». De son côté, Ziouganov est systématiquement discrédité et un troisième homme, le général Alexandre Lebed, est opportunément mis en avant, à la fin de la campagne, pour finir de raboter l'électorat communiste. Mission accomplie le 16 juin : Eltsine arrive en tête du premier tour avec 35,1 % des suffrages exprimés. Ziouganov est deuxième (32 %) et Lebed, troisième (14,7 %). Le 3 juillet 1996, Boris Eltsine est réélu président de la Russie.

« Roman a vraiment émergé après la réélection d'Eltsine. C'est à ce moment-là que j'ai entendu parler de lui. Boris prétend que c'est lui qui lui a demandé de le rapprocher de Tatiana et d'Ioumachev. » Des souvenirs relatés par Alexandre Goldfarb. Biologiste russe émigré aux États-Unis en 1975, proche de Soros, Goldfarb est un vieil ami de Berezovski. Il connaissait aussi Alexander Litvinenko, le fameux ex-agent du FSB empoisonné à Londres en 2006, dont il avait organisé la fuite « à l'Ouest » en 2000. Une histoire abracadabrantesque dont il a, on l'a vu, tiré un livre, coécrit avec la veuve du farouche opposant à Vladimir Poutine.

Rencontré juste avant le premier anniversaire de la mort de son ami, Goldfarb raconte : « Le nom d'Abramovitch a commencé à sortir quand il est devenu un membre de la "famille". » Je recevais des coups de fil de journalistes qui me demandaient : "Qui est donc ce Roman ? Que fait-il ?" Boris affirma qu'il était très heureux de l'introduire dans ce cercle car Roman pouvait "faire la conversation" à sa place. Roman était demandeur, il voulait passer du temps avec eux, les accompagner à la campagne…

— Vous l'avez rencontré ?

— Oui, quatre ou cinq fois. La première fois que je l'ai vu, il venait d'acheter une villa sur la Côte d'Azur. Elle était plus grande que celle de Boris ! Roman était très timide. Boris parlait et lui, il écoutait. Mais je ne connaissais pas son importance. En revanche, je me souviens qu'il était assez empâté à l'époque ! »

Parmi les versions qui courent sur le rapprochement d'Abramovitch avec le cercle eltsinien, celle proposée par le cinéaste Pavel Lounguine est certainement la plus savoureuse. Le réalisateur russe a consacré un film à l'émergence des oligarques, *Un nouveau Russe* (sorti en 2003), une saga librement inspirée de la trajectoire de Berezovski. « J'ai discuté avec Boris durant le tournage, explique Lounguine. Il m'a dit : "C'est moi qui ai rapproché Roman de la famille Eltsine, car j'étais amoureux à ce moment-là et j'avais d'autres préoccupations. Je l'ai mis sur cette affaire, il avait la patience de parler aux politiques[1]." » Au début, leur nom est même source de confusion pour les non-avertis, puisque le

1. *Le Journal du dimanche*, 14 septembre 2003.

patronyme de Boris Berezovski est « Abramovitch » (le fils d'Abraham, à l'instar de Roman Arkadievitch, le fils d'Arkadi).

Le journaliste vedette de Radio Echo Moscou, Alexeï Venediktov, proche d'Abramovitch, parle d'un « interlocuteur compréhensif ». « J'ai demandé un jour à Berezovski quels étaient ses talents et il m'a répondu qu'il était fin psychologue, a noté Venediktov. (...) Il a toujours un mot pour chacun. Évidemment, il aborde les politiques et les hommes d'affaires de la même façon. Il se comporte comme un mec honnête, parle de ses faiblesses. Il démarre la conversation en disant : "Bien sûr, vous n'allez pas me croire..." C'est une tactique gagnante à tous les coups[1]. »

Effectivement, les proches du président apprennent à découvrir ce jeune homme de 30 ans attentif, sans manières, habillé très simplement, dont le standing détonne avec le trésor noir dont il partage désormais le contrôle avec son partenaire volubile. Scène décrite lors d'un barbecue entre amis organisé par Tania Diatchenko dans une datcha, aux environs de Moscou. Abramovitch arrive, descend de la voiture et commence à décharger la nourriture et des bouteilles de vin très chères. « Il a

1. Dominic Midgley et Chris Hutchins, *op. cit.*, p. 45.

l'air bien, ce garçon », fait remarquer un invité. « Ce n'est pas un employé de maison, c'est Roman Abramovitch », réplique Tania[1].

Autre exemple à la ville, au hasard d'une rencontre, avec Natacha, une employée de banque moscovite. En 1997, la jeune femme travaillait dans un magasin de vins de Moscou. « Un jour, un inconnu entre dans la boutique entouré de gardes du corps et demande du petrus, raconte-t-elle. Nous en vendions très peu à l'époque. Peut-être une fois par mois. Et lui arrive en réclamant deux caisses. Mes jambes flageolaient. Il a sorti ses dollars, j'ai compté, les mains tremblantes, mais il manquait un peu d'argent et je lui ai demandé de compléter. Alors il a sorti une liasse de sa poche et m'a dit : « Voilà, avec ça, ça devrait aller. » On ne savait pas qui c'était, on a réalisé bien après. On aurait pu faire de l'argent avec l'enregistrement vidéo de la caméra du magasin, puisque personne ne connaissait son visage ! »

Abramovitch crée aussi sa propre famille chez Sibneft. Un univers clos, composé d'une petite galerie de personnages baroudeurs et très brillants, restés fidèles à l'oligarque depuis sa jeunesse. Son assistante Marina Gontcharova, qu'il a connue à

1. *Ibid*, p. 56.

l'époque de la coopérative Ouïout, travaille encore à ses côtés aujourd'hui, au siège de sa holding Millhouse à Moscou. L'avocat d'affaires Bruce Buck, responsable de la branche européenne de l'énorme cabinet new-yorkais Skadden, a été présenté à Abramovitch en 1995, lorsqu'il exerçait ses activités juridiques à Moscou. Buck a travaillé pour Sibneft et a collaboré à la prise de contrôle de Chelsea par Abramovitch en 2003. Il est l'actuel président du club des Blues.

En Russie, Buck avait fait la connaissance d'Abramovitch par l'intermédiaire d'Eugene Tenenbaum. Canadien d'origine russe (il a quitté l'URSS à 8 ans, en 1974), Tenenbaum est membre du conseil d'administration de Chelsea et directeur de la filiale anglaise de Millhouse à Londres. Expert-comptable chez PricewaterhouseCoopers à Toronto au début de sa carrière, directeur financier chez KPMG (une firme d'audit) puis dans la banque d'investissement Salomon Brothers (qui appartient aujourd'hui à Citigroup), Tenenbaum est entré chez Sibneft en 1998, avant de rejoindre Millhouse. Il fait partie du « noyau dur » des partenaires de l'oligarque avec l'autre Eugene, Eugene Chvidler.

Né en 1964 à Moscou, Russe naturalisé américain, Chvidler est le bras droit d'Abramovitch et son plus important associé. En 2007 (selon le classement établi par *Forbes*), sa fortune était estimée à 1,7 milliard d'euros. Diplômé du prestigieux Institut Goubkine du gaz et du pétrole de Moscou, titulaire d'un MBA de l'université de Fordham, il a démarré sa carrière dans le cabinet Deloitte & Touche, à New York, entre 1992 et 1994, au département de fiscalité internationale. Après la prise de contrôle de Sibneft, il en est devenu vice-président et membre du conseil d'administration, avant d'en prendre la tête de juillet 1998 à septembre 2005, lors de sa vente à Gazprom. Il est aujourd'hui président de Millhouse. Et s'il n'occupe pas de fonction officielle à Chelsea, il exerce le rôle stratégique de conseiller du propriétaire.

Cependant, une mention manque au CV de Chvidler et d'Abramovitch. Elle concerne leur rôle et leur activité en liaison avec la société de négoce de produits chimiques et pétroliers Runicom SA, qui était basée à Fribourg (Suisse) et liée à Sibneft. Aujourd'hui, Runicom SA n'existe plus mais la compagnie est toujours au cœur d'un litige financier, portant sur un recouvrement de dette, qui oppose la Banque européenne pour la reconstruction et le développement (BERD) au duo Abramovitch-Chvidler depuis 1999. Un cas d'école, significatif de la diversion managériale et de la complexité des labyrinthes financiers élaborées par l'oligarque et son associé.

Tout commence en 1997. Dans le cadre de son aide au développement de la petite et moyenne entreprise en Russie, la Banque européenne pour la reconstruction et le développement (basée à Londres) octroie un prêt à la banque SBS-Agro, qui effectue à son tour un prêt à la société Runicom. Lors de la crise économique russe de 1998, la banque SBS-Agro d'Alexandre Smolenski, lié à Berezovski, fait faillite. La BERD, qui affichera des pertes de 251 millions d'euros cette année-là, se tourne alors vers Runicom, mais la société suisse explique que sa dette a bien été remboursée, en l'occurrence à la banque Or-Platine, contrôlée par SBS-Agro, et produit des documents attestant de ce règlement. La BERD porte l'affaire devant la justice russe, qui statue par deux fois contre elle. Mais la BERD persiste et fait appel, car elle estime que les documents présentés par Runicom sont inexacts. Interrogé fin 2001 sur cette affaire, le directeur de l'institution londonienne, le Français Jean Lemierre, déclare qu'il s'agit d'un « différend comme il en existe parfois dans la vie des affaires[1] ». Un différend alors estimé à 58 millions de dollars… En janvier 2002, le

1. *Politique internationale*, n° 90, hiver 2001.

jugement est prononcé en faveur de la BERD en Russie.

Oui, mais quatre mois plus tard, Runicom est mise en liquidation[1]. Puis sa faillite est prononcée en mai 2003. Le 17 janvier 2005, la BERD repart à l'attaque et engage une action civile auprès d'un tribunal suisse. Le montant exigé s'établit à 17,5 millions de dollars. Le communiqué de la BERD, toujours en ligne sur son site internet, précise que l'action est engagée « contre les anciens directeurs de la compagnie Runicom, qui a déposé son bilan : Roman Abramovitch, Eugene Chvidler ainsi que Sibneft, la compagnie pour qui Runicom s'occupait du négoce de pétrole ».

Ce n'est pas fini : la BERD devait assigner Abramovitch en mains propres. Après plus de deux ans d'attente, ce fut effectué dans des circonstances rocambolesques : le 4 avril 2007, lors du quart de finale de la Ligue des champions Chelsea-Valence, un émissaire de la BERD arrive à déjouer le dispositif de sécurité qui entoure le propriétaire du club pour, enfin, lui remettre physiquement la plainte ! « On va continuer, précisait en janvier 2008 le service de communication de la BERD. Pour nous, ce n'est pas une question de montant. Nous voulons

1. *Feuille officielle suisse du commerce*, 21 juin 2002, p. 5.

faire fonctionner la loi. » Courage... Car l'affaire pourrait durer encore longtemps. Rappelons que, depuis septembre 2005, Sibneft appartient au conglomérat Gazprom, contrôlé par l'État russe...

Mais quelles étaient exactement les relations entre Runicom et Sibneft ?

Il apparaît que Runicom a participé à l'achat d'une partie des parts de Sibneft, à hauteur de 12,2 %, en 1996[1]. À cette époque, Abramovitch passait pour le représentant moscovite de Runicom SA. En consultant les registres du commerce suisse, on s'aperçoit qu'Eugene Chvidler a bien été administrateur de la société fribourgeoise jusqu'au 17 décembre 1996, date à laquelle sa signature a été radiée. Un communiqué de presse de Sibneft, daté du 29 décembre 2000 et consultable sur le site internet de Gazprom, confirme clairement les liens étroits entre la compagnie pétrolière et sa filiale de trading, dont l'existence remonte à 1994. « Les exportations de Sibneft sont actuellement régies par sa filiale enregistrée à Gibraltar, Runicom », peut-on y lire.

Car il existe deux sociétés Runicom : l'une basée en Suisse et l'autre enregistrée dans le petit

---

1. *Saint Petersburg Times*, 1er juin 1999 ; *Wall Street Journal Europe*, 11 février 2000.

paradis fiscal méditerranéen... En cherchant bien, on en trouve même une troisième, Runicom Fort Ltd, mentionnée sur le site internet d'International Company Profile, un organisme de répertoire des entreprises[1]. Toujours à Gibraltar, mais à une autre adresse postale... « Sibneft s'est attachée à rendre sa relation avec Runicom aussi transparente que possible », poursuit le communiqué, dont l'objet est l'annonce de la création d'une société affiliée, Sibneft Oil Trade, censée agir dorénavant comme nouvelle filiale de négoce de pétrole pour Sibneft. Dur à suivre... Le texte précise en chute que « Sibneft Oil Trade sera gérée par la même équipe de dirigeants ayant participé au succès de Runicom ».

Plus largement, une multitude de sociétés intermédiaires off-shore, internes ou externes, avaient vu le jour dans les années 1990, car le système fiscal russe était à ce point contraignant que la totalité des impôts successifs à payer représentait parfois 100 % des profits d'une compagnie. La manœuvre consistait à vendre moins cher le baril à la société offshore, de payer les impôts sur cette somme, puis la compagnie et sa filiale se partageaient ce qui avait été ainsi soustrait au fisc. Reste à savoir où allait l'argent : dans la poche des actionnaires de la filiale

1. www.icpcredit.com.

ou en affectation au développement de l'entreprise ? « Rien qu'à Nefteyougansk, on comptait une vingtaine de ces sociétés intermédiaires, rapporte le journaliste Valery Paniouchkine. Et la moitié d'entre elles appartenaient à Otari Kvantrishvili, le chef du groupe mafieux de Solntsevo, dans l'oblast de Koursk[1]. »

On les a roulés.

Le 19 janvier 1998, lors d'une conférence de presse, c'est un monstre pétrolier dont on annonce la création : la fusion du groupe Ioukos, de Mikhaïl Khodorkovski, avec la Sibneft d'Abramovitch et Berezovski. Sur le papier, « Iouksi » représente la première compagnie mondiale en termes de réserves et la troisième en termes de production. Mais cette fusion annoncée en grande pompe est abandonnée quatre mois plus tard. Des problèmes de leadership sont apparus entre l'encombrant Berezovski, écartelé entre ses multiples affaires, et Abramovitch, concentré sur le pétrole.

Plus généralement, la conjoncture est mauvaise. La privatisation de Rosneft échoue. Le prix

1. Valery Paniouchkine, *Le Prisonnier du silence. L'ascension et la chute de Mikhaïl Khodorkovski*, Paris, Calmann-Lévy, 2007, p. 92. Kvantrishvili fut assassiné à Moscou en 1994.

du baril est en chute (- 25 % entre 1997 et 1998). L'économie russe est en surchauffe, au bord du gouffre. Un comble : pendant que les entreprises russes privatisées, cédées à bas prix lors de l'opération « prêts contre actions », gonflent leurs profits en pratiquant le hors-jeu fiscal, les caisses de l'État se vident désespérément. Pour financer la dette, assurer le paiement des fonctionnaires et ses obligations publiques, l'État continue d'émettre des bons du Trésor (GKO à court terme, lancés en 1993) à des taux d'intérêt de plus en plus élevés. Les nouvelles émissions ne servent bientôt plus qu'à rembourser les intérêts à payer sur les précédentes.

Politiquement, la situation n'est pas meilleure. En mars, Eltsine a remplacé le Premier ministre Victor Tchernomyrdine, en poste depuis 1992 et symbole de la corruption du régime, par le jeune Sergueï Kirienko (35 ans), surnommé « Kinder Surprise » par la presse russe. Sa relative indépendance accentue la querelle avec les grands oligarques, Berezovski au premier chef. Sans le savoir, le « parrain » du Kremlin est en train de semer les graines de sa future mise à l'écart. Sa soif de contrôle, de pouvoir, le mélange permanent des genres entre ses activités commerciales et ses intrigues politiques agacent. Il veut trop et le montre de façon indécente. « La plus grande erreur de Berezovski a été de parler de façon excessive de son importance, a jugé Egor Gaïdar. Si – et quand – vous avez de l'influence, la meilleure chose est de rester tranquille[1]. » Exactement ce qu'a compris son élève Abramovitch...

À la fin du printemps, sentant la catastrophe, les banques commencent à se retirer du marché des bons du Trésor russes. Les salaires n'arrivent plus (60 % d'impayés à l'été), des grèves se déclenchent à travers tout le pays. Le montant des GKO en circulation est estimé à 70 milliards de dollars. Le blocage est irrémédiable. Le 17 août, la pyramide s'effondre : le gouvernement annonce une dévaluation du rouble, le défaut de paiement sur les GKO, et décrète un moratoire bancaire de trois mois. Des mesures préalablement validées par les oligarques : ce moratoire leur permettra, par exemple, de sauver leurs meilleurs actifs de la faillite annoncée du système...

De plus, cette crise sera liée à un énorme scandale, dévoilé un an plus tard, qui donnera lieu à une enquête internationale pour détournement de fonds et blanchiment d'argent. Trois semaines avant l'effondrement de la pyramide des GKO, Tchoubaïs était parvenu à négocier une tranche de

1. David Hoffman, *op. cit.*, p. 409.

prêt de 4,8 milliards de dollars, sur dix-sept mois, avec le Fonds monétaire international (FMI), dans le cadre de la défense du rouble. Plus tard, il évoquera cette opération avec une phrase sans équivoque : « *Mïi ikh kinouli* », « On les a roulés ». Sur les 4,8 milliards de dollars prêtés par le FMI, seule une infime partie a servi au sauvetage du rouble. La quasi-totalité du prêt a disparu. Enfin, pas tout à fait. Il a été détourné puis ventilé vers une vingtaine de banques mondiales, dont plusieurs sont chevillées à des établissements financiers liés aux grands oligarques. La vénérable Bank of New York est au cœur de l'obscur triage.

« L'analyse des réseaux d'amitiés impliqués dans cette affaire est des plus instructives, rapporte l'économiste Jacques Sapir, directeur d'études à l'École des hautes études en sciences sociales (EHESS), spécialiste de l'ex-URSS et de la Russie. Une des responsables de la Bank of New York, Lucy Edwards, licenciée lors du scandale, était la femme de Peter Berlin, un émigré russe ayant créé une société, Benex, par laquelle ont transité entre 4 et 10 milliards de dollars depuis le début de l'année 1998. Berlin était bien connu comme l'un des contacts entre la communauté financière américaine et les nouveaux banquiers russes. Kagalovski, un dirigeant de la banque russe Menatep fondée par (...)

Mikhaïl Khodorkovski, fut le premier représentant de la Russie au FMI. Il fut en 1991 l'un des intermédiaires entre Jeffrey Sachs et Gaïdar. Sa femme, Natacha Kagalovskaïa, était la responsable des opérations menées depuis Londres par la Bank of New York, au profit de Russes détenteurs de comptes aux États-Unis. Ces réseaux, à la veille de la crise financière, ne correspondaient plus à de simples affinités idéologiques, mais structuraient des relations d'intérêt, pour partie illégales comme devaient le démontrer les poursuites en justice dont ont été passibles par la suite nombre de protagonistes[1]. »

En août 2000, Runicom a vu ses locaux fribourgeois perquisitionnés par la justice suisse, en liaison avec l'enquête déclenchée sur ce scandale. Un raid d'enquêteurs russes eut également lieu au siège de Sibneft, à Moscou, à la même période. Le porte-parole de Roman Abramovitch, John Mann, a nié plusieurs fois une quelconque connexion de Runicom avec cette affaire, en affirmant que les accusations portées sur la société de trading pétrolier étaient « sans fondement ». En 2004, il renvoyait à un audit réalisé par PricewaterhouseCoopers « qui

1. Jacques Sapir, *La crise financière russe d'août 1998, tournant de la transition en Russie ?*, CEMI (EHESS), Paris, mai 2001.

a établi que tous les fonds alloués par le FMI en 1998 avaient été utilisés correctement[1] ». Mann ajoutait que, en 1998, les comptes de Runicom n'avaient encaissé que 1,2 million de dollars...

Après la crise de 1998, Sibneft se lance dans une restructuration et un dégraissage musclés, menés par Chvidler. Pendant ce temps, l'instabilité gouvernementale se poursuit : Kirienko est remplacé par le revenant Tchernomyrdine, qui laisse rapidement la place au rugueux ministre des Affaires étrangères, Evgueni Primakov, en septembre. Primakov, 68 ans, cacique du KGB et ancien chef des services secrets extérieurs (SVR), mène un train de vie humble, qui tranche avec les signes extérieurs de richesse de certains de ses collègues corrompus. Il nomme plusieurs communistes dans son gouvernement. De quoi inquiéter les oligarques, qui voient en lui un successeur éventuel à Eltsine, très malade, pas vraiment conforme à leurs intérêts.

Le plus remuant d'entre eux, Berezovski, avance face au vent. Début novembre, il est pris à partie par Albert Makachov, un député communiste de la Douma, qui déclare que les *jidy* (les Juifs, en argot méprisant), qui entourent Eltsine et tiennent

1. *The Times*, 16 août 2004.

le grand capital, sont responsables des malheurs du pays. Un angle d'attaque récurrent quand la Russie va mal, surtout que la majorité des grands oligarques de l'époque étaient juifs. Au Kremlin, l'ex-journaliste Ioumachev est débarqué de son poste de chef de l'administration présidentielle. Le président ramène sous son autorité le ministre de la Justice et de la Police fiscale, en prétendant accentuer la lutte contre « la corruption et le crime économique ».

Le thème est porteur dans l'opinion publique, victime du marasme de la crise d'août et lassée des magouilles à la tête de l'État. Au début de l'année 1999, les sociétés de Berezovski sont soumises à plusieurs raids judiciaires. Le 2 février, des miliciens et des enquêteurs du paquet général russe investissent les locaux de Sibneft, qu'il détient avec Abramovitch. Des perquisitions ont également lieu au siège d'Aeroflot. Le directeur de la publicité de la chaîne ORT, Sergueï Lissovski, se retrouve visé par une enquête fiscale… À la tête de ce rappel à l'ordre, le procureur général Iouri Skouratov, dont le zèle sera stoppé en mars par la diffusion à la télévision d'une vidéo classée X, le mettant en scène avec deux prostituées.

Une opération contrôlée par un personnage qui commence à s'imposer à l'époque : le directeur du FSB, Vladimir Poutine, aperçu, par exemple, à la fête d'anniversaire de l'épouse de Berezovski en février 1999. Les agitations de cette fin de règne n'épargnent pas la « famille ». En mars, Alexandre Volochine est nommé chef de l'administration présidentielle. Une promotion perçue comme une nouvelle reprise du contrôle de Berezovski sur l'entourage du président. Mais face au « vide du pouvoir », les manigances et les querelles sourdes qui agitent le Kremlin atteignent un fort degré de vice et de complexité. Chacun a son opinion sur les alliances qui se nouent et se dénouent par opportunisme et/ou volonté de nuire. « Rétrospectivement, la femme de Boris m'a révélé que Roman et Volochine avaient commencé à le pousser hors du cercle d'Eltsine plus tôt qu'il ne le pensait, fait remarquer Goldfarb, le collègue de Berezovski. C'est arrivé vers la fin de l'année 1998 ou au début de 1999. Après la crise économique, le cercle présidentiel était le dernier groupe sur lequel le président pouvait compter. Et comme Eltsine n'a jamais aimé Berezovski... »

L'influence d'Abramovitch va croissante, irrésistible. Son « coming out » forcé se concrétise avec la formation du gouvernement de Sergueï Stepachine, ancien ministre de l'Intérieur, le 31 mai 1999. Car ce nouveau changement de Premier ministre marque l'entrée directe du jeune oligarque, 32 ans, dans le jeu institutionnel. Les analystes lui attribuent alors un rôle primordial dans la désignation de Nikolaï Axionenko, qui traîne une gigantesque réputation de corrompu, au poste de vice-Premier ministre. Axionenko et Abramovitch sont présentés par le journal *Kommersant* comme les deux contrôleurs des « principaux flux financiers » qui circulent en Russie. Le président de Sibneft continue de voir fleurir ses privilèges – notamment par l'attribution d'une augmentation de ses quotas de pétrole à l'exportation. Son influence souterraine n'en finit plus d'intriguer et d'exciter les médias russes... d'autant plus qu'ils déclarent ne détenir aucune photo d'archives de l'oligarque secret ! L'hebdomadaire *Versiya* inaugure une « chasse à l'image » et promet une prime à qui lui fournira en primeur un cliché d'Abramovitch.

Il faut désormais démasquer l'homme invisible. Le 6 juin, la chaîne NTV lui consacre un reportage monté comme un thriller dans son émission phare, « Itogi ». NTV sait conter les intrigues du clan eltsinien à son public. Propriété du groupe de médias Most, elle appartient toujours à Vladimir Goussinski, qui prépare la présidentielle de 2000 pour « son » candidat, Iouri Loujkov, le maire de Moscou, adversaire du vieux président alcoolique, mazouté par des scandales de corruption à répétition.

En privé, Goussinski fréquente Abramovitch, avec qui il a déjà partagé des vacances. Le trentenaire qui monte est également proche du directeur de la chaîne, Igor Malachenko, ancien membre de l'équipe chargée de faire réélire Eltsine trois ans auparavant. Mais à la scène, Goussinski fait donner son orchestre sur l'influence de ces Raspoutines. Le scénario est bien ficelé : après Berezovski, à l'influence fléchissante, voici le jeune Abramovitch, dont tout le monde parle mais que personne n'a jamais vu. Le reportage de NTV montre effectivement le visage de l'oligarque dans une petite vidéo, mais de façon furtive, de profil, difficilement identifiable. Le lendemain, le *Moskovski Komsomolets* titre sur « l'homme sans visage ». Et le mercredi, fin du suspense : une photo du jeune dirigeant de Sibneft est enfin proposée aux lecteurs. Abramovitch, le discret, se retrouve malgré lui sur le devant de la scène.

Mieux vaut être pendu pour loyauté
que pour trahison.

Une blague circule en Russie, qui résume la façon dont le peuple perçoit la personnalité et la politique de l'ancien directeur du FSB à la tête de l'État : « Poutine veut gouverner comme Staline mais vivre comme Abramovitch. » L'ex-président et l'homme d'affaires partagent le goût du secret, une méfiance instinctive et un destin hors du commun né d'une histoire familiale tourmentée. Ils ont aussi en commun de ne pas fumer, ni boire. Si Abramovitch a connu la solitude de l'orphelin, Vladimir Poutine a vécu celle du fils unique arrivé sur le tard, dans un couple marqué par la perte de ses deux premiers enfants en bas âge.

Vladimir Vladimirovitch Poutine est le petit-fils de Spiridon, un grand cuisinier, qui fut chef du palace Astoria de Petrograd (ex-Leningrad et Saint-Pétersbourg) à la fin de la Russie tsariste, avant de se mettre, après la révolution d'Octobre, au service de la veuve et de la sœur de Lénine, puis de Staline lui-même. Dans sa biographie intitulée *À la première personne*, sortie pour assurer sa promotion juste avant l'élection présidentielle de 2000, Poutine se montre particulièrement fier de ce grand-père qui a survécu à la folie de l'ogre géorgien, alors que la grande majorité de ses proches a été victime de ses terribles purges successives.

Quant à ses parents, ils ont eu la « chance » de survivre à l'horreur du siège de Leningrad durant la Seconde Guerre mondiale. Mariés très jeune, Vladimir Spiridonovitch et Maria Ivanovna, une jeune femme d'origine paysanne, perdent leur premier fils, Vitali, juste après sa naissance. Le deuxième, Alik, décédera de diphtérie durant les neuf cents jours de siège de la cité baltique, qui a duré de juin 1941 à janvier 1944, par l'armée hitlérienne. Un épisode marqué par deux des pires hivers russes de l'histoire (1941 et 1942) et une immense famine, durant laquelle seront recensés de nombreux cas de cannibalisme. Le père de Poutine, alors au service du NKVD, l'ex-KGB du temps de guerre, sera blessé aux jambes par une grenade lors d'une opération de capture d'un soldat ennemi. Déclaré invalide, il sera démobilisé en 1942 et devient ouvrier dans l'industrie ferroviaire. Sa mère, victime du manque d'approvisionnement dans la ville martyrisée, frôlera la mort mais sera sauvée par son frère Ivan, grâce à des rations de l'armée. À la fin du siège, Vladimir et Maria se retrouvent et se voient attribuer un appartement communautaire au 15, avenue Baskov, à Leningrad.

Le couple est quadragénaire quand il apprend la grossesse tardive de Maria. Vladimir Vladimirovitch, futur président russe, naît le 9 octobre 1952 et grandit dans un environnement austère : la famille occupe une seule chambre de la *kommounalka*, qui ne dispose ni de douche ni d'alimentation en eau chaude et dont l'entrée est envahie par les rats. La chronique d'enfance du petit Volodia (son diminutif, avec Vovka) raconte les difficultés d'un garnement aux mauvaises fréquentations. À l'époque, Poutine passait pour un *chpana*, l'équivalent russe de « petit délinquant », « racaille ». Lui-même a le souvenir d'avoir été un « mauvais garçon ». De ses mauvaises fréquentations, il a gardé un vocabulaire cinglant et un langage dur, parfois ordurier, qui garnissent ses répliques et ses discours, à l'image du fameux : « Nous les buterons jusque dans les chiottes », lancé à l'adresse des « terroristes tchétchènes » le 24 septembre 1999, alors que la Russie vient d'être touchée par une vague d'attentats meurtriers.

À 11 ans, le jeune Volodia découvre la boxe, puis le judo. Une parfaite école de tactique, de discipline et d'application. « C'est le sport qui m'a écarté de la rue », explique-t-il dans sa biographie. Un film d'agent secret soviétique à succès de 1968, *Le Glaive et le Bouclier*, le guide vers son futur métier. Fasciné par les romans et les films d'espionnage, l'adolescent Poutine s'imagine en « tchékiste » patriote au service de la grandeur de l'URSS. Une espérance réalisée à la fin de ses études de droit, effectuées à l'Université de Leningrad. Le jeune étudiant, qui avait candidement proposé ses services au KGB au début de son cursus, voit l'institution revenir vers lui et l'enrôler en 1975. La version officielle indique qu'il passe ses premières années au Service

Numéro 1, chargé de surveiller les étrangers dans sa ville d'origine, Leningrad. L'historien spécialiste des services secrets Nikita Petrov se montre plus circonspect : « Les détails de sa biographie ne sont pas connus, explique-t-il. Nous ne savons rien de la tâche qui lui était assignée à Leningrad[1]. »

La mission qui l'amènera à Dresde, en Allemagne de l'Est, de 1985 à 1989, est en revanche de notoriété publique. Une anecdote résume le zèle de Poutine, fonctionnaire dévoué et ultralégaliste, lors de la chute du mur de Berlin : alors que des manifestants se dirigent vers le bâtiment de la Stasi et du KGB, Poutine brûle les documents rangés dans son bureau puis sort pour tenter de contenir la foule, un pistolet à la main, menaçant de tirer en cas d'intrusion. « Rapatrié » à Leningrad en janvier 1990, le lieutenant-colonel Poutine tente de retrouver ses marques dans une URSS en décomposition. Il abandonne provisoirement ses ambitions de promotion au sein du KGB et retrouve un job de vice-recteur à l'université d'État… tout en continuant à travailler pour les Organes, occupé à la surveillance des étudiants et des enseignants étrangers. Il renoue aussi le contact avec son ancien professeur de droit,

1. Peter Baker et Susan Glasser, *Kremlin Rising*, Washington, Potomac Books, 2005, p. 43.

un homme qui va être décisif pour sa future carrière politique : le réformateur libéral Anatoli Sobtchak, qui lui propose un poste d'assistant.

Poutine gagne sa confiance et suit son ancien prof à la tête de l'administration de Leningrad, où il vient d'être élu maire. Surtout, il démontre un trait de caractère qui sera son atout principal lors de son ascension politique, durant les années 1990 : une loyauté indéfectible envers ses supérieurs, sans considération éthique. Avec une qualité similaire à celle d'Abramovitch, savoir se trouver « au bon endroit, au bon moment », tout en faisant preuve de la fermeté que le peuple attendait de lui. À l'image de cette intervention, devant des membres de l'administration locale, en 1991, où l'on entend l'ancien *chpana* réclamer une répression sans faille pour les meurtriers des forces de l'ordre. « Pour chaque collaborateur tué, nous souhaitons éliminer dix criminels », expliquait Poutine, avec un visage impassible...

Il restera auprès de son maître pendant cinq ans, entre 1991 et 1995. Un strapontin stratégique d'où il assiste à la prolifération des pratiques mafieuses après la fin de l'URSS. Chargé des relations extérieures de l'ancienne capitale russe, il contrôle l'aide humanitaire, traite avec les missions diplomatiques mais gère aussi les activités de commerce extérieur et les investissements étrangers. En 1994, il devient premier adjoint au maire et se voit confier le dossier des privatisations. Poutine doit faire rentrer l'argent récolté grâce aux taxes et impôts des entreprises privatisées dans les caisses municipales.

Mais avec le ticket Sobtchak-Poutine, la ville ne s'enrichit pas, loin de là. Pire : à la fin du mandat, elle accumule un déficit estimé à près de 600 millions de dollars. Saint-Pétersbourg est décrépie, gangrenée par une corruption galopante, à l'image du pays. Un député de la Douma, Iouri Chtchekotchikhine, tentera d'enquêter sur les malversations effectuées durant cette période. Il y perdra la vie, le 3 juillet 2003, apparemment empoisonné par une substance jamais identifiée[1].

En juin 1996, Sobtchak perd son siège de maire au profit de Vladimir Iakovlev, un ancien collaborateur devenu adversaire. Iakovlev demande alors à Poutine d'intégrer la nouvelle administration : il décline, en expliquant qu'il vaut mieux « être pendu pour loyauté que pour trahison ».

Soupçonné de détournement de fonds, Sobtchak s'envole discrètement pour la France *via* la Finlande,

1. Thierry Wolton, *Le KGB au pouvoir,* Paris, Buchet Chastel, 2008, p. 134.

une fuite coordonnée par Poutine. Il y restera trois ans. Un exil finalement utile au tchékiste, qui poursuivra sa progression sans cette potentielle menace collatérale. Que serait-il advenu de Poutine si Sobtchak avait dû répondre des failles de sa gestion municipale devant les tribunaux ? Quand l'ancien maire de Saint-Pétersbourg rentre en Russie fin 1999, Volodia a assuré son retour : il est devenu Premier ministre du pays. Sobtchak mourra d'une crise cardiaque trois mois après. À ses funérailles, on verra Poutine verser une larme, une image rarissime en public. La loyauté de l'ancien adjoint... Mais cyniquement, cette disparition peut aussi être perçue comme un soulagement pour le nouveau tsar russe : avec la mort de Sobtchak, Poutine voit disparaître un témoin gênant des magouilles pétersbourgeoises.

C'est Pavel Borodine, l'intendant du Kremlin et responsable de son important patrimoine immobilier, qui relance Volodia dans le circuit, cette fois-ci à Moscou. Borodine le connaît, il a un poste à lui proposer au sein du staff présidentiel. Poutine doit devenir l'adjoint de Nikolaï Iegorov, responsable de l'administration présidentielle. Mais Iegorov saute, pour être remplacé par Anatoly Tchoubaïs... qui supprime immédiatement le poste devant échoir à Poutine. Qu'à cela ne tienne : l'ancien lieutenant-colonel du KGB est finalement embauché par Borodine lui-même, qui en fait son bras droit, et, lorsque Tchoubaïs est lui-même remplacé, en mars 1997, par Valentin Ioumachev, le nègre d'Eltsine, Poutine se rapproche un peu plus du cœur de la machine étatique et des secrets d'État. À la direction du contrôle financier, il a désormais un accès direct au président et à sa fille, Tania, sa conseillère spéciale.

Poutine restera quatorze mois à ce poste, avant de finir premier chef adjoint de l'administration présidentielle, chargé des relations avec les régions, en mai 1998. Dans les arcanes, sa réputation de technocrate travailleur et discret est faite. Il sait écouter et garder profil bas, une attitude qui a si bien réussi à Abramovitch. « Il était toujours calme, juste assis dans un coin, témoigne Alexander Olson[1], président de Fondation de l'opinion publique à Moscou. Contrairement aux autres adjoints, qui s'épanchaient sur leur vision de la Russie et du monde, Poutine n'essayait pas de se lancer dans des conversations avec moi. » L'agent dormant donne une telle satisfaction que le 25 juillet 1998 il obtient la récompense suprême, en réintégrant sa maison mère par la grande porte. Le lieutenant-colonel

1. Peter Baker et Susan Glasser, *op. cit.*, p. 48.

Vladimir Poutine, qui, moins de dix ans auparavant, n'était qu'un petit fonctionnaire du KGB affecté à Dresde, se voit propulsé directeur du FSB.

De sa vigie, il continue à protéger ceux qui l'ont fait prince. Ainsi, il obtient le scalp du procureur général Iouri Skouratov en mars 1999, à la suite d'une histoire particulièrement scabreuse. Skouratov, qui enquêtait sur la corruption en Russie, était tombé sur une piste menant directement au Kremlin. « Au lieu de donner à temps l'ordre de stopper l'enquête, il l'a laissée se poursuivre, rapporte Oleg Kalouguine (ancien général du KGB). Par conséquent, le nom des membres de la famille Eltsine, celui d'Eltsine lui-même ainsi que celui de ses sponsors et financiers ont été versés dans le dossier. On demanda à Skouratov d'arrêter les enquêtes mais il s'était affranchi de tout contrôle[1]. » Skouratov est alors soutenu par le Premier ministre Primakov, qui vise la succession d'Eltsine et joue la carte « mains propres » dans cette fin de règne eltsinienne pourrie par les scandales.

Au cœur du dossier, l'affaire Mabetex, du nom d'une société suisse chargée par l'intendant Pavel Borodine de rénover les propriétés du Kremlin. Mabetex était soupçonnée d'avoir versé des pots-

1. Paul Klebnikov, *op. cit.*, p. 332.

de-vin pour obtenir ces marchés juteux, tout en fournissant à ses frais des cartes de crédit à Boris Eltsine et à sa fille. Le scandale, relayé par la presse internationale, prend rapidement de l'ampleur mais, le 16 mars 1999, la chaîne RTR diffuse un enregistrement compromettant, une vidéo où l'on voit un homme s'ébattre avec deux prostituées dans un établissement dc bains russe. Un homme qui ressemble fortement à Skouratov. Le procureur général nie les faits mais c'est trop tard : cette saynète volée l'a décrédibilisé. Vladimir Poutine participera à sa chute en affirmant qu'il était bien l'individu figurant sur l'enregistrement vidéo. La carrière de Skouratov, qui sera ensuite poursuivi pour abus de pouvoir, est torpillée. Quant à Primakov, il est éjecté de la scène le 12 mai 1999, remplacé par Stepachine.

Les chemins de Poutine et d'Abramovitch vont finalement se rejoindre début août, lorsque le directeur du FSB succédera à Stepachine au poste de Premier ministre. Lors de la formation du gouvernement, c'est Abramovitch lui-même qui interviewera les prétendants aux différents postes des ministères clés, comme le constatera la grande figure de la radio Echo de Moscou, Alexeï Venediktov, présent sur place. Alors qu'il se promène dans les allées du Kremlin, il croise un jeune homme d'une trentaine d'années qu'il ne reconnaît pas. « J'ai discuté avec quelques-uns des candidats que je connaissais et je leur ai demandé ce qu'ils faisaient là, a relaté Venediktov. Ils m'ont répondu : "On a un entretien." (...) Ils avaient un entretien avec Roman Abramovitch. J'ai demandé : "Quelle allure a-t-il ?" Quand ils me l'ont décrit, j'ai réalisé que c'était le jeune homme que j'avais vu dans un des couloirs du Kremlin. »

Plus de quatre ans plus tard, Venediktov rapportera cette petite anecdote à Abramovitch : « Il m'avait affirmé : "Alexeï, je te promets que je ne suis pas intéressé par la politique." Alors je lui ai rappelé comment, en 1999, il avait participé à la formation du cabinet, comment tous les candidats aux ministères du gouvernement Poutine devaient aller le voir, un par un, dans son bureau. Il m'a répondu : "Cela n'a pas eu lieu." Je lui ai répondu que cela avait bien eu lieu parce que j'étais au Kremlin ce jour-là et que je l'avais vu de mes propres yeux. En riant, il a lancé : "Oh ! c'étaient juste des conversations amicales." Des conversations amicales ? À l'intérieur du Kremlin[1] ? » Abramovitch, l'as de la dénégation. Sur le site internet de Gazprom Neft, on peut consulter l'une de ses très rares interviews, donnée à *Vedomosti* juste avant les

1. Dominic Midgley et Chris Hutchins, *op. cit.*, p. 102-104.

législatives de 1999, lorsqu'il dirigeait Sibneft[1]. En voici un court extrait :

« — Avez-vous lié connaissance avec Boris Eltsine ?

— Je ne l'ai jamais vu.

— Quelle est son opinion sur vous ?

— Je pense qu'il ne sait pas que j'existe. »

À la fin de l'été 1999, le « projet Poutine » est mis sur les rails par Berezovski, Abramovitch et Volochine, le chef de l'administration présidentielle. Après deux mandats, Eltsine va laisser la place. Mais surviennent des obstacles : Primakov, allié du maire de Moscou Loujkov, brigue la succession du président en bout de course. De plus, les partisans du nouveau Premier ministre craignent un succès néfaste des communistes aux élections législatives de décembre, à la Douma. Il faut créer d'urgence un parti soutenant Poutine, susceptible de placer le tchékiste en position de force avant la présidentielle. Et mobiliser l'opinion sur un thème fédérateur, le retour au *vlast*, l'exercice sans concession du pouvoir, nécessitant l'arrivée d'un homme intransigeant, protecteur des intérêts de la Russie. Début septembre, une série d'attentats, rapidement attribués aux

1. www.gazprom-neft.com, section « Newsroom-On The Record » ; *Vedomosti*, 1er décembre 1999.

extrémistes tchétchènes, cause la mort de plusieurs dizaines de personnes à Moscou et Volgondosk. Poutine lance sa fameuse diatribe sur les terroristes à « buter jusque dans les chiottes » et construit opportunément sa stature de chef. L'ancien directeur du FSB veut cristalliser la revanche du peuple russe sur son propre sort.

La deuxième guerre de Tchétchénie débute et le parti Unité est lancé, symbolisé par un ours (*Medved*, l'autre nom de la formation politique). Une image apparue à Berezovski dans un cauchemar, alors qu'il était brièvement hospitalisé pour une hépatite ! Goldfarb expose sa version des faits, forcément celle de son ami Berezovski : « Quand le groupe composé de Boris, Roman et Volochine a décidé que Poutine serait le successeur d'Eltsine, ils ont organisé une réunion. Tout le monde pensait que les élections étaient déjà perdues. Boris a déclaré : "Non, nous devons gagner. Un, c'est possible, et deux, c'est essentiel. Sinon Primakov sera élu président." Lors de la réunion, Roman lui a demandé : "De quelle somme d'argent as-tu besoin ?" Boris a répondu qu'il n'avait pas besoin d'argent et qu'il allait faire le tour des régions pour convaincre les gouverneurs de rallier Unité. En leur disant que, s'ils votaient pour la coalition "La Patrie-Toute la Russie" de Primakov et Loujkov, ils verraient leur indépendance rognée par le pouvoir central. » Dans le même temps, sa chaîne ORT s'occupe de décrédibiliser, jour après jour, le tandem Primakov-Loujkov.

L'opération commando fonctionne : le 19 décembre, le parti Unité arrive juste derrière les communistes en termes de pourcentage de voix. Par le jeu des alliances, les formations favorables au gouvernement sont majoritaires. Abramovitch s'est fait élire député en Tchoukotka, région située à l'extrême est du pays, en face de l'Alaska. Berezovski a obtenu son siège dans la petite république de Karatchaïevo-Tcherkessie, dans le Caucase du Nord, près de la Tchétchénie qu'il connaît si bien, pour avoir, à maintes reprises, participé à des négociations avec les rebelles lors de prises d'otage. Leur élection leur permet surtout de décrocher l'immunité parlementaire. « Après les élections, poursuit Goldfarb, il y a eu cette fameuse conversation entre Poutine et Boris, qui lui a déclaré : "Tu as réussi, tu es mon frère, maintenant." Mais Roman et Volochine ont commencé à siffler aux oreilles de Poutine en lui disant : "Fais attention à Boris, il est ambitieux, il a un projet..." Ils essayaient de monter Poutine contre Boris. »

L'alternance prématurée prend forme le soir du 31 décembre, lors d'une allocution télévisée d'Eltsine.

En démissionnant de son poste à cette date, le président usé souhaitait visiblement effectuer un geste symbolique. « Je veux me retirer cette année, Vladimir Vladimirovitch, l'avait-il prévenu quelques jours plus tôt. C'est très important. Le nouveau siècle doit s'ouvrir sur une nouvelle ère. L'ère de Poutine[1]. » En quittant le Kremlin, Eltsine lui demande de « prendre soin » de la Russie. Le premier acte de « président par intérim » est de signer un décret garantissant l'immunité à Eltsine et à sa famille... Poutine installe sur son bureau du Kremlin une petite statuette en bronze, qui ne le quitte jamais : il s'agit de celle de Félix Dzerjinski, le chef de la Tcheka puis de la Guépéou, entre 1917 et 1926.

L'ancien lieutenant-colonel adresse rapidement les premiers signes de sa politique de rétorsion. Une semaine avant la présidentielle, il annonce, dans une interview donnée à la radio Maïak, la fin des oligarques en tant que « classe ». Tranquillement élu au premier tour le 27 mars 2000, Poutine peut renvoyer l'ascenseur au *Kontora* (« le bureau », un surnom donné au FSB). Lors d'un discours prononcé et filmé quelque temps plus tard à la Loubianka, le sinistre siège de l'ancien KGB, il lance à l'assem-

1. Boris Eltsine, *Midnight Diaries*, New York, Public Affairs, 2000, p. 6.

blée : « L'instruction n° 1 était de reprendre le pouvoir. Nous y sommes parvenus. » Son programme se concentre sur deux idées fortes : restauration de la verticale du pouvoir et dictature de la loi.

D'où provient cet argent ?

Berezovski pensait avoir accompagné au pouvoir un allié solide. Il va rapidement s'apercevoir que les temps sont au changement. L'indécrottable marionnettiste avait pourtant pris quelques précautions. Lors d'une fête donnée à l'occasion du 47e anniversaire de Poutine, il avait envoyé Abramovitch épier son entourage à Saint-Pétersbourg, pour voir quel degré d'emprise le *Kontora* avait sur lui. Abramovitch était revenu sans crainte particulière. « Tu m'as envoyé espionner des espions mais je n'en ai pas vu, aurait-il rapporté. Rien que des invités banals, de son âge, portant des jeans ; certains jouaient même de la guitare. Pas le moindre gorille du KGB à l'horizon[1]. »

Première victime de Poutine : Vladimir Goussinski, en conflit avec le nouveau président, *via* sa chaîne NTV et ses reportages sur la guerre en Tchétchénie. Le 11 mai, un groupe de policiers

1. Alex Goldfarb et Marina Litvinenko, *op. cit.*, p. 216.

armés fait irruption au siège de son groupe Media-Most. C'est le début de la fin pour Gouss, poursuivi pour fraude. Quelques semaines après, il est interrogé puis gardé à vue pendant trois jours. Pris dans l'étau, il échange l'arrêt des poursuites engagées contre lui – et sa liberté – contre son empire télévisuel, qui sera absorbé par Gazprom. Goussinski a compris : il quitte immédiatement la Russie pour se réfugier dans sa villa de San Roque, en Espagne ; il partira ensuite s'installer en Israël. C'est la vieille tactique du *kompromat*, le déballage des matériaux compromettants : si vous ne rentrez pas dans le rang pour me soutenir, je vous pourris la vie en sortant de sales dossiers sur vous.

Enivré par des années de manipulations victorieuses, Berezovski tente de résister à la reprise en main opérée par Poutine et les *siloviki*, les représentants des « structures de force », venus des ministères de l'Intérieur, de la Défense, de la Justice et des services secrets. Il s'était déjà accroché avec le président au sujet de la brève incarcération de Goussinski ; un clash déterminant intervient avec la volonté du Pétersbourgeois de nommer sept envoyés spéciaux présidentiels, à travers le pays, chargés de remettre au pas les gouverneurs prenant trop de distance – fiscale ou politique – avec la Fédération. C'est la première grande réforme constitutionnelle de Poutine. Le décret du 13 mai 2000 crée sept grands districts fédéraux sur l'ensemble du territoire. Le président entend affirmer son emprise sur les pouvoirs régionaux en leur appliquant un contrôle de tutelle, comparable à celui des préfets sur les exécutifs locaux en France. Sur ces sept envoyés présidentiels, cinq sont des *siloviki*.

Du coup, Berezovski se retrouve en porte-à-faux : avant les législatives de décembre 1999, il avait convaincu les gouverneurs de ne pas soutenir Primakov, en affirmant qu'il restreindrait leur indépendance. Exactement ce que Poutine s'apprête à faire… Et quand le magnat apprend que les députés de la Douma se voient proposer de l'argent pour approuver ses réformes, il décide de défier ouvertement son « frère » Volodia. « Boris est allé voir Poutine, raconte Goldfarb, et lui a dit : "Je sais qu'on [il soupçonne en particulier Abramovitch] propose 8 000 dollars par député pour qu'ils approuvent tes lois. Alors je vais surenchérir en leur proposant 10 000 dollars afin qu'ils votent contre !" Boris voulait montrer sa force face aux décisions de Poutine. Mais il a échoué sur Goussinski puis sur les "supergouverneurs". Volochine et Roman en ont profité pour persuader le président que Boris voulait, par son intermédiaire, s'opposer directement à l'État. »

Le gouvernement dépendant du président Poutine n'est pourtant pas un panel de vertueux. Le Premier ministre, Mikhaïl Kassianov, est surnommé « Micha 2 % », en raison de la commission qu'il s'octroierait à chaque négociation sur le financement de la dette extérieure du pays. Touchés par de forts soupçons de corruption, Adamov et Axionenko ont provisoirement récupéré un nouveau portefeuille (Axionenko, devenu trop voyant, sera débarqué en 2001). Après le pétrole, Abramovitch prend pied, au printemps 2000, dans un autre secteur à risque : l'aluminium. Son association avec un oligarque de sa génération, Oleg Deripaska, donne naissance à Roussal, qui contrôle 80 % de l'aluminium russe.

L'arrière-scène de cette belle alliance est beaucoup moins clinquante. Oleg Deripaska a construit son groupe en association avec les sulfureux frères Tchernoï, Lev et Mikhaïl, avant de couper (officiellement) les ponts avec le duo en 1996. Suspecté de blanchiment d'argent, de trafic de drogue et de collusion avec le groupe mafieux d'Izmaïlovo, Mikhaïl Tchernoï fut, avec Lev, au cœur de la sanglante guerre de l'aluminium qui agita Krasnoïarsk au milieu des années 1990. Deripaska a été exclu du Forum de Davos de 2002 à 2007. Il a été interdit de séjour aux États-Unis mais, en Angleterre, tout va bien : il mène sa vie de milliardaire à Londres avec sa jeune épouse Polina, la fille de Valentin Ioumachev, lui-même marié avec Tatiana, la fille d'Eltsine. Toujours la « famille »... Et il habite à quelques centaines de mètres d'Abramovitch, dans le quartier de Belgravia. Oleg et Roman sont actuellement les deux hommes les plus riches de Russie.

Djalol Khaïdarov, ancien membre du groupe Tchernoï, a eu le courage d'évoquer les liens qui unissaient les Tchernoï, les deux jeunes oligarques et le pouvoir russe : « Pour l'aluminium, l'idée était d'Oleg Derispaska et elle a été mise en pratique par Mikhaïl Tchernoï et le groupe d'Izmaïlovo, a-t-il expliqué. Roman Abramovitch et Oleg Deripaska (...) symbolisaient cette union des deux clans : un clan administratif, au cœur du pouvoir, et le clan des bandits[1]. » Deripaska publiera un droit de réponse deux mois plus tard pour nier ces « allégations[2] ».

À l'été 2000, un coup de semonce vient pourtant rappeler les barons du business à la vigilance. Alors que leur caste fate fait l'objet d'une surveillance fiscale accrue, une réunion solennelle est organisée le 28 juillet au Kremlin. Y sont conviés

1. *Le Monde*, 28 novembre 2002.
2. *Le Monde*, 20 janvier 2003.

vingt et un pontes des affaires russes, dont Khodorkovski, Alekperov, Fridman, Deripaska, Potanine ou Vexelberg. Un raout monté par Boris Nemtsov, l'ancien vice-Premier ministre, qui s'est érigé en pourfendeur du « capitalisme de bandits ». Trois absents sont à signaler : Goussinski, qui a fui le pays, Berezovski, en rupture avec Poutine, et son associé Abramovitch, mais pour une autre raison : sa connivence avec le Kremlin est déjà telle que sa venue n'était pas jugée nécessaire. La société Sibneft est représentée par son camarade Chvidler. Pour Poutine, il s'agit de rééquilibrer les pouvoirs : « Tentons de construire entre nous une relation civilisée et transparente », leur lance-t-il. « Il a bien fait passer le message », a rapporté l'oligarque de l'acier Oleg Kisseliov. C'était : « Restez en dehors de la politique et je ne reviendrai pas sur les résultats des privatisations[1]. »

La première grande épreuve du nouveau président intervient avec la catastrophe du sous-marin *Koursk*, le 12 août[2]. Ses répercussions scellent la fin

1. Peter Baker et Susan Glasser, *op. cit.*, p. 87.

2. Le sous-marin nucléaire *Koursk* a fait naufrage le 12 août 2000, suite à deux explosions intervenues dans son compartiment de torpilles, alors qu'il effectuait des manœuvres en mer de Barents. La catastrophe a provoqué la mort de 118 marins.

de son alliance avec Berezovski, qui lui reproche, à l'image de la société russe et de la communauté internationale, de ne pas avoir su réagir en homme d'État – Poutine n'a pas interrompu immédiatement ses vacances à Sotchi – face à la catastrophe. Le 17 juillet, Berezovski avait déjà démissionné de son poste de député à la Douma, après la publication d'une lettre ouverte, dans laquelle il menaçait de créer un parti pour contrecarrer la dérive « autoritaire » du pouvoir. Lorsque survient le naufrage du *Koursk*, il laisse sa chaîne ORT couvrir l'événement sans restrictions. Le gouvernement russe, accusé de mensonge sur le déroulement du drame et d'incurie, plonge dans une crise domestique et internationale.

Quand le magnat est reçu au Kremlin, une semaine après le drame, il voit d'abord le « superintendant » Volochine, qui l'accuse d'œuvrer contre le président. Selon ses dires, Berezovski est à deux doigts de lui briser un cendrier sur la tête[1]. Quand il se retrouve face à Poutine, l'affrontement est glacial. Le président, acide, lui soutient qu'ORT est corrompue, que la chaîne bidonne ses reportages, en interviewant des prostituées qu'elle fait passer pour les épouses ou les mères des marins disparus[2]. C'est

1. Martin Sixsmith, *op. cit.*, p. 181.
2. Alex Goldfarb et Marina Litvinenko, *op. cit.*, p. 247-248.

la dernière fois que les deux hommes se verront. Dans la foulée, Berezovski poursuit la provocation, en proposant d'offrir un million de dollars aux familles des victimes. C'en est trop : lors d'une intervention sur la chaîne RTR, quelques jours plus tard, Poutine appuie là où ça fait mal. Il s'en prend, sans les nommer, à Berezovski et Goussinski, glosant sur l'origine de leur fortune : « Ils feraient mieux de vendre les villas qu'ils possèdent sur la Côte d'Azur et en Espagne, réplique-t-il. Cela leur permettrait d'expliquer pourquoi ces propriétés ont été enregistrées sous de faux noms et sous le couvert de sociétés légales. Et nous pourrions alors leur poser la question : "D'où provient cet argent ?" »

Connaissez-vous la différence entre un rat et un hamster ?

Berezovski est hors jeu. Il doit lâcher son empire. Le sage élève Roman dépasse son maître turbulent, exclu de la classe. En octobre, Berezovski cède ses parts dans ORT (49 %) à son jeune associé, qui les revendra docilement à l'État. Berezovski lui abandonne aussi ses parts dans Aeroflot et Sibneft, dont Abramovitch devient le plus gros actionnaire – un deal qui fait toujours l'objet d'un conflit juridique entre les deux hommes. Le « parrain » déchu des oligarques part pour la France puis s'installe à Londres. Il y obtiendra l'asile politique en septembre 2003. Abramovitch s'implante politiquement en Tchoukotka, où il est élu gouverneur en décembre 2000, avec plus de 90 % des voix. Cette niche lui permet de bénéficier d'une belle ristourne fiscale pour sa société Sibneft. Elle profite des avantages liés à cette région pauvre, lointaine et sous-développée, classée en « zone franche ».

La Russie va mieux, le cours et la production du pétrole aussi. En janvier 2001, Poutine rappelle les oligarques à leurs devoirs de contribuables et le groupe Sibneft, réputé très mauvais payeur, fait même l'objet en mai de nouvelles poursuites, concernant des arriérés fiscaux, évalués à 450 millions de dollars, des poursuites rapidement abandonnées. En interne, la sévère restructuration opérée par Chvidler a porté ses fruits. À la fin de l'année, la compagnie pétrolière se vante d'offrir à ses actionnaires le plus gros dividende jamais versé dans l'histoire de l'industrie russe : plus de 600 millions de dollars.

Abramovitch consolide sa holding Millhouse. Dans son énorme portefeuille d'actifs, on trouve désormais Sibneft, bien sûr, Roussal (50 % des parts), Aeroflot (26 %), Avtobank, Gaz, le deuxième constructeur automobile de Russie, le géant de l'assurance Ingosstrakh, le cartel du métal Orsko-Khalilovski, la centrale hydroélectrique de Krasnoïarsk et l'usine de papier de Oust Ilinski. Le 18 décembre 2002, Abramovitch, 36 ans, deuxième fortune de Russie, réalise sa dernière grosse acquisition organisée par l'État. Il est le seul candidat en lice pour la mise aux enchères de la compagnie pétrolière Slavneft, huitième groupe pétrolier du pays, un privilège qui aurait été négocié lors de la revente des parts d'ORT au pouvoir fédéral[1].

Durant l'été, des hommes armés avaient investi le siège de l'entreprise pour entraver les velléités de reprise de la société par l'oligarque ; la police était intervenue pour les déloger. Le suspense avait plané sur l'éventualité d'une offre émise par la société chinoise China National Petroleum Corp. (CNPC), qui s'était finalement retirée au dernier moment. La société Rosneft était aussi intéressée par Slavneft : deux jours avant la vente aux enchères, sa candidature fut bloquée par le lointain tribunal de Kemerovo, à plus de 3 000 kilomètres de Moscou.

Le jour de la vente, tous les obstacles étaient levés. Poutine voulait en faire un « modèle ». Malheureusement pour les finances fédérales, son déroulement fut un calque des arrangements de

1. *Novaïa Gazeta*, 26 février 2001.

l'époque « prêts contre actions ». La mise à prix était de 1,7 milliard de dollars, pour l'acquisition de 74,95 % de la société. Résultat : Slavneft est bradée en quatre minutes, pour 1,86 milliard de dollars, à Abramovitch, associé pour l'occasion au groupe Alfa de Mikhaïl Fridman. Les analystes estimaient sa valeur jusqu'à 3 milliards de dollars. « Sibneft a gagné et le budget a perdu », a résumé, à l'issue de l'opération, l'ancien ministre des Finances Mikhaïl Zadornov. Décidément, les passe-droits de l'oligarque et son insolente réussite interpellent. Interrogé quelques jours plus tard dans les bureaux moscovites de Millhouse sur la récente vente de Slavneft et les facettes obscures de son succès, Abramovitch formule une devinette : « Connaissez-vous la différence entre un rat et un hamster ? » lance-t-il aux témoins. « Pas de différence, juste une affaire de relations publiques[1]. » Sa façon à lui de gagner en respectabilité.

Reporter au quotidien *Vedomosti* et auteur d'un livre, paru en 2006, sur l'oligarque déchu et emprisonné Mikhaïl Khodorkovski, Valery Paniouchkine est considéré comme l'un des meilleurs journalistes russes. Pour lui, Abramovitch a su comprendre très tôt les avantages de l'opacité. « Boris Berezovski

1. *Le Monde*, 3 mai 2003.

montrait son influence sur le pouvoir de façon beaucoup trop voyante, juge-t-il. À l'époque d'Eltsine, les négociations entre le Kremlin et les oligarques étaient publiques. Aujourd'hui, elles sont secrètes. Abramovitch a compris cela très tôt. » Il utilise une amusante pirouette pour décrire le comportement ostentatoire du « pillard » Berezovski. « Si vous apprenez que votre femme vous trompe, ça vous énerve. Mais si en plus elle l'affiche, ça devient insupportable. Peut-être Abramovitch entretient-il des relations financières avec Poutine ou son entourage mais, en tout cas, il ne l'affiche pas. En revanche, je pense qu'il a davantage d'influence sur le pouvoir que Berezovski n'en avait. »

Le magnat déchu se trouve en exil à Londres quand s'amorce la seconde tentative de fusion Ioukos-Sibneft, après le premier échec de 1998. L'opération est monumentale : elle concerne les compagnies pétrolières dirigées par les deux plus riches oligarques du pays, Khodorkovski et Abramovitch. Elle doit aboutir à la création du quatrième groupe pétrolier mondial ; les regroupements de grandes entreprises sont dans l'air du temps. Le 22 avril, l'union des deux ogres est prononcée : Abramovitch récupère 3 milliards de dollars en cédant 26 % de Sibneft à Ioukos. Mais, en coulisses, les jeux sont déjà faits : Khodorkovski est grillé.

Abramovitch le sait-il au moment du deal, anticipant une future chute de Khodorkovski pour sécuriser une affaire qui profitera, à terme, à sa holding et au Kremlin ?

Apparemment, la franchise bravache du président de Ioukos l'avait perdu deux mois auparavant, au Kremlin, lors d'un exposé intitulé « La corruption en Russie, un frein à la croissance économique ». Depuis plusieurs mois, cet ancien membre du komsomol de l'Institut Mendeleïev avait mûri des ambitions politiques. Il subventionnait des formations d'opposition. Il disait avoir changé depuis la crise du rouble de 1998 : le busard agressif de la banque Menatep, mise en cause dans les détournements de fonds de la Bank of New York, avait fait place à un entrepreneur humaniste, préoccupé par le progrès social et l'avenir de son pays. Quand il présente son exposé devant Poutine et son entourage, Khodorkovski y détaille les données d'une enquête désespérante : près de la moitié des Russes pensent que les fonctionnaires sont corrompus ; plus du quart considèrent la corruption comme le problème le plus dangereux du pays (son volume est estimé à plus de 30 milliards de dollars par an, soit un tiers du budget de l'État). Khodorkovski propose de lutter plus efficacement contre cette plaie, en prenant à partie son assistance, dans une atmosphère pesante.

Il termine sur un exemple démonstratif : le récent achat d'une petite compagnie pétrolière, Severnaïaneft, par l'entreprise publique Rosneft, à un prix largement supérieur à celui du marché. « Si dans les années 1990 la pire forme de corruption était la braderie par l'État de ses propres entreprises pour une bouchée de pain, écrit Paniouchkine, relayant le raisonnement de Khodorkovski, ne pourrait-on pas dire que, dans les années 2000, la corruption est le rachat par l'État de compagnies privées à un prix excessif[1] ? »

L'attaque frontale sur Severnaïaneft est suicidaire. En sortant du Kremlin, Khodorkovski prévient ses équipes que le groupe risque dorénavant d'être attaqué, malgré l'alliance qui se prépare avec Sibneft. Le 19 juin, le chef du service de sécurité de Ioukos, Alexeï Pitchougine, est arrêté. Le 2 juillet, au lendemain de l'achat du club de Chelsea par Abramovitch, c'est au tour du bras droit du patron de Ioukos, Platon Lebedev. L'arrestation de Khodorkovski intervient le 25 octobre, lors d'une escale technique à l'aéroport de Novossibirsk, pendant sa tournée de promotion de la fusion Ioukos-Sibneft. Le 12 décembre, la fusion était abandonnée. On ne sait toujours pas si Abramovitch a rendu les 3 mil-

1. Valery Paniouchkine, *op. cit.*, p. 171-172.

liards de dollars qu'il a empochés dans cette affaire. Le groupe Ioukos, lui, fut consciencieusement disloqué par le pouvoir fédéral et ses meilleurs actifs récupérés par Rosneft.

Le 23 septembre 2005, après trois jours de négociations, Abramovitch céda 72,6 % des parts de Sibneft, dont les actions étaient au plus haut, à Gazprom, le géant gazier contrôlé par l'État. Une vente phénoménale qui rapporta 11,12 milliards d'euros à l'oligarque, *via* sa holding Millhouse. Cette générosité traduit le degré de confiance accordée à Abramovitch par Poutine. En effet, avec un tel magot entre les mains, l'ancien mécanicien représente une menace virtuelle pour son pays. « S'il a reçu autant d'argent, c'est qu'il a réussi à convaincre le pouvoir qu'il ne l'utiliserait jamais à des fins politiques, note Azer Moursaliev, le rédacteur en chef adjoint de *Kommersant*. Avec une somme pareille, il pourrait organiser une "révolution orange" où il veut. »

Qui maintient cet équilibre imperceptible entre Poutine et Abramovitch ? Dans quelle sphère impénétrable se jouent ces gigantesques arbitrages ? Le temps des manipulateurs démonstratifs à la Berezovski est bien révolu. Après les « barons voleurs » des années 1990, d'autres oligarques ont germé, peu visibles, dans le terreau d'un pouvoir verrouillé par le FSB. Les sommes qu'ils brassent sont exponentielles. Les coffres russes sont pleins à craquer et le prix très élevé du baril de brut fait entrer des tonnes de devises dans le pays. La Russie est le troisième producteur (derrière l'Arabie Saoudite et les États-Unis) et le deuxième exportateur mondial de pétrole. Elle est également le premier producteur et le premier exportateur mondial de gaz naturel. Estimées à 120 milliards de dollars en 2003 et 300 milliards en 2006, les réserves internationales russes frôlent les 500 milliards en 2008. La Russie est bien de retour et Poutine a été consacré « personnalité de l'année » en 2007 par le magazine *Time*.

Assassinée au pied de son immeuble le 7 octobre 2006, jour de l'anniversaire de Vladimir Poutine, la journaliste Anna Politkovskaïa portait un regard sans illusions sur les forces de l'ombre qui contrôlent son pays : « Sous Poutine, la mafia dicte ses règles à l'État. C'est à cette mafia toute-puissante, influente et extrêmement riche que Poutine pense lorsqu'il affirme que toute redistribution de la propriété est impossible et qu'il n'y a plus à y revenir. Poutine (...) a peur de toucher aux « parrains ». Les sommes en jeu atteignent des niveaux que le commun des mortels ne peut même pas imaginer ; la vie et l'honneur d'un homme n'ont aucune valeur lorsque les profits se chiffrent en millions[1]. » Ou en milliards.

Pendant que Khodorkovski purge une peine de huit ans de prison à Tchita, en Transbaïkalie, près de la frontière mongole, Abramovitch partage sa vie entre Londres, Moscou et les Caraïbes, à bord de ses trois yachts ou de son Boeing privé, assis sur une fortune estimée, en 2007, à 12,7 milliards d'euros (16e rang mondial) par le magazine *Forbes*. Un matelas qui lui permet de diversifier ses investissements dans la capitale moscovite. Avec son ami banquier Alexandre Mamout, il a ouvert un luxueux restaurant français, *Most* (Le Pont), situé près du grand magasin Tsoum, dont il a confié les cuisines au chef Éric Le Provos, figure de la haute gastronomie à Moscou. Abramovitch aime la cuisine tricolore : il se dit que le maître d'hôtel d'un de ses yachts est français également. Mais un businessman qui se veut respectable doit obligatoirement porter un smoking de mécène.

Il parraine le meilleur spectacle jeune public lancé par le théâtre du Bolchoï. *Via* Millhouse, il a financé la construction d'un énorme hôpital privé, à la pointe du luxe et de la technologie, comportant de

1. Anna Politkovskaïa, *La Russie selon Poutine*, Paris, Buchet Chastel-Folio Documents n° 33, 2005, p. 201.

vastes chambres individuelles équipées d'un écran plat, d'un accès à Internet et d'un fax. Cet hôpital est érigé dans un parc du quartier de la Roubliovka, la banlieue chic de Moscou. On retrouve aussi Abramovitch au conseil d'administration de l'école de management Skolkovo, la première école de commerce privée de Russie, lancée en septembre 2006. Skolkovo a déjà hérité d'un surnom, « l'école des oligarques », avec ses frais de scolarité estimés à 50 000 dollars par an. La relève se prépare.

Ses locaux provisoires sont situés près de la galerie Tretiakov, en attendant l'inauguration, en 2009, d'un bâtiment ultramoderne, en bois et en verre, inspiré des tableaux de Kazimir Malevitch. À l'entrée de l'immeuble, chacun des fondateurs est symbolisé par un petit pavé de verre transparent nominatif, autour de la maquette des futurs locaux. Le plus visible d'entre eux est dédicacé au feutre, au nom de Vladimir Poutine, qui a posé la première pierre de l'établissement. « Abramovitch est un des parrains de l'école », confirme Irina Proporova, la directrice du développement de Skolkovo. Un panneau coloré le présente avec les autres protecteurs du projet, qui ont versé chacun 5 millions de dollars pour son financement.

Dans ce groupe de soutien en or, on peut distinguer Ruben Vardanian, à l'origine du programme et patron de la banque d'investissement Troïka Dialog, Valentin Zavadnikov, qui dirige le comité pour l'industrie de la Fédération de Russie, Leonid Mikhelson, un magnat du gaz qui pèse 3 milliards d'euros, Andreï Rapoport, dirigeant du géant de l'électricité russe UES, Alexandre Mordachov, patron de l'empire sidérurgique Severstal, ou encore Alexandre Abramov, partenaire d'Abramovitch à la tête du groupe métallurgique Evraz, dont la fortune est estimée à près de 4 milliards d'euros. Il faut dire que la Russie dénombre aujourd'hui plus de 50 milliardaires en dollars ; Moscou en compterait désormais plus que New York. En 2007, et pour la deuxième année consécutive, la capitale russe a été élue « ville la plus chère du monde » pour les étrangers.

L'oligarque endosse enfin des responsabilités dans les hautes instances sportives de son pays. Il fait ainsi partie du conseil d'administration de la Fondation des Olympiens russes. Ce comité, créé en juin 2005, « contribue au développement » du mouvement olympique national. Ses perspectives sont attrayantes : grâce à un lobbying efficace, mené par un Vladimir Poutine très actif, la station balnéaire de Sotchi, située au bord de la mer Noire, au pied des montagnes du Caucase, a décroché, en juillet 2007, l'organisation des Jeux olympiques d'hiver de 2014. Poutine y possède une datcha.

L'examen du *board* de cette fondation renvoie à un constat récurrent : le sport russe aussi ressemble à une grande famille. Parmi ses membres, au côté d'Abramovitch, figure la « crème » des milliardaires : Oleg Deripaska, Alexandre Abramov, Victor Vexelberg, Vaguit Alekperov, Vladimir Potanine, Vladimir Lissine... Un conseil d'administration en platine, dont le président se nomme Dmitri Medvedev, l'homme désigné par Poutine le 10 décembre 2007 comme son successeur au Kremlin. Et que serait le football russe sans Roman Abramovitch ? Le propriétaire de Chelsea approvisionne l'Académie nationale du football, une institution qui finance la construction de dizaines de terrains à travers le pays. Au sommet de l'élite, sa contribution fait briller la vitrine du football russe : sa sélection nationale, présente à l'Euro 2008. En 2007, le budget de cette fondation était de 40 millions de dollars. Une partie de cette somme couvre le salaire versé au sélectionneur et ses frais annexes.

On trouve à la tête de l'Académie un personnage qui illustre parfaitement la connexion Poutine-Abramovitch : Sergueï Kapkov. Lui non plus ne se montre pas très bavard.

« – Comment Roman Abramovitch soutient-il l'Académie ?

— Très fortement.

— Est-il possible de vous rencontrer pour en discuter ?

— Non, je ne vous rencontrerai pas. »

Vice-président de l'Union russe de football, Kapkov est originaire de Magadan, à l'extrême est de la Russie. Lors des élections législatives de décembre 2007, il figurait sur la liste présidentielle de « Russie unie » dans la circonscription couvrant le nord-est du pays (la région de Magadan et le district autonome de Tchoukotka). Poutine figurait en première position sur la liste de son parti et a été élu député. Il s'est naturellement désisté et l'a fait au profit de Kapkov, représentant de cette génération montante de « quadras », symbolisée par Dmitri Medvedev. Dans la foulée de cette annonce, juste avant la rentrée de la nouvelle Douma, le 14 décembre 2007, Kapkov faisait la une de *Izvestia*, avec un titre en forme de clin d'œil : « Avec Kapkov, Vladimir Poutine a un nouvel héritier. »

LONDRES

Il ne voulait pas faire parler de lui.

Ils forment un couple de papier glacé, une cible évidente pour les paparazzi, attirés par ce mélange toujours gagnant de glamour, de richesse et de luxe inaccessible. Ils ont été traqués sur l'île de Ponza, en Italie, en août 2007, ou sur celle de Saint-Barth, dans les Caraïbes, en janvier 2008. La liaison argentée de Roman Abramovitch, l'oligarque divorcé, avec Daria (ou Dacha, son diminutif usité) Joukova, la jolie styliste de mode, agite « Londongrad », le surnom donné au Londres russe. La communauté russophone de la capitale britannique compterait environ 200 000 membres. Parmi tous les couples qui la composent, celui de Roman et Dacha est certainement le plus en vue, même s'il ne s'affiche guère.

Après seize ans de mariage avec la blonde Irina, la mère de ses cinq enfants, le milliardaire a divorcé en mars 2007, pour commencer une histoire sentimentale beaucoup plus *people* avec Dacha la brunette, ancienne petite amie du tennisman Marat Safin. Née en 1981, Dacha Joukova n'était pas inconnue du quadragénaire. Son père, Alexandre Joukov, d'origine ukrainienne, compte parmi ses associés. Il a été vice-Premier ministre de Vladimir Poutine et s'implique dans l'organisation des Jeux olympiques d'hiver 2014, qui auront lieu en Russie, à Sotchi. Joukov, à la réputation de play-boy, vit entre Moscou et Londres et ne connait pas, lui non plus, de soucis financiers : il fait partie des barons du pétrole russe. En revanche, une facette de son passé n'échappe pas à la controverse. En 2001, il a été soupçonné de trafic d'armes entre l'ex-URSS et les Balkans, lors de la guerre en ex-Yougoslavie.

Dacha Joukova a peu vécu avec son père. Ses parents ont divorcé quand elle avait 3 ans. Elle a quitté l'Union soviétique en 1990 pour suivre sa mère Elena, microbiologiste, aux États-Unis. À l'université de Californie de Santa Barbara, elle se lie avec Christina Tang, la fille d'un entrepreneur d'origine taïwanaise. Sa copine de fac va devenir son associée. En 2003, lors d'un gala de charité *fashion* à Moscou, elles décident de créer leur ligne de vêtements. Deux ans plus tard, Kova&T – Kova pour Joukova, T pour Tang – est lancée. L'actrice Drew Barrymore fait partie de ses fans. Pour promouvoir sa marque, Joukova peut également compter sur l'un des plus charmants « portemanteaux » de la planète : le top Natalia Vodianova, petite fille de Sibérie au destin de Cendrillon, mariée à l'aristocrate anglais Justin Portman.

Joukova se défend d'être une « Russe stéréotypée vivant à Londres[1] », une façon de se détacher de la masse de ses compatriotes. Son monde à elle, ce serait plutôt celui des « fashioniski ». Un néologisme anglais qui résume ce groupe de demoiselles privilégiées venues de l'Est, férues de mode et de soirées exclusives. Une petite caste forcément connectée aux businessmen russes qui ont choisi Londres, première place financière mondiale, comme point de chute. Sur un des nombreux clichés la présentant en agréable compagnie, on repère Dacha au côté d'une autre demoiselle bien mise qui n'aura jamais de problèmes d'argent : Polina, l'épouse d'Oleg Deripaska, le seul oligarque qui conteste la

1. *Observer Woman*, janvier 2008.

suprématie financière d'Abramovitch[1]. Dacha et Polina sont associées à la direction de spletnik.ru, un site internet de potins. Polina Deripaska est la fille de Valentin Ioumachev, ancien nègre et conseiller de Boris Eltsine, qui s'est remarié avec la fille cadette de l'ex-président russe, Tatiana, l'ancienne « princesse du Kremlin » proche d'Abramovitch. Encore et toujours la « famille »...

Autres figures de la scène des « fashioniski » : Xenia et Anastasia Virganskaïa, les deux petites-filles de Mikhaïl Gorbatchev, le dernier président de l'URSS. Remarquées au bal des débutantes du Crillon, elles ont naturellement intégré le rang des *socialites* – les femmes du monde – grâce à leur ascendance. Éditrices d'un magazine féminin traitant de l'actualité des célébrités, elles fréquentent les défilés de créateurs italiens et le prestigieux hippodrome d'Ascot. Et mènent la danse lors du bal de charité de la Fondation Raïssa Gorbatchev, leur grand-mère. Un rendez-vous huppé qui offre un mélange des genres baroque : à l'été 2007, le père de la perestroïka posait en compagnie de Kim Catrall, l'une des héroïnes de la série *Sex and the*

1. En février 2007, le magazine *Finans* a classé Oleg Deripaska au premier rang des plus grosses fortunes de Russie, juste devant Roman Abramovitch.

City. Parmi les lots mis aux enchères, on trouvait un maillot de l'équipe d'Angleterre de football, signé par tous les joueurs, ou une nuit offerte au Kremlin dans l'une des chambres jadis occupées par Staline. Surprenant mélange des genres…

La plus juvénile de cette bande fortunée n'est pas majeure et, pourtant, elle est déjà entrée dans la vie active. Kira Plastinina, née en 1992, est la fille d'un autre oligarque, Sergueï Plastinine, un ancien étudiant en électronique devenu l'empereur des jus de fruits et des produits laitiers en Russie. En 2007, Kira détenait un titre improbable, celui de « plus jeune créatrice de mode au monde ». Grâce à un don de 65 millions d'euros effectué par papa, l'adolescente cornaquée a pu monter son réseau de vente, de Moscou à New York. Son modèle : Paris Hilton, qui figurait au premier rang de son défilé inaugural. Sergueï Plastinine aurait déboursé 1,5 million d'euros pour convaincre l'héritière frivole d'y participer.

Anna, l'aînée d'Abramovitch, a le même âge que la précoce Kira. En revanche, son exposition médiatique est inexistante. L'intimité de la famille est étanche, surtout depuis le divorce des parents. Aucun chiffre officiel n'est sorti concernant le montant obtenu par l'ancienne hôtesse de l'air d'Aeroflot après la séparation. La somme de 300 millions de dollars, un « faible » dédommagement au regard de la fortune de son ex-mari, est communément citée. Ce pactole l'a contrainte au silence sur sa relation avec l'oligarque, dont elle a vécu toute l'ascension. En tout cas, Irina Malandina, la femme bafouée, dispose d'une image immaculée pour l'église orthodoxe russe : elle l'a distinguée comme une « mère modèle » en 2007.

La maman a suivi des cours d'art et décidé d'inculquer à ses enfants l'amour des jolies choses. Elle aime ainsi fréquenter les galeries de la rue de Seine lors de ses visites parisiennes. Amatrice de sculptures des années 1930, elle apprécie par exemple l'artiste français Alfred-Auguste Janniot, dont elle a acquis quelques œuvres. En 2007, une partie de la grande fratrie Abramovitch a participé au concours annuel de peinture pour enfants organisé par le magazine bilingue haut de gamme *Novi Stil/ New Style*. L'exposition des « œuvres » s'est déroulée à l'ambassade russe de Londres. « Il y a eu un moment intéressant durant la délibération du jury, écrivait le mensuel à cette occasion. Les différents groupes de vainqueurs comportaient trois inscrits ayant uniquement signalé leur prénom et leur âge. Après enquête, nous avons découvert qu'il s'agissait de trois des enfants Abramovitch. Nous leur sommes reconnaissants de leur discrétion, qui a permis au jury d'être totalement objectif[1]. » Cela ne les a pas empêchés de finir tous les trois sur le podium, dans leur catégorie d'âge respective. Ilia, le benjamin, a rendu une toile sur laquelle il avait peint un yacht de couleur rouge !

« Nous organisons ce concours depuis 2002, détaille la directrice de la revue et de la société Russian Media House, Elena Raghozina, une banquière de la City reconvertie dans l'édition. Roman Abramovitch n'est pas venu à l'exposition mais, en revanche, nous avons demandé à Irina si nous pouvions dévoiler le nom des enfants ; elle a répondu positivement. À Londres, Abramovitch ne sort quasiment jamais. La seule fois où je l'ai croisé dans un événement public, ce fut lors d'un concert de la chanteuse pop russe Zemfira. »

Dans la foulée de son ex-femme, Abramovitch a commencé à s'intéresser à l'art – et à son marché. Depuis quelques années, les hommes d'affaires russes, avec leurs moyens illimités, ont fait exploser les chiffres de vente dans les salles d'enchères à Moscou, New York et Londres. William MacDougall, directeur de la maison de vente éponyme, a su parfaitement profiter de cette tendance. Ancien gestionnaire de fonds de pension, MacDougall s'est

1. *Novi Stil/New Style*, août 2007.

transformé en galeriste et marchand spécialisé dans l'art russe au début des années 2000, en compagnie de son épouse Ekaterina, une ancienne analyste financière. En trois ans, MacDougall's est devenue la troisième maison de vente la plus importante en Angleterre dans ce secteur, derrière les incontournables Christie's et Sotheby's.

« La première chose que ces hommes d'affaires achètent en arrivant à Londres, c'est un logement, glisse-t-il. Après, il faut décorer les couloirs et les murs. » En novembre 2007, lors de la « semaine russe », MacDougall's a enregistré 10,85 millions de livres (environ 15 millions d'euros) de ventes, soit deux fois plus que lors de sa précédente session, qui avait eu lieu en juin de la même année. 90 % des acheteurs étaient issus de l'ex-URSS. Abramovitch fait-il partie de ses clients ? Un petit sourire de celui qui sait, mais ne veut pas parler, fait office de réponse. Il admet des contacts « avec ses agents » puis ajoute poliment : « Je crains de ne pas pouvoir vous aider. »

Parmi les oligarques, le banquier Piotr Aven posséderait la plus grande collection privée d'art russe au monde. En septembre 2007, le magnat d'origine ouzbeke Alicher Ousmanov, également actionnaire du club d'Arsenal, avait racheté en bloc la collection Rostropovitch-Vichnevskaïa, juste avant qu'elle ne soit mise aux enchères chez Sotheby's. Ousmanov, président de la holding du géant énergétique Gazprom, avait déboursé 36 millions de livres – 51 millions d'euros, soit un tiers de plus que les estimations – pour récupérer les 450 œuvres réunies, durant toute sa carrière, par l'immense violoncelliste disparu et sa femme soprano Galina. Ousmanov s'en était porté acquéreur à la demande de l'agence gouvernementale russe chargée de la conservation de l'héritage culturel. En 2004, un autre oligarque, Viktor Vexelberg, avait fait sensation en rachetant à la famille américaine Forbes sa collection d'œufs de Carl Fabergé, le joaillier des tsars. En juillet 2007, Vexelberg a également financé la restauration de la salle Vroubel, à la galerie Tretiakov. Certains milliardaires protecteurs des arts sont en service commandé officieux pour le Kremlin. Le pouvoir russe a su les convaincre d'utiliser une parcelle de leur richesse afin de rapatrier ou de sauvegarder les joyaux du patrimoine national. En contrepartie, ils s'offrent de belles opérations de relations publiques.

En parquant un de ses yachts à Venise en juin 2007, à l'occasion de la Biennale, Roman Abramovitch a subitement électrisé le petit monde de l'art contemporain. Le pavillon russe était dirigé par un personnage incontournable de la scène culturelle, Olga Sviblova, directrice du musée de la Photo de la capitale russe. Cette quinquagénaire mince et hyperactive fut qualifiée de « plus belle femme de Moscou » dans les années 1980. Sviblova ne s'attendait pas vraiment à tomber sur l'oligarque, venu en bermuda et chemisette, à la Biennale vénitienne. « Les gens me criaient : "Abramovitch est là, viens !" Moi, je pensais qu'il s'agissait de l'artiste Marina Abramovitch, avec laquelle je travaille. Alors je lance : "Marina !" et on me rétorque : "Non, c'est Roman !" » J'ai vu un homme modeste, presque effacé. Je lui ai fait passer ma carte et je l'ai remercié pour les deux expositions qu'il avait déjà supportées. »

Ces deux expositions ont eu lieu à la Somerset House, sous l'égide d'Olga Sviblova, en 2005 et 2006. Elles réunissaient des photographies avant-gardistes de l'époque soviétique, un créneau dans lequel Abramovitch semble orienter son mécénat artistique. Au début de l'année 2008, il y a affirmé sa présence en soutenant la rétrospective consacrée au travail photographique d'Alexander Rodtchenko, le fruit d'une nouvelle collaboration russo-londonienne avec Sviblova. « J'étais au courant de son intérêt pour cette exposition, explique-t-elle. Mais je ne sais rien de plus sur lui. Ce n'est pas un ami proche. Je ne connais pas sa vie et je ne veux pas la connaître.

En revanche, c'est toujours bien de voir quelqu'un investir dans l'art. Il est préférable de faire germer la graine de la culture plutôt que celle de la bêtise. »

Des artistes vivants et moins célèbres que Rodtchenko ont également eu leur chance avec l'orphelin d'Oukhta. C'est ce qui est arrivé à Simon Roberts, un jeune reporter photographe vivant à Brighton. À l'été 2004, il décide de partir un an à travers la Russie, en compagnie de son épouse bilingue. De ce long voyage naît un livre de 150 photos, *Motherland*, paru début 2007, avec des clichés de la Russie contemporaine, des visages capturés de Grozny à Vladivostok. Roberts souhaite promouvoir le lancement de cet ouvrage dans un espace « russe » de Londres, avec en parallèle l'organisation d'une petite exposition. Manquant de fonds, il contacte John Mann, le porte-parole noir américain d'Abramovitch, dont il avait fait la connaissance, par hasard, lors d'un reportage sur le racisme à Moscou.

« J'ai envoyé un mail à Mann pour lui expliquer mon projet, en lui indiquant plusieurs niveaux de budget, poursuit-il. Il s'agissait de quelques centaines ou milliers de livres. Il a transféré ma proposition à sa "garde-barrière" Marina, son assistante personnelle, à Chelsea. Après six mois de correspondance, elle m'a prévenu qu'il était d'accord. Je sais qu'il a vu mon travail. En revanche, je ne sais pas ce qu'il en pense. Je me suis adressé à lui car il avait sponsorisé ces deux grandes expositions à la Somerset House. Je sais qu'Abramovitch souhaite promouvoir la culture russe à Londres mais j'étais sidéré qu'il me soutienne. » Le vernissage est finalement organisé à la Pushkin House, le centre culturel russe de la capitale britannique, inauguré en novembre 2006. Avec John Mann mais sans le discret donateur, malgré l'invitation. « Je voulais le remercier à la fin du livre mais on m'a demandé de ne pas le faire. Il ne souhaitait pas faire parler de lui.

— A-t-il exercé un droit de regard sur l'exposition ?

— Non, il n'y a pas eu de censure, il ne m'a pas dit quel cliché je devais choisir ou non. Je pense que le concept lui a plu. Plusieurs photos sont pourtant provocantes, ce n'est pas un florilège de belles images sur son pays. J'ai juste signé un papier comme quoi j'avais bien reçu l'argent qu'il m'avait donné, c'est tout.

— Vous êtes-vous posé des questions sur l'origine de sa fortune ?

— Quelques personnes m'ont demandé comment j'avais pu accepter de l'argent venant d'Abramovitch. J'aurais dû refuser son aide et laisser mes clichés au fond d'un carton, sans espoir d'être jamais vus ? C'est ridicule ! L'art est sponsorisé par la sphère privée aujourd'hui. J'ai financé le livre, il a financé l'exposition. Cela ne me pose aucun problème, surtout qu'il ne s'agissait que d'une toute petite somme. »

Une misère, effectivement, comparée à l'argent injecté par Abramovitch et ses compatriotes en Grande-Bretagne, et essentiellement à Londres, depuis le début du siècle. Si l'on s'en tient à Chelsea, son propriétaire a déjà dépensé plus d'un demi-milliard de livres en achat de joueurs, équipements et infrastructures… Plus largement, la Russie pointe à la première place du classement des investisseurs étrangers au London Stock Exchange (LSE), la Bourse de Londres. Pour l'année 2006, le total des introductions en Bourse de sociétés russes s'est élevé à 15 milliards de dollars ; ce chiffre devait doubler en 2007. Une soixantaine de compagnies russes sont enregistrées au LSE, pour une capitalisation estimée à 400 milliards d'euros. Malgré les crispations diplomatiques causées par l'affaire Litvinenko, l'ex-agent du FSB empoisonné au polonium 210 et décédé à Londres en novembre 2006, le volume des échanges commerciaux russo-britanniques ne cesse de croître. Dans le premier quart de 2007, le total des investissements de la

Grande-Bretagne en Russie a été dix fois supérieur à celui des États-Unis. Les Britanniques sont devenus le premier investisseur étranger sur le marché russe. Depuis 2002, le commerce bilatéral entre les deux pays a augmenté de 20 % par an[1].

Au City Hall de Londres, sur les bords de la Tamise, un homme observe avec attention cette embellie financière : John Ross, le conseiller économique du maire Ken Livingstone, dont il est proche depuis plus de vingt ans. Dans les années 1970 et 1980, Ross avait noué des contacts avec plusieurs dissidents du régime soviétique. Son engagement l'a naturellement porté vers la Russie après l'effondrement de l'URSS. « J'ai décidé de m'y rendre pour rencontrer les gens que j'avais défendus et avec qui j'étais en contact car je ne les avais jamais vus, précise-t-il. Voilà comment je me suis impliqué là-bas. J'ai vécu à Moscou de 1992 à 2000. J'ai conseillé de grandes compagnies internationales, principalement dans les secteurs minier et financier. » Aujourd'hui, Ross est un acteur essentiel des relations entre la municipalité londonienne et les figures économiques de la communauté russophone. Il affirme n'avoir jamais rencontré personnellement Roman Abramovitch. Interrogé sur

1. *International Business Times*, 23 juillet 2007 ; *The Times*, 27 juillet 2007.

l'opacité du personnage et de sa fortune, il se dégage immédiatement de toute polémique et prêche le relativisme.

« Je n'ai pas d'opinion personnelle sur lui, lance Ross. En revanche, j'en ai une sur son habileté politique et économique : il est très astucieux. Il a été assez intelligent pour ne pas rentrer en confrontation avec Poutine ou devenir sa marionnette.

— Que pensez-vous de la façon dont les oligarques ont fait fortune dans les années 1990 ?

— Certaines règles ont été mises en place et ils ont pu faire fortune. Je ne souscrivais pas à ces règles. Mais à votre avis, de quelle façon l'Arabie Saoudite s'enrichit-elle ? Pensez-vous qu'il s'agit d'un régime aux merveilleuses normes éthiques ? L'économie et les grandes entreprises japonaises ont eu des relations avec le gangstérisme. Si l'on se penche sur l'histoire de la France et de la Grande-Bretagne, on s'aperçoit que la traite des esclaves a joué un très grand rôle dans l'accumulation du capital. Et comment se sont enrichis Andrew Carnegie ou John Rockefeller, à la fin du XIXe siècle ? Ces événements datent mais je pense qu'ils méritent un examen historique identique. »

À l'instar des ex-socialistes convertis aux lois du marché, l'économiste dénonce la sauvagerie capitaliste autant qu'il s'y soumet. Un exercice également maîtrisé par son camarade maire Ken Livingstone, surnommé autrefois « Ken le Rouge »... Ross n'a aucun état d'âme quand il défend la vitalité financière de sa ville et de sa Bourse. Il vante même ce bilan avec une pointe d'arrogance, tournée essentiellement vers la France.

« Notre stratégie est simple : nous voulons installer Londres comme le premier centre d'affaires au monde, poursuit-il. S'il s'agissait d'un match de foot, on aurait battu New York 10-0 ! Nous incitons les sociétés étrangères à venir en Grande-Bretagne. C'est vrai, nous bénéficions du fait que certains pays, comme la France, mènent une politique stupide face à cette offre. J'ai vécu trois ans à Paris. L'attitude française, c'est : "Votre argent est le bienvenu mais, s'il vous plaît, laissez votre culture derrière vous." Pour la France, la Russie ne fait pas partie de la sphère européenne. C'est normal, les Français sont alliés aux Allemands et ils dirigent l'Europe. Pour garder votre leadership, il vous faut mettre la Russie dehors. Nous avons une conception totalement différente des choses : la Russie fait partie de l'Europe. La relation que vous avez construite avec la Russie n'est pas aussi bonne que la nôtre. »

Pour Ross, les répercussions de cette alliance russo-britannique se projettent jusqu'aux couloirs du CIO (Comité olympique international). Il évoque la bataille perdue par Paris, face à Londres, pour l'organisation des JO 2012[1], en imputant cet échec au déficit relationnel de la France avec la Russie. « Contrairement à la France, nous avons construit une relation privilégiée avec les Russes, enchaîne-t-il. Du coup, on a obtenu les Jeux et pas vous. Notre stratégie politique était meilleure que la vôtre, comme nos relations avec les Russes. Nous savions six semaines avant le vote que nous gagnerions. Vous n'avez pas su traiter sérieusement de cette question avec la Russie. Résultat : Londres a gagné avec quatre voix d'avance. »

Sorti de sa parenthèse, Ross formule un dernier souhait : « Que la croissance de l'économie russe se poursuive un long moment. » Pour les plus privilégiés, ses conséquences se font ressentir dans un secteur particulier à Londres : l'immobilier. « L'arrivée de Russes très riches a eu un gros impact », concède Ross. En 2006, les Russes ont acheté 316 propriétés à 2 millions de dollars et plus dans la capitale britannique, soit cinq fois plus qu'en 2000. L'agence internationale Knight Frank, spécialisée dans le haut

1. Le 6 juillet 2005, à Singapour, Londres a été désignée par le CIO ville organisatrice des Jeux olympiques d'été 2012, battant Paris en finale avec 54 voix contre 50.

de gamme, a calculé que, entre l'été 2005 et l'été 2006, les Russes avaient représenté un acheteur sur cinq des résidences estimées à 8 millions de dollars et plus.

Abramovitch a pris pied sur l'île au début de l'année 2000, en achetant une immense propriété à Fyning Hill, à côté du village de Rogate, dans le West Sussex. Une acquisition évaluée, à l'époque, à 12 millions de livres, soit 16 millions d'euros. Si l'ancien propriétaire du domaine, le magnat des médias australien Kerry Packer, passait parfois boire un verre dans un pub du village, le Russe a la réputation de préserver son habituelle intimité à la campagne. « Je dois avouer que je n'ai jamais eu le plaisir de le rencontrer, déclarait le pasteur de Rogate en 2004. Et je ne connais personne au village qui aurait eu cet honneur (...). Je connais deux ou trois de ses employés de maison mais ils ne disent rien sur lui ou sur ce qu'il se passe là-bas. J'imagine qu'ils auraient peur de perdre leur emploi s'ils le faisaient[1]. »

Depuis, le Russe a acquis plusieurs propriétés à Londres, dans les quartiers huppés de Knightsbridge, à Lowndes Square, où il réside, et à Belgravia, à Chester Square. Son achat du club de

1. Dominic Midgley et Chris Hutchins, *op. cit.*, p. 220.

Chelsea, à l'été 2003, l'a installé dans la capitale britannique, même si son porte-parole John Mann affirme que, contrairement aux idées reçues, il passe davantage de temps à Moscou qu'à Londres. « Je me sens plus à l'aise à Moscou, expliquait-il fin 2006. Je suis habitué aux quatre saisons (...). Mes enfants veulent jouer dans la neige[1]. »

En France, leur père apprécie la mer et la Côte d'Azur. Abramovitch s'est offert une splendide résidence au cap d'Antibes, dans les Alpes-Maritimes, un site d'exception prisé des « nouveaux riches » russes depuis le début du siècle. Il est propriétaire du château de la Croé, un domaine ayant appartenu au duc et à la duchesse de Windsor, avant d'être ravagé par un incendie dans les années 1970.

Son financement avait fait l'objet d'une information judiciaire ouverte par le pôle financier de Marseille, après un signalement de la cellule Tracfin du ministère des Finances, chargée de lutter contre le blanchiment d'argent. L'enquête, commencée en 2002, s'est achevée sur une ordonnance de non-lieu, prononcée le 12 janvier 2007. Le dossier 02624204 étant clos, Abramovitch a pu poursuivre la rénovation de sa splendide résidence méditerranéenne, effectuée par Pierre Noël, une maison renommée,

1. *The Observer*, 24 décembre 2006.

fondée en 1844, spécialisée dans la restauration des bâtiments historiques. « Nous avons les meilleurs ouvriers, c'est ce que les gens recherchent, explique-t-on brièvement à la direction de la société. Nous œuvrons pour l'Opéra Garnier, l'Assemblée nationale… Nous ne travaillons pas que pour M. Abramovitch. De toute façon, nous ne sommes pas habilités à parler de nos clients privés. » Dans un autre registre, Abramovitch passe aussi par Paris… pour aller chez le dentiste. Il consulte chez un célèbre praticien. Une adresse fournie par son amie Tatiana, la fille de Boris Eltsine.

Mais Abramovitch vit surtout dans les airs. Propriétaire d'un Boeing 767-33A/ER privé, enregistré à Arouba, dans les Antilles néerlandaises, il passe une grande partie de son temps à l'intérieur de son avion aux couleurs pastel – blanc, beige et marron clair –, surnommé *Le Bandit* en raison du décor de son cockpit. Le Boeing du Russe est un régal pour le réseau des *planespotters*, qui photographient l'appareil sur tous les aéroports de la planète.

La passion de ces observateurs permet de reconstituer, par bribes, l'interminable périple du propriétaire de Chelsea. Entre février et août 2005 – liste non exhaustive –, *Le Bandit* a été repéré à Helsinki (Finlande) le 24 février, Marseille puis

Moscou le 17 mars, Londres le 26 mars, Tel-Aviv le 7 avril, Munich le 12 avril, Marseille le 13 avril, Manchester le 10 mai, Lisbonne le 8 juin, Vancouver le 13 juin, Montréal le 22 juillet, Boston le 24 juillet, Cardiff le 7 août, Manchester le 14 août et à nouveau Marseille le 19 août. En novembre de la même année, l'avion privé de l'oligarque a été photographié, en trois jours, à Londres, Calgary et Los Angeles.

Une flotte de trois yachts suit également Abramovitch sur les mers et les océans du globe. Le plus grand, le *Pelorus*, mesure 115 mètres et est estimé à 130 millions d'euros. Un Français a été promu responsable de son escouade de stewards. Lui aussi est tenu par une stricte clause de confidentialité. Selon la rumeur, le *Pelorus* disposerait d'un système de détection de missiles et d'un mini sous-marin, prêt à embarquer Abramovitch et sa bande en cas de menace. L'existence de cet attirail, digne d'un *James Bond*, est niée par John Mann. Suivent l'*Ecstasea*, 86 mètres, estimé à 100 millions d'euros, et le *Sussurro*, 49 mètres, estimé à 40 millions d'euros. L'oligarque possédait aussi le *Grand Bleu*, dont le précédent propriétaire était Paul Allen, le cofondateur de Microsoft. Il l'a cédé à son bras droit, Eugene Chvidler, en 2006. En revanche, un mystère continue d'entourer son projet pharaonique :

depuis plusieurs mois, Abramovitch ferait construire un gigantesque palace flottant à Hambourg, par l'entreprise aéronautique Blohm+Voss.

L'agence de design française Atabeyki a été présentée comme la conceptrice de ce projet. En effet, un yacht au nom de code « M147 », pour 147 mètres, a été édifié dans les chantiers navals hambourgeois. Interrogé, Hermidas Atabeyki assure que son « M147 » n'est pas destiné à Abramovitch. Pour lui, la confusion s'est installée parce que le Russe « fait construire son bateau au même endroit ». John Mann ne nie pas la véracité du projet mais refuse de commenter son état d'avancement. Sur terre, on peut parfois apercevoir sa berline blindée, à plaque d'immatriculation personnalisée, vers la boutique de son ami diamantaire Lev Leviev, sur Old Bond Street. Né en Ouzbékistan, fils de rabbin, Leviev est un religieux fervent, défenseur implacable de la cause juive. Première fortune d'Israël, il a déménagé à Londres début 2008 pour des raisons fiscales. Son arrivée a été remarquée : ce self-made-man, qui a commencé comme apprenti polisseur à 15 ans, vient de s'offrir une propriété de 70 millions de dollars à Hampstead, le prix le plus élevé jamais payé en Grande-Bretagne pour une résidence neuve.

Selon un spécialiste de la joaillerie de luxe à Londres, « 80 % des articles les plus chers sont achetés par des Russes ». « Les femmes russes aiment les gros cailloux, fait-il remarquer. Bon goût ou non, elles s'en moquent. » Son souvenir le plus marquant ? « Une femme qui voulait s'acheter un collier pour la piscine. Elle m'a simplement dit : "Je n'ai pas de diamants pour aller nager." »

J'ai un cadeau pour toi.

Abramovitch cumule trois fonctions sensibles : businessman milliardaire, homme politique – comme gouverneur de Tchoukotka – et propriétaire d'un club de football de renommée internationale. Les craintes d'agression physique ou de kidnapping l'obligent à disposer d'une protection rapprochée conséquente. Selon l'estimation haute et officieuse, vingt membres de sécurité assureraient sa sécurité en Angleterre, où il apprécie d'être entouré d'anciens soldats du SAS[1] (l'équivalent du GIGN outre-Manche). Selon la version officielle, cinq personnes seraient affectées en permanence à la protection de l'oligarque et cinq autres à son ex-épouse et à ses enfants.

Quand il croise, par inadvertance, son ancien associé Boris Berezovski, la rencontre provoque des étincelles. C'est ce qui est arrivé le 6 octobre 2007

1. *The Sunday Times*, 8 juillet 2007.

et, selon les propres termes employés, après coup, par Berezovski, « on aurait dit une scène du *Parrain* » ! À la sauce chic londonienne… Les deux oligarques étaient en train de faire du shopping sur Sloane Street, l'artère des enseignes de luxe à Knightsbridge, sans savoir qu'ils se trouvaient à quelques mètres l'un de l'autre. En sortant de chez Dolce&Gabbana, les gardes du corps de Berezovski repèrent Abramovitch juste à côté, chez Hermès. Heureux hasard : depuis six mois, il cherche à remettre une assignation en mains propres à son ancien « élève ».

Aujourd'hui, il n'y a pas que le foot qui oppose Berezovski, supporteur d'Arsenal, à Abramovitch, le propriétaire de Chelsea. L'ex-mathématicien s'est lancé dans une guerre froide contre l'ex-mécanicien, transposée de Moscou à Londres. Berezovski lui reproche de l'avoir forcé à vendre ses parts à bas prix dans ORT, Roussal et Sibneft, après son départ de Russie, en 2000, suite à sa brouille avec Poutine. Une cession effectuée, selon lui, par voie de chantage et d'intimidation. « Abramovitch est un partenaire d'affaires de Poutine, c'est du racket typique, justifiait-il sans vergogne, en 2005. C'est pour cela que j'ai choisi d'aller devant la justice[1]. »

1. *Le Journal du dimanche*, 25 décembre 2005.

Frustré du bénéfice réalisé par Abramovitch lorsqu'il a lui-même revendu ses parts à l'État, Berezovski lui réclame, depuis, une indemnisation globale équivalente à 7 milliards d'euros !

Toujours selon Berezovski, Abramovitch a tenté de se réfugier derrière ses gardes du corps quand il l'a vu arriver. L'ancienne éminence grise d'Eltsine a été chercher l'assignation dans sa berline blindée, a pénétré de force dans le magasin et lui a tendu les documents, qui sont tombés à terre, en lui disant : « Tiens, j'ai un cadeau pour toi. » Quelques minutes plus tard, ses avocats ont réclamé l'enregistrement des caméras de surveillance pour prouver que l'assignation avait bien été remise au dirigeant de Millhouse.

« Je n'ai aucune relation avec les Russes de Londres, je ne suis pas membre de cette communauté, affirmait Berezovski lors d'un entretien dans ses bureaux de Down Street, au sein du quartier de Mayfair, fin 2005. Je partage mon temps avec des Anglais, des Écossais et des Irlandais. » Enfin, presque. À l'époque, Berezovski était lié à Alexander Litvinenko, avant qu'il ne décède après trois semaines d'agonie, le 23 novembre 2006. Depuis sa mort, la Russie et la Grande-Bretagne ont engagé une bataille diplomatique dans laquelle il apparaît au premier rang. Berezovski est revenu là où il a toujours aimé être, sur le devant de la scène, en provoquant son ancien « frère » Poutine de façon incessante : il l'a d'abord directement impliqué dans la mort de Litvinenko, puis a carrément appelé à un renversement du régime.

À l'été 2007, la crise est montée d'un cran, avec une expulsion mutuelle de diplomates. La Russie a plusieurs fois demandé l'extradition de Berezovski, en vain. Alors Moscou nargue Londres avec Andreï Lougovoï, le suspect n° 1, pour les Anglais, dans l'assassinat radioactif à retardement de Litvinenko, le 1er novembre 2006, au bar du Millennium Hotel. Londres a également demandé son extradition, sans résultat. Comme Litvinenko, Lougovoï est un ancien agent du FSB et il avait aussi, par le passé, assuré la protection de la famille de Berezovski. Reconverti entrepreneur, il peut désormais toiser de son fauteuil, à la Douma, les officiers de Scotland Yard. Élu député sur la liste du bouffon ultranationaliste Vladimir Jirinovski, le 2 décembre 2007, Lougovoï bénéficie de l'immunité parlementaire. Les derniers rebondissements de cette crise ont eu lieu en janvier 2008, avec la campagne d'intimidation exercée par les autorités russes sur les responsables du British Council de Saint-Pétersbourg et Ekaterinbourg.

Ces événements désolent Sergueï Kolouchev, directeur de la société de communication et d'événementiel Eventica, spécialisée sur le marché russe. Ce fan de Chelsea, arrivé à Londres en 1989 avec 3 000 dollars cachés dans un tube de dentifrice, se trouve au milieu du carrefour. Il organise depuis 1997 le Russian Economic Forum, où se croisent personnalités, hommes politiques et hommes d'affaires des deux pays. En 2007, le rendez-vous avait dû subir de nombreuses désaffections, à cause d'un excès de tension sur la ligne Moscou-Londres. « L'affaire Litvinenko ne nous a vraiment pas aidés, regrette-t-il. Mais on ne peut pas se faire la guerre, c'est un non-sens. La Russie a besoin de Londres, car c'est un centre financier prééminent, et la Grande-Bretagne a besoin de la Russie pour son approvisionnement énergétique. »

Kolouchev se désole que son pays véhicule encore et toujours une image scandaleuse. Les événements récents ne l'aident pas vraiment, le cinéma non plus : le récent film de David Cronenberg, *Les Promesses de l'ombre*, sorti fin 2007, est une plongée dans l'univers violent de la mafia russe de Londres… « C'est très dur de casser un stéréotype, déclare-t-il. Je pense que l'opinion est troublée par l'ardeur de nos hommes d'affaires. Ici, c'est calme, conservateur. En Russie, le cash circule en quantités énormes. J'exagère un peu mais, chez nous, si tu disposes de l'argent et des autorisations, ton projet se monte en vingt-quatre heures. L'opinion britannique ne peut accepter qu'on ait fait autant d'argent, si jeunes, dans une période aussi courte. Si tu es riche, c'est que tu fais partie de la mafia. Les gens commencent progressivement à comprendre que nous sommes bien éduqués, créatifs, ambitieux, fortunés et que l'on n'a peur de rien. Je ne dirai pas que nous sommes le peuple le plus intelligent du monde mais... »

Pour lui, Abramovitch, contrairement au « diable » Berezovski, a amélioré l'image des Russes en Grande-Bretagne. Il le fréquente à Chelsea, dont il est supporteur depuis plus de dix ans, ou à Moscou, où il le trouve beaucoup plus disponible. « Il n'aime pas la publicité, confirme-t-il. C'est un gentleman, posé, charmant, qui parle doucement. Il a réussi parce qu'il est habile et qu'il a su s'entourer d'une très bonne équipe. En débarquant à Chelsea, il a fait du bon boulot de relations publiques : le jour où il a acheté le club, l'intérêt porté à notre communauté a augmenté de 200 %. »

CHELSEA

Tu ne vois pas qu'il accepte ?

Début de l'été 2003. Coup de fil matinal au siège du PSG, au parc des Princes. À l'autre bout de la ligne, un interlocuteur surprenant : German Tkatchenko, membre du parlement russe et président du Krylia Sovetov, le club de la ville de Samara, souhaite joindre Francis Graille, président du PSG, pour lui proposer un rendez-vous vraiment inattendu. La secrétaire de Graille décroche : « J'appelle de la part de Roman Abramovitch, lance Tkatchenko. Nous sommes à Paris, c'est au sujet de Ronaldinho. Pouvez-vous passer nous voir à l'hôtel George V ? »

Surprise mêlée d'interrogation au siège du club. Depuis plusieurs semaines, le PSG est en négociation avec Manchester United (MU) au sujet du prodige brésilien, dont le départ est inéluctable après deux saisons passées à Paris. « Ronnie » veut aller à Manchester. Peter Kenyon, directeur général du club, mène les discussions avec Paris. Sir Alex Ferguson, l'entraîneur, s'est déjà déplacé deux fois pour discuter avec Graille. Mais le prix proposé par MU – 23 millions d'euros – est trop faible et la « radinerie » mancunienne agace le président parisien.

Dans le même temps, des liaisons ont été établies avec Barcelone, favorisés par un contact de Graille, proche du président catalan Joan Laporta. Et voilà que débarque le Chelsea d'Abramovitch. Ronnie, c'est sa première cible, son premier gros dossier. Alors il compte faire vite et selon ses conditions. « À l'époque, on commençait à peine à parler de lui, se souvient Graille. Il venait de débarquer dans le milieu. Tout le monde se demandait d'où arrivait son argent… » Graille refuse la rencontre à l'extérieur, au George V. « Quand on débute une négociation, il est préférable de s'établir sur son territoire plutôt que sur celui de l'autre, note-t-il. Je ne voulais pas faire ça à la sauvette. »

Il convie alors les deux hommes au siège du club, dans l'après-midi. Et en profite, entre-temps, pour prévenir l'actionnaire : Bertrand Méheut, le président du groupe Canal+, qui lui répond d'agir à sa guise. Quelques heures plus tard, Abramovitch et Tkatchenko sortent d'une grosse berline, devant l'entrée principale du parc des Princes, accompagnés des membres du service des voyages officiels. Logique, en fait, pour ces deux personnalités politiques, l'un membre du Conseil de la Fédération de Russie, l'autre gouverneur de Tchoukotka. Dans le bureau les attendent Francis Graille et Pierre Frelot, alors directeur financier du club, devenu agent de joueurs. Un témoin de la scène raconte : « En fait, Abramovitch ressemblait à un étudiant russe en vadrouille à Paris ; il portait un jean usé, un tee-shirt, une veste également en jean, une barbe de trois jours… » Graille est tout aussi surpris : « C'était surréaliste », se rappelle-t-il. Les deux Russes entrent dans son bureau, s'assoient et la discussion s'engage, sans fioritures. Tkatchenko traduit du russe à l'anglais et inversement.

« — Ronaldinho a déjà signé à Manchester ?

— Non. Il vous intéresse ?

— Oui, on a déjà vu son frère [l'ancien professionnel Roberto de Assis, son agent] mais on veut connaître le prix. »

Graille réfléchit, vite. Il sait qu'il engagerait Canal+ dans une opération forcément polémique. Il imagine déjà le ton des articles quand l'affaire s'ébruitera : les pétroroubles d'Abramovitch, personnage louche, accompagné du cortège de soupçons sur l'origine des fonds…

« J'ai eu un temps de recul, explique-t-il. Vous ne pouvez pas dire au type en face que vous n'avez pas envie de vendre parce que sa tête ne vous revient pas. La seule issue, c'était de taper haut.

— C'est 40 millions d'euros, à payer cash. »

Abramovitch hoche la tête. Il ne semble pas perturbé par ce prix hors marché. Il s'étonne pourtant de l'importance de la somme, vu ce qu'a proposé Manchester. Graille lui réplique que si le PSG était d'accord avec ce qu'offre Kenyon, il serait déjà chez les Red Devils. Un peu étourdi par cette situation incongrue, il se pose, amusé, une question à lui-même : « Merde, tu ne vois pas qu'il accepte ? »

« Un truc me perturbait, poursuit Graille. J'écoutais les questions de son collègue et, quand je répondais, je le faisais en me tournant vers Abramovitch. Je n'arrivais pas à capter son regard. Impossible de se parler les yeux dans les yeux. Le dialogue a été difficile à engager. Pour tout dire, il a eu l'air un peu agacé. En fait, ça devait l'ennuyer d'avoir dû se déplacer. Il n'était pas vraiment enclin à la communication. »

Effectivement. Pour sa découverte des négociations de transferts, le patron des Blues n'aura pas passé plus d'un quart d'heure dans le bureau de Graille. Suite à cette entrevue, Roberto de Assis prendra le relais pour tenter de négocier un salaire exceptionnel – autour de 800 000 euros par mois – avec la nouvelle direction de Chelsea. Mais à l'époque, Ronnie ne voulait pas aller à Londres, même à ces conditions salariales. Une semaine après, Abramovitch fait rappeler le PSG pour dire qu'il abandonne la piste Ronaldinho. Qui n'ira pas non plus, finalement, à Manchester. Le 14 juillet 2003, au domicile lyonnais de Francis Graille, Barcelone et le PSG trouvent un accord qui envoie le prodige brésilien chez les Blaugrana, un transfert conclu à 30 millions d'euros.

Voilà l'oligarque plongé dans le monde du football business, deux mois à peine après avoir assisté à son premier match en Angleterre, un quart de finale retour homérique de Ligue des champions, le 23 avril, à Old Trafford, entre Manchester et le Real Madrid (4-3). C'est là qu'il avait fait la connaissance de Peter Kenyon (qui rejoindra Chelsea en septembre en doublant son salaire) *via* le « super agent » israélien Pini Zahavi, l'intermédiaire dans sa reprise du club.

Retour au printemps 2003. Abramovitch veut prendre les devants face au blizzard antioligarque qui souffle dans son pays ; la capitale britannique est devenue un port d'attache privilégié pour les hommes d'affaires russes, qui profitent d'une fiscalité accueillante et d'écoles renommées pour leur progéniture. À l'époque, sa fortune est estimée à 5,7 milliards de dollars, ce qui le classe au deuxième rang russe, derrière Mikhaïl Khodorkovski. Il possède déjà une équipe de hockey sur glace en Sibérie, l'Avangard Omsk, dont il s'est séparé depuis, et jette des coups d'œil vers la Formule 1 : son nom a été évoqué pour la reprise de l'écurie Minardi. Mais l'émotion vécue à Old Trafford semble l'avoir convaincu dans sa volonté de diversification. Le marché des clubs anglais est propice aux investisseurs étrangers. Abramovitch se lance à la recherche de sa danseuse. La *Blue Revolution* peut démarrer…

Lors d'un survol de Londres à bord d'un hélicoptère, en compagnie d'un des associés, Richard Creitzman, ancien d'Enron Russie, il cible Stamford Bridge, excellemment situé dans le quartier chic et cher de Chelsea, le berceau du *swinging London*. Son choix est fait : avocats, consultants et banquiers se mettent en branle et la négociation débute avec Ken Bates, le vieux propriétaire autarcique, qui avait racheté Chelsea pour une livre symbolique en 1982. Le 1er juillet, la prise de contrôle du club par l'oligarque est effective.

Chelsea devient « Chelski ». Pour 80 millions d'euros, Abramovitch acquiert 50,1 % des parts de Chelsea Village, la compagnie mère, et s'engage à éponger les dettes du club, estimées à 120 millions d'euros. Dans le même temps, les mouvements de l'action du club font l'objet d'un examen des autorités boursières : cotée à 14 pence (0,20 euro) en avril, elle s'est envolée jusqu'à 30 pence le 30 juin, juste avant la reprise du club…

Abramovitch installe immédiatement ses fidèles de Sibneft aux commandes : Eugene Tenenbaum, Richard Creitzman (qui retournera au secteur pétrolier en 2005) et l'avocat Bruce Buck, qui sera nommé président en février 2004. Puis il s'engage dans un été de folies sur le marché des transferts, pendant que le maire de Moscou Iouri Loujkov l'accuse de « cracher sur la patrie », en ayant choisi d'investir dans un club étranger plutôt que de soutenir une équipe russe. Au même moment, une blague circule déjà en Russie sur le nouveau boss des Blues. Elle raconte qu'Abramovitch a rendez-vous chez son médecin. Il l'examine et lui recommande de faire un peu de sport. Le milliardaire se met alors à dépenser une fortune en achetant un club et tous les meilleurs joueurs disponibles… jusqu'à ce que son docteur le rappelle pour lui dire : « Arrêtez, vous m'avez mal compris ! »

Sa tentative avortée de recruter Ronaldinho ne réfrène pas sa voracité de nouveau propriétaire. En deux mois, il dépense l'équivalent de 150 millions d'euros pour recruter un escadron d'internationaux. Parmi eux, les Argentins Hernan Crespo, alors plus gros transfert du club (26 millions d'euros), et Juan Sebastián Verón, l'Irlandais Damien Duff, le Français Claude Makelele, le Roumain Adrian Mutu, qui ont coûté plus de 20 millions d'euros chacun.

L'idée, c'est de récupérer les meilleurs sur le terrain, mais aussi dans les bureaux. Le 8 septembre 2003, Peter Kenyon est recruté sans surprise par Chelsea, après sept années passées dans les somptueux arcanes de Manchester United. Ancien directeur général de l'équipementier Umbro, ce fils de patron d'usine avait été débauché en 1997. Arrivé adjoint de Martin Edwards, il avait retrouvé le poste de *chief executive* qu'il occupait au sein de la marque anglaise en août 2000. Kenyon avait alors enchaîné les gros dossiers au sein de la franchise la plus rentable de la planète. Il collabore à la négociation d'un contrat sponsoring avec l'opérateur Vodafone pour l'équivalent de 45 millions d'euros. En 2001, il boucle le renouvellement de contrat de l'entraîneur, Sir Alex Ferguson, après des négociations épiques. En treize mois, il bat trois fois le record du plus gros transfert britannique, avec les signatures de Ruud van Nistelrooy, Juan Sebastián Verón (2001) et Rio Ferdinand (2002).

Son arrivée à Chelsea a été favorisée par le « super agent » Pinhas « Pini » Zahavi, qui a notamment finalisé le double transfert jackpot du défenseur international anglais Rio Ferdinand de West Ham à Leeds, en novembre 2000, pour 26 millions d'euros, et de Leeds à MU, à l'été 2002, pour 45 millions d'euros. Grâce, aussi, à une connexion très vite établie avec Abramovitch…

Dans le DVD *Blue Revolution* – sorti en septembre 2007 à la gloire de José Mourinho, juste avant qu'il ne quitte le club –, Peter Kenyon raconte qu'il a dîné avec Abramovitch le jour même où le Russe a acheté Chelsea. On l'a vu, les deux hommes s'étaient rencontrés deux mois avant, lors du fameux Manchester United-Real Madrid, qui aurait convaincu Abramovitch de se lancer dans le football.

En signant à Chelsea, Kenyon démontre qu'il peut passer sans drame d'une passion à une autre. Depuis son arrivée à MU, il n'avait cessé de s'afficher parfaitement *corporate*, rappelant ses origines locales – il vient de la petite ville de Stalybridge, située dans le Grand Manchester – et exhibant opportunément sa première médaille de fidèle *United boy* : sa présence à Wembley, le 29 mai 1968, pour voir les Red Devils de Matt Busby remporter la C1 face à Benfica (4-1). Mais en cet été 2003, Kenyon a parfaitement senti le vent du gros business tourner au sud, vers la capitale. « La situation à Chelsea est unique, expliquait-il alors. Chelsea a redynamisé le marché des transferts et ce qu'ils font démontre qu'ils seront de plus en plus forts. » Des propos tenus quelques semaines avant son départ et, après coup, révélateurs. En se posant à Londres, l'ancien dirigeant d'Umbro a semé derrière lui quelques doutes. À l'intersaison, Kenyon s'était vu reprocher la vente à prix réduit de David Beckham, transféré chez les « Galactiques » du Real Madrid pour 26 millions d'euros, et son échec dans le dossier Ronaldinho, parti au Barça. Une affaire dans laquelle la tactique de l'Anglais dégarni s'était révélée bien trouble. « Les négociations avaient doucement démarré avec MU car les tarifs que proposait Kenyon à l'époque étaient vraiment très en dessous de ce que le PSG attendait, juge un acteur des discussions. Il avait débuté à 17 millions d'euros ! Je me suis toujours demandé si Kenyon n'avait pas volontairement sous-évalué l'offre pour éviter que Ronnie n'aille à Manchester, sachant que lui-même savait qu'il partirait à Chelsea quelques semaines plus tard... »

Chez les Blues, Kenyon est investi d'une mission : coordonner une politique d'expansion sportive et économique très ambitieuse. Avec un avantage déloyal sur les autres clubs : Chelsea ne regarde pas à la dépense et se soucie peu de l'équilibre de ses comptes. Arsène Wenger, l'entraîneur d'Arsenal, trouvera l'expression juste quant à l'ahurissant tourbillon financier dans lequel s'est engagé le glouton bleu : pour l'Alsacien, le Chelsea d'Abramovitch pratique le « dopage économique ».

Kenyon est chargé d'un audit à l'intérieur du club. « Quand je suis arrivé, la première partie de mon boulot, c'était d'évaluer ce dont nous disposions, raconte-t-il dans *Blue Revolution.* Et, pour être honnête, je n'ai eu besoin que d'une semaine pour m'apercevoir que Claudio Ranieri [l'entraîneur italien, surnommé « the Tinkerman », le bricoleur] n'était pas l'homme de la situation. Après avoir côtoyé un gagnant comme Ferguson à Manchester, il était clair que Ranieri ne rentrait pas dans cette catégorie. » Il faut dire que, à peine une semaine après l'arrivée d'Abramovitch à la tête du club, le Suédois Sven-Göran Eriksson, alors sélectionneur de l'équipe nationale anglaise, avait été surpris sortant du domicile d'Abramovitch, à Lowndes Square… Mais l'Italien tiendra pourtant dix mois de plus, jusqu'à l'arrivée de Mourinho, qui restera un peu plus de trois saisons à la tête de l'équipe. Quand il signe à Chelsea, début juin 2004, le Portugais vient de remporter la Ligue des champions avec Porto face à Monaco, 3-0, et correspond parfaitement à l'image que le club souhaite donner de lui-même. Mourinho incarne le renouvellement, il a une « tronche », la classe, les médias raffolent de lui et il dégage une assurance mêlée d'arrogance qui colle parfaitement à la marque Chelsea, que les décideurs du club désirent développer.

Abramovitch-Kenyon-Mourinho. À l'été 2004, Chelsea tient sa colonne vertébrale. Simon Greenberg, ex-journaliste sportif, est nommé directeur de la communication. Bruce Buck et Eugene Tenenbaum complètent le conseil d'administration avec Kenyon. « On a une vision de développement pour les dix prochaines années, expliquait Kenyon en 2005, année de célébration du centenaire du club. Nous voulons annexer Londres. Nous sommes dans une des deux ou trois capitales les plus en vue mondialement, c'est un avantage considérable. Arsenal ne signifie rien à Londres. Alors que si vous mentionnez Chelsea, les gens font automatiquement l'association avec notre ville. Chelsea, c'est un quartier stylé, jeune, synonyme de musique, d'art, de divertissement et de mode. Chelsea, c'est le football et c'est Londres. Nous voulons résumer cette identité[1]. »

Ces hommes sont suivis, dans l'ombre, par un autre personnage central de l'univers des Blues : l'Israélien Pini Zahavi, le « super agent ». Personnage majeur du football anglais depuis deux décennies, Zahavi a été ancien journaliste sportif au quotidien *Yediot Aharonot*. La première transaction de sa carrière remonte à 1979 : le transfert d'Avi Cohen du Maccabi Tel-Aviv à Liverpool, pour l'équivalent de 300 000 euros, alors qu'il est encore reporter.

En près de trente ans, cet amateur de grands cigares a su se construire un immense empire relationnel, en passant progressivement du marché des joueurs israéliens à une activité mondialisée, porté par la financiarisation à outrance du football britannique, avec l'explosion des transferts et des droits audiovisuels et commerciaux. Son coup le plus juteux, le double transfert de Rio Ferdinand de West Ham à Leeds puis de Leeds à Manchester United, fait rentrer « *Mister Fix-it* » (« Monsieur J'arrange ça ») dans une catégorie ultra-VIP. Plus rien d'énorme dans le football anglais ne doit, désormais, se faire sans lui.

1. *Le Journal du dimanche*, 20 février 2005.

Quand Trevor Birch, ancien directeur général de Chelsea, l'appelle au printemps 2003 pour l'aider à retrouver un repreneur susceptible de sauver les Blues, Zahavi actionne ses réseaux et fait chauffer ses deux portables. Il avait rencontré Roman Abramovitch deux ans plus tôt, par l'intermédiaire d'un ami commun, avant de le revoir, avec Kenyon, lors de Mu-Real Madrid à Old Trafford. Son entregent aura été déterminant dans l'arrivée du Russe à Londres, comme il l'aura également été, début 2006, pour Alexandre Gaydamak, le fils du sulfureux Arkadi, lors de sa prise de contrôle de Portsmouth.

Le « super agent » fait peu de cas des profils troubles. Lors des négociations scabreuses ayant entouré la reprise de West Ham, au début de l'automne 2006, avant que le club ne soit finalement racheté par un consortium islandais, il avait aidé à la constitution d'un pôle d'investisseurs autour d'un jeune affairiste britannique d'origine iranienne, Kia Joorabchian, ex-partenaire d'Abramovitch et de Berezovski. Président fondateur de la société Media Sport International[1] (MSI), Joorabchian avait pris le contrôle du club brésilien des Corinthians de São

1. Kia Joorabchian a démissionné de son poste en juin 2006. En janvier 2008, il aurait présenté une offre de reprise du club de Southampton.

Paulo, en 2004, promettant la construction d'une équipe de « Galactiques », sur des standards de management européens. L'aventure a mal tourné : le club est tombé en deuxième division brésilienne et Joorabchian a fait l'objet, en juillet 2007, d'un mandat d'arrêt international par la justice brésilienne pour blanchiment d'argent, lorsque sa société MSI contrôlait les Corinthians. Des accusations que le jeune businessman nie en bloc...

Zahavi a également la réputation de vouloir s'insérer systématiquement dans chaque grosse transaction effectuée par le club. « Chaque fois que j'ai traité avec Chelsea, il a toujours essayé d'intervenir, confie un agent. Il court-circuite en appelant le joueur courtisé ou le club vendeur et fait comprendre qu'il a les moyens de faire payer Chelsea si l'on passe par lui. Résultat : cela crée des blocages dans les négociations. »

Malgré ses tentatives, il n'a pu parasiter le premier gros coup de la direction des Blues sur le marché français. En juillet 2004, un an après l'arrivée d'Abramovitch, l'Olympique de Marseille expérimente la méthode et les moyens du nouveau riche de la Premier League, avec le transfert de l'attaquant ivoirien Didier Drogba. Le Russe ne s'occupe pas de la transaction, c'est Kenyon qui s'en charge. Alors président de l'OM, Christophe Bouchet raconte : « C'est allé vite. Chelsea nous a contactés moins de dix jours avant le transfert effectif. D'abord, Kenyon a appelé directement Robert Louis-Dreyfus, qui m'a demandé de m'en occuper. Lors de la première réunion, il était question d'inclure le Roumain Mutu dans la transaction. C'est tombé à l'eau et, lors de la deuxième réunion, il était uniquement question du montant du transfert. Le contrat était simplissime, il tenait en une page et ils ont acheté Drogba cash pour une somme de 33,75 millions d'euros. Ils ont payé en une seule fois, *via* un virement de la banque ING, à Amsterdam. Ce transfert a été le plus important, le plus simple et le plus mécanique de tous ceux j'ai pu réaliser en tant que président. »

Chelsea fait une deuxième incursion d'exception sur le marché de la Ligue 1 l'été suivant, avec le transfert, beaucoup plus long à se réaliser, du milieu de terrain ghanéen Michael Essien, qui évolue alors à Lyon. Cette fois-ci, Roman Abramovitch intervient directement dans le dossier car Jean-Michel Aulas, le président lyonnais, a tenu à discuter « d'égal à égal » avec un homme qu'il avait découvert un an et demi plus tôt, dans un chalet de Courchevel.

31 décembre 2003 : Aulas est venu passer le réveillon chez son ami Jean-Paul Révillon, membre

du comité de gestion de l'OL. Par hasard, Révillon est installé à côté du chalet loué par Abramovitch. Il a donné un coup de main logistique au Russe et à sa famille pour leur installation. Les deux voisins ont ainsi brièvement sympathisé et, pour le remercier, l'oligarque lui a donné rendez-vous à domicile pour prendre l'apéritif. Avec Aulas, Révillon passe prendre en voiture l'avocat lyonnais André Soulier (un commissaire de la DST et un fonctionnaire des Renseignements généraux ont également pris place dans le véhicule) et la petite troupe débarque dans le chalet loué par Abramovitch. Il y plane une ambiance de film d'espionnage, avec des gardes du corps dont « les vestes de costume semblaient très lourdes », selon Soulier. Qu'importe, le gros poisson est ferré. « Ce soir-là, on lui a prévendu nos joueurs », s'est amusé Aulas[1].

Les deux hommes s'affichent à nouveau ensemble moins de deux semaines plus tard, le 9 janvier 2004, dans la tribune officielle du stade Louis II. Le président lyonnais a convié son nouvel ami à suivre un Monaco-Lyon à ses côtés et joue les VRP de son club florissant. « Je l'ai vu à plusieurs reprises ces derniers temps, expliquait-il à l'époque.

1. Vincent Duluc, *La Grande Histoire de l'OL*, Prolongations, Paris, 2007.

Je l'ai invité à venir voir ce match. » Pour continuer à promouvoir certains de ses joueurs à fort potentiel marchand ? « Nos relations dépassent ce cadre-là », répondait-il[1]. Cependant, quand les Blues se lancent sur la piste d'Essien, à la fin du printemps 2005, Aulas retrouve son instinct de négociateur à sang froid. Il a placé la barre très haut, en demandant 45 millions d'euros pour son milieu défensif, une somme inédite pour un joueur évoluant à ce poste.

Les deux hommes s'étaient connus dans les Alpes, ils se retrouvent à Saint-Tropez. Lors de la première réunion, le 5 août, seuls Peter Kenyon et Jorge Mendes, l'agent de José Mourinho, sont présents. Aulas met la pression, invoquant une « parodie de discussion ». En fait, il veut voir le grand chef. Le lendemain, Kenyon l'appelle pour lui annoncer qu'Abramovitch le recevra trois jours plus tard. Le président de l'OL retrouve le propriétaire de Chelsea sur son yacht, dans la baie de Pampelonne et, le 15 août, l'affaire se règle enfin pour 38 millions d'euros. Le feuilleton a duré trois mois et demi, et Essien a coûté près de 5 millions d'euros de plus que Drogba. « Chacun sa personnalité, juge Bouchet. Moi, cela ne m'intéresse pas d'aller sur le yacht d'Abramovitch. Aulas avait vraiment envie

1. *Le Journal du dimanche*, 11 janvier 2005.

que le montant du transfert soit supérieur à celui de Didier. Parce que c'est un univers où les choses se mesurent en permanence. Il a raison : il a fait passer un message, qui signifiait : “Je suis un bon vendeur.” » En juillet 2007, les deux hommes ont à nouveau fait affaire, avec le transfert de Florent Malouda chez les Blues, pour 21 millions d'euros.

« Bon vendeur », on ne peut pas en dire autant du Chelsea d'Abramovitch. Depuis 2003, la balance des transferts effectués par le club est très largement déficitaire. Il a dû attendre l'été 2007 pour réaliser son premier bénéfice sur la vente d'un de ses joueurs : le Néerlandais Arjen Robben, acheté au PSV Eindhoven 18 millions d'euros en 2004 et cédé au Real Madrid pour le double. En multipliant les transactions à des tarifs hors marché, Chelsea a encouragé un système pernicieux. Ces dépenses, cumulées à une politique salariale de seigneurs (Terry et Lampard sont les joueurs les mieux payés d'Angleterre, avec plus de 130 000 livres par semaine), minent les comptes du club. Il accusait 130 millions de pertes à la fin de la saison 2003-2004, 205 millions d'euros pour 2004-2005, 110 millions d'euros pour 2005-2006 et 99 millions d'euros pour 2006-2007. Même si les dettes diminuent, on peut s'interroger sur la pertinence et l'exemplarité d'un tel modèle économique…

« Une grande partie de ces pertes provient des dépenses en achat de joueurs, réplique Bruce Buck, le président de Chelsea. C'était nécessaire pour rattraper les autres grands clubs et avoir du succès. Mais on ne peut contracter de telles dettes chaque année et indéfiniment. Nous voulons réduire nos achats lors du marché des transferts, nous développons notre formation. Le problème, c'est qu'il y a un prix pour Chelsea et un prix pour les autres clubs. »

La veille de cette entrevue, l'attaquant international Nicolas Anelka avait signé chez les Blues, pour 20 millions d'euros. Un prix apparemment raisonnable pour Buck. « Nous devions nous dire à nous-mêmes : "Quel est le juste prix pour Anelka ?" et ne pas dépasser ce tarif, continue le *chairman* de Chelsea. Nous avons déjà abandonné des discussions quand les sommes réclamées étaient trop importantes. On se bat contre cela. Je ne dis pas que c'est toujours couronné de succès mais on s'y attelle. Même ceux qui nous vendent du lait ou des stylos pensent qu'ils peuvent nous faire payer davantage ! Dans les trois années qui viennent, vous allez voir nos pertes baisser et nos profits augmenter. »

Le club espère dégager des bénéfices à l'horizon 2009-2010. À l'hiver 2005, Kenyon annonçait que la folie des transferts à 35 millions d'euros ou plus était terminée. Ce qui n'a pas empêché Chelsea de lâcher 45 millions d'euros au Milan AC pour l'attaquant ukrainien Andreï Chevtchenko, en juin 2006. Un tournant dans le fonctionnement du club : pour la première fois, Roman Abramovitch a eu une influence prédominante dans la venue d'un joueur qu'il souhaitait, contrairement à son entraîneur. Malheureusement pour lui, le rendement du Ballon d'or 2004 n'a pas vraiment été à la hauteur de ses espoirs. En outre, Chevtchenko, le russophone, a rapidement été suspecté d'être un espion du patron dans le vestiaire ou dans son relais direct, comme au soir de la rupture entre Chelsea et Mourinho.

En trois saisons, le Portugais avait réussi à gonfler le palmarès national des Blues, avec deux titres de champion d'Angleterre (2005, 2006), deux Coupes de la Ligue (2005, 2007) et une Cup (2007). En revanche, le style de l'équipe ne convenait plus à son employeur, également irrité par l'image nuisible qu'il renvoyait parfois, lors de ses coups de sang à l'égard de ses confrères ou des arbitres – témoins de son accrochage avec le Suédois Anders Frisk – et par sa suspension, en février 2005, suite à une défaite à Barcelone. De surcroît, Mourinho avait failli dans une autre mission essentielle : apporter à

Chelsea une victoire en Ligue des champions, une compétition où il n'a pas pu dépasser les demi-finales (2005, 2007).

Son histoire avec les Blues s'est achevée le 19 septembre 2007, après un décevant match nul (1-1) concédé face à Rosenborg en Ligue des champions, devant une faible assistance de 25 000 spectateurs. Juste après la rencontre, Abramovitch descend dans le vestiaire et toise Mourinho, en lui lançant un acide « fantastic football ! ». Puis il demande à Chevtchenko de traduire ses remarques tactiques à Essien, à qui il reproche de ne pas avoir assez écarté le jeu sur les ailes durant la rencontre, pendant que son entraîneur participe à la conférence de presse d'après-match… Quelques dizaines de minutes plus tard, Mourinho annonce par texto, à plusieurs de ses joueurs, sa décision de partir, alors qu'il assiste à la projection de *Blue Revolution*. Le lendemain, le communiqué du club tombe, annonçant que les deux parties se sont séparées par « consentement mutuel ». Le Portugais quitte Chelsea contre un chèque d'indemnités de 27 millions d'euros. « Nous étions arrivés au point de rupture dans notre relation avec Mourinho, relate Bruce Buck. Le temps était venu que nos chemins divergent. C'est comme un couple qui se sépare, mais il n'y a pas eu de cris ni de hurlements. On a néanmoins le plus grand respect pour ce qu'il a accompli ; cela ne marchait plus, c'est tout. Ce qui ne m'empêche pas d'échanger des textos avec lui, comme d'autres personnes au club. »

Cet épisode a confirmé le dépassement de fonctions opéré par Abramovitch, qui possède un bureau au centre d'entraînement, à Cobham. Il a décidé de s'investir davantage dans le domaine technique, en resserrant le cercle de confiance autour de lui. À l'image d'Avram Grant, le successeur de Mourinho. Grant est l'ancien sélectionneur de l'équipe nationale israélienne. Il connaît Abramovitch depuis novembre 2004. Les deux hommes se sont rencontrés à Moscou par l'intermédiaire de… Pini Zahavi, la veille d'un match disputé face au CSKA, sponsorisé, à l'époque, par Sibneft.

Leurs origines juives les ont rapprochés. Mis en réserve à Portsmouth, le club du fils Gaydamak, Grant n'aura occupé que quelques semaines le poste de directeur technique à Chelsea. Arrivé en juillet 2007, il est nommé manager dès l'annonce du départ de Mourinho. Surprenant pour un homme sans expérience au haut niveau européen. Du coup, sa nomination a lancé un débat délicat sur un virage « communautaire » du club. Roman Abramovitch, très attaché à ses racines juives (à Moscou, il est proche du grand rabbin de Russie, Berl Lazar, lié à

Poutine), aurait-il privilégié Grant en raison de ses origines ? Cette question a agité la base du club, qui a connu de gros problèmes de racisme dans les années 1970 et 1980. « On a eu l'impression que si Grant avait été Mexicain, il n'aurait peut-être pas obtenu le poste, estime un représentant des supporters. C'est presque comme s'il avait prêté un serment de fidélité envers Israël. Ce choix en a rendu certains paranos. »

Interrogé sur le sujet, Bruce Buck concède connaître « quelques problèmes très mineurs » de racisme et d'antisémitisme. « Mais on les affronte et on les règle, coupe-t-il. Je pense que la situation est bien meilleure aujourd'hui que par le passé. » Abramovitch participe également au développement du football israélien. Depuis 2006, il apporte son soutien financier et sa présence à la First Channel Cup, un tournoi international de clubs qui se déroule chaque année, fin janvier, à Tel-Aviv. Le plus grand espoir israélien, l'attaquant Ben Sahar, évolue à Chelsea. Le 17 novembre 2007, on a également vu Abramovitch dans les tribunes du stade Ramat Gan à l'occasion de la rencontre qualificative pour l'Euro 2008 Israël-Russie, un symbole de son attachement aux deux pays.

Le club contient aussi une « fraction » néerlandaise, censée promouvoir une politique de jeunes pour réduire, à moyen terme, l'achat de stars pour des sommes démentielles. L'un des conseillers les plus écoutés par Abramovitch est un septuagénaire, Piet de Visser, un grand voyageur chargé du recrutement pour le PSV Eindhoven, qui avise en sus son compatriote sélectionneur de la Russie, Gus Hiddink, rémunéré par Abramovitch. « On se voit souvent, plus d'une fois par mois, glissait-il en 2005. Chaque fois qu'il veut me voir, il m'appelle et je pars le rejoindre. Parfois, c'est sur son bateau, ou alors chez lui. J'ai promis à M. Abramovitch de ne pas parler du travail que je fais pour lui, c'est secret[1]. »

Le Danois Frank Arnesen, responsable du recrutement et du développement de la formation, arrivé en septembre 2005, est aussi un ancien du PSV Eindhoven, où il a occupé le poste de directeur technique entre 1994 et 2004. En octobre 2007, Chelsea a recruté Henk ten Cate, ancien adjoint de Frank Rijkaard à Barcelone et ex-entraîneur de l'Ajax Amsterdam. Ten Cate est l'un des deux adjoints d'Avram Grant, avec Steve Clarke. Depuis novembre 2007, un Français aussi joue un rôle important dans le staff technique : Christophe Lollichon, un ancien du Stade rennais, recruté au poste de responsable des gardiens.

1. *The Daily Telegraph*, 9 juin 2005.

Ma raison de vivre

En tout cas, son intérêt pour le football, même s'il est venu tard, ne semble pas feint. Dès son arrivée à Chelsea, il n'était pas rare de le voir assister quasi quotidiennement aux entraînements de son équipe. Arnesen a déclaré qu'il lui arrivait de regarder quatre matchs dans une même journée. « Il pose des questions sur les joueurs, il est comme un petit garçon curieux, réagit l'ancien défenseur international Marcel Desailly, qui l'a côtoyé lors de la saison 2003-2004. Un jour, je lui ai demandé : "Le foot est-il important pour vous ?" Il m'a répondu : "C'est ma raison de vivre." Au départ, il est venu à Londres pour se protéger de problèmes personnels qu'il aurait pu avoir en Russie... Mais je pense vraiment que c'est un passionné de football. Le lendemain des matchs, il emmenait ses enfants pour participer au décrassage. » Le responsable de l'équipe réserve, Brendan Rogers, livre des cours particuliers à un de ses fils. « Il souhaite vivre ce que l'on vit, a remarqué le Camerounais Geremi, qui a passé quatre saisons à Londres, entre 2003 et 2007. Il s'enthousiasme ou compatit à notre sort. Parfois, on est concentré dans le vestiaire, la tête dans les mains. On se retourne et on le voit pensif, touché, comme nous[1]. »

À son arrivée, Abramovitch détonnait dans le milieu. Les joueurs observaient avec étonnement et curiosité ce personnage à peine plus âgé qu'eux, mystérieux comme un agent secret et protégé comme un chef d'État à l'allure de quidam. « Il porte sa vieille montre électronique au poignet, poursuit Desailly. Une fois, il avait laissé ses affaires : on a jeté un coup d'œil à ses vêtements et à ses chaussures, ce n'était pas de la grande marque ! » Un look en déconnexion avec ses moyens et ceux qu'il offre à son club. C'est une approche culturelle qui peut désorienter certains de ses joueurs : l'opulence n'est pas forcément liée à l'abondance de résultats ou de titres, comme le voudrait Abramovitch.

« Tout est hyperprofessionnel, mais il y a presque trop d'argent, trop de moyens, note un connaisseur du club. À force de trop vouloir bien faire, ils se sont éloignés des choses simples. » Les facilités offertes peuvent se retourner contre leurs bénéficiaires. C'est un détail remarqué par Florent Malouda, en débarquant à Chelsea : le centre d'entraînement regorge tellement de nourriture ou de boissons à

1. *Le Journal du dimanche*, 25 avril 2005.

disposition que les joueurs sont tentés de picorer en permanence. Côté ambiance, un joueur comme Didier Drogba a toujours souffert du manque de camaraderie à l'intérieur du club. « Ce sont des stars à côté d'autres stars, cible un agent. Avec des objectifs de stars : obtenir le plus gros contrat et être reconnu sur cette base. » À l'automne 2007, le ministre des Sports britannique Gerry Sutcliffe s'était même emporté contre le salaire du capitaine de Chelsea, John Terry, le jugeant « obscène », tout en fustigeant les dettes accumulées par le club. Après cinq saisons passées au club, William Gallas a choisi Arsenal, à l'été 2006, car il souhaitait s'investir dans un projet davantage sportif et moins commercial.

Juste après le départ de Mourinho, Abramovitch a suivi Chelsea-Fulham, première de Grant en tant qu'entraîneur, au milieu des supporters du Shed End, la tribune populaire de Stamford Bridge. Une façon de se rapprocher des fans les plus fidèles. Le conseil d'administration rencontre d'ailleurs leurs représentants quatre fois par an, une attention appréciée. « Avant que Roman n'arrive, l'ancien régime haïssait les supporters, rapporte Jeremy Walters, du site internet indépendant *cfcnet*. Ken Bates dirigeait le club comme un empire fasciste. Le club a fait des efforts pour faire participer les fans aux décisions du club. On critique quand on l'estime nécessaire. Après le départ de Mourinho, par exemple, nous étions vraiment furieux. »

Même s'il veut cajoler la base, la vraie place d'Abramovitch se situe dans sa Millennium Box centrale, la plus prisée des loges présidentielles, où il a l'habitude de manger japonais avant les rencontres, grâce à son fournisseur officiel, Sumosan, la franchise du restaurateur moscovite Alexandre Volkov. « Il a une alimentation saine, sourit Bruce Buck. Il n'est pas très friture. » Cette tribune latérale ouest bénéficie de radiateurs, installés sous le toit du stade. Le prix de location des loges à l'année va de 80 000 euros ou 100 000 euros pour les plus « rudimentaires » à 1,3 million d'euros pour les plus spacieuses. En 2007, un institut de conseil en gestion de patrimoine anglais a mis au banc d'essai cinquante produits de luxe, pour comparer leur inflation à celle des marchandises ordinaires. La loge à Stamford Bridge arrivait largement en tête de ce classement, avec 25 % d'augmentation par rapport à l'année précédente. Il faut bien augmenter les profits pour réduire les dettes. Au siège du club, à Stamford Bridge, son bureau se situe au cinquième étage, où il est impossible de pénétrer sans disposer d'un badge spécial.

Malgré son image *upper class*, Chelsea draine encore des personnages pittoresques, qui contribuent à maintenir l'histoire de ce club à ses racines et son folklore urbain. C'est le cas du charismatique David Johnstone. Ce gaillard sec et nerveux au regard de fléchette est certainement le supporter le plus écouté du peuple Blue. Un fan à l'ancienne, à l'irréductibilité ironique implacable, un pur *lad*, à l'opposé des tripoteurs de BlackBerry qui endorment les tribunes latérales de Stamford Bridge. Rendez-vous au pub historique – mais rénové – des Blues, le *Butcher's Hook* (le « croc de boucher » !), en face de Stamford Bridge, sur Fulham Road. Là où le club fut fondé en 1905 et où fut organisée une soirée entre initiés pour son centenaire, en mars 2005, en présence d'Abramovitch et de son ex-épouse Irina.

Johnstone fait d'abord sa petite pub personnelle, en distribuant un CD 3 titres de son groupe. En studio, Dave s'appelle Billy Bluebeat, un rocker *underground* qui dit préparer ses propres mémoires du célèbre festival de Glastonbury, où il se rend chaque année. Il fait également passer un exemplaire de son fanzine, *cfcuk*, qu'il vend sur le trottoir lors de chaque rencontre à domicile, devant Stamford Bridge. Dave est respecté à la base et craint dans les bureaux car, dans les années 1980, il a su se lever seul face à l'ancien président, Ken Bates, en le traînant devant la justice après qu'il eut traité ses propres supporters de « parasites ».

Une médaille qui lui a donné un statut unique dans le petit monde de Chelsea, en raison de sa notoriété et du rôle d'intermédiaire qu'il joue entre les tribunes et la direction du club. « Comme j'ai été la première personne à poursuivre Bates et à gagner mon procès, certaines personnes, depuis, à Chelsea, ont peur de moi, raconte-t-il sans forfanterie. Et ils savent que je n'ai pas peur d'eux. Je fais mon fanzine, j'ai un site internet, ils estiment que j'ai un pouvoir sur la rue.

— Quel est votre rôle exact au sein du club ?

— C'est une zone grise. Je viens au siège quatre ou cinq fois par semaine. Je garde un œil sur les choses. J'ai filé un coup de main au musée du club et, parfois, on m'appelle pour savoir ce qui se raconte autour du stade. Certaines personnes, qui essaient de diriger ce club et gagnent beaucoup d'argent, sont agacées que des gens comme moi puissent leur dire quoi et comment faire. En fait, je suis l'employé du club quand ça les arrange. Et quand cela ne les arrange pas, je ne veux pas le savoir. Chelsea n'est pas une « marque » pour les types comme moi. Les joueurs m'aiment bien, M. Abramovitch m'aime bien… Il me laisse lui serrer la main.

— Quels sont vos rapports avec Abramovitch ?

— Quand il a racheté le club, j'ai demandé à avoir un rendez-vous avec lui. Je l'ai attendu devant l'entrée du club, à côté du mégastore – j'avais vu sa voiture. Ceux qui l'accompagnaient savaient qui j'étais. Quand j'ai su qu'il avait embauché Peter Kenyon, j'étais énervé. J'ai dit à M. Abramovitch : "Vous n'avez pas besoin de Kenyon. Si vous passez une heure avec moi, je vous dirai tout ce que vous avez besoin de savoir à propos de ce club. Vous pourrez économiser votre argent, je ferai tout gratuitement." Il s'est marré… J'ai toujours été franc et direct avec lui, je lui parle avec mon cœur. J'admire M. Abramovitch. C'est un type bien. Il aime avoir l'opinion des supporters et il vient les rencontrer dès qu'il en a l'opportunité. Il affectionne le club, il l'a dans le sang. Certains disent qu'il ne connaît rien au foot mais au contraire, il a tout saisi… puisqu'il a acheté Chelsea ! »

Pour comprendre un tel emballement, il faut se pencher sur la relation très particulière entretenue avec le milliardaire russe par Johnstone. Un échange de bons procédés : Abramovitch fait cajoler un trublion potentiel et Johnstone joue le délégué syndical de confiance envers le propriétaire du club. Ainsi, Johnstone se fait rembourser la plupart de ses billets et de ses déplacements par la comptabilité du club, avec la validation du propriétaire. Il a un accès presque direct au patron, qu'il sollicite ou interpelle régulièrement pour lui faire remonter les aspirations de la base. Ce fut le cas à l'automne 2007, par exemple, pour exiger une baisse du tarif des places pour les matchs de Ligue des champions. Quant à la façon dont le boss a fait fortune… « Je m'en moque, répond-il. Il a réussi et moi, je ne suis pas jaloux. »

ANADYR

Qui vous a invité ?

Un agent d'accueil particulier attend ses hôtes français dans l'aéroport « manucuré » d'Anadyr, la petite capitale du district autonome de Tchoukotka. Ici, on appelle la Russie « le continent », une façon de décrire la distance entre cette terre et le pouvoir central. Effectivement, nous sommes à huit heures et demie de vol, 7 000 kilomètres et neuf fuseaux horaires de Moscou, dans cette région de l'extrême est russe en pleine expansion, dont Roman Abramovitch est gouverneur depuis décembre 2000. Un long voyage au bout de la Sibérie qui se mérite : ce territoire frontalier, séparé de l'Amérique par le détroit de Béring, est une ancienne zone secrète et militaire aux conditions d'entrée restrictives. Alors l'agent d'accueil particulier, un jeune agent du FSB, prie de le suivre dans un bureau à l'étage du terminal.

Dans ses mains, il tient le permis spécial nécessaire à tout visiteur souhaitant se rendre en Tchoukotka. Un *propousk* (document d'identification) aux modalités d'obtention rédhibitoires pour le simple vacancier. Directement fourni par le Service fédéral de sécurité, ce permis s'ajoute au traditionnel visa russe. Il est délivré également sur invitation mais doit faire l'objet de motivations détaillées quant à la raison du séjour. Il est surtout très long à récupérer : quarante-cinq jours minimum… si tout se déroule sans accroc. Une fois que ces conditions sont réunies, il reste un dernier obstacle à franchir, surtout en plein mois de décembre : la météo ingrate et capricieuse de Tchoukotka, qui provoque régulièrement des retards ou des annulations de vol à cause des tempêtes de neige et des vents très forts qui balaient la région.

À l'arrivée, dernières exigences procédurales avant de fouler le sol tchouktche : juste après l'atterrissage, des policiers embarquent à l'avant de l'avion et filtrent la sortie des passagers en s'assurant que chacun est en règle. Quand il s'agit de récupérer le permis sur place, il faut donc passer par la case « FSB » et répondre à une série de questions avant de récupérer ses bagages et de pouvoir – enfin – sortir de l'aéroport.

L'agent entame son interrogatoire de bienvenue. Ferme et sans fioritures. « Quelles sont les raisons pour lesquelles vous venez ici ? », « Qu'avez-vous l'intention de faire en Tchoukotka ? », « Qui vous a invité ? », « À quand remonte votre dernière discussion avec votre contact sur place ? », « Avez-vous déjà fait l'objet d'un contrôle par les services de sécurité en Russie ? ». Au bout d'une dizaine de minutes, satisfait des réponses apportées, le jeune homme rend les passeports, avec le fameux *propousk*.

La découverte peut alors commencer, en passant dans d'autres mains : celles des préparateurs du séjour, une agence de tourisme dirigée par Ida Rouchina, la cousine… de Roman Abramovitch. Un touriste ou un journaliste étranger ne se promène pas seul et sans contraintes en Tchoukotka, en raison du contrôle strict des visiteurs, des caractéristiques stratégiques de la région – exploitations minières, prospections d'hydrocarbures – et de la difficulté de se déplacer. La péninsule, prise dans l'hiver neuf mois sur douze, ne dispose pas de réseau ferré public et ne comptait que 1 000 kilomètres de routes, dont peu sont bitumées, au début des années 2000 (5 000 kilomètres aujourd'hui). Par conséquent, les trajets longs ou difficiles s'effectuent obligatoirement en avion ou en hélicoptère. C'est le cas pour rejoindre Anadyr de l'aéroport, situé de l'autre côté de la baie, quand les eaux ne sont pas suffisamment gelées pour supporter le poids des véhicules. Embarquer dans ces vieux omnibus à hélices, au-dessus d'une mer de glace caressée par une lumière bleutée, donne immédiatement le ton de cette destination si singulière.

Car pour comprendre l'originalité du territoire, il faut se pencher sur son immensité désertique et ses caractéristiques inhospitalières. D'une superficie de 720 000 km^2, soit une fois et demie la France, la Tchoukotka ne comptait, lors d'un recensement effectué en 2006, que 50 500 habitants, dont 12 000 pour la seule Anadyr. La température moyenne annuelle est de - 7 °C et le thermomètre peut descendre jusqu'à - 60 °C dans les zones les plus froides, à l'ouest, en direction de la Iakoutie.

En sus d'un taux d'humidité dépassant fréquemment les 95 %, la plaie locale se nomme la *pourga* : un vent du sud qui souffle par rafales ultra-violentes, atteignant 200 km/h, et justifie le charmant surnom d'Anadyr, « la ville des chiens qui volent ». L'été est très court, frais et pluvieux. Parfois, les parties les plus froides du territoire ne connaissent pas de fontes des neiges en juillet. Les anciens ont une formule ironique qui résume l'impossible météo du coin : « Ici, il y a un mois où il fait mauvais, deux autres mois où il fait très mauvais et le reste de l'année, c'est horrible. » Autour du solstice d'hiver, là où les jours sont les plus courts, un soleil rasant, beau comme une orange givrée, s'extirpe de l'horizon blanc vers 10 h 30 pour s'éteindre vers 14 h 30, en replongeant Anadyr dans son obscurité glaciale.

C'est sur cette baie gelée qu'a atterri Roman Abramovitch en décembre 1999, après son élection comme député à la Douma – il sera élu gouverneur de la région un an plus tard, le 24 décembre 2000. Une « niche » qui lui garantissait l'immunité parlementaire mais dont il allait rapidement découvrir les contreparties. En parcourant Anadyr aujourd'hui, il est impossible d'imaginer quel était le visage de la ville au début des années 2000. Les immeubles ont été repeints, de nombreux bâtiments publics ont été construits, le taux de natalité est un des plus hauts de Russie, la population bénéficie d'équipements socioculturels d'une qualité exceptionnelle et on ne croise dans les rues quasiment que des 4 × 4 ou des jeeps importés du Japon... Il faut dire que, en cinq ans, il s'est produit un « miracle » ici. Grâce à l'argent du héros local : le *governator* Roman Arkadievitch, l'oligarque à la réputation de sauveur.

À la fin de la décennie 1990, la Tchoukotka n'était plus qu'un long catalogue de désolation, une terre maudite et désespérée. En dix ans, la région avait perdu 113 000 habitants, soit les deux tiers de sa population. Une désertion provoquée par l'écroulement de l'URSS et l'inadaptation de la région à la brutale transition capitaliste. Les structures socio-économiques de l'ère soviétique avaient implosé, emportées par l'ouragan du marché et de la dérégulation. L'administration fédérale n'assurait plus son rôle protecteur. Rues défoncées, immeubles délabrés, situation de quasi-famine et alcoolisme endémique dans les villages, infrastructures en loques, salaires et pensions non payées depuis cinq voire dix ans... La région des pionniers, volontaires ou forcés, du *far east* s'était délitée à tel point que certains échangeaient leur logement contre un aller simple pour Moscou, un billet dont le prix représentait alors l'équivalent de deux mois de salaire. La Tchoukotka, si loin du Kremlin, avait été abandonnée par la Russie, livrée à son triste sort dans sa gangue de glace.

L'histoire de la région est d'abord celle d'une terre mythique, lieu de passage des lointains ancêtres des Inuits et des Amérindiens, entre 25 000 et 10 000 avant notre ère. C'est à partir de la péninsule du Nord-Est sibérien qu'a eu lieu la colonisation primitive du continent américain, qui disposait alors d'un pont naturel, la Béringie, avec l'actuel Alaska, avant qu'une montée des eaux ne sépare les deux continents. Aujourd'hui, les peuples natifs du Nord, principalement Tchouktches et Esquimos, ne représentent plus que 20 % de la population totale, contre 66 % de Russes et 9 % d'Ukrainiens, mais cette terre ancestrale d'élevage de rennes et de chasse aux mammifères marins (morses, phoques, baleines) reste toujours peuplée de soixante nationalités différentes.

La « russification » du territoire s'est étalée du milieu du XVIIe siècle – la première forteresse d'Anadyr a été construite en 1649 – au milieu des années 1920, avec le rattachement forcé de la région à la nouvelle entité soviétique. Créé en 1930 et doté d'un statut autonome, l'*okroug* de Tchoukotka n'a pas échappé à la collectivisation brutale (liquidation des *koulaks* éleveurs de rennes), tout en « bénéficiant » de la politique d'expansion économique de l'URSS. La création de liaisons aériennes vers Anadyr et le cap Nord, au milieu des années 1930, change la vie du territoire, qui s'engage alors dans un désenclavement progressif. Des stations polaires, des ports et des aérodromes sont construits ; l'industrialisation se développe, ainsi que la recherche scientifique et hydrographique ; des gisements miniers (étain-tungstène) sont découverts…

À la fin des années 1930, l'Union soviétique a achevé son implantation jusque dans les coins les plus reculés de la péninsule. L'industrie de la pêche et de la chasse a été nationalisée ; les peuples indigènes ont été soumis à la soviétisation systématique. Et à Moscou, le régime érige les pionniers des territoires du Nord en exemples, sources d'inspiration littéraire. En août 1934, le premier congrès de l'Union des écrivains soviétiques, présidé par Gorki, fait l'apologie des explorateurs du paquebot *Tcheliouskine*. Parti en expédition sur la route maritime du Nord arctique l'année précédente, le bateau sera pris dans les glaces sur le détroit de Béring, avant que son équipage ne soit finalement secouru par avion au terme d'une angoissante attente… Une odyssée qui fera l'objet d'un livre et d'un film et qui reste, encore aujourd'hui, un jalon essentiel de la mémoire collective russe.

En voulant lutter contre le « retard » culturel des populations tchouktches et esquimos, les zélotes bolcheviques les emmènent de force vers leur vision du modernisme. Les enfants sont poussés dans les écoles mais sont contraints d'abandonner l'usage de leur langue ancestrale. Les chamans, piliers de la société tchouktche, sont persécutés. Les nomades doivent quitter leur habitat traditionnel, la *iaranga*, pour être installés dans des maisons de brique. D'autres décisions, aux motifs prétendument humanitaires, créent des dégâts considérables. À la fin des années 1930, le taux de mortalité des autochtones a subitement explosé à cause de la distribution obligatoire de… savons, dont l'usage détruisait la couche de graisse qui protège naturellement leur épiderme contre les agressions micro-organiques.

Durant la Seconde Guerre mondiale, les géologues soviétiques découvrent un nouveau trésor en puissance, caché dans les sous-sols du territoire : l'or. Des milliers de prisonniers continuent d'affluer pour exploiter ces nouvelles richesses. La découverte de l'or va entraîner un boom économique dans la région à partir de la fin des années 1950, avec l'industrialisation de son extraction. En 1965, Anadyr obtient le statut de ville. À cette époque, sa population passe à 12 000 habitants, son chiffre actuel, et atteindra même un pic de 20 000. La région devient le décor d'un film burlesque, entré dans le patrimoine du cinéma russe, *Le Chef de la Tchoukotka*, tourné en 1966.

Les infrastructures scolaires et culturelles se multiplient sur l'ensemble du territoire. De nombreux travailleurs qualifiés sont sollicités pour participer au développement du Nord et tenter leur chance dans ce décor improbable, avec la motivation de primes d'éloignement et de salaires trois fois supérieurs à la moyenne moscovite. Les nouveaux arrivants changent inexorablement le profil démographique du territoire. Les indigènes, qui représentaient encore 85 % de la population totale de Tchoukotka en 1938, deviennent alors largement minoritaires. L'exploitation à outrance de la région entraîne aussi des drames écologiques : les rennes, qui constituent la première ressource agricole de Tchoukotka, peinent à se nourrir sur une toundra polluée et érodée par une activité industrielle forcenée.

La chute de l'Union soviétique fait basculer la région dans une nouvelle ère aux espoirs rapidement déçus. La Tchoukotka devient un « sujet indépendant » de la Fédération de Russie le 24 juillet 1992 et gagne un gouverneur élu, Alexander Nazarov. Ancien ingénieur dans une mine d'or, Nazarov, surnommé le « Petit Napoléon », a été nourri au grain du parti communiste local. Il s'accommode rapidement de la transition démocratique pour asseoir son pouvoir régional. Mais garde ses réflexes bureaucratiques, tout en jouant les prolongations de la guerre froide, face à son voisin américain. À l'époque, Anadyr compte

300 policiers pour 14 000 habitants. Règne isolationniste de Nazarov, terribles défaillances de l'administration fédérale et crise économique en 1998 : la Tchoukotka plonge dans l'abîme. La région se vide de ses habitants, réduits à la misère. À la fin des années 1990, la balance commerciale affiche un déficit abyssal : le montant annuel des exportations s'élève seulement à 20 000 dollars, pendant que celle des importations atteignent 3,98 millions de dollars. Le volume de richesse de la région est estimé à 270 millions de dollars, l'équivalent des trois yachts d'Abramovitch... Les aides de l'État n'arrivent plus. Les investissements diminuent de façon drastique. L'approvisionnement se dégrade, alors que les cheptels de rennes ont été décimés. La libéralisation des prix et l'inflation détruisent le pouvoir d'achat. Les salaires ne sont plus réglés.

Les Tchouktches « assimilés », en détresse, se retournent vers leurs coutumes ancestrales : ils consultent les chamans pour redécouvrir les meilleures zones de chasse aux morses, réapprennent à utiliser et à conserver leur viande, leur graisse et leur peau. Ils survivent grâce à la cueillette de baies et de champignons. Les villes sont désertées, laissées à l'abandon. Dans la capitale, une habitation sur trois a les vitres cassées. Seule la rue centrale bénéficie de l'éclairage public. À Pevek, une petite ville du Nord, qui avait compté jusqu'à 40 000 âmes, la population dégringole sous les 10 000 habitants. Providenia, à l'est de la péninsule, se transforme en cité portuaire fantôme. Des images tournées fin 1999 donnent à voir un décor d'apocalypse : les rues, balayées par une tempête de fin du monde, semblent sortir d'une catastrophe nucléaire, avec ces maisons et ces immeubles abandonnés, ces fenêtres brisées, ces canalisations éclatées…

C'est à cette période que Nazarov incite Abramovitch à visiter son fief et à se présenter à la Douma. C'est la fin du règne eltsinien, Poutine est Premier ministre, la succession se prépare. Un parti proprésidentiel, Unité, a été construit de toutes pièces et financé par les appuis de la « famille » pour contrer une éventuelle majorité communiste aux législatives. Ces élections sont celles où les « nouveaux Russes » multimillionnaires entrent en politique. Une dizaine d'oligarques investissent la Douma et deux des plus influents trouvent un point de chute aux antipodes l'un de l'autre, alors qu'ils auraient pu être voisins. Boris Berezovski refuse le parachutage qu'on lui propose en Koriakie, au sud de la Tchoukotka, et choisit d'aller se fait élire dans une région qu'il connaît bien, le Caucase du Nord, dans la petite république autonome de Karatchaïevo-

Tcherkessie. Quant à Abramovitch, élu avec 60 % des voix dans la circonscription électorale n° 223, il hérite donc d'un siège en Tchoukotka. Et doit maintenant affronter le désastre.

Nouvelle époque, nouveau gouverneur, nouvelle vie

En Tchoukotka, tout le monde a une anecdote à raconter sur cette décennie catastrophique, où la vie se résumait à tenter de subsister. Comme Natacha, arrivée à Anadyr en 1998, en pleine crise économique. Originaire de Saint-Pétersbourg, elle a suivi son mari muté pour son travail. « Quand je suis arrivée ici, j'ai pleuré pendant six mois, raconte-t-elle. On n'avait rien. Les gens vivaient de troc. Tout le monde voulait partir. Les familles se regroupaient pour pouvoir régler les charges des logements. Des personnes âgées ne pouvaient pas payer leur chauffage ; on le leur a alors coupé. En ville, il n'y avait pas de lumière, pas de verdure, tout était absolument gris. C'est pourquoi il y avait beaucoup de daltoniens ici. »

Abramovitch a donc décidé de faire repeindre les immeubles avec des couleurs vives – jaune, rouge, vert ou bleu ciel –, ce qui donne à Anadyr un cachet très original, évoquant une toile de Mondrian ou un assemblage de Lego bariolé. Judicieux mais anecdotique face à l'immense tâche à accomplir quand le nouveau député de 33 ans découvre sa circonscription. Le milliardaire fait la tournée des villages, où il retrouve des conditions précaires, qu'il n'a même pas connues dans son enfance soviétique. Lors de l'un de ses premiers séjours dans un village en tant qu'élu, il a raconté avoir dîné d'un bol de soupe glacée, avant de passer la nuit sur une table.

L'orphelin décide d'abord de combler les enfants. Il crée une fondation caritative pour la jeunesse tchouktche, baptisée « Pôle d'espoir », dont sa cousine Ida prend la vice-présidence. Une des premières décisions, très médiatique, du jeune député est d'envoyer plusieurs centaines d'enfants en vacances sur la mer Noire. L'impact sur la population est immédiat car l'attente populaire est immense : sur les 5 000 lettres envoyées chaque mois aux députés de la Douma, 1 500 sont destinées à Abramovitch. Le gouverneur Nazarov est rapidement dépassé par le volontarisme du député, qui dispose de moyens colossaux pour asseoir sa popularité naissante et transformer son image de rapace capitaliste.

Fin 2000, les élections arrivent et les deux hommes se retrouvent logiquement en concurrence. Face à Abramovitch et à son slogan, « Nouvelle époque, nouveau gouverneur, nouvelle vie », Nazarov apparaît comme un personnage du passé. Il veut sauver son fauteuil mais, pour Moscou, son cas est déjà réglé. Durant la campagne, il fait subitement l'objet d'une enquête des services fiscaux. Nazarov a compris – ou on lui a bien fait comprendre. Une semaine avant l'élection du 24 décembre, il retire sa candidature. Abramovitch est élu gouverneur avec un score triomphal de 91 %. À 34 ans, il est à l'époque le plus jeune responsable de Russie à ce poste, en compagnie d'Alexander Khloponine, 35 ans. Le protégé de Vladimir Potanine, patron de l'empire métallurgique Norilsk Nickel, s'est fait parachuter et élire de façon similaire dans un autre district isolé de Sibérie, le Taïmyr.

Il y a tout à faire, il faut tout (re)construire. Abramovitch décide d'en mettre plein la vue à ses administrés, pour leur signifier qu'une ère nouvelle s'ouvre vraiment à eux. Cinq mois après son élection, le 9 mai 2000, jour de célébration de la victoire sur l'Allemagne nazie, il organise une immense fête à Anadyr, avec concert de pop et feu d'artifice géant. Il se lance également dans une « tournée des popotes » pour recueillir les doléances de la population locale.

Timide et mal à l'aise dans la communication frontale, Abramovitch développe une méthode efficace, sur le mode : « Je ne ferai pas de discours mais j'aimerais écouter vos questions. » Ses conseillers sont ensuite chargés d'évaluer la faisabilité des travaux demandés, les moyens à mettre à œuvre, puis il prend ses décisions de façon extrêmement rapide. Lors de l'une de ces réunions « participatives », dans le village d'Ostrovnoïe, une vieille femme lui avait réclamé la construction d'un gymnase. Sa réalisation fut approuvée dès le lendemain et Ostrovnoïe, qui ne compte que 1 500 habitants, a obtenu sa salle de sport, qui a coûté plus d'un million d'euros... De son côté, Anadyr s'est lancée dans des travaux gigantesques, à l'échelle de son minuscule centre-ville. Pendant trois ans, la cité sera un chantier permanent, avec des équipes d'ouvriers travaillant au rythme des 3 x 8, 24 heures sur 24.

Étudiante à l'Académie polaire de Saint-Pétersbourg, Tatiana Kalanto a croisé Abramovitch en 2002, au début de son mandat. C'était chez elle, à Bilibino, au nord-ouest de la Tchoukotka, une petite ville de 5 000 habitants située dans la plaine de la Kolyma, une terre riche en ressources minières (or, cuivre, platine, charbon) et tristement célèbre pour son climat impitoyable et ses goulags. La jeune femme est l'une des deux Tchouktches qui étudient dans cette fameuse université des peuples arctiques, créée sous l'impulsion du célèbre anthropologue français et spécialiste des Inuits, Jean Malaurie, l'auteur des *Derniers Rois de Thulé* et de *Hummocks*. Née en 1986, fille d'une institutrice et d'un employé d'aéroport, elle fait partie de la jeune génération qui a grandi sous la gouvernance de l'oligarque. « À l'époque, il venait assez souvent, explique-t-elle. Je l'ai trouvé très accessible. Il est passé près de moi, il était habillé de façon simple, en jean et en sweater. Il réunissait les gens sur la place et leur demandait comment ils vivaient, s'ils avaient des souhaits particuliers. Lorsqu'il estimait que cela en valait la peine, il priait ses associés de prendre le nom des gens concernés, pour qu'ils détaillent leurs sollicitations.

— Que pensez-vous de lui, en tant que gouverneur ?

— Je n'ai que des impressions favorables. Le niveau des salaires s'est considérablement amélioré. Il a permis aux enfants de partir en vacances l'été. On trouve davantage de produits dans les magasins. Il a également fait importer des marchandises que l'on ne trouvait pas avant chez nous. »

Mais en débarquant en Tchoukotka, Abramovitch ne s'est pas brutalement transformé en mécène désintéressé. Son élection lui permet de s'implanter sur un territoire doté de richesses naturelles attirantes... et d'un statut fiscal très favorable, accordé pendant trois ans. L'intention de Poutine, en accédant au pouvoir, était de créer des zones défiscalisées afin d'encourager les compagnies russes à investir dans les régions sous-développées. Carton plein pour Abramovitch et sa compagnie pétrolière Sibneft. Après avoir restructuré de façon drastique sa société après la crise du rouble de 1998, il l'enregistre dans sa « zone franche » de Tchoukotka en même temps qu'elle amorce une croissance vertigineuse.

Entre 1999 et 2001, la production de pétrole de Sibneft s'envole, pour dépasser celle de Ioukos. Dans le même temps, « Romka » devient le deuxième homme le plus riche de Russie, en 2002, derrière Mikhaïl Khodorkovski, alors président de Ioukos. Tout en distribuant d'énormes dividendes à ses actionnaires, Sibneft devient la société « la plus rentable de Russie », d'après Richard Creitzman, alors responsable des finances du groupe[1].

Il faut dire qu'elle bénéficie d'un avantage imparable. Alors que les bénéfices de Lukoil et Ioukos sont respectivement imposés à 24 % et 22 %, Sibneft, début 2002, subit une ponction quasiment

1. *Le Nouvel Observateur*, 15 août 2002.

moitié moindre, à 12,6 %. « Un record dans le secteur », selon un rapport publié en novembre 2002, par la société de courtage russe Troïka Dialog[1].

La compagnie se défend en insistant sur le montant des investissements effectués dans la région. Mais cette particularité fiscale aurait tout de même permis à Sibneft d'économiser 470 millions de dollars sur les trois premières années de la mandature Abramovitch. Le schéma est rodé : une raffinerie contrôlée par Sibneft vend du pétrole à bas prix à la société commerciale du même groupe enregistrée en Tchoukotka. Elle réalise peu de profits mais paie ainsi peu d'impôts. Puis la société commerciale la revend ensuite au prix du marché, avec un gros profit à la clé mais avec une faible imposition sur les bénéfices, tout en finançant des travaux d'exploration pétrolière.

La gestion de la région sera de nouveau l'objet, en mai 2004, de sévères critiques, formulées dans un rapport de la Cour des comptes russe. Son président, l'ancien Premier ministre Sergueï Stepachine, avait même suggéré à Abramovitch de quitter son poste suite à sa publication. Ce rapport précisait que, de 2001 à 2003, vingt-deux sociétés commerciales – dont beaucoup ne comptaient qu'un ou

1. *The Sunday Times*, 14 septembre 2003.

deux employés et n'exerçaient aucune activité économique en Tchoukotka – avaient bénéficié de ces allègements d'impôts[1]. « La plupart de ces réductions fiscales ont été accordées à des sociétés qui ont participé à des transactions financières pour des compagnies plus importantes et la première d'entre elles, c'est Sibneft », avait déclaré, à l'époque, le rapporteur Sergueï Riaboukine. Le rapport pointait aussi le déficit abyssal du budget de la région mais Riaboukine notait en revanche que, malgré les irrégularités constatées, le niveau de vie de la population locale avait incontestablement progressé.

Car, malgré les doutes émis sur ses réelles motivations en Tchoukotka, l'oligarque veut faire savoir qu'il a amorcé une mue. Les actions de développement local menées par le gouverneur Abramovitch deviennent un pilier essentiel de ses relations publiques. « Nous avons connu un certain succès mais ce n'est pas intéressant de le développer à l'infini, défendait-il au début de son mandat. Ici, tout est nouveau. Il n'y a pas de limites. Et les gens vous disent merci[2]. »

Son communicateur en chef, John Mann, est intarissable quand il s'agit de discourir sur les trans-

1. *The Saint Petersburg Times*, 25 mai 2004.
2. *The Washington Post*, 2 mars 2001.

formations vécues par la région depuis 2000. C'est à Anadyr, sur un parking de supermarché (!), qu'il a rencontré son patron pour la première fois, en octobre 2002, trois semaines après son arrivée chez Sibneft. « De toute façon, la vie des gens ne pouvait pas être pire qu'elle ne l'était quand Roman est arrivé, raconte Mann. Demandez à n'importe qui : à l'époque, là-bas, les gens crevaient de faim. Il voulait agir mais ce n'était pas par culpabilité, dans le genre « je dois aider les pauvres ». Il est venu, il a vu et a décidé qu'il pouvait aider. Vous savez comment ça marche, en Russie : pour un projet d'une telle envergure, il faut rassembler toutes les pièces, la politique, les affaires, le caritatif. Imaginez quelqu'un qui attire de nouvelles sociétés, développe l'industrie et, dans le même temps, construit des écoles, des hôpitaux et répare la maison des gens. Qui fait ça, de nos jours ? »

Pour faire entrer la Tchoukotka dans le XXIe siècle, Abramovitch sollicite ses proches. Son ami Alexandre Mamout implante sa banque, la MDM, sur le territoire et installe des guichets de retrait. Et pour reconstruire, le gouverneur s'inspire également du voisin d'en face. Il effectue des voyages en Alaska, l'ancienne « Amérique russe » vendue aux États-Unis en 1867 pour 7 millions de dollars. Pour Abramovitch, l'Alaska présente des similitudes intéressantes avec sa région. Il visite Barrow, la ville la plus septentrionale des États-Unis, située en territoire inuit et proche des exploitations pétrolières de la baie Prudhoe. Il se rend également à Anchorage et fait la rencontre de John Tichotsky. Auteur d'une thèse intitulée « Mines d'or et d'étain dans le Nord-Est russe », Tichotsky est un professeur d'économie qui arpente la Russie depuis le milieu des années 1980. Il devient rapidement conseiller en politique internationale de l'oligarque et un des piliers de sa « connexion américaine », à l'image d'un autre aventurier de l'Arctique, Robert Maddigan.

À la recherche des meilleurs spécialistes, Abramovitch se lie avec cet ingénieur spécialisé dans les constructions en milieu polaire. Maddigan est surnommé « *Bob the Builder* » (« Bob le constructeur », d'après le dessin animé du même nom). Il travaille pour la société de construction et de design immobilier Ferguson Simek Clark International (FSC), une compagnie canadienne réputée pour son expérience dans les régions froides et éloignées au-dessus du 60e parallèle. Durant les années 1990, FSC a engrangé de nombreux contrats dans l'est de la Sibérie, pour l'érection d'immeubles, de résidences privées, d'hôtels et d'aérogares. Elle est bien implantée à Iakoutsk, où elle a construit 1 000 unités de logements entre 1996 et 1998… en connaissant de grosses difficultés pour se faire payer.

Mais avec le milliardaire Abramovitch, pas de soucis de paiement. Dès juin 2000, une mission commerciale canadienne s'était déplacée à Moscou, à l'affût de nouveaux marchés à exploiter. Confortée par son expertise en conditions extrêmes, FSC est forcément bien placée pour travailler dans la région. La même année, la compagnie signe douze contrats en Tchoukotka, pour un montant de 30,5 millions de dollars. Maddigan emmène Abramovitch à Yellowknife, dans les territoires du Nord-Ouest, au Canada. Yellowknife, une ville de 15 000 habitants qui servira de modèle de développement pour Anadyr. C'est d'ailleurs FSC qui a construit la résidence privée du gouverneur, avec vue sur la baie, aux standards techniques et esthétiques de Yellowknife… Depuis, la société a réalisé la construction d'hôtels, de hangars, de crèches, d'écoles ou de salles de sport à travers toute la région, lui donnant effectivement des allures de Russie « canadienne ».

Directeur général de FSC, Mo Kurani a connu Bob Maddigan lorsqu'il travaillait à Iakoutsk, en pleine Sibérie. Depuis 2002, ce Canadien d'origine libanaise a mené des chantiers à travers toute la Tchoukotka, en étant le témoin privilégié des transformations vécues par la région. Il a rencontré Abramovitch pour la première fois en 2003, avec Maddigan, lors de l'inauguration de l'école du village de Meinepilguino. « Abramovitch a vu comment les territoires du Nord canadien se sont développés, comment les peuples autochtones vivent là-bas et il a voulu s'en inspirer pour sa région, souligne-t-il. En cinq ans, c'est incroyable comme la Tchoukotka a changé. C'est proprement renversant, certains endroits sont méconnaissables.

— Comment fonctionne le gouverneur Abramovitch ?

— Il sait écouter. C'est une qualité qui lui permet de faire la synthèse des discussions pour prendre une décision et agir vite. Mais il sait communiquer, il apprécie de rencontrer les gens, il les laisse prendre des photos avec lui, il aime participer aux discussions sur les projets en cours. Il souhaite donner aux gens une bonne qualité de vie. Il a aussi de l'humour : une fois, en rentrant dans un magasin, il a demandé si les rayons étaient fournis comme ça toute l'année ou seulement parce que sa visite était prévue… »

Kurani dispose d'une autre carte de visite à son nom : celle de Zoloto Resources, une compagnie minière canadienne de prospection et de production d'or. FSC et Zoloto sont liées – la première a remporté un appel d'offres pour travailler avec la seconde – et les deux sociétés ont leurs bureaux à la même adresse, facile à trouver : deux drapeaux, le canadien et le russe, sont accrochés à la fenêtre en façade. Et sur le mur, à l'accueil, trône une photo de Maddigan en compagnie d'Abramovitch. Il porte un bomber de l'équipe de baseball des Seattle Mariners et le Russe, au look *casual* d'Américain moyen, arbore une casquette de l'équipe de hockey sur glace des Vancouver Canucks. Sur un autre cliché, on les voit au milieu d'autres hockeyeurs. Ceux de l'équipe montée par les ouvriers canadiens expatriés en Tchoukotka, qui peuvent évoluer sur la patinoire d'Anadyr. En feuilletant l'« album de famille » de FSC, on retrouve encore Maddigan en supporter de Chelsea avec sa femme et son jeune fils : tous trois posent vêtus du maillot des Blues.

L'incontournable Maddigan est également à la tête du conseil d'administration de Zoloto, en compagnie du conseiller spécial d'Abramovitch, le professeur John Tichotsky. Les deux hommes occupent deux des quatre fauteuils du CA de la société. Leur collègue gouverneur a toujours eu un œil averti sur les richesses en or de sa région : il a renforcé sa position dans cette activité en décembre 2007, avec une prise de participation, à hauteur de 40 %, dans la compagnie Highland Gold, spécialisée dans l'extraction d'or en Russie. Il a également placé trois membres de sa holding Millhouse au comité de direction de cette société, enregistrée à Jersey et cotée à la Bourse de Londres.

C'est la poursuite d'un déploiement stratégique, dans un business qui connaît un regain de croissance. Selon le gouvernement russe, il existe 477 gisements aurifères en Tchoukotka. À l'époque soviétique, la région a produit jusqu'à 40 tonnes d'or par an, avant de retomber à 15 tonnes puis 3 au pire des années 1990, quand la région souffrait d'un cruel manque d'investissements et d'une totale déliquescence économique. Avec l'arrivée d'Abramovitch et, dans la foulée, de nouveaux investisseurs étrangers, le business est reparti. En 2005, plus de vingt compagnies minières d'or opéraient en Tchoukotka. Et la région espère retrouver une production de 25 ou 30 tonnes par an à l'horizon 2020, avec un profit annuel espéré de 600 à 650 millions de dollars.

Grâce à ses relations privilégiées avec le gouverneur, la société Zoloto est solidement implantée dans le secteur. En Tchoukotka, elle opère *via* sa filiale TchoukotGold, qui dispose de trois licences d'exploration sur les sites de Tumannoïe, Elvenel et Kenkeren. « Avec Abramovitch, tout a changé, insiste le directeur de TchoukotGold, Gueorgui

Isaïkine. Il a estimé que ce marché méritait d'être soutenu. Qu'il fallait moderniser les conditions de travail et d'extraction. Économiquement, il fait autorité : lorsque les autres constatent qu'il investit dans les mines d'or, ils se disent qu'ils peuvent également le faire. Il a commencé par faire restaurer les forages, un impératif pour que le marché redevienne rentable. Nous pensons atteindre un retour sur investissements en 2010. »

TchoukotGold est en plein développement. Elle recrute et souhaite rapidement tripler ses effectifs. « Nous avons beaucoup de propositions extérieures et on cherche des spécialistes où qu'ils se trouvent », précise-t-il. Et comme entrepreneur, il se félicite évidemment de l'action d'Abramovitch à la tête de la région. « Il a aussi favorisé l'exploitation du gaz et du pétrole, et fait développer les moyens de transport, poursuit Isaïkine. Il est certainement l'un des seuls gouverneurs de Russie qui terminera son deuxième mandat en donnant aux gens l'envie qu'il reste en fonction. »

Assise à ses côtés, la comptable de FSC continue dans la même veine : « Notre société est présente en Russie depuis quinze ans, lance-t-elle. Comme Abramovitch aime s'entourer des meilleurs, il nous a naturellement choisis. Depuis 2001, nous avons construit la patinoire, un hôpital, des logements, des hôtels, des écoles, des crèches, des gymnases... Si vous aviez vu à quoi ressemblait la ville il y a encore cinq ans ! Se promener dans les rues, ça faisait peur. Alors quelqu'un qui aurait fait plus qu'Abramovitch pour la Tchoukotka, cela n'existe pas. Prenez votre enregistreur et allez dans la rue demander aux gens s'ils ne sont pas effrayés à l'idée qu'il s'en aille. La région n'a pu renaître que grâce à lui. »

Conserver une vision critique

Pour constater ces changements, une visite s'impose. Elle débute au complexe scolaire d'Ougolniye Kopi, un village à l'allure soviétique de 2 500 habitants situé près de l'aéroport, au nord de la baie d'Anadyr. Le bâtiment, qui accueille 420 élèves, a été construit par une entreprise turque et a été inauguré début 2006. Les enfants du village peuvent y effectuer la totalité de leur scolarité, de 6 à 17 ans, et la maternelle se trouve juste à côté. À l'entrée de l'école, l'accueil de l'intendant ressemble à celui d'un aubergiste : « Des invités ! Entrez, entrez donc ! » Dans le hall, sur le panneau d'affichage principal, les inévitables photographies de Poutine et d'Abramovitch. L'intendant nous guide ensuite vers le bureau du directeur, où trône une horloge baroque à l'effigie du président.

Le responsable de l'établissement n'est pas un local. Venu de Magadan, il a atterri à Ougolniye Kopi en 2004, avec un contrat d'objectif : développer le nouveau centre scolaire et optimiser le budget dont il dispose, avec une méthode d'apprentissage individualisée. « Notre idée, explique-t-il, c'est de cerner les capacités de nos élèves dès le plus jeune âge, afin de déterminer pour chacun le parcours pédagogique le plus approprié à sa personnalité. Et à partir de 15 ans, ils bénéficient d'une orientation dirigée pour les guider au mieux vers l'université. » Étant donné sa fierté à montrer les récompenses récemment obtenues par l'établissement, il semble sur la bonne voie. « Nous avons reçu le diplôme de la meilleure école de Tchoukotka et le prix de la plus innovante », ajoute-t-il. Une performance saluée par une bourse d'un million de roubles, soit environ 27 500 €, allouée par le gouvernement fédéral, en plus de l'argent mis à disposition par Abramovitch. L'école dispose de moyens réellement stupéfiants pour un village de cette taille, perdu au bout du monde, dont la route d'accès n'est bitumée que depuis 2004.

C'est un étonnement et ce ne sera pas le seul. À nombre égal d'habitants, les infrastructures et équipements scolaires d'Ougolniye Kopi rendraient jalouse n'importe quelle petite commune française.

L'école dispose de deux salles d'ordinateurs à écran plat, avec une classe spécialement dédiée aux cours d'informatique. Elle est évidemment connectée à Internet (comme toute la région), bénéficie d'un réseau intranet et édite son propre journal en couleurs. En fait, ce luxe technologique devient une norme, aujourd'hui, pour les écoles de Tchoukotka, qui bénéficient en moyenne d'un ordinateur pour quinze élèves, quand la moyenne russe plafonne à un pour quarante. En souriant, le directeur marque un stop devant le distributeur à jet d'eau fraîche : « Prenez-en un peu, le gouverneur et le ministre de l'Éducation ont aussi bu à cette fontaine lors de leur visite ! » Il désigne les murs aux motifs colorés dans les couloirs : « Quand Abramovitch est venu, il a trouvé que c'était trop triste. Alors les élèves ont repeint les murs. »

Poursuite de la tournée, avec un petit crochet par la salle de projection de 120 places. L'établissement dispose enfin d'une salle de danse et de trois salles de sport : une pour les exercices de gymnastique, une autre pour les sports collectifs et la dernière pour les activités de combat et arts martiaux. À l'intérieur, surprise : un adolescent est en train de s'entraîner, avec un camarade, à monter et démonter un fusil-mitrailleur le plus vite possible !

Car l'école développe aussi le sens « civique », dans tous les sens du terme, de ses élèves. Une classe spécifique est consacrée à la découverte des principes fondamentaux de sauvetage, de défense et de sécurité. Les murs de cette salle sont recouverts d'affiches pédagogiques, expliquant les gestes élémentaires du secourisme, quoi faire en cas d'attaque terroriste mais offrant aussi le détail des grades dans l'armée, la signification des médailles et une présentation de différents types d'armes à feu. L'école comporte également un « club de patriotes », un phénomène très en vogue en Russie. Son responsable, un ancien militaire, est fier de montrer ses jeunes membres réunis devant des tentes, lors d'un camp spécial, à Perm, dans l'Oural, par une température de - 30 °C. Le dernier arrêt se fait devant le texte encadré de l'hymne de l'école, que le directeur lit en chantant, dans le hall de l'établissement, avant de faire signer son « livre d'or » à la fin de la visite.

Selon les chiffres officiels, l'administration Abramovitch a injecté 1,3 milliard de roubles (environ 37 millions d'euros), entre 2001 et 2005, dans les programmes d'éducation de la région, sans compter 1,4 million d'euros issu de l'aide fédérale. Quarante-six écoles ont été construites ou réhabilitées. Plus de 300 nouveaux instituteurs et professeurs ont été recrutés, des manuels scolaires neufs ont été livrés à toutes les écoles qui, en outre, fournissent toutes des repas chauds à leurs élèves. Des vacances éducatives ont également été mises en place pour la jeunesse, envoyée pendant l'été en Crimée, à Moscou ou à Omsk pour la Russie, mais aussi à l'étranger, en Alaska ou en Grande-Bretagne. Les étudiants ont aussi accès à un système d'aide spécial. À l'image d'Alexandra : « J'ai pu profiter d'une bourse à l'année appelée la "bourse du gouverneur" et je suis allée étudier à Omsk », note-t-elle. Elle percevait 30 000 roubles par an, l'équivalent de 850 €, soit à peine plus de 70 € par mois. « Mais en comparaison, j'avais une amie originaire d'Omsk qui n'avait droit qu'à 600 roubles (soit 17 €) par mois ! »

Le temps où la région était maudite est vraiment révolu. Chez les plus petits, les classes de maternelle débordent. Le niveau de vie a tellement augmenté ces dernières années que les statistiques se sont retournées. Depuis 2000, le taux de natalité en Tchoukotka a augmenté de 50 %, pendant que la mortalité infantile baissait de moitié. La Tchoukotka, qui figurait parmi les dix régions les pires de Russie dans ce tableau, s'est propulsée dans les dix meilleures. En 2006, il y a eu deux fois plus de naissances que de décès et, en 2007, Anadyr a célébré trois mariages, en moyenne, par semaine. « Nous connaissons une explosion démographique, alors les parents mettent les enfants où il y a de la place, sourit Olga Kouznetsova, pédagogue dans une école maternelle. Ils prient pour que l'on accepte de les prendre, étant donné le niveau de la demande ! » Ici, moins de problèmes de nounou après la journée de travail des parents : la maternelle ferme à 20 heures. Quant au tarif… Il est de 90 roubles par jour et par enfant, soit 2,50 €, repas compris.

« Nous travaillons dans de très bonnes conditions par rapport aux normes russes, insiste Olga. Nous accueillons des enfants sans difficultés et il n'y a pas de cas sociaux chez les parents. Nous sommes également sévèrement contrôlés sur la propreté des locaux et l'alimentation. En ce qui concerne les procédés d'éducation, notre choix est libre. Ici, nous suivons la méthode Montessori, basée sur la volonté de l'enfant de faire des choses. Cela fait quinze ans que je la pratique. »

Et pour les plus grands, le lycée multidisciplinaire de Tchoukotka, à Anadyr, est la fierté de la région. Ouvert en 2003, il forme l'élite locale mais prend également en charge des enfants en difficulté, avec la collaboration de la Croix-Rouge, et insiste sur la culture autochtone. Dans le cours de beaux-arts folkloriques, trois élèves dessinent des patrons, aidés par leur professeur Svetlana Gomozova. Elle insiste pour donner son nom en tchouktche et faire partager, dans la bonne humeur, quelques rudiments basiques de sa langue. Comme « *askal maatchak* », dont la traduction pourrait donner « j'ai tué un renne bien gras. »

Le renne est omniprésent, fondamental dans la culture tchouktche. « Pour nous, il sert à tout : à se nourrir, à faire des vêtements et à réaliser des pièces d'art traditionnel. Nous apprenons à optimiser son utilisation. » On lui fait remarquer la qualité du travail de ses élèves, en employant le mot « joli ». « Dans notre culture, ce critère n'est pas courant. On dit plutôt d'un objet qu'il est bien ou mal, harmonieux ou disgracieux… En tout cas, c'est bien de s'intéresser à nos pratiques. Vous savez, les Tchouktches n'aimaient pas les Soviétiques car ces derniers faisaient preuve d'arrogance, de supériorité à notre égard. »

Malheureusement, les Tchouktches passent encore aujourd'hui pour les « Belges » des Russes, qui disposent d'une multitude de blagues moquant leur prétendue simplicité d'esprit ou leur rusticité. L'une d'entre elles, entendue à l'Académie polaire de Saint-Pétersbourg, met en scène un homme tchouktche qui vient de s'installer avec une Française. Surpris de la voir prendre une douche quotidienne, il s'étonne devant ses amis : « Elle doit être terriblement sale pour avoir besoin de se laver tous les jours ! »

Passage au Palais de la culture d'Anadyr. Là encore, le faste et la modernité des lieux interpellent. Le bâtiment, au profil d'ours blanc, abrite entre autres une salle de spectacle de 400 places, un conservatoire de danse classique, une chorale, un club de théâtre et un studio d'enregistrement doté d'un matériel dernier cri. « Il y a une forte demande de la part des habitants, justifie un ingénieur du son. Sinon, cela ne servirait à rien d'avoir de tels équipements. » Sur la table d'enregistrement trône un petit écriteau de restaurant, sur lequel est inscrit : « 100 dollars, ce n'est pas un pourboire mais un simple mot de remerciement »... Dans la salle de répétitions, on tient à nous faire écouter quelques secondes d'un morceau d'un groupe de rock appelé « Gouverneur », qui chante en langue tchouktche et connaît un succès d'estime dans la région. Dans une autre salle a lieu un cours de danse folklorique...

Les Tchouktches disposent également d'un musée flambant neuf consacré à leurs traditions et à leur histoire, situé juste à côté du Palais de la culture. Même étonnement devant la luxueuse modernité des lieux. La responsable du département d'histoire et d'ethnologie, Galina Diatchkova, mène la visite. L'exposition temporaire est consacrée à l'épopée du

Tcheliouskine. Elle est financée par le gouverneur, qui est déjà entré au musée de son vivant ! La gravure de défense de morse est un des arts essentiels de la culture tchouktche. Sur une de ces œuvres, en vitrine, on reconnaît Abramovitch, dans une scène où il descend d'hélicoptère, avant la visite d'un village.

Quand Galina Diatchkova l'a rencontré, elle ne connaissait même pas son visage. Leur entrevue remonte au début des années 2000, la Tchoukotka se trouvait encore dans une situation dramatique. Après une tournée dans les villages de la région, Galina avait été chargée de contacter directement l'oligarque pour qu'il fasse parvenir du matériel à un hôpital. « J'étais à Moscou et j'ai téléphoné à sa collaboratrice, raconte-t-elle. Je lui ai transmis mes requêtes et mes coordonnées. Deux heures plus tard, elle m'a rappelée en me disant qu'Abramovitch voulait me rencontrer. Dans la salle d'attente, j'étais nerveuse : je feuilletais des revues pour essayer de trouver une photo de lui ! Il m'a posé des questions, m'a priée de détailler mes demandes. C'est un analytique, il ne parle pas beaucoup. D'ailleurs, à un moment, je lui ai demandé pourquoi c'était moi qui parlais autant ! »

Elle porte un regard plus tempéré sur son action à la tête de la région. « Si on le compare à

Nazarov, il est progressiste, juge-t-elle. Pour beaucoup de gens, c'est son prédécesseur qui a volé de l'argent. Il est possible qu'Abramovitch ait été touché par ce qu'il a vu ici, la misère qu'il a constatée. Il s'est dit qu'il pouvait vraiment aider notre population. Dans les villages, j'ai remarqué beaucoup de portraits d'Abramovitch à l'intérieur des maisons. Cela en dit beaucoup sur l'estime qu'on lui porte. J'ai constaté ce qui avait été réalisé, comme la construction de maisons neuves à la place de bicoques délabrées. Je veux également souligner que c'est la première fois, dans l'histoire de la Tchoukotka, qu'une véritable représentation des intérêts des peuples autochtones a été mise en place par le gouvernement régional.

— Quel bilan feriez-vous de l'administration Abramovitch ?

— Il faut conserver une vision critique. Le taux de chômage reste élevé dans les villages. Les populations isolées sont toujours confrontées à deux problèmes majeurs : le suicide et l'alcoolisme, phénomènes dramatiques dans certaines contrées. J'en ai encore pleuré lors d'une récente visite. Le taux de mortalité des plus de 50 ans demeure élevé, c'est un domaine dans lequel il peut améliorer sa politique. Et puis le développement de la région s'est d'abord opéré grâce à des travailleurs venus de l'extérieur. »

Elle mentionne enfin un Français connu de tous les Tchouktches, Charles Weinstein. Agrégé de russe, Weinstein est passionné par les peuples du Grand Nord et de l'Extrême-Orient russe. Il est l'auteur d'un livre de référence sur le sujet, *Arctique extrême : les Tchouktches du détroit de Béring*, un ouvrage rédigé comme un journal de bord qui raconte sa vie en immersion et son expérience, entre 1993 et 1998, au sein de la population locale. Weinstein, dont l'épouse est tchouktche, a beaucoup œuvré pour la découverte d'écrivains et de poètes autochtones, et pour la traduction en français de leurs écrits.

« Ce qui m'intéresse, c'est ce qui est fait pour empêcher l'extinction définitive de la langue tchouktche, pointe Weinstein. Nous avions adressé une lettre au gouverneur, à l'Unesco et à différentes personnalités pour leur suggérer des mesures de préservation de cette langue. Nous proposions également d'organiser des séjours estivaux avec un encadrement non pas russe, comme cela se pratique, mais autochtone. L'administration régionale a répondu que nous nous mêlions de ce qui ne nous regardait pas. Mon visa a expiré en 2002. Depuis, je n'ai pas demandé à retourner en Tchoukotka. J'avais fini de rassembler la matière dont j'avais besoin pour mes travaux, notamment la rédaction d'un lexique thématique quadrilingue tchouktche, russe, anglais et français. »

Son implication a fini par déborder du cadre, selon l'appréciation donnée par les autorités. Aujourd'hui, Weinstein n'est plus le bienvenu sur cette terre qu'il révère. « Je regrette beaucoup qu'il ne vienne plus ici, souffle Galina. Les services de sécurité ont estimé qu'il s'introduisait dans les affaires internes du territoire. Mais il compatissait seulement au malheur des Tchouktches. Il voulait juste les aider. »

Chercheuse au CNRS, l'anthropologue Virginie Vaté a également effectué plusieurs séjours sur le territoire, entre 1994 et 2005. Elle a pu juger des transformations de la région, avec un regard extérieur. « J'ai été une des premières chercheuses étrangères à pouvoir se rendre en Tchoukotka, déclare-t-elle. Mon plus long séjour a duré onze mois consécutifs. En 1994, les conditions matérielles étaient extrêmement difficiles. J'ai compris ce que représentait la mondialisation quand je suis entrée dans un magasin à Anadyr, en 2003. Cela faisait quatre ans que je ne m'y étais pas rendue. Et là, il y avait tout ! La différence majeure entre l'époque de Nazarov et celle d'Abramovitch, c'est que les gens ont commencé à recevoir leur salaire. On constate certaines formes de culte de la personnalité, comme ces gravures sur défense de morse qui le représentent, comme on figurait parfois Staline dans les années 1930. Je n'ai pas rencontré de problèmes particuliers sur place mais c'est une région frontalière et contrôlée, donc il y a de la paranoïa des deux côtés. »

Sauvegarde de traditions séculaires, développement express sur le modèle libéral... et, entre les deux, d'inévitables bribes de la matrice soviétique. Exemple au cinéma d'Anadyr, un des quatre plus modernes du pays, qui propose des séances gratuites pour que le public puisse revoir – ou découvrir, pour les jeunes – les films les plus populaires de l'époque soviétique. En cette fin d'année 2007, il repassait un grand classique datant de 1986 : une histoire d'amour sur fond de veille de réveillon trop arrosée. Ce film passe invariablement, pour chaque nouvel an, à la télévision russe. La suite a d'ailleurs été tournée en 2007 et les deux avant-premières nationales ont eu lieu à Moscou et à... Anadyr. Depuis que la ville a été rénovée, la municipalité a également rétabli les *soubbotniks*, un terme qui vient de *soubbota*, « samedi ». C'était une habitude au temps de l'URSS : chaque samedi, les citoyens devaient effectuer des travaux d'entretien et de nettoyage (rues, espaces verts...) afin de préserver leur ville.

Autres impressions, dans un club de seniors. Une quinzaine de septuagénaires et d'octogénaires (il n'y en a qu'une vingtaine à Anadyr) sont réunis dans un petit appartement, en fin d'après-midi, pour ce rassemblement de fin d'année. Toujours des louanges pour le gouverneur : « La situation des personnes âgées est bien meilleure depuis son arrivée », fait remarquer une babouchka. Pour eux aussi, des programmes sociaux ont été mis en place : dotations, aide de la Croix-Rouge, compléments de retraite... Ils dégustent pâtisseries crémeuses et champagne soviétique sous la baguette d'un animateur au look daté de vieux garçon. Ce dernier intervient régulièrement, entre deux gâteaux entamés, pour solliciter la mémoire et la vivacité d'esprit des participants. Le décor, l'ambiance, l'atmosphère : cette fête est une véritable machine à remonter le temps. L'animateur lance les questions : « Vous rappelez-vous qui vous a appris notre victoire en 1945 ? » ; « Que s'est-il passé lorsque vous avez été informés de la mort de Staline ? ».

C'était en mars 1953, c'était hier. Les regards coulent vers les vieux souvenirs et les réponses fusent.

« – On a pleuré...

— Même les hommes pleuraient.

— On a mis une semaine à comprendre... »

Il enchaîne : « Qui était le premier secrétaire du parti communiste de Tchoukotka à l'époque ? Vous souvenez-vous de la chanson que vous entendiez le plus souvent à la radio ? »

— On écoutait des chansons militaires. » Et comme tout se termine toujours en musique, une femme entonne *Katioucha*, la chanson traditionnelle la plus populaire de Russie, un incontournable des Chœurs de l'Armée rouge. « Vole au vent, vole chanson légère ; vers celui qui au loin s'en alla ; vers celui qui garde la frontière ; porte le salut de Katioucha… » La fête se consumera sur un florilège de vieilles chansons en noir et blanc, jouées à l'accordéon.

On a réussi le communisme.

Cette nostalgie n'a plus lieu d'être sur l'ex-base militaire de *Mikhaïla Sopka*, le mont Michel. Cette vaste colline qui surplombe Anadyr, offre, sous le pâle soleil de décembre, une vue à couper le souffle. La vision se perd à des dizaines de kilomètres sur la baie gelée et les étendues vierges et enneigées. Au sommet, cinq radars gigantesques, figés dans l'histoire, rappellent le décor d'un film de science-fiction. Il n'y a plus de militaires au mont Michel, seulement un embryon de station de sports d'hiver. Ici, la radio ne diffuse pas de vieilles chansons militaires mais crache du rap américain à fond les baffles. « J'ai racheté la caserne pour la transformer en refuge », explique son propriétaire, qui a accroché un grand drapeau russe dans le salon et porte un tee-shirt de Russie Unie, le parti présidentiel. Il a arrangé un petit tremplin de surf et propose des balades alentour en ski de fond ou en motoneige.

Cet exemple intègre les projets de développement tous azimuts de la ville. Réception à la nouvelle mairie, avec son hall orné d'un immense lustre en cristal. Ilia Davidenko, l'adjoint au maire, détaille ses projets d'avenir : « On souhaite améliorer nos infrastructures sportives, explique-t-il. On va installer un remonte-pente sur le mont Michel. On dispose déjà d'une patinoire et on va faire construire un autre complexe important, avec une piscine et des courts de tennis. On va organiser Roland-Garros à Anadyr ! Nous voulons également poursuivre la construction de logements individuels et collectifs. Il y a toujours un énorme déficit dans ce domaine. »

Selon lui, la hausse du prix du mètre carré à Anadyr est la troisième la plus importante de Russie, derrière Moscou et Saint-Pétersbourg. Un comble si l'on remonte à la fin de la dernière décennie, où l'on échangeait son petit appartement contre un billet d'avion pour la capitale. « La population de la ville a quasiment retrouvé son niveau record, ajoute-t-il. Elle doit atteindre 18 000 habitants, si l'on prend en compte l'ensemble des travailleurs temporaires. Lors de sa dernière visite, le gouverneur a tenu une réunion dans la pièce où nous nous trouvons. Il a dit qu'il fallait poursuivre l'effort de construction. »

Et pourtant. Dès la fin de son premier mandat, Abramovitch se posait des questions sur son avenir personnel en Tchoukotka, estimant avoir rempli son rôle et dépensé suffisamment pour le développement du territoire. Il voulait partir mais la loi avait changé, le 3 décembre 2004, sous l'impulsion de son président. Un virage intervenu après le choc provoqué par la sanglante prise d'otages dans l'école de Beslan, en Ossétie du Nord, trois mois auparavant. Poutine souhaitait restaurer la centralisation et renforcer « radicalement » le pouvoir, en particulier face aux menaces terroristes. « Nous avons fait preuve de faiblesse et les faibles sont toujours battus », avait-il justifié.

La nouvelle loi coince Abramovitch. Elle met fin à l'élection au suffrage universel des chefs de l'exécutif des pouvoirs régionaux. Entre-temps, la Tchoukotka a également perdu son statut fiscal avantageux… Les gouverneurs sont désormais désignés sur « proposition du président de la Fédération de Russie » par l'assemblée législative de la région.

Élu à une écrasante majorité en 2000, il jouit d'un prestige considérable au sein de la population et les élus locaux ont besoin de son argent. Sa réélection, fin décembre 2004, ne fait l'objet d'aucune discussion. Proposée par Poutine, la décision est entérinée à l'unanimité par la Douma régionale de la Tchoukotka.

L'année suivante, il propose une première fois sa démission au Kremlin. Qui la refuse et lui demande rester un an de plus. Le 20 décembre 2006, l'oligarque décide donc de hausser le ton, à sa manière, en exprimant à nouveau, mais cette fois publiquement, son désir de quitter son poste. Une démarche extrêmement rare chez lui : il accorde alors une interview à quatre journalistes occidentaux à Moscou, dans les bureaux de Millhouse, entouré de son staff, et fait passer le message. « En Tchoukotka, je crois avoir rempli ma mission, expliquait-il. La région est aujourd'hui sortie de la crise. Tout ce que je pouvais faire, je l'ai déjà fait[1]. »

Interrogé sur les raisons qui l'ont poussé à s'impliquer dans le redressement du territoire, il poursuivait ainsi : « Certains croient que j'ai aidé la Tchoukotka parce que j'ai passé mon enfance dans le Nord, d'autres pensent que c'est parce que j'ai

1. *Le Soir*, 21 décembre 2006.

vécu une enfance difficile, d'autres pensent que c'est parce que j'ai volé de l'argent *(allusions aux privatisations controversées des années 1990)*. Aucune de ces raisons n'est la véritable. Quand vous arrivez et que vous percevez la situation, vous voulez faire quelque chose. Je n'avais jamais rien vu de pire de ma vie[1]. »

Échec de la tentative. Vladimir Poutine reste inflexible. Après deux semaines de discussions, début 2007, le président tranche : Abramovitch restera à son poste. « C'est peut-être difficile à comprendre mais il s'agissait d'un accord mutuel, tente de corriger John Mann. Roman ne voulait pas partir parce qu'il en avait marre de la Tchoukotka ou qu'il ne voulait plus y dépenser d'argent. Il estimait seulement qu'il n'avait plus besoin de rester gouverneur pour que le projet de restructuration continue. Il y avait deux missions à accomplir en Tchoukotka. La première, c'était la reconstruction, elle est quasiment achevée. La seconde, c'est le développement. Il faut que de nouvelles sociétés s'implantent là-bas afin de générer de l'argent issu des impôts. Ainsi, la région pourrait survivre sans les aides fédérales. Mais ses œuvres de charité sur place continuent. Roman va poursuivre son implication

1. *The Observer*, 24 décembre 2006.

en Tchoukotka. » Dont il délègue les affaires courantes à son bras droit politique, le vice-gouverneur Andreï Gorodilov, encore un ancien dirigeant de Sibneft.

Mann affirme que le montant de l'argent dépensé par son patron en 2007, en Tchoukotka, s'élève à 300 millions de dollars. Depuis son arrivée, ce chiffre atteindrait plus d'un milliard de dollars, quand le budget annuel de la mairie plafonne à 850 000 €. Dès lors, on comprend que personne ne souhaite le voir partir. « Le développement de la ville se fait évidemment hors budget, précise Davidenko. Nous avons des ressources fédérales et fiscales locales, mais c'est insuffisant. Sans le gouverneur, rien n'aurait été possible. C'est lui qui finance. » Pour l'adjoint au maire, les investissements réalisés sont à l'image d'une certaine facette du personnage : « maximaliste ». Tous les ans, le directeur de l'hôpital régional d'Anadyr (200 lits) part acheter du matériel en Allemagne. Le gouverneur ne lui a jamais rien refusé : aujourd'hui, il ne sait plus quoi demander. Les établissements hospitaliers en viennent même à repousser l'aide fédérale ! « Ils voulaient nous proposer de nouveaux équipements mais on leur a répondu négativement car on a déjà mieux, précise sans rire Olga Ivanova, l'attachée de presse de la mairie. Notre hôpital rivalise avec celui du Kremlin. Abramovitch n'achète que ce qu'il y a de meilleur. Quand on a beaucoup d'argent, il faut bien l'utiliser. »

Ils tirent de cette abondance une reconnaissance et une fierté sans limites. Ils désignent la photo d'un héros local : le cosmonaute Pavel Vinogradov, paré d'un tee-shirt aux couleurs de la Tchoukotka. Né à Magadan, Vinogradov a passé toute son enfance et sa scolarité à Anadyr. Lors de l'un de ses vols, en 2006, les enfants de la ville avaient pu entrer en contact et communiquer avec lui.

La Tchoukotka désire trouver sa place sur la carte du monde. En mars 2007, Mikhaïl Fradkov, qui était alors Premier ministre (avant sa démission six mois plus tard), a effectué une visite dans la région, un événement pour un responsable politique russe de ce niveau. Début septembre 2007, c'est l'ambassadeur des États-Unis en Russie, William Burns, qui est venu deux jours, accueilli par le vice-gouverneur Andreï Gorodilov. Des discussions ont eu lieu sur la facilitation des déplacements entre les États-Unis – en particulier l'Alaska – et la Tchoukotka, l'abolition du visa pour les populations autochtones « cousines » du Grand Nord américain et l'abandon du fameux permis spécial local pour attirer les investisseurs et les touristes étrangers. Abramovitch lui-même souhaite développer les échanges avec l'Alaska. Faire fructifier ses échanges avec le voisin américain, comme dans le film *Le Chef de la Tchoukotka*...

Une mesure difficile à mettre en œuvre. La vaste Tchoukotka est ouverte aux vents puissants mais le « continent » veille à ses frontières. Malgré tout, ces citoyens du bout du monde semblent se satisfaire de son statut semi-fermé. « Les gens sont favorables au maintien de ce régime, estime Ilia Davidenko, l'adjoint au maire. La Tchoukotka est une des zones les moins criminogènes du pays. Il n'y a pas de mafia, pas de crime organisé. Je suis incapable de vous dire à quand remonte le dernier décès par mort violente. Mais ce devait sûrement être dû à l'alcool. Quant aux touristes, vous le constatez vous-mêmes, ils peuvent venir et se déplacer sur tout le territoire. Mais ils sont encadrés et, pour nous, c'est mieux comme ça, ils sont en sécurité maximum. »

Voilà un nouveau type d'eldorado, modèle polaire, qui assurerait la sécurité, la tranquillité et la prospérité à ses pionniers modernes. « On reçoit des lettres de toute la Russie de la part de personnes qui veulent s'installer ici pour participer à notre développement, relance Davidenko. On a même reçu une proposition de Nouvelle-Zélande. » Il commente les récompenses obtenues par la ville, une médaille d'or du mécénat, un diplôme signé par l'ex-Premier ministre Viktor Zoubkov, concernant la qualité des équipements de la ville : « Parmi toutes les villes du Nord, Anadyr est celle qui possède les meilleures infrastructures immobilières et les conditions de vie les plus favorables. »

Les mécontents ont même la possibilité d'utiliser une ligne directe pour joindre les services du gouverneur, à Moscou, s'ils ne sont pas satisfaits du fonctionnement de l'administration. « Cela permet un contrôle strict du travail de nos fonctionnaires, note Olga Ivanova. Ainsi, le gouverneur est au courant du moindre petit problème. Cela participe à l'amélioration de notre efficacité. »

Le tableau publicitaire d'un lointain paradis blanc. Lors des législatives de décembre 2007, le bureau de vote s'est déplacé en véhicule à chenilles pour recueillir les voix du bon peuple à travers le territoire. Russie Unie y a évidemment réalisé un score largement majoritaire, à l'image du pays. « 99 % des gens ne sont pas seulement respectueux du gouverneur mais l'aiment, tout simplement, résume Ivanova Avant qu'il n'arrive, certains enfants ne savaient pas ce qu'était le sucre, ils ne se souvenaient plus du goût du lait ou des bonbons. Il a tout donné et, maintenant, les gens le lui rendent. En un sens, on a réussi le communisme. » Avec beaucoup d'argent.

Conclusion

Pour avoir défié le pouvoir russe, Mikhaïl Khodorkovski, ex-patron de Ioukos, croupit dans une geôle sibérienne. Roman Abramovitch a bien retenu la leçon : le Kremlin le laisse poursuivre ses conquêtes en échange de son allégeance au régime. L'entrepreneur Roman et l'entreprise Russie ont le même objectif : continuer à prospérer dans une conjoncture politique stable.

Le plus vaste pays au monde inquiète par sa puissance retrouvée, l'affirmation décomplexée de son modèle autoritaire et sa vitalité d'ogre économique. Abramovitch incarne la démesure financière des plus privilégiés de cette nation mutante. « Victime » de son indécente opulence et de son goût du secret, le timide homme d'affaires s'est transformé, bien malgré lui, en machine à fantasmes. Il cristallise la curiosité suscitée par le train de vie extravagant de ces milliardaires surgis de nulle part.

Projets pharaoniques, achats somptueux, caprices de superstar : son nom est un aimant pour la chronique des dépenses folles. Au nombre des récentes rumeurs – toutes démenties – qu'il génère, on compte l'acquisition d'un Airbus A380 privé, d'un village à Chypre, du château de Bran – « le château de Dracula » – en Roumanie ou de la plaque d'immatriculation de la papamobile de Jean-Paul II…

Malgré son impopularité, Abramovitch est définitivement rentré dans le folklore de la nouvelle Russie. En achetant Chelsea, l'homme qui voulait rester dans l'ombre a intégré le paysage médiatique international. Sa puissance financière reste phénoménale mais il ne tient plus les rênes. Depuis la reprise en main par l'État des grandes entreprises stratégiques de l'économie russe, une nouvelle caste d'oligarques a surgi. Hermétique, encore plus puissante. Solidement installée au cœur d'un pouvoir verrouillé par le FSB, c'est elle qui veille sur le nouveau président russe, Dmitri Medvedev, le successeur de Vladimir Poutine. Alors, malgré sa réussite et ses appuis, Roman Abramovitch garde en tête ce judicieux dicton russe, qu'il cite quand il évoque l'avenir : « Vous n'êtes jamais sûr que vous ne finirez pas pauvre ou en prison. »

La réalisation de cet ouvrage n'aurait pas été possible sans l'aide et la collaboration de Cédric Raux, qui m'a accompagné en Russie et a fait office de traducteur. Je lui témoigne mon amitié et lui adresse mes chaleureux remerciements.

CET OUVRAGE A ÉTÉ COMPOSÉ
PAR NORD COMPO (VILLENEUVE-D'ASCQ)
ET ACHEVÉ D'IMPRIMER
SUR ROTO-PAGE
PAR L'IMPRIMERIE FLOCH À MAYENNE
EN MARS 2008

N° d'impression : 70715
Dépôt légal : mars 2008
Imprimé en France

EINFACHE
GEWITTER

William Boyd

EINFACHE GEWITTER

Roman

Aus dem Englischen
von Chris Hirte

Büchergilde Gutenberg

Lizenzausgabe für die Büchergilde Gutenberg,
Frankfurt am Main, Zürich, Wien
www.buechergilde.de
Mit freundlicher Genehmigung
des Berlin Verlags, Berlin
Die Originalausgabe erschien 2009 unter dem Titel
Ordinary Thunderstorms
bei Bloomsbury Publishing Plc, London

Typografie: Birgit Thiel, Berlin
Gesetzt aus der Swift von Greiner und Reichel, Köln
Druck und Bindung: CPI – Ebner & Spiegel, Ulm
Printed in Germany 2010
ISBN 978-3-7632-6339-4

Für Susan

Einfache Gewitter vermögen es, sich zu Multizellengewittern von unbegrenzter Komplexität aufzubauen. Solche Multizellengewitter gewinnen dabei bedeutend an Schwere, und ihre Lebensdauer kann sich um den Faktor zehn verlängern. Der Urvater aller Gewitter jedoch ist das Superzellengewitter. Hierzu ist zu bemerken, dass selbst einfache Gewitter in der Lage sind, zu Superzellengewittern auszuarten. Solche Gewitter bauen sich nur sehr langsam ab.

L. D. Sax & W. S. Watson, *Storm Dynamics and Hail Cascades*

1

Beginnen wir mit dem Fluss – der Fluss ist der Ursprung aller Dinge und auch unser Ende, wie zu vermuten ist, aber warten wir ab, sehen wir, was wird. Gleich wird ein junger Mann erscheinen und am Fluss Aufstellung nehmen, hier an der Chelsea Bridge in London.

Und da, seht nur, kommt er schon. Zögernd steigt er aus dem Taxi, zahlt, schaut sich flüchtig um, richtet den Blick auf die helle Wasserfläche (es ist Flut und der Pegel ungewöhnlich hoch). Ein blasser, hochgewachsener junger Mann, Anfang dreißig, mit ebenmäßigen Zügen und müdem Blick, sein kurzes, dunkles Haar ist gut geschnitten, als käme er gerade vom Friseur. Er ist neu in der Stadt, ein Fremder, und heißt Adam Kindred. Soeben hat er ein Bewerbungsgespräch hinter sich gebracht (von dem einiges abhängt und das in der üblichen angespannten Atmosphäre verlief), nun will er, einem vagen Verlangen nach frischer Luft gehorchend, an den Fluss. Das Bewerbungsgespräch ist der Grund, weshalb er unter dem teuren Trenchcoat einen anthrazitgrauen Anzug mit neuem weißem Hemd und rotbrauner Krawatte trägt und weshalb er einen glänzenden, stabil wirkenden Aktenkoffer mit massiven Schlössern und Messingbeschlägen bei sich hat. Ohne zu wissen, dass sein Leben in den nächsten Stunden eine grundlegende, unwiderrufliche Wendung nehmen wird – er hat nicht die geringste Ahnung –, überquert er die Straße.

Adam stützte sich auf die Steinbalustrade, die im Bogen zur Chelsea Bridge führte, und blickte auf die Themse hinab. Die Flut war noch im Steigen begriffen, er sah, wie sich Treibgut mit überraschendem Tempo stromaufwärts bewegte, als würde das Meer seinen Unrat in den Fluss ergießen statt andersherum. Adam schlenderte weiter, den breiten Fußweg zur Brücke hinauf, und ließ den Blick von den vier Schornsteinen der Battersea Power Station (einer war von der Schraffur eines Gerüsts umwölkt) nach Westen schweifen, vorbei an der goldenen Spitze der Friedenspagode bis zu den zwei Schornsteinen der Lots Road Power Station. Die Platanen des Battersea Park auf dem anderen Ufer waren noch nicht voll belaubt – nur die Rosskastanien trugen ein dichtes, voreiliges Grün. London in den ersten Tagen des Mai ... Er drehte sich zum Ufer von Chelsea um: noch mehr Bäume – er hatte vergessen, dass manche Gegenden Londons dicht begrünt, ja geradezu waldig waren. Die Dächer der grandiosen viktorianischen Backsteinbauten erhoben sich hoch über die mit Platanen bestandene Uferstraße. Um wie viel? Zwanzig oder fünfundzwanzig Meter? Ohne das unablässige Rauschen des Verkehrs, das gelegentliche Hupen und Sirenengeheul wäre er nicht auf die Idee gekommen, sich mitten in einer Großstadt zu befinden: Die Bäume, die stumme Kraft der flutenden Wassermassen unter seinen Füßen, das besondere Leuchten, das von einer Wasserfläche ausgeht, übten eine wohltuende Wirkung auf ihn aus – es war genau das Richtige gewesen, zum Fluss zu fahren. Seltsam, wie einen solche Instinkte zu leiten vermögen, dachte er.

Als er kehrtmachte und zurücklief, wurde sein Blick auf ein klar umrissenes, schmales Uferdreieck gelenkt, das von der Brücke und der Uferstraße begrenzt war – dicht bewachsen mit Gras und einem Dickicht aus verwilderten Bäumen und Büschen. Beiläufig überlegte er, dass ein Grundstück in dieser Lage ein kleines Vermögen wert sein musste, selbst wenn es sich um ein langes, schmales Dreieck aus Gestrüpp handelte, und plante im Geiste einen keilförmigen Dreigeschosser mit Platz für ein Dutzend schmucke, balkonbewehrte Wohnungen. Dann sah er, dass er, um diese Idee umzusetzen, einen riesigen

Feigenbaum würde fällen müssen, der dicht neben der Brücke wuchs und, wie er im Näherkommen schätzte, mit seinen großen glänzenden Blättern, die sich gerade entfalteten und noch ganz steif und frisch aussahen, viele Jahrzehnte alt sein musste. Ein ehrwürdiger Feigenbaum an der Themse. Seltsam, dachte er. Wie war der dorthin gekommen, und was geschah mit den Früchten? Schon sah er einen großen Teller mit Parmaschinken und halbierten Feigen vor sich. Wo hatte er so etwas gegessen? In Portofino, auf der Hochzeitsreise mit Alexa? Oder vorher? Während einer Ferienreise als Student vielleicht? Sofort bereute er, an Alexa gedacht zu haben. Die friedvolle Stimmung, die ihn eben noch erfüllt hatte, verwandelte sich in Trauer und Wut. Also konzentrierte er sich lieber auf seine kleinen Hungerschübe und bekam plötzlich, vom Gedanken an Feigen und Parmaschinken, Appetit auf italienisches Essen. Italienische Küche der einfachen, ehrlichen Art – Insalata tricolore, Pasta alle vongole, Scaloppine al limone, Torta della nonna. Das wäre jetzt genau das Richtige.

Er lief nach Chelsea hinein und fand in den stillen Straßen hinter dem Royal Hospital zu seinem nicht geringen Erstaunen fast sofort ein italienisches Restaurant – geradeso wie im Märchen. Da lag es vor ihm, geduckt unter den gelben Markisen mit dem venezianischen Löwenwappen, in einer schmalen Straße mit beigefarbenen, stuckverzierten Reihenhäusern – wie eine Fata Morgana, dachte er. Keine Läden, kein Pub, kein anderes Restaurant in Sicht – wie hatte es sich hier mitten in einer Wohnstraße etablieren können? Adam schaute auf die Uhr – zwanzig nach sechs. Ein wenig früh für eine Mahlzeit, aber er spürte jetzt richtigen Hunger, und er sah, dass Gäste im Lokal saßen. Schon kam ein gut gebräunter Kellner an die Tür, hielt sie strahlend auf und rief: »Treten Sie ein, Sir, treten Sie ein. Ja, wir haben geöffnet. Nur herein, nur herein.« Der Mann nahm ihm den Mantel ab und führte ihn an der kleinen Bar vorbei in den hellen, L-förmigen Gastraum, während er die anderen Kellner munter kommandierte und tadelte, als wäre Adam sein hochgeschätzter Stammgast und durch ihr Versagen in irgendeiner Weise in seinem Wohlbefinden gestört.

Er platzierte Adam an einem Zweiertisch mit dem Rücken zur Straße und bot ihm an, sich seines Aktenkoffers anzunehmen, doch Adam wollte ihn lieber bei sich behalten. Er ließ sich die Speisekarte bringen und sah sich um. Acht Touristen – vier Männer, vier Frauen – besetzten einen großen runden Tisch und aßen schweigend, alle blau gekleidet und mit identischen blauen Einkaufsbeuteln zu ihren Füßen. Zwei Tische von ihm entfernt saß noch ein einzelner Gast, ein Mann, der gerade die Brille abgenommen hatte und sein Gesicht mit einem Papiertaschentuch abwischte. Er wirkte aufgeregt, irgendwie verärgert, und sah zu ihm herüber, während er die Brille wieder aufsetzte. Als sich ihre Blicke begegneten, reagierte der Mann mit einer leichten Neigung des Kopfes, einem einverständigen Lächeln des Erkennens – allein Speisende unter sich –, das zu besagen schien: Ich bin keineswegs einsam oder traurig, ich esse gern allein, aus eigenem Entschluss, genauso wie Sie. Auf dem Tisch hatte er Papiere ausgebreitet. Adam lächelte zurück.

Er hatte den Salat des Hauses gegessen – Spinat, Schinken, Parmesanspäne mit Sahne-Dressing – und war gerade bei den Scaloppine al vitello (mit grünen Bohnen und Röstkartoffeln), als ihn der Mann mit einer Verbeugung nach der genauen Uhrzeit fragte. Sein Akzent war amerikanisch, sein Englisch fehlerlos. Adam gab ihm Auskunft – achtzehn Uhr zweiundfünfzig –, der Mann stellte sorgfältig seine Uhr, so kamen sie unweigerlich ins Gespräch. Sein Gegenüber stellte sich vor: Dr. Philip Wang. Adam nannte ebenfalls seinen Namen und erklärte, er sei seit seiner Kindheit nicht mehr in London gewesen. Dr. Wang bestätigte, auch er kenne die Stadt so gut wie gar nicht. Er wohne und arbeite in Oxford und komme nur gelegentlich zu kurzen Besuchen nach London – für einen oder zwei Tage, um Patienten aufzusuchen, die an einem seiner Forschungsprojekte teilnähmen. Adam sagte, er sei aus Amerika nach London gekommen, habe sich hier um einen Job beworben, weil er sich verändern wolle, nach Hause zurückkehren, mit anderen Worten.

»Einen Job?« Dr. Wang musterte Adams teuren Anzug. »Arbeiten Sie in einer Bank?« In seiner Vermutung schien so etwas wie Missbilligung anzuklingen.

»Nein, an der Uni – ich bewerbe mich für ein Forschungsstipendium am Imperial College«, fügte Adam hinzu und fragte sich, ob ihn das in den Augen von Dr. Wang entlastete. »Ich komme gerade vom Vorstellungsgespräch.«

»Gute Uni«, sagte Wang abwesend, als wäre er mit den Gedanken woanders. »Jaaa ...« Dann kam er wieder zur Sache und fragte höflich: »Wie ist es gelaufen?«

Adam zuckte die Schultern. So etwas könne man nie wissen. Seine drei Gesprächspartner – zwei Männer und eine Frau mit fast kahlgeschorenem Kopf – hatten nichts durchblicken lassen, waren von einer fast absurden Höflichkeit und Förmlichkeit gewesen, ganz anders als seine amerikanischen Kollegen.

»Imperial College. Sie sind also auch Wissenschaftler«, stellte Wang fest. »Welches Fach?«

»Klimatologie«, sagte Adam. »Und Sie?«

Wang dachte kurz nach, als wäre er sich nicht sicher. »Immunologie, vermutlich, ja ... Oder man könnte sagen, ich bin Allergologe.«

Mit einem Blick auf seine neu gestellte Uhr brach er das Gespräch ab. Er müsse jetzt gehen, er habe zu tun, Anrufe zu erledigen. Er zahlte die Rechnung in bar, sammelte mit fahrigen Bewegungen seine Papiere zusammen, ließ einzelne Blätter zu Boden fallen, bückte sich, um sie aufzuheben, und murmelte dabei vor sich hin – plötzlich wirkte er ziemlich zerstreut, als hätte ihn nach beendeter Mahlzeit das Leben mit all seinen Sorgen und Ängsten wieder eingeholt. Beim Gehen schüttelte er Adam die Hand. Er wünsche ihm Glück und er hoffe, Adam werde die Stelle bekommen. »Ich habe ein gutes Gefühl«, fügte Wang unsinnigerweise hinzu, »ein wirklich gutes Gefühl.«

Beim Tiramisu stellte Adam fest, dass Wang etwas zurückgelassen hatte: eine durchsichtige Plastikmappe mit Reißverschluss unter einem Nachbarstuhl, halb verdeckt vom überhängenden Tischtuch. Er griff nach der Mappe und sah Wangs Visitenkarte, die in einem Einschub des Deckels steckte. Er zog sie heraus und las: »DR. PHILIP Y. WANG MD, PhD. (Yale), FBSI, MAAI« und darunter »Leiter der Abt. Forschung und Entwicklung CALENTURE-DEUTZ PLC«. Auf der Rückseite fanden sich zwei Adressen mit Telefonnummern, eine lautete Cherwell Business Park, Oxford (Unit 10), die andere, eine Londoner, Anne Boleyn House, Sloane Avenue, SW3.

Beim Zahlen freute er sich, dass er seine neue Geheimnummer im Kopf hatte, und tippte sie, ohne überlegen zu müssen, in das Handset ein. Auf seine Frage, ob Dr. Wang öfter ins Lokal komme, erhielt er die Antwort, er sei hier noch nie gesehen worden, worauf Adam beschloss, ihm die Mappe nach Hause zu bringen – ein Akt der Hilfsbereitschaft, der ihm angebracht schien, zumal sich Wang so zuversichtlich zu seinen Karriereaussichten geäußert hatte –, und erkundigte sich nach dem Weg zur Sloane Avenue.

In der King's Road, die noch immer von Einkäufern bevölkert war (fast ausschließlich Franzosen und Spaniern, wie es schien), kam ihm der Gedanke, dass Wang die Mappe vielleicht absichtlich zurückgelassen hatte, damit er sie fand, und fragte sich, ob sich dahinter der Versuch verbarg, ein Wiedersehen anzubahnen: zwei einsame, Zerstreuung suchende Männer ... Oder war es gar eine homosexuelle Avance? Adam hatte sich schon öfter gefragt, ob es etwas an ihm gab, was ihn für Schwule attraktiv machte. Er konnte sich an drei Situationen erinnern, in denen er bedrängt worden war, und eine vierte, wo ihm ein Mann vor einer Restauranttoilette in Tucson, Arizona, aufgelauert und ihm einen Kuss aufgezwungen hatte. Adam hielt Wang nicht für schwul – nein, das war lachhaft –, aber er sah jetzt ein, dass es wohl klüger war, vorher anzurufen. Er zog Wangs Visitenkarte aus dem engen Plastikeinschub, setzte sich auf eine Holzbank vor einem Pub, griff nach dem Handy und tippte die Nummer ein.

»Philip Wang.«

»Dr. Wang, hier Adam Kindred. Wir haben uns gerade im Restaurant gesehen –«

»Ja, natürlich. Und Sie haben meine Mappe. Vielen, vielen Dank. Ich habe gerade dort angerufen, und man hat mir gesagt, Sie hätten sie mitgenommen.«

»Ich dachte, es geht am schnellsten, wenn ich sie einfach vorbeibringe.«

»Das ist sehr freundlich von Ihnen. Kommen Sie doch auf einen Drink herauf – oh, da ist jemand an der Tür. Das sind doch nicht Sie, oder?«

Adam lachte. Er werde vermutlich noch fünf Minuten brauchen, sagte er und klappte sein Handy zu. Kommen Sie auf einen Drink herauf – in aller Freundlichkeit, ohne anzüglichen Unterton –, aber vielleicht war das der amerikanische Akzent, flach, tonlos und professionell, der nichts verriet und bei Adam den Eindruck erweckte, dass Wang kaum überrascht gewirkt hatte, als er hörte, Adam sei zu ihm unterwegs und wolle ihm die Mappe bringen ...

Anne Boleyn House war ein imposanter, fast festungsartiger Art-déco-Bau aus den dreißiger Jahren, mit einer halbkreisförmigen, von Buchsbaumhecken gesäumten Einfahrt und einem uniformierten Portier in der Lobby, der hinter einem langen Marmortresen saß. Adam trug sich ins Besucherbuch ein und wurde zur Wohnung G14 in der siebten Etage gewiesen. Nach seinem Anruf hatte er noch einmal überlegt, ob es wirklich nötig war, Wang in seiner Wohnung aufzusuchen – er hätte die Mappe ohne weiteres beim Portier abgeben können, wie ihm jetzt klar wurde –, aber er hatte an diesem Abend nichts weiter vor, und es zog ihn auch nicht unbedingt in sein bescheidenes Hotel in Pimlico. Mit ein oder zwei Drinks bei Wang konnte er sich die Zeit vertreiben, außerdem schien Wang ein interessanter und gebildeter Mensch zu sein.

Adam trat aus dem Lift in einen langen Flur, der ohne jede Besonderheit war – dunkles Parkett, blassgrüne Wände, identische, nischenlose Türen, unterschieden nur durch ihre Nummern. Wie Zellen, dachte er. Oder, wäre das hier ein Film, die ideenlose Umsetzung kafkaesker Einförmigkeit. Dazu ein unangenehm in die Nase stechender Geruch – eine Mischung aus Bohnerwachs und ätzendem Toilettenreiniger. Kleine grelle Deckenstrahler begleiteten ihn auf dem Weg zu Wohnung G 14. Dahinter machte der Flur einen rechtwinkligen Knick und öffnete den Blick auf einen weiteren seelenlosen Korridorschlauch, an dessen Ende eine grüne Notausgangsleuchte glomm.

Adam sah, dass Wang seine Tür offen gelassen hatte – ein Willkommenszeichen? Doch er klingelte trotzdem, er scheute sich, einfach einzutreten. Er hörte, wie Wang eine Tür öffnete, hörte, wie sie geschlossen wurde, nicht aber die Aufforderung »Adam? Bitte, treten Sie doch ein«.

Er klingelte noch einmal.

»Hallo?« Adam drückte leicht gegen die Tür. »Dr. Wang? Philip?«

Er öffnete die Tür und betrat ein kleines enges Wohnzimmer. Zwei Lehnstühle dicht an einem Couchtisch, ein riesiger Flachbildfernseher, Trockenblumen in Strohvasen, eine kleine Kochnische hinter einer halbhohen Schwingtür. Adam stellte seinen Aktenkoffer am Couchtisch ab und legte Wangs Mappe neben den aufgefächerten Golf-Magazinen ab – lächelnde Männer in Pastellfarben, die ihre Schläger schwingen. Dann hörte er Wangs Stimme, leise und drängend.

»Adam? Ich bin hier ...«

Im Nachbarzimmer. Doch nicht das Schlafzimmer? Bitte nicht!, dachte Adam und bereute heftig, heraufgekommen zu sein, während er auf die Tür zuging.

»Ich kann aber nur fünf Minuten blei–«

Philip Wang lag auf dem Bett, in einer Blutlache, die sich schnell ausbreitete. Er war bei Bewusstsein, mit einer flossenartigen Handbewegung winkte er Adam näher. Das Zimmer war verwüstet, zwei kleine Aktenschränke umgeworfen und ausgeleert, Nachttischschubladen herausgezerrt, ein Kleiderschrank mit ein paar ausholenden Bewegungen ausgeräumt, Anzüge und Kleiderbügel wild verstreut.

Wang zeigte auf seine linke Seite. Adam hatte es nicht bemerkt – der Griff eines Messers ragte aus Wangs blutdurchtränktem Pullover.

»Ziehen Sie es raus«, sagte Wang. Sein Gesicht zeigte Spuren von Gewalteinwirkung – die Brille verbogen, aber nicht zerbrochen, seine Nase blutete, die Lippe war geplatzt, auf den Wangenknochen zeigte sich eine rote Prellung.

»Sind Sie sicher?«, fragte Adam.

»Bitte ...«

Mit bebenden Händen schien er Adams rechten Arm zum Messergriff zu lenken. Adam umfasste ihn locker.

»Ich fürchte, das ist nicht die richtige Art –«

»Mit einem Ruck«, sagte Wang und hustete. Ein wenig Blut quoll aus seinem Mund und floss ihm übers Kinn.

»Sind Sie wirklich sicher?«, wiederholte Adam. »Ich weiß nicht, ob das die korrekte –«

»*Bitte!*«

Ohne weiter zu überlegen, packte Adam das Messer und zog es heraus, mühelos wie aus einem Futteral. Es war ein Brotmesser, stellte er fest, während ein Blutschwall aus der Wunde schoss und warm über seine Finger strömte.

»Ich rufe die Polizei«, sagte Adam, legte das Messer hin und wischte sich die Hand unbedacht an der Tagesdecke ab.

»Die Akte«, sagte Wang und bewegte die Finger, als würde er eine unsichtbare Tastatur anschlagen.

»Ich habe sie.«

»Auf keinen Fall dürfen Sie –« Mit diesen Worten, gefolgt von einem kurzen Röcheln, das wie ein Wutschnauben klang, verstarb Philip Wang.

Adam wich entsetzt zurück, stolperte über einen Kleiderhaufen aus Wangs Jacketts und Hosen und kehrte ins Wohnzimmer zurück, um nach dem Telefon zu suchen. Er fand es auf einer hübschen, eigens dafür angebrachten Konsole neben der Tür, und als er nach dem Hörer griff, sah er, dass noch Blut an seiner Hand klebte, dass es von einem Finger herabtropfte. Ein paar Tropfen fielen auf das Telefon.

»Scheiße ...«, sagte er, es war, wie er merkte, seine erste verbale Reaktion auf den Schock. Was zum Teufel ging hier vor?

Dann hörte er, wie das Fenster in Wangs Schlafzimmer geöffnet wurde und jemand einstieg, mit schwerem Schritt. Augenblicklich verließ ihn das Gefühl des Schocks, das ihn eben noch beherrscht hatte. Oder zumindest glaubte er, dass es das Schlafzimmerfenster war – vielleicht auch das Badfenster –, aber er hatte das Klacken eines Fensterriegels gehört, typisch für die Messinggriffe, mit denen die industriegefertigten Stahlrahmen der aus vielen kleinen Scheiben bestehenden Fenster gesichert wurden, die dem Anne Boleyn House eine etwas gedrückte Anstaltsatmosphäre verliehen.

Adam griff seinen Aktenkoffer und Wangs Mappe und warf die Wohnungstür mit einem Knall hinter sich zu. Er schaute zum Lift, dann besann er sich anders, ging um die Ecke und schritt mit normalem Tempo, ohne zu rennen, nicht ungebührlich schnell, auf die grüne Notausgangsleuchte und die Feuertreppe zu.

Er stieg die sieben Etagen des schlecht beleuchteten Treppenhauses hinab, ohne jemandem zu begegnen, und gelangte zwischen zwei großen, robusten Müllcontainern hindurch auf eine Seitenstraße hinter dem Anne Boleyn House. Es stank entsetzlich nach faulenden Küchenabfällen, Adam musste würgen, und er spuckte aus, während er sich hinhockte, den Aktenkoffer öffnete und Wangs Mappe hineinschob. Er blickte auf und sah zwei junge Köche in weißen Jacken und blau karierten Hosen, die sich in einem Eingang, ein paar Meter entfernt, eine Zigarette anzündeten.

»Stinkt ganz schön, was?«, rief ihm einer grinsend zu.

Adam quittierte es mit erhobenem Daumen und machte sich betont lockeren Schrittes in die entgegengesetzte Richtung davon.

Eine Weile lief er ziellos durch die Straßen von Chelsea, um einen klaren Kopf zu bekommen, Sinn in das Ganze zu bringen, zu verstehen, was passiert war. In ihm überschlugen sich die Bilder des Schreckens – Wangs zerschundenes Gesicht, der Griff des Brotmessers, die zuckende, suchende Handbewegung –, aber er war nicht so verstört, dass er nicht begriff, was er getan hatte, welche Folgen sein unbedachtes, spontanes Handeln nach sich ziehen würde. Niemals hätte er Wangs Befehl Folge leisten dürfen, das war ihm jetzt klar. Auf keinen Fall hätte er das Messer herausziehen dürfen, sondern einfach zum Telefon gehen und die 911 oder besser 999 wählen müssen. Jetzt hatte er Wangs Blut an den Händen und unter den Nägeln, schlimmer noch, seine Fingerabdrücke befanden sich auf dem verfluchten Brotmesser. Aber wie hätte man in einer solchen Situation reagieren sollen?, brüllte ihm seine andere Gehirnhälfte zu, wütend und verzweifelt. Du hattest keine Wahl, es war die letzte Bitte eines Sterbenden. Wang hatte ihm ja die Finger förmlich um den Messergriff gelegt, ihn angebettelt, es herauszuziehen, regelrecht gebettelt ...

Er blieb einen Moment stehen, um sich zu beruhigen. Sein Gesicht war schweißbedeckt, sein Brustkorb pumpte, als wäre er meilenweit gerannt. Er atmete tief durch. Immer mit der Ruhe. Immer mit der Ruhe. Erinner dich, wie es gewesen ist ... Angespannt lief er weiter. War er mitten in Wangs Ermordung hineingeplatzt? In einen Raubüberfall, der schrecklich danebengegangen war? Das Türenklappen, das er gehört hatte, als er die Wohnung betreten wollte, musste vom Täter stammen, der das Schlafzimmer verließ – und das Geräusch der Person, die in die Wohnung einstieg, musste ebenfalls der Täter verursacht haben – der Mörder. Er musste vom Balkon eingestiegen sein, überlegte er, während ihm jetzt einfiel, dass er weiter oben an der Fassade des Anne Boleyn House schmale Balkone bemerkt hatte. Also war der Mann auf den Balkon geflohen, als er Adam hatte kommen hören, hatte dort gewartet, bis Adam das Schlafzimmer verließ, um zu telefonieren ... ja, die Polizei, ich muss anrufen, ermahnte sich Adam. Schlagartig wurde ihm klar: Es war ein schrecklicher, ein mordsdummer Fehler gewesen, einfach wegzulaufen, die Treppe runter ... Aber wenn ihn dieser Kerl erwischt hätte? Nein, das war doch logisch, dass er von dort wegmusste, nichts wie weg, so schnell wie möglich, sonst könnte er jetzt auch tot sein, allmächtiger Gott ... Er griff in die Jacke, nach dem Handy, und sah Wangs getrocknetes Blut an seinen Fingern. Erst einmal waschen!

Er kam zu einem Platz, der an eine Sportanlage und – zu seiner Überraschung – an eine Galerie grenzte; kleine Fontänen sprudelten aus den Gehsteigplatten, Pärchen saßen auf niedrigen Mauern, Kinder flitzten auf ihren teuren Alu-Rollern umher.

Er hockte sich neben eine Fontäne und wusch die rechte Hand im kalten Wasser, in einer hüpfenden Wassersäule, die, der Schwerkraft trotzend, senkrecht nach oben schoss. Seine Hand war jetzt sauber – und sie zitterte, wie er feststellte. Er musste etwas trinken, er musste sich beruhigen, Ordnung in seine Gedanken bringen, dann würde er die Polizei anrufen: Irgendein Gedanke in seinem Hinterkopf quälte ihn, etwas, was er getan oder versäumt hatte, er brauchte nur ein wenig Zeit zum Nachdenken.

Adam erfragte den Weg nach Pimlico und lief weiter, jetzt mit einem Ziel. Auf dem Weg sah er ein Pub, beruhigend unauffällig – so als wollte es nichts anderes sein als »durchschnittlich«: ein durchschnittlich sauberer Teppichboden, die übliche Musikberieselung, drei Spielautomaten, die nicht zu laut vor sich hin lärmten, ein etwas heruntergekommenes Kleineleutepublikum, eine vollkommen zufriedenstellende Auswahl an Biersorten und das zu erwartende Speisenangebot – Pasteten, Sandwiches und ein Tagesgericht (unsauber von der Anzeigetafel gewischt). Adam fand eine merkwürdige Befriedigung in seinem Entschluss, sich an die annehmbare Norm zu halten, nach nichts Höherem zu streben als dem erträglichen Mittelmaß. Diesen Ort würde er sich merken. Er bestellte einen großen Whisky mit Eis und ein Tütchen Erdnüsse, trug sein Glas zu einem Tisch in der Ecke und fing an zu trinken.

Er fühlte sich schuldig. Aber warum? Er hatte doch nichts Böses getan? War es, weil er weggelaufen war? Aber in dieser Situation wäre jeder weggelaufen, sagte er sich; der Schock, der Mörder im Nebenzimmer ... Es war eine atavistische Angst – eine, die jedem unschuldigen Kind vertraut ist, das mit ernsten Problemen konfrontiert wird. Schnell das Weite zu suchen, sich in Sicherheit zu bringen, sich erst einmal zu sammeln war eine naheliegende, völlig natürliche Reaktion. Er brauchte ein bisschen Bedenkzeit, ein bisschen Spielraum ...

Der Whisky brannte ihm wohlig im Rachen, er kaute Erdnüsse, leckte sich das restliche Salz von der Handfläche, pulte Erdnusssplitter mit dem Fingernagel aus den Zähnen. Was ließ ihm keine Ruhe? Waren es Wangs letzte Worte? »Auf keinen Fall dürfen Sie –« Aber was durfte er nicht? Die Akte mitnehmen? Die Akte liegen lassen? Dann holte ihn der Gedanke an den toten Wang wieder ein, der Schock befiel ihn erneut, und er begann zu zittern. Er ging an die Bar, bestellte noch einen Whisky und noch ein Tütchen Erdnüsse.

Adam trank seinen Whisky und verzehrte die Erdnüsse mit einer Gier, die ihn überraschte, er leerte das Tütchen in die Hand und warf die Nüsse hastig in den Mund, in fast affenartiger Manier (einzelne Nüsse fielen dabei herunter). Sekunden später war die Tüte geleert und lag zusammengeknüllt auf dem Tisch, wo sie sich in den nachfolgenden Sekunden knisternd wieder entknüllte, während Adam die vereinzelten Erdnüsse, die seinem plötzlichen Anfall von Fressgier entkommen waren, vom Tisch aufsammelte und den anderen folgen ließ. Den salzigen, wachsartigen Erdnussgeschmack auf der Zunge, fragte er sich, ob es eine nahrhaftere, angenehmere Speise überhaupt geben konnte – manchmal waren gesalzene Erdnüsse alles, was der Mensch zum Leben brauchte.

Er suchte die Herrentoilette, stieg geduckt eine schmale Treppe hinab, die sich krümmte, als hätte sie vergebens versucht, zur Spirale zu werden, und gelangte in den Keller, wo sich Bierdunst mit durchdringendem Uringestank vermischte. Beim Händewaschen unter der gnadenlos grellen Beleuchtung sah er, dass sein Hemd und seine Krawatte mit winzigen schwärzlichen Tupfen übersät waren – mit Blutspritzern, wie er vermutete, mit Dr. Wangs Blut –, und bekam weiche Knie. Sofort stand ihm die Szene in Dr. Wangs Wohnung wieder vor Augen, das herausgezogene Brotmesser und der Blutschwall, der ihm gefolgt war. Der Schock angesichts dessen, was er getan und erlebt hatte, holte ihn wieder ein – er musste zurück ins Hotel, beschloss er augenblicklich, das Hemd wechseln (und das getragene als Beweismittel behalten), dann die Polizei anrufen. Niemand würde ihm vorwerfen, dass er den Tatort verlassen hatte – war doch der Mann, der Mörder auf dem Balkon, wieder in die Wohnung eingestiegen. Unter solchen Umständen war es gar nicht möglich, Ruhe und kühlen Kopf zu bewahren – nein, nein, nein –, daraus konnte man ihm keinen Vorwurf machen.

Auf dem Rückweg nach Pimlico, zum Grafton Lodge, seinem bescheidenen Hotel, legte er sich seine Geschichte zurecht, blieb ein paarmal stehen, um sich in den fast identischen Straßen mit den stuckverzierten Reihenhäusern zu orientieren und dann, wenn er sicher war, auf dem richtigen Weg zu sein, mit neuer Zuversicht weiterzugehen, erfüllt von der Gewissheit, die richtige Entscheidung getroffen zu haben, und erleichtert darüber, dass dieser schreckliche Abend – all das Furchtbare, das er erlebt hatte – seinen angemessenen juristischen Abschluss finden würde.

Grafton Lodge bestand aus zwei Reihenhäusern, die zusammengelegt ein kleines Hotel mit achtzehn Betten ergaben. Ungeachtet des bemerkenswert großspurigen Namens hatten die Besitzer – Seamus und Donal – in einem Parterrefenster den Schriftzug ZIMMER FREI aus pinkfarbenen Neonröhren angebracht, der vor sich hin blinkte wie in einem schlechten Film, und die Eingangstür war beklebt mit den Logos internationaler Reiseagenturen, Travelclubs und Hotelführer – eine bunte Collage aus Abziehbildern, Stickern und Plaketten. Von Vancouver bis Osaka schätzte man Grafton Lodge offenbar als eine Art Heimstatt in der Fremde.

Doch über sein kleines, sauberes Zimmer mit Blick auf einen gepflasterten Hof konnte sich Adam fairerweise nicht beklagen. Alles funktionierte: der Wasserkocher, die Dusche, die Minibar, der Fernseher mit seinen achtundneunzig Kanälen. Seamus und Donal waren freundlich und hilfsbereit und lasen ihm jeden Wunsch von den Augen ab, und doch durchfuhr ihn ein eisiger Schreck, als er in die Straße einbog und den pinkfarbenen Schriftzug ZIMMER FREI blinken sah. Er blieb stehen und zwang sich zum Nachdenken: Es war nun weit über eine Stunde, fast zwei Stunden her, seit er aus dem Anne Boleyn House geflohen war. Doch er hatte seinen Namen in das Besucherbuch geschrieben, das ihm der Portier hingeschoben hatte – Adam Kindred –, und als Adresse hatte er Grafton Lodge, SW1 angegeben. Das war der katastrophale Fehler, den er begangen hatte ... Der letzte Besucher von Philip Wang hatte Namen und Adresse freundlicherweise ins Gästebuch eingetragen. Als er die Folgen seiner Arglosigkeit bedachte, wurde ihm übel. Doch alles schien in Ordnung, während er sich Grafton Lodge näherte. Durch die mit Logos beklebte Scheibe der Eingangstür sah er Seamus an der Rezeption mit einem der Zimmermädchen reden – Branca, so hieß sie wohl –, und in der nur für Hotelgäste bestimmten Lounge saßen ein paar Leute. Auf der anderen Straßenseite parkte ein schwarzes Taxi, der Fahrer döste hinter dem Steuer und wartete offensichtlich darauf, dass einer der zechenden Geschäftsreisenden die Lounge verließ.

Adam redete sich gut zu: Geh hinein, geh in dein Zimmer, wechsle deine blutbespritzten Sachen, ruf die Polizei und geh zum Polizeirevier – bring diesen Horror zu einem angemessenen, anständigen Abschluss. Das schien die einzig vernünftige Lösung, die einzige vollkommen normale Verhaltensweise zu sein, deshalb verstand er selbst nicht, warum er beschloss, zur Hofzufahrt am Ende der Straße weiterzugehen und von hinten zu seinem Fenster hinaufzuschauen. Irgendetwas anderes nagte jetzt an ihm, noch etwas, was er getan oder versäumt hatte, und diese Tat oder Nicht-Tat verfolgte ihn. Vielleicht wäre er ruhiger, wenn er wusste, was es war, und wenn er sich einen Reim darauf machen konnte.

Er stand auf dem dunklen Hof hinter dem Grafton Lodge, suchte an der Rückfront des Hauses nach seinem Fenster und fand es: dunkel, die Gardinen halb zugezogen, wie er sie vor seinem Vorstellungsgespräch im Imperial College hinterlassen hatte. Wozu das ganze Theater?, dachte er. Alles ist in Ordnung, nicht die geringste Auffälligkeit. Es war wirklich albern von mir, so misstrau–

»Adam Kindred?«

Seine heftige Reaktion verstand er später selbst nicht. Vielleicht war er stärker traumatisiert, als er geglaubt hatte; vielleicht hatte ihn die Stresssituation, in der er sich befand, zu einem Wesen gemacht, das sich auf bloße Reflexe statt auf vernünftige Überlegung gründete. Im selben Moment jedenfalls, als er die Stimme hörte, die dicht hinter ihm seinen Namen nannte, hatte er den Griff seines neuen, stabilen Aktenkoffers fest umklammert und einen kraftvollen Rückhandschwenk vollführt. Das Hindernis, auf das der Koffer traf, hatte ihm den Arm und die ganze Schulter verstaucht. Der Mann machte ein Geräusch, das halb wie ein Seufzer, halb wie ein Stöhnen klang, und Adam hörte ihn zu Boden plumpsen, begleitet von einem metallischen Klirren.

Adam drehte sich um, auf geradezu absurde Weise erschrocken: Mein Gott, was hab ich da getan? Er hockte sich neben den halb bewusstlosen Mann, der sich kaum merklich bewegte und aus dessen Mund und Nase das Blut schoss. Der kantige, schwere Messingbeschlag an der Unterkante des Aktenkoffers hatte die rechte Schläfe des Mannes getroffen, und selbst in der trüben Beleuchtung konnte er den klar umrissenen, roten, L-förmigen Abdruck erkennen, der sich in die Schläfe eingegraben hatte wie ein Brandzeichen. Der Mann stöhnte und bewegte sich, seine Hand tastete nach etwas. Adam, der Handbewegung folgend, sah, dass er nach einer Pistole greifen wollte (mit Schalldämpfer, wie er Millisekunden später erkannte), die neben ihm auf dem Pflaster lag.

Adam stand starr, sein Schuldgefühl wurde von Angst überlagert, und fast im selben Augenblick hörte er eine nahende Polizeisirene. Aber der Mann, der da zu seinen Füßen lag, das sah er sofort, war kein Polizist. Soviel er wusste, benutzten Zivilbeamte keine Automatikpistolen mit Schalldämpfer. Er versuchte, ruhig zu bleiben, während ihm das Ergebnis seiner Überlegungen vor Augen trat: Nicht die Polizei, jemand anders war hinter ihm her. Dieser Mann war losgeschickt worden, um ihn zu töten. Sein Hals schnürte sich zu. Was jetzt Besitz von ihm ergriff, war die nackte Angst. Wie ein Tier, sagte er sich.

Wie ein gefangenes Tier. Er sah auf den Mann, der sich irgendwie aufgerichtet hatte und im Sitzen, unsicher schwankend wie ein Kleinkind, einen Zahn ausspuckte. Adam beförderte die Pistole mit einem Tritt ins Abseits, sie schlitterte holpernd über das Kopfsteinpflaster, und er trat ein paar Schritte zurück. Der Mann war kein Polizist, aber die Polizei war im Anmarsch – ein paar Straßen entfernt hörte er eine zweite Sirene, die sich mit der ersten zu einer schrillen Dissonanz vereinte. Der Mann machte Anstalten, mit fahrigen Bewegungen übers Pflaster zu kriechen, auf seine Pistole zu. Also gut: Dieser Mann machte Jagd auf ihn und ebenso die Polizei – er hörte den ersten Wagen vor dem Hotel halten und gleich darauf hastiges Türenknallen. Der Abend war in einer Weise schiefgelaufen, für die seine Vorstellungskraft nicht reichte. Er blickte sich zu dem kriechenden Mann um, der seine Pistole fast erreicht hatte, seine bebende Hand nach ihr ausstreckte – es sah aus, als hätte er einen schwerwiegenden Sehfehler, als könnte er seinen Blick nicht auf diesen Punkt konzentrieren. Der Mann kippte um und richtete sich unter Mühen wieder auf. Adam wusste, dass er jetzt eine Entscheidung treffen musste, in der nächsten Sekunde, und begleitet war dieses Wissen von der Erkenntnis, dass es wahrscheinlich die wichtigste Entscheidung seines Lebens war. Sollte er sich der Polizei stellen oder nicht? Irgendeine undefinierbare Angst in seinem Kopf schrie: Nein! Nein! Du musst hier weg! Und er wusste, dass sein Leben damit an einen Wendepunkt gelangt war, von dem es kein Zurück mehr geben konnte – er konnte sich nicht stellen, nein, er würde sich nicht stellen; er brauchte Zeit. Mit Entsetzen begriff er, wie schlimm es um ihn stand, mit Entsetzen begriff er, in welche Kalamitäten ihn diese Geschichte stürzen würde, wenn er sie wahrheitsgemäß wiedergab. Daher brauchte er jetzt Zeit – die Zeit war sein einziger Verbündeter. Wenn er ein bisschen Zeit gewann, konnte er alles klären. Und so fällte er seinen Entschluss, einen der wichtigsten Entschlüsse seines Lebens. Ob er sich richtig oder falsch entschieden hatte, war jetzt nicht die Frage. Er musste einfach seinen Instinkten gehorchen, musste sich selbst treu bleiben. Er drehte sich um und rannte los, quer über den gepflasterten Hof, hinaus in die schützende Anonymität der Straßen von Pimlico.

Aber was, so fragte er sich, zog ihn zurück nach Chelsea? War es der Feigenbaum und sein flüchtiger Traum von teuren Luxuswohnungen am Ufer der Themse, der ihm die Hoffnung eingab, der schmale Streifen Dickicht an der Chelsea Bridge könne ihm Schutz und Zuflucht bieten, bis diese irrsinnige Nacht vorüber war? Er wartete, bis die Uferstraße für einen Augenblick autofrei war, und kletterte schnell über den Eisenzaun. Von der Brücke fortstrebend, deren Stahlseile von zukkenden Autoscheinwerfern erhellt wurden, zwängte er sich durch Dickicht und Gestrüpp, bis er ein freies Fleckchen zwischen drei dichten Büschen fand. Er breitete seinen Regenmantel aus und setzte sich. Die Arme um die Knie gelegt, wartete er, dass seine Gedanken zur Ruhe kamen, und währenddessen spürte er ein unwiderstehliches Bedürfnis zu schlafen in sich aufsteigen. Er schaltete sein Handy aus und legte sich auf den Mantel, benutzte den Aktenkoffer als Kissen und verschränkte die Arme. Endlich legte sich seine innere Unruhe, er versuchte nicht mehr zu analysieren, zu deuten, zu verstehen, er ließ einfach die Bilder des Tages durch seinen Kopf flackern wie eine widersinnige Diashow. Ruh dich aus, sagte sein Körper, du bist in Sicherheit, du hast dir wertvolle Zeit gekauft, aber jetzt brauchst du eine Pause – hör auf nachzudenken. Das tat er – und schlief auf der Stelle ein.

2

Rita Nashe wollte Vikram gerade erklären, warum sie Kricket hasste, warum ihr Kricket in jeder Form, traditionell oder modern, zuwider war, als der Funkspruch durchkam. Sie parkten gerade an der King's Road, neben einem Starbucks, wo sie sich, kurz bevor er schloss, einen Kaffee geholt hatten. Rita wusste sofort, worum es ging – eine »Cocktail-Party« im Anne Boleyn House. Sie notierte alle Angaben und startete den Wagen.

»Cocktail-Party«, sagte sie zu Vikram.

»Wie bitte?«

»Häusliche Ruhestörung. Bei uns in Chelsea heißt das Cocktail-Party.«

»Cool. Das merke ich mir: Cocktail-Party.«

Sie kamen flott durch zur Sloane Avenue – ohne Blaulicht und Sirene. Eine Frau hatte auf dem Revier angerufen und sich über lautes Rumpeln und Krachen in der Wohnung über ihr beschwert – und über Flecken, die sich danach an ihrer Decke ausbreiteten. Rita hielt auf der anderen Straßenseite und überquerte die Fahrbahn. Vikram kam nicht so recht hinterher, sein Gurt schien zu klemmen – nicht gerade der Schnellste, der junge Mann. Ihr Handy klingelte.

»Rita, ich finde meine Brille nicht.«

»Dad, ich bin im Dienst. Nimm doch die Ersatzbrille.«

»Das ist es ja, verflucht nochmal! Ich hab keine. Sonst hätte ich nicht angerufen.«

Vor der Haustür blieb sie stehen, um auf Vikram zu warten.

»Hast du mal im Wandschrank nachgesehen, bei den Büchsen?«, fragte sie aufs Geratewohl. Sie konnte fast hören, wie es in seinem Kopf arbeitete.

»Warum denn im Wandschrank bei den Büchsen?«, fragte er gereizt.

»Weil du sie dort schon mal hingelegt hast, erinnerst du dich?«

»Wirklich? Oh ... na gut, ich sehe nach.«

Schmunzelnd klappte sie das Handy zu: Sie hatte die Brille selbst im Wandschrank versteckt, um ihn für sein Geschimpfe und seinen Egoismus zu bestrafen. Neunzig Prozent seiner Nörgeleien richteten sich gegen sie, doch dass die meisten Gründe sofort wegfielen, wenn sich seine Laune besserte, hatte er nie bedacht. Dabei ist er ein intelligenter Mensch, sagte sie sich, während sie mit Vikram durch die Glastür ins Vestibül trat. Langsam müsste ihm das mal klar geworden sein.

Der Portier hinter dem breiten Marmortresen wirkte verwundert, dass sich zwei Polizisten – eine Polizistin und ein Polizist – an ihn wandten, und konnte nicht verstehen, warum die Beschwerdeführerin (eine anstrengende alte Frau) nicht einfach beim Empfang angerufen hatte, als er den trivialen Anlass des Polizeieinsatzes erfuhr. Für solche Dinge war er schließlich da. Rita sagte, es sei auch von Flecken an der Decke die Rede gewesen. Sie schaute in ihrem Notizbuch nach – Wohnung F 14.

»Welche Wohnung liegt über Wohnung F 14?«

»G 14.«

Zusammen mit Vikram fuhr sie hoch.

»Hier würde ich auch gern wohnen«, sagte Vikram. »Nette kleine Atelierwohnung, Chelsea, King's Road ...«

»Wer nicht, Vik, wer nicht?«

Die Tür von G 14 war angelehnt – das fand Rita schon merkwürdig. Sie ließ Vikram draußen warten und ging hinein. Es brannte Licht, alles war durchwühlt. Einbruch, dachte sie sofort, obwohl die allgemeine Verwüstung eher dafür sprach, dass jemand etwas Bestimmtes gesucht und nicht gefunden hatte. Der Fernseher stand noch da, der DVD-Player. Möglicherweise doch kein Einbruchdiebstahl ...

Als sie den toten Mann sah, der im Schlafzimmer auf dem blutdurchtränkten Bett lag, erkannte sie die Ursache der Flecken in der Wohnung darunter. In ihrer Laufbahn hatte sie schon manchen Toten oder Verletzten gesehen, aber sie staunte immer von neuem über die Masse an Blut, die dem menschlichen Körper entströmen konnte. Sie hielt sich die Nase zu und schluckte, ihr wurde leicht übel. Mit flachem Atem blieb sie in der Tür stehen, ließ das Zittern, das sie durchfuhr, verebben und warf einen schnellen Blick in die Runde – auch hier war alles auf den Kopf gestellt, die Tür zu dem kleinen Balkon stand offen, sie hörte den Verkehr auf der Sloane Avenue, die Tüllgardinen blähten sich im Nachtwind wie Segel.

Auf Zehenspitzen lief sie zurück zur Wohnungstür, wo sie ihr Funkgerät einschaltete und den Diensthabenden von Chelsea verlangte.

»Irgendwas Interessantes?«, fragte Vikram.

3

Unterhosen oder nicht? Ingram Fryzer musterte unschlüssig die Galerie von zwei Dutzend Anzügen in seinem Ankleidezimmer. Er trug ein cremefarbenes Hemd mit fertig gebundener Krawatte und seine gewohnten marineblauen langen Socken, die bis zu den Knien reichten. Ingram hatte Angst, dass seine haarigen, weißen Waden hervorlugten, wenn er sich hinsetzte und die Beine übereinanderschlug – in gewisser Hinsicht war das die typische, ständig lauernde englische Kleidersünde. Kleidersünde – er musste über sich selbst lächeln – oder sollte man besser Wadensünde sagen? Ganz egal; wenn er mit reichen und mächtigen Männern konferierte und sah, wie sie beim Verlagern ihrer Schenkel fünf Zentimeter bleicher, dürrer Wade entblößten, sanken diese Leute sofort in seiner Achtung, denn eine derartige Nachlässigkeit verriet einiges über sie. Das Thema Unterhosen jedoch war ein rein privates – niemand in seiner Firma wäre auch nur im Traum darauf gekommen, dass der Aufsichtsratsvorsitzende und CEO unter seiner perfekt geschnittenen Anzughose nackt war, dass sein Schwanz und seine Eier frei herabhingen.

Ingram verweilte noch ein wenig bei diesem prickelnden Dilemma – Unterhosen oder nicht? – und malte sich die potentiellen Erregungen aus, die ihn an diesem Tag erwarteten. Er liebte es, wenn sich seine Eichel am Stoff der Anzughose rieb oder für eine Sekunde an einer Naht hängen blieb. In solchen Momenten konnte man nie sicher sein, ob es zu einer spontanen Halberektion kam, was natürlich besondere Risiken barg, wenn man gerade im Begriff war, sich zu einer wichtigen Sitzung zu begeben. War man unter der Anzughose nackt, verlief der Arbeitstag grundlegend anders, in all seinen Nuancen. *Une journée de frottis-frotta*, hatte das ein französischer Freund genannt, und Ingram erfreute sich an dieser Bezeichnung, die sein kleines Laster zu einem Stück raffinierter Lebensart stilisierte. Inzwischen hatte er sich entschieden – keine Unterhose heute – und einen Anzug im Prince-of-Wales-Karo ausgesucht, die Hose angezogen, seine roten Hosenträger angelegt und das Jackett übergestreift. Er suchte sich ein Paar dunkelbraune, quastenverzierte Slipper aus und ging die Treppe hinunter zu dem englischen Frühstück, das Maria-Rosa montags bis freitags pünktlich um sieben Uhr dreißig für ihn bereithielt.

Auf dem Weg zum Büro ließ er Luigi an der U-Bahn-Station Holborn halten. Das machte er oft so – fuhr ein paar Stationen U-Bahn, während Luigi mit dem Wagen weiterfuhr –, besonders an unterhosenfreien Tagen. Er liebte es, sich unters »Volk« zu mischen, die verschiedenen Typen zu studieren und sich vorzustellen, welche Art von Leben sie lebten. Nicht dass er sie verachtete oder sich über sie erhaben dünkte – es war einfach seine anthropologische Neugier, die durch diese andersartigen Exemplare seiner Spezies geweckt wurde, und er fühlte sich in besonderer Weise dazu berufen, denn er kannte niemanden in seiner gesellschaftlichen oder wirtschaftlichen Stellung, der Ähnliches tat. Für rund zehn Minuten wurde er zu einem von vielen gesichtslosen Pendlern, die auf der Central Line zur Arbeit fuhren.

Er bestieg das volle Abteil und blickte sich um – neugierig, unschuldig. Da standen zwei recht hübsche Mädchen, gar nicht weit von ihm, angeschlossen an ihre winzigen Ohrstöpsel, hörten ihre Musik. Gute Kleidung, viel Schmuck, ziemlich massives Make-up ... Die eine musterte ihn mit leerem Blick, als hätte sie sein Starren bemerkt, und wandte sich ab. Ingram, der spürte, dass sich in seinem Schwanz etwas regte, fragte sich sofort, ob auch Phyllis heute davon profitieren würde. Mein Gott, was ist nur mit mir los? Denken auch andere neunundfünfzigjährige Männer ständig nur an Sex? Wie nannte man das? Wie war der Terminus? Ja, er war ein »Erotomane«. Nicht die schlechteste Sorte Triebtäter, aber manchmal fragte er sich, ob seine Obsessionen etwas Krankhaftes, etwas Klinisches hatten. Andererseits aber, so überlegte er, während er die Treppe der U-Bahn-Station Bank hinaufstieg und den Glasturm sah, in dem seine Firma CALENTURE-DEUTZ PLC mit ihren zweihundert Angestellten residierte, die sich, verteilt über mehrere Stockwerke, soeben an ihr Tagewerk begaben – andererseits waren solche Gefühle, solche Triebe etwas ganz Normales und Gesundes.

Im Foyer erwarteten ihn schon Burton Keegan und Paul de Freitas – etwas musste passiert sein. Während er auf sie zuging, spielte er im Kopf die schlimmstmöglichen Szenarios durch, um sich zu wappnen: seine Frau, seine Kinder – verstümmelt, tot; ein Chemieunfall in den Labors von Oxford, Kontamination, Seuche, Börsenturbulenzen, ein Putsch im Aufsichtsrat, Ruin ...

»Burton, Paul«, sagte er und hielt sein Gesicht genauso im Zaum wie sie. »Guten Morgen. Es kann sich nur um schlechte Nachrichten handeln.«

Keegan warf einen Seitenblick auf de Freitas – wer würde der Überbringer sein? Keegan übernahm die Rolle, nachdem de Freitas genickt hatte.

»Philip Wang ist tot«, murmelte Keegan mit tonloser Stimme. »Ermordet.«

4

Im Morgengrauen wachte Adam auf, über ihm das Geschrei von Seemöwen, die aggressiv dicht über ihn hinwegstrichen, und für einen kurzen Augenblick dachte er: Klar, logisch, das ist alles nur ein Traum, nichts davon ist wirklich passiert. Aber die Kälte in seinen Beinen, die klamme Feuchtigkeit, das Gefühl, ungewaschen zu sein, brachten ihm schlagartig die Lage zu Bewusstsein, in der er sich befand. Er richtete sich auf, verzweifelt und den Tränen nahe beim Gedanken an das, was ihm widerfahren war. Es herrschte Flut, wie ihm ein Blick auf die Themse bestätigte, das braune Wasser strömte kraftvoll vorbei. Er hatte Hunger und Durst, musste dringend pissen, brauchte eine Rasur ... Die Blase zu leeren war die leichteste Übung – und während er den Reißverschluss hochzog, registrierte er betroffen, dass er zum ersten Mal in seinem Leben unter freiem Himmel übernachtet hatte. Es war nicht nach seinem Geschmack.

Er zog den Regenmantel über, griff nach dem Aktenkoffer und zwängte sich durch die taufeuchten Büsche zum Chelsea Embankment hinauf. Auf der fast leeren Straße rasten die ersten Pendler vorbei, um dem Stoßverkehr zuvorzukommen. Er stieg über den Zaun, befreite den hängen gebliebenen Mantelzipfel und ging los. So früh am Morgen war es noch kühl, und Adam fröstelte, als er stehen blieb, um Laub und Grashalme vom schon fleckigen Regenmantel zu entfernen.

In einem Café auf der King's Road bestellte er ein »englisches Frühstück« und verschlang es mit Heißhunger. Seine Börse enthielt Scheine und Münzen im Wert von 118,38 englischen Pfund. Wenn er sich der Polizei stellte, so überlegte er, musste er wenigstens präsentabel aussehen, also kaufte er in einer Drogerie ein paar Wegwerfrasierer und Rasierschaum. Da sein Hunger jetzt gestillt war, verlangte es ihn vor allem nach einer Rasur. Er fuhr mit der U-Bahn von Sloane Square bis Victoria Station, wo er zwei Pfund für die Benutzung eines der neuen »Executive Washrooms« bezahlte. Er rasierte sich sorgfältig und gründlich, kämmte sich das widerspenstige Haar aus der Stirn, wobei der Kamm Linien wie von samtigem Kord hinterließ – nach nur einer Nacht im Freien wirkte es schon unangenehm fettig. Auf dem Bahnhofsvorplatz fragte er einen Busfahrer nach dem Weg zum nächsten Polizeirevier und wurde in die Buckingham Palace Road gewiesen, dort befinde sich eins, nur ein paar Minuten Fußweg entfernt.

Er fand es ohne Mühe und blieb einen Moment stehen, um sich zu sammeln, bevor er zuversichtlich die Treppe zu dem relativ neu wirkenden Gebäude hochstieg – kantige Blöcke aus karamellfarbenen Backsteinen, hellblaue Geländer. Absichtlich hatte er nicht überlegt, was ihn dort erwartete oder was die unmittelbaren Folgen der zu erwartenden Verhöre waren. Es gab einfach zu viele zwingende Belastungsmomente gegen ihn, das war offensichtlich, aus diesem Grund war er ja am Abend geflohen. Seine düstere Vermutung war, dass man ihn verhaften und in eine Zelle sperren würde, bevor er überhaupt einen Anwalt zu sehen bekam. Er wusste, dass es nur zu bequem und verlockend war, ihn als Täter zu behandeln, statt seine Aussage zu protokollieren, ihn ins Hotel zurückzuschicken und auf ihren Anruf warten zu lassen. Und beim Gedanken an den Anruf fiel ihm plötzlich das Stipendium ein, für das er sich gestern Nachmittag beworben hatte. Sie hatten versprochen, ihn anzurufen. Auf seinem Handy – oder Mobile, wie man hier sagte – hatte sich niemand gemeldet. Er schaute kurz nach und sah, dass – abgesehen von den üblichen Begrüßungsnachrichten der Telefongesellschaften – keine Meldungen eingegangen waren. Seit er die USA verlassen hatte, war sein SMS-

Verkehr so gut wie gänzlich zum Erliegen gekommen – keine Grüße oder Nachrichten von Freunden, Kollegen oder Studenten mehr –, ein schweigender Vorwurf ... Trotzdem war er begierig, vom Imperial College zu hören. Hatten sie sich für ihn entschieden? Wollten sie ihn haben? Jetzt hatte er Grund, sich Sorgen zu machen. Was immer ihn als Nächstes erwartete: In seinem Lebenslauf würde es sich kaum besonders vorteilhaft ausnehmen.

Durch die automatische Tür gelangte er in einen kleinen Vorraum, der Empfangsschalter war unbesetzt. Das Display informierte ihn in roter Leuchtschrift: »Unsere Mitarbeiter werden sich in Kürze um Sie kümmern«. Ein Mann und eine Frau saßen schon da und starrten stumm zu Boden. Adam blieb stehen, um sein Spiegelbild in einem der verglasten Infokästen zu betrachten, die Warnhinweise enthielten, Ratschläge zum Umgang mit häuslicher Gewalt, Stellenangebote der Polizei, juristische Mitteilungen und Fotos diverser Missetäter. Sofort schweiften seine Augen über die Bilder und entdeckten seinen Namen: ADAM KINDRED – GESUCHT WEGEN MORDES.

Mehr noch als sein Name erschreckte ihn der Anblick seines Bildes: ein Porträt, das er kannte, herausgeschnitten aus einem größeren Foto (in der rechten unteren Ecke sah man noch die Schulter einer anderen Person). Er wusste auf Anhieb, woher es stammte – von seiner Hochzeit. Damals hatte er einen Frack getragen, mit grauer Weste und silberner Seidenkrawatte, alles nach englischem Brauch, obwohl die Hochzeit in Phoenix, Arizona, stattfand und alle männlichen Gäste in Smoking mit Schleife erschienen. Er hatte deswegen milden Spott geerntet. Sein Lächeln auf dem Foto war breit, sein Haar um ein Beträchtliches länger, und sein dichter Schopf, gezaust vom böigen Wüstenwind, hing ihm verwegen in die Stirn. Verunsichert strich er sein jetzt kürzeres, fettigeres Haar zurück. Inzwischen sah er anders aus – schmaler, angegriffener. Dann überlegte er: Wie hatten sie das Bild beschafft? In dieser kurzen Zeit? Von seinem Vater? Sein Vater lebte mit seiner Schwester in Australien. Nein ... Er fuhr erschrocken zusammen. Es musste von Alexa kommen, von seiner Exfrau. Er ging die Kette der Ereignisse noch einmal durch. Kein Wunder, dass sie ihn so schnell identifiziert hatten, konstatierte er bitter. Sein Name mitsamt Adresse im Besucherbuch des Anne Boleyn House hatte sie auf kürzestem Weg ins Grafton Lodge geführt (Seamus und Donal wussten von seiner Bewerbung); dann E-Mails, Telefonate mit seinem bisherigen Arbeitgeber, mit Verwandten. Ein Foto, beschafft von der Exfrau (»Adam? Sind Sie sicher?« Er konnte ihre Stimme hören, nur diesmal ohne den empörten Unterton), dann gescannt und binnen Sekunden nach London gemailt. Hatten sie etwa auch seinen Vater benachrichtigt? Ihm wurde übel. Er konnte sich ohne weiteres in die Ermittler hineinversetzen. Sie suchten nur einen einzigen Mann, den Mann, der sich ins Besucherbuch des Anne Boleyn House eingetragen hatte, der Philip Wang als Letzter lebend gesehen hatte, dessen Fingerabdrücke sich auf der Mordwaffe befanden – ein praktisch schon gelöster Fall. Finden wir Adam Kindred, haben wir den Mörder.

Seine Brust krampfte sich zusammen, während er all die zwingenden Indizien ein weiteres Mal aneinanderreihte und gegen sich in Anschlag brachte. Er hatte sich nachweislich zur Tatzeit am Tatort aufgehalten – exakt zum Zeitpunkt des Mordes. Seine Fingerabdrücke fanden sich überall. Seine Kleider waren mit dem Blut des Opfers besudelt. Er war der offenkundige Täter – jeder, aber auch wirklich jeder, musste annehmen, dass er Philip Wang getötet hatte. Aber wo war das Motiv? Welchen Anlass sollte er haben, einen namhaften Immunologen umzubringen? Doch schon fand sich eine Erklärung, die ihm bitter aufstieß: eine homosexuelle Beziehungstat. Später mutmaßte er, dass es sein argloser Gesichtsausdruck auf dem Foto gewesen sein musste, der ihn zu seinem nächsten Schritt veranlasst hatte. Irgendwie demonstrierte dieses Bild seine völlige

Unschuld, und er war nicht bereit, sie aus freien Stücken zu beschmutzen. Er schnitt jeden weiteren Gedanken ab, wandte sich abrupt vom Abbild dieses glücklichen, sorglosen jungen Adam weg und ging durch die automatische Tür hinaus. (Auf der Treppe begegneten ihm drei angeregt plaudernde Polizisten.) Er wandte sich westwärts, bog rechts in die Pimlico Road ein und strebte der vermeintlichen Sicherheit zu, die ihm der Stadtteil Chelsea bot.

Während er sich vom Polizeirevier entfernte – den Aktenkoffer in der Hand, mit flatterndem Regenmantel, schwitzend, fast fiebrig vor Angst –, wurde ihm klar, dass er an einen Kreuzweg gelangt war. Nein, Kreuzweg war die falsche Metapher, vielmehr war es ein Scheideweg und darüber hinaus der dramatischste Scheideweg, den man sich vorstellen konnte. Er hatte a) die Wahl, sich zu stellen und den Mühlen der Justiz auszuliefern – mit Tatvorwurf, Verhaftung, abgelehnter Kaution, Untersuchungshaft, Prozess und Urteil – oder b) die Wahl, sich nicht zu stellen. Von Natur aus war er ein gesetzestreuer Mensch, jeder Rechtsordnung, die er kannte, hatte er naiv vertraut, doch plötzlich war alles anders. Nicht mehr die »Gesetzestreue« galt ihm als oberstes und grundlegendes Gebot, jetzt entschied er sich instinktiv für die Freiheit – seine persönliche Freiheit. Die musste er bewahren, um jeden Preis, wenn er heil aus dieser Sache herauskommen wollte. Frei zu bleiben schien seine einzige Option zu sein, er hatte keine andere Wahl. Seltsam, dieser philosophische Erkenntnisblitz, aber plötzlich begriff er, dass ihm die persönliche Freiheit, über die er im Moment verfügte, unendlich kostbar war – weil er nun wusste, wie schwach und zerbrechlich sie war –, und er dachte nicht daran, sie irgendjemandem zu opfern, und sei es nur vorübergehend.

Und außerdem, sagte er sich, während ihm mit jedem Schritt heißer wurde, bin ich unschuldig, Himmelherrgottnochmal. Er hatte sich nichts zuschulden kommen lassen, und er wollte nicht für einen Mord büßen, den er nicht begangen hatte. So einfach diese Tatsache war, so klar war die Entscheidung, die er gefällt hatte – hatte fällen müssen. Es konnte gar keinen Zweifel geben: Jeder andere Mensch in dieser verzwickten Lage hätte das Gleiche getan. Und dann war da noch ein weiterer Faktor, der Faktor X, den er einkalkulieren musste. Wer war der Mann hinter dem Hotel, der seinen Namen kannte und eine Pistole mit Schalldämpfer besaß? War der nicht zwangsläufig der Mörder? Der Mann auf dem Balkon, den Adam überrascht hatte, als er die Wohnung von Philip Wang betrat?

Er kam an einem Pub vorbei und war versucht, sich einen Drink zu leisten, aber mit seinem neuen Glauben an die persönliche Freiheit hatte sich auch das Bewusstsein dafür eingestellt, wie teuer diese Stadt war – er musste sein Geld zusammenhalten, bis er die nächsten Schritte überlegt hatte und bis der wahre Schuldige identifiziert und gefasst war.

Auf einer kleinen Grünfläche suchte er sich eine Bank und starrte abwesend auf die Statue des Mozart-Knaben. Was hatte Mozart in diesem Teil von London zu suchen? Adam nahm sich zusammen: Das Beste war es vielleicht, eine Weile zu verschwinden – ein paar Tage, eine Woche – und abzuwarten, wie sich die Dinge entwickelten. Wie nannte man das? »In den Untergrund gehen«. Wenn er nun ein paar Tage in den Untergrund ging, bis die anderen Tatspuren gesichert und angemessen ausgewertet waren? Er konnte das alles in der Zeitung verfolgen, im Fernsehen oder Radio – doch jetzt überfiel ihn ein neuer Gedanke: Was, wenn Wang wirklich schwul gewesen war? Wang und Adam hatten sich in einem Restaurant getroffen, waren ins Gespräch gekommen und wurden dabei beobachtet. Adam besuchte Wang in seiner Wohnung, Wang wurde zudringlich, es kam zum Streit, zum Handgemenge – alles geriet außer Kontrolle, ging schrecklich schief ... Adam wurde von einem Gefühl der Schwäche befallen, wie gelähmt blickte er auf das Denkmal und versuchte, sich eine Mozart-Arie ins Gedächtnis zu rufen, irgendeine Melodie, um sich abzulenken, aber die Verse, die ihm in den Sinn kamen, stammten von einem Rocksong seiner Jugendjahre: »Going underground, going underground / Well the brass bands play and feet start to pound«.

Sehr hellsichtig, dieser Text, dachte er. Eher würde er in den Untergrund gehen, als sich brav auf einem Polizeirevier zu melden und sich eines Verbrechens bezichtigen zu lassen, das er nicht begangen hatte. Nur ein paar Tage, sagte er sich, dann tauchen andere Hinweise auf, die Polizei wird andere Erklärungen und andere Verdächtige ins Auge fassen. Nun fiel ihm endlich auch etwas von Mozart ein, die Ouvertüre zu *Cosí fan tutte* – die hatte ihn stets heiter gestimmt. Die Melodie auf den Lippen, machte er sich auf den Weg. Es wurde Zeit, ein paar wichtige Utensilien für sein neues Leben zu besorgen.

Später am Nachmittag, es dämmerte schon, warf Adam die drei Einkaufsbeutel mit seinen Besitztümern über den Zaun am Uferdreieck und folgte ihnen flink nach. Er zwängte sich zu der Stelle durch, wo er in der Nacht zuvor geschlafen hatte, und untersuchte sie genauer. Sie war von drei großen Büschen und zwei mittelgroßen Bäumen – einem Ahorn und einer Art Stechpalme – umschlossen und befand sich nahe der langen Spitze des Dreiecks, am westlichen, von der Chelsea Bridge entfernten Ende. Einer der Büsche war fast wie eine Höhle, man konnte bequem unter die Zweige kriechen. Um es auszuprobieren, duckte er sich: Ja, wenn er sich hier verkroch, war er von der Uferstraße, von der Chelsea Bridge und auch für vorbeifahrende Boote praktisch unsichtbar.

Er leerte die Tüten und nahm seine Einkäufe in Augenschein. Ein Schlafsack, eine Isomatte, ein Klappspaten, ein Campingkocher mit Reservekartuschen, eine Taschenlampe, eine Geldkassette, ein Campingbesteck, zwei Flaschen Wasser, ein kleiner Kochtopf und sechs Büchsen Baked Beans. Bei der

Auswahl war er mit Bedacht vorgegangen, hatte nur die billigsten Sachen und Sonderangebote genommen – geblieben waren ihm zweiundsiebzig Pfund und ein wenig Kleingeld. Am Tage konnte er sich hier im Dreieck verstecken, nachts konnte er bei Bedarf losgehen, für Nachschub sorgen. So ließ es sich leben – einigermaßen.

Unter dem Busch richtete er sich häuslich ein, er brach ein paar Zweige ab, um mehr Raum zu schaffen, hängte die Isomatte wie ein umgedrehtes V über andere Zweige und schuf sich eine zeltartige Höhlung. Dann entrollte er den Schlafsack und schob ihn unter das provisorische Dach. Ja, so würde er trocken bleiben, geschützt vor den Unbilden der Witterung, wenn es nicht gar zu sehr regnete. Er blickte hoch, weil plötzlich ein Streifenwagen auf dem Chelsea Embankment vorbeifuhr, mit heulender Sirene, und lächelte erleichtert. Die ganze Londoner Polizei war hinter ihm her. Die Aufzeichnungen sämtlicher Überwachungskameras wurden ausgewertet, seine Exfrau und sein Vater in Sydney erneut angerufen, Verwandte und Bekannte aufgespürt. Wer hatte etwas von Adam Kindred gehört oder gesehen? Und wenn alles vorbei war, würden sie über sein Abenteuer lachen. Er wurde gesucht, doch er war nirgends zu finden. Nachdem er sein Lager aufgeschlagen hatte, zündete er den Kocher an und wärmte die Baked Beans auf. Er löffelte sie aus dem Topf – sie waren heiß und schmackhaft –, ein köstliches Mahl. Jeder Tag ein neuer Tag, sagte er sich. Möglichst nicht nachdenken. Er war in den Untergrund gegangen.

5

»Nelkenöl«, murmelte Jonjo Case. Wer hätte das gedacht? Wer hätte so was für möglich gehalten? Er tropfte Öl auf die Fingerspitze, verteilte es um den kaputten Zahn – und spürte fast sofort, wie der stechende Schmerz nachließ. Die große Füllung war flöten gegangen, als ihm dieses Schwein, dieser Kindred, seinen Aktenkoffer an den Kopf gehauen hatte. Der andere Zahn war einfach so rausgeflogen, wie vom Zahnarzt gezogen. Als er wieder auf die Beine kam, hatte er ihn auf dem Pflaster liegen sehen und in die Tasche gesteckt – nur keine Spuren hinterlassen.

Jonjo prüfte sein Gesicht im Spiegel. Sein Aussehen hatte ihm noch nie gefallen, aber Kindreds Aktenkoffer hatte die Sache keineswegs besser gemacht. Wenigstens war die Nase nicht gebrochen, nur geschwollen, und die Prellung zwischen Ohr und Kinn würde lange bleiben. Aber was ihn am meisten ärgerte, war der Abdruck, den ein Scharnier oder irgendein Kofferbeschlag an seiner rechten Schläfe hinterlassen hatte. Er drehte den Kopf zur Seite, um die Stelle genauer in Augenschein zu nehmen. Da war er, der deutliche und klare Umriss eines L, ein zornig-rotes Blutmal. L wie Loser, dachte Jonjo. Das L würde wahrscheinlich verschorfen, und er würde eine weiße, L-förmige Narbe zurückbehalten. Nein. Das nun auf keinen Fall. Er musste die Narbe mit der Messerspitze aufkratzen, verformen – später. Er würde nicht sein Leben lang mit einem L auf der Stirn rumlaufen – kam gar nicht in Frage.

Er ging an den Tisch mit den Flaschen und schob den Hund behutsam mit dem Fuß zur Seite. Der Hund sah ihn vorwurfsvoll an, während Jonjo unter den zusammengeschobenen Flaschen nach seinem bevorzugten Malt Whisky suchte. Wie komme ich dazu, meiner Schwester einen jungen Basset abzunehmen, fragte er sich, während er einen kräftigen Schluck aus der Flasche nahm. Diese braunen Augen voller Anklage! Diese ständige Jammermiene, diese unverschämt langen, samtigen Ohren ... Das war kein Hund, eher ein Kuscheltier, das man auf der Bettdecke platzierte oder auf die Türschwelle legte, damit es nicht so zog. Angewidert verzog er das Gesicht. Malt Whisky mit Nelkengeschmack. Eine ekelhafte Kombination!

Er blickte sich in seiner Behausung um und seufzte. Der Schmerz ließ schon spürbar nach. Er musste hier wirklich mal aufräumen. Der Abwasch einer Woche türmte sich im Spülstein, vier Jahrgänge *Yachting Monthly* stapelten sich hinter der Glotze. Was würde Sergeant Major Snell dazu sagen, wenn er diese Bude sähe? Fluchen würde er, toben würde er. Ich war der beste Soldat des ganzen Regiments. Und was ist aus mir geworden?

Er warf ein paar Klamotten vom Sessel und setzte sich. Der Hund kam angewackelt und starrte ihn an. Er hat Hunger, begriff Jonjo, wegen der Aufregung letzte Nacht hat das arme Viech seit vierundzwanzig Stunden nichts zu fressen gekriegt. Er tastete auf dem Sofa herum und fand unter dem Kissen eine halbe Packung Kekse, die er auf dem Teppich verstreute. Der Hund angelte sich die Kekse mit seiner langen rosa Zunge und fing an zu mampfen.

Jonjo dachte an den vergangenen Abend, ging alles noch mal durch, vorwärts, rückwärts, wie es kam. Zum Glück hatte er den Zahn gleich gefunden und die Pistole auch, denn überall wimmelte es von Polizei. Dann dachte er an Wang, wie er ihn ein bisschen rumgestoßen hatte, aufs Bett geworfen, ihm mit links die Kehle zugedrückt hatte, bis er blau anlief, dann mit rechts das Brotmesser in die Seite gerammt hatte. Leider ohne das Herz zu treffen – Snell hätte ihm für diesen Pfusch die Hölle heiß gemacht. Und dann kam auch noch irgend son Idiot in die Wohnung rein. Er natürlich gleich raus auf den Balkon, dabei wusste er schon, dass Wang nicht tot war ... Scheißgeschichte. Was war da gelaufen, während er draußen stand?, fragte er sich traurig. Traurig deshalb, weil er irgendwie keinen Biss mehr hatte. Zwei Jahre früher, und er hätte den Kerl, der da reinkam, einfach weggepustet. Brutal, aber locker – ohne viel Getue. Und jetzt war dieser Kindred noch am Leben, auf freiem Fuß, irgendwo auf der Flucht, hier in London, wie die Zeitungen schrieben. Er gab dem Hund einen Mars-Riegel. Sich selbst gönnte er einen weiteren Schluck Whisky und noch ein paar Tropfen Nelkenöl.

Wang umlegen, alles durchwühlen und alle Aufzeichnungen einsacken, die dir in die Finger kommen, hatten sie ihm gesagt. Genauso hatte er's gemacht, hatte Wang zur Sau und seine Wohnung zum Saustall gemacht und alle Papiere im Kofferraum seines Taxis verstaut. Inzwischen wussten sie, dass die Sache schiefgegangen war, verdammt schief – er konnte sich auf einen Anruf gefasst machen.

Jonjo überlegte fleißig weiter: Kindred war über die Nottreppe nach hinten raus. Jonjo hinterher, nachdem er alle Papiere, die er finden konnte, in einen Müllsack gestopft hatte, und die zwei rauchenden Köche bestätigten ihm, dass ein junger Kerl mit Regenmantel und Aktenkoffer gerade raus war, ein paar Minuten vorher. Dann ist er jetzt über alle Berge, dachte Jonjo. Er ging zu seinem Taxi und warf den Sack rein. Nach kurzem Grübeln lief er weiter zum Haupteingang von Anne Boleyn House. Nahm ein Streichholzheft aus der Tasche – davon hatte er immer reichlich, von verschiedenen Kneipen –, klappte es auf, zündete es mit dem Feuerzeug an und warf das ganze Ding in den halbvollen Mülleimer neben dem Eingang. Er hörte das leise Zischen und das »Wuff!« der aufflammenden Streichhölzer, und als die ersten Rauchwolken aufstiegen, betrat er locker schlendernd die Vorhalle.

»Tut mir leid, wenn ich störe, Alter«, sagte er, »aber irgendwelche Gören haben den Müll angezündet.«

»Dieses Pack!«

Nachdem der Portier rausgerannt war, nahm sich Jonjo das Besucherbuch vor. Da stand es schwarz auf weiß: G 14, Besucher Adam Kindred, Grafton Lodge, SW1.

Draußen kippte der Portier den brennenden Abfall auf die Straße und versuchte, das Feuer auszutreten.

»Na denn«, sagte Jonjo im Gehen. »Kleine Ganoven, was?«

»Kastrieren, kann ich nur sagen.«

»Vergasen.«

»Danke, Kumpel.«

Jonjo fuhr sein Taxi zum Grafton Lodge Hotel in Pimlico und parkte direkt gegenüber. Ein junger Kerl mit Regenmantel und Aktenkoffer ... Es war ein schöner Abend, Männer mit Regenmantel sah man kaum. Doch er musste länger warten als gedacht – mehrere Stunden –, bis der Kerl auftauchte, der wahrscheinlich Kindred war. Jung, dunkelhaarig, groß, Krawatte, Regenmantel, Aktenkoffer. Aber er ging nicht ins Hotel, und das war das Verrückte. Der richtige, der echte Kindred wäre doch schnurstracks ins Hotel rein, oder? Aber dieser Mann bog in die schmale Straße ein, die zum Hof hinter dem Hotel führte. Jonjo stieg aus dem Taxi, folgte ihm unauffällig und sah den Mann zu den Hotelfenstern hochgucken, als er in den Hof kam. Hatte der sich verlaufen? War das ein Grundstücksmakler? War das wirklich Kindred? Es gab eine einfache Möglichkeit, das rauszukriegen – ihn ansprechen.

Sein Zahn pochte wieder. Mit dem Zeigefinger betupfte er vorsichtig die L-förmige Wulst an der Schläfe. Vielleicht kriegte er ja den Auftrag, Kindred zu erledigen. Mit Vergnügen, meine Herren! Das Telefon klingelte – dreimal. Dann hörte es auf, und es klingelte erneut. Jonjo nahm ab – sie waren es.

6

Ingram Fryzer strich die Zeitung glatt, als Maria-Rosa mit der Kaffeekanne kam.

»Nur einen Tropfen«, sagte Ingram, ohne aufzublicken. Er las den Bericht über den Mann, der Philip Wang ermordet hatte – mit größter Spannung und auch mit einiger Verwunderung.

Adam Kindred, 31 (Abb. rechts), Besuch der Bristol Cathedral School, stellvertretender Schülersprecher. Danach Stipendiat der Bristol University, Maschinenbaustudium. Verlor mit vierzehn die Mutter. Hat eine ältere Schwester, Emma-Jane. Der Vater, Francis Kindred, war als Luftfahrtingenieur am Bau der Concorde beteiligt ...

Ingram studierte das Foto des lächelnden jungen Mannes noch einmal. Ein Hochzeitsfoto. Wie wurde so einer zum Mörder? Dieser Kindred hatte dann ein weiteres Stipendium in Kalifornien bekommen – The Clifton-Garth Scholarship am Cal-Tech, wo er in Angewandter Ingenieurtechnik promovierte. War das vielleicht die Verbindungslinie, fragte sich Ingram, plötzlich misstrauisch geworden. Die USA? Am Cal-Tech gehörte Kindred zu einem Team, das Präzisionsgyroskope für die Nasa entwickelte. Kein Hinweis auf Chemie oder Pharmazie, keine sichtbare Verbindung zur Pharmabranche, nichts, was auf ein Interesse an Calenture-Deutz und seinen Geschäften schließen ließ. Ingram las weiter.

Also macht dieser Kindred seinen Doktor und kriegt einen Posten als Juniorprofessor an der Marshall McVay University in Phoenix, Arizona, wo unter seiner Mitwirkung die größte Wolkenkammer der Welt projektiert und gebaut wird, in

Painted Rock, dem westlichen Campus der Marshall McVay University, gelegen in den Mohawk Mountains bei Yuma. (Was in aller Welt ist eine Wolkenkammer?, fragte sich Ingram. Musste irgendwas mit Klimaforschung zu tun haben.) Kindred wird also Juniorprofessor am Institut für Klimatologie und Ökologie an der Marshall McVay University ... Er übersprang ein paar Zeilen. Eine Privat-Uni, zweitausend Studenten mit zahlungskräftigen Eltern, über die Hälfte von ihnen im Aufbaustudium, auf eine Lehrkraft kommen sechs Studierende, gegründet und gesponsert von einem Multimilliardär, der sein Vermögen mit Bauxitvorkommen in aller Welt gemacht hat.

Ingram nippte an dem Kaffee, den Maria-Rosa ihm eingegossen hatte, und rechnete nach. Dann hatte dieser Kindred also acht oder neun Jahre in Amerika gelebt und gearbeitet – lange genug, um angeworben zu werden. Er ließ seine vier oder fünf größten Konkurrenten Revue passieren, große Pharmafirmen mit gewaltigen Reserven an Geld, Zeit und vor allem Geduld. Es galt zu überprüfen, ob eine von ihnen mit dieser Marshall McVay University zu tun hatte – eine Professur finanzierte, ein Forschungsprojekt. Aber welchen Sinn sollte das haben? Ein Maschinenbauingenieur und Klimaforscher? Sie hätten einen Mediziner gebraucht, einen, der sich in der Pharmaindustrie auskannte. Wozu brauchten sie einen Maschinenbauer und Klimaforscher, wenn sie Philip Wang beseitigen und Calenture-Deutz erledigen wollten? Ingram las weiter.

Kindred heiratete – eine Alexa Maybury, 34 (Abb. links), Immobilienmaklerin bei Maybury-Weiss in Phoenix, Arizona. Die Ehe wurde vor einigen Monaten geschieden. Kindred gab seine Professur auf und kehrte nach London zurück, wo ihm einen Tag nach dem Mord eine Stelle als Senior Research Fellow für Klimatologie am Imperial College angeboten wurde (ein Angebot, das offenbar schleunigst zurückgezogen wurde).

Ingram schob Maria-Rosas erkaltenden Kaffee beiseite. Das war doch alles ohne Sinn und Verstand! Das Walten blinden

Zufalls! Warum sollte dieser junge, erfolgreiche Akademiker einen Mord begehen? Philip Wang umbringen und seine Wohnung durchwühlen? Steckte vielleicht etwas Sexuelles dahinter? Oder Drogen? (Irgendwie war Ingram davon beeindruckt, wie viele Drogen die Jugendlichen heutzutage konsumierten, weit mehr und weit wirksamere als zu seiner Zeit.) Welche Hinweise auf die dunklen Abgründe in Kindreds Persönlichkeit verbargen sich in diesem ansonsten makellosen Lebenslauf?

Er blickte auf – Maria-Rosa lauerte schon wieder.

»Ja, Maria-Rosa.«

»Unten Luigi. Mit Auto.«

Auf dem Weg in die Firma rief Ingram bei Pippa Deere an, der PR-Chefin, und bat sie, den Artikel über Adam Kindred zu kopieren und noch vor der Sondersitzung an den Aufsichtsrat zu verteilen. Alle sollten wissen, mit wem sie es zu tun hatten – dieses Komplott hatte offenbar gewaltige Ausmaße, weitverzweigte Hintergründe.

Beseelt vom Gefühl einer ganz besonderen Kraft und Bedeutsamkeit fuhr er zu den Calenture-Deutz-Etagen hinauf. Er hatte den ganzen Aufsichtsrat zu dieser Sondersitzung einberufen, weil er ihm einen Plan vorlegen und etwas Wichtiges verkünden wollte, was nicht zu unterschätzende Auswirkungen auf das Image der Firma haben würde. Eine Weile wieselte er in seinem Büro umher und löcherte seine persönliche Referentin, Mrs Prendergast, mit Fragen nach dem Eintreffen oder Verbleib der anderen Mitglieder. Mrs Prendergast war eine vollkommen humorlose, ganz in ihrem Beruf aufgehende Mitfünfzigerin. Im Lauf der Jahre hatte sich Ingram damit abgefunden, dass er – in geschäftlicher Hinsicht – ohne sie so gut wie verloren war, und folglich wurde sie opulent mit zusätzlichen Urlaubstagen, Aktienoptionen, exklusiven Gratifikationen honoriert. Er wusste, dass sie mit Vornamen Edith hieß und zwei erwachsene Söhne hatte (von den Fotos auf ihrem Schreibtisch), aber das war es auch schon – eisern und unerbittlich sprachen sie sich mit Mr Fryzer und Mrs Prendergast an.

Auf ihren Hinweis, der Aufsichtsrat sei nun vollzählig, eilte er über die Hintertreppe zum »Dining-Set«, wie er den kleinen Speiseraum hinter dem Sitzungszimmer in einer launigen Anwandlung getauft hatte (auch die Einrichtung stammte von ihm: ein handfester Eichentisch, zehn Stühle, eine lange Walnuss-Anrichte, ein paar nette Gemälde – ein Craxton, ein Sutherland, ein großer, flirrender Hoyland), um sich noch schnell und diskret einen kleinen Brandy zu genehmigen, bevor er den Aufsichtsrat begrüßte – nur um seine Säfte ein wenig in Wallung zu bringen. Seine Nerven waren merkwürdig gereizt, als läge etwas in der Luft, als würde er von düsteren Vorahnungen geplagt, und das sah ihm gar nicht ähnlich. Eine kleine Nervenstärkung war also angebracht, es passierte schließlich nicht alle Tage, dass einer seiner engsten Mitarbeiter auf heimtückische Weise ermordet wurde.

Deshalb ärgerte es ihn über die Maßen, seinen Schwager im Dining-Set vorzufinden. Der goss sich in aller Ruhe einen großen Whisky ein, bediente sich aus den Flaschen, die auf einem silbernen Tablett gruppiert auf der Anrichte standen (direkt unter dem flirrenden Hoyland).

»Ivo«, sagte Ingram mit breitem, falschem Lächeln. »Ein bisschen früh, nicht wahr?«

Ivo Redcastle drehte sich zu ihm um. »Nein, im Gegenteil. Ich war die ganze Nacht auf, im Tonstudio. Deine Nachricht habe ich um drei Uhr nachts bekommen. Danke, Ingram.« Er nahm einen großen Schluck und füllte das Glas sofort nach. »Wenn du willst, dass ich wach bleibe, brauche ich das.«

Da sich Ingram nun keinen Drink mehr genehmigen konnte, behalf er sich knurrend mit einem Glas Apfelsaft. Er musterte seinen Schwager – der gerade seinen zweiten Whisky kippte – und bemerkte zum tausendsten Mal, dass Ivo trotz seiner pubertären Ausschweifungen und Ambitionen ein geradezu absurd gutaussehender Mann war. Es ist fast unheimlich, wie gut er aussieht, dachte Ingram. Das dichte, halblange schwarze Haar, das er ständig aus der Stirn streichen musste, die gerade Nase, die fülligen Lippen, seine Größe, seine schlanke Figur – fast schon die Karikatur eines Schönlings. Zum Glück ist er nicht intelligent, dachte Ingram mit Genugtuung. Aber rasiert hat er sich zumindest, trägt Anzug und Krawatte. »Ein Lord an Bord« sei immer vonnöten, hatte man ihm beim Karrierestart erklärt, und einen Schwager zu bekommen, der diese Anforderung erfüllte, war für ihn die einfachste und beste Lösung gewesen, doch alles, was Ivo, Lord Redcastle, in die Hände nahm, führte zu unabsehbaren Komplikationen.

Ivo setzte sein Glas ab, Ingram sah auf die Uhr – es war kurz vor halb zehn.

»Wie ich sehe, hat der Friseur wieder kräftig in den Farbtopf gelangt«, sagte Ingram.

»Wie soll ich das verstehen?«

»Dieser frische blauschwarze Glanz in deinem üppigen Haar, Ivo.«

»Willst du damit andeuten – unterstellen –, dass ich mein Haar färbe?«

»Damit will ich gar nichts andeuten oder unterstellen«, sagte Ingram unbeirrt. »Ich stelle nur fest. Da kannst du dir auch gleich ein Schild um den Hals hängen: ›ICH FÄRBE MEIN HAAR‹. Männer, die ihr Haar färben, erkennt man auf hundert Meter Entfernung. Gerade du müsstest das wissen.«

Ivo reagierte mit einem Schmollmund – anders kann man es nicht nennen, dachte Ingram.

»Wenn du nicht zur Familie gehören würdest«, sagte Ivo mit zitternder Stimme, »würde ich dir eine runterhauen. Das ist meine natürliche Haarfarbe.«

»Du bist siebenundvierzig Jahre alt, und du wirst grau. Genauso wie ich. Gib's nur zu.«

»Leck mich, Ingram.«

Mrs Prendergast öffnete die Tür zum Dining-Set.

»Es sind alle bereit, Mr Fryzer.«

Die Sitzung verlief gut, zumindest am Anfang. Der gesamte Aufsichtsrat war vertreten, die internen und die externen Mitglieder: Keegan, de Freitas, Vintage, Beaseborough, Pippa Deere, die drei Oxbridge-Professoren, der Tory-Exminister, der pensionierte Staatsbeamte, ein ehemaliger Präsident der Bank of England. Gefasst und mit ernsten Mienen nahmen sie Ingrams kurze Ansprache zum tragischen Tod von Philip Wang entgegen, die seine besonderen Leistungen für Calenture-Deutz hervorstrich. Doch als er begann, über die Zukunft zu spekulieren, und das neue Medikament erwähnte, an dem Philip gearbeitet hatte, kam es zur ersten Unterbrechung.

»Zembla-4 ist davon nicht betroffen, Ingram«, sagte Burton Keegan und hob die Hand, um noch einen Gedanken anzufügen. »Ich glaube, das sollten alle zur Kenntnis nehmen: Nichts von Philips Arbeit wird verloren gehen. Die Produktentwicklung wird fortgesetzt, und zwar mit Volldampf.«

Ingram ärgerte sich über den Einwurf. Keegan hätte sich denken können, dass er noch nicht fertig war.

»Nun, das zu hören entzückt mich natürlich. Trotzdem: Philip Wangs Beitrag zum Erfolg der –«

»Man könnte sagen, mit Phase drei hatte Philip praktisch schon grünes Licht gegeben. Meinst du nicht auch, Paul?«

Wie aufs Stichwort fiel de Freitas ein. »Ja, das kann man wohl sagen. Zwei Tage vor der Tragödie habe ich mit Philip gesprochen. Wir waren mit der dritten Erprobungsphase durch, und er war mehr als zufrieden mit den Ergebnissen. ›Volle Kraft voraus!‹, das waren seine Worte, wenn ich mich genau erinnere. Er war überglücklich.«

»Aber grünes Licht hat er nicht gegeben, soweit ich weiß«, sagte Ingram.

Jetzt mischte sich einer der Professoren ein (seinen Namen hatte Ingram vergessen). »Philip war mehr als zufrieden – die Daten waren wirklich hervorragend. Das hat er mir letzte Woche persönlich versichert – hervorragend.«

Da Ingram nun mehrmals unterbrochen worden war, entstand am langen, hochglanzpolierten Konferenztisch das Gesumm einer allgemeinen Unterhaltung. Ingram beugte sich zu Mrs Prendergast hinüber. »Wie hieß der Mann gleich, Mrs Prendergast?«

»Professor Goodforth, Greene College, Oxford.« Sie schaute auf ihrer Liste nach. »Professor Sam M. Goodforth.«

Jetzt erinnerte sich Ingram. Auch Goodforth war neu in den Aufsichtsrat berufen worden, zusammen mit Keegan und de Freitas. Ingram räusperte sich vernehmlich.

»Das höre ich gern, sehr gern sogar«, sagte er und merkte gleich, wie hohl das klang. »Wenigstens Philips Arbeit wird fortleben.«

Diesmal war Keegan so freundlich, die Hand zu heben.

»Bitte, Burton!«

»Danke«, sagte Keegan mit einem verbindlichen Lächeln. »Ich möchte dem Aufsichtsrat zur Kenntnis geben, dass wir Professor Costas Zaphonopoulos gebeten haben, die Endphase der klinischen Erprobung zu überwachen, bevor wir unsere NDA beim FDA einreichen. Unsere Neue Drogen-Applikation«, erläuterte er höflich für die externen Mitglieder, »bei der Food and Drug Administration, dem amerikanischen Gesundheitsministerium.« Er wandte sich an Ingram. »Costas ist emeritierter Professor für Immunologie in Baker-Field.«

Ehrfürchtiges Gemurmel bei den anderen Professoren der Runde. Ingram spürte Widerwillen in sich aufsteigen. Wer war der Mann, den sie extra eingeflogen hatten – und auf wessen Kosten? Warum war er nicht konsultiert worden? Er sah, dass sich Ivo mit der Spitze des Bleistifts, der auf jeder Schreibunterlage bereitgelegt worden war, die Fingernägel reinigte.

»Na, umso besser«, sagte Ingram. Es wurde Zeit, dass er wieder die Führung übernahm. Noch hatte er keine Gelegenheit gefunden, sein Highlight zu präsentieren.

»Also gut. Jetzt –«, begann er und wurde gleich wieder unterbrochen. De Freitas hob die Hand. »Paul?«

»Nur fürs Protokoll möchte ich anmerken, dass einige Daten in Philips Unterlagen fehlen.«

Ingrams Gesicht blieb unbewegt – chefmäßig unbewegt. »Es fehlen Daten?«

»Vermutlich.« De Freitag zückte seine Kopie des Kindred-Artikels. »Dieser Kindred könnte sie haben.«

Die Professoren schnappten nach Luft. Ingram spürte wieder düstere Vorahnungen in sich aufsteigen. Irgendetwas Übles bahnte sich hier an. Was es war, konnte er noch nicht klar erkennen, aber dieser schreckliche Tod, so viel schien ihm sicher, war nur der Anfang gewesen.

»Daten welcher Art?«, fragte er mit beherrschter Stimme.

Jetzt mischte sich Keegan wieder ein. »Daten, die für jeden, der nicht intensiv mit dem Zembla-4-Projekt vertraut ist, unverständlich sind. Wir glauben, dass Kindred sie hat – aber nicht weiß, was er da in Händen hält.«

Ingrams Instinkte schlugen Alarm. Er ließ sich nicht länger von Keegans und de Freitas' Laxheit täuschen – das war eine ernste Sache. Plötzlich war er froh, dass er Apfelsaft getrunken hatte und keinen Brandy.

»Woher wissen Sie, dass diese Daten fehlen, Burton?«, fragte er vorsichtig.

Keegan zeigte sein falsches Lächeln. »Als wir das Material durchgingen, das in der Londoner Wohnung gesichert wurde, fielen uns einige Unstimmigkeiten auf. Material, das wir erwartet hatten, war nicht vorhanden.«

Ingram lehnte sich zurück und kreuzte die Beine. »Ich dachte, die Londoner Wohnung sei versiegelt.«

»Exakt. Aber die Polizei war äußerst entgegenkommend.

Wir haben sie über die Bedeutung des Zembla-4-Projekts aufgeklärt. Sie haben uns freien Zugang gewährt.«

»Ich verstehe nicht recht«, sagte Ingram. »Weiß die Polizei, dass Daten fehlen? Da könnte doch ein Motiv hinterstecken.«

»Sie wird es erfahren, zu gegebener Zeit.« Keegan unterbrach sich, weil ihm de Freitas etwas ins Ohr flüsterte. Keegan musterte Ingram mit seinen dunklen, bohrenden Augen, bevor er sich an den ganzen Aufsichtsrat wandte. »Im Interesse des Zembla-4-Projekts sollten diese Informationen unter uns bleiben.«

»Absolut«, sagte Ingram. »Absolute Diskretion.« Aus der Runde kam zustimmendes Gemurmel. Dann sagte er dreimal hintereinander »gut«, räusperte sich, bat Mrs Prendergast um eine weitere Tasse Kaffee und verkündete seinen Beschluss: Calenture-Deutz werde hunderttausend Pfund Belohnung für denjenigen aussetzen, der zur Auffindung und Festnahme von Adam Kindred beitrage. In Erwartung einhelliger Zustimmung bat er den Aufsichtsrat, darüber abzustimmen.

»Da muss ich ganz energisch widersprechen«, rief Ivo, Lord Redcastle, und warf seinen Stift so vehement auf die Schreibunterlage, dass er zwei imposante Sprünge machte und dann mit einem weniger imposanten Geklapper zu Boden fiel.

»Ivo, bitte!«, sagte Ingram und produzierte ein herablassendes Lächeln, doch zur gleichen Zeit spürte er einen Schwall Magensäure in seiner Speiseröhre aufsteigen.

»Lass doch die Polizei ihre Arbeit machen, Ingram«, sagte Ivo flehend. »Das verwischt nur die Spuren. Wenn wir so eine Summe anbieten, wird jeder geldgierige Loser die Polizei mit falschen Informationen überschwemmen. Das wäre ein schrecklicher Fehler.«

Ingram behielt sein Lächeln im Gesicht, aber er dachte bei sich, dass es doch sehr unfein von Ivo war, seine eigene Spezies so herabzusetzen.

»Dein Einspruch ist vermerkt, Ivo«, sagte Ingram. »Schreiben Sie mit, Pippa?« Pippa Deere führte Protokoll. »Lord Redcastle erhebt Einspruch gegen den Vorschlag des Aufsichtsratsvorsitzenden ... Gut, alles notiert. Wollen wir jetzt abstimmen? Alle, die für die Belohnung sind ...«

Elf Hände erhoben sich, auch die von Keegan und de Freitas, wie Ingram vermerkte.

»Dagegen?«

Ivo hob langsam die Hand, sein Gesicht drückte Verachtung aus.

»Angenommen.« Ingram sonnte sich ein paar Sekunden lang in diesem unbedeutenden Triumph, zumal er genau wusste, dass Ivos kleiner Putsch nichts weiter war als ein fehlgeleiteter Racheakt – der Vorwurf gefärbter Haare nagte sichtlich an ihm. Ingram hob die Sitzung auf, der Raum leerte sich.

»Nichts Persönliches«, sagte Ivo im Hinausgehen. »Ich glaube nur, dass Belohnungen unmoralisch sind, korrumpierend. Warum nicht einen Kopfjäger anheuern?«

Ingram blieb stehen und versuchte, Ivo in die Augen zu sehen, aber Ivo war zu groß.

»Einer deiner engsten Kollegen ist auf bestialische Weise ermordet worden. Du hast gerade gegen die einzige Maßnahme gestimmt, die wir als Firma, als Freunde ergreifen können, um seinen Mörder der Gerechtigkeit zuzuführen. Schande über dich, Ivo!« Abrupt drehte er sich weg und ging in den Dining-Set, um sich seinen Brandy zu genehmigen. »Schönen Tag noch«, sagte er und schloss die Tür.

7

Als Sergeant Duke seinen Abschiedskuss landen wollte, konnte Rita gerade noch rechtzeitig ihren Mund wegdrehen – er durfte sie auf die Wange küssen wie alle anderen auch.

»Du wirst mir fehlen, Nashe«, sagte er. »Woher nehmen wir jetzt unseren Glamour?«

Sie wusste, Duke – verheiratet, drei Kinder – war scharf auf sie, und ihm war bestens bekannt, dass sie sich von Gary getrennt hatte. Seine Mitleidsbekundungen waren ehrlich, aber auch von einer gewissen Zudringlichkeit gewesen. Bei der Abschiedsparty musste sie höllisch auf der Hut sein. Sergeant Duke, außer Dienst, vom Alkohol enthemmt ... Ganz plötzlich wurde ihr schwer ums Herz – Abschiede mochte sie nicht.

Duke redete immer noch auf sie ein. »Aber zur Zeugenvernehmung kommst du natürlich. Und zum Prozess.«

»Wo waren wir gleich, Sarge?«

»Beim Wang-Mord. Du stehst im Rampenlicht, Rita. Chelsea, brutaler Mord an einem bedeutenden ausländischen Gelehrten. Die schöne Polizeibeamtin Nashe sagt in Old Bailey aus, und die Presse dreht durch.«

»Na schön. Erst müssen wir Kindred erwischen«, sagte sie trocken. »Ohne Kindred kein Prozess. Wir sehen uns im Duchess.«

»Ich bin dabei, Rita«, sagte er mit lüsternem Unterton. »Das lass ich mir nicht entgehen, Darling. Um nichts in der Welt.«

Scheiße, dachte sie, als sie ihre Tasche nahm und das Revier verließ, und bereute schon die Idee mit der Abschiedsparty. Am Haupteingang wartete Vikram und tat überrascht, sie zu sehen.

»Du wirst mir fehlen, Nashy.«

»Nenn mich nicht Nashy, Vik.«

Er gab ihr einen Wangenkuss. »Entschuldige. Jedenfalls, danke für alles. Ohne dich hätte ich's nicht geschafft.« Vikram war gerade zum Constable befördert worden. Seine Tage als Hilfspolizist, als »Hobby-Bobby«, waren vorbei.

»Wir sehen uns um acht im Duchess.«

»Das lass ich mir nicht entgehen. Um nichts in der Welt.«

Zum letzten Mal verließ Rita das Polizeirevier Chelsea, und sie beschloss, mit dem Taxi nach Hause zu fahren. Diese Versetzung war ein bescheidener Triumph, kein »wahr gewordener Traum«, aber doch so etwas wie ein Wendepunkt, eine Wende zum Besseren, wie sie hoffte. Ein bisschen Leichtsinn war daher ohne weiteres vertretbar.

Das Taxi setzte sie am Schiffsliegeplatz Nine Elms ab, und sie lief beschwingt über die eiserne Gangway zur TS Bellerophon. Das Wasser stand hoch, die Sonne schien durch die Linden am Ufer, das frische Laub war von einem fast unglaublichen Grün – und plötzlich hatte sie das Gefühl, die richtige Entscheidung getroffen zu haben. Zu ihrer gelinden Überraschung stellte sie fest, dass sie glücklich war. Dann sah sie ihren Vater auf dem Vorderdeck stehen, gestützt auf seine Krücken. Sie stieg die Treppe hinauf, um ihn zu begrüßen.

»Hi, Dad.«

»Ich krieg die Krise, wenn ich dich in Uniform sehe – und du weißt das!«

»Ist ja schlimm.«

»Ich könnte glatt ausflippen!«

»Wirklich furchtbar.« Sie stellte ihre Tasche ab. »Aber was ist eigentlich passiert?«

»Ich bin hingeflogen, hab mir wieder den Rücken versaut. Und die Krücken nicht gefunden. Musste Ernesto anrufen.«

»Du hättest mir eine SMS schicken können. Ich weiß, wo deine Sachen sind – kein Grund, Ernesto anzurufen.«

Während sie hinter ihrem Vater hinunterging, stellte sie fest, dass er ganz gut und ohne viele Umstände mit der steilen Treppe zurechtkam. Er ließ sich in den Sessel vorm Fernseher plumpsen, klagte über das Alter und die ewigen Probleme mit den Bandscheiben, dann warf er den Pferdeschwanz über die Schulter und wühlte in der kleinen Kommode neben dem Sessel, in der er seinen Kram aufbewahrte.

»Du rauchst mir keinen Joint, Dad!«, drohte ihm Rita auf dem Weg zu ihrem Zimmer im Unterdeck. »Oder ich muss dich verhaften.«

»Schwein!«, brüllte er ihr nach.

Sie legte die Uniform ab und zog Jeans und T-Shirt an. Als sie wieder hochkam, sah sie mit Erleichterung, dass ihr Vater keine Tüte rauchte, dafür stemmte er eine Büchse Speyhawk Lager extrastark.

»Meine Medizin«, sagte er.

»Viel Spaß.«

»Was ist denn nun?«, fragte er. »Wirst du Detektiv?«

»Das weißt du doch.«

»Mir sagt das Ganze gar nichts.«

»Ich hab's dir erklärt. Ich werde versetzt zur MSU.«

»MSU, USM, MUS, USA, FAQ, AOL –«

»Marine Support Unit. Wir feiern eine Abschiedsparty im Duchess. Willst du mitkommen?«

»In ein Pub voller Bullen? Du hast sie wohl nicht alle!«

»Wie du willst. Aber sag nicht, ich hätte dich nicht gefragt.« Sie wollte hinauf zum Oberdeck.

»Mit deinem Bullenkram lass mich in Ruhe. Davon krieg ich Depressionen. Was macht die Marine Support Unit?«

»Wir fahren die Themse rauf und runter«, sagte sie. »Ich tute, wenn wir vorbeikommen.« Das ärgerte ihn, und sie musste lächeln. »Ich hab ein Auge auf dich, Daddy-O!«

Sie stieg hinauf an Deck. Die Bellerophon war ein ausgemustertes Minensuchboot der Royal Navy, Zweiter Weltkrieg, Bangor-Serie. In den Sechzigern war es umgerüstet und von allen militärischen Aufbauten befreit worden – Geschützen, Sprengmitteln, Räumgerät –, und geblieben war ein einfaches, stabiles Schiff, das ein beengtes, aber doch angenehmes Wohnen ermöglichte und für immer am Battersea-Ufer der Themse festgemacht hatte, in der Nachbarschaft des Nine Elms Pier.

Rita unterhielt auf dem Vorderdeck, dort wo das Bordgeschütz gestanden hatte, einen ansehnlichen Blumengarten. Sie schloss den Gartenschlauch an und wässerte sorgfältig die Palmen, Hortensien, Nachthyazinthen, den Bleiwurz, den Oleander. Unter den Füßen spürte sie, wie die Bellerophon an den Tauen zerrte, während die Flut den Kiel aus dem Schlamm hob.

Langsam erholte sie sich von den Aufregungen des Abschieds. Sie blickte auf den Fluss hinaus, erfreute sich am silbrigen Glanz der Wasserfläche an diesem Nachmittag. Stromabwärts erkannte sie die grünen Glasquader des MI6-Gebäudes und die geschwungenen Dächer von St. George's Wharf. Über ihrer linken Schulter ragten die vier Schornsteine der Battersea Power Station in die Höhe – einer war von einem Baugerüst umhüllt –, stromaufwärts sah sie die Grosvenor Railway Bridge und dahinter die Doppelstützen der Chelsea Bridge.

Beim Anblick der Chelsea Bridge musste sie an den Battersea Park denken, an Gary und den Tag, an dem sie ihn ertappt hatte. Eine alte Dame war auf der Uferpromenade umgefahren worden, von einem Mann, der dort verbotenerweise mit dem Rad unterwegs war, der Hund der alten Dame war bei dem Zusammenstoß verletzt worden, und die Polizei wurde gerufen. Nachdem Rita den Abtransport der Unfallopfer überwacht und den Radfahrer zur Rechenschaft gezogen hatte, bekam sie Lust auf ein Eis. Es war Anfang Mai, ein heißer Tag, die Sonne schien mit frischer Kraft, grell und unerbittlich. Sie überquerte den Parkplatz in Richtung der Tennisplätze, wo, wie sie wusste, nachmittags immer ein Eisauto stand, und als sie zwischen den Bäumen hervorkam, sah sie Gary, ihren Gary, Gary Boland – im Gras mit einer anderen Frau liegen.

Sie lagen einander zugewandt, die Frau, kurzhaarig und blond, lehnte sich an seine aufgestellten Knie. Rita trat hinter eine Platane und beobachtete sie. Die Frau war ihr unbekannt, aber die Intimität zwischen den beiden sagte ihr alles. Kein noch so glaubwürdig und erfindungsreich nach Erklärungen suchender Gary konnte sie von seiner Unschuld überzeugen. Aber was sie am meisten schockierte, war seine Hand, die auf ihrem Knie ruhte. Sie sah, dass sein Daumen sanft und reflexhaft einen Takt klopfte – den Rhythmus eines Songs, der ihm durch den Kopf ging. Das war etwas, was Gary immer machte, auf Tischplatten, auf dem Rand des Kaffeepotts, auf Sessellehnen, als wäre er der frustrierte Drummer einer Rockband – ein Zeichen seiner unterdrückten nervösen Energie, wie sie vermutete. Genauso machte es Gary mit ihr, wenn sie morgens im Bett lagen, dann klopfte er sanft einen Rhythmus auf ihrem nackten Knie, auf ihrer Schulter. Unbewusst hatte sie diese Gewohnheit unter seinem Namen abgebucht – das war etwas, was Gary mit ihr machte –, eine oberflächliche Zärtlichkeit, die sich mit anderen Faktoren zu dem vereinte, was an ihrer Beziehung so einzigartig und besonders war. Sie blickte zu der Frau hinüber und stellte sich vor, dass auch sie es so in ihrem Kopf abbuchte: Gary Boland trommelte immer mit den Fingern, irgendein Knie genügte ihm dafür. Doch kaum hatte seine kleine Marotte ihre für Rita reservierte Exklusivität verloren, sah sie nur noch eine lästige Angewohnheit darin, und ihre Leidenschaft für ihn erlosch. Sie sah, wie er zu trommeln aufhörte, sich aufrichtete und die Frau auf den Mund küsste.

Am Abend stellte sie ihn zur Rede, und fünf Minuten später machte sie Schluss mit ihm – auf erwachsene, resignierte, traurige Art, wie sie dachte. Sie würden sich ständig sehen, der gemeinsame Beruf machte es unvermeidlich, dass sich ihre Wege kreuzten, es hatte also wenig Sinn, hysterisch zu werden und Vorwürfe zu erheben. Vielleicht war das der Grund für das besondere Glücksgefühl, das sie mit ihrem Wechsel zur MSU verband: Sie würde Gary nicht mehr sehen und würde nicht immerzu an den Nachmittag im Battersea Park denken müssen wie eben jetzt wieder ... Wütend zwang sie ihre Gedanken in eine andere Richtung und versuchte sich vorzustellen, wie sie schon morgen oder sehr bald in einem Targa-Schnellboot der MSU die Themse hinaufdüsen und im Vorbeifahren zur TS Bellerophon hinübergrüßen würde. Ein seltsames Gefühl würde das sein, aber der Gedanke, statt der Londoner Straßen die Londoner Themse zu patrouillieren, gefiel ihr, und irgendwie kam ihr das wie ein kleines Wunder vor, hatte sie doch fast ihr ganzes Leben auf diesem Schiff, auf diesem Fluss verbracht.

Sie hörte ihren Vater rufen und reagierte nicht – sie wollte sich die Stimmung nicht verderben lassen. Plötzlich fühlte sie sich wie gesegnet. So ein Glück – ausgerechnet sie. Dann dachte sie an die Party im Duchess – nur ein paar hundert Meter entfernt. Würde Gary kommen? Sie hatte ihn eingeladen, schließlich waren sie erwachsen, nicht nachtragend und so weiter. Was würde sie anziehen? Er sollte schließlich merken, was ihm da –

»RITA! Verdammt nochmal, ich brauch deine Hilfe!«

Sie wässerte weiter ihre Pflanzen.

8

»Hunderttausend Pfund Belohnung für Hinweise, die zur Festnahme von Adam Kindred führen.« Adam las die ganzseitige Anzeige mit Staunen und einem merkwürdigen, wenn auch flüchtigen Stolz. Nie hatte er seinen Namen so groß gedruckt gesehen. Und wer hätte gedacht, dass er hunderttausend Pfund wert war?

Sein Foto war ebenfalls zu sehen, zusammen mit detaillierten Angaben: Größe, Gewicht, Hautfarbe. Adam Kindred, 31, weiß, männlich, englischsprachig, dunkles Haar. Sein Aktenkoffer und sein Regenmantel wurden aufgeführt, als gehörten sie untrennbar zu seiner Erscheinung. Dann erst wurde ihm klar, dass dies alles wirklich geschah, und beim Gedanken, dass seine Familie den Aufruf sehen würde, Leute, die ihn gekannt hatten und sich nun fragten: Adam Kindred, ein Mörder?, übermannte ihn die Scham.

Er saß auf seiner kleinen Lichtung am spitzen Ende des Uferdreiecks an der Chelsea Bridge. Das Gras war inzwischen platt wie ein Teppich, und die drei dichten Sträucher, die ihn vor den Blicken der Passanten schützten, erschienen ihm wie die vertrauten Wände seiner ganz privaten Geheimkammer. Seine groteske und kurze Begegnung mit Dr. Philip Wang lag nun schon fünf Tage zurück – fünf Tage, in denen sein Bart gewachsen war, dicht und dunkel und, wie er hoffte, entstellend bis zur Unkenntlichkeit. Er hatte nie zuvor einen Bart getragen und war dankbar für die Geschwindigkeit, mit der er spross, auch wenn das Wachstum mit Jucken verbunden war. Wichtig war nur, dass er dem Mann auf dem Zeitungsfoto nicht mehr im Entferntesten ähnelte.

Das Jucken im Gesicht und am Hals war nur eine von vielen kleinen Plagen, die seine wachen Stunden beherrschten. Seit er sich für das Bewerbungsgespräch beim Imperial College fertig gemacht hatte, war er nicht mehr unter der Dusche gewesen. Und hier bekam er es wieder mit einer anderen Mischung aus Stolz und Beklemmung zu tun: Aus der Zeitung zu erfahren, dass man ihn als Senior Research Fellow auserkoren hatte (er war der ideale, optimal ausgebildete Bewerber), war ein erhebendes Gefühl, aber dass das Angebot nur wenige Stunden später zurückgezogen wurde – sofort nachdem er unter Mordverdacht geraten war –, traf ihn, obwohl vorherzusehen, wie ein Schlag. Er ließ sein Handy weiterhin ausgeschaltet, fragte sich aber, ob es Anrufe gegeben hatte. Das Imperial College mit der Zusage, dann mit der Absage? Die Polizei, die ihn drängen wollte, sich zu stellen? Es im Uferdreieck zu benutzen, unterließ er lieber – er wusste nicht, ob er damit seine Position preisgab, und er wollte den Akku schonen, die Batterie hatte nur noch einen Balken angezeigt. Er stellte fest, dass ihn der Verlust des Jobs gar nicht so sehr wurmte wie vermutet, weil ihn die Probleme und Kalamitäten seiner neuen Untergrund-Existenz viel mehr beschäftigten. Im Moment erschien ihm ein warmes Wannenbad weitaus kostbarer als eine Anstellung als Senior Research Fellow am Imperial College – und das war ein Indikator dafür, welche albtraumartige Qualität sein Leben inzwischen gewonnen hatte.

Er wusch sich, so gut und sooft es ging, in öffentlichen Toiletten – für mehr als Hände, Gesicht und Hals reichte es nicht –, aber sein Haar war jetzt schwer und fettig (in seinem früheren Leben hatte er sich täglich die Haare gewaschen – ein sündhafter Luxus, wie ihm jetzt schien), seine Sachen bekamen den speckigen, knautschigen Obdachlosen-Look und passten sich lose an seine Körperformen an wie ein Textilpanzer, wie eine zweite Haut. Er trug Tag und Nacht dasselbe Hemd, dieselbe Hose, dieselbe Unterhose, und er wusste, dass er zu stinken begann, während er den unverkennbaren Habitus der Armut, der Verwahrlosung annahm.

Während seiner nächtlichen Streifzüge durch das Uferdreieck, bei denen er Drogensüchtigen und Pärchen, die gelegentlich Zuflucht im dunklen Gebüsch suchten, aus dem Weg ging, war ihm aufgefallen, dass bei Ebbe direkt unter der Ufermauer ein langer schmaler Strand aus Schlamm und Kieseln zutage trat. Drei Reihen von Ketten, eine über der anderen, waren an der Mauer befestigt, als Rettungshilfe, wie er vermutete, damit man irgendwo Halt suchen konnte, wenn man in den Fluss stürzte und stromaufwärts oder -abwärts getrieben wurde – je nachdem, ob Ebbe oder Flut war. Die Ketten ermöglichten ihm auch, mühelos zum Strand hinunterzuklettern, was er bis jetzt zweimal getan hatte, und beim ersten Mal, etwa zwei Uhr nachts, hatte er der übermächtigen Versuchung widerstehen müssen, sich auszuziehen, sich in den Fluss zu werfen, sich gründlich zu waschen. Aber die Flut ging gerade zurück, und er spürte den gewaltigen Sog der Strömung: Noch kannte er den Fluss nicht gut genug. Die Möglichkeit, ohne Gefahr hineinzuwaten, gab es vielleicht nur in den kurzen Momenten, wenn die Gezeiten wechselten, wenn die Strömung vorübergehend stockte oder sich verlangsamte. Aber als er an den Ketten zu seinem Dreieck zurückkletterte, hatte er wenigstens die angenehme Gewissheit, dass ihm jetzt zweimal täglich ein Strand zur Verfügung stand – der Fluss wurde zum Bestandteil seiner winzigen Dreieckswelt.

Am Tage hielt er sich bedeckt, lagerte im Schatten des Busches auf der Isomatte, lauschte dem Verkehr, der nur wenige Meter entfernt auf den vier Fahrspuren des Chelsea Embankment vorüberrauschte. Endlos ging ihm das Erlebte durch den Kopf, und er machte Pläne für jede erdenkliche Eventualität. Er beobachtete die Wolken über der Themse, studierte die verschiedenen Wolkenarten und ihre Verwandlungen. An einem Tag sah er, wie sich der Himmel gleichmäßig mit einer dünnen Schicht *Altostratus translucidus* bedeckte, wie die Sonne zu einer verschleierten, perlmuttfarbenen Scheibe wurde, und spürte die Zunahme der Luftfeuchtigkeit, die der nahenden Warmfront vorausging, während sich die Wolkenschicht unweigerlich zum *Altostratus opacus* verdichtete. Darauf machte er sein Lager unter den Büschen vorsorglich regendicht, so gut es ging – zwei Stunden bevor es dann tatsächlich zu regnen begann. In seinem behelfsmäßigen Zelt liegend, hörte er das Trommeln der Regentropfen über sich, aber was er empfand, war nicht Stolz auf sein vorausschauendes Fachwissen, sondern Trauer. Die Wolken waren sein Beruf. Er, der Wettermacher, produzierte Wolken in seinem Riesenlabor und stimulierte sie dazu, Niederschlag in Form von Regen oder Hagelkörnern abzugeben ... Wieso lag er dann hier, verdreckt und einsam in seinem Versteck am Ufer der Themse? Nicht zum ersten Mal kam ihm das Leben, das er hinter sich gelassen hatte, wie ein fernes Märchen vor. Der Gegensatz zwischen dem Davor und Danach war viel zu krass, um wahr zu sein – so als wäre der frühere Adam Kindred ein Phantasieprodukt, ein Vagabundentraum, das Wunschgebilde eines Verzweifelten am Ende seiner Kräfte.

Diese Stimmungen gingen vorüber, und wenn ihm danach war, spätabends bei Dunkelheit und Ebbe, kletterte er an den Ketten zu seinem kleinen Strand hinunter und sammelte ein, was ihm der Fluss an Beute brachte: drei Autoreifen, die er aufeinanderstapelte und als Sessel benutzte, eine lädierte Obstkiste, in der er seine Kochutensilien verstaute, und ein Verkehrskegel, den er deshalb mitnahm, weil das Ding am Strand zu viel Aufsehen erregte. Wenn er Hunger bekam, ging er los und kaufte von seinem schwindenden Geldvorrat Sandwiches und Heißgetränke in billigen Cafés und Imbissen, wo seine abgerissene Gestalt keine neugierigen Blicke provozierte. Mithilfe seines kleinen Paperback-Straßenatlas erkundete er die nähere Umgebung. Den Fortgang der polizeilichen Ermittlungen verfolgte er in weggeworfenen Zeitungen, und schon nach wenigen Tagen stellte er fest, dass das Interesse am Mordfall Wang rapide nachließ. Doch mit dem Bekanntwerden der ausgesetzten Belohnung änderte sich das – sie schürte neues Interesse an ihm und löste wilde Spekulationen über das rätselhafte Verschwinden des Hauptverdächtigen aus: Hatte er Selbstmord verübt, war er ins Ausland entkommen, wurde er von irgendwelchen Komplizen oder Verwandten verborgen gehalten?

Er las von einem eindringlichen Fernsehappell seines Vaters, er möge sich der Polizei stellen, und war froh, dass er ihn nicht gesehen hatte. »Bitte stell dich der Polizei, mein Sohn, du machst alles nur noch schlimmer. Wir wissen, dass du unschuldig bist. Lass uns diesen schrecklichen Irrtum aufklären!« Er las, dass seine Exfrau Alexa Maybury Kindred jeden Kommentar verweigert hatte, aber die (ehebrecherischen) Hintergründe seiner Scheidung waren überraschend detailliert wiedergegeben. Während er Tag für Tag die Meldungen verfolgte, stellte er mit Bestürzen fest, dass er der einzige Verdächtige blieb, kein anderer Tathergang erwogen wurde, und er fragte sich allmählich, ob er mit seinem Entschluss, in den Untergrund zu gehen, nicht nur die wichtigste Entscheidung seines Lebens getroffen, sondern auch den größten Fehler seines Lebens begangen hatte – eines Lebens, das ihm in seinem jetzigen deprimierten Zustand vorkam wie eine einzige, lückenlose Kette von Fehlentscheidungen, die zwangsläufig in diesem einen, allergrößten Irrtum gipfeln mussten. Nur er selbst, wurde ihm klar, wusste von dem Mann auf dem Balkon, nur er selbst konnte bezeugen, dass er Philip Wang beim Betreten des Schlafzimmers mit einem Brotmesser in der Brust vorgefunden hatte, nur er selbst wusste von seinem Zusammenstoß mit dem bewaffneten Mann hinter dem Hotel ...

So ging es nicht weiter, er musste etwas unternehmen. Verzagt blickte er auf die Uhr. Dann eilte er geduckt zu einem benachbarten Goldregenstrauch und klappte ein rechteckiges

Stück Rasen hoch. Dort hatte er die Geldkassette vergraben – ein trockenes, sicheres Versteck, in dem er seine wenigen Wertsachen verstauen konnte: die Brieftasche, die Kreditkarten, den A–Z Straßenatlas, das Handy und die Mappe, die er Wang hatte überbringen wollen. Angestachelt durch die ausgesetzte Belohnung, interessierte er sich jetzt für den Inhalt der Mappe. Er hatte sie schon mehrere Mal durchgeblättert, um ihre Bedeutung zu entschlüsseln, doch jetzt, nach dem Erscheinen der Anzeige, kam ihm die Frage, was es mit dieser Mappe auf sich hatte, irgendwie noch dringlicher vor. Calenture-Deutz – was war das für eine Firma, und warum war Philip Wang so wichtig für sie? Warum bot sie demjenigen, der Adam Kindred aufspürte, eine so hohe Belohnung?

Adam studierte die wenigen Blätter, die in der Mappe steckten, und versuchte, eine Art kriminalistischen Spürsinn zu entwickeln. Es handelte sich um eine Liste mit Namen und Geburtsdaten (dem Alter nach allesamt Kinder), und hinter jedem Namen waren mit kleiner, sauberer Handschrift (der von Wang?) mehrere Angaben verzeichnet, die aussahen wie irgendwelche Dosierungen: »25 ml i/v x 4 – 75 ml b/m x 6«, danach folgte der Name eines Krankenhauses entweder in Aberdeen, Manchester, Southampton oder des Londoner Klinikums St. Botolph in Rotherhithe. Wang hatte sich als Immunologe bezeichnet, vielleicht also ließ sich dort Genaueres in Erfahrung bringen.

Inzwischen überkletterte Adam den Zaun zum Fußweg des Chelsea Embankment, als wäre das die selbstverständlichste Sache der Welt. Eingedenk der Belohnung und der Personenbeschreibung ließ er den Regenmantel und den Aktenkoffer im Versteck, trug aber die Krawatte, um irgendwie präsentabel auszusehen, und er hatte die Brieftasche, die Kreditkarten und das Handy eingesteckt. Der wachsende Vollbart verlieh ihm zwar ein zweifelhaftes Aussehen, aber er hoffte, dies durch Anzug und Krawatte wettmachen zu können, und war sich merkwürdig sicher, dass er in der City unsichtbar bleiben würde – von dem Mann auf dem Hochzeitsfoto zumindest hatte er sich so weit entfernt, dass niemand in ihm den alten Adam Kindred vermuten würde. Und er trug achtzehn Pfund, achtundsiebzig Pence bei sich, seine ganze verbliebene Barschaft.

Er hatte schon überlegt, ob er die Karte benutzen sollte, um sich an einem der vielen Bankautomaten, an denen er vorbeikam, Bargeld zu beschaffen, aber instinktiv gespürt, dass er in einer modernen Großstadt des 21. Jahrhunderts nur dann eine Chance hatte, unentdeckt zu bleiben, wenn er von den vielen zu Gebote stehenden Dienstleistungen, den telefonischen, finanziellen, sozialen, verkehrstechnischen und so weiter, keinerlei Gebrauch machte. Wenn man nicht telefonierte, keine Rechnungen bezahlte, keine Adresse besaß, niemals an Wahlen teilnahm, überall zu Fuß hinging, keine Kreditkarten oder Bankautomaten benutzte, niemals krank wurde und um staatliche Hilfe bat, dann schlüpfte man durch alle Erkennungsraster der modernen Welt. Man wurde unsichtbar oder zumindest durchsichtig und so anonym, dass man sich ungefährdet durch die Stadt bewegen konnte – wenn auch unter Mühen, ständig auf der Hut und voller Neid auf das Wohlergehen all der anderen –, ein umherschweifendes Großstadtgespenst. Die City war voll von solchen Leuten, wie Adam jetzt bemerkte. Er sah sie in Hauseingänge gedrückt und schlafend in öffentlichen Parks, bettelnd vor Supermärkten, zusammengesackt und abwesend auf Bänken. Irgendwo hatte er gelesen, dass in Großbritannien jede Woche sechshundert Personen als vermisst gemeldet wurden – täglich fast hundert –, dass es eine Population von über zweihunderttausend Vermissten in diesem Land gab, ausreichend also, um eine mittlere Großstadt zu füllen. Diese verlorene, verschwundene Bevölkerung Großbritanniens war gerade um einen Neuzugang bereichert worden. Niemand schien diese Vermissten zu finden, wenn sie nicht selbst gefunden werden wollten und sich stellten oder nach

Hause zurückkehrten – sie schienen einfach zu verschwinden, vom Erdboden verschluckt zu werden, und Adam schätzte, dass es nicht allzu schwer sein konnte, in dieser Masse unterzutauchen, solange er keine wirklich dummen Fehler machte. Er stellte erste Überlegungen an, wie er weiterleben konnte, wenn sein Geld zu Ende ging, an diesem oder am nächsten Tag.

Nach Rotherhithe fuhr er mit der U-Bahn, und als er aus dem Bahnhof kam, fragte er eine Frau mit zwei kleinen Kindern nach dem Weg.

»St. Bot's?« Sie streckte die Hand aus. »Gehen Sie einfach Richtung Fluss. Ist nicht zu verfehlen.«

Und tatsächlich. Unübersehbar wie ein großes, strahlendes Kreuzfahrtschiff – wie mehrere strahlende Kreuzfahrtschiffe – ragte es am Themseufer von Bermondsey/Rotherhithe auf, gegenüber von Wapping. Im Zentrum dieses modernistischen Konglomerats stand ein kleines viktorianisches Backsteingebäude, die Aufschrift »St. Botolph's Hospital for Women and Children«, ausgeführt in blauen und cremefarbenen Kacheln, schmückte die reich verzierte Fassade. Zu beiden Seiten, eingebettet in Parkplätze und neu angelegte Grünflächen, erstreckten sich die Stahl-und-Glaskästen des staatlichen Krankenhauses, manche von ihnen verbunden durch gläserne Verbindungsbrücken, die rot oder grün beleuchtet waren – wie Arterien oder Venen, dachte Adam –, ohne Zweifel war das die »kreative Idee«, die dem Architekten eine Goldmedaille oder den Adelstitel eingebracht hatte.

Adam folgte den Hinweisschildern zur Rezeption und betrat das Atrium, das eher an ein riesiges Tagungshotel in Miami oder eine Abflughalle erinnerte. Große neutrale Banner in Primärfarben hingen von abgeschrägten Glasdecken zwanzig Meter über seinem Kopf, und ausgewachsene Bäume – Bambus, Birkenfeigen, Palmen – wuchsen hier und da in kleinen, ummauerten Grüppchen. Irgendwo plätscherte Wasser. (Ob vom Band oder wirklich, konnte er nicht sagen.)

In dieser riesigen Transit-Lounge liefen die Leute umher – auf dem Weg von der Gesundheit in die Krankheit, vermutete Adam, oder entgegengesetzt –, manche, in Bademänteln, waren offensichtlich Patienten, andere trugen Overalls in unterschiedlichen Pastelltönen und mit vielen Reißverschlüssen. Namensschilder auf der Brust, und baumelnde Ausweiskarten wiesen sie als Angestellte der unterschiedlichen Fachbereiche oder als Leitungskräfte aus. Es gab auch Zivilisten wie ihn – entweder Besucher oder Patienten, die in dieser hermetischen Gesundheitswelt erst noch Aufnahme finden wollten. Die Atmosphäre war ruhig und entspannt – wie der Wartesaal zum Himmel, dachte Adam, während er tiefer in das Atrium vordrang und sein Ohr Fetzen unaufdringlicher Jazz-Muzak auffing. Niemand fragte ihn, wer er war und was er hier wollte, in diesem Gebäude, so schien ihm, konnte er tagelang unbemerkt bleiben – solange er keine Aufmerksamkeit erregte. Aber dann sah er überall die Überwachungskameras – klein und diskret –, die sich unauffällig mal hierhin, mal dorthin bewegten, so einfach war es doch nicht.

Er lenkte seine Schritte zu einer Schalterreihe unter einem großen »i« aus blauem Neon, wo ihm eine junge Angestellte im apricotfarbenen Overall entgegenlächelte. Auf ihrem Namensschild stand »Fatima«.

»Ich suche Dr. Philip Wang«, sagte er, und sie tippte den Namen in ihren Computer. Er achtete genau darauf, ob sich in ihrem Gesicht Erschrecken oder Neugier zeigten, aber er hätte ebenso gut nach Dr. John Smith fragen können.

»Felicity-de-Vere-Klinik, sechste Etage«, sagte sie.

»Danke, Fatima.«

Fatimas Anweisungen folgend, ging Adam auf eine Kolonne von Glas-und-Stahl-Röhren zu, in denen sich die Panoramaaufzüge befanden. Während er aufwärtsfuhr, musste er an einen menschlichen Bienenstock denken, einen Bienenstock voller Hinweisschilder und Zeichen: Zeichen, die er verstand, und Zeichen, die er nicht verstand, Zeichen, die einladend und irgendwie beruhigend wirkten, Zeichen, die dunkle Ahnungen und Befürchtungen weckten – Notaufnahme/Intensivstation, Radiologie, Pathologie, Cafeteria, UGM (was war das?), Zentrum für Neurowissenschaft, Klinik für minderjährige Schwangere, Abt. Rektoskopie, Parkplatz 7, CED-Klinik, Medizinische Verwaltung, HNO und Audiologie –, Zeichen, die ihn zu den verschiedenen Gebäudeteilen des Klinikums wiesen, in dem, wie es schien, jedes erdenkliche Leiden behandelt werden konnte, in jedem Teil des menschlichen Körpers und seines Krankheitsglossars, von Geburt bis zum Tod.

Nach der Ankunft in der sechsten Etage blickte er über die Balustrade auf das Gewimmel im Atrium hinab, leichter Schwindel erfasste ihn, und er kam sich vor wie ein moderner Dante in einem antiseptischen Inferno. Das Einzige, was ihm fehlte, war Dantes Begleiter.

Doch der kam gleich wie gerufen – in Gestalt eines Mannes im pistazienfarbenen Overall und passenden Turban, der ihn fragte, ob er behilflich sein könne. Adam sagte: »Zur Felicity-de-Vere-Klinik«, und wurde in einen breiten Korridor gewiesen, der ihn zu einer der Höhenangst erzeugenden, grün beleuchteten Glasröhren führte und von dort in ein anderes Gebäudesegment von St. Botolph. Beim Blick durch das Plexiglas der Röhre sah er zu seiner Linken den Fluss, der einen sanften Bogen um Wapping machte. Dort zeigten sich in der zunehmenden Dämmerung die ersten Lichter, doch in St. Botolph, vermutete Adam, herrschte ein hell erleuchteter Vierundzwanzigstundentag, und das dreihundertfünfundsechzig Tage im Jahr. Nichts kam hier zum Stillstand: Hell und Dunkel, Sommer- und Wintersonnenwenden, Hitze und Kälte, der Wechsel der Jahreszeiten waren hier ohne Bedeutung. Die Leute kamen, wurden aufgenommen, behandelt und wieder weggeschickt – oder auch nicht, falls sie starben.

In der Felicity-de-Vere-Klinik angekommen – der Name

stand groß über der Flügeltür und auf einer reich verzierten Gedenktafel an der Wand – gelangte Adam zu einem als solchen erkennbaren Empfangsschalter, der von einer Schwester in schmucker Tracht besetzt war – nicht mit einem Apparatschik im Overall. Er sah einen Arzt mit Stethoskop, er sah Pfleger mit einem Servierwagen – das vertraute Bild. Hier herrschte gedämpfte Atmosphäre, alle schienen zu flüstern, zum ersten Mal hatte Adam das Gefühl, im Krankenhaus zu sein, und ermahnte sich zur Vorsicht. Es war wohl eher nicht angebracht, nach dem vor kurzem ermordeten Dr. Wang zu fragen.

»Hallo«, sprach er die Schwester aufs Geratewohl an. »Ich suche einen Dr. Femi Olundemi.«

Sie runzelte die Stirn. »Olundemi?«

»Olundemi. Femi Olundemi.«

»Wir haben hier keinen Dr. Olundemi.«

Sie ging eine andere Schwester fragen, beide kamen kopfschüttelnd zurück.

»Dann habe ich eine falsche Information bekommen«, sagte Adam. »Das ist doch die Abteilung für Immunologie, oder?«

»Nein, nein«, sagte die erste Schwester, die nun lächelte, weil der Irrtum auf seiner Seite lag, und die, wie er jetzt feststellte, Seorcha hieß. »Die Immunologie ist in der dritten Etage, glaube ich. Hier ist die Klinik für Kinder mit chronischem Asthma. Alles nur Kinder.«

»Mein Irrtum«, erwiderte Adam. »Danke für Ihre Hilfe.«

Er verließ St. Botolph und fragte sich, ob er nun klüger war, ob sich die Fahrt und die Ausgabe von ein paar kostbaren Pfund gelohnt hatte. Und er bejahte diese Frage. Wang war im Hauptverzeichnis des Krankenhauses erfasst, nicht aber sein Ableben, und die Klinik, in der er gearbeitet hatte, befasste sich ausschließlich mit Kindern, die an chronischem Asthma litten. Dass Wangs Tod in dieser riesenhaften Gesundheitsfabrik bislang unvermerkt geblieben war, schien ihm darauf hinzudeuten, dass er hier nicht häufig oder regelmäßig zu tun hatte. Aber chronisches Asthma? Wie hieß die Firma, für die er gearbeitet hatte? Die so hohe Belohnungen aussetzte? Calenture-Deutz – richtig. Adam wiederholte den Namen mehrfach, während er sich aus der strahlenden Aura des Klinikums entfernte: Calenture-Deutz, Kinder mit chronischem Asthma ... Wie hatte sich Wang vorgestellt? Als Allergologe – vielleicht gab es da eine Verbindung ...

Adam hatte einen anderen Ausgang genommen und wusste nun beim Verlassen des Klinikgeländes nicht, wo sich der U-Bahnhof Rotherhithe befand. Vor einem Imbiss fragte er einen Kebap essenden Halbwüchsigen, der auf einem kleinrädrigen Fahrrad saß.

»Was is?«

»U-Bahnhof«, wiederholte Adam. »Rotherhithe.«

»Geh zu Canada Water. Ganz nah. Hier rauf, da runter.«

»Wie bitte? Geradeaus, dann rechts?«

Der Halbwüchsige blickte verständnislos. »Ja – kann sein.«

In Gedanken versunken machte sich Adam auf den Weg. Vielleicht, überlegte er, hatte er jetzt die Bestätigung, dass er sich dringend der Polizei stellen musste. Er war verdreckt, so gut wie pleite, er schlief unter einem Busch, ernährte sich von Baked Beans und billigen Sandwiches, seine Notdurft verrichtete er in öffentlichen Toiletten, wo er sich auch wusch. Doch seine innere Stimme sagte beharrlich: Nein, nein, nein, du musst deine Freiheit behalten, um jeden Preis. Nur so kannst du dir einen letzten Rest von Selbstbestimmung bewahren. Sobald du in die Gesellschaft zurückkehrst, werden dir alle Freiheiten genommen. Wer war der Mann mit der Pistole, der ihn hinter dem Grafton Lodge angesprochen hatte? Und wer konnte garantieren, dass Adam in Polizeigewahrsam sicherer aufgehoben war als im Untergrund, wo er auf sich selbst aufpassen konnte? Dieser Mann, ohne Zweifel der Mörder von Dr.

Wang, hatte auch ihn umbringen wollen. Nur solange Adam frei und unentdeckt blieb, konnte er auch sicher sein – war er erst eingefangen, festgesetzt, konnte ihn jeder finden. Hier ging es um irgendeine größere Sache, in die er zufällig hineingeraten war, die für ihn undurchsichtig, unkalkulierbar blieb. Wenn Adam Kindred vor Gericht seine Unschuld beschwor und als Zeuge aussagte, den Mann auf dem Balkon erwähnte, den Mann mit der Pistole, konnte er weiteres Unheil und tödliche Gefahren auf sich herabbeschwören. Und was hatte das Ganze mit der Felicity-de-Vere-Klinik im St. Botolph und dem chronischen Asthma bei Kindern zu tun? All das war höllisch kompliziert und verwirrend – ein paar Tage länger im Versteck zu bleiben konnte also nicht schaden, sagte er sich und blieb stehen ...

Er hatte sich verlaufen, weil er nicht auf den Weg geachtet hatte.

Suchend blickte er sich um. Hohe, hässliche Wohnblöcke, Außentreppen und offene Quergänge aus Beton. Ein paar Lampen brannten. Er ging zu einem Schild, das bis zur Unkenntlichkeit mit Graffiti verschmiert war. THE SHAFTESBURY ESTATE – AUFGÄNGE 14–20. Sozialer Wohnungsbau der fünfziger Jahre – ein paar Bäume, ein paar funktionierende Straßenlampen, ein paar Autowracks und fünfzig Meter entfernt ein paar Halbwüchsige, die auf der niedrigen Einfassung eines Spielplatzes saßen – eine umgekippte Rutsche, ein paar Autoreifen, an Ketten aufgehängt, ein Karussell. Als er an den Häusern hochschaute, sah er Leute, die sich auf die Brüstungen der im Zickzack nach oben führenden Treppen lehnten.

Er drehte um und lief auf dem Weg zurück, den er gekommen war, mit energischen Schritten, aber ohne ein Gefühl der Bedrohung. Plötzlich kamen ihm die drei Büsche an der Chelsea Bridge wie eine Heimstatt vor – er hatte Sehnsucht nach seinem Schlafsack unter dem umgedrehten V der Isomatte –, und ihm kamen die Tränen, als ihm bewusst wurde, wie erbärmlich diese Sehnsucht war. Nein, dieser Zustand war unmöglich, er musste zur Polizei gehen, er musste durchstehen, was immer ihn dort erwartete, es gab keine Alternati–

Adam spürte einen wuchtigen Schlag in den Rücken, der ihn umwarf, als wäre er von einem Vorschlaghammer getroffen, von einem lautlosen Auto gerammt worden, und fast unmittelbar danach einen zweiten Schlag, diesmal auf den Kopf. Nach einer wirbelnden Supernova aus Millionen Sternen wurde es dunkel um ihn.

9

War Stammkunde, der Kerl. Hat jedenfalls gesagt. Sie überlegte. »Aber woher soll ich wissen. Fett, weiß, kleiner Schnauzbart ... So einer, der nur gewichst werden will, aber kein Taschentuch, nichts, die Sauerei ist denen egal.« Mhouse murmelte vor sich hin und versuchte, ihrer Erinnerung auf die Sprünge zu helfen, während sie ihre gewohnte Runde am Fluss machte. Aber sie konnte sich nicht entsinnen – für sie waren alle diese Kerle gleich. Das war derjenige, der sich immer als Stammkunde ausgab, überlegte sie weiter. Wollte der Rabatt oder was? Scheiß drauf.

Sie atmete tief durch und sog den seltsamen Geruch des Flusses ein. Hier arbeitete sie gern – jede Menge dunkle Ecken, kaum Fußgänger in der Nacht. Auf keinen Fall würde sie in ein Auto steigen. Das letzte Mal hatte ihr gereicht. Am Fluss gab es jede Menge ruhige Fleckchen, und sie konnte immer Margos Zimmer benutzen – ein Extrafünfer, kein Problem. Steigst du ins Auto, können sie die Tür verriegeln – so wie letztes Mal. Die reinste Hölle. Sie blieb stehen, zündete sich eine Zigarette an und blickte über den Fluss, rüber nach Wapping. Ein Schiff fuhr gerade vorbei, die Lichter tanzten im verebbenden Kielwasser. Lichter sind was Schönes, dachte sie. Hüpfen auf und ab, wie am Gummiband ... Sie öffnete den Reißverschluss ihres Stiefels und schob das Geld unter den Spann. Dann lief sie weiter, die Southwark Park Road hinauf zum Shaft.

Als sie ihn sah, dachte sie erst, das muss ein Junkie oder Besoffener sein, der da am Parkplatz unter der Treppe liegt, halb ausgezogen. Vorsichtig ging sie näher ran. Er hatte ein Hemd an, Unterhose, Socken – und seine Stirn war blutverschmiert.

Er stöhnte und wollte sich aufrichten. Sie ging noch ein bisschen näher ran.

»Oje. Alles in Ordnung?«

»Hilfe. Helfen Sie mir …«

Seine Stimme klang anders, wie im Fernsehen, war also keiner vom Shaft, wie's aussah. Sie holte das Feuerzeug aus der Tasche und knipste es an. Der Mann hatte einen Bart, und Blut tropfte von einer Wunde, die er an der Stirn hatte. Die ist gemustert wie ein Hamburger vom Grill, dachte sie. Jetzt sah sie, was es war, das Profil eines Turnschuhs: drei Balken und der verschwommene Abdruck eines Logos. Hatte Tritte gekriegt, der Mann.

»Haben dich getreten«, sagte sie. »Haben genommen Klamotten?«

»Das vermute ich auch.«

Mhouse verstand nicht.

»Was?«

Also antwortete er: »Ja, so war's.«

»Wo wohnst'n?«, fragte sie. »Welcher Aufgang?«

»Ich wohne nicht hier. Ich wohne in Chelsea.«

Chelsea, überlegte Mhouse. Hab ich ein Schwein. Heute ist mein Glückstag.

»Warten hier«, sagte sie. »Nicht abhauen. Ich bring dich nach Haus.« Mit einer Handbewegung schickte sie den Mann ins Dunkel unter der Treppe zurück, wo er sich hinsetzte, die Arme um die bleichen, nackten Knie gelegt. Sie lief hastig über das ausgedörrte Gras des kahlen, von Wohnblöcken gerahmten Platzes und rannte die zwei Treppen zu ihrer Wohnung hoch. Sie sah kurz nach Ly-on, doch der schlief wie ein Toter, dann wühlte sie in einem Karton, um eine Hose zu suchen, die dem Mann passte. Ziemlich lang, der Kerl.

Auf dem Rückweg rief sie Mohammed an. »Hab ne Fuhre, Mo. Komm South Bermondsey Gate, fünf Minuten.« Sie legte einen Schritt zu und hoffte, dass sich der Mann nicht aus dem

Staub gemacht hatte. Der saß noch da, genau wie vorher, und blickte hoch, als sie pfiff. Sie gab ihm halblange Cargo-Pants und Gummilatschen.

»Beste Sachen, die ich hatte«, sagte sie. Dann bot sie ihm eine Zigarette an, aber er wollte nicht. Also zündete sie sich selber eine an und sah zu, wie er die Hose anzog, langsam, gekrümmt vor Schmerzen. Er streifte die Socken ab, steckte sie in die Tasche der Cargo-Pants und schlüpfte in die Latschen.

»Du kommst mit. Bringe dich Chelsea.«

Mhouse führte den Mann vom Shaft zum South Bermondsey Gate, wo Mohammed in seinem Primera wartete.

»Hast du Geld?«, fragte sie den Mann. »Cash?«

»Sie haben mir alles weggenommen – mein Handy, meine Kreditkarten, Jackett, Hose, sogar meine Krawatte ...«

»Kein Problem – wir machen.«

Sie öffnete die hintere Wagentür und half ihm hinein – er war noch ziemlich steif, und sie wusste, wie das war, wenn man zusammengeschlagen wurde. Dann setzte sie sich nach vorn zu Mohammed, der vergeblich versuchte, sein breites Grinsen zu unterdrücken. Sie gab ihm eine Zigarette, die er in der Hemdtasche verstaute.

»Wo fahren?«, fragte er.

»Chelsea. Wo wohnst du Chelsea?«, fragte sie den Mann.

»Setzt mich einfach an der Chelsea Bridge Road ab, direkt an der Brücke. Das reicht völlig.«

»Ich bring dich Parliament Square«, sagte Mohammed. »Dann du sagen.«

Sie fuhren los, durch die dunkle Stadt, ab und zu schaute sich Mhouse nach ihm um, wie er zurechtkam. Er betastete ständig die Wunde an seiner Stirn und besah dann seine blutigen Fingerspitzen.

»Was ist passiert?«, fragte sie. »Weißt du noch?«

»Ich ging die Straße lang – hatte mich verlaufen. Ich wollte zur U-Bahn, dann kriegte ich einen unglaublichen Schlag auf den Rücken. Gehört hab ich nichts.«

»Schlag?«

»Als hätte mich ein Auto von hinten gerammt. Ich fiel hin, und dann traf mich was am Kopf. Ich weiß nicht – vielleicht bin ich mit dem Kopf aufs Pflaster aufgeschlagen.«

»Nein. Die machen das mit Sprungtritt auf Rücken, du verstehst? Zwei Füße. Bamm! Dann tritt der andere an Kopf, wenn du liegst. Hörst du nichts.«

»Das ist sehr nett von euch, dass ihr mich zurückbringt«, sagte Adam. »Ich bin euch sehr dankbar.«

»Engländer?«

»Ja, warum?«

»Ich dachte vielleicht Ausländer – Asylant.«

»Nein, ich bin Engländer. In Bristol geboren und aufgewachsen.«

»Wo ist denn das? In London?«

»Nein, im Westen, etwa hundert Meilen von hier.«

»Gut«, sagte Mhouse. »Wie heißt du?«

»Adam. Und du?«

»Mhouse.«

Sie zeigte ihm den rechten Unterarm. Dort war laienhaft, mit zittrigen Buchstaben MHOUSE LY-ON eintätowiert.

»Ich bleibe für immer in deiner Schuld, Mhouse – mein guter Samariter.«

»Samariter. Kenn ich. Ich gehe nicht vorbei. Ich tu's für den Herrn.« Mhouse musterte ihn gründlich. Adam – jung, gutaussehend. Und wie er redet – wie ein Buch. Wie Bischof Yemi, so redet der. Was wollte dieser Adam da im Dunklen im Shaft? Wollte Stress, nu hat er Stress. Sie wandte sich ab und blickte hinaus auf die vorbeiziehende Stadt. Eine Weile schwiegen alle.

»Fahren gut, Mo«, sagte sie.

»Ich guter Fahrer, Mann«, sagte Mohammed.

Als sie zum Parliament Square kamen, wies ihn Adam Richtung Lambeth Bridge und Embankment. Mhouse schaute auf den Fluss hinaus und konnte sich kaum vorstellen, dass es derselbe Fluss wie in Rotherhithe war, hier sah er ganz anders aus. Mhouse wurde müde und machte die Augen zu. Vielleicht ließ sie Ly-on bis zum Morgen schlafen. Sie konnte ein bisschen Chagga rauchen, o ja. Mr Quality anrufen, bisschen Chagga rauchen und gut schlafen, mit Ly-on frühstücken.

»Hier ist Chelsea Bridge«, sagte Mohammed.

»Einfach hinter der Ampel halten«, sagte Adam. »Das reicht.«

Mohammed hielt und schaltete den Warnblinker an. Ein paar Autos flitzten vorbei, es wurde schon spät, der Verkehr beruhigte sich. Mhouse sah aus dem Fenster. Nur Bäume hinter Metallzäunen, auf beiden Seiten. Sie öffnete die Tür und stieg aus. Der Mann, der Adam hieß, folgte ihr, ungelenk, steifbeinig. Mohammed blieb hinterm Steuer sitzen, bei laufendem Motor.

»Das ist unglaublich nett von dir –«, begann Adam.

»Wo wohnst du?«, unterbrach sie ihn, stutzig geworden. »Dein Haus, deine Wohnung, wo?«

Sie registrierte sein schmerzliches Lächeln, ohne die hintergründige Ironie ihrer unschuldigen Frage zu erfassen. Er zeigte hinter sich auf das zugewachsene Dreieck zwischen der Straße und dem Fluss.

»Hier, gewissermaßen«, sagte er, den Daumen noch immer über der Schulter. »Im Moment habe ich keine Adresse.«

»Du machst Scherze.«

»Leider nicht.«

Jetzt wurde sie richtig misstrauisch, sie schlug einen scharfen Ton an.

»Du schläfst da?«, fragte sie. »Wie Kaninchen?«

»Ich ... ich bin ein bisschen in der Klemme. Ich muss mich verstecken. Mich rar machen.«

Jetzt war ihr klar: Er belog sie. »Erzähl kein Scheiß«, sagte sie. »Du willst mich verarschen.«

10

Obwohl er ein Taxi fuhr, ein schwarzes Londoner Cab, das Fahrzeug seiner Wahl – allgegenwärtig, unauffällig, und schließlich war es nicht verboten –, hielt sich Jonjo lieber von anderen Taxifahrern fern, besonders wenn sie in größerer Zahl auftraten. Er wollte keine kollegialen Kontakte, keine verfänglichen Fragen. Also parkte er ein Stück vom City Airport und der langen Taxischlange entfernt und lief die gute halbe Meile bis zu dem kleinen Terminal zu Fuß.

Drinnen machte er einen Rundgang und prüfte die verfügbaren Fluchtwege. Er kam eine Stunde zu früh zu seiner Verabredung – das machte er immer so, für alle Fälle, man konnte nie wissen. Mit dem Fahrstuhl fuhr er in die fünfte Etage, wo er sich in die Ecke der Cafeteria setzte, so dass er den Fahrstuhl und auch den Vorplatz im Auge behielt, machte es sich mit seinem Kaffee, einem Croissant und der Zeitung gemütlich und widmete sich eine halbe Stunde lang in aller Ruhe der Rätselseite, bis er sich zu gesteigerter Wachsamkeit entschloss.

Fünfzehn Minuten vor dem Zehnuhrtermin sah er seinen Kontaktmann hereinkommen. Söldner erkannte er immer schon von weitem. Er konnte in ein volles Pub hineingehen und wusste nach drei Sekunden, wer Blade oder Tag war, Crap Hat, Tom, Jock, Squaddie oder wie sie sich gegenseitig nannten. Wirklich komisch, dachte er, wie ein Instinkt, als hätten wir so eine Witterung, als würden wir uns am Geruch erkennen. Wir sind wie die Juden und die Schotten, wie Katholiken, Freimaurer, Exhäftlinge, Schwule. Die erkennen sich gegenseitig in Sekunden, in Bruchteilen von Sekunden. Wirklich komisch – als hätten wir irgendein Erkennungszeichen, das nur für unseresgleichen sichtbar ist.

Er beobachtete den jungen Mann: Um die dreißig, kurzes blondes Haar, kräftig gebaut. Der Mann machte den gleichen Rundgang wie er, kam dann mit dem Fahrstuhl zur Cafeteria herauf. Er ließ den Blick über die Tische schweifen, und Jonjo wusste, dass er registriert worden war, obwohl er sich über sein Rätsel beugte: Wie viele Wörter mit vier Buchstaben konnte man aus den Buchstaben LFERTA bilden? Tear, fart, leaf –

»Verzeihen Sie. Sind Sie Bernard Montgomery?«

Jonjo blickte auf. »Nein.«

»Entschuldigung.«

»Ich werde oft mit ihm verwechselt.«

Der Blonde setzte sich zu ihm.

»Wir haben Neuigkeiten«, sagte er.

»Von unseren Freunden bei der Polizei?«

»Ja.«

»Wurde auch Zeit.«

Der Blonde wirkte nervös, angespannt. »Kindreds Handy ist benutzt worden«, sagte er. »Ein paar Sekunden lang.«

»Aber doch nicht von Kindred«, sagte Jonjo. »So bescheuert ist er nicht.« Er lehnte sich zurück und legte den Stift ab, während ihm das Wort FERAL in den Sinn kam. Muss ich mir merken, sagte er sich.

»Nein ... Es wurde nur einmal benutzt, in Rotherhithe – jemand in einem Wohnblock: The Shaftesbury Estate. Dann müssen sie die Sim-Karte gewechselt haben.«

»Irgendein Idiot, also.« Jonjo dachte kurz nach. »Dann wurde ihm das Handy geklaut oder er hat es verkauft. Wer der Anrufer war, wissen wir nicht?«

»Nein.«

»Wunderschönchen. Ich geh der Sache nach.« Jonjo strahlte. »Übrigens, ich kriege noch Geld. Für den letzten Job.«

Der Blonde schob einen dicken Umschlag über den Tisch, und Jonjo stopfte ihn in die Innentasche seiner Lederjacke. Sein Gegenüber starrte ihn bohrend an.

»Du bist Jonjo Case, oder?«

Jonjo seufzte. »Das ist gegen alle Regeln, Mann.«

»Ich wusste es doch«, beharrte der Blonde. »Du warst ein Freund von Terry Eltherington.«

»Terrible Tel.« Jonjo nickte verdrossen. »Eine Schande. Eine himmelschreiende Schande ...«

»Tja ... mein Schwager. Ich hab dich auf seinen Fotos gesehen.«

»Diese hundsgemeinen Sprengfallen. Wie kommt Jenny zurecht?«

»Hat sich umgebracht. Kam nicht drüber weg. Drei Tage nach der Beerdigung.«

Jonjo nahm die Nachricht entgegen, traurig, mit wissendem Blick: Er erinnerte sich gut an Jenny Eltherington – ein blondes, kräftiges, lebhaftes Mädchen. Eine Soldatenfrau, sagte er sich, das traurigste Schicksal der Welt.

»Dann bist du Darren«, erriet Jonjo und streckte die Hand über den Tisch. »Blues and Royals.«

»Stimmt.« Sie schüttelten sich die Hand.

»Tel und ich waren in einem Regiment, haben zusammen die SAS-Ausbildung gemacht. Absolut schräger Typ war das.«

»Ja, ich weiß. Hat ne Menge über dich erzählt. Jonjo hier, Jonjo da.«

Ein paar Sekunden blieben sie stumm und dachten an Terry Eltherington und seinen gewaltsamen Tod im Irak, als Opfer eines ungewöhnlich verheerenden Sprengstoffanschlags. Jonjo spürte, dass sein Hals steif wurde, er drehte den Kopf hin und her.

»Was hast du denn da?« Darren zeigte auf die inzwischen sternförmige, noch immer frische Narbe an Jonjos Schläfe.

»Du müsstest mal den anderen sehen.« Jonjo lachte laut.

»Hast du noch was zu erzählen? So unter uns? Außerhalb des Protokolls?«

Darrens Miene verfinsterte sich. »Die Sache ist heiß wie nur was, Jonjo, glaub mir. Keine Ahnung, warum. Aber die gehen voll auf Risiko.«

»Also keine Einschränkungen?«

»Sie wollen Kindred. Das hat oberste Priorität. Du kannst dich jederzeit an sie wenden – alle Ressourcen nutzen. Polizeicomputer, Überwachungsvideos, die ganze Technik, Militärgeheimdienst, den Centurion-Panzer. Was immer du brauchst.«

»Gut zu wissen.« Jonjo bekam ein seltsames Gefühl im Magen, er wurde etwas nervös – was ihm gar nicht ähnlich sah. »Was passiert, wenn ich Kindred finde?«

»Sie wollen wissen, was er weiß – das als Erstes. Dann sagen sie dir, was mit ihm passiert.«

»Okay, cool.«

»Ich muss dann mal los.« Darren wollte aufstehen, doch Jonjo wies ihn zurück auf den Platz.

»War nett, dich kennenzulernen, Darren. Tust du mir einen Gefallen?«

»Klar.«

»Halt mich auf dem Laufenden. Ich meine, nur du und ich ...« Er gab Darren Zeit, die volle Tragweite dieses Ansinnens zu erfassen. »Traurig, die Sache mit Jenny – mein Beileid.«

Darren nickte. »Ich geb dir mal meine Nummer. Wie gesagt, du kriegst alles, was du willst. Ruf mich an, rund um die Uhr.«

»Schreib sie auf die Zeitung. Ich glaube nicht, dass ich sie brauche. Nur für den Notfall, okay?«

»Für alle Fälle.« Darren schrieb die Nummer auf.

»Meine hast du offenbar. Ruf mich an, wenn du mich brauchst. Terry Eltherington – so ein Zufall. Wenn sein entferntester Neffe mich anrufen würde, ich wäre da. Wenn der Freund vom Freund vom Stiefsohn seiner Stiefschwester anrufen würde, ich wäre da. Du verstehst, was ich meine?«

Darren nickte sichtlich bewegt.

Ist immer gut, einen Bekannten in der Befehlskette zu haben, dachte Jonjo. Kann Zeit sparen, wenn's mal nötig wird. Darren wusste sicher auch nicht mehr über die Sache mit Wang und Kindred als er, aber ein Verbündeter war ein Verbündeter, und jede Kleinigkeit konnte von Nutzen sein.

Jonjo stand auf. »Ich gehe zuerst«, sagte er. »Warte zehn Minuten hier.« Er griff nach seiner Zeitung. »War mir ein Vergnügen, Darren.«

»Absolut.«

Jonjo ging gedankenverloren zu seinem Taxi zurück. Diese Auftragsjobs waren meist einfach und klar umrissen: Man kriegte den Auftrag, jemanden umzulegen, tat es und wurde bezahlt. Mehr als das erfuhr man nicht. Er zog den Umschlag aus der Jacke und beäugte kurz den Packen aus zweihundert taufrischen Fünfzigpfundnoten. Zehn Riesen nach Erledigung. Wenigstens bestraften sie ihn nicht dafür, dass es schiefgelaufen war. Obwohl, von Rechts wegen müsste er zehntausend Vorschuss auf den neuen Kindred-Job kriegen. Aber die zwanzig Riesen würden ihm umso lieblicher entgegenlachen, wenn alles erledigt war. Wang war tot, er hatte sein Geld, und jetzt kam der Nächste dran. Ein arbeitsreicher, einträglicher Monat.

Beim Weitergehen dachte er an Wang, den letzten Toten auf seiner Liste. Seltsam, dachte er. Ich weiß nicht mal, wie viele es genau waren, die ich erledigt habe – fünfunddreißig, vielleicht vierzig? Angefangen hatte alles 1982 mit dem Falklandkrieg, als er den Bunker auf Mount Longdon gesprengt hatte. Als achtzehnjähriger Fallschirmjäger hatte er eine funkgesteuerte Milan-Rakete abgefeuert und direkt in den mit Sandsäcken befestigten Unterstand gelenkt. Als er nach dem Gefecht nachschaute, waren alle Toten in einer Reihe ausgelegt, wie zur Parade. Er zählte die Verbrannten und Verstümmelten und kam auf fünf.

Dann hatte er einen Provo in einem Auto am Stadtrand von Derry erschossen, aber in der Nacht hatten auch drei Paramilitärs das Feuer eröffnet, also mussten sie sich diesen Toten teilen. Erst nach der Ausbildung beim SAS in Hereford wuchs seine Liste wieder. Im ersten Golfkrieg, nach der Erstürmung von Victor Two, als die Gefangenen wegliefen, erwischte er drei. Dann 2001 in Afghanistan – sein letzter Einsatz – an der Festung Qala-I-Jangi. Dort hörte er auf zu zählen, all die aufständischen Taliban unten im Gefangenenlager und unsere Jungs oben hinter den Schießscharten. Terry Eltherington war auch dort gewesen. Als würde man Fische in der Tonne schießen, hatte Terry gesagt. Jonjo sah sein dummes, breites Grinsen, während er ihm Munition rüberwarf. Die Gefangenen rannten wie die aufgescheuchten Hühner über den großen unkrautüberwucherten Hof, und die Jungs oben auf dem Wehrgang ballerten fröhlich drauflos – SAS, SBS, die Amis, die Afghanen. Unglaublich. Die haben den ganzen Hof durchlöchert, alles plattgemacht. Er hatte etwa ein Dutzend erledigt, einfach weggeputzt, während sie da unten rumrannten.

Er erreichte sein Taxi und setzte sich ans Steuer, noch immer mit Zählen beschäftigt. Ach ja, dann kamen die Jobs nach der Armee, als er bei der Risk Averse Group anfing, einem der größten privaten Sicherheitsdienste. Gott weiß, wie viele Banditen er auf der Fahrt von Jordanien nach Bagdad erschossen hatte, als er Wachmann war – sechs? Zehn? Dann die fünf Auftragsjobs – er hatte wieder angefangen, ordentlich zu zählen –, und das Geld auf der Bank war immer gut dafür, die Zahl zu bestätigen. Er hatte keine Ahnung, wer ihn aufgestöbert hatte, wer ihn angefordert hatte, ihm die Anweisungen gab, keine Ahnung, wer ihn bezahlte, wer die Opfer waren und warum sie die Opfer waren. Zuverlässig, professionell, effizient, diskret – er war einfach verdammt gut. Wang war Nummer sechs, und alles wäre glattgegangen, hätte ihm nicht dieser Kindred mit seinem Aktenkoffer die Tour vermasselt ... Wie im Reflex betastete er die frische Narbe. Das »L wie Loser« war er los. Er hatte sich volllaufen lassen, ein bisschen Wodka auf die Wunde geschüttet und eine über der Flamme erhitzte Messerspitze angesetzt – und fertig. Kindred hatte einen sauberen Job verpfuscht – jetzt würde er ihn finden, zum Verhör liefern, und dann sicherstellen, dass ihm seine letzten Sekunden auf dem Planeten Erde in eindrücklicher Erinnerung blieben.

Sein Handy klingelte.

»Hallo?«

»Jonjo, hier ist Candy.«

Candy war die Frau von nebenan. Geschieden, dick, Verwalterin in einem Elektroniklager in Newham. Aber nett und freundlich, sah nach dem Hund, wenn er unterwegs war.

»Ja, Candy, was ist denn? Ich hab zu tun, Süße.«

»Ich glaube, dem Hund geht's nicht gut. Er hat deinen ganzen Teppich vollgekotzt.«

Jonjo holte scharf Luft.

»Ich glaube, wir müssen ihn zum Tierarzt ... Jonjo? Hallo?«

»In zwanzig Minuten bin ich da«, sagte Jonjo beherrscht. Er startete den Motor.

11

Im Luftraum von Arizona überflog Adam ein dichtes Wolkenfeld aus unterkühlten Cumuli. Die grauen Wolkenmassen erstreckten sich bis zum Horizont. Eine Wolkenwüste. Er steuerte das Flugzeug, und irgendwie war er gleichzeitig damit beschäftigt, den Trockeneisverteiler am Heck zu bedienen. Unter den Tragflächen waren Plastikrohre befestigt, mit kleinen Öffnungen in regelmäßigen Abständen. Das Flugzeug legte sich schräg und näherte sich der wie gepflastert aussehenden Wolkendecke, schwebte fußhoch über den sanften Unebenheiten der brodelnden Masse dahin. Welche Tageszeit war es? Im Heck betätigte Adam den Kippschalter der Hochdruckpumpe, und die winzigen Körnchen aus gefrorenem Silberjodid rieselten wie Sand auf die Wolken hinab. Die Maschine flog ein großes Oval, zehn Meilen lang, zwei Meilen breit, wie auf einer überdimensionalen Rennbahn, und die Flugbahn mit dem verstäubten Silberjodid zeigte sich sofort als breiter, tiefer werdender Graben in der Wolkenfläche, während die Eiskristalle in den Wolken zu Wassertropfen verschmolzen. Tief unten, in einer trockenen Flutrinne der Arizona-Wüste, blickte Adam hinauf in den Himmel. Und die ersten dicken Regentropfen, die er erzeugt hatte, klatschten ihm auf die Stirn.

Adam wachte auf. Er fror, obwohl die Sonne schien, ihm war schrecklich übel. Er wand sich aus dem Schlafsack, kroch ein paar Schritte zur Seite und erbrach sich. Gehirnerschütterung, dachte er, wischte sich den Mund ab und spuckte aus. Ich muss still liegen, mich bedeckt halten, viel Wasser trinken.

Er mühte sich wieder in den Schlafsack und lag da, zitternd, während ihm allmählich die Schmerzen zu Bewusstsein kamen, die er am ganzen Körper spürte. Nur sein Kopf tat merkwürdigerweise nicht weh, dafür seine Hoden und sein Rücken, aber am schlimmsten brannte der Schmerz in seinem linken Oberschenkel, übertroffen nur vom wütenden Pochen in der linken Schulter. Er erinnerte sich lebhaft an seinen Traum, es war einer seiner Standardträume, der aber seit Monaten ausgeblieben war. Warum träumte er von seinem alten Leben, wenn ihm das neue so schmerzhaft auf die Pelle rückte? Er schlug den Schlafsack auf und inspizierte seinen Körper. Auf dem Oberschenkel hatte er eine lange, schmale Prellung – ein lebhaftes Violettblau – mit nur wenig verletzter Haut, aber über die linke Schulter zog sich ein richtiger Schmarren, sein schmutziges Hemd war an der Schulter zerrissen, und der Riss war mit geronnenem Blut verklebt. Beide Verletzungen hatte ihm diese Frau mit dem Namen Mhouse zugefügt, mithilfe des Klappspatens. Vorsichtig betastete er seine Stirn, das Gittermuster aus Schorf, und fragte sich, wie er wohl aussah. Wie nach einem Terroranschlag, einem Autounfall? Oder wie ein brutal misshandelter Stadtstreicher?

Als er wieder unter dem Busch lag, kam ihm der Traum erneut zu Bewusstsein. Wolken impfen vom Flugzeug aus, das hatte er nie getan – eigens für diesen Zweck gab es die Wolkenkammer. Das Experimentieren im Flugzeug hatte sich als ungeeignet erwiesen – wegen uneinheitlicher Bedingungen und anfechtbarer Ergebnisse. Aus diesem Grund hatte Marshall McVay persönlich den Bau der Wolkenkammer in Yuma finanziert. Sie erzeugten ihre eigenen Wolken, kühlten sie auf die gewünschte Temperatur herunter und impften sie mit Trockeneis, gefrorenem Silberjodid, Salz oder Wassertröpfchen, um dann den entstehenden Niederschlag zu messen. Alles unter sauberen, beherrschbaren Laborbedingungen.

Schluss damit – er musste aufhören, an seine Vergangenheit zu denken, seinen alten Beruf, das machte ihn nur noch kränker. Also konzentrierte er sich auf die Vorfälle der letzten Nacht. Er erinnerte sich, dass diese Person – Mhouse – ihm Sachen gebracht hatte. Er trug immer noch ihre halblangen Cargo-Pants mit beige-grauem Tarnmuster und sah die Latschen ein paar Meter entfernt liegen. Es folgten Bruchstücke von der Fahrt durch London, vom Shaft bis nach Chelsea – wie ein flüchtiger, wirrer Traum: vorbeiziehende Gebäude, blendende Scheinwerfer und Rücklichter, der Wortwechsel mit Mhouse, ihr kleines Katzengesicht, das sich zu ihm umsah, ihr nach hinten gedrehter Körper auf dem Beifahrersitz ... Wer war der Fahrer? Ach ja, sie hatte ihren Namen vorgezeigt, er war auf die Innenseite ihres rechten Unterarms tätowiert: MHOUSE LY-ON. Was war das für ein Name? Ausgesprochen wie »Maus«. Und dann hatte er ihr über den Zaun geholfen – eine leichtgewichtige kleine Person mit hübschem Gesicht, kecker Stupsnase, schmalen Augen. Ja ... und dann hatte sie ihn attackiert.

Warum hatte sie ihn attackiert, mit dieser plötzlichen Gewalttätigkeit? Sie hatte ihn in den Bauch geboxt und ihm dann einen Kniestoß in die Eier verpasst – allein die Erinnerung ließ ihn zusammenzucken –, dann war sie mit dem Spaten auf ihn losgegangen. Jesus Christus! Warum? Nicht Jesus, sondern John Christus – jetzt fiel es ihm wieder ein. Geh zur Kirche von John Christus in Southwark, hatte sie gesagt, seine satanische Samariterin. Sie helfen dir.

Irgendwie brachte er ein Lachen zustande – ein brüchiges Lachen, das ihm seltsam in den Ohren klang –, und er kroch zum dritten Mal an diesem Morgen aus dem Schlafsack, um nachzusehen, was ihm an Habseligkeiten noch geblieben war. Die Inventur war kurz: Sie hatte seinen Regenmantel und den Aktenkoffer gestohlen, beim Überfall zuvor waren ihm die anderen Sachen geraubt worden, so dass er jetzt noch drei Büchsen Baked Beans besaß, einen Campingkocher, einen Topf, Messer und Campingbesteck, einen Klappspaten und eine halbe Flasche Mineralwasser ohne Kohlensäure. Er spürte, wie ihn das Selbstmitleid packte, wie ihm heiße Tränen in die Augen schossen. Ja, er bedauerte sich selbst – war das ein Verbrechen unter diesen Umständen? Er hatte nur noch sein Hemd, verdreckt und zerrissen, seine Unterwäsche, Socken, irgendeine Tarnhose, die zu eng und zu kurz war, und Gummilatschen anstelle ordentlicher Schuhe. Eine armselige Bilanz. Er dachte an sein neues Haus in Phoenix, Arizona (das jetzt natürlich seiner Ex gehörte), und sah die frisch gesprengte Rasenfläche vor sich, die schmucke Lorbeerhecke, die Doppelgarage ... Das alles kam ihm vor wie ein Paralleluniversum oder eine unendlich weit zurückliegende Epoche. Außerdem hatte er Ersparnisse auf seinen Konten in Arizona und London – etliche Tausend in Dollar und Pfund –, und doch hockte er hier in den Büschen, übel zugerichtet, stinkend, wie ein gejagtes Tier in einem Gestrüpp am Ufer der Themse.

Beim Gedanken an Arizona fiel ihm die Wolkenkammer wieder ein. Vor wenigen Tagen erst hatte er der Prüfungskommission des Imperial College die Konzeption seiner halbfertigen Monographie »Hagelbekämpfung in Multizellengewittern« vorgelegt. Ein Kommissionsmitglied (die Frau) hatte an einer Gletscherkonferenz in Austin, Texas, teilgenommen und sein Referat »Wolkenimpfung mit Silberjodid und die Erzeugung biogener sekundärer Eiskerne« gehört. Er hatte ihnen ein Experiment in der Eiskammer von Yuma beschrieben (sein letztes vor der Kündigung) – die sehr erfolgreiche Reduktion von Hagelniederschlag in einer wunderschön geformten Cumulonimbuswolke, deren ambossförmiger Gipfel bis ans neun Stockwerke hohe Plexiglasdach der Wolkenkammer gereicht hatte. Von seinem Standort in der Beobachtungskanzel hatte er die Ausbreitung der eisigen Impfkristalle und die fast magische Entstehung eines kräftigen warmen Aufwinds verfolgt. In den großen Auffangbehältern am Boden der Kammer hatte sich nur wenig Hagel gesammelt. Seine Kollegen waren in spontanen Beifall ausgebrochen.

Adam spürte den bitteren Geschmack der Frustration und Enttäuschung im Mund, während er den Kocher anzündete, um eine Büchse Bohnen aufzuwärmen. Der Gasgeruch und das penetrante Aroma der Baked Beans schnürten ihm die Kehle zu, als er die Büchse in den Kochtopf leerte, doch irgendetwas musste er zu sich nehmen.

Schluss jetzt!, sagte er sich abrupt, als ihn Wut und Verzweiflung übermannten. Die Zeiten sind vorbei, die Wolkenkammer ist Geschichte. Adam Kindred, Wolkenimpfer, Hagelbekämpfer, Regenmacher – all das war so real wie eine Comicfigur. Er hockte sich vor den Kocher und konzentrierte sich auf das Hier und Jetzt, löffelte warme Bohnen und verjagte die Gedanken an sein früheres Leben aus seinem Kopf.

Zwei Tage später fragte sich Adam, ob er bereits anfing zu verhungern. Ihm war ein wenig schwindelig und er war wacklig auf den Beinen. Seit er die letzte Büchse Bohnen verzehrt hatte, waren vierundzwanzig Stunden vergangen, und er füllte seine Flasche jetzt aus der Themse nach – bräunliches Wasser mit ein wenig Sediment, aber der Geschmack war annehmbar, und irgendetwas musste er seinem leeren Magen zuführen. Seit dem Überfall war er seltsam schreckhaft geworden – seit man ihn von hinten niedergeschlagen hatte – und hatte Angst, sich aus der Sicherheit seines Uferdreiecks – seines kleinen, vertrauten Refugiums – hinauszuwagen in die gnadenlose Großstadtwelt, die dahinterlag. Zum einen hatte er kein Geld mehr, keinen lumpigen Penny, sein Haar und sein Bart waren struppig geworden, und mit seiner Kleidung – dem zerrissenen Hemd, der dummen Tarnhose, den Latschen – würde er mit Sicherheit neugierige Blicke auf sich lenken, und angestarrt zu werden war das Letzte, was er wollte. In seinem Uferdreieck fühlte er sich geborgen – der fast ununterbrochene Verkehrslärm beruhigte ihn, die Gezeiten auf dem Fluss kamen und gingen, Schiffe und Schleppkähne trieben vorüber. Niemand kam in das Dreieck, und nachts leuchteten die Lichterketten der Chelsea Bridge so festlich, fast weihnachtlich, dass sie ihn in eine feierliche Stimmung versetzten.

Am nächsten Morgen, beim ersten Tagesschimmer, kletterte er zu seinem kleinen Strand hinab, um die Wasserflasche zu füllen. Halb im Schlamm vergraben war ein weiterer Autoreifen, zahlreiche kaputte Plastikflaschen lagen herum, ein wenig Treibholz und ein Knäuel blauer Nylonschnur. Er hob das Knäuel auf und dachte nebenbei, dass Schiffbrüchige solches Treibgut sicher gut gebrauchen konnten. Seiner Schätzung nach war die Schnur gute sechs Meter lang. So eine Verschwendung! Welcher Seemann oder Schiffer hatte dieses kostbare Gut einfach so über Bord geworfen? Meeresvögel konnten sich darin verfangen, Schiffsschrauben konnten sich verhaken. Er warf einen Blick in die Gegend, das Licht war wunderschön – pfirsichgrau –, und die Luft war kühl. Schon zogen die Vögel ihre Runden: Möwen, Krähen, Enten, Kormorane. Er sah einen Reiher, der mit schwerfälligem Flügelschlag auf die hohen Bäume des Battersea Park zusteuerte. Es gab auch Kanadagänse auf dem Fluss, wie er wusste, und plötzlich kam ihm die Redensart von der »gut gebratenen Gans« in den Sinn. Prüfend besah er seinen Strand – die Flut ging noch zurück –, er hatte vielleicht eine halbe Stunde Zeit, bis es zu hell wurde und er entdeckt werden konnte. Dann kletterte er an den Ketten hinauf zu seinem Versteck.

Er brauchte gar nicht lange, um die weggeworfenen Büchsen aufzusammeln und eine halbe Handvoll kalter Bohnen herauszukratzen. Er griff nach der Holzkiste und stand Sekunden später schon wieder unten am Strand. Die Falle, die er bastelte, war äußerst primitiv, aber er vertraute darauf, dass sie funktionierte: Der Rand der Kiste war angehoben und auf ein Stück Treibholz gestützt, an dem er seine neue Trophäe, die blaue Nylonschnur, befestigt hatte. Er häufte ein paar Bohnen auf einen flachen Stein und schob ihn unter die aufgestützte

Kiste. Dann kletterte er wieder hoch, das Ende der Schnur zwischen den Zähnen, und legte sich hinter einem Busch auf die Lauer. Dass eine Gans den Köder fraß, erwartete er nicht ernstlich, aber er hoffte auf eine Ente – eine kleine, schnucklige Ente wäre genau das Richtige – und würde sich auch mit einer räudigen Londoner Taube zufriedengeben. Er nahm sich vor, Geduld zu entwickeln, die Ruhe und Ausdauer eines Jägers, wenn es denn sein musste. Er wartete und wartete. Kormorane trieben mit der zurückweichenden Flut stromabwärts und tauchten plötzlich weg. Ein paar Krähen landeten auf dem Strand und pickten zwischen den Kieseln herum, ohne das geringste Interesse an den Bohnen zu zeigen. Dann hörte er ein trockenes Flügelrauschen über sich, wie einen Engel im Anflug, und eine große weiß-graue Möwe sauste über ihn hinweg, verharrte in der Luft, tauchte steil hinab und legte eine makellose Landung hin, mit fast demonstrativer Eleganz. Die Krähen ignorierten sie, drehten systematisch ihre Steine um und stocherten in den Algen. Die Möwe steuerte geradewegs auf die Bohnen zu, duckte sich unter die Kiste ... Adam zog die Schnur, das Holzstück flog zur Seite, und die Kiste fiel.

»Leichter gesagt als getan«, sagte Adam laut zu sich selbst, als er die Kiste betrachtete, die jetzt aufgeregt auf dem schlammigen Strand umherrutschte, während die Möwe in Panik mit den Flügeln schlug und gegen ihr Gefängnis ankämpfte. Leichter geplant als ausgeführt. Aber er hatte Hunger, er hatte seine Beute gefangen, er hatte Brennstoff, ein Messer, und wonach ihn jetzt verlangte, war gebratenes Fleisch. Es ging nicht anders: Er griff flink unter die Kiste und packte die Möwe an einem Bein. Ihr harter gelber Schnabel hackte wütend auf seinen Unterarm ein, hackte ihn blutig, bis er sie mit dem Stück Treibholz bewusstlos geschlagen hatte. Er spülte den Arm im Wasser ab – noch mehr Wunden, aber sei's drum – und ging zu der schlaffen, leblosen Möwe zurück, die mit ausgebreiteten Flügeln dalag. Währenddessen kam ein großer beladener Binnenfrachter unter der Brücke hervor und bewegte sich stromaufwärts. Ein Mann stand am Bug und starrte zu ihm herüber. Adam versteckte die Möwe hinter dem Rücken und winkte locker. Der Mann winkte nicht zurück.

Adam rupfte die Möwe, und irgendwie gelang es ihm mithilfe des Messers und des Campingbestecks, sie auszuweiden. Die Innereien warf er in den Fluss. Dann schnitt er Scheiben fettigen Fleischs von dem überraschend knochigen Vogelkörper, spießte sie auf die Gabel und hielt sie in die blaue Flamme des Gaskochers, bis sie sich schwärzten. Das heiße Fleisch schmeckte ein wenig penetrant, aber nicht widerlich, obwohl es sehnig und zäh war und gründliches Kauen erforderte, bevor es mit einem Schluck Themsewasser heruntergespült werden konnte. Er aß, so viel er konnte, und warf das Gerippe ins Wasser, das nun wieder stromaufwärts floss. Dann setzte er sich in seinen Sessel aus drei Autoreifen und weinte.

Das Weinen hatte ihm gutgetan, sagte er sich später, es hatte seine Seele entlastet, und das war sehr notwendig nach allem, was er durchgemacht hatte – erst der Raubüberfall, das Trauma der ersten überraschenden Attacke, dann die glückliche Rettung und danach das Trauma der zweiten Attacke. Zur dunkelsten Nachtzeit verließ er das Dreieck seit Tagen zum ersten Mal und streifte durch Chelsea, um auf Beute zu gehen. Er fühlte sich jetzt besser, ruhiger, entschlossener, während er vorsichtig durch die leeren Straßen huschte, in Abfallkörben wühlte und in die Kelleraufgänge hineinsah. Es war erstaunlich, was die Leute alles in den Müll warfen. Als es hell wurde, hatte er eine fast neue weiße Jeansjacke (eine Brusttasche war von einem Tintenfleck verunziert) sowie ein Paar Golfschuhe, die jemand auf der Hintertreppe abgestellt hatte und die ein wenig eng waren, aber wesentlich erträglicher als die Gummilatschen. Er hatte sich auch aus den Abfallcontainern der Imbisse bedient – kalte Pommes, das übrig gebliebene Ende eines

Kebap-Spießes, die Reste von Cola und anderen Getränken. Neu ausstaffiert, satt und rülpsend kehrte er in sein Dreieck zurück – und sah jetzt fast normal aus, dachte er sich. Aber was ihn beflügelte, war die Erkenntnis, dass er auf diese Weise überleben konnte. Es war, als hätte das geröstete Möwenfleisch seine Lebensgeister geweckt, ihm neuen Schwung und neuen Mut verliehen. Er hatte etwas von der kreischenden Aufsässigkeit und stolzierenden Arroganz einer großen weißen Seemöwe angenommen. Wenn erst der Schorf von seiner Stirn verschwunden war, würde er mit noch mehr Selbstbewusstsein losziehen und noch größere Runden drehen. Vielleicht, dachte er, und das war Ausdruck seiner neuen Gemütsverfassung, würde er sogar den Rat von Mhouse befolgen und sich nach Southwark wagen, um zu sehen, welche Art von Hilfe ihm die Kirche von John Christus zu bieten hatte.

12

Ivo Lord Redcastle stand vor der offenen Haustür und trug ein T-Shirt mit der Aufschrift: SEXLEHRER BIETET KURSE – ERSTE STUNDE GRATIS. Ingram überging es mit Schweigen und tat, als würde er nichts bemerken.

»Ingram, mein Kleiner, du hast es geschafft«, sagte Ivo.

»Ist Meredith da?«

»Das ist sie – *mi casa, su casa.*« Ivo rührte sich nicht vom Fleck, stand breit aufgebaut in der Haustür und erwartete von Ingram, dass er auf sein stumpfsinniges T-Shirt reagierte. Da kann er lange warten, dachte Ingram.

»Muss ich mich an dir vorbeizwängen?«, sagte Ingram. »Oder willst du einen Schulterwurf? Soll ich dich zu Boden ringen?«

»Sehr putzig. Komm rein, alter Wichser.«

Ingram betrat den geräumigen Korridor von Ivos Haus in Notting Hill – abgezogene Kieferndielen, ein riesiger ausgestopfter Grizzlybär in der Ecke, der einen Filzhut trug, an der Wand die erotischen Filzstiftzeichnungen von Ivos gegenwärtiger Frau, Smika. Ingram registrierte Brüste, Vulven und verschiedenste Penis-Sorten, schlaff und erigiert. Die Treppe zum Salon war mit Schwarzweißfotos garniert – die üblichen Verdächtigen, dachte er: Bill Brandt, Cartier-Bresson, Mapplethorpe, Avedon. Erstaunlich, wie sie es schafften, Leute wie Ivo im Glauben zu halten, dass ihre hochgradig perfekten, aber allzu bekannten Fotos noch immer »angesagt« waren. Mit jeder Stufe treppauf sank seine Stimmung tiefer, weil das Stimmengewirr, das ihm von den durchbrochenen Räumen des Obergeschosses entgegendrang, immer lauter wurde. Sechs Personen waren ideal für ein Dinner, acht gingen zur Not –

alles darüber war reinste Zeitverschwendung. Ein junger Mann mit einer Nehru-Jacke aus schillernder Seide stand in der Tür und präsentierte verschiedenfarbige Drinks auf einem Tablett.

»Besteht auch Aussicht auf ein Glas Weißwein?«, fragte Ingram.

»Nein«, sagte Ivo. »Such dir eine Farbe aus: Rot, Gelb, Blau, Grün oder Lila.«

»Was ist denn da drin? Ich hab eine Allergie.«

»Das weiß nur ich, und deine Allergie darf dreimal raten.«

Ingram nahm den lilafarbenen Drink und folgte Ivo zu der lärmenden Gesellschaft. Als er seine Frau Meredith entdeckte, steuerte er sofort auf sie zu, auf absurde, fast lachhafte Weise froh, sie zu sehen – er hasste diesen Abend schon jetzt, und das mit einer ungewohnten Nachdrücklichkeit –, obwohl er im Näherkommen den rosigen Glanz auf ihren Wangen bemerkte, der stets ihren Alkoholkonsum verriet.

»Hallo, Pumpkin«, sagte er und küsste sie. »Wir können nicht lange bleiben, denk dran!«

»Sei nicht albern, das ist Ivos Geburtstag.« Sie drückte seinen Hintern und zwinkerte ihm zu, und Ingram dachte ein wenig genervt: Den Göttern sei gedankt für PRO-Vyril – eins der erfolgreicheren Medikamente von Calenture-Deutz. Es diente der Behandlung von Erektionsstörungen – Slogan: »Liebesakte von unerreichter Dauer« –, kam nicht ganz an die Wirkungen von Cialis oder Viagra oder Foldynon heran, bescherte der Firma aber trotzdem recht nette und stetig fließende Gewinne. Bei ihm wirkte es ganz ordentlich, musste Ingram anerkennen, vielleicht weil er die verwendeten Chemikalien besonders gut vertrug. Nach ein paar PRO-Vyril hatte er das Gefühl, für etwa eine Stunde jeder Frau oder überhaupt allem gewachsen zu sein. Für ein altes Pärchen mit erwachsenen Kindern schliefen sie ziemlich oft und regelmäßig miteinander, wie er schätzte, obwohl immer nur auf ihr Betreiben. Er hatte nie herausbekommen, was sie scharf machte – es gab kein erkennbares

Muster, aber sie schaffte es immer, ihm ein paar Stunden vorher Bescheid zu geben – wie die Phasen des Mondes, dachte er. Irgendetwas setzte die Sache in Gang. Sie schliefen in getrennten Zimmern, getrennt durch Badezimmer und Ankleideräume, aber erreichbar durch Verbindungstüren. Und Ingram hatte durchaus seinen Spaß daran – obwohl es dank PRO-Vyril eher eine Sache der Mechanik war und nicht der Leidenschaft und Welten entfernt von seinen Begegnungen mit Phyllis.

Ein paar Sekunden lang hielt er Merediths besänftigende Hand. Sie war eine zierliche, schlanke Person mit gut geschnittenem weißblondem Haar und einem etwas zu großen Kopf für ihre Figur. Das und ihre Stupsnase sowie die weit auseinanderstehenden Augen ließen sie aus verschiedenen Perspektiven ein wenig puppenhaft erscheinen, und sie wiederum, wie in Reaktion auf eine derartige Wahrnehmung, tendierte in Gesellschaft dazu, eine überschäumende, zu allem entschlossene Wesensart an den Tag zu legen. Aber Ingram wusste, dass sie robuster und klüger war, als es nach außen hin den Anschein hatte. In Momenten wie diesem – im blökenden Höllenlärm dieser Party – war er sehr froh, mit ihr verheiratet zu sein.

»Es war ein langer und anstrengender Tag, meine süße Kleine«, raunte er ihr zu. »Also je eher wir gehen, umso eher können wir –«

»Nachricht verstanden, over und aus«, versicherte sie ihm lächelnd.

»Lady Meredith Fryzer!«, kreischte ein Mann im schwarzen T-Shirt, das denselben Idiotenspruch trug wie das von Ivo, und umarmte sie. Ingram wandte sich ab, setzte seinen unberührten lilafarbenen Drink auf einem Tisch ab, ging auf den jungen Servierer an der Tür zu und wiederholte seine Bitte um ein Glas Weißwein, wenn es denn möglich sei – und vielen Dank auch.

Er blickte in die Runde – keiner interessierte sich für ihn, den Endfünfziger mit dunklem Anzug und Krawatte –, und er fragte sich, wer all diese Freunde von Ivo waren. Manche Männer waren deutlich älter als Ivo (ergraut, glatzköpfig, bärtig), aber trotzdem gekleidet wie Teenager, in vergilbte, zerfetzte T-Shirts, weite Hosen mit tiefgesetzten Taschen und ungeschnürte Turnschuhe – er wäre kaum überrascht gewesen, sie mit einem Skateboard unter dem Arm zu sehen. Und dennoch, stellte er fest, während er den Blick hierhin und dorthin schweifen ließ, waren eine Menge hübsche, schlanke Frauen da, aber alle mit langen, verdrossenen Gesichtern oder mit misstrauischen, wachsamen Blicken, als hätten sie ständig Angst, dass man ihnen einen üblen Streich spielte oder sich über sie lustig machte.

Der Weißwein wurde ihm gebracht, er schlürfte ihn mit ungewohnter Dankbarkeit, neben der Tür an die Wand gelehnt, und spürte, wie seine Müdigkeit allmählich von ihm abfiel. Im Getümmel glaubte er einen Schauspieler oder irgendjemanden vom Fernsehen zu erkennen, und das dort war ein Modedesigner. War er's oder war er's nicht? Er hatte keine Ahnung. In letzter Zeit sah er kaum noch fern und las auch keine Illustrierten mehr. Gelangweilt nahm er eine kleine Bronzeplastik in die Hand, die auf dem Tisch stand. Das könnte ein Henry Moore sein, dachte er – ganz stolz darauf, dass ihm der Name einfiel. Und er fragte sich ein weiteres Mal, wie Ivo es schaffte, seinen Lebensstil zu finanzieren. Erstaunlich für einen Mann mit keinem anderen erkennbaren Einkommen als den jährlichen achtzigtausend Pfund, die ihm Ingram für seinen Posten als externes Aufsichtsratsmitglied von Calenture-Deutz aufs Konto überwies. Der Vater von Ivo und Meredith, der Earl of Concannon, hatte nichts zu erübrigen und lebte in einem modernen Bungalow bei Dublin. Der Familiensitz Cloonlaghan Castle war verfallen, und es hätte Millionen bedurft, ihn wieder bewohnbar zu machen. Ingram hegte den Verdacht, dass Meredith Ivo heimlich Geld zusteckte, in der Annahme, dass er das nicht merkte – aus irgendeinem Grund hatte sie eine große Schwäche für ihren jüngeren Bruder und verzieh ihm jeden Fehltritt, jede Kränkung. Smika, Ivos dritte Frau, hatte auch kein Geld (sofern sie nicht mit ihren erotischen Zeichnungen ins Geschäft kam). Was war eigentlich aus Ludovine geworden, seiner zweiten Frau, der Französin? Winzig, energisch, mit orangegelbem Borstenhaar? Ja, Ludovine hatte er gemocht (und er hatte die teure französische Scheidung bezahlt, wie ihm jetzt einfiel). Ah, und jetzt kam Ivo, steuerte geradewegs auf ihn zu.

Ivo baute sich vor ihm auf, und Ingram registrierte ein weiteres Mal das unverschämt gute Aussehen seines Schwagers. Sein blauschwarzes Haar war diskret gegelt, und sein stumpfsinniges T-Shirt saß knapp genug, um zu demonstrieren, wie schlank und athletisch sein Mittvierziger-Oberkörper war.

»Hast du Spaß?«, fragte Ivo. »Chillst du?«

»Fabelhaft«, sagte Ingram. »Hättest du vielleicht einen Happen zu essen? Ich verhungere.«

»Wie findest du mein T-Shirt?«

»Unglaublich witzig. Das solltest du immer tragen. Die Leute werden sich kringeln vor Lachen.«

»Du raffst das einfach nicht, Alter.«

»Das T-Shirt ist mindestens so alt wie ich, du Trottel. Das hab ich schon auf dem Isle of Wight Festival 1968 gesehen. Das ist so was von passé!«

»Lügner.«

»Warum trägst du das eigentlich?«, fragte Ingram. »Bist du nicht auch schon ein bisschen zu alt dafür?«

»Ich habe hunderttausend Stück davon bedrucken lassen. Die verkaufen wir diesen Sommer vor jedem Club des Mittelmeerraums. Von Lissabon bis Tel Aviv. Zehn Euro das Stück.«

»Träum weiter, Ivo.«

Eine Sekunde lang zeigte Ivos Gesicht blanken Hass, dann lachte er auf eine falsche, hohle Art, wie Ingram fand, schlug ihm auf die Schulter und ging davon. In einer Schale stöberte

Ingram ein paar harte, glänzende Kekse auf und kaute auf ihnen herum, bis ein Koch in voller Montur hereinkam und zum Dinner rief.

Vierundzwanzig Personen saßen am großen Esstisch im Erdgeschoss. Eng zusammengequetscht, dachte Ingram, aber inzwischen war ihm das egal. Sie warteten schon ewig auf den Hauptgang, und er hatte in schneller Folge vier Glas Weißwein getrunken. Auch dieser entsetzliche Abend wird einmal vorbeigehen, sagte er sich. Die Qual würde enden, er würde ihr entkommen und nie wieder eine Dinner-Einladung von Ivo annehmen. Dieser Gedanke tröstete ihn und hielt ihn aufrecht, während er mit den anderen Gästen auf das Essen wartete und feststellte, dass er so weit entfernt wie nur möglich von Ivo platziert war (rechts neben Ivo saß Meredith), eingeklemmt zwischen eine Frau, die kaum Englisch sprach, und eins von den übellaunigen hübschen Mädchen. Sie hatte, seit sie saßen, schon drei Zigaretten geraucht, und bis jetzt war ihnen erst eine unzureichend gekühlte Gazpacho mit viel zu viel Knoblauch serviert worden. Ingram sah auf die Uhr – zehn nach elf –, irgendetwas musste in der Küche passiert sein. Er war der einzige Mann mit Krawatte, wie er jetzt feststellte. Dann sah er zu seinem Erstaunen, dass Ivo sein Handy auf den Tisch gelegt hatte, neben die Zigarettenschachtel. Und das im eigenen Haus, dachte Ingram. Wie traurig. Geradezu tragisch. Er wandte sich dem übellaunigen hübschen Mädchen zu, das gerade die vierte Zigarette anzündete.

»Sind Sie eine Bekannte von Smika?«

»Nein.«

»Ah, dann eine Bekannte von Ivo.«

»Ivo und ich waren eine Weile zusammen ...«

Sie ärgert sich, weil ich mich nicht an sie erinnere, dachte Ingram.

»Ich war mit Ivo und Meredith in Ihrem Haus in Deià.«

»Wirklich? Aber ja doch. Stimmt.«

»Ich bin Gill John.«

»Natürlich, Gill John. Ja-ja-ja.«

»Wie oft haben wir uns gesehen? Ein Dutzend Mal?«

Ingram überhäufte sie mit Entschuldigungen, schob es auf sein Alter, den nahenden Alzheimer, den Stress, die irrsinnige Arbeitsbelastung. Jetzt erinnerte er sich vage an sie: Gill John, ja, natürlich. Eine von Ivos abgelegten Freundinnen, zwischen Ludovine und Smika. Schließlich hatte Ivo nie Mangel an hübschen Mädchen – einer der automatischen Vorzüge, wenn man ein unverschämt gutaussehender Mann ist, dachte Ingram. Und Gill John war wirklich schön, obwohl eine gewisse Bitterkeit von ihr ausging, als würde sie ständig enttäuscht und auch gar nichts anderes erwarten.

»Ja, der gute alte Ivo«, sagte Ingram, dem einfach nicht einfiel, was er zu dieser jungen Frau sagen sollte, die in ihrer Wut und Verbitterung langsam vor sich hin schwelte. »Ein wahrer Prachtkerl, unser Ivo.«

»Ivo ist ein Arschloch und kein Prachtkerl. Das wissen Sie genauso gut wie ich.«

Ingram wollte fragen: Warum kommen Sie dann zu seiner Geburtstagsparty? Aber er begnügte sich mit: »Na ja, kein Arschloch ersten Grades. Vielleicht dritten Grades. Obwohl, als sein Schwager bin ich vermutlich befangen.«

Jetzt blickte sie ihn frontal an. Blasse Augen, hohe Stirn, die Lippen ein klein wenig zu schmal.

»Sie bestätigen nur meine Meinung.«

»Ich verstehe nicht.«

»Darüber, was alle Männer vereint.« Sie lachte verächtlich und wissend.

»Einige Gemeinsamkeiten würden mir schon einfallen, aber vermutlich nicht die, die Sie im Sinn haben«, sagte Ingram, verblüfft über diese plötzliche Wendung des Gesprächs.

»Internet-Porno.«

»Wie bitte?«

»Was alle Männer vereint, ist Internet-Porno.«

Ingram ließ sich von einem kursierenden Kellner erneut nachgießen. »Ich glaube, ein Buschmann aus der Kalahariwüste könnte Ihnen da widersprechen.«

»Okay. Alle Männer mit Computern.«

»Und die Männer ohne Computer? Ihre Behauptung hat schon einiges von ihrer Allgemeingültigkeit verloren. Sie könnten genauso gut sagen ...« Er dachte kurz nach. »Was vereint alle Männer mit Golfschlägern? Die Liebe zum Golf? Ich glaube eher nicht. Manche Männer mit Golfschlägern finden Golf langweilig.«

Gill John zündete ihre fünfte Zigarette an. »Na, Sie haben wohl den Durchblick.«

»Oder«, führte Ingram seine Analogie weiter, weil sie ihm so gut gefiel. »Man könnte fragen: Was vereint alle Männer, die einen Regenschirm besitzen? Die Angst vorm Regen?«

»Verpiss dich«, sagte Gill John.

»Aber Pornographie ist wirklich langweilig. Das ist ihr grundlegendes Problem, ihr Konstruktionsfehler sozusagen. Frauen sollten sich das zur Beruhigung gesagt sein lassen.«

Gill John schlug ihm ins Gesicht – nicht sehr heftig, nur ein kleiner scharfer Klaps, der ihn an Kinn und Unterlippe traf. Sie wandte sich ab. Ingram erstarrte für einen Moment, mit einem stechenden Schmerz in der Unterlippe. Erstaunlicherweise schien niemand etwas bemerkt zu haben. Ivo war gerade aufgestanden, um nachzusehen, was sich in der Küche tat, und alle hungrigen Blicke richteten sich auf ihn. Ingram wandte sich seiner anderen Tischnachbarin zu. Sie lächelte ihn breit an – hier kann eigentlich nichts schiefgehen, dachte er.

»*O Rio de Janeiro me encanta*«, brachte er stockend hervor. In dem Moment meldete sich Ivos Handy mit einem penetranten Heavy-Metal-Klingelton, und Ivo kam zurück.

»Tut mir leid, Kinder«, verkündete er der versammelten

Runde, »aber die Tagine ist geplatzt. Es dauert noch ein Weilchen.« Er nahm das Handy auf. »Ivo Redcastle ... ja, okay.« Verärgert blickte er zu Ingram hinüber. »Für dich.«

Wer zum Teufel ruft mich auf Ivos Handy an?, fragte er sich, während er seinen Platz verließ und um den Tisch ging. Meredith schaute zu ihm hoch, mit verschleiertem, beschwipstem Blick. Alle anderen redeten weiter, ohne auf ihn zu achten.

Ivo reichte ihm das Handy. »Mach dir das aber nicht zur Gewohnheit, Ingram.«

Ingram hob das Handy ans Ohr. »Hier Ingram Fryzer.«

»Ingram. Hier Alfredo Rilke.«

Plötzlich begann Ingram zu frieren. Er ging hinaus auf den Flur.

»Alfredo. Woher haben Sie diese Nummer?«

»Ich habe Ihr Handy angerufen. Der Mann, der sich gemeldet hat, sagte, Sie sind bei Ihrem Schwager.«

»Ah ja. Natürlich.« Ingram hatte sein Handy in der Aktentasche draußen im Auto bei Luigi gelassen.

»Ich komme nach London«, sagte Rilke.

»Wunderbar. Sehr gut. Wir –«

»Nein, überhaupt nicht gut. Wir haben ein ernstes Problem, Ingram.«

»Ich weiß. Der Tod von Philip Wang hat uns alle –«

»Haben Sie diesen Adam Kindred gefunden?«

»Nein. Noch nicht. Die Polizei war nicht in der Lage –«

»Wir müssen ihn finden. Ich rufe Sie an, wenn ich da bin.«

Ingram klappte Ivos Handy zusammen. Plötzlich fühlte er sich klein, so klein und verloren wie in seiner Kindheit, wenn das Geschehen zu gewaltig und zu erwachsen für ihn war. Dass ihn Alfredo Rilke auf Ivos Party anrief, besagte, dass es ernste Probleme gab. Dass Alfredo Rilke nach London kam, unterstrich nur, wie ernst diese Probleme waren. Doch sosehr er sich den Kopf zermarterte, er kam zu keinem Ergebnis – es ballten sich nur noch mehr Befürchtungen zusammen. Zum ersten

Mal spürte er, dass er sein Leben nicht mehr richtig im Griff hatte – als würde das Geschehen von einer fremden Macht gesteuert, über die er keine Kontrolle hatte. Unsinn, sagte er sich. Reiß dich zusammen. Das Leben ist voller Engpässe – das hier ist ganz normal, nur eine von vielen Krisen. Durch die offene Tür konnte er in die Küche blicken, wo sich wie zur Bestätigung seiner Annahme die Krise abspielte, in die Ivo soeben verwickelt war: Der Koch löffelte Eintopf aus einer zerbrochenen Tagine in eine große, orangefarbene Schüssel. Ingram ging ins Zimmer zurück und übergab Ivo das Handy.

»Jederzeit wieder«, sagte Ivo unfreundlich.

Ingram beugte sich zu Meredith herunter. »Meredith, wir müssen gehen«, sagte er leise, und Meredith stand sofort auf.

»Aha, die Partymuffel«, rief Ivo mit übertrieben amerikanischem Akzent.

»Kein Wort mehr, Ivo«, sagte Ingram und packte ihn hart bei der Schulter. »Genieße einfach deinen wunderschönen Abend.«

13

Was etwas großspurig als »Erweiterungsbau« der Marine Support Unit in Wapping bezeichnet wurde, bestand aus vier großen Bürocontainern auf einem leeren Grundstück an der Wapping High Street, in der Nähe der Landungsbrücke Phoenix Stairs, die jetzt frisch rekonstruiert in der Sonne glänzte. Phoenix Stairs lag etwa hundert Meter stromabwärts vom MSU-Hauptquartier, fast gleich weit entfernt wie die zwei Pubs der Wapping High Street, das Captain Kidd und das Prospect of Whitby. Die MSU hatte vier neue Targa-Schnellboote bekommen, die etwas kleiner und schneller waren, aber das gleiche geräumige Ruderhaus hatten wie die älteren Boote. Wegen des Zuwachses musste auf eine neue Landungsbrücke und auf ein neues Gelände ausgewichen werden, und diesem Umstand hatte Rita ihre schnelle Versetzung zu verdanken, wie sie vermutete. Wozu ein größeres Budget und eine Verstärkung der Flotte, wenn nicht auch das Personal aufgestockt wurde?

Sie kam sich immer noch vor wie die Neue in der Klasse – die MSU war ein eingeschworener Haufen, es kam selten zu personellen Veränderungen (wer einmal dort anfing, blieb meist bis zur Rente) –, und es gab nur wenige weibliche Beamte. In den ersten Tagen hatte Rita nur zwei weitere Polizistinnen getroffen.

Sie ging bis zum Ende des neuen Piers, und bevor sie sich auf den Rückweg machte, schaute sie stromabwärts zu den Türmen von Canary Wharf hinüber, sah ein Flugzeug vom City Airport aufsteigen und lenkte dann den Blick – es war gerade Flut – aufs andere Flussufer, zum modernen Riesenkomplex des Klinikums St. Botolph. Wie eine kleine Stadt für sich, dachte sie. Dort gibt es alles, was man zum Leben braucht – Heizung, Essen, Transport, Kanalisation, Krankenzimmer, Leichenhäuser, Bestattungsinstitute ...

Morbide Gedanken, dachte Rita. Weg damit. Sie war nicht in bester Stimmung, wie sie wusste. Ihr Vater war beim Frühstück laut und aggressiv geworden, und sie hatte zurückgebrüllt. Danach hatte er ihr dann vorgeworfen, dass sie schmolle ... Wir streiten uns schon wie ein altes Ehepaar, dachte sie, und ihr war klar, dass ihr das Alleinsein nicht guttat. Sie hatte immer Freunde gehabt, das Single-Dasein passte nicht zu ihr. Auch die Party hatte ihr keinen Spaß gemacht. Die Laune war ihr verdorben worden, als sie zum Auffrischen ihres Make-ups in der Toilette stand und mitbekam, wie zwei Männer auf dem Korridor über sie redeten. Garys Stimme hatte sie erkannt, aber nicht die andere, wegen der lauten Musik im öffentlichen Teil des Pubs.

»– nein, nein. Wir haben uns getrennt«, hatte Gary gesagt.

Dann der andere Mann: »Tut mir ja leid ...« – es folgte Unverständliches – » ... tolles Mädchen, die Rita. Genau mein Typ.«

»Wirklich? Welcher Typ wäre das?«

Jetzt stand Rita dicht hinter der Tür und war ganz Ohr.

»Volle Brüste, schlanke Figur«, sagte der Mann. »So was ist nicht zu schlagen. Bist mir ein schöner Trottel, Boland.«

Sie lachten und entfernten sich. Rita verließ gleich darauf die Toilette und ging zur Bar, wo sie Gary stehen sah, aber allein. Sie sah sich um: das Pub war voller Leute. Konnte es Duke gewesen sein? Aber es gab keinen sicheren Kandidaten, das machte sie wütend und vermieste ihr den Abschied. Jeder Mann, der mit ihr plauderte, ihr einen Drink spendierte, sich von ihr verabschiedete und ihr versprach, Kontakt zu halten, konnte Garys Gesprächspartner gewesen sein. Und zunehmend fühlte sie sich unwohl in dem engen T-Shirt, das sie für den Abend ausgesucht hatte. Sie hatte zu viel getrunken, ohne dass etwas dabei herausgekommen war außer einem Kater, der den ganzen nächsten Tag anhielt.

Reiß dich am Riemen, ermahnte sie sich jetzt, angewidert von so viel Selbstmitleid, davon geht die Welt nicht unter, so reden die Kerle eben, ist doch nichts Neues. Trotzdem, es war nie angenehm, andere über sich reden zu hören, zumal wenn man die Gesichter und Gesten nicht sah ...

Routinemäßig prüfte sie die Leinen ihres neuen Boots, eines nagelneuen Targa 50, sicherte einen Knoten und lief mit energischen Schritten zurück ans Ufer, über die kopfsteingepflasterte Wapping High Street zum Bürocontainer. Joey Raymouth war schon bei der Arbeit, machte immer noch Notizen über das morgendliche Briefing, und sie begrüßten sich knapp, aber freundlich – sie mochte Joey. Er war ihr als Mentor zugeteilt worden, um sie einen Monat lang auf dem Fluss einzuarbeiten. Sein Vater war Fischer in Fowey, Cornwall, und er hatte das landschaftstypische Schnurren in der Stimme.

»Hast du Ärger, Rita? Siehst ja aus wie drei Tage Regenwetter.«

Sie zwang sich zu einem breiten Lächeln. »Nein, nein, alles in Ordnung.«

Er erhob sich von seinem Platz, und sie gingen gemeinsam, um Weisungen von Sergeant Denton Rollins entgegenzunehmen, einem ehemaligen Angehörigen der Royal Navy, was er seinen Untergebenen ständig zu verstehen gab – als könne er noch immer nicht fassen, dass er so tief gesunken war.

Ihre Aufgaben für diese Schicht waren klar und übersichtlich – die Liegeerlaubnisse in Westminster und Battersea kontrollieren, einen Bootsbrand in Chiswick und Diebstähle im Jachthafen von Chelsea untersuchen.

Raymouth machte wieder Notizen, während Rollins alle Hintergrundinformationen nannte. Weitere Kollegen kamen herein, das Stimmengewirr schwoll an, Rita blickte sich um.

»Ach ja«, sagte Rollins, »hier ist was für Sie, Nashe. Eine Anzeige. Gestern morgen soll ein Mann an der Chelsea Bridge bei Ebbe einen Schwan getötet haben. Ihr Revier.«

»Einen Schwan?«

»Ist verboten. Nun sterben Sie mir aber nicht vor Aufregung.«

»Mich reizt nur der Glamour, Sarge.«

Rita und Joey liefen hinunter zum Boot und legten die Schwimmwesten an. Joey ging die Checkliste durch und startete die Motoren, während Rita die Leinen löste, das Boot abstieß und an Bord ging, worauf sich der Targa vom Pier entfernte und auf die Mitte des Stroms zustrebte.

Bei Flut sah die Themse aus wie ein richtiger Großstadtfluss – wie die Seine oder die Donau –, breit und kraftvoll, im passenden Verhältnis zu den Uferbefestigungen, den Bauwerken zu beiden Seiten und den Brücken, die sie überspannten. Bei Ebbe war das alles anders. Der Pegel sank um vier bis sieben Meter, Mauern traten zutage, die Algen an den freigelegten Brückenpfeilern, es entstanden Strände und Schlammbänke, und der Fluss sah aus wie der Sambesi oder der Limpopo in Zeiten der Dürre. Natürlich litt auch der Anblick der Stadt darunter, aber an diesem Morgen war die Themse randvoll, und Rita spürte, wie sich ihre Laune besserte und ihr Herz höher schlug vor Freude. Genau deshalb war sie zur MSU gewechselt, wusste sie jetzt, während sie die Gummipuffer einholte und Joey die zwei Volvo-Diesel aufdrehte, so dass sie mit sattem Dröhnen den Fluss hinauffuhren. Zur Linken Bermondsey, die Tower Bridge voraus, die Fenster der Bürotürme glitzerten im klaren Morgenlicht, der Wind zauste ihr Haar. Sie passierten die HMS Belfast, dann London Bridge, Tate Modern, das Globe Theatre.

So sein Geld zu verdienen!, sagte sie sich, stellte sich breitbeinig aufs Deck und hielt sich mit beiden Händen an der Reling fest, während Joey beschleunigte. Die Gischt der Bugwelle zeigte ein schon fast unanständiges Weiß, winzige Tröpfchen Themsewasser sprühten ihr ins Gesicht. Sie blieb ein Weilchen so stehen, atmete tief durch und kostete das leichte Schwindelgefühl aus, bevor sie unter Deck ging und zwei Pötte starken Tee zubereitete.

Das Feuer in Chiswick war sehr interessant. Ein Grill an Deck einer Bayliner-Jacht war unbeaufsichtigt geblieben, und fliegende Funken hatten kleine Brände auf mehreren Nachbarbooten verursacht. Zu erwarten waren Klagen auf Schadenersatz. Joey und Rita nahmen die Aussagen der wütenden Bootsbesitzer zu Protokoll, aber der leichtsinnige Grillmeister ließ sich nicht blicken. Sein Bayliner war halb ausgebrannt und wegen des Löschwassers bis zu den Bordwänden abgesoffen. Wenn man die verschiedenen Zeugenaussagen zusammenfügte, sah es so aus, als hätte der Besitzer heftigen Streit mit seiner Freundin gehabt, nachdem er den Grill angezündet hatte, sie war davongelaufen und er ihr nach, und beide hatten sie das langsam verkohlende Sonntagssteak vergessen. Joey war sich ziemlich sicher, dass es verboten war, an Liegeplätzen zu grillen – kein offenes Feuer. Jedenfalls hatten sie die Personalien des Mannes ermittelt – die Polizei von Chiswick konnte ihn aufspüren, während sie ihm die Anordnung zuschickten, das ausgebrannte Boot binnen sieben Tagen zu entfernen – unter Androhung weiterer Strafen.

Auf dem Weg stromaufwärts nach Chiswick waren sie an der Bellerophon vorbeigefahren, Rita hatte das Signalhorn betätigt, doch an Deck rührte sich nichts. Seit sie bei der MSU arbeitete, war sie schon ein Dutzend Mal an ihrem Wohnschiff vorbeigekommen, doch ihren Vater hatte sie nie gesehen. Er saß unter Deck und grollte, wie sie wusste: Ihr neuer Job bei der Wasserpolizei ärgerte ihn aus irgendeinem Grund noch mehr, als wenn sie weiter in Chelsea oder sonst wo auf Streife gegangen wäre. Aber das war ihr egal, ihr machte die neue Arbeit viel zu viel Spaß, früher oder später würde er sich damit abfinden – oder auch nicht. Ganz, wie er wollte.

Als sie die Albert Bridge passierten, fast abwärts getrieben von der weichenden Flut, fiel ihr der Mann ein, der einen Schwan getötet haben sollte. Sie sagte Joey Bescheid, und er steuerte die Ufertreppe des Grosvenor College auf der Chelsea-Seite an.

»Sieh du nach dem Rechten, Rita«, sagte Joey, »ich mache mich an den Bericht über den großen Grillfeuerbrand von Chiswick.«

Sie ging das Embankment entlang, wieder auf vertrautem Terrain, vorbei am Royal Hospital (die Zelte der Flower Show waren bereits abgebaut) und blieb an der Gittertür eines kleinen verwilderten Uferdreiecks am Westrand der Chelsea Bridge stehen. Wie oft war sie hier schon vorbeigekommen, ohne dass ihr dieses Dreieck aufgefallen war? Der Mann, der die telefonische Anzeige gemacht hatte, war unter der Chelsea Bridge durchgefahren, als er den Mann mit dem Schwan sah, also musste es sich um das Ufer westlich der Brücke handeln. Da die Gittertür verschlossen war, kletterte Rita über den Zaun und ging die paar Stufen hinab, die zum Ufer führten. Am Sockel der Brücke fand sie die üblichen Graffiti, am Boden Kondome, Spritzen, Bierdosen und Flaschen. Wenn sie über den Rand der Ufermauer schaute, sah sie den schmalen Schlammstreifen, den die weichende Flut freilegte. Sie blickte flussabwärts – vom Strand aus konnte man sicher die Bellerophon sehen, oder fast. Warum sollte jemand einen Schwan töten? Irgendein Junkie aus einer Laune heraus? Ein Betrunkener, der vor seinen Saufkumpanen angeben wollte? Sie zwängte sich durchs Gebüsch bis hin zur Spitze des Dreiecks. Ihr fiel auf, wie dicht alles zugewachsen war, ein schmaler Streifen Wildnis im gepflegten Chelsea. Sie duckte sich unter die Äste eines Ahorns, drückte sich vorsichtig an einer Stechpalme vorbei, schob sich durch eine Lücke zwischen zwei Rhododendren – und blieb stehen.

Eine kleine Lichtung. Zertrampeltes, plattgedrücktes Gras. Drei aufeinandergestapelte Autoreifen. Sie zog einen schmutzigen Schlafsack und eine Isomatte unter dem einen Busch hervor, unter dem anderen fand sie eine Orangenkiste, in der ein Campingkocher und ein Kochtopf steckten. Dann legte sie alles wieder an den alten Platz. Sie sah Federn im Gras, und als sie sich hinkniete, entdeckte sie versengte Grashalme. Möwenfedern, keine Schwanenfedern, wie sie feststellte, für manche Leute waren offenbar große weiße Vögel alle gleich. Sie stand wieder auf. Hier hatte jemand vor ein paar Tagen eine Seemöwe getötet, gerupft und zweifellos auch verspeist. Mit einem Blick überzeugte sie sich, dass diese Stelle perfekt von der Uferstraße und auch vom Verkehr auf der Brücke abgeschirmt war. Durch die Büsche konnte man die Themse sehen, aber von einem vorbeifahrenden Schiff war man nicht zu entdecken. Sie suchte noch ein wenig weiter, fand aber nichts als vom Wind angewehte Abfälle – in dieses Dreieck kam offenbar kein Mensch. Wer immer sich hier aufgehalten hatte, war vor neugierigen Blicken geschützt gewesen.

Sie machte sich auf den Weg zurück zur Straße. Aufgehalten hatte?, überlegte sie. Vielleicht hielt sich dort immer noch jemand auf? Die Stelle sah nicht so aus, als hätte dort ein Obdachloser für ein oder zwei Nächte kampiert – sie sah eher aus wie ein Versteck. Jemand versteckte sich in diesem verwilderten Stück Land an der Chelsea Bridge, jemand, der so arm dran war, dass er eines Morgens eine Seemöwe gefangen und gegessen hatte. Vielleicht war es sinnvoll, einmal in der Nacht zu kommen und die Stelle zu durchsuchen, zu sehen, wer oder was sich dort verbarg. Sie würde Sergeant Rollins die Sache vortragen. Schließlich lag es in der Zuständigkeit der MSU, wenn am Fluss ein »Schwan« getötet wurde.

14

Das Licht über dem Westabschnitt des Shaftesbury Estate war von einem milchigen Blau, die aufgehende Sonne erfasste das Ziegelwerk des Dachgeschosses – es war das sechste – und begann ihre langsame Wanderung an den Fassaden herab, wobei sie markante geometrische Schatten ausbildete, unter denen die Wohnblöcke ein brutales, aber zugleich auch düster-skulpturenhaftes Aussehen gewannen – genau nach Absicht des Architekten Gerald Golupin (1898–1969), als er in den fünfziger Jahren seinen visionären Entwurf für diesen Wohnungsbaukomplex zu Papier gebracht hatte – um dann zu seinem nachhaltigen Verdruss erleben zu müssen, dass die Wohnanlage auf den Namen »Shaftesbury Estate« getauft wurde. (Golupin hatte eine eher Bauhaus-typische Bezeichnung vorgeschlagen – MODULAR 9 –, in Anspielung auf die neun Blöcke, die sich um drei große Hofvierecke gruppierten – aber vergeblich.) Der Shaft konnte bei gewissem Lichteinfall dennoch auf bedrohliche Weise imposant aussehen – kantig, von wuchtigen Proportionen, eine triumphale Paarung von Form und Funktion – solange man nicht zu genau hinsah.

Mhouse natürlich dachte an nichts dergleichen, als sie die Treppe zu ihrer Wohnung hinaufstapfte – Aufgang 14, Level 3, Wohnung L. Sie war müde, hatte eine Menge getrunken und in den vergangenen sechs Stunden etliche Linien Kokain geschnupft und nebenbei noch eine ganze Reihe Sexvarianten mit zwei Männern durchgezogen – wie hießen die gleich? Immerhin, sie trug zweihundert Pfund flach zusammengefaltet in der Sohle ihres weißen PVC-Stiefels nach Hause. Einer von Margos Stammkunden. Sie war mit Margo um Mitternacht in diesem Hotel in der Baker Street aufgekreuzt, wo zwei Männer sie in einem Doppelzimmer (mit nettem Bad) erwarteten – Ramzan und Suleiman, so hießen sie. Und dann begann die lange Nacht. Ramzan und Suleiman, genau. Alte Knacker zwar, aber sauber. Aber wer von ihnen war welcher?

Zum Glück hatte Margo schon mittags angerufen, deshalb konnte sie es noch einrichten, Ly-on bei ihrer Nachbarin Mrs Darling unterzubringen. Die kümmerte sich immer gern um Ly-on (Mhouse zahlte ihr einen Fünfer dafür), aber es ging nicht von einer Minute auf die andere, sie musste es mindestens ein paar Stunden vorher ankündigen.

Mhouse klingelte, und nach zwei Minuten Verzögerung öffnete Mrs Darling die Tür. Sie war etwas über sechzig, hatte eine unförmige, plumpe Figur und dünnes, kastanienbraun gefärbtes Haar. Und keine Vorderzähne mehr.

»Ah, hallo, Mhousey, meine Teure«, sagte sie. »Jetzt sind Sie aber fertig, oder?«

»Diese Nachtschichten sind Hölle, Mrs D.«

»Was soll man sich beklagen – Fabriken machen, was sie wollen mit den Leuten. Gemüsepacken geht auch zu menschlichen Zeiten.«

»Das muss früh zum Markt. Deshalb.«

»Na, Hauptsache, man kann von leben – in diesen schlimmen Zeiten. Hier ist der kleine Racker.«

Mhouse bückte sich und küsste ihren Sohn, der, zu früher Stunde aus dem Bett geholt, noch blass und benommen vor Müdigkeit war.

»Hallo, Kleiner«, sagte Mhouse. »Warst du guter Junge?«

»Kein Piepser. Geschlafen wie ’n Murmeltier, das Häschen.«

Mhouse steckte Mrs Darling den Fünfer zu.

»Gern wieder, meine Liebe«, sagte Mrs Darling. »So ein stiller braver kleiner Knirps.« Sie besann sich kurz, strich Ly-on übers Haar und blickte Mhouse bedeutungsvoll an. »Ich seh Sie gar nicht in der Kirche, letzte Zeit.«

»Ich weiß, ich weiß. Muss wieder hin. Morgen vielleicht.«

»Gott liebt Sie, Mhouse, nie vergessen. Er tut nicht jeden lieben, aber Sie und mich schon.«

Mhouse führte Ly-on über den Flur zu ihrer Wohnung und schloss auf. In der Küche füllte sie den Wasserkocher, um Tee zu machen, dann schaltete sie ihn ab. Das Bedürfnis nach Schlaf überfiel sie, als wäre es tiefe Nacht – eine so lähmende Müdigkeit, dass sie sich kaum auf den Beinen halten konnte.

Ly-on hatte den Fernseher eingeschaltet und suchte nach einem Trickfilm.

»Willst du Happy-Flakes, Kleiner?«, fragte sie ihn und dachte: Bitte sag ja.

»Ja, Mum.«

»Ja, Mum, was?«

»Bitte Happy-Flakes.«

Mhouse füllte eine Schale mit gezuckerten Cornflakes, tat etwas Milch dazu und einen guten Schuss Rum. Dann zerdrückte sie eine Zehnmilligrammtablette Diazepam mit der Messerklinge und streute das Pulver darüber. Die Schale reichte sie Ly-on, der sich auf dem Fußboden vor dem Fernseher ein Nest aus Kissen gebaut hatte. Sie setzte sich neben ihn und wartete, dass er seine Happy-Flakes aß. Als er fertig war, nahm sie ihm die Schale ab und stellte sie zum anderen Geschirr in den Ausguss. Ihre zweihundert Pfund verstaute sie im Versteck unter den Dielen der Toilette, und als sie zurückkam, schlief Ly-on schon fest. Sie drehte den Fernseher leise und lagerte Ly-on bequemer auf den Kissen, dann ging sie in ihr Zimmer, nahm zwei Somnola und rauchte einen Joint – sie wollte abschalten, für zwölf Stunden mindestens.

Als sie aufwachte, war es vier Uhr nachmittags. Ly-on schlief immer noch, aber er hatte sich nass gemacht.

Am Abend gegen acht klopfte Mr Quality an die Tür.

»Wer ist da?«, fragte Mhouse durch den Briefschlitz.

»Quality hier.«

»Hey, Mr Q., kommen Sie rein«, sagte sie und schloss auf. Mr Quality war der vielleicht wichtigste Mann im Shaft, aus allen möglichen Gründen, aber keinem besonders schlimmen. Wer mit Mr Quality zu tun hatte, vermied es tunlichst, ihn zu verärgern, so dass er selten zum Äußersten greifen musste. Er war sehr groß und schlank, und Mhouse wusste, dass er in Wirklichkeit Abdul-latif hieß. Er schien fast doppelt so groß wie Mhouse, als er eintrat, und man hätte meinen können, dass er unterwegs zum Joggen war, denn er trug einen dunkelbraunen Trainingsanzug und nagelneue Turnschuhe, frisch aus dem Karton. Nur der Umstand, dass alle seine Finger mitsamt Daumen von Silberringen geziert waren, ließ berechtigte Zweifel an dieser Vermutung aufkommen.

In der Küche lümmelte sich Mr Quality an die Wand und blickte sich um, als würde alles ihm gehören – war ja auch seine Wohnung. So steht er immer da, dachte Mhouse. Dann kommt er sich vielleicht nicht so entsetzlich lang vor.

»Hey, Ly-on, wie geht, wie steht?«

Ly-on blickte von seinem Fernseher hoch. »Gut. Fit wie Turnschuh.«

Mr Quality kicherte. »Fein-fein. Immer cool, Mann.«

Mhouse winkte ihn von Ly-on weg. »Wie war Stand?«, fragte sie.

»Fernseh, Miete, Gas, Wasser, Elektro ...« Er grübelte nach. »285 Pfund, sagen wir.« Beim Lächeln entblößte er kleine, sehr weiße Zähne und fleckiges Zahnfleisch. »Du habe Problem?«

»Nein, nein.« Gott gedankt für Ramzan und Suleiman, dachte sie. »Alles gut. Manchmal geht Licht aus, aber nicht deine Schuld, ich weiß.«

»Elektro habe viel Problem. Gas gut, Wasser gut, aber Elektro ...« Er zog eine vielsagende Grimasse. »Wir kriege viel Trouble. Immer mache Stress – oh-oh.«

»Die Schweine.«

Sie ging ins Badezimmer an ihr Versteck, wühlte danach zum Schein in einem Karton neben ihrem Bett und klapperte mit den Schranktüren, bevor sie mit den 285 Pfund zurückkam. Jetzt hatte sie noch an die dreißig Pfund – und Margo war sie noch was schuldig ... also musste sie heute wieder ran. Trotzdem, das Gute an Mr Quality war, er konnte alles besorgen – wirklich alles –, solange man zahlte. Vor Monaten hatten sie bei ihr Gas, Wasser und Strom abgeschaltet, aber nach ein paar Stunden hatte Mr Quality alles wieder angeschlossen. Immer mal wieder zahlte Mr Quality für Sex bei ihr, das heißt, er »zahlte«, indem er ihr jedes Mal Geld anbot, das sie jedes Mal zurückwies.

Sie übergab Mr Quality die 285 Pfund, und er lief prüfend durch die Wohnung, als wäre er ein interessierter Käufer. Mhouse hielt sie sauber, so gut es ging – sie hatte kaum Möbel, aber einen Besen hatte sie, und sie fegte immer auf.

»Du habe frei Zimmer«, sagte Mr Quality und öffnete die Tür zum anderen Raum. Auf dem Boden lag eine Matratze, umgeben von Kartons mit Kleidern und alten Spielsachen. »Ich bringe dir Mieter – zwanzig Pfund die Woche. Null Problem, saubere nette Typ. Asylante, nix Englisch.«

»Nein, im Moment ich komm zurecht. Immer auf Achse, gute Geschäft.« Sie versuchte, locker zu klingen. »Läuft prima, richtig prima.«

»Du sage Bescheid, wenn.«

»Ja, klar. Danke, Mr Q.«

Als Mr Quality gegangen war, machte sie Ly-ons Abendessen – zerquetschte Banane mit Kondensmilch und einem Schuss Rum. Sie streute eine zerbröselte Somnola in den Brei und rührte sie mit der Gabel unter.

»Mummy arbeiten heute Nacht«, sagte sie, als sie ihm den Napf hinstellte.

»Mummy arbeiten zu viel«, antwortete er, während er den Bananenmatsch zu löffeln begann.

»Geh auf Klo, wenn du Pipi musst«, sagte sie. »Nicht in Hose machen.«

»Mum – nicht das sagen«, protestierte er, ohne den Blick vom Bildschirm abzuwenden.

Sie küsste ihn auf die Stirn und ging sich umziehen. Warten hat keinen Zweck, dachte sie. Ich kassiere lieber so schnell wie möglich. Sie streifte das T-Shirt mit den Flügelärmeln und dem roten Herz auf der Brust über, stieg in ihre weißen Reißverschluss-Stiefel, griff sich den Schirm, schaute, ob sie Kondome in der Handtasche hatte, und befestigte die Schlüssel mit der langen Kette am Gürtel. Dann ließ sie den schlafenden Ly-on allein und schloss die Tür ab – in ein paar Stunden bin ich zurück, dachte sie, da muss ich Mrs Darling nicht stören, und lief zur Treppe.

Als sie den Shaft verließ, in Richtung Rotherhithe und ihrer gewohnten Tour am Ufer, sah sie ein schwarzes Taxi halten, ohne Freizeichen. Niemand stieg aus, es wartete einfach am Straßenrand. Wer bestellt im Shaft ein Taxi?, wunderte sie sich. Der muss ja todesmutig sein.

Kaum war sie vorüber, stieg der Fahrer aus – großer Kerl, hässliche Visage, fliehendes, gespaltenes Kinn. Sie schaute über die Schulter, um zu sehen, wohin er wollte. Er schloss das Taxi ab und schlenderte in den Shaft.

15

Der Tierarzt reagierte – wie könnte man sagen? – verachtungsvoll? Ja, fast verachtungsvoll, als Jonjo ihm erzählte, was der Hund zu fressen bekam. Ein junger Kerl noch, mit einem kleinen Kinnbärtchen und einem einzelnen Ohrring – nicht unbedingt normal für einen Tierarzt in Newham.

»Der frisst etwa dasselbe wie ich«, hatte Jonjo wahrheitsgemäß gesagt. »Oft koche ich für zwei – Rührei mit Schinken, Reis mit Curry, Wurstbrötchen, Schweinepastete – die hat er am liebsten –, Kekse, Knusperriegel, manchmal auch Schokoriegel.«

»Das ist ein reinrassiger Basset Hound«, sagte der Tierarzt. »Wollen Sie ihn umbringen?«

Jonjo saß ganz ruhig da, während ihn der Tierarzt wegen seiner Nachlässigkeit beschimpfte, ihm erklärte, welches Futter der Hund bekommen sollte und musste, und ihm schließlich eine Liste machte. Eingebildetes Arschloch, dachte Jonjo.

Er griff an die Brusttasche, wo der zusammengefaltete Zettel knisterte. Das Taxi war voller Büchsen mit Spezialfutter für Hunde und Papiersäcken mit Hundekuchen und Ballaststoffen; er hatte Pillen und Zäpfchen und andere Sorten Medikamente für den Fall, dass es wieder zu Symptomen und Komplikationen kam. Und schweineteuer, der Kram. Würde er gleich morgen alles an Candy weitergeben. Und den Hund konnte seine Schwester vielleicht auch gleich zurückhaben ...

Er stieg aus dem Taxi, schloss ab und sah sich die hohen Blöcke des Shaftesbury Estate an. Hatte er alles dabei? Die kleine Beretta Tomcat zwischen den Schultern, gut gepolstert in der selbstgebastelten Halterung; die etwas größere 45er ACP im Rückenhalfter darunter, geladen, gespannt und gesichert; das Messer direkt über dem linken Fußknöchel. Er trug einen extraweiten Lederblouson, dazu lose sitzende, blassblaue stonewashed Jeans und gelbe Bauarbeiterstiefel mit Stahlkappen. Er lockerte die Schultern und ließ den Kopf kreisen. Das letzte Mal hatte er dieses Adrenalin-Kribbeln gespürt, als er bei Dr. Philip Wang im Anne Boleyn House an die Tür geklopft hatte.

Er lief völlig ohne Angst in den Shaft – ruhig, auf alles gefasst.

Jonjo hatte die Stimme von Sergeant Snell im Ohr: »Die drei Üs, ihr Fotzen!« Überbewaffnung, Überreaktion, Überkill. Nummer eins: Man kann nie genug Waffen haben. Nummer zwei: Guckt dich einer schief an, sofort zuschlagen. Nummer drei: Nicht verletzen, sondern gleich zum Krüppel schlagen. Will dich einer schlagen, killst du ihn, will dich einer killen, rottest du seine ganze Familie aus, sein Haus, sein Dorf. Snell tat alles, was er konnte, um ihnen das einzuhämmern. Klar, die Ausbildung war für die Kampfzone gedacht, aber Jonjo hatte Snells Sprüche immer als gesunde Maximen für das Leben im Allgemeinen aufgefasst, und im Großen und Ganzen war er mit der Befolgung der drei Üs gut gefahren; nur ein paar seiner Überreaktionen hatten ihm Ärger mit der Polizei eingebracht – aber wenn sie erfuhren, wo er gedient hatte, konnte er auch mit ihrem Verständnis rechnen.

Jonjo lief über die rissig ausgetrocknete Schlammwüste des mittleren Hofs und sah sich um. Er befand sich in einem großen Hofviereck, das von vier Wohnblöcken gerahmt war. Sein Blick streifte abgebrochene Bäumchen, eine ausgeweidete Waschmaschine mit klaffender Luke, beschmierte Wände und Türen. Ein paar Leute beäugten ihn von den oberen Quergängen, rauchend, die Ellbogen auf die Balustrade gestützt.

Solche Orte müsste man dem Erdboden gleichmachen, dachte Jonjo, und mit Häusern für ordentliche Leute bebauen. Den ganzen Abschaum, der hier wohnt, mit Bolzenschuss erledigen wie Viehzeug, verbrennen und die Asche auf die Deponie kippen. Dann würde die Kriminalität in der Gegend um neunundneunzig Prozent sinken, die Leute würden aufatmen, die Kinder könnten Himmel und Hölle auf der Straße spielen, und in den Vorgärten würden wieder Blumen blühen.

Drei kleine Mädchen auf der Bank teilten sich eine Zigarette. Als er näher kam, sah er, dass sie nicht so sehr klein waren als vielmehr klein geblieben. Wie alt mochten die sein? Elf oder achtzehn?

»Hallo, Ladys«, sagte er munter. »Könnt ihr mir vielleicht helfen?«

»Verpiss dich, Päderast.«

»Wie heißt denn die Gang, die hier das Sagen hat? Wer sind hier die Obermacker, wisst ihr das? Für die Antwort gibt's 'n Fünfer.«

Das eine Mädchen, es hatte schlimme Akne, sagte: »Gib mir 'n Zehner, und ich hol dir einen runter.«

Die Dicke neben ihr sagte: »Gib mir den Zehner, und du kriegst den besten Blowjob deines Lebens.«

Jetzt lachten sie alle drei, kicherten albern, stießen sich gegenseitig an.

Jonjo blieb ganz ruhig. »Hey, wer ist hier im Shaft der Boss? Ich hab einen Job für ihn. Er macht euch die Hölle heiß, wenn ihr's mir nicht sagt.«

Sie tuschelten miteinander, dann sagte das Akne-Mädchen: »Wir haben keine Ahnung.«

Jonjo zog einen Zwanzigpfundschein aus der Tasche und ließ ihn fallen, drehte sich um und stellte den Fuß drauf. »Wir machen's so: Ich hab euch das Geld nicht gegeben, ihr habt's gefunden. Ich brauche nur einen Namen und die Adresse, dann gehe ich – ohne zu wissen, wer's gesagt hat. Keiner wird's erfahren. Einfach nur sagen. Und versucht nicht, mich zu verarschen, verstanden? Sonst komme ich zurück, und glaubt bloß nicht, ich finde euch nicht.«

Er verschränkte die Arme und wartete. Nach etwa zwanzig Sekunden sagte eins der Mädchen: »Bozzy, Aufgang 17, Wohnung B1.«

Ohne sich umzudrehen, ging Jonjo davon.

Er folgte den Schildern zum Aufgang 17 und fand Wohnung B1 – sie lag im Erdgeschoss, verwahrlost, mit Brettern vor den Fenstern. Für einen Moment fragte er sich, ob ihn diese kleinen Biester an der Nase herumgeführt hatten, dann bemerkte er, dass die Wohnungstür nicht durch ein Vorhängeschloss gesichert war, und durch einen Spalt in den Brettern sah er Licht brennen.

Er holte seine 45er aus dem Halfter, nahm sie locker in die Hand, den Lauf nach oben, und klopfte an die Tür.

»Bozzy?«, rief er. »Ich suche Bozzy. Ich habe Geld für ihn.« Er klopfte noch einmal. »Ich habe Geld für Bozzy.«

Nach einer Weile wurden Riegel zurückgeschoben, die Tür öffnete sich einen Spalt. Eine verschlafene, bekiffte Visage zeigte sich. »Gib her. Ich gebe Bozzy.«

Jonjo schlug dem Mann die flache Seite der Pistole ins Gesicht, und er ging mit einem quiekenden Aufschrei zu Boden. Im nächsten Moment war Jonjo durch die Tür, die Pistole in beiden Händen, und setzte dem Mann einen Bauarbeiterstiefel auf die Gurgel. Seine Nase stand schief, er spuckte Blut.

»Nur die Ruhe. Ich bin kein Polizist«, sagte Jonjo mit tonloser Stimme, »wie du dir vielleicht denken kannst. Ich will mich nur mit Bozzy unterhalten.«

Das Zimmer war voller Rauch, der seltsame Geruch von Gras stieg ihm in die Nase. Er sah ein paar verdreckte, durchgesessene Sessel, drei fleckige Matratzen, leere Flaschen und überall Imbissverpackungen und Einwickelfolien und, zu seiner gelinden Überraschung, halbierte, ausgepresste Zitronen. Drei weitere bekiffte junge Männer kamen langsam auf die Beine.

»Auf den Boden«, sagte Jonjo und richtete der Reihe nach die Pistole auf sie. »Gesicht nach unten, Hände in den Nacken. Ich will mich nur mit Bozzy unterhalten, dann bin ich wieder weg.« Er freute sich, weil die Kerle unverzüglich gehorchten. Dann nahm er den Fuß vom Hals des Kiffers und ermunterte ihn mit ein paar kleinen Tritten, sich ebenfalls auf den Bauch zu drehen. »So ... Wer von euch ist Bozzy?«

»Ich«, ächzte ein bulliger Typ mit hochrotem Gesicht.

»Das möchte ich dir auch geraten haben«, sagte Jonjo. »Sonst steckste nämlich noch tiefer in der Scheiße.«

»Ich bin Bozzy. Und du bist tot, Mann. Ich hab deine Visage gesehen. Du bist toter Mann.«

Flink und kräftig ausholend trat er den drei anderen mit seinen stahlkappenbewehrten Maurerstiefeln in die Seite, spürte Rippen nachgeben, krachen, knacken. Die Männer brüllten und wälzten sich vor Schmerz. Jedes Mal, wenn sie in den nächsten drei Monaten husten oder niesen, dachte Jonjo mit Behagen, werden sie an diesen Tag denken, jedes Mal, wenn sie aus dem Bett kriechen oder nach irgendwas greifen, denken sie an mich.

»Jetzt verschwindet«, sagte Jonjo. »Aber schnell.«

Sie schlichen geduckt davon und hielten sich die Seiten wie alte Männer, während Jonjo sie mit der Pistole in Schach hielt. Dann schob er den Riegel zu und kümmerte sich um Bozzy. Aus der Tasche seiner Jeans zog er zwei Plastikfesseln, fixierte Bozzys Füße, band sein linkes Handgelenk an die Fußfessel und zog ihn in Sitzstellung.

»Alles ganz einfach, Boz, alter Junge«, sagte Jonjo, zog das Messer aus der Beinhalterung, griff nach Bozzys freier Hand und schnitt flink die Haut zwischen Bozzys Mittel- und Ringfinger ein. Nur ein kleiner Schnitt, etwa einen Zentimeter tief.

»Scheiße!«, brüllte Bozzy.

Jonjo ließ das Messer los und packte je zwei Finger zu beiden Seiten des Schnitts und hielt sie fest in den Fäusten. Jetzt tropfte das Blut aus der Schnittwunde.

»Das haben wir in Afghanistan immer gern gemacht«, sagte Jonjo. »Die Jungs von al-Qaida haben gesagt, sie reden nicht, komme, was wolle, aber sie reden immer.« Er sah Bozzys leeren Blick. »Al-Qaida. Schon mal gehört?«

»Nein.«

»Okay. Das sind knallharte Burschen. Tausend Prozent härter als du. Wir haben das gemacht, damit sie reden: Schnitt zwischen die Finger, dann die Hände auseinandergerissen, bis zum Handgelenk.« Er ruckte kurz – Bozzy brüllte auf. »Wie wenn man Lumpen zerreißt oder Papier. Erst am Handgelenk ist Schluss, aber du hast keine Hand mehr, nur noch eine Flosse. Und keiner kann das reparieren. Kein Arzt. Wenn du nicht plauderst, reiße ich deine Hand auseinander. Und wenn du dann immer noch nicht plauderst, mach ich mit der anderen Hand dasselbe. Dann musst du dein Bier mit dem Strohhalm trinken und kannst nie wieder allein pissen.«

»Was willst du wissen?«

Jonjo strahlte. »Ich möchte wetten, das heißt, ich habe mit mir selber gewettet, dass du letzte Woche hier im Shaft einen Typ abgezogen hast. Der Typ heißt Adam Kindred. Du hast sein Handy geklaut, und jemand hat es benutzt.«

»Ich hab letzte Woche zehn Handys abgezogen, Mann.«

»Das eine Mal war anders. Du wirst dich erinnern.«

»Wir ziehen ne Menge Typen ab, die kann ich mir nicht merken.«

»An den erinnerst du dich, der war nicht wie die anderen. Was ist da passiert?« Jonjo zog sanft an Bozzys Fingern.

»Ja doch – argh! – ja ... Wir haben ihn plattgemacht. Ein paar Tritte, und alles genommen. Haben ihn unter der Treppe liegen lassen. Ich dachte, der war fertig, aber halbe Stunde später war er weg.«

»Weg? Aufgestanden, weggegangen?«

»Wir haben den plattgemacht, Mann. Der war platt wie Steak.«

»Dann hat ihm einer geholfen.«

»Kann sein.«

»Wo ist das Handy?«

»Verkauft.«

»Hol's zurück. Wer könnte ihm geholfen haben?«

»Muss einer aus Shaft gewesen sein. War schon ziemlich spät. Da treibt sich kein anderer hier rum. Deshalb weiß ich das noch. Der Typ hatte sich verlaufen.«

»Krieg raus, wer ihm geholfen hat«, sagte Jonjo, ließ Bozzys Hand los, hob das Messer auf und schnitt die Fesseln durch. »Ruf mich an.« Jonjo gab ihm einen Zettel mit seiner Handynummer. »Eine Woche hast du Zeit. Ich zahle dir einen Riesen, wenn du den findest, der ihm geholfen hat. Einen Riesen – tausend Pfund.« Er warf ein paar Zwanziger auf den Fußboden. »Wenn du nicht anrufst, komme ich und kriege dich. Dann schneide ich dir die Rübe ab und schick sie an deine Crack-Hure von Mutter, kapiert?«

»Is gebongt, Mann. Is gebongt.«

Jonjo schob den Riegel zurück und schlenderte hinaus in die Nacht.

16

Adam lief zu Fuß von Chelsea nach Southwark – er überquerte die Chelsea Bridge, umrundete die Battersea Power Station und lief dann den größten Teil des Weges am Fluss entlang. Seinen kleinen Straßenatlas hatte er dabei, trotzdem fragte er die Leute – arme Schlucker wie er selbst – nach dem Weg. Vorbei am Lambeth Palace, dem National Theatre, Bankside entlang und unter der London Bridge hindurch nach Southwark. Irgendetwas trieb ihn dorthin, ein unbewusster Drang – er war nicht sicher, ob es klug war, ihm zu gehorchen, aber irgendwie fühlte er sich dazu verpflichtet. Vielleicht weil Mhouse – seine Retterin und Peinigerin – es ihm nahegelegt hatte. Hatte sie ihm diesen Zufluchtsort nicht deshalb empfohlen, weil sie trotz ihrer Feindseligkeit begriffen hatte, in welch einem Zustand er sich befand? Seine Stirnwunde war inzwischen abgeheilt und zeigte nur noch einen schwachen, zartrosa Abdruck des Turnschuhs. Jetzt war die Zeit gekommen, ihrem Rat zu folgen.

In der Southwark Street fragte er ein paar Leute nach der Church of John Christ, wurde korrigiert: »Sie meinen Jesus Christ«, und zweimal schickte man ihn zur Southwark Cathedral. Doch dann erzählte ihm jemand, es gebe da eine seltsame Art Kirche in der Nähe der Tooley Street, unten am Fluss, an der Unicorn Passage, also lief er in der angegebenen Richtung weiter und stellte fest, dass er von Southwark nach Bermondsey gelangte. Und hier in der Tooley Street fand er kleine Wegweiser mit Pfeilen, die an Pfosten und Regenrinnen befestigt waren – »The Ch. of John Christ« –, und er folgte ihnen weiter ostwärts, durch die Jamaica Road, bog links ab, dann rechts, immer den Pfeilen folgend, bis er schließlich am Ziel war – am Ufer des Flusses, wie er sah.

Das Gebäude sah aus wie ein Speicher aus dem 19. Jahrhundert: Backstein, große hölzerne Schiebetüren, keine Fenster. Hinter dem Haus floss der braune Strom vorbei. Über den Türen las er die Aufschrift in Plastiklettern, blau auf weiß: »THE CHURCH OF JOHN CHRIST, gegr. 1989«. Und darunter: »ERZBISCHOF YEMI THOMPSON-GBEHO, Pfarrer und Gründer«, und darunter wiederum die Verheißung: »KEINE SÜNDE ÜBERDAUERT« und »ALLE SÜNDEN WERDEN VERGEBEN«.

In eine der großen Schiebetüren war eine kleine Pforte eingelassen, und Adam klopfte an diese Pforte, wartete eine Minute, klopfte erneut, wartete noch eine Minute und war schon im Gehen, als ihm eine Frauenstimme nachrief: »Warst du das, mein Guter?«

Adam drehte sich um. Eine ältere Frau mit karottenrot gefärbtem Haar stand mit einem dampfenden Becher Tee in der offenen Tür und zeigte ihm ein zahnloses Lächeln.

»Man hat mir gesagt, ich kann hier Hilfe bekommen«, sagte Adam.

»Gott wird dir helfen, mein Lieber. Der Gottesdienst fängt um sechs an. Bis dann also.« Sie schloss die Tür. Adam lief zurück zur Tooley Street und erkundigte sich bei jemandem nach der Zeit – halb fünf. Da konnte er genauso gut warten. Er war hungrig, seine Füße hatten Blasen von den engen Golfschuhen, und da er den ganzen Weg gelaufen war, wollte er auch sehen, was ihm dort geboten wurde. Er setzte sich auf die Schwelle eines verbarrikadierten Hauseingangs neben einem Zeitungsladen, um dort die Zeit bis zur Öffnung der Kirche abzuwarten. Froh darüber, seinen Glauben auf John Christus – wer immer das sein mochte – geworfen zu haben, schloss er die Augen, um ein wenig zu schlafen.

Aber es ging nicht: Drüben auf der anderen Straßenseite sah er eine pummelige junge Frau im blassgrauen Kostüm und sehr hochhackigen Schuhen. Sie kam aus einem Immobiliengeschäft und zündete sich eine Zigarette an. Den Rauch blies sie über die Schulter nach oben, als müsste sie ihn von einem unsichtbaren Jemand fernhalten – einem unsichtbaren Nichtraucher, wie Adam vermutete. Genau wie Fairfield Springer, durchfuhr es ihn fast schockartig – so rauchte auch Fairfield Springer. Und es überlief ihn das eisige Gefühl der Schuld, zusammen mit einem anderen Gefühl – eher Reue als Selbstmitleid, wie er für sich entschied. Er rief sich Fairfield ins Gedächtnis – ihr dichtes strohblondes Haar, ihre dicke schwarzgerahmte Brille. Sie hatte ein hübsches Gesicht, aber das viele Haar und die Brille hinderten einen daran, das sofort zu bemerken.

Bei ihren zwei privaten Begegnungen – einem Fick und einem Essen drei Tage später – hatte sie exakt genauso geraucht wie diese Frau gegenüber, die vor dem Immobiliengeschäft in Bermondsey stand und den Rauch über die rechte Schulter blies, aus Rücksicht gegenüber dem Nichtraucher, mit dem sie zusammen war ...

Die Erinnerung an Fairfield lenkte seine Gedanken unweigerlich zurück zu jener Nacht in der Wolkenkammer. Eigentlich war es später Nachmittag oder früher Abend gewesen, aber da sie ein nächtliches Gewitter simulieren wollten, konnte man es auch als nächtliche Begegnung bezeichnen. Die Beleuchtung in der Wolkenkammer war auf künstliches Mondlicht heruntergedimmt, Fairfield war eine seiner Studentinnen, ein vielversprechendes, aufgewecktes Mädchen, ein wenig übergewichtig, kurzsichtig (daher die Brille), ernsthaft, aufmerksam. Sie hatte gefragt, ob sie ihn zum Dach der Wolkenkammer begleiten dürfe, neun Stockwerke hoch, und er hatte gesagt: Natürlich, auf jeden Fall, möchte noch jemand mit hoch? Aber die anderen Studenten wollten nicht, sie waren mehr daran interessiert, den Regen fallen zu sehen. Jetzt, mit der bitteren Gewissheit des klüger Gewordenen, wusste er, dass sie alles genau geplant hatte. Adam und Fairfield standen auf der Beobachtungskanzel, in das bläulich weiße Licht des künstlichen Monds getaucht, und blickten hinab auf die graue, brodelnde Wolkenmasse, die eine Fläche von der Größe zweier Tennisfelder bedeckte. Sie standen Schulter an Schulter, Ellbogen an Ellbogen auf das Geländer gestützt und verfolgten das sanfte Wogen der Wolken unter dem Acrylglasdach der Wolkenkammer. Adam drückte auf den Knopf, um die riesigen Sprüharme in Bewegung zu setzen, und sie scherten aus, kreisten im Uhrzeigersinn über den Wolken und verteilten die winzigen Körnchen gefrorenen Silberjodids.

»Das ist ja irre schön«, flüsterte Fairfield. »Als würden Sie Gott spielen, Adam.«

Er drehte sich zu ihr um, wollte sie korrigieren – dies war ein klimatologisches Experiment, kein urreligiöser Egotrip –, und schon im nächsten Moment küssten sie sich, bohrte sich ihre Brille in sein Gesicht.

»Ich liebe dich, Adam«, sagte sie atemlos und löste sich von ihm, um sich ihrer Kleider zu entledigen. »Ich liebe dich seit dem ersten Tag.«

Sie liebten sich auf der Beobachtungskanzel – über den Wolken –, mit einer Schnelligkeit und Heftigkeit, die seinen Orgasmus nicht im Geringsten behinderte. Er kam zusammen mit einem kleinen Aufschrei der Überraschung über das beispiellos animalische Gefühl der Entfesselung. (Am nächsten Tag stellte er fest, dass er zerschrammte Knie und blaue Flecken an Ellbogen und Beinen hatte.) Als es vorbei war, zogen sie die abgeworfenen Kleidungsstücke wieder an und saßen stumm nebeneinander auf dem Metallfußboden der Kanzel, kamen wieder zu Atem und zu Verstand, und Fairfield rauchte eine Zigarette – in fröhlicher Missachtung des Rauchverbots, hielt aber den Rauch rücksichtsvoll von ihm fern, indem sie ihn über die rechte Schulter blies.

Du Narr, dachte Adam jetzt mit Bitterkeit – was für ein Leichtsinn; jeder der anderen Studenten hätte mit dem Fahrstuhl zur Beobachtungskanzel hochfahren und sie überraschen können. War dieser kurze Moment mit Fairfield der Auslöser all dessen gewesen, was ihn zu diesem Hauseingang in Bermondsey geführt hatte? War das die Laune des Schicksals gewesen, dank derer er nun hier auf der Schwelle eines verfallenen Hauses saß, ohne einen Penny, gesucht wegen Mordes, zottelbärtig, verdreckt, hungrig, in weggeworfenen Klamotten? Sei nicht albern, Adam, dachte er. Diese Kausalkette kannst du bis zum Tag deiner Geburt zurückverfolgen, wenn du willst – der reinste Irrsinn. Aber warum hatte er, ein relativ glücklich verheirateter Mann in gesicherter Stellung und mit wachsender akademischer Reputation, sich dazu verstiegen, mit Fairfield Singer zu vögeln, einer seiner Studentinnen? Welcher Teufel hatte ihn geritten? Warum hatte er nicht einfach gesagt: Nein, Fairfield, das geht nicht, und sie sanft von sich gewiesen? Ihr Liebesakt, wenn das die korrekte Bezeichnung für etwas so Spontanes und Unbedachtes war, dürfte kaum länger als ein paar Minuten gedauert haben – bis er keuchend über ihr zusammensackte und sich zur Seite rollte. Sie hatten ihre Kleider in Ordnung gebracht, eine Weile stumm dagesessen, dann hatte Fairfield ihn geküsst, die Tabakzunge tief in seinem Mund, und war mit dem Lift nach unten zu ihren Mitstudenten gefahren. Das war alles – der Akt, der Geschlechtsakt, hatte nie eine Wiederholung gefunden.

Schadensbegrenzung, hatte Adam am nächsten Morgen beim Frühstück gedacht, während er seiner klugen, hübschen Frau gegenübersaß und sie sich beide auf ihren jeweiligen Arbeitstag einrichteten. Ja, Schadensbegrenzung, das war jetzt vonnöten. Sich mit Fairfield treffen. Eine aufrichtige Entschuldigung vorbringen, den vorübergehenden Kontrollverlust einräumen, alle Schuld auf sich nehmen, Mitgefühl zum Ausdruck bringen, eine reumütige Bemerkung über diese unziemliche Verletzung des Lehrer-Schüler-Verhältnisses nachschieben. Es würde niemals, niemals wieder vorkommen. Aber da waren schon die ersten SMS-Botschaften auf seinem Handy gelandet – eindeutig, aber nicht obszön, leidenschaftlich, aber nicht verrückt.

»Hölle und Teufel«, fluchte er leise, als er die Augen aufmachte und sich einem Mann gegenübersah, der ihn aus ein paar Schritt Entfernung anstarrte. Ein großer Kerl, kräftig gebaut wie der Stürmer einer Rugby-Mannschaft, über fünfzig, Halbglatze, halblanges Haar, das Gesicht vom Leben gezeichnet. Er trug ein Jackett und graue Flanellhosen und hatte eine kleine Ledertasche über die Schulter gehängt.

»Alles in Ordnung?«, fragte der Mann.

»Ja, danke, bin okay«, sagte Adam vage lächelnd. Der Mann lächelte zurück und betrat den Zeitungsladen nebenan.

Ein paar Minuten später kam er wieder heraus, einen Packen Zeitungen und Illustrierte im Arm, und beugte sich zu Adam herunter. »Viel Glück, Alter«, sagte er.

Und gab ihm eine Pfundmünze.

Adam sah ihn davonziehen und dachte sich: Was ist hier los? Verwundert starrte er auf die schwere kleine Münze auf seiner Handfläche und erlebte so etwas wie eine Offenbarung. Er hatte wieder Geld – und es war ihm geschenkt worden. Er musste nicht stehlen, begriff er, er konnte betteln.

Als die Church of John Christ um achtzehn Uhr ihre Pforten öffnete, war Adam der Einzige, der draußen wartete. Die Pforte war angelehnt, also schlüpfte er hinein und gelangte in einen Vorraum. Hinter einem Tisch saß die zahnlose Frau.

»Hallo, mein Lieber«, sagte sie. »Willkommen in deinem neuen Leben.«

Auf der Brust trug sie ein Plastikabzeichen mit der Aufschrift »JOHN 17«. Mit einem dicken Filzstift schrieb sie etwas auf ein Kärtchen und überreichte es ihm. Genauer besehen, war es ein Pappschildchen mit Anstecknadel, auf das sie »JOHN 1603« geschrieben hatte.

»Beim nächsten Mal kriegst du ein richtiges aus Plastik, wie ich es habe«, sagte sie. Adam befestigte das Abzeichen an seiner weißen Jeansjacke. »Such dir einen Platz ganz vorn«, sagte sie und zeigte auf die Tür hinter ihrem Rücken.

Adam betrat einen hallenartigen Raum mit nackten Ziegelwänden und Glasdach. Mehrere einfache Holzbänke mit gepolsterten Kniestützen waren vor einem Podium aufgereiht, in dessen Mittelpunkt ein Vortragspult stand. Das Pult war mit einem Mikrofon versehen, Drähte führten zu den Lautsprechern zu beiden Seiten des Podiums. An der Wand dahinter hing ein goldbesticktes Banner mit einer stilisierten Sonne, von der lange, wellige Strahlen ausgingen. Kreuze waren nirgends zu sehen. Adam setzte sich wie befohlen in die erste Reihe und wartete, die Hände auf den Knien gefaltet, geduldig und der Dinge harrend.

In den folgenden Minuten kamen etwa ein Dutzend andere Besucher – überwiegend Obdachlose – auf leisen Sohlen hereingeschlurft und nahmen ihre Plätze ein. Alle trugen sie »JOHN«-Abzeichen. Die wenigen Frauen, genauso gekennzeichnet, setzten sich ganz hinten hin, wie Adam auffiel. Er hörte seinen Magen knurren – der Hunger meldete sich zurück. Zumindest ging alles sehr anonym und diskret zu; keine Fragen, keine Namen, keine Lebensschicksale, nichts. Man wurde nur Mitglied der Church of John Christ, und –

Ein Mann setzte sich neben ihn. Adam sah, dass er ein Pappschildchen mit »JOHN 1604« trug. Er hatte schütteres Kraushaar – ein kleiner Mann Mitte vierzig mit großem Kopf und einem Leiden, das Adam unter der Bezeichnung Pachydermie geläufig war. Seine Gesichtshaut war auffallend dick und runzlig wie die eines Elefanten, worauf auch der Name der Krankheit zurückzuführen war. Andere Bezeichnungen waren Audry-Syndrom, Roy-Syndrom und – besonders exotisch – Touraine-Solente-Golé-Syndrom. Adam wusste so gut darüber Bescheid, weil sein Schwiegervater – sein Exschwiegervater

Brookman Maybury – ebenfalls an Pachydermie litt. Es gab kein Mittel dagegen, aber die Krankheit war nicht tödlich, nur entstellend. Der berühmteste Pachydermiker war der Dichter W.H. Auden. Der Mann, der jetzt neben Adam saß, John 1604, sah nicht so schlimm aus wie Auden, aber eines Tages würde er an ihn heranreichen. Seine Wangenfalten waren tief eingegraben, und vier Furchen, ausgeprägt wie Stammesnarben, zogen sich quer über seine Stirn, selbst wenn sein Gesicht entspannt war. Weitere Falten, die in keiner Beziehung zu irgendeinem Gesichtsausdruck zu stehen schienen, verliefen senkrecht unter den fleischigen Tränensäcken, und sein zerklüftetes Kinn sah aus, als wäre er als Kind bei einem Unfall verstümmelt worden. Der Mann lächelte ihn an, entblößte lange braune Zähne, die weit und gleichmäßig auseinanderstanden, und reichte ihm die Hand.

»Hallo, ich heiße Turpin. Vincent Turpin.«

»Adam.« Adam erwiderte den Händedruck.

»Man kriegt hier eine ordentliche Mahlzeit, habe ich gehört, Adam.«

»Gut.«

»Man muss bloß den Gottesdienst mitmachen, das ist alles.«

Adams Erwiderung, dies sei kein zu hoher Preis, wurde von Rockmusik übertönt, die plötzlich aus den Lautsprechern dröhnte – Rockmusik mit schrillen Trompeten und anderen Blechbläsern und vielen Beats, die einen eindringlichen und suggestiven Tanzrhythmus vorgaben. Ein Mann in purpurner und goldener Robe kam tänzelnd durch den Mittelgang, und ein paar Johns begannen, den Takt zu klatschen. Der Mann verharrte vor dem Podest, weitertanzend, mit wiegendem Kopf und geschlossenen Augen. Tanzen kann er, dachte Adam. Ein gutaussehender Mann mit kräftigem Nacken, markanten Zügen und gebrochener Boxernase. Das muss Erzbischof Yemi Thompson-Gbeho sein, der Gründer und das Oberhaupt der Kirche, sagte er sich.

Mit einer Handbewegung brachte Bischof Yemi die Musik zum Verstummen, und er nahm hinter dem Pult Aufstellung.

»Lasst uns beten«, sagte er mit tiefem Bass, alle knieten auf den gepolsterten Kniestützen nieder.

Das Gebet dauerte nach Adams grober Schätzung fast dreißig Minuten. Schon nach den ersten Sätzen schaltete er ab und ließ seine Gedanken schweifen, um immer mal wieder zurückzukehren, zunehmend gestört von den angestrengten Atemzügen seines Banknachbarn – einer Art Röcheln und Schniefen, als wären seine Nebenhöhlen von Gewächsen aller Art verstopft – Grasbüscheln und Brombeeren. Was Adam von dem Gebet mitbekam, durchstreifte die politischen Ereignisse aller Kontinente und feierte den glücklichen Ausgang diverser Weltkrisen als Frucht inbrünstigen Gebets. Als Bischof Yemi mit »Im Namen unseres Herrn John Christus, amen« endete, hatte Adam schon Sorge, dass man die Borborygmen seines Magens bis in die hintersten Reihen hören konnte.

Der Bischof bat sie, wieder Platz zu nehmen. »Seid willkommen, Brüder«, sagte er, »in der Church of John Christ.« Er fasste seine kleine Gemeinde ins Auge. »Wer unter euch hat gesündigt?«

Adam blickte sich um und sah, dass alle die Hand hoben. Er und Turpin taten desgleichen, wenn auch ein wenig schüchterner.

»Im Namen von John Christus, eure Sünden seien vergeben«, sagte Bischof Yemi, öffnete ein Buch und fuhr fort: »Der Lehrtext dieses Abends kommt aus dem Großen Buch der Offenbarung des Johannes, Kapitel 13, Vers 17.« Er machte eine Kunstpause, sein Bass begann theatralisch zu dröhnen. »Niemand soll kaufen oder verkaufen, er habe denn das Malzeichen, nämlich den Namen des Tiers oder die Zahl seines Namens.«

Der Verlesung folgte seine offenbar improvisierte Predigt. Adam spürte, wie sich Erschöpfung in ihm ausbreitete, er kämpfte gegen den Schlaf. Immer mal wieder drangen einzelne Sätze und Metaphern zu ihm durch und setzten sich in ihm fest.

»Würdet ihr euren Vater steinigen?«, dröhnte Bischof Yemi. »Ihr sagt nein. Ich aber sage ja. Ja, steiniget euren Vater ...« Minuten später hörte Adam wieder genauer hin: »Ihr spürt Verzweiflung, ihr fühlt, dass euer Leben wertlos ist – schreit es heraus. SCHREIT ES HERAUS! Johannes, John Christus, steh mir bei. Und er wird euch beistehen, meine Brüder ...« Oder wenig später: »John Christus würde die Europäische Union segnen, aber nicht den G8-Gipfel.« Dann: »Ihr verspeist ein Hähnchen zum Abendessen, ein leckeres Brathähnchen, und reinigt euch danach die Zähne. Am Morgen findet ihr einen kleinen Rest zwischen den Backenzähnen und holt ihn mit der Zunge oder einem Zahnstocher heraus. Spuckt ihr ihn aus? Nein! Das ist das Hähnchen, das ihr am Abend zuvor verspeist habt. Warum soll es ausgespuckt werden? Nein, ihr sollt es verzehren. Dies sind die kleinen Gaben, die uns, den Brüdern in John Christus, beschert sind – wie Fleischfasern, die zwischen unseren Zähnen stecken, winzige Portionen Nahrung, geistige Nahrung ...« Dann verfloss alles im Nebel: »Mao Tse-tung ... Grace Kelly ... Shango, der Gott des Blitzes ... Oliver Cromwell ...« Die Wörter wurden zu Klängen ohne jede Bedeutung.

Zwei Stunden dauerte die Predigt. Die Dachfenster verdunkelten sich allmählich, wurden schwarz. Adam saß aufrecht, mit halboffenen Augen, halb bewusstlos, halb abwesend, und ließ die sonore Stimme von Bischof Yemi über sich ergehen, ohne ihr zu folgen, bis er plötzlich merkte, dass es vorbei war. Stille. Adams Aufmerksamkeit wandte sich wieder dem Geschehen zu. Bischof Yemi hatte den Blick auf ihn und Turpin gerichtet.

»John 1603 und John 1604, steht bitte auf.«

Adam und Turpin erhoben sich, während Bischof Yemi vom Podest stieg und auf sie zuschritt. Er hob die Hände und bedeckte ihre Stirn.

»Ihr gehört nun zu uns ... Wir werden euch niemals abweisen. Willkommen in der Church of John Christ.«

Von der Gemeinde kam schütterer Applaus, bis die laute Rockmusik wieder einsetzte und Bischof Yemi mit enthusiastischen Tanzschritten entschwebte.

John 17, die Frau ohne Zähne, brachte Adam zu einem Raum, in dem Berge von Kleidung lagen, sauber, aber ungebügelt, und bat ihn, sich zu bedienen. Er suchte sich ein kornblumenblaues Hemd und einen marineblauen Nadelstreifenanzug aus, der nicht recht zusammenpasste: der Nadelstreifen der Hose war breiter als der Nadelstreifen des Jacketts. Auf die Frage, ob er auch seine Golfschuhe gegen geeigneteres Schuhwerk austauschen könne, antwortete John 17 mit Bedauern: »Schuhe haben wir nicht, Bruder.« Doch sie war gern bereit, ihn von seinem verdreckten weißen Hemd zu befreien – an dem Philip Wangs und auch sein eigenes Blut klebte –, von der weißen Jeansjacke und der halblangen Tarnhose von Mhouse. John 17 drehte sich weg, während er sich umzog – die Sachen passten wie angegossen.

»Ich nehme an, du hast Hunger«, sagte John 17, als Adam das John-1603-Abzeichen an sein Nadelstreifen-Revers heftete.

»Ja, ziemlichen Hunger«, bestätigte Adam und wurde durch den Korridor zu dem kleinen Speisesaal geführt, wo die anderen Gemeindemitglieder schon abgefertigt wurden. Er nahm einen Teller und stellte sich ans Ende der Schlange. Sie bekamen Reis und Rindergulasch aus Töpfen, die von Gasflammen erhitzt wurden. Adam tat sich Reis auf und streckte den Teller vor, um seine Portion Gulasch zu empfangen. Als er sich bei der Serviererin bedanken wollte, sah er, dass es Mhouse war, mit einem Plastikabzeichen, auf dem »John 27« stand.

»Hallo«, sagte Adam.

»Ja?«

»Du bist Mhouse.«

»Ja.«

»Wir kennen uns. Ich bin Adam. Ich wurde ausgeraubt – du hast mich nach Chelsea zurückgebracht ...« Er wollte hinzufügen: ... *und mit dem Klappspaten auf mich eingedroschen*, besann sich aber eines Besseren.

»Bist du sicher?«

»Du hast mir Sachen geliehen. Ich lag im Shaftesbury Estate, und du hast mich gefunden. Hast du das vergessen? Du hast mir auch geraten, hierherzukommen.«

»Wirklich? Das ist meine Kirche ...« Sie musterte ihn mit zur Seite gelegtem Kopf, als müsste sie erst überlegen. »Ach ja ... jetzt weiß ich. Brauchst du Sachen noch?«

»Die Hose liegt bei John 17 – aber die Gummilatschen habe ich noch.«

»Ist okay. Die Latschen will ich zurück.«

»Ich bring sie dir.«

»Cool.«

Er lächelte sie freundlich an, nahm sich ein paar Scheiben Weißbrot und machte sich auf die Suche nach einem Platz. Der Raum bot Platz für sechs Plastiktische mit je vier Stühlen – wie eine kleine Kantine. An einem Tisch saß Turpin mit zwei weiteren Männern, der vierte Platz war frei, es schien Adam also naheliegend, sich zu seinem Mitbekehrten zu setzen.

»Hey, wie ein Banker!«, rief Turpin, als sich Adam zu ihm setzte. Dann erklärte er den beiden anderen Männern: »Das ist Adam.«

»Hi. Ich Vladimir«, stellte sich der eine vor. Er hatte einen völlig kahlrasierten Schädel – eine glänzend geölte Kuppel –, einen kleinen Spitzbart und die dunklen Augenringe eines Schwerkranken. Er streckte Adam die Hand entgegen, und Adam begrüßte ihn.

»Gavin Thrale«, sagte der andere Mann und hob nur kurz die Hand. Er war schon älter, vielleicht Mitte fünfzig, und hatte ebenfalls einen Bart, aber den grauen Vollbart eines alten Seebären und dazu langes graues Haar, das er aus der Stirn gestrichen und hinters Ohr geklemmt hatte wie ein Schuljunge. Seinen Namen sprach er aus, als würde er damit rechnen, dass Adam ihn kannte, aber doch lieber unerkannt bleiben.

Schweigend machten sich die vier Männer über ihr Rindergulasch her. Turpin fraß wie ein Schwein am Trog, er schlürfte, schmatzte, gab wohlige Grunzlaute von sich, und wäre Adam nicht so hungrig gewesen, hätte er sich sehr daran gestört. Aber er machte einfach die Ohren zu und füllte sich den Bauch mit der ersten anständigen Mahlzeit seit zwei Wochen.

Turpin war als Erster fertig. Er schob den Teller beiseite und ließ die Luft mit einem langen, verhauchenden Rülpser aus seinem Magen entweichen.

»Was verschlägt dich an einen Ort wie diesen, Adam?«, fragte er, während er mit dem Fingernagel in den Zähnen stocherte.

Auf diese Frage war Adam vorbereitet. »Ich hatte mehrere Nervenzusammenbrüche«, sagte er, ohne eine Regung zu zeigen. »Mein Leben ist sozusagen in die Brüche gegangen. Ich versuche, mich wieder zu sortieren.«

»Meine Alte hat mich rausgeschmissen«, verkündete Turpin. »Die in Birmingham. Wurde richtig eklig. Muss mich eine Weile rar machen, wenn ihr versteht, was ich meine. Sehr verbittert und gefrustet, diese Frau. Will mich fertig machen, muss ich leider sagen.«

»Kein Höllenfeuer so heiß«, sagte Gavin Thrale.

»Wie bitte?«, fragte Turpin.

»Was hast du mit Frau gemacht?«, wollte Vladimir wissen.

»Mit ihr eigentlich weniger«, sagte Turpin, ohne sich von der Frage aus der Ruhe bringen zu lassen. »Ist eher eine Familienangelegenheit, etwas heikel. Betraf andere Familienangehörige.« Damit ließ er es bewenden.

»Ich komme London, komme England für Herzoperation«, sagte Vladimir unaufgefordert. »In mein Dorf sammeln

Geld ein Jahr, schicken mich London für Herz reparieren.« Er lächelte beglückt. »Ich nie war in große Stadt. Zu viele Versuchen.«

»Versuchungen«, korrigierte Thrale.

»Was ist passiert?«, fragte Turpin.

»Ich kommen her, gehen Hospital. Und plötzlich fühle gesund. Du versteh? Und ich raus aus Hospital.« Vladimir zuckte die Schultern. »Ich haben Problem mit Klappe von Herz – und reparieren von allein, ich glaube.«

»Was ist mit dir, Gavin?«, fragte Turpin.

»Geht dich nichts an«, sagte Thrale, stand auf und ging.

Offensichtlich sollte die Gemeinde der Church of John Christ nicht länger verweilen, wenn sie ihr Mahl beendet hatte. Mhouse und John 17 stellten die Stühle auf die frei gewordenen Tische, und ein weiterer John begann damit, den Linoleumfußboden zu wischen.

Als sie hinausgingen, wurden Adam, Turpin und Vladimir von Bischof Yemi persönlich verabschiedet – mit einem Händedruck und einer Umarmung.

»Bis morgen, Jungs«, sagte er. »Gebt euren Freunden Bescheid – sechs Uhr abends, sieben Tage die Woche.«

Vladimir zog Adam beiseite. »Du willst Affe?«

»Affe? Was ist das?«

»Knack. Du sagen Koks, vielleicht. Bei uns sagen Affe.«

»Das hab ich nie probiert.«

»Du komm mit, wir rauchen Affe. Haben Geld?«

»Nein.«

Vladimir zuckte sichtlich enttäuscht die Achseln. Er schien eine wahrhaft unschuldige Seele zu sein. »Ich liebe Affe zu viel«, sagte er und ließ Adam und Turpin stehen.

»Wo musst du hin, Adam?«

»Chelsea.«

»Schön. Ich muss nach Wandsworth. Hab eine Frau dort,

die ich ein, zwei Jahre nicht gesehen habe. Könnte mich über Nacht unterbringen.«

Turpin hatte Geld und bot Adam an, ihm das Busticket nach Chelsea auszulegen – »Jetzt wo wir Brüder in John Christus sind, nicht wahr?« Adam nahm das Angebot an und versprach ihm, das Geld bei nächster Gelegenheit zurückzugeben.

Im Bus stieß Turpin mehrmals auf und klopfte sich hinterher aufs Brustbein, als wäre dort etwas stecken geblieben. »Und was hältst du von dieser John-Christus-Geschichte?«, fragte er Adam.

»Der reinste Hokuspokus«, sagte Adam. »Ist alles Unsinn, ob nun dieser Gott oder jener Gott. Nichts als Quatsch.«

»Hey, Moment mal«, sagte Turpin, und seine pachydermischen Stirnfalten bildeten ein befremdliches Wellenmuster. »Das kannst du nicht so abtun –«

Er wurde unterbrochen, weil eine dicke, gehetzt wirkende Frau einstieg. Sie hatte ein kleines Mädchen mit Luftballon dabei, das einen Schokoriegel aß. Turpin stieß Adam mit dem Ellbogen an.

»Sieh mal, so ein süßes Vögelchen«, sagte Turpin entzückt. »Sehr hübsch. Bist du verheiratet, Adam?«

»Ich war's. Jetzt bin ich geschieden.«

»Kinder?«

»Nein.«

»Ich bin verrückt nach kleinen Kindern«, sagte Turpin. »Kinder beweisen, dass es einen Gott gibt, wie man so schön sagt ... Ich hab selber ne Menge Kinder, neun, zehn oder elf. Ich bin verrückt nach Jungs, nach kleinen Knirpsen, aber ganz tief drinnen sind es eher die Mädchen. Die süßen kleinen Vögelchen. Wie steht's bei dir, Adam? Jungs oder Mädchen?«

»Das hab ich mir bis jetzt nicht überlegt.«

»Bei mir sind's kleine Mädchen, das volle Programm. Wenn sie über zehn sind, ändert sich das«, sagte Turpin bedauernd, fast mit Bitterkeit. »Aber nicht zum Besseren. Ist nicht mehr dasselbe. Nein.«

Adam blickte auf die Straße hinaus, während der Bus an einer Ampel hielt. Draußen stand ein Polizist und sah ihm direkt in die Augen. Adam lächelte vage und vertraute auf seine Anonymität.

Turpin kehrte zu seinem Thema zurück. »Also hör zu: John Christus ... Was ist, wenn Bischof Yemi nun recht hat und Johannes, der Jünger Johannes, der wahre Christus ist, und Jesus nur der Prügelknabe ... der Sündenbock? Um das Ganze zu vertuschen?«

»Ich glaube, da habe ich in der Schule gefehlt.«

»Der Trick ist, dass die Römer dachten, sie hätten den Richtigen erwischt – Jesus –, während Johannes, der wahre Christus, ungeschoren davonkommt. Verdrückt sich nach Patmos, wird hundert Jahre alt und schreibt die Offenbarung. Auf seiner griechischen Insel.«

»Das ist Schwachsinn, wie gesagt. Der reinste Schwachsinn.«

»Moment, Moment. Sie waren wie Freiheitskämpfer, eine geheime Zelle. Und den sie kreuzigten – Jesus – war nicht der wahre Anführer. Das war Johannes.«

»Opfern wir doch dem Sonnengott Ra eine Ziege.«

»Wie bitte? Nein, ich meine – ich glaube, Bischof Yemi liegt da sicher nicht falsch. Macht irgendwie Sinn, das Ganze.«

Am Sloane Square, wo sie ausstiegen, schwadronierte Turpin immer noch über diese Finte und ihre möglichen Folgen. Sie gingen zusammen zum Fluss, blieben an der Chelsea Bridge stehen, beugten sich über die Brüstung und blickten hinab auf die schwarze Strömung, die von den vielen Glühbirnen an den Aufbauten und Spannseilen der Brücke erhellt wurde.

»Hast du was zu rauchen?«, fragte Turpin.

»Nein, tut mir leid.«

»Dann schlauche ich irgendwo eine. Du geh nur in dein Bett, Adam. Wir sehen uns morgen, Alter.«

Adam sagte gute Nacht und lief los. Turpin musste nicht unbedingt sehen, wo er hauste, also überquerte er an seinem Uferdreieck die Straße und schlenderte am Gitterzaun des Royal Hospital entlang. Von ferne beobachtete er, wie Turpin die Passanten um eine Zigarette anging. Als er endlich eine erbeutet hatte und mit brennender Zigarette über die Brücke nach Battersea lief, eilte Adam über die Straße und kletterte über den Zaun – in der Gewissheit, dass Turpin ihn nicht gesehen hatte.

Auf der kleinen Lichtung angekommen, hängte Adam seinen neuen Anzug sorgfältig über einen Ast und zog sein sauberes, ungebügeltes Hemd aus, bevor er in den Schlafsack kroch. Er machte es sich unter seinem Busch gemütlich und empfand eine merkwürdige Zuversicht. Seit dem Mord hatte er dieses Gefühl einer bescheidenen, aber dennoch wohltuenden Behaglichkeit nicht mehr genießen können. Er hatte keinen Hunger – das war der ganze Unterschied, wie er jetzt feststellte. Und jetzt kannte er einen Ort, wo er eine herzhafte Mahlzeit bekam, ohne dass sich jemand für ihn interessierte, ohne dass ihm Fragen gestellt wurden. Jetzt würde alles anders werden, sagte er sich. Jetzt hatte er wieder eine Perspektive. Sein Leben als Bettler konnte beginnen.

17

Die Wanne hatte Idealtemperatur und war so voll, dass ihm der Schaum bis ans Kinn reichte. Ingram plätscherte wohlig, strich über seinen nackten Körper und genoss das Gefühl der Entspannung und der Erwartung. Heute war sein Geburtstag – er war neunundfünfzig geworden –, und er würde sich an dem Geschenk erfreuen, das er sich selbst gemacht hatte: eine höchst angenehme Art, dachte er, das sechzigste Jahr zu beginnen.

»Wo willst du hin?«, hatte Meredith konsterniert gefragt, als sie ihn am Samstagmorgen mit Anzug und Krawatte sah. »Ich dachte, wir essen zusammen zu Mittag.«

»Wir haben eine Krise, Liebling«, sagte er. »Krisensitzungen. Mal wieder so ein schrecklicher Tag. Gegen sechs bin ich zurück, versprochen. Oh, und Pa muss ich auch noch besuchen.«

»Komm nicht zu spät«, sagte sie. »Um sieben sind hier alle versammelt.«

Ingram fischte den Schwamm aus dem Wasser und drückte ihn über seinem Kopf aus. Genau das brauchte er nach Philip Wangs Beerdigung, dem bedrückenden Höhepunkt der vergangenen Tage. Das Krematorium Putney Vale, dachte Ingram, ist selbst im schönsten Sommer der Inbegriff all dessen, was man mit dem Wort »freudlos« verbindet. Wangs Mutter, eine winzige, zierliche Frau, fassungslos und in Tränen aufgelöst, war mit Wangs Schwester aus Hongkong eingeflogen worden. Die Kollegen von den Calenture-Labors in Oxford waren in großer Zahl erschienen, weniger gut vertreten war der Hauptsitz der Firma, aber schließlich hatte man Wang dort nur dem Namen und seiner Reputation nach gekannt. Ingram hatte den Nachruf selbst verfasst und vorgetragen, sich dabei naturgemäß auf seine Zusammenarbeit mit Philip Wang konzentriert und geschildert, wie Wang in den frühen Wachstumsjahren von Calenture-Deutz praktisch im Alleingang den ersten wirklichen Gewinnbringer entwickelt hatte – das Heuschnupfen-Medikament Bynogol in Tablettenform und als Inhalationspräparat – und wie ihn seine bahnbrechenden Entdeckungen während der Forschungsphase (was die chemischen Abläufe betraf, war Ingram nicht so firm) auf geradem Wege zur Entwicklung des Medikaments Zembla-1 und seiner Abkömmlinge geführt hatten – bis hin zu dem Präparat, das sich als das erste wirklich wirksame Asthmamittel erweisen sollte. Wie hatte er das bei der Trauerfeier formuliert? »Philip musste einen brutalen und sinnlosen Tod sterben, aber sein ganzes Leben war das genaue Gegenteil davon. Philip haben wir verloren, aber was er der Welt hinterlassen hat, ist von unschätzbarem Wert.« Ganz nett ausbalanciert, dachte er, fast aphoristisch: Tod und Leben, Verlust und Gewinn.

Ingram beugte sich vor und ließ noch etwas heißes Wasser ein. Er dachte an den Tag, als Philip aus Oxford angereist war, ihm seine Termine umgeworfen hatte, weil er unbedingt über Asthma mit ihm reden müsse, wie er sagte. Er war sichtlich erregt gewesen, und Ingram musste ihn mehrfach ermahnen, langsamer zu sprechen und seine Sätze zu wiederholen. Wang hatte, um das Medikament Bynogol zu verbessern, verschiedene Antigene getestet, winzige Sporen, die zu allergischen Reaktionen wie Heuschnupfen führen. Unter den Testsubstanzen befanden sich auch Pollen einer Magnoliensorte, die er vom letzten Besuch bei seiner Mutter in Hongkong mitgebracht hatte. Und zu seiner Verblüffung hatte dieses Antigen, statt eine Heuschnupfen-Attacke mit Schleimhautschwellungen, Sekretbildung, Entzündungen und so weiter auszulösen, das genaue Gegenteil bewirkt. Statt die Ausschüttung der toxischen

Helferzellen des Typs 2 anzuregen, die für die klassische Heuschnupfen-Reaktion verantwortlich sind, wurden die harmlosen Helferzellen des Typs 1 ausgeschüttet. An diesem Punkt seiner Darlegungen wurde er immer hastiger und redete über Histamine, Leukotriene, IgE-Antikörper, bis ihm Ingram Einhalt gebot.

»Bitte mit einfachen Worten, Philip, ich bin kein Wissenschaftler«, sagte er. »Was hat das alles mit Asthma zu tun?«

Wang holte tief Luft. Niemand wisse so recht, warum es eine weltweite Asthmaepidemie gibt, begann er zu erklären. Mit zwanzig Millionen Betroffenen in den USA, fünf Millionen in Großbritannien und weiteren zig Millionen in den anderen Industrieländern. (Ingram beeindruckten vor allem die Zahlen.) Es gebe einen Erklärungsansatz, der im Asthma eine allergisch bedingte Entzündung sehe, eine Art Fehlfunktion unseres prähistorischen Immunsystems. Die Immunabwehr unserer frühen Vorfahren sei gegen Organismen gerichtet gewesen, die nicht mehr existieren – Organismen, die einst im Urschleim gediehen –, und heute reagiere sie eben auf Pollen, Milben, Katzenhaare, Klimaanlagen, helles Sonnenlicht, Zeitungen, Aerosole, Zigarettenrauch, Parfums und so weiter. Asthmakranke seien mit anderen Worten die Opfer einer Fehlfunktion unseres veralteten Immunsystems.

»Das Spannende daran ist«, fuhr Wang noch eine Spur aufgeregter fort, »dass die Angiospermae –«

»Angiospermae?«

»Die Blütenpflanzen. Die von mir verwendeten Zembla-Blüten –«

»Zembla-Blüten?«

»Von einer Magnoliensorte aus Hongkong, die dort als Zembla bezeichnet wird. Jedenfalls wurden Sporen dieser Magnolie in fossilen Funden aus der Kreidezeit nachgewiesen.« Er breitete die Hände aus, als wäre damit alles erklärt.

»Und das bedeutet?«, fragte Ingram zum dritten Mal nach.

»Das bedeutet, dass diese Magnolie eine der frühesten, allerersten Angiospermae war. Dass sie, wenn Sie so wollen, eine Art ›Erinnerungsreflex‹ in unserem Immunsystem auslöst. Das Immunsystem ›erinnert‹ sich an dieses Antigen aus der Kreidezeit und reagiert angemessen. Mit den netten Helferzellen des Typs 1 statt mit den bösen Helferzellen des Typs 2.« Seine Stimme zitterte, als er nach einer kurzen Atempause weitersprach. »Es könnte durchaus sein, dass wir ein Mittel zur Beherrschung des Bronchialasthmas gefunden haben.«

»Also, was brauchen Sie?«, fragte Ingram behutsam.

»Geld«, sagte Wang mit einem Hauch Verlegenheit. »Wir müssen überprüfen, ob sich diese Wirkung der Zembla-Blüte auf Asthmakranke reproduzieren lässt. Experimente durchführen, Tierversuche starten. In die erste Testphase eintreten, mit anderen Worten.«

Ingram überlegte: Millionen und Abermillionen Asthmakranke ... Wenn Calenture-Deutz ein Mittel liefern kann, das diese Kranken mit Wonne benutzen ... Alles, was Calenture-Deutz tun konnte, um ihre Leiden zu lindern, musste getan werden. Also versorgte er Wang mit dem nötigen Startkapital, und die Zembla-Forschung trat in ihre systematische Phase ein. Beim amerikanischen Gesundheitsministerium bewarben sie sich um eine Entwicklungslizenz für ein neues Medikament, und sie wurde gewährt. Drei Monate später erhielt Ingram zu seinem großen Erstaunen einen Anruf von Alfredo Rilke, der ihm anbot, zwanzig Prozent des Aktienkapitals von Calenture-Deutz zu übernehmen und massiv in die Entwicklung von Zembla zu investieren. Wie Alfredo Rilke überhaupt von dem Projekt erfahren hatte, fragte Ingram nicht, aber der Vorschlag erschien ihm klug und lukrativ. Also wurden Calenture-Deutz und Rilke Pharmaceutical zu Partnern.

Nach einem höflichen Klopfen an die Badezimmertür trat Phyllis ein. Sie trug eine zitronengelbe Strickjacke und eine schokoladenbraune Hose.

»Na, wie geht's unserem Jackielein?«, fragte sie. Sie war eine kleine, mollige, vollbusige Frau mit einer rötlichen, blond gesträhnten und raffiniert gewellten Haartracht. »Nun aber raus mit dir, sonst wirst du noch zur Qualle.« Für ihre Größe, dachte Ingram, hat sie eine sehr tiefe Stimme. Bestimmt, weil sie früher mal geraucht hat. Deshalb klingt auch ihr Cockney-Akzent so rau und irgendwie lasterhaft.

Brav erhob er sich aus der Wanne, sie ging mit erhobenem Badetuch auf ihn zu und trocknete ihn ab.

»Da kriegt aber einer ein kleines Bäuchlein«, sagte sie und tätschelte ihm den Bauch. »Hallo, was haben wir denn da?«

Ingram zählte vier Fünfzigpfundnoten ab und legte sie diskret auf Phyllis' Kommode. Das schien unglaublich billig für die rund dreißig Minuten intensiver Wollust, die er mit ihr genossen hatte. Er prüfte seine Frisur im Spiegel – er wirkte noch immer ein bisschen erhitzt – und rückte die Krawatte zurecht.

»Das war wundervoll, Phyllis«, sagte er und legte noch eine Fünfzigpfundnote dazu. »Einfach phantastisch.«

»Du darfst mich jeden Tag ficken, Jackie, mein Kleiner.« Sie schlüpfte nackt aus dem Bett, gab ihm einen Kuss und packte ihn bei den Eiern, dass er zusammenzuckte, dann aber doch lachen musste. »Ist aber zu viel«, sagte sie, als sie die Scheine nahm. »Mach die Tür hinter dir zu, Jackielein, sei ein Lieber.« Sie steckte die Scheine in eine große Brieftasche. »Darfst mich jederzeit anrufen, und vergiss nicht: vierundzwanzig Stunden vorher.«

In der U-Bahn zurück nach Victoria dachte Ingram mit nostalgischer Wonne an die Sachen, die er an diesem Vormittag mit Phyllis gemacht hatte, und staunte wie jedes Mal, wenn er von ihr kam, dass er sie überhaupt gefunden hatte. In den fünf Jahren vor Phyllis hatte er die professionellen Dienste von Nerys in Anspruch genommen, einer Walliserin mit kräftigem, singendem Akzent, die ein paar Zimmer in

Soho bewohnte. Als sie ihm eröffnete, sie werde nach Swansea zurückgehen, um für ihre Enkel zu sorgen, hatte Ingram das Gefühl, es werde ihm ein wesentlicher Bestandteil seines Lebens genommen. »Keine Sorge, mein Junge«, hatte sie ihn getröstet, »ich such dir den idealen Ersatz«, und ihn mit Phyllis bekannt gemacht. Beziehungen, dachte er, nichts läuft ohne Beziehungen ... Er behielt den Namen »Jack« bei, und die neue Beziehung blühte und gedieh – vielleicht sogar noch besser als die mit Nerys.

Wieso eigentlich?, fragte er sich. Allzu sehr wollte er sich nicht in die Gründe dafür vertiefen, warum er die Nerys' und Phyllis' dieser Welt sexuell so anziehend fand. Er war kein Dummkopf, er wusste genau, dass es in einer gewissen Hinsicht am Klassenunterschied lag. Dass sie ihn reizten, weil sie »working class«, weil sie »gewöhnlich« waren: ihre schrecklichen Wohnungseinrichtungen, ihre komischen Vornamen, ihre Kultur, ihr Akzent, ihre Grammatik, ihre Ausdrücke. Er nahm an, dass es etwas mit seiner Schulzeit zu tun hatte, der Grundschule, den Vorboten der Pubertät und Ähnlichem – nur nicht zu tief nachbohren ... Was einen als Dreizehnjährigen sexuell erregt, so hieß es wohl, verfolgt einen das ganze Leben lang. Die Mutter eines Freundes, eine Tante, das Kindermädchen des kleinen Bruders, ein Au-pair-Mädchen, eine Internatserzieherin, eine Küchenfrau ... Was bringt diese Zeitbomben in unserer Sexualpsyche zum Ticken? Woher weiß man, wann und wo sie explodieren?

Er stieg aus der U-Bahn und lief zum Ausgang – bei seinen Phyllis-Besuchen ließ er immer besondere Vorsicht walten, und Shoreditch war keine Gegend, wo er normalerweise hinkam. Luigi parkte auf einem Platz unweit des Bahnhofs. Ingram sagte immer, er müsse zu einer längeren Sitzung und wolle nicht gestört werden, dann lief er auf Umwegen zum Bahnhof und kehrte stets auf einem anderen Umweg zum Wagen zurück.

Auf dem Bahnhofsvorplatz blieb er kurz stehen und schloss

die Augen im Gedanken an Phyllis' üppigen, wohlgepolsterten Körper, ihre sanften Spötteleien. Sex machte Spaß, war ein deftiges, unkompliziertes Abenteuer, und der versteckte Einsatz chemischer Hilfsmittel wie PRO-Vyril war gar nicht mal nötig. Im Weitergehen fragte er sich, ob sie jemals an ihn dachte, nachdem er gegangen war, an ihren »Jack«, und ob sie jemals gerätselt hatte, wer er wirklich war (er trug nie Papiere bei sich, nur Geld – auch das eine Vorsichtsmaßnahme). Nein, dachte er, das ist die typische Einbildung des Freiers – sie dachte nur an ihre zweihundert Kröten, weil der nächste Jack schon auf der Matte stand. So eitel und so naiv war er nicht – Gott sei Dank! Trotzdem, manchmal fragte er sich ...

Ihr Ehemann – er wusste, dass er Wesley hieß – war Dispatcher bei einer Taxifirma, jeden Tag zwölf Stunden außer Haus, und Phyllis hatte beschlossen, mit der ehelichen Wohnung in Shoreditch ein wenig Geld zu verdienen, wenn er auf Arbeit war. Nur einmal hatte er einen anderen Kunden gesehen, der auf ihr Haus zuging, nachdem er es verlassen hatte – ein Mann seines Alters, grauhaarig, der ganzen Erscheinung nach gehobene Mittelklasse, dunkler Anzug und gestreifte Krawatte, Übergangsmantel, Aktentasche. Ein Kronanwalt? Ein höherer Beamter? Politiker? Bankier? Ein Arzt aus der Harley Street? Sie hatten sich ignoriert, als wären sie füreinander unsichtbar – Gespenster. Aber es versetzte ihm doch einen Stich, dass Phyllis ihre Zeit und ihren Körper an andere verkaufte. Wie sind wir ausgerechnet auf Phyllis gestoßen?, fragte er sich. Was führt uns zu dieser professionellen Beglückerin?

Luigi wartete am Ecclestone Square im Wagen.

»Sie hatten einen Anruf, Signore«, sagte er und reichte Ingram das Handy. »Signore Rilke.«

Ingram rief ihn zurück. »Alfredo, Sie sind schon da, wundervoll. Ich hab Sie erst Montag erwartet.«

»Wo waren Sie?«

»Ich hatte einen Termin«, improvisierte Ingram schnell.

»Ich musste zum Arzt. Wegen meines Sohns«, fügte er hinzu, um von sich abzulenken.

»Ist das Ihr homosexueller Sohn?«

»Ja – mein ›schwuler‹ Sohn. Alles sehr unangenehm und kompliziert.« Ingram bereute schon, dass er sich in diese Lüge geflüchtet hatte.

»Hat er Aids?«

»Nein, nein, nichts dergleichen. Aber wir sollten –«

»Ich bin im Firstopotel, Cromwell Road.«

»In einer halben Stunde bin ich bei Ihnen.«

Alfredo Rilke übernachtete nur in Kettenhotels – Marriott, Hilton, Schooner Inns, Novotel – und mietete immer eine ganze Etage, egal wie viele Zimmer diese Etage umfasste. Als Ingram eintraf, wurde er in die fünfte Etage gewiesen, und einer von Alfredos Mitarbeitern – ein junger Mensch in Jeans, mit Ohrstöpseln und einem dünnen Stabmikrofon am Mund – führte ihn durch den kahlen Korridor zu einem der Zimmer, wo er ihn mit einem Lächeln und einer kleinen Verbeugung aus der Hüfte stehen ließ.

Alfredo Rilke öffnete die Tür, bevor Ingram klopfen konnte. Sie umarmten sich ungelenk, es war eher ein gegenseitiges Umfassen der Oberarme – ihre Gesichter kamen nicht miteinander in Berührung –, Rilke klopfte ihm herablassend auf die Schulter und schob ihn in ein dunkles Zimmer mit zugezogenen Vorhängen.

Rilke war ein großer, massig gebauter Mann Anfang sechzig mit Brille und einem onkelhaften Lächeln, seine Glatze war begrenzt von einem klar umrissenen, auffallend dunklen Haarkranz, der über dem einen Ohr begann und sich im Halbkreis über den Hinterkopf zum anderen Ohr erstreckte. Er bewegte sich langsam und mit Bedacht, fast ein wenig gebrechlich wirkend, doch das täuschte. Ingram hatte ihn auf Gran Cayman und den amerikanischen Virgin Islands kraftvoll

Tennis spielen, den Ball mit wahrer Wucht schlagen sehen. Aber abseits des Tennisplatzes täuschte er diese Quasi-Senilität vor – ein Trick, um seine Kollegen, Rivalen, Wettbewerber in Sicherheit zu wiegen und zu entwaffnen, dachte Ingram. Alfredo Rilke wirkte wie ein frühzeitig gealterter Mann – und genauso wollte er von den Leuten gesehen werden.

»Setzen Sie sich, Ingram, setzen Sie sich.«

Ingram gehorchte und stellte fest, dass der Raum, wenn auch etwas halbherzig, in ein Wohnzimmer verwandelt worden war – das Bett war an die Wand geschoben, ein Coffeetable und ein paar Stühle nahmen die Zimmermitte ein.

»Nehmen Sie sich einen Drink, Ingram«, sagte Rilke und öffnete die Minibar. »Ich muss einen Anruf erledigen. Es dauert zwei Minuten.«

Rilke verschwand im Nachbarzimmer, Ingram goss sich Tonicwater ein, setzte sich und wartete. Er wusste einiges über Alfredo Rilke, hatte aber immer das Gefühl, dass es nicht die Hälfte von dem war, was er hätte wissen müssen. Er hatte mehr herausfinden wollen, hatte andere Leute Erkundigungen einziehen lassen, aber es blieb immer bei derselben, enttäuschend mageren Geschichte, die voller Lücken und offener Fragen war – im Lauf der Jahre waren kaum neue Details zu Rilkes Biographie hinzugekommen.

Alfredo Rilkes Vater, Gunther Rilke, war 1946 nach Uruguay eingewandert (aus der Schweiz, wie es hieß, doch auch das war ungewiss). Fast sofort nach seiner Ankunft heiratete er die Uruguayerin Asunción Salgueiro, einzige Tochter eines Fabrikbesitzers, der die lateinamerikanische Kaffeeindustrie mit Fungiziden und Düngemitteln belieferte. Alfredo Rilke wurde 1947 geboren, sein Bruder Cesario 1950. 1970 übernahm Alfredo Rilke die väterliche Fabrik, nachdem Cesario 1969 bei einem Flugzeugabsturz ums Leben gekommen war, und nannte die Firma Rilke Farmacéutico S.A.

Im nachfolgenden Jahrzehnt machte er sein erstes Vermögen mit billigen Verhütungsmitteln und einem starken Antidepressivum. Gegen den Vorwurf der Patentverletzung, vorgebracht von Roche, Searle, Syntex und anderen Firmen, verteidigte er sich in einer ganzen Serie von Prozessen.

1982 verließ Rilke Uruguay und blieb fortan ohne festen Wohnsitz. Er zog es vor, abwechselnd auf mehreren Jachten zu residieren, die ständig in der Karibik und im Golf von Mexiko kreuzten, in maximal zweistündiger Entfernung von einem Flughafen für seinen Firmenjet. Dies war der Ursprung der Weltfirma Rilke Pharmaceutical, die sich durch den Zukauf kleinerer Pharmafabriken in den USA, in Frankreich und Italien stetig vergrößerte. Gegen Ende der neunziger Jahre gehörte Rilke Pharma zu den zehn weltgrößten Pharmakonzernen.

Und das ist schon fast alles, dachte Ingram verdrossen, was man über Rilke weiß. Vielleicht kommt das dabei heraus, wenn man ein Vierteljahrhundert lang »nirgendwo« wohnt – man ist nur noch schwer festzunageln, und das in jeder Hinsicht. Oder in fast jeder: Denn der Pharmabranche war wohlbekannt, dass der Patentschutz für Rilkes große Verkaufshits, die ihm ständig neue Zukäufe ermöglichten – die Antibabypillen, ein ACE-Hemmer, ein Aidsmittel und eine ganze Reihe von Nachahmer-Antidepressiva –, seinem Ende zuging. Rilke Pharma benötigte dringend ein neues Erfolgsmedikament – deshalb war Rilke auf Calenture-Deutz zugegangen, mit dem Angebot, massiv in die Entwicklung und klinische Erprobung von Zembla-4 zu investieren ...

Ingram schreckte hoch, als Rilke zurückkam. Er entschuldigte sich wortreich, im Arm eine Mappe, deren Inhalt er auf dem Tisch ausbreitete. Es waren Entwürfe für farbige, doppelseitige Anzeigen. Auf jedem Entwurf prangte die Überschrift: ASTHMA FÜR IMMER BESIEGT? Ingram überflog die Texte – die üblichen Sprechblasen. »Namhafte Wissenschaftler kämpfen in unseren Forschungslabors darum, die Welt von dieser Menschheitsgeißel zu befreien.« Dazu Fotos von seriös wirkenden Weißkitteln, die durch Mikroskope schauten und Reagenzgläser in die Höhe hielten, Bilder von gesunden, beneidenswert glücklichen Menschen an Stränden und Pferdekoppeln. Jede Anzeige endete mit der Versicherung, der Kampf gegen dieses chronische Leiden werde fortgesetzt (koste es, was es wolle). Hier und da tauchte der Name »Zembla-4« auf, aber Heilung wurde nicht versprochen, nur vage in Aussicht gestellt: Lasst uns Zeit, unsere smarten Forscher in den weißen Kitteln arbeiten daran.

»Sehr beeindruckend«, sagte Ingram, »aber ein bisschen voreilig, oder?« Es war seiner Aufmerksamkeit nicht entgangen, dass die Werbeseiten mit dem vertrauten Logo von Rilke Pharmaceutical versehen waren – dem blauen R im roten Kreis. Und soweit Ingram wusste, war Zembla mitsamt seinen Derivaten noch immer das Eigentum von Calenture-Deutz. Er beschloss, dazu zu schweigen.

»Da könnten Sie recht haben«, sagte Rilke auf seine konziliante Art. »Es ist nur so, dass Burton mir versichert hat, Zembla-4 stehe kurz vor der Produktreife. Alle klinischen Tests bestanden. Die Produktbeschreibung fertig zur Vorlage beim amerikanischen Gesundheitsministerium in Rockville ... Nach unseren Erfahrungen kann eine frühzeitige, sehr unbestimmt gehaltene Werbekampagne – mit den üblichen Warnhinweisen natürlich« – er zeigte auf die umfangreiche Fußnote am Ende jeder Werbeseite –, »äußerst nutzbringend sein. Dadurch wird der ganze Ablauf beschleunigt, wie wir festgestellt haben.«

»Das hat Ihnen Burton Keegan also erzählt«, sagte Ingram ein wenig steif. »Über Keegan und de Freitas wollte ich sowieso mit Ihnen reden. Ich möchte sie aus dem Aufsichtsrat entfernen.«

»Das wird nicht möglich sein, Ingram«, sagte Rilke mit einem unschuldigen Lächeln des Bedauerns.

In solchen Momenten fand Ingram es angebracht, sich daran zu erinnern, dass Alfredo Rilke die Fryzer-Gruppe um gute hundert Millionen Pfund reicher gemacht hatte. Eine solche Summe machte es ihm allerdings leichter, die ein oder andere bittere Pille zu schlucken. Er änderte seinen Tonfall.

»Es ist nur so, dass sich Keegan und de Freitas Zuständigkeiten aneignen, die ihnen nicht erteilt wurden. Es ist nicht ihre Aufgabe –«

Rilke hob die Hand, als wollte er sagen: Moment, ich bitte um Entschuldigung. »Ich habe sie gebeten, diese Zuständigkeiten zu übernehmen – nach dem Tod von Philip Wang. Sie sollten wissen, dass Burton Keegan vier, nein fünf erfolgreiche Markteinführungen für Rilke-Medikamente geleitet hat. Er ist unser bester Mann, er weiß genau, was er tut. Es steht sehr viel auf dem Spiel, Ingram.«

»Nun, das ist etwas anderes. Wenn ich gewusst hätte –«

»Übrigens, wie weit sind die Ermittlungen? Wurde Kindred schon gefunden?«

»Äh, nein. Noch nicht. Er ist wie vom Erdboden verschluckt. Die Polizei hat seine Spur verloren. Es ist nicht zu fassen.«

»Gott sei Dank sind wir nicht ausschließlich auf die Polizei angewiesen«, sagte Rilke.

Wie meint er das?, fragte sich Ingram und seufzte. »Wir haben unsere Anzeige mit der ausgesetzten Belohnung zwei Wochen lang laufen lassen. Die Polizei hält es für denkbar, dass er Selbstmord begangen hat.«

»Was glauben Sie?«

»Ich, äh, hab dazu wirklich keine Meinung.«

Rilke lächelte. »Ein gefährlicher Standpunkt, Ingram. Wenn Sie keine Meinung haben, können Sie auch nicht handeln.«

Ingram lächelte zurück. In solchen Momenten war es sicherer, den Mund zu halten.

»Folgendes wird jetzt passieren«, sagte Rilke und zog den Hosenbund über seinen Bauch. »Wir reichen Zembla-4 bei der amerikanischen und dann bei der britischen Zulassungsbehörde ein und beginnen mit der Werbung – erst in medizinischen

Fachzeitschriften, dann in ausgewählten Spitzenblättern mit weltweiter Verbreitung – *New Yorker, Time, Economist, El País, Wall Street Journal, Le Figaro* und so weiter. Wer kann sich beschweren, wenn eine Pharma-Firma erklärt, dass sie versucht, das Asthma zu besiegen? Wer kann gegen eine Absichtserklärung vorgehen? Dann wird Rilke Pharmaceutical Calenture-Deutz ein Übernahmeangebot unterbreiten – zu einem Zeitpunkt meiner Wahl. Aber all das wird erst geschehen, ich wiederhole es, wenn Adam Kindred aufgespürt und unschädlich gemacht wurde.«

»Jaaaaaa«, sagte Ingram. Er zog das Wort gummiartig in die Länge, in seinem Kopf rasselte es wie in einer überdrehten Spielzeuguhr. »Wie, äh, sieht Ihr Zeitplan aus? Wann soll das alles losgehen?«

»Nächsten Monat wahrscheinlich, wenn es gut läuft«, sagte Rilke. »Sie werden bedeutend reicher, Ingram. Und die Welt bekommt das erste voll wirksame Asthmamittel. Das ist eine Win-win-Situation.«

Ingram erhielt die Auskunft, Colonel Fryzer halte sich im Rosengarten auf, also begab er sich im gepflegten Park von Trelawny Gables auf die Suche nach seinem Vater. Auf gewundenen Pfaden bewegte er sich durch die teure Senioren-Wohnanlage. Krankenschwestern, weißgekleidete Pfleger schoben Servierwagen, Kleidergestelle, Blumengestecke umher, und Ingram fragte sich beiläufig, ob auch er seine Tage an einem solchen Ort beschließen würde – einer Fünfsternevorhölle mit Luxusküche. Und irgendwie beschäftigte ihn auch das Treffen mit Rilke, die Frage nach der Bedeutung, der Tragweite dieses Treffens. Keegan und de Freitas würden bleiben, so viel war klar, aber ihm schien, als würde die Zulassung von Zembla-4 mit einer geradezu ungebührlichen Hast betrieben. Philip Wang hatte immer auf ein langsames, aber stetiges Vorgehen gedrungen – weshalb die Zulassung des Bynogol auch glatt und reibungslos verlaufen war ... Ingram blieb stehen und schnupperte an einer Blume: Er war sich fast sicher, dass etwas hinter seinem Rücken geschah – dass ihm langsam die Kontrolle über Calenture-Deutz entglitt, war mehr als deutlich und alles andere als beruhigend.

Sein Vater hasste Trelawny Gables mit einer stillen, aber tiefen Inbrunst, wie Ingram wusste, doch er ertrug die herrschenden Gepflogenheiten und Rituale mit amüsiertem Pragmatismus. Er machte seinem Sohn keine Vorwürfe deswegen, zumindest hoffte es Ingram, der seinen Vater soeben entdeckte – im Spalier an der Außenmauer, wo er die Rosen mit Insektenspray besprühte. Er war ein hochgewachsener, schlanker, grauhaariger Herr, der eine olivgrüne Fellweste mit Hemd und Krawatte und ordentlich gebügelten Bluejeans trug. Ingram hatte den Jeans mit vierzig Jahren abgeschworen – kein Mann fortgeschrittenen Alters sollte in Jeans sterben, hatte er sich gesagt, aber er musste zugeben, dass sein siebenundachtzigjähriger Vater in ihnen ganz zünftig aussah. Vielleicht wurden Jeans wieder hoffähig, wenn man die achtzig überschritt ...

»Hallo, Pa«, sagte er und küsste ihn auf beide Wangen. »Gut siehst du aus.«

Colonel Gregor Fryzer musterte seinen Sohn genau – er prüft mich, dachte Ingram, als wäre ich zum Appell angetreten. Er musste lächeln über die Marotte des alten Herrn, doch dann befiel ihn die absurde Angst, dass ein Phyllis-Geruch von ihm ausging, irgendeine Sex-Ausdünstung, die nur alte Leute erschnüffeln konnten.

»Du kommst mir nervös vor, Ingram. Ein bisschen gereizt.«

»Nicht im Geringsten.«

»Ich habe immer gedacht, dass ein bisschen von einem *fourbe* in dir steckt.«

»Was ist ein *fourbe*?«

»Schlag es nach, wenn du nach Hause kommst.«

Sie gingen hinüber zu seiner Parterrewohnung – Schlafzimmer, Wohnzimmer, Bad und kleine Küche. Die Wände waren mit den Aquarellen seines Vaters bedeckt – Stillleben in der Mehrzahl. In seiner Freizeit band er Fliegen zum Angeln – die er verkaufte –, und er malte.

Der Colonel ging in die Küche und kam mit zwei Glas Gin Tonic zurück – ein Eiswürfel in jedem, keine Zitrone. Er reichte Ingram ein Glas, setzte sich, steckte eine Zigarette auf die Spitze und zündete sie an.

»Was kann ich für dich tun, Ingram?«

»Ich wollte dir nur guten Tag sagen – sehen, wie du zurechtkommst. Du weißt doch, dass ich sonntags immer mal auftauche.«

»Das letzte Mal ist zwei Monate her. Wenn ich Forty nicht hätte ...«

»War Forty bei dir?«

»Er kommt zweimal die Woche. Er hat irgendeinen Vertrag mit den Gärtnern.«

»Ach ja, natürlich.« Ingram hörte das zum ersten Mal. Forty war sein jüngster Sohn. »Wir hatten viel zu tun«, sagte er, um das Thema zu wechseln. »Kommst du heute Abend zum Essen? Die ganze Familie ist da. Ich dachte, es könnte –«

»Nein danke.«

»Ich schick dir einen Wagen. Hin und zurück.«

»Nein danke. Auf Channel Four kommt eine Sendung, die will ich sehen.«

Ingram nickte. Wenigstens hatte er gefragt. Meredith würde Anfälle kriegen, wenn der Colonel die Einladung annahm. Es waren immer dieselben gemischten Gefühle, wenn er mit seinem Vater zu tun hatte: Bewunderung, Irritation, Zuneigung, Frustration, Stolz, Abneigung. Nicht selten staunte er einfach nur, dass dieser störrische alte Bock sein Vater war. Und manchmal wollte er nur ein Zeichen der Zuneigung von ihm – einen Klaps auf die Schulter, ein freundliches Lächeln.

Sie saßen da und nippten an ihrem Gin Tonic wie zwei Fremde in einem Wartezimmer, verbunden nur durch ihre Blutsverwandtschaft. Er dachte an seine Mutter, die lange tot war. Die Jahre hatten sie, eine scheue, neurotische Frau, in eine Art Mythos verwandelt, eine Familienheilige. Sie fehlte ihm sehr.

»Eigentlich wollte ich deinen Plan«, begann Ingram vorsichtig.

»Du willst meinen Plan?«

»Entschuldige – deinen Rat.«

»Ach ja?« Der Colonel klang überrascht.

»Ja. Ich glaube, es könnte da ...« Ingram stockte. Unter dem Zwang, seine Vermutung zu artikulieren, kam sie ihm erstmals richtig real vor. »Ich glaube, im Aufsichtsrat ist etwas gegen mich im Gange, eine Art Putsch. Ich glaube, es soll aussehen, als wäre ich der Chef, aber ich bin's dann nicht mehr.«

»Ich versteh sie nicht, deine schreckliche kleine Welt, Ingram – Finanzen, Banken, Pharmazie. Wer sind die Leute, die gegen dich intrigieren? Wirf sie raus. Ein Krebsgeschwür muss man ausmerzen.«

»Leider kann ich das nicht.«

»Dann sei schlauer als die: Komm ihnen zuvor, boote sie aus, mach sie klein.« Der Colonel entfernte den Zigarettenstummel aus der Spitze und zündete sich eine neue an. »Häng ihnen was an, Ingram. Sieh zu, wie du ihnen schaden kannst. Sammle Munition gegen sie.«

Keine schlechte Idee, dachte Ingram und überlegte, ob die Möglichkeit dazu bestand, ob er noch die Zeit hatte ... Vielleicht hatte es die Möglichkeit gegeben ...

»Danke, Pa. Ich will dann mal wieder los.«

»Trink erst deinen Gin aus.«

Ingram gehorchte. Manchmal hatte er einen regelrechten Widerwillen gegen Gin – weil er glaubte, dass Gin ihn depressiv machte.

Als Ingram nach Hause kam, holte er das französische Wörterbuch aus dem Regal und schlug das Wort *fourbe* nach. Schurke, Schuft, Betrüger waren die Bedeutungen, die es bot. Für einen Moment war er gekränkt – was glaubte sein Vater, wovon Trelawny Gables bezahlt wurde, etwa von seiner Armeepension? –, doch dann überlegte er sich, dass es die Nachwirkungen seiner Begegnung mit Rilke gewesen sein mussten, die ihn so unaufmerksam und abwesend erscheinen ließen. In seinem Kopf hatte es gearbeitet, sein Umgang mit dem Vater war oberflächlich, unaufrichtig gewesen. Was immer er an Abwehrkräften aufzubieten hatte, wurde gerade aktiviert, wie eine Armee zu den Waffen gerufen, so dass sein kultivierter, aufmerksamer Umgangston gelitten hatte: Typisch für den Alten, dass er das gespürt hatte.

Im Ankleidezimmer goss er sich einen großen Scotch ein, bevor er zu seiner Geburtstagsparty hinunterging. Die drei Kinder waren schon da – Guy, Araminta und Fortunatus – und mit ihnen ein Fremder, der ihm hastig als Fortys Freund Rodinaldo vorgestellt wurde.

»Hast du den schon mal gesehen?«, flüsterte er Meredith in einem geeigneten Moment zu.

»Ein paarmal.«

»Kommt mir unglaublich jung vor.«

»Er ist im selben Alter wie Forty. Sie arbeiten zusammen.«

Maria-Rosa trug sein Lieblingsessen auf: Käsesoufflé, Lammschulter mit Pommes dauphinoises, Erdbeeren mit Champagner-Sorbet. Die Unterhaltung bei Tisch war belanglos, zwanglos, oberflächlich. Ingram musterte seine Kinder – etwa so, wie sein Vater ihn gemustert hatte: Guy, dreißig Jahre, hübsch und unbegabt. Araminta, bis auf die Knochen abgemagert, fast sichtbar zuckend vor Nervosität. Vielleicht hatte ihn sein Vater mit seiner grausamen Objektivität angesteckt, aber er stellte wieder einmal fest, und das ohne besonderen Schreck und ohne Schuldgefühl, dass er Guy und Minty nicht sehr mochte – er fühlte sich für sie zuständig, aber er mochte sie nicht sehr, um ehrlich zu sein, und war auch nicht sonderlich interessiert an ihnen. Nur Fortunatus interessierte ihn – der stämmige, muskulöse Forty, schon ziemlich kahl mit seinen Anfang zwanzig und zu allem Überfluss auch noch schwul – das einzige seiner Kinder, das ihn nie um etwas gebeten hatte, das einzige, das er liebte und das seine Liebe nie erwidern würde.

»Ich war heute bei Gramps«, sagte Ingram zu ihm. »Du arbeitest in Trelawny Gables, sagt er. So ein Zufall.«

»Er hat uns den Job besorgt«, sagte Forty.

»Wirklich?« Das erforderte weiteres Nachdenken. »Und wie laufen die Geschäfte, Forty?«

»Dad, bitte nenn mich Nate.«

»Ich kann mein Kind nicht mit Nate anreden, tut mir aufrichtig leid.«

»Dann hättet ihr mich nicht Fortunatus taufen dürfen.«

»Fortunatus Fryzer«, sagte Meredith, »ist ein wunderschöner Name.«

»Klingt wie ein mittelalterlicher Alchimist«, erwiderte Forty/Nate.

»Du weißt doch, warum wir dich so genannt haben«, sagte Meredith leise.

»Ja, warum heißt so?«, meldete sich Rodinaldo zu Wort – zum ersten Mal an diesem Abend, wie Ingram feststellte.

»Er wäre fast gestorben bei der Geburt«, erklärte Ingram, und beim Gedanken daran bekam er automatisch einen Kloß im Hals. »Wir dachten, wir würden ihn verlieren.«

»Auch ich wäre beinahe gestorben«, erinnerte ihn Meredith ziemlich entrüstet. »Wir hatten beide ein Riesenglück.«

Nach dem Essen wurde Ingram von Guy beiseitegenommen, der ihn um fünfzigtausend Pfund bat – er wolle eine Firma für Autoklassiker gründen.

»Was verstehst du unter ›Autoklassiker‹?«

»Wir kaufen sie, möbeln sie auf und verkaufen sie mit Gewinn. Du weißt schon: Citroën DS, Triumph Stag, Ford Mustang, Jensen Interceptor – moderne Klassiker, zeitlos.«

»Was verstehst du denn von alten Autos?«

»Ein bisschen – na, nicht allzu viel. Alisdair ist der eigentliche Experte. Der Markt für diese Autos ist gewaltig. Einfach gewaltig.«

»Brauchst du dann nicht eine Werkstatt, eine Lagerhalle?«

»Alisdair arbeitet dran. Wir brauchen nur ein bisschen Startkapital – damit wir loslegen können.«

»Hast du's mal bei einer Bank versucht? Die verleihen nämlich Geld, musst du wissen.«

»Die waren nicht sehr hilfreich. Voll negativ.«

Ingram versprach, darüber nachzudenken, entschuldigte sich und ging ins Ankleidezimmer, um sich noch einen Scotch zu genehmigen. Er wollte sich an diesem Abend betrinken, aus irgendeinem Grund die Kontrolle verlieren – wenigstens ein wenig. Auf dem Rückweg passte ihn Minty auf dem Treppenabsatz ab. Sie brauche dringend zweitausend Pfund, noch heute Abend.

»Nein, Liebling, das ist unmöglich.«

»Dann fahre ich nach King's Cross und verkaufe mich an irgendjemanden.«

»Sei nicht albern. Du weißt, ich hasse diese Auftritte.«

Sie fing an zu weinen. »Ich schulde diesem Kerl Geld. Ich muss ihn heute Abend auszahlen.«

Ingram stieg die Treppe wieder hinauf, öffnete den Safe im Schlafzimmer und kam mit achthundert Pfund und fast zweitausend Dollar zurück. Mit einem Schlag wirkte Minty ruhiger.

»Danke, Daddy«, sagte sie. »Ich geh dann mal los. Alles Gute zum Geburtstag.« Sie gab ihm einen flüchtigen Kuss auf die Wange. »Und bitte kein Wort an Mummy.«

»Gib's mir zurück, wenn du kannst«, rief er ihr nach, mit mehr Bitterkeit als beabsichtigt. Dann folgte er ihr treppab in den Flur, wo Forty und Rodinaldo ihre Jacken und Rucksäcke überzogen – auch sie wollten nicht bleiben.

»Alles Gute zum Geburtstag, Dad«, sagte Forty und umarmte ihn. Eine Sekunde lang hielt Ingram seinen Sohn in den Armen, bevor er sich von ihm löste.

»Läuft alles gut mit der Gärtnerei?«, fragte Ingram.

»Ja, super.«

»Ich würde gern was investieren. Du weißt schon: Entwicklungshilfe. Haha.« Ingram merkte, dass er endlich betrunken wurde – der Scotch und der viele Wein.

»Wir sind absolut zufrieden, wie es ist. Klein, aber glücklich.«

Rodinaldo nickte. »Nate und ich, wir könne sein alles, was wolle.«

»Ihr Glücklichen«, sagte Ingram. »Aber denkt dran, das Angebot liegt auf dem Tisch. Neue Spaten, neuer Van, neue ...« Aus irgendeinem Grund fiel ihm nicht ein, was ein Gärtner so brauchte. »Jedenfalls, ich stehe zur Verfügung.« Er sah, wie sein Jüngster eine Art Tarnjacke überzog, und spürte in seiner Betrunkenheit, dass ihm die Tränen kamen. Er wollte ihn noch einmal umarmen, küssen, aber Forty wich ihm aus und winkte ihm zum Abschied zu. Meredith legte den Arm um Ingrams Hüfte und zog ihn diskret an sich. Aha, dachte Ingram. Zeit für eine PRO-Viryl.

Als sie die Treppe zu ihren Schlafzimmern hochgingen, klingelte das Telefon.

»Ich geh besser ran«, sagte Ingram.

Es war Burton Keegan.

»Es ist schon sehr spät, Burton«, sagte Ingram und bemühte sich, ruhig zu klingen.

»Wir müssen uns treffen – morgen.«

»Morgen ist Sonntag.«

»Die Welt steht nicht still, Ingram.«

18

Bozzy lieferte Adam Kindreds Handy und die Brieftasche mit seinen Kreditkarten ab.

Jonjo sah die Karten durch. »Alles amerikanische – bis auf eine.«

»Ich weiß. Wir wollten noch mal an ihn ran, wegen PIN-Nummern. Zaz hat zu sehr getreten, also war bisschen wild. Deshalb haben wir liegen lassen. Als wir zurückkommen – ist er weg.«

»Hör auf zu zappeln. Du gehst mir auf die Nerven.«

»Geht klar, Bruder.« Bozzy versuchte, stillzuhalten.

»Und nenn mich nicht Bruder. Ich bin nicht dein Bruder – in keiner Weise.«

»Geht klar, Boss.«

Jonjo steckte die Karten und das Handy ein und gab Bozzy noch ein paar Zwanzigpfundscheine. Aus einer anderen Tasche zog er eine Rolle mit Kindred-Steckbriefen und reichte sie Bozzy.

»Mach hier im Shaft die Runde, zeig das den Leuten und frag sie, ob sie ihn an dem Abend gesehen haben.«

Bozzy studierte das Foto. »Das war der Typ, den wir plattgemacht haben?«

»Genau. Er wird gesucht. Hat einen Doktor umgelegt.«

»Wow!«

»Hör dich um«, sagte Jonjo, dann hob er den Fuß und besah die Sohle seines Stiefels – er hatte in etwas Weiches, Klebriges getreten und wischte es an einer der Matratzen ab.

»Die Bude kannst du abfackeln«, sagte er. »Hier geh ich nicht mehr rein. Verstanden?«

»Verstanden, Boss.«

»Und jetzt sucht ihn. Irgendwer hier im Shaft weiß, wo Kindred ist.«

19

Wenn du nichts hast, dachte Adam, wird alles, selbst die winzigste Kleinigkeit, zum Problem. Um seine Bettlerkarriere zu beginnen, hatte er stehlen müssen – einen Filzstift aus einem Papiergeschäft. Aus einem leeren Weinkarton hatte er eine Pappe herausgerissen und mit dem gestohlenen Filzstift beschriftet:

ICH HABE HUNGER UND KEINE UNTERKUNFT – BITTE UM EINE GABE. NUR KUPFERMÜNZEN.

Am ersten Tag hatte er sich vor einem Supermarkt auf der King's Road niedergelassen, im Schneidersitz, das Schild an seine Knie gelehnt. Fast augenblicklich begannen die Leute, ihm ihre Kupfermünzen abzuliefern, als wären sie froh, das lästige Kleingeld loszuwerden, die fast nutzlosen, die Geldbörsen verstopfenden Penny- und Zweipennymünzen. Adam freute sich über die Logik seines Gedankens: Nichts ist störender, als wenn sämtliche Taschen mit kleinen, wertlosen Münzen vollgestopft sind. Angeregt hatte ihn der Bettlerspruch: »Haben Sie mal 'n Groschen?« Er breitete seine Jacke über die Knie, damit die potentiellen Spender ihre Münzen abwerfen konnten, ohne seiner schmutzigen Hand und seinen schwarzen Fingernägeln allzu nahe zu kommen. Nach dreißig Minuten besaß er drei Pfund und siebenundzwanzig Pence. Er füllte sich die Taschen mit Penny- und Zweipennystücken – auch die eine oder andere Fünfpennymünze war dabei. Einer hatte ihm sogar ein Pfund gegeben – beeindruckt von der Bescheidenheit seiner Bedürfnisse und der Höflichkeit seines Ansinnens.

Zwanzig Minuten später, er hatte gerade die Fünfpfundmarke überschritten, kam ein Mann und hockte sich neben ihn. Er war jung, sehr mager, hatte einen dichten Bart wie Adam und war genauso schmutzig.

»Mshkin n gsadnka«, sagte er oder etwas, was sich so anhörte.

»Ich verstehe nicht«, sagte Adam, »ich spreche nur englisch.«

»Verpiss dich«, sagte der Mann und zeigte ihm die Klinge eines Stanley-Messers, die er in der hohlen Hand versteckte. »Meine Platz, gehöre mir. Ich stechen Messer.«

Adam stand sofort auf und ging los, zur Victoria Station, wo er ein freies Fleckchen zwischen einem Bankautomaten und einem Souvenirladen fand. Er verdiente ein weiteres Pfund, bis der Ladenbesitzer herauskam und ihn mit Insektenspray besprühte.

»Verzieh dich, du Penner«, sagte der Mann, und Adam zog weiter, mit brennenden Augen.

Am ersten Tag kam er auf sechs Pfund und dreizehn Pence, am zweiten auf sechs Pfund neunzig. Jetzt, am Nachmittag des dritten Tags – postiert zwischen einem Zeitungsladen und einem kleinen Supermarkt, der PROXI-MATE hieß –, hatte er fünf Pfund ergattert. Bei diesen Erträgen, rechnete er sich aus, würde er fünfunddreißig Pfund in der Woche und fast zweitausend Pfund im Jahr verdienen – was ihn erleichterte und zugleich entmutigte. Es bedeutete, dass er nicht hungern musste – er konnte sich billige, wenig nahrhafte Lebensmittel kaufen, hin und wieder eine ordentliche Mahlzeit in der Church of John Christ einnehmen und – natürlich – weiter im Freien schlafen, im Dreieck an der Chelsea Bridge. Aber jetzt war Frühsommer – was würde er im Dezember oder im Februar machen? Schon spürte er die Klemme, in der er steckte – die unausweichliche Armutsfalle, den Teufelskreis, dem fast nicht zu entrinnen war. Im Untergrund leben, ja – unentdeckt bleiben, ja – aber irgendetwas musste geschehen. Wie sollte er je zu seiner gewohnten Existenz zurückfinden, seiner alten

Identität? Er hatte eine Frau gehabt, eine nette, geräumige Wohnung mit moderner Klimaanlage, ein Auto, einen Beruf, einen Titel, eine Zukunft. Das Leben, das er jetzt führte, war so reduziert, dass man es kaum noch als menschlich bezeichnen konnte. Er war wie die Londoner Tauben, die um ihn herum in der Gosse pickten. Selbst die Londoner Füchse mit ihren Höhlen und warmen Schlupfwinkeln waren besser dran als er.

Er ging zu Banken und Wechselstuben, um sein Kupfergeld in Pfundmünzen einzutauschen. Die Kassiererinnen waren nicht erfreut, taten ihm aber murrend den Gefallen. Um nicht zu oft zu denselben Banken und Wechselstuben zurückzukehren, nahm er immer weitere Wege in Kauf. Er wollte nicht, dass sie ihn als Belästigung empfanden und in Erinnerung behielten.

Im Servicebereich der Victoria Station leistete er sich eine Dusche und wusch sich zum ersten Mal seit fast einem Monat das Haar. Danach schaute er sich den hageren, bärtigen Fremden an, der ihm aus dem Spiegel entgegenstarrte, als er sich das Haar aus der Stirn kämmte, und war schockiert von der Intensität seiner widerstreitenden Gefühle: Auf der einen Seite der unbändige Stolz auf seine Überlebenskunst, auf der anderen das bitterste Selbstmitleid, dass er so tief hatte sinken können. Ja, ich bin frei, sagte er sich. Aber was ist aus mir geworden?

Sauber gewaschen, in seinen zusammengewürfelten Nadelstreifen, mit neu gekauften, annehmbar glänzenden schwarzen Schnürschuhen (für ein Pfund im Trödelladen erstanden) kehrte er zu seinem Dreieck zurück und holte Mhouse' Gummilatschen. Er brauchte normalen menschlichen Umgang mit anderen (vorzugsweise weiblichen) Menschen. In den letzten Tagen hatten ihm hunderte von Leuten winzige Geldsummen gegeben, manche hatten ihm sogar ein paar freundliche Worte gegönnt, aber dankbare Gefühle hegte er zunehmend für Mhouse, weil sie ihm die Church of John Christ empfohlen hatte – die Kirche war ihm tatsächlich zur Rettung geworden –, und selbst mit ihrer Wut hatte sie ihm so etwas wie Zuwendung geschenkt, befand er nun. Er wollte ihr danken und sein Versprechen einlösen, indem er ihr die Latschen zurückbrachte. Sie würde staunen, dachte er sich, vielleicht sogar gerührt sein, weil er so verlässlich war.

Er nahm den Bus nach Rotherhithe, auch das eine kleine Sprosse auf der Leiter der Zivilisation, und stieg am Shaft aus. Erst nachdem er einmal um die Wohnanlage herumgegangen war, erkannte er die Stelle wieder, wo er überfallen worden war (die Graffiti halfen seinem Gedächtnis) – er sah den verwüsteten Spielplatz und die Treppe, unter der er bewusstlos gelegen hatte. Eine alte Frau, die einen Trolley mit wackligem Rad hinter sich herzog, kam langsam auf ihn zu, und er fragte sie, ob sie eine Frau namens Mhouse kenne.

»Welcher Aufgang?«, fragte sie.

»Das weiß ich nicht.«

»Dann kann ich Ihnen nicht helfen, junger Mann«, sagte sie und schlurfte weiter.

Da er glaubte, unauffällig zu wirken – eine abgerissene, bärtige Gestalt in alten Klamotten, so wie die meisten männlichen Bewohner des Shaft –, drang er tiefer in die Höfe vor. Zwei weitere Nachfragen, und er kannte die Adresse von Mhouse – Aufgang 14, Level 3, Wohnung L. Als er die Treppe hinaufstieg, wurde ihm ein wenig beklommen zumute, als ginge er zu einem Rendezvous.

Er klopfte an die Tür, und nach einer Weile hörte er ihre Stimme: »Ja? Wer ist da?«

»John 1603«, sagte er, und natürlich machte sie auf.

Er hielt die Latschen in die Höhe.

»Ich bringe sie zurück«, sagte er.

Mhouse' Wohnung bestand aus einem Wohnzimmer, zwei Schlafzimmern, Wohnküche und Bad. Es gab weder Teppiche noch Vorhänge und nur wenige Möbel: zwei nicht zusammengehörige Sessel, ein paar Kissen und einen Fernseher im Wohnzimmer, zwei Matratzen in dem Schlafzimmer, das sie mit Ly-on teilte. In der Küche war ein Herd, aber kein Kühlschrank. Im anderen Schlafzimmer standen ein paar Kartons mit Kleidern und anderen Habseligkeiten. Sehr seltsam, fand Adam, waren die Schläuche und Kabel, die durch eine fehlende Scheibe im Küchenfenster hereinkamen. Der Schlauch sorgte für fließendes Wasser in der Küche, aber nicht im Bad. Doch Strom gab es in jedem Zimmer, dank der Verlängerungskabel, die sich von einem Verteilerwürfel auf dem Küchenboden durch die Wohnung ringelten. Mhouse brachte Adam eine Tasse sehr süßen Tee – ob er Zucker wollte, hatte sie nicht gefragt.

»Ly-on, du sitzt auf Fußboden«, sagte sie zu dem kleinen Jungen, der fernsah. Gehorsam ließ er sich aus dem Sessel rutschen und setzte sich auf ein Kissen direkt vorm Fernseher – mit langsamen, lethargischen Bewegungen, als wäre er gerade aufgewacht. Adam nahm seinen Platz ein, und Mhouse setzte sich ihm gegenüber.

»Das ist mein Sohn«, sagte sie. »Ly-on.«

»Leon?«

»Nein, Ly-on. Wie in Urwald. Löwe und Tiger.«

»Verstehe.« Jetzt erinnerte sich Adam an das Tattoo, das er auf ihrem Unterarm gesehen hatte: Mhouse und Ly-on. »Guter Name für einen Jungen.«

Ly-on war sehr klein, geradezu winzig, mit einem dicken Wuschelkopf und großen dunklen Augen.

»Sag hallo zu John.«

»Hallo, John. Du kommst Mummy spazieren gehen?«

»Wir gehen morgen spazieren, Schätzchen.«

Adam fiel auf, dass Ly-on, obwohl er klein und keineswegs dick war, einen deutlich ausgeprägten Kugelbauch hatte – wie ein Biertrinker.

»Du wohnst noch Chelsea?«, fragte Mhouse.

»Ich ziehe so durch die Gegend«, antwortete Adam vorsichtig. Mhouse war seines Wissens die Einzige, die sein Versteck kannte.

»Wie gefällt dir Kirche?«

»Ich glaube ... wunderbar«, sagte Adam mit Überzeugung. »Ich gehe fast jeden Abend. Dich hab ich aber nicht mehr dort gesehen.«

»Ja, ich versuche gehen, aber ist schwierig, wegen Ly-on«, sagte sie und kratzte sich ungeniert die linke Brust. Sie trug ein enges T-Shirt mit der Aufschrift SUPERMOM!, dazu dreiviertellange blassblaue Jeans. Mit hochgezogenen Beinen schmiegte sie sich in den Sessel. Auch sie war klein, bemerkte Adam, eine richtige Kindfrau – vielleicht war das der Grund, weshalb Ly-on so war.

Ly-on hatte sich, wie er jetzt sah, auf dem Boden ausgestreckt, als wolle er schlafen.

»Geh in Bett, Süßer«, sagte Mhouse, worauf sich Ly-on langsam erhob und mit unsicheren Schritten ins Schlafzimmer tappte. »Ist gerade fertig mit essen«, sagte sie. »Jetzt ist müde. Und ich muss Arsch bewegen, Arbeit gehen. Nein, nein, du bleib hier. Trink Tee aus. Ich geh umziehen.«

Adam nippte an dem übersüßten Tee und zappte sich mit der Fernbedienung durch die Kanäle, von denen es eine unendliche Zahl zu geben schien. Als sie wiederkam, trug sie weißglänzende Plastikstiefeletten, einen Minirock und ein knapp sitzendes Spitzenoberteil aus schwarz-rotem Satin, das ihre kleinen Brüste nach oben presste wie Tennisbälle. Dazu grellrote Lippen und schwarzgeschminkte Augen.

»Ich geh zu Party«, sagte sie. »Auf Schiff in Fluss.«

»Fabelhaft«, sagte Adam. »Du siehst toll aus.«

Sie sah ihn prüfend an. »Willst du verarschen?«

»Nein, im Ernst. Du siehst toll aus.«

»Sehr nett, danke, Sir«, sagte sie und wühlte unterdessen in ihrer Handtasche nach dem Schlüssel. Adam starrte auf ihren Ausschnitt, ließ sich den beißenden Chemiegeruch ihres Parfums in die Nase steigen, und plötzlich – während er die vordergründigen Reize ihres Outfits und die damit verbundenen Botschaften auf sich wirken ließ – fand er sie extrem begehrenswert. Es ging etwas Elfenhaftes von ihr aus – wenn man sich so etwas wie eine sexuell aufreizende Elfe vorstellen kann, dachte Adam –, und ihre schmalen, vorstehenden Augen verstärkten diesen Eindruck noch.

In der Tür blieb sie stehen. »Hast du Job?«

»Äh, noch nicht«, antwortete Adam. »Aber ich verdiene mir jetzt ein bisschen Geld.«

»Abschleppen?«

»Was?«

»Auf Strich. Verkaufen Arsch?«

»Nein, ich bettle.«

Sie überlegte mit gekrauster Stirn. »Ich habe Zimmer frei, wenn du willst. Zwanzig die Woche. Wenn wir schon in selbe Kirche sind, du und ich.«

»Danke, im Moment komme ich zurecht. Es ist ein bisschen teuer für mich, um ehrlich zu sein.«

»Ich kann borgen.«

»Lieber nicht. Trotzdem vielen Dank.«

»Wie du willst.« Sie hielt ihm die Tür auf. »Danke für Latschen. Das ist nett, wirklich sehr nett.«

»Es war sehr nett und freundlich von dir, dass du mir geholfen hast. Und mir von der Kirche erzählt hast. Ich weiß nicht, was sonst aus mir geworden wäre.«

»Schon gut ... Wozu ist Samariter gut, oder?« Sie traten auf den offenen Gang hinaus, und Mhouse schloss die Tür ab.

»Kommt Ly-on allein zurecht?«, fragte er – nicht allzu besorgt, wie er hoffte.

»Klar. Schläft bis morgen Mittag, wenn ich lasse.«

Sie liefen durch den Shaft, dann weiter zum U-Bahnhof Canada Water. »Bis bald, John, alles Gute«, rief sie und lief davon, zu ihrem Bahnsteig. Adam sah, dass sich Männer nach ihr umdrehten, mit den Augen blitzten, die Nüstern weiteten. Ihm kam die Idee, in der Church of John Christ vorbeizuschauen – er hatte Hunger.

»Bald ich kriege Passport«, sagte Vladimir. »Wenn ich kriege Passport, ich kriege Job. Wenn ich kriege Job, ich kriege Wohnung, ich kriege Bankkonto, ich kriege Kreditkarte, ich kriege Dispo. Ich nix mehr Probleme.«

Adam hörte ihm zu, als wäre Vladimir ein Reisender aus einem fernen Land – ein Marco Polo für Arme –, der von unvorstellbaren, phantastischen Dingen erzählte, Dingen, die weit außerhalb seiner Möglichkeiten lagen. Dass ihm selbst einmal ein Haus gehört hatte, kam ihm lachhaft vor, dass er mehrere gut gefüllte Bankkonten und eine Brieftasche mit vielen Kreditkarten besessen hatte, erschien ihm wie ein absurder Traum. Er senkte den Kopf, löffelte Chili con Carne und kaute gedankenverloren vor sich hin. An seinem Tisch saß außerdem noch Gavin Thrale, nur Turpin fehlte.

»Wo willst du denn den Pass herkriegen?«, fragte Thrale unvermittelt.

Vladimir erzählte darauf eine komplizierte Geschichte von Drogensüchtigen in EU-Ländern – Spanien, Italien, Deutschland, Holland –, die, wenn sie dem Tod ins Auge blickten oder auf dem letzten Loch pfiffen, von »Banditen« gedrängt wurden, einen Pass zu beantragen. Wenn sie dann starben, wurde der Pass an Leute verkauft, die etwa genauso alt waren und dem Verstorbenen entfernt ähnelten. Die Pässe mussten nicht gefälscht werden, und das war der Vorteil, darin bestand die absolute Eleganz dieses Tricks – er konnte niemals auffliegen.

Thrale wirkte höchst skeptisch. »Wie viel kosten solche Pässe?«

»Eintausend Euros«, sagte Vladimir.

Adam musste daran denken, dass auch er einen Pass besessen hatte, aber den hatte er im Grafton Lodge zurückgelassen, als er zu seinem Vorstellungsgespräch gegangen war. Zweifellos war er zusammen mit seinen anderen Sachen beschlagnahmt worden.

»Also«, bohrte Thrale weiter, der jetzt offenbar hellhörig wurde. »Du kriegst so einen Pass, aber du musst dich dann als ... als Däne ausgeben, als Spanier, als Tscheche –«

»Ist egal, Gavin«, sagte Vladimir mit Nachdruck. »Hauptsache Passport von EU – jetzt wir alle gleich. Egal welche Land.«

»Wann kriegst du ihn?«, fragte Adam.

»Morgen. Nächste Tag.«

»Also kommst du nicht mehr hierher?«

»Nein, absolut nein!« Vladimir lachte. »Ich kriege Passport, ich kriege Job, ich nix mehr Kirche. In mein Land, ich waren Student, studieren Kiné.«

»Physiotherapie«, erläuterte Adam für Thrale.

»Natürlich. Und dann hat dein Dorf in der Ukraine all das Geld gesammelt und dich nach England geschickt, damit du einen Bypass bekommst.«

»Nix Ukraine, Gavin. Nix Bypass, neues Herzklappe.«

Adam aß sein Chili con Carne auf – die Mahlzeiten in der Church of John Christ waren reichlich bemessen. Bischof Yemis Predigt hatte an diesem Abend zweieinhalb Stunden gedauert, und wieder hatte er seine These dargelegt, dass John Christus der Führer einer kleinen Widerstandsgruppe war, die das Volk von der römischen Fremdherrschaft befreien wollte. Jesus als getreuer Leutnant hatte sich für Johannes geopfert, damit dieser untertauchen und den Kampf fortsetzen konnte. All das konnte man im Buch der Offenbarung finden, wenn man denn verstand, es richtig zu deuten. Dann war Adam ein Weilchen eingenickt – nur die Hungrigsten schafften es, der Predigt mit voller Konzentration zu folgen.

»Haben gesehen Turpin?«, fragte Vladimir.

»Der lauert wahrscheinlich an irgendeinem Spielplatz«, sagte Thrale.

In diesem Moment kam Bischof Yemi an den Tisch und strahlte auf seine Johns hinab.

»Na, wie geht's denn so, Jungs?«, fragte er mit unerschütterlichem Lächeln, offensichtlich ohne eine Antwort zu erwarten.

»Danke, gut«, sagte Adam. Er empfand eine seltsame Zuneigung zu Bischof Yemi. Der Bischof und seine Kirche hatten ihn schließlich eingekleidet und gespeist.

Bischof Yemi breitete die Hände aus. »John Christus in seiner Liebe sei mit euch, meine Brüder«, sagte er und ging zum nächsten Tisch. An diesem Abend waren nur wenige zum Gottesdienst gekommen, kaum mehr als zwölf.

»Warum kommt einem das Wort ›Hokuspokus‹ in den Sinn?«, fragte Thrale.

»Nein, Bischof Yemi gut Mensch«, sagte Vladimir, schon im Aufstehen begriffen. Er wandte sich an Adam und machte eine Rauchergeste. »Adam, du komm mit? Ich habe Affe.«

»Äh, nein danke. Heute nicht«, sagte Adam. Jedes Mal bot ihm Vladimir nach den Mahlzeiten an, mit ihm »Affe« zu rauchen – er muss mich mögen, dachte Adam –, und jedes Mal lehnte er ab.

Später, beim Gehen, blieben Adam und Thrale kurz in der Kirchentür stehen, und beide blickten hinauf in den Abendhimmel. Hoch oben standen einige Federwolken, die von einem aprikosenfarbenen Schleier überzogen waren.

»Cirrus fibratus«, sagte Adam unbedacht. »Das bedeutet Wetterumschlag.«

Thrale musterte ihn neugierig. »Woher zum Teufel weißt du das?«

»Ist nur so ein Hobby«, erwiderte Adam hastig, aber er merkte, dass er rot wurde. Idiot, dachte er.

»Wieso enden Leute wie du und ich an so einem Ort?«, fragte Thrale. »Verstecken uns hinter einem Bart und langen Haaren?«

»Ich sagte doch: Ich hatte mehrere Nervenzusammen-«

»Ja, schon klar. Jetzt hör mal auf zu spinnen. Wir sind beide hochgebildet. Intellektuelle. Das merkt man, sobald wir den Mund aufmachen. Als wäre uns das Wort GRIPS auf die Stirn geschrieben.«

»Mag ja sein«, beharrte Adam. »Aber ich bin durchgeknallt. Ich hab meine Frau verloren, meinen Job. Ich war Monate in der Klinik ...« Jetzt glaubte er es schon fast selbst. »Ich versuche nur, mein Leben zusammenzukitten, Stück für Stück, langsam, aber sicher.«

»Klar«, erwiderte Thrale skeptisch. »Machen wir doch alle.«

»Und was ist mit dir?«, fragte Adam, um das Thema zu wechseln.

»Ich bin Romancier«, sagte Thrale.

»Wirklich?«

»Ich hab ne Menge Romane geschrieben – ein Dutzend so etwa –, aber nur einer ist erschienen.«

»Und der hieß?«

»*Das Hortensienhaus*.«

»Ich kann mich nicht er-«

»Woher auch? Er wurde – ich bin in einem kleinen Verlag erschienen. Idomeneo Editore. Auf Capri.«

»Capri? In Italien?«

»Soviel ich weiß, ja.«

»Schön«, sagte Adam. »Zumindest bist du publiziert worden. Das ist nicht zu verachten. Ein Buch in der Hand zu halten, das man selbst geschrieben hat, mit dem eigenen Namen auf dem Umschlag. *Das Hortensienhaus* von Gavin Thrale. Tolles Gefühl, würde ich denken.«

»Nur dass ich unter Pseudonym geschrieben habe«, sagte Thrale. »›Irena Primavera.‹ Nicht ganz derselbe Kick.«

»Ist es auf Englisch erschienen?«

»Es hieß nicht *La Casa dell'Ortensia*.«

»Verstehe. Schreibst du noch eins?«

Sie entfernten sich von der Kirche und liefen Richtung Jamaica Road.

»Allerdings, wenn du schon fragst. Es heißt *Der Masturbator*. Aber ich fürchte, ich werde keinen Verleger finden.«

»Ist das nicht schon geschrieben worden? *Portnoys* –«

»Gegen meinen Roman liest sich *Portnoys Beschwerden* wie *Winnie-the-Pooh*«, sagte Thrale mit stählerner Härte.

»Aber was machst du in der Church of John Christ, wenn du ein veröffentlichter Romancier bist?«, wandte Adam ein.

»Dasselbe wie du«, sagte Thrale bedeutsam. »Ich bin abgetaucht.«

Eine Weile liefen sie stumm nebeneinander her. Adam blieb stehen und pellte sich ein Kaugummi von der Sohle. Thrale wartete auf ihn.

»Ich habe jahrelang ganz gut gelebt«, sagte Thrale versonnen. »Vom Diebstahl seltener Bücher in Bibliotheken. Landkarten, Illustrationen. In ganz Europa – ich gab mich als Gelehrter aus. Darunter äußerst seltene Exemplare. Dann wurde ich erwischt und musste büßen.«

»Hm.« Adam richtete sich wieder auf.

»Mein großer Fehler nach der Entlassung war, dass ich glaubte, ich könnte die Damen und Herren vom Arbeitsamt – oder heißt das jetzt Arbeitsagentur? – an der Nase herumführen. Jedenfalls hab ich mich angemeldet und gleichzeitig in drei Jobs gearbeitet. Jemand hat mich verpfiffen, das heißt, ich wurde ausspioniert – die Welt ist schlecht, mein Freund –, und meine Stütze wurde gestrichen. Jetzt werde ich gesucht – wegen Betrug, und ich hab keine Lust, noch einmal in den Knast zu gehen.«

»Daher –«

»Daher begeistere ich mich so für Bischof Yemis faszinierende Verschwörungstheorie.«

Sie hatten Adams Bushaltestelle erreicht.

»Dann bis morgen«, sagte Adam.

»Wovon lebst du so?«

»Vom Betteln.«

»O Gott, das ist ja die schiere Verzweiflung.«

»Und du?«

»Ich habe meine alte Beschäftigung wieder aufgenommen. Ich klaue Bücher – auf Bestellung, für Studenten. Ich darf mich aber nicht noch mal erwischen lassen«, fügte er mit ernster Miene an, dann setzte er ein falsches Lächeln auf. »Ich muss dort lang. Ich wohne in einem besetzten Haus in Shoreditch – zusammen mit einem spannenden Mix von jungen Leuten.«

Adam sah ihn davonschlendern und kramte in den Taschen, um zu sehen, wie viel Geld er noch hatte. Es war ein schöner Abend, er konnte genauso gut zu Fuß nach Chelsea laufen – und ein paar Pennys sparen.

20

Der Burberry-Trenchcoat lag auf dem rissigen Betonfußboden der Tiefgarage Nr. 2. Mohammed blickte bekümmert auf ihn hinab.

»Mach nicht dreckig«, sagte Mohammed.

Bozzy nahm den Burberry, warf ihn in eine schillernde Öllache und trat ihn mit den Absätzen flach. Dann setzte er ihn mit dem Feuerzeug in Brand.

»Schon gut, schon gut«, sagte Jonjo. »Bleib locker.«

Blasse Flämmchen züngelten vom wohlbekannten Schottenmuster des Innenfutters hoch.

»Ich bring dich um!«, brüllte Mohammed.

»Du bist schon tot!«, brüllte Bozzy zurück. »Wie bringst du mich um? Mit Selbstmordattentat?«

»Haltet verdammt noch mal die Fresse!«, fuhr Jonjo die beiden an – sie waren augenblicklich still.

Jonjo trat auf Mohammed zu, der vor ihm zurückwich.

»Ich tu dir nichts«, sagte Jonjo. »Noch nicht, jedenfalls ... Wo hast du den Mantel her?«

»Hab ich Boz erzählt, ist drei oder vier Wochen her«, sagte Mohammed. »Ich habe Taxi, okay? Taxifahrer, klar? War schon spät, ich fahre zu Clubs, klar? Dann ich seh diese Typ, ich dachte, hatte Unfall – hatte Blut an Kopf, klar?« Mohammed erzählte seine Geschichte: dass der Mann in Chelsea wohnte und dorthin zurückwollte, dass er ihn einsteigen ließ – weil es eine weite Fuhre war, die viel Geld brachte. Dass aber der Mann in Chelsea sagte, er hätte kein Geld, und ihm stattdessen seinen Regenmantel anbot. Und Mohammed hatte das Angebot mit Freuden akzeptiert.

»Kommen also nach Chelsea. Dort sagt Typ, will Regenmantel holen, geht auf leere Grundstück, und ich bisschen misstrauisch. Dachte, will uns abhauen. Aber kommt zurück mit Mantel, und ich seh gleich, das ist teure Mantel, Burberry-Regenmantel, bringt hundert Pfund, kein Problem.«

Bozzy streckte den Arm aus und stieß seinen Zeigefinger in die schmale Lücke zwischen Mohammeds buschige Augenbrauen.

»Du lügst, du Sau.« Er drehte sich zu Jonjo um. »Wir haben den Kerl voll abgezogen. Der hatte nichts mehr, nur Hemd und Schlüpfer.«

»Nein, hatte Sachen an, ich nehm doch kein nackte Mann in meine Taxi.«

»Du lügst, du Sau.«

Jonjo verpasste Bozzy einen harten Schlag auf die Schulter. Bozzy stieß einen Schmerzenslaut aus, wich zurück und hielt sich den Arm, der schlaff, wie tot nach unten hing.

»Du hast ihn also in Chelsea abgesetzt«, wandte sich nun Jonjo an Mohammed. »Vor einem Haus?«

»Nee, der schlafen bei Brücke, wie Karnickel.«

Jetzt packte ihn Jonjo bei der Kehle und hob ihn in die Höhe, so dass seine Füße gerade noch den fleckigen Beton berührten. Mohammed klammerte sich mit beiden Händen an Jonjos eisernes Handgelenk und strampelte verzweifelt.

»Erzähl keinen Scheiß, Mo.«

»Ich schwöre, Boss«, röchelte er mit vorquellenden Augen.

»Du musst foltern«, sagte Bozzy.

Jonjo ließ Mohammed los. Der hustete und spuckte.

»Ich setzen ab. Er rein in Büsche, kommt raus mit Regenmantel und gibt mir.«

Jonjo spürte, wie es ihn warm durchströmte. Ein Gebüsch an einer Brücke in Chelsea. Battersea Bridge, Albert Bridge oder Chelsea Bridge – eine von diesen musste es sein. Kindred hauste irgendwo im Freien und versteckte sich dort – kein

Wunder, dass er so schwer zu finden war. Jonjo nahm sich Mohammed erneut vor, der immer noch spuckte, als hätte er eine Gräte im Hals.

»Du meinst, er hat bei einer Brücke gehaust, im Freien?«, fragte Jonjo mit einem Wohlwollen, die seine Stimme ein klein wenig heiser klingen ließ. Er würde Mohammed nichts mehr tun. Es war nicht nötig. »Jetzt sag mir genau, welche Brücke du meinst.«

Jonjo parkte sein Taxi an einem kleinen Platz und lief die halbe Meile zur Chelsea Bridge zu Fuß. Er stellte sich eine Weile an den Zaun, der das schmale verwilderte Uferdreieck einfasste, um zu sehen, ob sich dort etwas regte, ob sich dort vielleicht jemand versteckte. Als er sicher war, dass sich niemand dort herumtrieb, wartete er, bis der Verkehr auf dem Chelsea Embankment nachließ, und stieg über das eiserne Geländer. Schnell durchstreifte er das Dreieck. Es war größer, als es von der Straße aus wirkte, und neben der Brücke stand, seltsam genug, ein großer alter Feigenbaum. Je weiter er sich von der Brücke entfernte und der Spitze des Dreiecks näherte, umso dichter wurde das Gestrüpp. Er duckte sich unter Äste und zwängte sich durch Gesträuch, bis er auf eine kleine Lichtung stieß. Drei aufeinandergestapelte Reifen bildeten einen provisorischen Sessel, unter einem Busch fand er einen Schlafsack und eine Isomatte; unter einem anderen eine Orangenkiste mit Campingkocher, Kochtopf, einem Stück Seife und drei leeren Baked-Beans-Büchsen.

Jonjo sah sich noch weiter um. Gut abgeschirmt gegen die Straße und den Verkehr, das Gras zertreten und plattgedrückt – jemand hatte hier eine ganze Weile gehaust. Er fand einen Klappspaten: Es gab keine Abfälle, die Fäkalien wurden offenbar verscharrt – sehr beeindruckend. Jonjo schaute hoch, es war fast dunkel, die Lämpchen der Chelsea Bridge leuchteten hell im purpurblauen Abendhimmel. Er prüfte die

Magazine seiner beiden Pistolen und suchte sich ein bequemes Fleckchen ein paar Meter von Kindreds Versteck entfernt. Kindred würde zurückkommen, in einer Stunde oder irgendwann später, ihm war es egal. Beim Regiment hatte er manchmal bis zu zwei Wochen warten müssen, um einen zur Strecke zu bringen. Kindred konnte sich Zeit lassen, jede Zeit der Welt. Jonjo hatte Kindreds geheimen Schlupfwinkel aufgespürt, und damit stand das Kapitel Kindred vor dem Abschluss – dem sicheren ultimativen Abschluss.

21

Londons gewaltige Ausmaße überraschten ihn, schüchterten ihn fast ein, wie er feststellte, obwohl er in den vergangenen Wochen endlos durch die Straßen gelaufen war. Für den Fußweg von der Church of John Christ in Rotherhithe bis zur Chelsea Bridge brauchte er gut anderthalb Stunden, dabei wirkte die Strecke, die durch mehrere Boroughs verlief – Bermondsey, Southwark, Lambeth, Pimlico, Chelsea –, auf dem Stadtplan kaum weiter als ein Katzensprung. Sicher, er hatte auch Pausen eingelegt, sich eine Tasse Kaffee, eine Flasche Wasser und einen Apfel zum Frühstück geleistet, doch als er das südliche Ende der Chelsea Bridge erreicht hatte, taten ihm die Füße weh. Er war froh, die Lichterketten wiederzusehen. Soeben ging die Flut zurück, und ein schmaler Streifen seines Strandes trat zutage. Vielleicht konnte er ein nächtliches Bad nehmen: Hemd aus, den Oberkörper mit kaltem Themsewasser bespritzen – oder auch einen Topf Wasser warm machen und sich die Haare waschen.

Er überquerte die Brücke und kam gerade noch rechtzeitig, um die vier Polizisten zu bemerken, die, allesamt mit schusssicheren Westen versehen, dabei waren, die Gittertür des Uferdreiecks aufzuschließen und ins Dickicht vorzurücken. Er rannte über die Straße und wartete, halb versteckt hinter dem Kriegerdenkmal an der Ecke der Chelsea Bridge Road, um zu sehen, was sich dort tat – plötzlich in höchste Erregung, in Panik geraten. Nichts schien sich zu rühren. Er blickte auf seine nicht vorhandene Armbanduhr, schritt ein wenig auf und ab, als wollte er sich beim Warten auf einen Menschen, der Wert auf seine Gegenwart legte und sich vielleicht gerade im gegenüber gelegenen Lister Hospital aufhielt, die Zeit vertreiben, und band sich unnötigerweise die Schleifen beider Schuhe neu. Dann, etwa zehn Minuten nachdem die Polizisten in das Dreieck eingedrungen waren, sah er, wie sie alle vier zurückkamen und einen kräftig gebauten Mann in Handschellen abführten.

Ein Polizist forderte mit seinem Funkgerät Hilfe an, etwa zwei Minuten später hielten zwei Streifenwagen mit jaulenden Sirenen und blinkendem Blaulicht vor dem Dreieck, und der Verhaftete wurde in einen der Wagen hineingeschoben. Bequemerweise hielt das Polizeiauto unter einer Straßenlampe, und Adam war nicht mehr als zwanzig Meter entfernt, so dass er alles genau sah. Bevor sich der Mann auf den Rücksitz des Autos drücken ließ, verharrte er kurz und schien etwas zu einer Polizistin zu sagen.

Mit einer schockartigen Wucht, die seinen ganzen Körper erfasste, traf ihn die Erkenntnis, wer der Mann war. Das fliehende, gekerbte Kinn, der Bürstenschnitt, das bullige Gesicht – das war der Mann, den er mit seinem Koffer bewusstlos geschlagen hatte.

Das Polizeiauto fuhr mit Sirenengeheul los, das andere hinterher. Die drei verbliebenen Polizisten, darunter die Frau, beglückwünschten sich, klopften sich gegenseitig auf die Schultern und schlenderten davon, die Uferstraße entlang. Adam folgte ihnen unauffällig, bis er sah, dass sie durch eine Pforte in der Uferbrüstung zum Fluss hinuntergingen. Minuten später legte ein Patrouillenboot ab und fuhr mit hohem Tempo flussabwärts.

In Adams Kopf überstürzten sich die Fragen. Was hatte der bullige Typ im Uferdreieck zu suchen? Hatte er ihm aufgelauert? Heiliges Kanonenrohr! Wie hatte der von dem Versteck erfahren? Was machten die Polizisten dort? Warum hatten sie ihn verhaftet? Gab es eine neue Wendung im Mordfall Wang? Wurde er durch diese Verhaftung endlich entlastet? Fragen über Fragen. Mit einem Mal fühlte er sich unendlich schwach, und er begriff, dass seine Zeit im Uferdreieck vorbei war. Er musste sich ein neues Versteck suchen.

Adam klopfte bei Mhouse an: Es war sehr spät, etwa drei Uhr nachts, und er hatte es schon sechs- oder siebenmal versucht, in der Hoffnung, dass sie endlich von der Party auf der Themse zurück war. Er hielt sich im Schatten und ging den wenigen Leuten, die sich nachts hier blicken ließen, lieber aus dem Weg: Der Shaft war, wie er nur zu gut wusste, bei Dunkelheit kein einladender Ort. Hinter der Tür ging das Licht an.

»Wer verdammt ist da?«

»Mhouse? Ich bin's, John 1603. Ich hab's mir überlegt. Ich würde gern das freie Zimmer nehmen.«

22

Der Targa legte an der neuen stählernen Landungsbrücke von Phoenix Stairs an, Rita sprang an Land und wickelte die Leine um den großen Doppelpoller. Joey warf ihr die Heckleine zu, die sie ebenfalls festmachte. Keine besonderen Vorkommnisse an diesem Tag. Sie hatten einen Taucher vom Unterwassersuchtrupp zu einer Werft in Deptford gebracht, weil dort möglicherweise eine Leiche im Wasser lag – doch es zeigte sich, dass es nur drei Säcke mit Unrat waren. Dann stoppten sie einen Lastkahn aus Twickenham wegen fehlerhafter Frachtpapiere und schickten eine Meldung an die Hafenmeisterei. Schließlich holten sie am Victoria Embankment eine aufblasbare Gangway ab, die sie der Wasserrettung ausgeliehen hatten, und tranken mit den dortigen Kollegen eine Tasse Tee. Fast eine Vergnügungsfahrt, dachte sie. Ein sonniger Tag auf dem Wasser, was konnte schöner sein? Sie bat Joey, allein zum Rapport zu gehen, weil sie noch eine dringende Angelegenheit mit Sergeant Rollins zu bereden habe.

»Gibt's Neuigkeiten, Sarge?«, fragte sie, als sie ihn in seinem winzigen Büro in Container 3 fand, in direkter Nachbarschaft des als Leichenhalle verwendeten Containers 4 mit dem ständig summenden Kühlaggregat. Man hörte das Summen sogar durch die Wand – ein Büro direkt neben der Leichenhalle, nicht mit mir, dachte sie. Sie fragte betont locker, als wäre sie nur nebenbei an der Sache interessiert.

»Ja. Sie haben ihn laufen lassen.«

»Was?«

Rollins zuckte die Schultern und breitete die Hände vor sich aus. »Mehr weiß ich auch nicht. Sie haben ihn über Nacht behalten und am nächsten Morgen dann wieder nach Hause geschickt.«

»Nach Hause geschickt? Ohne Verfahren?« Sie spürte ein seltsames Erschrecken, ein Gefühl der Leere. Das hatte sie zuallerletzt erwartet.

»Sie müssen sich schon ans Revier Chelsea wenden, Nashe, wenn Sie wissen wollen, was da gelaufen ist. Als Einsatzbeamte sind Sie nicht mehr damit befasst. Es gibt kein Verfahren.«

»Er war bewaffnet, verdammt noch mal. Zwei Faustfeuerwaffen und ein Messer, fünfzehn Zentimeter. Keine Papiere. Wie soll ich das verstehen?«

»Eine klare Sache, hätte ich gedacht, aber so laufen die Dinge eben. Hat sicher seine Gründe.« Er setzte sein einnehmendes Lächeln auf. »Ich fürchte, jetzt müssen Sie jemand anderen verhaften, meine Liebe.«

»Bitte nennen Sie mich nicht ›meine Liebe‹, Sergeant.«

Nach dem Dienst fuhr Rita mit der U-Bahn zum Polizeirevier Chelsea, um irgendetwas in Erfahrung zu bringen. Sergeant Duke hatte an diesem Abend keinen Dienst, aber sie sah Gary auf dem Korridor, ging ihm nach und sprach ihn an.

»Hey, Rita.« Er musterte sie von oben bis unten. »Alles in Ordnung? Siehst gut aus, wie immer. Tolle Party, übrigens.«

»Was machst du denn hier?«

»Bin nur kurz von Belgravia rübergekommen. Schreibkram.«

Sie sah sich um, ob sie auch wirklich keine Zuhörer hatten. »Es geht um den Mann, den wir gestern Abend an der Chelsea Bridge verhaftet haben – zwei Faustfeuerwaffen, keine Papiere, hat nicht geredet, kein Wort. Ich hab ihn persönlich hier abgeliefert, den Schein ausgefüllt, dann haben wir ihn an die Kripo übergeben. Alles, wie's sein soll. Und nun höre ich, sie haben ihn laufen lassen. Was zum Teufel ist da los? Begreifst du das?«

Gary warf einen Blick in den Korridor. »Tja. Soweit ich gehört habe ...« Er tippte sich an die Nase. »Es war einer dieser Anrufe, verstehst du?«

»Nein, ich verstehe nicht.«

Er senkte die Stimme. »Irgendein hohes Tier von Yard ruft an und sagt: ›Lasst den Mann gehen. Auf meine Verantwortung.‹ Diese Art von Anruf eben.«

»Was willst du damit sagen?«

»Du bist in irgendeinen verdeckten Einsatz reingeraten. MI5. Antiterror. Was weiß ich. Hatte offenbar Beziehungen, der Mann von der Chelsea Bridge.«

»Das lasse ich mir nicht bieten.«

»Okay, mach was. Siehst du die Wand dort drüben? Kannst ja ein Weilchen mit dem Kopf dagegenrennen. Das wäre etwa dasselbe. Lass es sein, Rita. Die hier das Sagen haben, sind nicht unsere Gehaltsklasse.«

Sie lief im Korridor auf und ab und dachte nach.

»Du fehlst mir, Rita.«

»Wie traurig.«

»Ich war ein Trottel. Ein Arschloch. Ich geb's zu.«

»Zu spät, Gary.«

»Aber ein Drink wär doch drin, oder?«

Sie gingen in eine Bar in der Nähe des Reviers – ein pseudospanisches Tapaslokal, aber mit annehmbarer Musik. Gary setzte seine Bitten um Vergebung fort, sie hörte nur halb zu, noch immer mit dem beschäftigt, was da passiert war, noch immer wütend auf eine unbestimmte Art, und ging in Gedanken durch, wie die Festnahme in dem verwilderten Gelände an der Brücke gelaufen war.

Sie war direkt zu der Lichtung im Dickicht vorgedrungen und hatte mit der Suche begonnen, Joey und die anderen leuchteten mit ihren Lampen herum, als plötzlich dieser Mann hinter einem Busch hochkam und ihr einen Schrecken einjagte, mit erhobenen Händen. »Sie haben mich erwischt«, war alles, was er sagte. Sie durchsuchten ihn, fanden die Waffen, nahmen ihn fest, belehrten ihn über seine Rechte, legten ihm Handschellen an und forderten bei den Jungs in Chelsea ein paar Streifenwagen an. Der Mann sagte kein weiteres Wort, hatte keine Papiere, nannte seinen Namen nicht, blieb absolut ruhig. Als sie ihn auf dem Rücksitz des Streifenwagens platzieren wollte, hatte er sich zu ihr umgedreht, als wollte er etwas sagen, doch dann, es war ganz eindeutig, entschied er sich anders. Sie sah sein Gesicht aus nächster Nähe. Ein Kerl wie ein Klotz. Groß, hässlich, mit fliehendem Kinn und einer tiefen Kinnspalte. Gary redete noch immer.

»Sorry, ich war mit meinen Gedanken woanders«, sagte sie. »Also, was gibt's Neues? Noch mehr Morde in Chelsea?«

»Nicht seit deinem letzten Fall.«

»Und wie läuft der?«

»Die Akte wird wohl geschlossen – null Ergebnisse, *nada*. Aber wir haben noch das Einsatzbüro in Belgravia. Mit ein paar Leuten, der Akte und der Sonderleitung. Nur der Form halber.«

»Von Kindred keine Spur?«

Er zuckte die Achseln. »Kindred ist entweder tot oder wird versteckt, von Freunden und Verwandten.«

»Ich dachte, er hatte hier keine Freunde und Verwandten?«

»Anscheinend hat er sich selbst erledigt.« Gary fingerte in der Jackentasche nach einer Zigarette, dann steckte er die Schachtel zurück, weil ihm das Rauchverbot einfiel.

»Wenn so eine Belohnung ausgesetzt wird«, sagte er, »hunderttausend, einfach gewaltig, dann kriegst du tausend Anrufe. Ich glaube, wir hatten siebenundzwanzig. Alles Nieten. Danach war total die Luft raus. Er muss also tot sein.«

»Oder ins Ausland entkommen«, sagte sie. Aber sie sah schon, dass ihn die Sache nicht interessierte.

Er griff nach ihrer Hand. »Ich will dich wiedersehen, Rita. Du fehlst mir.«

Rita stieg die Gangway zur Bellerophon hoch, mit betont lautem Stampfen, ihr Vater stand am Bug und warf den glimmenden Joint in hohem Bogen ins Wasser. In der anderen Hand hielt er eine Büchse Speyhawk.

»Hi, Dad, wieder im siebten Himmel?«

»Es war schon mal besser, aber ich beklage mich nicht. Ernesto ist schon unten – du bist spät dran.«

Sie aßen zusammen – Pizza, Salat, Applepie –, ein monatliches Treffen, auf das Rita bestand und das sie meistens einhielten. Einmal im Monat, sagte sie, sollten sie als Familie zusammenkommen, essen und ein Glas Wein trinken. Jayne, die Mutter von Ernesto und Rita und Jeffs Exfrau, war nie ein Thema dabei, sie lebte jetzt, soweit sie wussten, in Kanada, in Saskatchewan, hatte wieder geheiratet, einen Mann, den sie nicht kannten, aber wenn sich der Rest der Nashe-Familie in dieser Weise traf, war auch sie anwesend wie ein Gespenst, dachte Rita oft – und dass nie über sie gesprochen wurde, bestätigte ihre Anwesenheit nur. Rita schrieb ihr von Zeit zu Zeit, aber sie antwortete nie. Ernesto bekam immer eine Geburtstagskarte von ihr und manchmal einen Anruf. Doch Rita bekam nichts, weil sie sich für Jeff entschieden hatte – Ernesto war noch zu klein gewesen, daher wurde ihm verziehen. All das war mit Missverständnissen und unguten Gefühlen belastet, und es machte sie traurig, wenn sie zu oft daran dachte. Aber wenigstens kamen die verbliebenen drei hier zum Essen zusammen.

»Viel zu tun, Ernesto?«, fragte Jeff Nashe seinen Sohn.

»Ich könnte hundert Stunden die Woche arbeiten«, sagte Ernesto. Er war untersetzt und stämmig, zwei Jahre jünger als Rita. Und kommt nach Jayne, dachte Rita. Seine extreme Schüchternheit kaschierte er mit schlecht gespielter Coolness.

»Wie läuft das Geschäft mit den Kränen?«, fragte Jeff weiter. »Boomt es, explodiert es?«

»Wenn gebaut wird, werden Kräne gebraucht. Wenn nicht gebaut wird, kriegen wir Probleme.«

Rita durchschaute das Bemühen ihres Vaters, Interesse zu heucheln. Ernesto besaß eine Kranfirma – er verdiente dreimal so viel wie sie.

»Gestern Abend habe ich einen Mann festgenommen«, sagte sie, um das Thema zu wechseln. »Oben an der Chelsea Bridge. Er war bewaffnet. Zwei automatische Pistolen und ein Messer.«

Jeff Nashe starrte sie an, mit halb beduseltem Blick. »Du bist doch nicht etwa bei den Bewaffneten, oder?«, fragte er drohend. »Wenn du mit ner Knarre rumläufst, kommst du mir nicht mehr auf die Bellerophon.«

Sie überhörte die leere Drohung. »Er hat sich freiwillig ergeben«, sagte sie. »Mir und meinen Kollegen.«

»Pass bloß auf dich auf«, sagte Ernesto. »Wo zum Teufel soll das noch hinführen? Mein Gott!«

»In London regiert die Gewalt, seit es London gibt«, sagte Jeff. »Was kann einen da noch überraschen?«

Mag ja sein, dachte Rita, aber wenn wir heute einen Mann mit zwei unregistrierten Waffen festnehmen, lassen wir ihn nicht am nächsten Tag laufen. Das kann man nicht einfach so stehen lassen, als wäre nichts gewesen. Sie musste wirklich etwas unternehmen in dieser Sache.

23

Darren brachte die Gläser von der Bar herüber und setzte sie ab. Sie saßen in einem lärmenden Pub am Leicester Square – alles voller Ausländer, die in ihrem unverständlichen Kauderwelsch durcheinanderplapperten. Missmutig sah sich Jonjo um. Selbst das Personal waren Ausländer. Er, Darren und der andere, der sich als »Bob« vorgestellt hatte, schienen die einzigen waschechten Engländer zu sein. Dieser Bob war auch von der Truppe, wie Jonjo sofort erkannt hatte, wenn auch ranghöher – ein Offizier oder »Rupert«, aber ein Rupert, den es ganz schön erwischt hatte: An seiner linken Hand fehlten zwei Finger, und er hatte eine ziemlich frische, wulstige Narbe, die sich in einem zehn Zentimeter langen Bogen am Kinn entlangzog.

»Prösterchen«, sagte Jonjo und nahm drei große Schlucke von dem schaumigen Bier. Was ihn jetzt erwartete, war ein Anschiss oder Schlimmeres – also konnte er sich wenigstens das spendierte Bier schmecken lassen.

»Du hast Scheiße gebaut, Jonjo«, sagte Bob leise, als er das Glas abgesetzt hatte. »Aber gewaltige. Hast du eine Ahnung, was wir anstellen mussten, um dich da rauszuholen? Eine Vorstellung, bei wem wir anrufen mussten? Um welchen Gefallen wir ein paar äußerst wichtige Leute bitten mussten? Und welchen Gefallen wir ihnen jetzt schuldig sind?«

Jonjo war das ziemlich egal. Darren hatte ihm gesagt, dass er alle Ressourcen ausschöpfen konnte, also hatte er nach seiner Festnahme den Anruf gemacht. Was hätte er auch anderes tun sollen? Er reagierte mit einem leeren Lächeln und zeigte mit Daumen und Zeigefinger einen winzigen Abstand an. »So nah war ich dran«, sagte er. »Ich habe Kindred aufgespürt. Ich hatte ihn schon so gut wie in der Tasche. Bis diese blöde Polizistin auftauchte.«

»Künstlerpech«, sagte Bob. »So was kann man nicht vorhersehen.«

»Tja, wie auch immer.«

Darren widmete sich schweigend seinem Bierglas und mimte den Laufburschen.

»Das Blöde daran ist«, redete Bob weiter, »jetzt können wir nicht mal der Polizei erzählen, dass du so nah an ihm dran warst. Wir würden sofort in der Wang-Geschichte mit drinhängen – und den ganzen Schlamassel abkriegen.«

Jonjo ließ ihn reden. Das Schlimmste war vorbei. »Ich weiß, wie Kindred sich durchschlägt«, sagte er ruhig und gelassen und setzte sich bequemer hin. »Hab ich rausgekriegt, als ich auf ihn wartete. Er hat sich die ganze Zeit dort versteckt, an der Brücke, über Wochen ... ist einfach auf Tauchstation gegangen. Und dumm ist er nicht. Wenn er sich nicht rührt, hinterlässt er auch keine Spuren. Keine Schecks, keine Rechnungen, keine Namensangaben, keine Handyanrufe – nur prepaid –, keine Kartenzahlungen, nichts. So löst man sich im 21. Jahrhundert in Luft auf – man nimmt einfach nicht teil. Man lebt wie ein Bauer im Mittelalter: kratzt sich sein Essen zusammen, klaut, was man braucht, schläft unter der Hecke. Deshalb hat ihn keiner gefunden – auch nicht das gesamte Londoner Morddezernat. Selbst wenn er täglich von dreihundert Überwachungskameras erfasst wird, nützt uns das nichts, weil wir nicht wissen, wie er aussieht, wo er hingeht, was er macht. Er ist einer von vielen, die sich auf der Straße rumtreiben. Da sind einem die Hände gebunden. Frei wie ein Vogel.«

Jonjo unterbrach sich, selbst ein wenig überrascht von seiner Redseligkeit. Aber unverdrossenen Kampfgeist zu demonstrieren, entschied er, war die beste Verteidigung.

»Trotzdem«, fuhr er fort, »hab ich ihn gefunden. Ich, Jonjo

Case. Ich habe ihn aufgespürt. Nicht die Polizei. Und die ausgesetzte Belohnung hat's auch nicht gebracht. Ich hatte ihn schon am Haken. Das war verdammt nochmal Pech. Also erzähl mir nicht, ich muss bei irgendwem irgendwas gutmachen.« Wieder zeigte er den winzigen Abstand zwischen Daumen und Zeigefinger. »Niemand war auch nur im Entferntesten so nah an ihm dran wie ich.«

»Da könntest du recht haben«, sagte Bob. »Aber Tatsache ist auch – jetzt ist er uns endgültig durch die Lappen gegangen.«

»Keine Sorge, ich kriege ihn«, sagte Jonjo mit mehr Gewissheit, als er tatsächlich verspürte. »Ich habe Hinweise – gebt mir nur ein bisschen Zeit.«

»Zeit ist die einzige Ressource, über die wir nicht verfügen«, sagte Bob mit triefender Ironie. Jonjo vermutete in ihm einen Klugscheißer-Sergeant, der irgendwann befördert worden war. Diese Offizierstypen konnten ihn nicht schrecken, die kannte er in- und auswendig – ihre tief verwurzelten Minderwertigkeitskomplexe. Auch der Akzent war falsch, wie es aussah – klang nach Liverpool oder irgendwie nördlich, Wirral, Cheshire ...

»Ist doch nicht mein Problem«, sagte Jonjo und maß ihn mit kaltem Blick.

»Und ob es das ist. Die Zeit ist knapp. Du hast keine Zeit mehr. Kapiert?« Er stand auf. »Komm, Darren.«

Darren leerte sein Glas und zwinkerte Jonjo zu, am Rand des erhobenen Glases vorbei. Was soll das nun wieder?, fragte sich Jonjo. Er sah, dass Bob im Hinausgehen sein Handy zückte – offenbar, um über das Treffen mit Jonjo Case zu berichten. Wen wird er wohl anrufen?, fragte sich Jonjo. Wer saß da über ihm in der Befehlskette?

Er wechselte hinüber an die Bar, weil er jetzt sauer war. Er fühlte sich mies behandelt, unterschätzt, und bestellte ein weiteres Bier bei einem Mädchen namens Carmencita. Warum regen die sich so auf?, fragte er sich, während er dastand und sein Bier trank. Jetzt wissen sie, dass Kindred am Leben ist und sich irgendwo in London aufhält. Am Ende war alles nur, wie er schon gesagt hatte, eine Frage der Zeit. Die Zeit arbeitete gegen Kindred. Die Zeit war auf Jonjos Seite, die Zeit war Jonjos Freund.

24

»Die Sonne scheint.«

»Die Sonne scheint.«

Adam ordnete die Kärtchen mit den Buchstaben neu und las Ly-on vor: »Der Himmel ist blau.«

»Der Himmel ist blau.«

»Und jetzt du. Leg noch einmal ›Die Sonne scheint‹.«

Ly-on schob die Buchstaben umher. Mhouse beobachtete die beiden, die vor dem Fernseher auf dem Boden saßen, vom Sessel aus. Und das Komische war: Der Fernseher lief nicht. Kein Fernsehen. Sie fand es gut, dass John 1603 Ly-on das Lesen beibrachte, Lesen und Schreiben waren wichtig, und sie hätte gern besser lesen gelernt – schreiben musste sie nicht so oft –, aber dazu fehlte ihr die Zeit.

»Ich geh runter, kaufen Sachen«, sagte sie. John blickte lächelnd zu ihr auf.

»Bitte, bitte mitbringen für Ly-on«, sagte Ly-on.

»Du mach weiter deine ...« Ihr fiel das Wort nicht ein. »Machen, wie John sagt.«

Sie ging in ihr Zimmer und zog die Lederjacke über. Ein Mann im Haus war eine gute Sache, fand sie, selbst wenn er nur Untermieter war. Und Geld brachte er auch – seit drei Wochen nun, insgesamt sechzig Pfund. Es war schön, von der Arbeit zu kommen und John mit Ly-on bei ihren ... Übungen zu sehen – richtig, das war das Wort. Sie übten sehr fleißig, es sah aus, als könnte Ly-on schon fast lesen. Und, noch besser, Ly-on mochte ihn. Netter Mensch, dieser John 1603.

Auf dem Weg durch den Shaft, Richtung Straße, grüßte sie die paar Leute, die sie kannte. Sie war bester Stimmung, stellte sie fest, und ein sonniger Tag war es außerdem. »Die Sonne scheint.« War das schwer zu schreiben? Sie konnte es zumindest lesen. »Der Himmel ist heute blau«, sagte sie laut und sah die Buchstaben so ungefähr vor sich – das konnte sie beinahe schreiben. Nur ein bisschen Nachhilfe von John, und sie –

»He, Mhouse.«

Sie blickte sich um. Mohammed stand mit seinem Primera am Straßenrand, mit offener Beifahrertür. Er winkte sie heran, und sie stieg ein.

»Wo warst du, Mo? Hab lange nicht gesehen.«

»Oben in Norden, besuchen Cousins.«

»Ist schön. Alles gut?«

»Nein, nix gut, Keine bisschen gut. Musste verschwinden aus Stadt.« Mohammed erzählte ihr von seiner Begegnung mit Bozzy und dem anderen Mann im Parkhaus, einem hundsbrutalen Typ, echt gruslig.

»Jesus«, sagte sie. »Was wollte?«

»Wollte wissen. Du weißt, die Nacht mit Fuhre nach Chelsea, du und ich und der Mann.«

Mhouse spürte, wie ihr die Angst im Nacken hochkroch.

»Und der brutale Typ? War Freund von Bozzy?«

»Nein, nein, nix Freund. Schlagen und treten Bozzy. Weiß nicht. Hab nie gesehen. Aber hab nix gesagt von dir, kein Wort. Nix gesagt dein Name.«

»Danke, Mo. Das war gut. Ich schulde dir was.«

»Genau was ich sage, Mhouse. Du schuldest mir was – ein Regenmantel. Scheiß-Bozzy schmeißt Mantel in Ölpfütze, trampelt drauf, macht Feuer.« Der schwere Verlust stand ihm ins Gesicht geschrieben. »Mein Blueberry-Regenmantel, macht Feuer.«

Mhouse kramte in ihrer Handtasche und gab ihm einen Zehnpfundschein.

»Blueberry war super teuer, Mhouse, bringt hundert, aber locker. Und hab nix gesagt von dir, kein Wort.«

»Mo, ich hab nicht hundert.«

»Ich steh auf Schlauch, Mhouse, keine Job für mich in Norden, nix. Ich brauch hundert, super dringend.«

»Nicht in diese Woche. Vielleicht nächste? Muss morgen zahlen für Mr Q.«

»Was soll ich machen, Mhouse? Mein Tasche ist leer, hat Hunger. Vielleicht Bozzy gibt was für –«

»Ich geb dir nächste Woche.«

»Montag.«

»Montag, kein Problem.«

Sie stieg aus dem Auto, ein wenig zitternd und im Vollgefühl ihres Glücks. Mohammed hatte sie nicht angelogen. Anderenfalls wäre Bozzy mit seiner Crew schon bei ihr gewesen. Das Beste war's, Mo die hundert zu zahlen, ihn bei Laune zu halten. Mit John 1603 als Untermieter ging das schon eher, aber Mohammed auszuzahlen kostete sie fünf seiner Wochenmieten, und sie hatte Schulden bei Mr Quality und bei Margo – fast alles, was sie an der Uferpromenade verdiente, ging dabei drauf ...

Tief in Gedanken lief sie durch die Jamaica Road. Mit Bozzy und seinen Junkies wurde sie fertig – dank Mr Q. –, aber wer war dieser hundsbrutale Typ? Was hatte der mit der Sache zu tun? Wenn die Jagd machten auf John 1603, war es wohl besser, ihn schnellstmöglich rauszusetzen. Dann überlegte sie: Jetzt wohnt er schon drei Wochen bei mir – offensichtlich wissen die nicht, wo er steckt oder wie er aussieht. Wozu also sollte sie ihn rauswerfen – er brachte ihr Geld, kaufte zu essen und zu trinken, er brachte Ly-on Lesen und Schreiben bei, und Ly-on mochte ihn. Also scheiß drauf. Zahl die hundert an Mo, und fertig.

An der Kasse des PROXI-MATE stand Mrs Darling vor ihr in der Schlange.

»Hallo, meine Liebe«, sagte Mrs Darling. »Nicht schlecht, Ihr Verbrauch an Bananen. Sie erwarten wohl was Kleines?«

»Nein, nein. Sind für Ly-on. Will nichts anderes. Bitte, bitte Bananenbrei, Mum. Morgen, Mittag, Abend.«

»Wie ein Äffchen, nicht wahr? Hab ihn lange nicht gesehen. Brauchen Sie keine Babysitterin mehr?«

»Ich hab jetzt Untermieter. Von Kirche. John 1603.«

»John 1603?«

»Lernt lesen mit Ly-on.« Mhouse stapelte ihren Einkauf aufs Fließband: Rum, Zucker, Bananen, Weißbrot, Milch, Kekse, Cornflakes, Schokolade, vierzig Mayfair-Waffeln.

»Ist das der mit dem Bart? Den hab ich schon gesehen«, sagte Mrs Darling.

»Ja, der. ›Schwarzbart‹ nenne ich immer.«

»Tja. Und ich hab ihn unten in der Kirche gesehen. Ist ja schön für den kleinen Ly-on.«

»Ja. Vertragen sich gut.«

»Er ist fast jeden Abend in der Kirche.«

»Wer, John?«

»Bischof Yemi hat ein Auge auf ihn. Er ist sehr fromm.«

»Was?«

»Er ist gläubig. Er hat einen echten Glauben, und Bischof Yemi hält ihn auch für sehr schlau.«

»O ja, schlau. Richtige Schlaumeier.«

Mhouse bezahlte und tütete die Sachen ein, wieder mal verblüfft, wie teuer alles war. Jetzt war sie blank, und John hatte ihr diese Woche im Voraus bezahlt. Woher sollte sie die hundert Pfund für Mohammed nehmen, wenn sie so mit dem Geld um sich warf?

In der Nacht klopfte sie an Johns Tür – es war spät, schon nach Mitternacht –, klopfte ganz sanft, nur mit den Fingernägeln. Ly-on schlief, zum Abendessen hatte sie ihm eine halbe Somnola zusätzlich gegeben. Als sie John »herein« sagen hörte, öffnete sie die Tür.

»Ich bin es«, sagte sie unnötigerweise, während er die Lampe anknipste. Die Matratze lag in der Zimmermitte, umgeben von ihren Kartons. John hatte eine kleine Lampe gekauft, damit er im Bett lesen konnte.

»Was ist?«, fragte er ein wenig verschlafen. »Alles in Ordnung?«

»Ich war bisschen einsam«, sagte sie und zog ihr langes T-Shirt aus. »Darf ich kommen zu dir?«

Ohne eine Antwort abzuwarten, hob sie die Decke und schlüpfte neben ihn. Er war nackt – sehr gut. Sie umarmte ihn und schmiegte sich an ihn. »Schön warm«, sagte sie. »Warm wie Toast.« Sie küsste seine Brust. »War bisschen einsam.«

»Mhouse«, sagte er. »Bitte. Das ist keine gute Idee. Was ist mit Ly-on?«

»Schläft wie Toter«, sagte sie, griff nach unten und stellte fest, dass sich zwischen seinen Beinen etwas tat. »Der hier findet, ist gute Idee.«

Ihr Mund suchte seine Lippen, ihre Zungen berührten sich, sie spürte seine Hände auf ihren Brüsten. Er zitterte.

»Eine Moment, John«, sagte sie. »Kostet vierzig Pfund, Normalpreis. Für dich zwanzig – und ohne Gummi.«

»Na gut«, sagte er ein wenig konsterniert. »Was du willst.«

»Okay?«

»Okay.«

25

Da war ein dunkler Tupfen auf seinem frischen, weißen, normalerweise makellosen Kopfkissen. Nein, zwei sogar. Zwei dunkelrote Tupfen, etwas größer als Stecknadelköpfe. Ingram hielt das Kissen ins Licht. Blut. Zwei winzige Blutflecken. Ich muss mich gestern beim Rasieren geschnitten haben, dachte er, seine Fingerspitzen strichen sanft über die Kinnlinie. Muss mir irgendwie den Schorf abgekratzt haben, sagte er sich und rollte sich aus dem Bett. Er streifte den Pyjama ab und ging unter die Power-Dusche.

Nach dem Duschen, im Bademantel, inspizierte er sein Gesicht im Rasierspiegel, aber er sah nicht die geringste Hautverletzung. Konnten etwa winzige Blutstropfen aus den Augen kommen?, fragte er sich verwundert. Oder aus dem Mund, vielleicht vom Zahnfleisch? Hatte er sich in der Nacht auf die Zunge gebissen? Wenn er Meredith glauben sollte, knirschte er nachts mit den Zähnen – eine nicht nachprüfbare Behauptung –, und die Geräusche, die er dabei machte, waren der Grund, weshalb sie beschlossen hatten, es mit getrennten Schlafzimmern zu versuchen. Vielleicht hatte er in der letzten Nacht so sehr geknirscht, dass ein bisschen Blut geflossen war ... Sehr seltsam jedenfalls, das Ganze.

Er rasierte sich und öffnete die Schublade mit seiner gebügelten und sorgfältig zusammengelegten Unterwäsche. War das ein slipfreier Tag? Um zehn hatte er einen Termin mit Pippa Deere, und bei ihr machten ihm die heimlichen Schwanzempfindungen immer ziemliches Vergnügen. Ihre Nase glänzte, ihre Lippen glänzten, sie trug entschieden zu viel Goldschmuck: die glänzende, glitzernde Pippa Deere. Lieber nicht, dachte er. Die Krisenstimmung in der Firma erforderte korrekte Kleidung, also zog er rotkarierte Boxershorts an. Ausziehen konnte er sie immer noch, überlegte er, wenn ihm irgendwann danach zumute war.

Bei Calenture-Deutz angekommen, betrat er das Büro seiner Sekretärin. Sein Schritt hatte heute etwas Federndes. Mrs Prendergast sprang auf, mit aufgeregter Miene, ihre Finger vollführten seltsame Gesten in Brusthöhe.

»Mr Keegan und Mr de Freitas erwarten Sie, Sir«, sagte sie hastig und offenbar genauso entrüstet über diesen Vorfall, wie er es sein würde. Was zum Teufel hatten die beiden früh um neun Uhr dreißig in seinem Büro zu suchen?

»Für mich bitte schwarzen Kaffee, Mrs P.«, sagte er beherrscht. »Ein Stück Zucker heute und ein paar von den Keksen mit Eierschaum.« Er öffnete die Tür zum Büro – Keegan und de Freitas saßen auf seinem Ledersofa.

»Gentlemen«, sagte er auf dem Weg zu seinem Schreibtisch, »welche Überraschung. Das möchte bitte nicht wieder vorkommen.«

»Entschuldigung, Ingram«, sagte Keegan salbungsvoll, »aber Sie sollten es als Erster erfahren. Die Presseerklärung geht in einer Stunde raus. Wir wollten nicht, dass Sie es auf anderem Weg erfahren.«

»Haben Sie Philip Wangs Mörder gefunden? Pinfold, Wilfred oder wie der hieß?«

»Nein, es geht um Zembla-4.«

»Oh. Warum finden wir diesen Mann nicht?«

»Ingram«, beharrte Keegan und schlug einen verhalten schulmeisterlichen Ton an. »Zembla-4 wird heute Vormittag beim amerikanischen und beim englischen Gesundheitsministerium eingereicht. Wir geben das an die Presse. Offiziell sind wir fertig.«

Ingram sagte nichts und hoffte, dass es ihm gelang, keine Regung zu zeigen.

»Seit wann sind Sie der Chef von Calenture-Deutz, Burton? Das ist eine Entscheidung, die ich und der Aufsichtsrat zu fällen haben.«

»Die Bedingungen haben sich geändert«, warf de Freitas beschwichtigend ein. »Wir mussten schnell handeln.«

»Dann handeln Sie jetzt noch schneller und widerrufen Sie die Sache«, sagte Ingram. »So läuft das nicht. Der Tod von Philip Wang ist erst wenige Wochen her – es geht hier um sein Lebenswerk. Wir sind keineswegs fertig. Philip würde sich im Grabe umdrehen.«

Keegan hob die Hände. »Costas Zaphonopoulos hat alle Untersuchungen durchgeführt, gewissenhaft, er besitzt alle Daten. Auch die ausländischen Tests – Italien, Mexiko – sind sauber dokumentiert. Er hat grünes Licht gegeben. Ohne jede Einschränkung.«

»Sie hatten doch gesagt, es fehlen Daten, die sich in Philips Wohnung befanden.«

»Aber keine, die sich auf den Verkaufsstart von Zembla-4 auswirken würden.«

»Was Costas sagt, ist mir egal, tut mir leid. Diese Entscheidung treffe ich. Ich muss die Fakten sehen, die Berichte. Dann muss der Aufsichtsrat seine Genehmigung –«

»Ingram«, unterbrach ihn Keegan. »Stellen Sie sich den Aktienkurs von Calenture-Deutz verdreifacht vor – nein, vervierfacht.«

Ingram schwieg. Er schritt auf und ab, mit gesenktem Kopf, die Hände in die Taschen gebohrt – in der Hoffnung, nachdenklich zu wirken. Denn Keegans Näseln ging ihm an diesem Morgen ganz besonders auf die Nerven.

»Tut mir leid, Burton«, sagte er schließlich. »Das ist meine Firma, nicht Ihre. Ich treffe hier die Entscheidungen, nicht Sie. Und damit basta.«

»Es ist zu spät«, sagte Keegan kalt, fast respektlos, alles Begütigende war aus seiner Stimme verschwunden. Er und de Freitas blieben auf dem Sofa sitzen. Ingram ging an seinen Schreibtisch und setzte sich, als könnte er damit seine Autorität wiederherstellen.

Jetzt stand Keegan auf und griff in seinen Aktenkoffer. Er breitete drei Illustrierte auf Ingrams Schreibtisch aus. Keine Illustrierten, sondern Fachzeitschriften, wie Ingram jetzt feststellte. *The American Journal of Immunology*, *The Lancet*, die *Zeitschrift für Pharmakologie*.

»Drei Artikel von unabhängigen Experten, die in höchsten Tönen von Zembla-4 schwärmen«, sagte Keegan.

»Wieso das? Woher haben die ihre Informationen?«

»Wir haben ihnen die Daten zur Verfügung gestellt und natürlich ein stattliches Honorar gezahlt.« Keegan strahlte. »Das schlägt ein wie eine Bombe, Ingram. Warten Sie ab. In einem Monat bringen wir die Advertorials. Wir rechnen mit der vollen Zulassung in weniger als einem Jahr. In sechs bis neun Monaten.« Er spreizte seine Spinnenfinger, um die Schlagzeile in den Raum zu stellen. »ASTHMA ENDLICH HEILBAR.«

»Ich hab die Advertorials schon gesehen«, sagte Ingram, erleichtert, endlich einen Pluspunkt verbuchen zu können. »Alfredo hat sie mir gezeigt.« Er lächelte. »Nun, trotzdem werde ich Ihnen in die Parade fahren müssen, Burton, tut mir sehr leid. Aber ich bleibe bei meinem klaren und kategorischen Nein. Sie handeln auf lachhafte Weise voreilig und riskant. Philip Wang persönlich hat mir eine Woche vor seinem Tod versichert, dass mindestens ein weiteres Jahr klinischer Untersuchungen auf der dritten Ebene vonnöten seien – er wollte weitere Placebo-Studien –, bevor er sich mit gutem Gewissen um die Zulassung bemühen könne. Nein, nein, nein.« Er setzte sein kaltblütiges Lächeln auf. »Blasen Sie alles ab.«

»Ich fürchte, daraus wird nichts. Bitte stellen Sie sich nicht quer, Ingram.«

Ingram spürte seinen Magen und drückte auf den Knopf der Sprechanlage. »Wo bleibt mein Schirm, Mrs P.?«

»Ihr Schirm, Sir?«

»Ich meine, mein Kaffee.«

Keegan und de Freitas standen nun vor seinem Schreibtisch.

»Übrigens, Sie sind beide entlassen – gefeuert –, und zwar fristlos. Sie haben zwanzig Minuten Zeit, das Gebäude zu verlassen. Die Betriebswache bringt Sie zu Ihrem Büro. Sie nehmen nichts mit außer Ihren persönlichen Dingen –«

»Nein, Ingram«, sagte Keegan müde. »Wir sind nicht gefeuert. Ich empfehle Ihnen einen Anruf bei Alfredo Rilke.«

»Alfredo kriegt Ihre Köpfe auf dem silbernen Tablett serviert.«

»Das Ganze ist Alfredos Idee, nicht unsere. Er hat die Sache angeschoben, nicht wir. Wir folgen nur seinen Anweisungen.«

Mrs Prendergast kam mit dem Kaffee und den Keksen. Ingram lächelte ihr entgegen. »Danke, Mrs P.« Sie warf ihm einen ängstlichen Blick zu und eilte hinaus, ohne Keegan oder de Freitas zur Kenntnis zu nehmen.

»Jetzt können Sie Alfredo anrufen«, sagte Keegan.

Ingram schaute auf die Uhr. »In der Karibik ist es jetzt fünf Uhr morgens.«

»Alfredo ist in Auckland, in Neuseeland. Er erwartet Ihren Anruf. Unter seiner üblichen Nummer.«

»Gentlemen, verlassen Sie bitte den Raum.«

Als sie gegangen waren, blieb Ingram sitzen und ließ alles auf sich wirken, versuchte die unabsehbaren Konsequenzen dieses Gesprächs zu überschauen. Es war, als würden hundert unsichtbare Fledermäuse oder Tauben in seinem Büro herumschwirren, mit einem Unheil verheißenden Geflatter. Er kam sich vor wie ein demokratisch gewähltes Staatsoberhaupt nach einem Militärputsch. Er hatte sein Büro, sein nettes Haus, die Limousine mit livriertem Chauffeur – aber das war auch schon alles.

»Alfredo? Hier Ingram.«

»Ingram. Ich hatte gehofft, von Ihnen zu hören. Eine spannende Sache, nicht wahr?«

»Es kommt alles ein bisschen plötzlich. So viel ist sicher.«

»So laufen die Dinge eben, Ingram. Glauben Sie mir. Mit Verlaub gesagt, auf diesem Gebiet habe ich mehr Erfahrung als Sie.«

»Zweifellos.« Es war einer der Momente, in denen Ingram bereute, die Immobilienbranche mit der tückischen Welt der Pharmazie vertauscht zu haben. Es war alles so einfach gewesen. Man nahm einen Kredit, kaufte eine Immobilie und verkaufte sie mit Gewinn. Doch Rilke redete weiter.

»... Überraschung ist unsere beste Waffe. So gewinnt man Durchschlagskraft, eine ungeheure Durchschlagskraft. Wir haben nur diese eine Chance. Zembla-4 ist da. Wir müssen jetzt durchstarten. Jetzt sofort. Es geht los.«

»Ich hab nur das Gefühl –«

»Unsere Schätzung beläuft sich auf fünf bis acht Milliarden Dollar im ersten Jahr der Vollzulassung. Danach sind zehn bis zwölf Milliarden jährlich durchaus drin. Wie bei Lipitor, Seroquel, Viagra, Xenon-2. Wir haben unseren Blockbuster, Ingram. Zwanzig Jahre geschützt, weltweit. Wir sterben als unverschämt reiche Männer.«

»Ja, gut ... schön ...« Ingram wusste nicht, was er erwidern sollte. Er fühlte sich überrumpelt, fühlte sich wieder wie ein kleiner Junge, der alles von unten sah und nichts begriff. »Volle Kraft voraus«, stieß er hervor.

»Gott segne Sie«, sagte Alfredo Rilke, seine Stimme knisterte im Äther. »Meine Glückwünsche.«

»Gute Nacht«, sagte Ingram und nahm sich einen von Mrs P.s Eierschaumkeksen.

»Nur eine Sache noch, Ingram«, sagte Rilke, »bevor ich Schluss mache.«

»Ja?«

»Wir müssen diesen Adam Kindred aufspüren.«

26

Einen Blinden zu bestehlen war etwa das Niederträchtigste überhaupt. Einem Blinden den weißen Krückstock zu stehlen machte einen mit Sicherheit zum Anwärter für die exquisitesten Höllenqualen – gesetzt den Fall, dass die Hölle existierte, was nach Adams Überzeugung natürlich nicht zutraf. Sein unerschütterlicher Rationalismus konnte ihn jedoch nicht davon abhalten, dass er jedes Mal, wenn er mit dem Stock auf die Straße ging, Schuldgefühle empfand. Aber, so sagte er sich, was sein muss, muss sein, Not macht erfinderisch und so weiter, und es konnte keinem Zweifel unterliegen, dass seine Bettlerkarriere mit der Beschaffung und dem Einsatz des weißen Stocks eine entschiedene Wendung zum Besseren genommen hatte. An den meisten Tagen brachte er mit Leichtigkeit sechzig bis siebzig Pfund zusammen, zweimal war er sogar auf über hundert Pfund gekommen. Und lange vor Monatsende würde er die Tausendergrenze überschreiten.

Er hatte den blinden – oder sehbehinderten – Mann in einem Coffeeshop gesehen und beobachtet, wie er alles Mitgefühl auf sich zog – fast wie ein Magnet. Stühle wurden diskret beiseite gerückt, Paare trennten sich, um ihm den Weg freizumachen, eine hilfreiche Hand nahm ihn sanft beim Arm und führte ihn an die Spitze der Warteschlange. Adam verfolgte, wie er seinen Cappuccino und sein Muffin bestellte (eine Angestellte kam hinter dem Tresen hervor und servierte ihm das Gewünschte an einem nahen Tisch), und der Blinde kam mit tastenden Schritten und setzte sich. Die Gäste senkten ehrfurchtsvoll die Stimme, als er an ihnen vorüberging. Den Stock (mit einem weißen Plastikknauf versehen) klappte er zusammen und schob ihn in eine Segeltuchtasche, die er neben sich auf den Boden stellte. Dann widmete er sich Kaffee und Muffin, und während er das tat, erlebte Adam seine große Offenbarung – er sah seine Bettlerkarriere vor sich.

Mit dem Trick, nur Kupfermünzen zu erbitten, war er auf fünf bis sechs Pfund gekommen, die zum Überleben völlig ausreichten. Es war eine clevere Masche, aber auf unterstem Niveau. Er musste dem Betteln eine neue, höhere Qualität verleihen, es bedurfte eines Quantensprungs an Kreativität, und der Blinde mit dem weißen Stock wies ihm den Weg.

Also stahl Adam dem Blinden den Stock. Er ging an seinem Tisch vorbei, ließ eine Zeitung fallen, bückte sich, um sie aufzuheben, zog den Stock aus der Segeltuchtasche und schob ihn in den Jackenärmel, dann verließ er das Lokal.

Am nächsten Tag fuhr er zur Paddington Station, in Nadelstreifen, Hemd und Krawatte und mit einer billigen Sonnenbrille aus einem Trödelladen in der Nähe des Shaft. Mit ausgeklapptem Stock, das Ende mit dem weißen Knauf im Zickzack auf dem Boden stochernd, durchquerte er die Bahnhofshalle, bis er in die Nähe der großen elektronischen Anzeigetafel mit den Abfahrtszeiten gelangte. Er suchte sich eine ältere Frau aus, um seine Frage zu stellen.

»Entschuldigen Sie bitte«, sagte er in gepflegtem Tonfall, »ist das hier die Waterloo Station?«

»Nein. O nein, nein. Das hier ist Paddington.«

»Paddington? O mein Gott, nein. Ich danke Ihnen. Vielen Dank. O Gott. Entschuldigen Sie die Störung. Vielen Dank.« Er drehte sich weg.

»Kann ich Ihnen behilflich sein? Was ist passiert?«

»Ich bin zum falschen Bahnhof gebracht worden. Und habe mein ganzes Geld ausgegeben.«

Die Frau spendierte ihm zehn Pfund und das U-Bahn-Ticket nach Waterloo.

In Waterloo fragte er ein junges Pärchen, ob er sich hier in der Liverpool Street Station befinde. Sie gaben ihm fünf Pfund für die Fahrt mit der U-Bahn. Adam wartete eine halbe Stunde, dann ging er auf einen Mann mittleren Alters zu, ebenfalls in Nadelstreifen, und fragte ihn, ob von hier die Züge nach Schottland abfuhren.

»Hau ab«, sagte der Mann und ließ ihn stehen.

Aber das kam selten vor. Nach seiner Erfahrung kamen auf jedes »Hau ab« oder Ausweichen oder stures Wegblicken vier finanzielle Hilfsangebote. Die Leute überschütteten ihn förmlich mit Geld, manche waren von einer geradezu absurden Großzügigkeit, boten ihm Geleit an, wollten ihm etwas zu essen besorgen, gaben ihm wohlgemeinte Ratschläge und drückten ihm weitere Geldscheine in die Hand.

An seinem ersten Tag als Blinder verdiente er dreiundfünfzig Pfund.

Am zweiten Tag waren es neunundsiebzig.

Bald hatte er seine tägliche Routine ausgebildet: eine Rundfahrt durch die Londoner Fernbahnhöfe und großen U-Bahn-Stationen – King's Cross, Paddington, Waterloo, Victoria, London Bridge, Piccadilly, Liverpool Street, Earl's Court, Angel, Notting Hill Gate, Bank, Oxford Circus. Er agierte auch in der Oxford Street, in Einkaufszentren, Baumärkten, Museen – überall dort, wo er in der Menge unterging. Und wo immer er war, stellte er die Frage nach dem falschen Ort. Die Leute waren freundlich und aufmerksam, manche verständnisvoll und hilfsbereit – sein Glaube an das Gute im Menschen erhielt gewaltigen Auftrieb. Nie bettelte er öfter als einmal am selben Ort, und das Polster aus Geldscheinen in seiner Tasche wuchs beständig. Die wöchentliche Miete für Mhouse zahlte er im Voraus, er ging in den Supermarkt und brachte Einkaufstüten mit Lebensmitteln und Wein für sich und Mhouse und mit kleinen Überraschungen für Ly-on nach Hause. Er kaufte die Luxusausführung eines Lernspiels, um Ly-on Lesen und Schreiben beizubringen (was seine Schuldgefühle ein wenig linderte). In der zweiten Woche seiner Karriere als blinder Bettler kaufte er im Sonderangebot einen neuen dunklen Anzug, drei weiße Hemden, eine Club-Krawatte und ein Paar Slipper.

Als Mhouse also in jener Nacht an seine Tür klopfte und ihm einen Untermieter-Rabatt für sexuelle Dienstleistungen anbot, war er fähig und bereit, darauf einzugehen – Geld war kein Hinderungsgrund. Fünf Nächte hintereinander kroch sie zu ihm ins Bett. In der dritten Nacht bat er sie, zu bleiben, ihm gefiel die Idee, Arm in Arm mit ihr einzuschlafen, aber für eine volle Nacht verlangte sie hundert Pfund, also verzichtete er lieber. Dann plötzlich, nach fünf Nächten, blieb sie weg. Er vermisste sie, ihren beweglichen, zierlichen Körper, ihre spitzen Brüste mit den dunklen Nippeln. Seit der verhängnisvollen Begegnung mit Fairfield in der Beobachtungskanzel der Wolkenkammer hatte er mit keiner Frau mehr geschlafen, und der Sex mit Alexa verblasste allmählich zu einer fernen Erinnerung an ihre gebräunte Haut mit den weißen Bikinischatten, ihr glänzendes blondes Haar und ihre perfekten Zähne. Mhouse in den Armen zu halten, auf ihr zu liegen, in ihr zu sein, in ihr zu kommen, war ein Glücksgefühl, wie er es seit langem nicht gekannt hatte – erstmals seit dem Mord an Philip Wang empfand er wieder ein Gefühl der Leichtigkeit, der Normalität, erwachender menschlicher Zuneigung – und des Begehrens.

Nach ein paar Tagen Abstinenz sagte er zu ihr: »Ich zahle dir einen Hunderter, für eine ganze Nacht.«

»Ich glaube nicht, John. Ist nicht richtig. Wegen Ly-on, weißt du. Er wird merken.«

»Und die ersten fünf Nächte waren richtig?«

»Na ja, das war Rums-bums und danke, Ma'am. Ging ganz schnell. Aber er weiß es, ich glaube.«

Es stimmte. Nach der vierten Nacht war Adam in der Küche hinter Mhouse getreten, hatte die Arme um sie gelegt, ihren

Nacken geküsst und ihre Brüste umfasst. Sie hatte sich umgedreht und ihn heftig ins Gesicht geschlagen. Adam zuckte zurück und wurde mit dem Anblick von Ly-on konfrontiert, der schockiert und verwirrt von seinem Buch aufschaute.

»Mach nie wieder, verdammt!«, zischte sie ihn an. »Das ist Geschäft, weiter nichts.«

Aber war es das?, fragte sich Adam. Als sie in der ersten Nacht zu ihm gekommen war, war sie »einsam« gewesen, wie sie gesagt hatte. Auch er war einsam, manchmal kam er sich vor wie der einsamste Mann auf dem ganzen Planeten. Und es hatte ihn so beglückt, ihren zierlichen, geschmeidigen Leib zu umarmen, ihren warmen Atem am Hals und auf der Wange zu spüren, ihre Bewegungen, wenn sie sich unter ihm wand und sich an ihn presste. Als die Tage vergingen und nichts mehr passierte, begann Adam, der nun wohlhabender wurde, seinen Aufenthalt in der Wohnung als fast unerträgliche Belastung zu empfinden. Er ging wieder in die Church of John Christ, verzehrte sein Abendessen wieder in Gesellschaft von Vladimir, Turpin und Gavin Thrale und ließ Bischof Yemis endlose Predigten mit Freuden über sich ergehen. Aber dann kehrte er in den Shaft zurück, warf sich auf die Matratze in seinem Zimmer und hörte durch die Wand, wie Ly-on seiner Mutter einfache kleine Geschichten vorlas. Als alles ruhig wurde, lag er im Dunkeln und wartete, dass Mhouse an seine Tür klopfte, aber es kam nicht wieder vor.

Adam dachte vage daran auszuziehen. Warum sollte er sich auf diese Weise quälen? Aber irgendetwas hielt ihn. Das Zimmer im Shaft war schließlich eine Art Bleibe, hier fühlte er sich endlich sicher, und Ly-on mochte ihn – dieses seltsam passive Kind, das sich als so lernfähig erwies. Und wenn er auszog, würde er Mhouse nicht mehr haben, nicht mehr mit ihr zusammen sein, fernsehen, lachen, reden, ihre primitiven Mahlzeiten mit ihr verzehren. Er fragte sich schon, ob er eine ungesunde Leidenschaft für sie entwickelte ...

Adam saß in seinem Zimmer, zählte fünfhundert Pfund ab und zog ein Schnappgummi über die dicke Rolle. Nun hatte er noch dreihundert Pfund flüssig, aber allmählich wurde es ihm zu gefährlich, mit solchen Summen in der Tasche herumzulaufen. Zum Glück wusste er, wo er das Geld bunkern konnte.

Auf dem Weg durch den Shaft wurde er angesprochen.

»Hey, 1603.«

Er drehte sich um und sah Mr Quality nahen, die Hand zum Gruß ausgestreckt. Weil er immer mal kleine Päckchen bei Mhouse ablieferte – mit Tabletten für ihre Probleme, wie Mhouse sagte –, hatte Mr Q. ihn schon einige Male in der Wohnung angetroffen. Sie schlugen sich gegenseitig auf die offene Hand und packten ihre Daumen.

»Bist ja noch da, Mann«, sagte Mr Quality.

»Ja. Gibt immer was zu tun.«

»Bist scharf auf Mhousey, was?«

»Wir kommen ganz gut zurecht. Und mit Ly-on auch – netter kleiner Knirps.«

»Wenn du wohnst, zahlst du Miete, hundert Pfund im Monat.«

»Ich zahle Miete bei Mhouse.«

»Ist nicht ihre Wohnung, ist meine Wohnung.«

»Ich zahle morgen«, sagte Adam. »Okay?« Die Geldrolle in seiner Tasche wurde schwer wie ein Stein.

»Okay, 1603. Sehr gut.«

Adam machte sich auf die lange Busfahrt nach Chelsea – eine gute Gelegenheit nachzudenken. Er dachte über Mhouse und Ly-on nach, sein seltsames Zusammenleben mit ihnen, und war ziemlich stolz auf seine Fähigkeit, in dieser feindseligen und unwirtlichen Umgebung zurechtzukommen, ja fast aufzublühen. Was hätte wohl Alexa zu diesem neuen Adam gesagt?, fragte er sich. Wie würden sein Vater und seine Schwester das finden? Die Familie hielt er möglichst aus seinen Überlegungen heraus, drängte sie an den Rand seines Bewusstseins. Er war sicher, dass sie an ihn dachten, aber wie erklärten sie sich sein Verschwinden? Der Sohn und Bruder für immer verloren. Er konnte ohne Beunruhigung daran denken, weil er das Gefühl hatte, sich auf eine grundlegende Weise geändert zu haben: Der alte Adam Kindred war vom neuen – gewitzteren, weltgewandteren, lebenstüchtigeren – Adam Kindred ausgelöscht und überwunden worden. Es war wie die Verdrängung des Neandertalers durch den Homo sapiens ... Diese Vorstellung ließ ihn stutzen – vielleicht war er doch nicht ganz so froh, dem alten Adam entsagt zu haben.

An Alexa hätte er nicht denken dürfen, merkte er jetzt, als ihm eine unangenehme Erinnerung nach der anderen vor Augen trat und ihm ihre heisere, kehlige Stimme in den Ohren klang. Ursprünglich war es diese Stimme gewesen, was ihn so an ihr gereizt hatte – als hätte sie gerade eine Kehlkopfentzündung überstanden –, sie war das Erste, was ihm an ihr aufgefallen war, als er in ihrem Büro in Phoenix angerufen hatte, um sich nach einer Wohnung in Uni-Nähe zu erkundigen. Und sie war die Maklerin gewesen, als er die Wohnung schließlich kaufte. Die körperliche Erscheinung von Alexa – ihr üppiges blondes Haar, die Zähne, die glänzenden Lippen – stand in krassem Gegensatz zu dem, was ihre Stimmbänder hatten vermuten lassen. Es war, als hätte er eine bärenhafte, kettenrauchende Barsängerin erwartet und wurde stattdessen mit einem Prototyp des amerikanischen Schönheitsideals konfrontiert. Aber dieser Kontrast zwischen Stimme und Erscheinung hatte seinen eigenen Reiz. Der Wohnungskauf war mit Komplikationen verbunden, weitere Treffen wurden nötig, sie tauschten Handynummern aus, und als der Kauf glücklich abgewickelt war, besiegelten sie ihn bei einer Flasche Champagner in der Bar. Zum Kuss kam es, als Adam sie zu ihrem Auto brachte. So hatte alles angefangen: eine kurze Phase der Verliebtheit, eine zünftige Hochzeit, ein neues Haus als Geschenk des verwitweten Brautvaters, Familienpläne.

Zwei Jahre später, plötzlich und unerwartet, war alles vorbei. Fairfield hatte bei Alexa angerufen, zwei Tage nach dem Vorfall in der Wolkenkammer, ihr unter Schluchzen die ewige Liebe zu Adam gestanden und sie gebeten, ihn freizugeben. Heimlich las Alexa die ungelöschten SMS-Botschaften auf Adams Handy und druckte sie aus. Brookman Maybury, Alexas Vater, stand neben dem Anwalt, als das Scheidungsverfahren eröffnet wurde und Adam erfuhr, welchen verhängnisvollen Verlauf die Dinge genommen hatten. Alexa war nicht anwesend, der Vater agierte als kalter, gnadenloser Interessenvertreter seiner kranken, untröstlichen, unter Beruhigungsmitteln stehenden Tochter. Seine Augen funkelten unter den dicken Wülsten seiner pachydermösen Stirn. Adam versuchte, jeden weiteren Gedanken zu unterdrücken, aber die Erinnerung an sein letztes Essen mit Fairfield drängte sich unnachgiebig vor.

Drei Tage nach dem Vorfall in der Wolkenkammer hatten sie sich auf dem Campus getroffen und ein großes, anonymes Restaurant im Zentrum von Phoenix aufgesucht. Das Restaurant war mit einer Freiluftterrasse ausgestattet und daher bei Rauchern beliebt. Man bekam dort opulente Fisch- und Fleischplatten, Shrimps in beliebiger Menge aus dem Eiskübel, ganze Hähnchen mit Gratis-Chips – und nachdem sie gegessen hatte (Adam rührte sein Essen kaum an), versuchte er, die erste Phase seines »Schadensbegrenzungsplans« umzusetzen. Doch je eindringlicher er an ihre Vernunft appellierte – alles nur eine kurze Entgleisung, unverzeihlich, soweit es ihn betraf, lass uns Freunde sein –, umso hartnäckiger bestand sie darauf, dass sie ihn liebte, dass sie ihr Leben mit ihm teilen, seine Kinder zur Welt bringen wolle.

»Hör endlich auf, mir SMS zu schicken, Fairfield«, sagte er. »Ich lösche sie alle, aber du schickst immer neue.«

»Warum soll ich damit aufhören? Ich liebe dich, Adam, ich will dir meine Liebe zeigen, die ganze Zeit, jede Minute.« Sie zündete sich eine Zigarette an und blies den Rauch rücksichtsvoll über die rechte Schulter.

»Warum du damit aufhören sollst? Weil ... Weil sie abgefangen werden können ... sie, sie, sie können von Alexa gegen mich verwendet werden, verstehst du?«

»Mit Alexa habe ich schon gesprochen.«

Da wusste Adam, dass alles vorbei war, er spürte, wie etwas in ihm zusammenbrach, sein Lebensmut war dahin. Ein dummer Ausrutscher – die fast unbewusste Befolgung eines atavistischen Sexualinstinkts –, mehr war nicht nötig, um eine gesicherte Existenz, eine weitestgehend glückliche Ehe, ein Leben in Wohlstand zu Fall zu bringen. Adam und Eva könnten ein Lied davon singen, dachte er nicht ohne Bitterkeit und Selbstvorwurf. Und war da schon sicher, dass die Vergeltung nahte – es konnte nicht lange dauern. Also machte er sich auf alles gefasst, während Fairfield eine Portion Eis bestellte und er ihr beim Essen zusah. Sie leckte provozierend den Löffel ab und redete lächelnd von einem nächsten Treffen – in einem Motel, die ganze Nacht? –, von einer gemeinsamen Zukunft, als es einen kleinen Tumult an der Restauranttür gab und er Brookman Maybury an der Seite eines Anwalts quer über die Terrasse auf ihren Tisch zuschreiten sah. Adam erhielt ein Umgangsverbot und die Mitteilung, dass er seine Frau nie wiedersehen werde: Alexa hatte die sofortige Scheidung beantragt.

Am Sloane Square stieg er aus dem Bus und lief, von seinen düsteren Erinnerungen verfolgt, durch die Chelsea Bridge Road zum Fluss. Die Scheidung und der drohende Skandal hatten ihn gezwungen, seine Professur aufzugeben (Brookman Maybury gehörte zu den Hauptsponsoren der MMU, die unter dem Namen seiner verstorbenen Frau auch ein Sportstipendium vergab). Klar und unmissverständlich hatte ihm Maybury eine massive moralische Vernichtungskampagne in Aussicht gestellt, wenn er nicht freiwillig kündigte: Sie werden nie wieder in einer Bildungseinrichtung arbeiten, geschweige denn an einer amerikanischen Universität, die Ihnen die Möglichkeit bietet, sich an studierenden jungen Frauen zu vergreifen. Also hatte Adam seine Stelle gekündigt und beschlossen, nach England zurückzugehen, einen Neuanfang zu machen, sich am Imperial College zu bewerben. Und siehe da, was aus mir geworden ist, dachte er in einer neuen Anwandlung von Bitterkeit ...

Es war bewölkt, ein windiger Tag, und der Fluss führte Niedrigwasser, gerade eben setzte die Flut ein. Von der Mitte der Brücke hatte Adam guten Einblick in das Uferdreieck – der schmale Strandstreifen war zu sehen, auch der Feigenbaum und die anderen vertrauten Merkmale seiner kleinen Dreieckswelt. Er vergewisserte sich, dass niemand auf ihn achtete, wartete noch ein paar Minuten, lief zurück zum Chelsea Embankment, kletterte schnell über den Zaun und arbeitete sich durch die Büsche zu seiner Lichtung vor. Jemand hatte die Reifen verstreut, sein Schlafsack und die Isomatte waren verschwunden – vielleicht von der Polizei beschlagnahmt?

Er orientierte sich an den Büschen und fand die Stelle, riss die Grasnarbe ab, die neue Wurzeln geschlagen hatte, und stieß auf die vergrabene Kassette. In ihr steckten Philip Wangs Mappe, die Wegbeschreibung für das Vorstellungsgespräch beim Imperial College, eine Taxiquittung, sein kleiner A–Z Straßenatlas von London, ein Notizblock des Grafton Lodge mit ein paar hingekritzelten Telefonnummern, eine Liste von Wohnungsangeboten, die er bei einem Makler erhalten hatte – das, so stellte er fest, ist alles, was von dem alten Adam geblieben ist, der magere dokumentarische Niederschlag seines früheren Lebens, den er an jenem verhängnisvollen Abend mit sich herumgetragen hatte ... Er legte die Rolle mit den fünfhundert Pfund dazu, schloss die Kassette und stampfte den Rasen wieder fest. So haben alle Banken und das ganze Bankwesen angefangen, sagte er sich, als Versteck für überschüssiges Geld, und siehe da, wie weit wir gekommen sind ...

Zufällig nahm Bischof Yemi an diesem Abend die Offenbarung des Johannes, Kapitel 14, Vers 14 – »Schlag an mit deiner Sichel und ernte, denn die Ernte der Erde ist reif geworden« – zum Anlass, sich des Langen und Breiten über einige Vorzüge der Globalisierung auszulassen.

Mrs Darling servierte danach das Essen – einen überraschend guten Lancashire Hotpot – und begrüßte Adam mit besonderer Herzlichkeit.

»Wie schön, dich wiederzusehen, John«, sagte sie. »Bischof Yemi möchte nach dem Essen gern mit dir sprechen.«

Was hat das zu bedeuten?, fragte sich Adam misstrauisch, als er mit seinem Teller losging, um sich zu Vladimir, Thrale und Turpin zu setzen. Turpin hatte über eine Woche gefehlt und gab nur vage Auskünfte. Er sei »nach Westen« gefahren, um in Bristol eine seiner Frauen zu besuchen, und habe dort keine guten Erfahrungen gemacht – eine seiner Töchter sei auf die schiefe Bahn geraten –, daher war er mürrisch und wortkarg.

Ganz im Gegensatz zu Vladimir, der sich in einem Zustand höchster Erregung befand, nachdem er endlich seinen Pass erhalten hatte, eine Trophäe, die bei Tisch diskret herumgereicht wurde. Turpin war nicht interessiert. Es war ein italienischer Pass, und Adam registrierte, dass Vladimir jetzt Primo Belem hieß. Das Foto, überbelichtet, etwas verschwommen, sah Vladimir bemerkenswert ähnlich: Auch der verstorbene Primo Belem hatte einen geschorenen Kopf und einen Spitzbart, und dieser Umstand schuf so etwas wie einen Gruppencharakter. Alle Männer mit geschorenem Kopf und Spitzbart, stellte Adam fest, sehen irgendwie verwandt aus, wenn nicht gar wie Brüder.

Thrale hingegen zeigte lebhaftes Interesse, er fragte, ob solche Pässe auch für weniger als tausend Euro zu haben waren –

Adam sah einen Plan in ihm keimen –, und Vladimir versprach, seinen Kontaktmann zu fragen. Diese letzte gemeinsame Mahlzeit hatte etwas Beunruhigendes und war von einer Stimmung des Abschieds begleitet. Vladimir/Primo würde sie verlassen und als legitimes Mitglied der Gesellschaft in die reale Welt zurückkehren. In Stepney hatte er eine kleine Wohnung gefunden, er hatte sich in einem Krankenhaus als Pflegehelfer beworben, ein Bankkonto eröffnet und eine Kreditkarte beantragt. Zum Abschied schüttelte er allen die Hand, er nahm ihre halbherzigen Glückwünsche entgegen und erwiderte sie mit dem ebenso halbherzigen Versprechen, mit ihnen in Verbindung zu bleiben.

Aber bevor er ging, nahm er Adam beiseite und schob ihm einen Zettel zu – auf den hatte er seine Handynummer geschrieben. Adam fand auch das deprimierend: Er fragte sich, ob er jemals wieder ein Handy besitzen und benutzen würde, und fühlte sich schmerzlich daran erinnert, welch ein primitives, eingeengtes Leben er führte.

»Bitte anrufen«, drängte ihn Vladimir. »Du kommst meine Wohnung, wir rauchen Affe, okay?«

»Wäre nett«, sagte Adam. »Pass auf dich auf.«

Ihr Abschied wurde von Mrs Darling unterbrochen, die Adam über eine Treppe am Ende des Saals zu Bischof Yemis Büro hinaufführte. Dort traf Adam den Bischof im dunklen Dreiteiler mit bernsteinfarbener Seidenkrawatte an, sein kornblumenblaues Hemd war mit einem weißen Kragen abgesetzt – ein Anblick, der Adam aus dem Gleichgewicht brachte: Bischof Yemi sah aus wie ein erfolgreicher, etwas protziger Geschäftsmann. Am Revers trug er eine winzige goldene Anstecknadel mit der Aufschrift »John 2« – sein Dienstabzeichen hatte er also behalten.

»John 1603«, begrüßte ihn Bischof Yemi, er umklammerte Adams Hand mit beiden Händen. »Setz dich, mein Bruder.«

Wie Adam bemerkte, ging das Bürofenster auf den Fluss

hinaus, die Flut war gerade im Steigen, und jenseits der braunen Wasserfläche sah er die teuren Wohnlagen der Wapping High Street.

»Ich habe dich auserwählt, John«, sagte Bischof Yemi. »Du bist mein Auserwählter.«

»Ich?«, fragte Adam. »Auserwählt wofür?«

Bischof Yemi klärte ihn auf. Die Church of John Christ hatte den Status der Gemeinnützigkeit erhalten – sie war nun eine gemeinnützige Organisation mit allen steuerlichen Vorteilen, die sich damit verbanden. Außerdem hatte sie einen bedeutenden Zuschuss vom städtischen Hilfsprogramm »Ein Herz für Kinder« erhalten, das vom Londoner Bürgermeister persönlich gesponsert wurde. Die Church of John wollte eine Kinderkrippe eröffnen, einen Kindergarten, eine medizinische und juristische Beratungsstelle, eine Förderagentur für benachteiligte Jugendliche, und ihr Kronjuwel sollte ein Waisenhaus in Eltham für Kinder bis zu zwölf Jahren werden.

»Meinen Glückwunsch«, sagte Adam. »Aber was hat das mit mir zu tun?«

»Ich brauche eine Führungskraft, eine rechte Hand, jemanden, der die Kirche kennt, ihre geistliche Ausrichtung.« Bischof Yemi lächelte bescheiden.

»Keine Kruzifixe«, sagte Adam.

»Genau. Unser Herr ist nicht am Kreuz gestorben. Die strahlende Sonne von Patmos ist unser neues Logo.«

»Ich fürchte, ich –«

»Ich kann meine seelsorgerlichen Pflichten nicht gänzlich vernachlässigen«, sagte Bischof Yemi, ohne auf ihn zu hören. »Ich brauche jemanden, der die Kirche vertritt – als mein Bevollmächtigter –, für all diese neuen Einrichtungen. Und ich habe dich auserwählt, John 1603.«

Adam wiederholte, es tue ihm sehr leid – er fühle sich sehr geschmeichelt, geehrt sogar –, aber seine Antwort sei nein. Seine geschwächte Gesundheit, die vielen Zusammenbrüche der letzten Zeit und so weiter machten es ihm unmöglich, obwohl er die Kirche nur sehr ungern im Stich lasse.

»Keine überstürzten Entschlüsse, John«, sagte Bischof Yemi. »Und ein Nein ist für mich keine Antwort – das habe ich mir zum Lebensprinzip gemacht. Denk darüber nach, nimm dir Zeit, mein Bruder. Wir wären ein großartiges Team, und der Lohn – in geistiger wie finanzieller Hinsicht – ist nicht zu verachten.« An der Tür schloss er Adam herzlich in die Arme.

»Ich brauche Sachverstand, John, und davon hast du jede Menge. Ich habe mich unter den anderen Brüdern umgesehen und weiß, dass du der Richtige bist. Das Einstiegsgehalt beträgt 25 000 Pfund im Jahr. Zuzüglich Dienstwagen und Spesen, versteht sich.« Er lächelte. »Gebrauche deine Sichel, John.«

»Wie bitte?«

»Gebrauche deine Sichel und ernte, denn die Ernte der Erde ist reif geworden.«

Als er an diesem Abend in die Wohnung zurückkehrte, wurde er schon von Mhouse erwartet. Sie küsste ihn auf den Mund – nur kurz zwar, aber nach den Nächten, als sie zu ihm ins Bett geschlüpft war, war das nicht mehr vorgekommen.

»Was ist denn los?«, fragte er.

»Willst du ganze Nacht?«

Nachdem sie sich geliebt hatten, waren sie beide hungrig, Mhouse trieb Chips mit Krabbencocktailgeschmack auf, und Adam öffnete eine seiner Weinflaschen – einen kalifornischen Cabernet Sauvignon. Mhouse saß ihm auf der Matratze gegenüber, im Schneidersitz, sie mampften Chips und tranken den Wein aus der Flasche. Wie eine Pyjamaparty in der Schule, dachte Adam, doch im nächsten Moment schon kam ihm der Vergleich absurd vor. Bei den Pyjamapartys in der Schule war niemand nackt gewesen, niemals hatten einem bei den Pyjamapartys nackte junge Frauen im Schneidersitz gegenübergesessen.

Er tippte mit dem Finger auf ihr »Mhouse Ly-on«-Tattoo.

»Wann hast du das gemacht?«, fragte er.

Sie hatte noch andere, gewöhnlichere Tätowierungen; einen gezackten Doppelblitz über dem Po, eine vielblättrige Blüte auf der linken Schulter, ein Sternbild (Orion) in der Höhlung ihres rechten Fußes. Die waren professionell in Tattoo-Salons erzeugt worden, doch MHOUSE LY-ON war ihr eigenes Werk.

»Als Ly-on kam in Welt. Soll zeigen, dass wir eine Mensch sind, weißt du ... Ich hab kleine Tattoo auf ihn gemacht, an Bein, als er Baby war. Hat geschrien, kleine Ly-on. Und wie. Und jetzt ...« Sie strahlte ihn an. »... keiner kann uns trennen. Niemals.«

»Warum heißt du eigentlich Mhouse?«

»Mein richtiger Name ist Suri«, sagte sie und buchstabierte ihn langsam. »Aber ich mag nicht Name Suri – zu viele schlimme Sachen passiert mit Suri. Also hab ich Name geändert.«

»Zu Mhouse.«

»In französische Sprache Suri heißt Maus – jemand hat gesagt.«

»Stimmt. Aber warum schreibst du es so?«

»Ich kann schreiben, bisschen. Ich kann ›House‹ schreiben. Hab ich gelernt. Also ...« Sie strahlte. »... House wie Mhouse, ganz einfach.«

Adam streichelte ihre Brüste, küsste sie, fuhr sanft mit den Fingerknöcheln über ihre Nippel, ließ die Finger ihren flachen Bauch hinabwandern.

»Jemand hat mir heute einen Job angeboten«, sagte er. »25 000 Pfund pro Jahr, mit Dienstwagen.«

Mhouse lachte laut, und ihr Lachen war echt.

»Du bist Witzbold, John«, sagte sie. »Du kannst machen, dass ich lache.« Sie stellte die Weinflasche ab, stieß ihn um und bestieg ihn. Weit vorgebeugt, strich sie mit ihren Brüsten über seine Lippen, ließ ihre Brustwarzen, erst die eine, dann die andere, an seinem Kinn spielen, küsste ihn, packte seine Unterlippe mit den Zähnen und biss zärtlich zu.

»Ich küsse dich gratis«, sagte sie.

»Danke«, erwiderte Adam.

Adam strich mit beiden Händen über ihren schlanken Rücken und umfasste ihre angespannten Pobacken. Hundert Pfund für Mhouse, dachte er, und hundert Pfund für Mr Quality – das ist die Sache wert.

27

Luigi persönlich legte den dicken Umschlag auf den Schreibtisch.

»Danke, Luigi«, sagte Ingram. »Wir sehen uns um sechs, wie immer.«

Er wollte gerade den Umschlag öffnen, als ihn wieder dieses teuflische Jucken befiel – diesmal unter der rechten Fußsohle. Mit einem Tritt schleuderte er den Schuh weg, er zog die Socke aus und kratzte sich mit Inbrunst. »Jucken« war ein viel zu lahmes Wort, es fühlte sich an, als würde eine glühende Akupunkturnadel in seine Haut gebohrt und dann hin und her bewegt. Außerdem schienen diese Stiche überall an seinem Körper aufzutreten – in der Achselhöhle, am Hals, im Fingergelenk, im Gesäß –, und doch gab es keine Spuren von Insektenstichen oder Hautausschlag. Irgendwelche Nervenenden spielten da verrückt, vermutete er, und allmählich fragte er sich, ob das mit den seltsamen Blutflecken zu tun hatte, die er alle paar Tage auf seinem Kissen fand und die von irgendeiner Wunde im Gesicht oder am Hals stammen mussten. Jedenfalls hatte das Jucken ein oder zwei Wochen nach den ersten Blutflecken angefangen – möglicherweise bestand kein Zusammenhang. (War es eine natürliche Folge des Alterns? Er war schließlich nicht mehr der Jüngste.) Wenn das Jucken losging, konnte er es unmöglich aushalten, er musste sich mit Gewalt kratzen, und damit brachte er es sofort zum Verschwinden.

Er zog die Socke und den Schuh wieder an und lenkte seine Aufmerksamkeit auf Luigis Umschlag. Er enthielt Philip Wangs Terminkalender. Auf einen bloßen Verdacht hin – und weil er

Keegan und de Freitas etwas entgegensetzen musste – hatte er Luigi zu den Calenture-Deutz-Labors in Oxford geschickt und den Kalender holen lassen. Er schlug ihn auf, begann mit dem Jahresanfang und arbeitete sich langsam vorwärts. Nichts Dramatisches, das tägliche Programm eines vielbeschäftigten Laborchefs, eine langweilige Sitzung nach der anderen, nur die wenigsten hatten direkt mit Zembla-4 zu tun. Doch als er sich dem letzten Tag in Wangs Leben näherte, änderte sich dieses Muster. In den letzten zehn Tagen häuften sich plötzlich die Dienstreisen – Reisen zu allen vier Felicity-de-Vere-Kliniken, in denen die klinischen Erprobungen stattfanden, nach Aberdeen, Manchester, Southampton und schließlich St. Botolph in London – am Tag vor seinem Tod. Als er umblätterte, zu Wangs Todestag, sah Ingram, dass nur ein Termin eingetragen war: »Burton Keegan, C-D, 15.00«.

Ingram klappte den Kalender zu und dachte nach.

Nichts daran war ungewöhnlich – und deshalb von der Polizei nicht weiter untersucht worden, wie er vermutete –, der typische Alltag eines Immunologen im Forschungsbetrieb. Außer man sah es aus einem anderen Blickwinkel – dem Blickwinkel von Ingram Fryzer.

Er ließ sich von Mrs Prendergast mit Burton Keegan verbinden.

»Burton, hier Ingram. Haben Sie einen Moment?«

Er hatte.

»Eben kam ein Anruf von der Polizei wegen Philip Wang. Sie versuchen, den Ablauf seiner letzten Tage zu rekonstruieren, und sie scheinen zu glauben, dass er noch an seinem Todestag zu uns in die Firma gekommen ist. Ich sagte, das sei nicht möglich – ich habe ihn an dem Tag nirgends im Haus gesehen. Sie etwa?«

»Äh, nein. Nein, ich auch nicht.«

»Dann muss es sich um einen Irrtum handeln. Ich gebe der Polizei Bescheid. Danke, Burton.«

Er legte auf und fuhr sofort hinab in die Lobby. Bemüht locker und entspannt, ließ er sich vom Diensthabenden das Meldebuch der vergangenen Monate bringen und blätterte zu dem fraglichen Tag zurück. Da stand es: Der verschwommene Durchschlag verriet, dass sich Philip Wang um 14.45 angemeldet und um 15.53 abgemeldet hatte. Ein paar Stunden später war er brutal ermordet worden.

Tief in Gedanken fuhr Ingram wieder in sein Büro hinauf. Warum hatte ihn Keegan belogen? Wang konnte natürlich ins Büro gekommen sein, um den Termin mit Keegan abzusagen, aber das hätte Keegan ihm ja dann gesagt. Nein, alles deutete unabweislich auf ein Treffen mit Keegan hin, um 15 Uhr, am Tag seiner Ermordung. Worum war es gegangen? Was war dort verhandelt worden? Warum war Philip Wang nicht zu ihm gekommen?

»Was zum Teufel hab ich damit zu tun?«, fragte Colonel Fryzer ungeduldig, während er – nur ein klein wenig – die Peonienvase verrückte, die als Vorbild für sein Stillleben diente.

»Nichts, Pa«, erwiderte Ingram, bemüht, seine eigene Ungeduld zu unterdrücken. »Ich brauche dich nur als eine Art Resonanzkörper ...« Er beschloss, ihm ein wenig zu schmeicheln. »Um von deiner großen Erfahrung zu profitieren.«

»Schmeicheleien verfangen bei mir nicht, Ingram. Das solltest du mittlerweile wissen. Ich hasse so etwas.«

»Tut mir leid.«

»Deine Nummer zwei – wie hieß er gleich?«

»Keegan.«

»Keegan hat dich belogen. Also hat er etwas zu verbergen. Was könnte ihm dein Dr. Wang bei dem Treffen erzählt haben? Was könnte Keegan eine Scheißangst einjagen?«

»Das weiß ich noch nicht.«

»Woran hat dieser Wang gearbeitet?«

»In den vier Tagen davor hatte er die verschiedenen Kliniken bereist, in denen das Medikament, das wir entwickeln, getestet wird. Daran ist nichts Ungewöhnliches. Das Medikament soll jetzt bei der Zulassungsbehörde eingereicht werden, hier und in den USA.«

»Ist dieser Keegan irgendwie in das Zulassungsverfahren involviert?«

»Absolut. Er ist sehr involviert.«

Der Colonel maß Ingram mit vernichtendem Blick und breitete die Hände aus. »Das ist deine grässliche Welt, Ingram, nicht meine. Denk nach. Was könnte Wang gesagt haben, um Keegan in Angst und Schrecken zu versetzen? Da liegt deine Antwort.«

»Ich hab keine Ahnung.«

»Wenigstens bist du ehrlich.«

Es klopfte an die Tür, und Fortunatus trat ein. Ihn hier zu sehen, versetzte Ingram einen gelinden Schock.

»Dad, was machst du denn hier?«

»Ich quetsche Pa aus. Und du?« Ingram küsste seinen Sohn, der in seinem üblichen Nahkampf-Outfit gekommen war und sein sich lichtendes Haar so kurz wie nur möglich geschoren hatte.

»Ich gehe mit Grampa essen.«

»In zwei Sekunden bin ich fertig«, sagte der Colonel und verschwand im Schlafzimmer.

Das Ausbleiben einer Einladung schwebte im Raum wie ein Vorwurf, und Ingram überlegte, ob er so forsch sein sollte, sich selbst einzuladen. Ein seltsames Gefühl: drei Generationen Fryzers in einem kleinen Zimmer, aber weder sein Sohn noch sein Vater legten Wert auf seine Gesellschaft, wie es schien. Jetzt fing auch wieder dieses teuflische Jucken an, diesmal genau auf seinem Kopf. Er presste den Zeigefinger auf die Stelle.

»Ich würde ja gern mitkommen«, sagte er und brachte ein bedauerndes Lächeln zustande. »Aber ich habe eine Ausstellung.«

»Du gehst zu einer Ausstellung?«
»Nein. Ich meinte, eine Verabredung.«
»Oh. Ist gut.«
Der Colonel kam herein. »Bist du immer noch da, Ingram?«

28

Sergeant Duke blieb an der Tür stehen.

»Bitte lass es sein, Rita. Glaub mir, die –«

»Ich hab keine andere Wahl, Sarge. Niemand klärt mich auf. So kann ich nicht nach Hause gehen.«

»Genau das solltest du aber. Hier laufen Sachen, von denen du nichts verstehst.«

»Verstehst du sie denn?« Die Hände in den Hüften, blickte sie ihm scharf in die Augen, und er schien sich ein wenig zu winden. »Was würdest du in meiner Lage machen?«, bohrte sie nach.

»Das ist nicht mein Problem. Ich muss hier nichts verstehen.«

Er stieß die Tür zum Besprechungszimmer auf, und Rita kostete ihren kleinen Sieg aus. Nachdem sie eingetreten war, schloss Duke die Tür hinter ihr. Sie atmete tief durch. Chefinspektor Lockridge, überlegte sie, will mich nicht in seinem Büro haben. Okay. Er schickt mich in das schäbigste Zimmer des Reviers Chelsea. Warum?

Das Besprechungszimmer hätte als Illustration für das entsprechende Stichwort in einem Bildwörterbuch dienen können: ein Tisch, zwei Stühle, ein ramponiertes Lamellenrollo, eine grelle Leuchtröhre an der Decke, kahle Wände. Sie setzte sich und wartete.

Nach ein paar Minuten kam Lockridge hastig herein, eine Akte in der Hand, die, wie sie wusste, nichts mit ihrer Beschwerde zu tun hatte, sondern auf die Aufgaben verwies, die ihn erwarteten, nachdem er sie energisch abgefertigt hatte. Sie schüttelten sich die Hand.

»Schön, Sie wiederzusehen«, sagte Lockridge, setzte sich, ohne sie mit ihrem Namen anzureden, und hob schon die Hand, als hätte sie ihn unterbrechen wollen (was aber nicht der Fall war). »Das hier läuft außerhalb des Protokolls, übrigens. Ich mache das nur wegen Ihrer guten Arbeit hier.«

»Ich möchte keine Gefälligkeiten, Sir«, sagte Rita tapfer. »Nur ein paar Antworten.«

»Schießen Sie los«, sagte Lockridge mit seinem schiefen Lächeln. Sein Gesicht sah so verbogen aus, als hätte er in der Kindheit einen Tritt abbekommen, von einem Pferd oder Stier, so dass er nur aus dem rechten Mundwinkel sprechen konnte. Im Revier nannte man ihn den »Querküsser«, und Rita verbannte den Spitznamen aus ihrem Bewusstsein, während sie die Festnahme des unbekannten Mannes an der Chelsea Bridge beschrieb und die Gründe umriss, die sie zu diesem Gespräch bewogen hatten.

Lockridge seufzte. »Die Sache bewegt sich auf der höchsten Sicherheitsstufe. Sie sind da in was reingetappt – nicht mal ich war informiert. Ich hatte nur Anweisung, den Mann zu entlassen. So was kommt vor. Besonders unter den gegenwärtigen Verhältnissen. Terrorismus, Aufruhr und so weiter.«

»Wir ziehen alle an einem Strang«, sagte Rita. »Kämpfen denselben Kampf. Warum können wir da nicht kommunizieren, wenigstens auf der untersten Ebene? Hätte sich der Mann irgendwie ausgewiesen, hätten wir ihm vielleicht helfen können. Hätte er mir auch nur mit einem Wort angedeutet, was er dort wollte, dann würden wir jetzt nicht in diesem Zimmer sitzen, Sir.«

Lockridge lächelte – herablassend, wie Rita fand. »Da laufen Operationen, die sind so geheim, dass ...« Er zuckte die Schultern und ließ den Satz unbeendet.

»Das ist also Ihre Antwort, Sir?«

»Wie meinen Sie das?«

»Es war eine hochgeheime Sicherheitsoperation. Der Mann,

den ich festgenommen habe, war so etwas wie ein Sicherheitsbeamter.«

»Scheint so zu sein.«

Rita nahm innerlich Anlauf, raffte ihren Mut zusammen, versuchte ihre Nervosität zu unterdrücken und das Zittern aus ihrer Stimme zu verbannen. »Weil ich das an den Bezirkschef melden muss«, sagte sie ohne aggressiven Unterton, wie sie hoffte. »Und wenn er mir nicht weiterhilft, muss ich Dienstbeschwerde einlegen. Der Festgenommene hatte zwei Faustfeuerwaffen bei sich und wurde nach zwölf Stunden entlassen – ohne Bericht, ohne Vernehmung, ohne Spurensicherung, ohne DNA-Probe, soviel ich weiß. Die von der Beschwerdestelle werden wissen wollen, wie Sie dazu stehen.«

Lockridges schiefes Gesicht schien sich weiter zu verzerren. Jetzt ist er wütend, dachte sie.

»Dieses Gespräch läuft völlig außer Protokoll«, wiederholte er.

»Aber ich fürchte, dem DPS müssen Sie Rede und Antwort stehen – im Rahmen des Protokolls. Wenn ich Beschwerde einreiche.«

Lockridge stand auf und griff nach seiner Akten-Attrappe – Mr Busy, der versuchte, seine Wut unter Kontrolle zu halten.

»Das wäre ein äußerst unkluger Schritt, Constable.« Jetzt, bei der Hervorhebung ihres Dienstgrads, zitterte *seine* Stimme.

»Was ist eigentlich mit den Waffen passiert, Sir?« Sie wusste selbst nicht, wie sie darauf kam. Bisher hatte sie sich die Frage nicht gestellt.

Lockridge blickte sie an – plötzlich bestürzt. »Was soll die Frage?«

»Sind die ins Labor gegangen? Das könnte uns weiterhelfen.«

»Wir brauchen keine Hilfe. Das scheinen Sie nicht begriffen zu haben.«

Er hatte ihre Frage nicht beantwortet. Sie wusste, dass sie ihn jetzt zur Weißglut brachte.

»Wurden die Waffen in die Amelia Street geschickt, Sir? Die zwei automatischen Pistolen? Oder durfte er sie mitnehmen, als wir ihn entlassen haben?« Das war der K.-o.-Schlag für ihn, wie sie wusste. »Er hat sie doch nicht etwa zurückbekommen, Sir?«

»Wo arbeiten Sie jetzt, Constable Nashe? Nachdem sie von uns versetzt wurden?«

»Bei der MSU, Sir.«

»Sie Glückliche. Dort wird man Ihnen den naheliegenden Rat geben: Schaukeln Sie das Boot nicht zu sehr. – Ein sehr guter Rat. Und ich würde ihn an Ihrer Stelle befolgen.«

Er verließ den Raum mit derselben Hast, mit der er eingetreten war.

Rita stand auf der Straße, gegenüber dem Dreieck aus verwildertem Gestrüpp westlich der Chelsea Bridge, und fragte sich, welche Antworten auf ihre vielen Fragen dieses vergessene Eckchen Londons wohl zu bieten hatte. Nur geschätzte zweihundert Quadratmeter Gebüsch am Themseufer, und doch war sie binnen einer Woche zweimal dort gewesen. Ein seltsamer, bizarrer Zufall? Oder gab es eine Verbindung zwischen dem Mann, der bei Morgengrauen eine Möwe erlegt und verspeist hatte, und dem großen hässlichen Kerl, der sich mit seinen zwei Pistolen in den Büschen versteckt hatte? Ging sie zu weit? Machte sie sich das Leben unnötig schwer, wie Sergeant Duke gemeint hatte? Was war aus den Pistolen geworden? Aber diese Frage hatte sich schon durch Lockridges Ausweichen und Lavieren beantwortet – der Mann hatte sie einfach zurückbekommen, wie persönliche Effekten, eine Uhr, eine Brieftasche. Und das war wirklich unentschuldbar, oder? Sie hatte keine anderen Hinweise, nichts, worauf sie ihre Überlegungen stützen konnte, nur ihre wilde, widerspenstige Intuition ...

Langsam lief sie über die Chelsea Bridge Richtung Battersea und plante ihre nächsten Schritte. Sie konnte versuchen, wegen der Waffen ein Ermittlungsverfahren in die Wege zu leiten. Und was stand im Haftprotokoll über die Entlassung des Festgenommenen? Jetzt musste sie über ihre Naivität lachen. Träum weiter, Mädchen! Sie wusste, wie eine Betonwand aussah, und diese wurde stündlich höher und dicker – konnte sie überhaupt noch etwas bewirken? Vielleicht hatte das alles keinen Sinn, vielleicht steckte etwas »Größeres« dahinter, etwas Sicherheitsrelevantes ... Sie klappte ihr Handy auf und rief ihren Vater an.

»Ja?«

»Hallo, Daddy-o, ich bin's. Was willst du heute Abend essen?«

29

Der Hund schiss ausgiebig, vollführte sein komisches kleines Tänzchen mit Kratzfuß und lief weiter. Beifallheischend, mit hängender Zunge, blickte er zu Jonjo auf.

»Brav, brav«, sagte Jonjo und tätschelte ihm den Rücken. »Gut gemacht, mein Junge. Bist ein kluger Bursche.« Er freute sich über die feste Beschaffenheit des morgendlichen Verdauungsprodukts. Die neue Diät wirkte offenbar Wunder. Sehr schön.

»Das ist ja widerwärtig!«

Jonjo blickte sich um und sah eine Frau, die ihn empört anstarrte.

»Haben Sie Probleme, Lady?«, sagte er und baute sich vor ihr auf.

»Allerdings. Das ist widerwärtig«, sagte sie. »Heben Sie das auf und nehmen Sie es mit. Absolut widerwärtig.«

»Heben Sie es doch auf, meine Gute«, sagte er. »Langen Sie nur zu.«

Sie funkelte ihn an, sagte noch einmal »widerwärtig« und stapfte davon.

Jonjo kürzte die Leine und setzte sich in Gang. Lieber wollte er in der Hölle verfaulen, als dem Hund mit der Plastiktüte nachzulaufen und seine Scheiße aufzusammeln. Also wirklich, sagte sich Jonjo. Der Mensch ist doch nicht aus dem Urschlamm gekrochen und hat sich in Jahrtausenden zum Homo sapiens entwickelt, um dann seinem Hund die Scheiße hinterherzuschleppen. Eine antidarwinistische Vorstellung, so was. Und überhaupt ging es hier, was ihn und den Hund betraf, eher um eine medizinische Angelegenheit. Er brauchte ein sauberes Stück Fußweg, um zu beurteilen, wie der Hund mit der neuen Nahrung zurechtkam. Wem das nicht gefiel, durfte sich natürlich aufregen. Er war nur zu gern bereit, seine Sicht der Dinge darzulegen. Nur zu gern. Es gab nichts, was er nicht in den Griff kriegte.

Er lief mit dem Hund in Richtung Fluss, folgte eine Weile dem Viadukt der Dockland-Hochbahn und bog in den Thames Barrier Park ein. Das Gras war frisch gemäht, die jungen Bäume machten sich gut, dichtes, gesundes Laub, ein paar Leute saßen draußen vor dem kleinen Café, Mütter mit Buggys, die unvermeidlichen Jogger keuchten vorüber. Auch ein paar andere Hundehalter liefen herum, nickten sich gegenseitig zu und sagten manierlich »guten Morgen«. Für einen kurzen Moment fühlte sich Jonjo als Teil einer ganz besonderen Gemeinschaft – anständige Bürger, vereint in ihrer Liebe und Fürsorge für ein Tier. Bei dem Gedanken wurde ihm ganz warm, wie er sich eingestehen musste, während er auf den breiten Fluss blickte und die Sonne auf den riesigen Silberbuckeln der Flutbarriere glitzern sah. Wie große glänzende Haifischflossen, dachte er, offenbar sollten sie symbolisieren, dass hier der Fluss zu Ende war – hinter der Barriere weitete er sich zum Mündungstrichter, und dann kam das Meer. Er hatte immer gern in Flussnähe gewohnt, aber jetzt war ihm die Themse ein wenig vermiest, weil sie ihn zwangsläufig an Adam Kindred erinnerte, seine eigene Verhaftung und Demütigung. Wenn er es recht bedachte, hatte Kindred ihm die Themse vermiest – auch das ein Grund für blutige Vergeltung. Er drehte dem Fluss den Rücken und machte sich auf den Heimweg, seine gute Laune war im Handumdrehen verflogen.

Um Kindred war es merkwürdig, beunruhigend, unheimlich still geworden. Nichts, keine Spur, kein Lebenszeichen, als wäre er vom Antlitz der Erde verschwunden. Und es gab noch andere bedrohliche Dinge. Nach zwei Wochen Funkstille hatte Jonjo die Risk Averse Group kontaktiert, nicht weil er Geld brauchte – Geld hatte er reichlich –, sondern weil es ihm keinen Spaß machte, tatenlos zu Hause zu hocken. Er hatte ausdrücklich um einen Termin bei Major Tim Delaporte gebeten, dem obersten Boss persönlich. Major Tim kannte er von der 3. Fallschirmjägerdivision, wo er kurz das Kommando hatte, bevor er aus der Armee ausschied und die RAG aufbaute. Ein guter Mann, Major Tim – hart, aber fair.

Der Termin wurde bestätigt, und Jonjo war in die City gefahren, zum neuen RAG-Hauptquartier in einem glitzernden Glaskasten nahe der Lower Thames Street, mit Blick auf den Tower. Jonjo hatte seinen besten Anzug angezogen, seine Schuhe auf appelltauglichen Hochglanz poliert und sich einen militärischen Haarschnitt zugelegt. Im Hauptquartier fühlte er sich heimisch und deplatziert zugleich – es wimmelte von Soldaten – Männern, mit denen er gearbeitet oder Seite an Seite gekämpft hatte –, aber was ihn verunsicherte, waren die hochnäsigen, kurzangebundenen Beamtinnen und Sekretärinnen.

In der Lobby setzte er sich aufrecht auf die Kante des härtesten Stuhls, damit sein Jackett keine Falten bekam. Überall sah man Grünzeug – Miniaturbäume, Büsche und Palmen –, an den Wänden hingen abstrakte Bilder. Von Zeit zu Zeit staksten langhaarige Mädchen auf hohen Absätzen durch die Lobby, um sich Cappuccinos und Espressos aus dem Automaten zu holen, aus versteckten Lautsprechern tönte diskrete Musik – Klassik light. Die ausgelegten Magazine befassten sich sämtlich mit Ferienclubs oder ausländischen Luxusimmobilien und waren voller Werbung für Uhren und Motorjachten. Genau das war es, was Jonjo aufregte: Die meisten Männer in diesem Gebäude waren Berufssoldaten, hatten, nüchtern gesagt, hunderte, wenn nicht tausende Tote auf dem Gewissen. Und das, so dachte er, sollte so ein Ort irgendwie widerspiegeln – die Natur der hier betriebenen Geschäfte ehrlich zum Ausdruck bringen, statt sich aufzutakeln wie ein Reisebüro, wie das Vorzimmer eines großkotzigen Vermögensberaters oder Prominentenzahnarzts.

Und sie ließen ihn fast eine Stunde warten. Die junge Frau am Empfang wusste auch nicht, wer er war. Dann hieß es, Major Tim sei abberufen worden, er werde mit einer Emma Enright-Gunn sprechen. Als er zu ihrem Büro geführt wurde, verfinsterte sich sein Gemüt mit jedem Schritt, sein Kragen schien plötzlich zu scheuern, ihm war unangenehm heiß, sein Hemd klebte am Rücken, seine Achselhöhlen troffen vor Schweiß.

Die Frau namens Enright-Gunn behandelte ihn knapp und professionell – sie sah aus wie die Direktorin einer Begabtenschule oder eine von diesen Politikerinnen. Ihr Akzent klang spröde und fremd für Jonjos Ohren, er wurde geradezu lächerlich nervös, sein Mund trocknete aus, seine gewohnte Zungenfertigkeit ließ ihn im Stich.

»Tja – nein, es ist, äh, eher eine Frage von, Sie wissen schon, was da ...« – er hatte das verdammte Wort vergessen! »Ähm, ein Angebot, was in der Art.« Vorrätig, jetzt fiel es ihm wieder ein. »Was vorrätig ist«, ergänzte er unterwürfiger als beabsichtigt.

»Wir haben einen Personalüberhang, Mr Case. Zu viele Soldaten verlassen die Armee. Und alle wollen sie private Sicherheitsberater werden.«

»Mag ja sein, aber in den Scheiß-Irak gehe ich nicht noch mal. Verzeihung. Entschuldigen Sie den Ausdruck.«

Sie lächelte. Eiskalt, dachte Jonjo.

»Da wäre eine Stelle als Personenschützer in Bogotá zu besetzen.«

»Nein danke. Südamerika kommt nicht in Frage.«

Sie blätterte in einer Mappe auf ihrem Schreibtisch. »Schusswaffenausbildung in Abu Dhabi. Die private Sicherheitstruppe eines Scheichs.«

»Ausbildung mache ich nicht, Miss –«

»Mrs –«

»Mrs Enright-Gunn. Major Tim wird Ihnen sagen, was ich –«

»Ich habe alle Informationen über Sie, Mr Case. Wirklich alle.«

Er ging mit leeren Händen, nur mit dem Versprechen abgespeist, ganz oben auf der Liste zu stehen, wenn es etwas »Spannendes« gab. In der Lobby blieb er stehen und trank drei Pappbecher Wasser hintereinander. Als er den Becher in den Papierkorb warf, sah er Major Tim durch den Korridor schlendern, ohne Jackett, mit lindgrünen Hosenträgern, in der Hand Papiere. Jonjo nahm automatisch Haltung an, dann stand er wieder bequem und wunderte sich. Was zum Teufel ging hier vor sich?

»Jonjo. Wie steht's?«

»Alles in Butter, danke, Sir.«

Tim Delaporte war groß und schlank, größer als Jonjo. Er hatte nordisch blondes Haar, das mit Gel aus der Stirn gekämmt war und das scharfe, wache Gesicht mit den grauen Augen ergänzte wie eine glänzende Kappe. Beim Sprechen bewegte er kaum die Lippen.

»Tut mir leid, dass ich Sie nicht empfangen konnte. Neuerdings ist Emma für die Einsätze zuständig.«

»Kein Problem, Sir.«

»Haben Sie gut zu tun?«

»Mir juckt es langsam in den Fingern. Ich suche was Interessantes. Deshalb bin ich gekommen.«

»Solange Sie sich benehmen, Jonjo.« Major Tim drohte ihm scherzhaft mit dem Finger und schlenderte weiter.

»Aber immer, Sir«, rief er ihm nach.

Alles an dem Termin war falsch gelaufen, dachte Jonjo, während er mit dem Hund vom Barrier Park nach Hause lief, all die verschiedenen Untertöne, die er herausgehört hatte, waren beunruhigend. Erstens mit dieser überkandidelten Kuh abgespeist zu werden, zweitens den letzten Dreck als Job angeboten zu kriegen – vierzehn Jahre SAS, für wen hielten die ihn? Dann drittens die Begegnung mit Major Tim, der angeblich gar nicht im Hause war. Und was sollte dieser Spruch mit dem Benehmen? Nicht zum ersten Mal fragte er sich, was die

RAG über seine Nebenjobs wusste und ob sie nicht sogar sein heimlicher Auftraggeber war. Wenn man jemanden diskret beseitigen wollte, ging man da nicht zu einer Organisation, die ausschließlich Profis beschäftigte, hochtrainierte Exsöldner, die sich in blutigen Kriegen bewährt hatten?

Wenn ich doch nur den verfluchten Kindred aufspüren könnte, dachte er verdrossen, als er sich seinem Haus näherte, dann wären wir aus dem Schneider. Er suchte in seinen Taschen nach dem Schlüsselbund. Das Haus war erst vier Jahre alt und gehörte zu einer gehobenen Reihenhaussiedlung, die man auf einer Industriebrache in Silvertown errichtet hatte, nahe dem Barrier Park. Zu jedem Haus gehörte ein Garten und eine integrierte Garage. Jonjo hatte sich einen Durchbruch geschaffen, so dass er vom Korridor direkt in die Garage gelangte. Die Nachbarn brauchten nicht zu sehen, was er in seinem Taxi so alles transportierte.

»Dann sind wir aus dem Schneider«, sagte er zum Hund.

Er erstarrte mitten in der Bewegung. Dieses »Wir«, wo war ihm das schon aufgestoßen? Wer hatte auf diese Weise »Wir« gesagt, dass er jetzt daran erinnert wurde? Er grübelte kurz und kam sehr schnell auf Mohammed. Mohammed hatte »Wir« gesagt, und weil Bozzy, dieser Idiot, ihn abgelenkt hatte, hatte er nicht nachgehakt. Was hatte Mohammed gesagt? »Wir sind nach Chelsea gefahren. Als er sagte, er will seinen Regenmantel holen, sind *wir* misstrauisch geworden, *wir* dachten, der könnte uns linken, könnte einfach abhauen.« Warum wir? Er war doch mit Kindred allein im Taxi gewesen. Redete er etwa im majestätischen Wir? Nie im Leben. Außer Mohammed und Kindred hatte also noch ein Dritter im Taxi gesessen. Zeit für einen Besuch bei unserem Freund Mo, dachte Jonjo, und seine Stimmung besserte sich augenblicklich – er hatte immer vermutet, dass die Antwort in diesem Dreckloch, im Shaft zu finden war.

Jemand rief seinen Namen, und er blickte sich um. Es war

Candy, seine Nachbarin. Sie kam quer über den Rasen gelaufen, ging in die Knie und liebkoste den Hund. Schnell waren sie sich einig, dass er prächtig aussah, dass ihm die neue Diät bestens bekam.

»Hast du einen freien Tag, Candy?«

»Ja«, sagte sie. »Noch ein paar Tage Resturlaub.« Sie stand wieder auf und lächelte. »Nur Arbeit und kein Vergnügen, das stumpft ab.«

»Da hast du recht.«

So schlecht sieht sie auch wieder nicht aus, dachte Jonjo, die Nase ein bisschen klobig, sie selbst auch eher kräftig gebaut, das war nicht zu übersehen, aber sie hatte hübsche blonde Haare mit Strähnen, gepflegte Nägel.

»Wie wär's mit einem kleinen Essen heute Abend?«, fragte sie. »Ich mache Moussaka, Profiteroles. Ein paar DVDs hätte ich auch.«

»Hoffentlich keine Kriegsfilme.« Sie lachten – ein wenig wusste sie über seine Militärvergangenheit Bescheid. »Ja, das wäre Klasse, Candy. Echt Klasse.«

»Und bring den Hund mit.«

Jonjo lächelte noch immer, aber er dachte nicht an das Abendessen und was danach passieren würde. Er dachte an seinen nächsten Besuch im Shaft und welche Methoden er anwenden würde, um sicherzugehen, dass ihm Mohammed alles erzählte, was er wusste.

30

Wie im Märchen, dieser Dunst, dachte Adam, wie verdünnte Milch, die träge in Wallung gerät, wenn Leute vorübergehen. Oder wie der typische Londoner Nebel, dick wie Erbsensuppe.

»Das ist komisch«, sagte Ly-on.

Adam drehte sich zu ihm um. Er konnte Ly-on sehen, weil er direkt neben ihm saß, sein kleiner Kugelbauch wölbte sich über das Handtuch, sein Wuschelhaar war feucht vom Dampf und klebte ihm am Kopf.

»So was wie hier war ich noch nie«, versicherte er.

»Sag mir, wenn's dir zu heiß wird.«

Mhouse war aus irgendeinem Grund am Morgen schon weggegangen und hatte Adam mit Ly-on allein gelassen. Er hatte abgewaschen (vorher das Wasser im Teekessel erwärmt), war mit einem Eimer Wasser in die Toilette gegangen, hatte gespült und den Spülkasten nachgefüllt. Es war wirklich von Nachteil, wenn es in der Wohnung nur einen einzigen Wasserhahn gab – wie in der Dritten Welt, dachte er. Als er in die Küche zurückkehrte, putzte sich Ly-on die Zähne über dem Waschbecken. Adam kam sich plötzlich ungewaschen, verdreckt vor – und spürte auch schon, wie es ihn überall juckte. Er brauchte dringend ein heißes Bad, stellte er fest. Ein türkisches Bad. Beim Betteln an der London Bridge Station hatte ihm jemand einen Werbezettel für die Purlin Nail Lane Baths zugesteckt, und so war der Wunsch in ihm entstanden. Wörter wie »Sudatorium« und »Tepidarium« machten den banalen Vorgang der Körperpflege zu einem zeitlos-exotischen Erlebnis. Er schlüpfte aus der Wohnung, fand einen funktionierenden Telefonautomaten im Erdgeschoss und rief Mhouse an.

»Du willst wo mit ihm?«

»Zum Badehaus in Deptford. Den Purlin Nail Lane Baths.«

»Er kann nicht schwimmen.«

»Wir wollen ja auch nicht schwimmen.«

Der Eintritt war überraschend teuer – zehn Pfund für Erwachsene, fünf Pfund für Kinder, aber dafür konnte man so lange bleiben, wie man wollte, vermutete er. Es war Donnerstagvormittag, nur Männer durften an diesem Tag hinein, und es war wenig Betrieb. Er zeigte Ly-on das Schwimmbecken.

»Mann, ein See«, sagte Ly-on. »Das ist komisch.«

»Möchtest du schwimmen?«

»Au ja. John, du zeig mir Schwimmen. Ich will gerne, John.«

»Na gut ... irgendwann.«

Im Frigidarium zogen sie sich aus und wickelten sich in ihr Handtuch, dann betraten sie die Dampfsauna. Knarrende Holzbänke und gelegentliches Hüsteln verrieten ihnen, dass sie nicht allein waren. Sie nahmen ihre Plätze ein und warteten, dass sich ihre Poren öffneten und der Schweiß zu fließen begann.

Als es Ly-on zu viel wurde, gingen sie zum Tauchbecken. Sie hängten die Handtücher an den Haken, und Adam nahm Ly-on auf den Arm, er war erstaunlich leicht. Ly-on legte den Arm um Adams Hals, während sie die gekachelten Stufen ins eisige Wasser hinabstiegen.

»Brrr«, machte Ly-on, als sein erhitzter Körper ins kalte Wasser tauchte. »Das ist irre, Mann – große, große Irre.«

Adam hielt ihn bei den Händen und ließ ihn ein wenig im Wasser schweben.

»Wie alt bist du, Ly-on?«, fragte er.

»Zwei, ich glaube.«

»Nein, du bist älter.«

»Vielleicht sieben, Mummy sagt mir nicht. Vielleicht vier.«

»Ich glaube, du bist etwa sieben Jahre alt. Wo ist dein Dad?«

»Ich habe kein Dad, nur Mum.«

»Gehst du zur Schule?«

»Nein. Mum sagt, ich mache Schule zu Haus.«

Nach dem Tauchbecken gingen sie in die heißeste Sauna, das Laconium. Die betäubende Hitze ließ sie beide verstummen. Sie bekamen zwar Luft, aber Sprechen war unmöglich, und sie hielten es nur ein paar Minuten aus. »Ich brenne, ich sterbe«, flüsterte Ly-on, also kühlten sie sich noch einmal im Tauchbecken ab, bevor sie sich für ein weiteres Dampfbad im Sudatorium entschieden. Aber die Sauna erfüllte ihren Zweck. Adam hatte sich noch nie so sauber gefühlt – jede Pore, jede Talgdrüse war vom Schmutz befreit. Unter der heißen Dusche wusch er sich Haar und Bart mit Shampoo und vergaß auch Ly-ons Wuschelkopf nicht.

»Hast du Hunger?«, fragte Adam, als sie wieder draußen auf der Purlin Nail Lane standen.

»Durst«, sagte Ly-on. »Ich muss trinken.«

In einem Pub trank Ly-on zwei große Gläser Zitronenlimonade mit Eis und Adam zwei Glas Bier, womit sie die im Dampfbad verlorene Flüssigkeit sofort wieder ersetzten. Adam bestellte für sich eine Backkartoffel mit Bohnen und geraspeltem Käse, und Ly-on bekam zum ersten Mal in seinem Leben Spaghetti. Sie fuhren nach Greenwich ins Meeresmuseum und gingen danach zum Flussufer hinunter, dort kaufte ihm Adam ein T-Shirt mit der Aufschrift LONDON.

»Was ist das?«, fragte Ly-on und entzifferte mühsam das Wort – zu Adams Freude. »Lon-don.«

»Das ist die Stadt, in der du wohnst.«

»Ich wohne in Shaft.«

»Der Shaft ist in London.« Er zeigte auf den Fluss, auf Millwall und Cubitt Town am anderen Ufer und das Glas- und Stahlgebirge von Canary Wharf, das sich dahinter erhob. »All das gehört zu London.«

Mit der Dockland Light Railway fuhren sie zurück nach Bermondsey und liefen von dort aus nach Rotherhithe. Während sie über die holprigen Wege des Shaft liefen, Hand in Hand, von einem verlotterten Hof zum nächsten, fragte ihn Ly-on nach der Stadt aus, in der er wohnte.

»Wenn einer fragt: Hey, Ly-on, wo kommst du her?, dann sage ich, ich komm aus London.«

»Ja.«

»Dann sage ich, ich bin ein London.«

»London*er*. Du bist ein London*er*.«

»London*er* ...« Er ließ den Gedanken auf sich wirken. »Ist okay, John. Große Irre.«

»Du kannst es mit Stolz sagen. Es ist eine tolle Stadt. Die tollste der Welt.«

»Bist du Londoner, John?«

»Nein.«

»Warum nicht?«

»Ich lebe nicht hier. Ich bin nicht von hier. Ich bin nur zu Besuch.«

Sie waren fast gleichauf mit dem großen Kerl, der auf sie zukam, als Adam ihn erkannte. Er ließ ihn vorbeigehen und wechselte die Richtung, um ihn von der Seite zu sehen. Es war der Mann vom Uferdreieck, der Mann vom Hof hinter dem Grafton Lodge, der Mann, den er mit dem Aktenkoffer niedergeschlagen hatte. Er lief zielstrebig, mit schnellem Schritt, als hätte er es eilig. An Adam war er vorbeigelaufen, ohne ihn eines Blickes zu würdigen – aber er suchte ja auch nicht nach einem Bärtigen, der einen kleinen Jungen an der Hand hielt.

»Was ist, John?«, fragte Ly-on. »Warum wackelt dein Hand, du kalt?«

Adam lockerte seinen Griff. »Nein. Gehen wir nach Hause.«

In der Wohnung – Mhouse war wieder da – suchte Adam seine Habseligkeiten zusammen, während Ly-on sich damit abmühte, ihr zu erklären, was Spaghetti waren (»wie Bindfaden, Mum, wie weiche Bindfaden.«). Adam stopfte seinen

Nadelstreifenanzug und seine Hemden in zwei Plastiktüten und durchsuchte gründlich das Zimmer, um sicherzugehen, dass er keinerlei Spuren hinterließ.

»Was soll heißen, du gehst?«, fragte Mhouse mit einer Aufwallung von Ärger, als Adam ihr zwei Wochenmieten im Voraus anbot.

»Ich hab dir doch erzählt, ich kriege einen Job. In –« Er überlegte schnell. »In Edinburgh.«

»Wo ist das?«, fragte sie, während sie die Scheine einsteckte.

»Schottland.«

»Bei Manchester?«

»So etwa. Wenn jemand fragt, sag ihm, dass ich nach Schottland gegangen bin. Kannst du dir das merken? Schottland.«

Ly-on lag auf den Kissen vorm Fernseher und sah Trickfilme.

»Ich muss ein paar Tage weg«, sagte Adam und kniete sich neben ihn.

»Okay.« Ly-ons Augen blieben auf den Bildschirm gerichtet. »Gehen wir zu Nebel, wenn du wiederkommst?«

»Klar.«

»Große, große Irre.«

An der Tür wirkte Mhouse gleichgültig, desinteressiert.

»Pass auf dich auf«, sagte sie.

»Ich komme wieder«, log Adam und war plötzlich unfähig, seine Gefühle auszudrücken. Er wusste nur, dass er sich für immer von der kleinen Familie trennen musste, die ihm Unterschlupf geboten hatte.

»Es hat mir gefallen bei dir, weißt du?«, sagte er. »Bei dir und Ly-on.« Er strich mit den Fingerspitzen über ihren Oberarm. »Besonders bei dir.«

Sie schob seine Hand weg. »Ich muss anderen Mieter suchen, oder?«

»Ich glaube, ja.« Er schluckte. »Darf ich dir einen Abschiedskuss geben?«

Sie hielt ihm die Wange hin.

»Auf den Mund.«

»Kein Kuss.«

»Bitte!«

Sie warf ihm einen Blick zu. »Das kostet.«

Er gab ihr einen Fünfpfundschein und drückte die Lippen auf ihren Mund. Beim Atmen sog er ihren besonderen Duft ein, die Mischung aus Haarspray, Puder, billigem Parfum, und versuchte, ihn in sich zu speichern, aufzuheben für die spätere Erinnerung. Für einen Moment spürte er ihre Zunge an den Zähnen, ihre Zungen berührten sich.

»Geh lieber«, sagte sie mit leerer Stimme und riss sich los. »Sofort.«

War das ein spontanes Zeichen der Zuneigung oder eine bewusste Zurückweisung?, fragte sich Adam, als er mit seinen zwei Plastiktüten, ohne rechts und links zu sehen, den Shaft verließ. Wird sie mich ein bisschen vermissen – oder war ich nur einer von vielen, einer in der langen Liste, die sie enttäuscht haben und sie sitzen ließen? Aber es war klar, dass man ihn aufgespürt hatte, dass er seinen Verfolger unweigerlich zu Aufgang 14, Level 3, Wohnung L führen würde, wenn er nicht von hier verschwand. Das war kein dummer Zufall, dachte Adam, der hässliche Kerl ist nur aus einem einzigen Grund im Shaft aufgetaucht – irgendwie weiß er, dass ich hier bin. Der nachträgliche Schock lähmte ihn für eine Sekunde. Was, wenn er ihn nicht gesehen hätte? Wenn er ihm nicht zufällig mit Ly-on über den Weg gelaufen wäre?

Hastig lief er weiter, Richtung Süden, um in den belebteren Straßen unterzutauchen. U-Bahnhof Canada Water, keine schlechte Idee. Von dort konnte er seinen Anruf machen.

»Hey, Adam. Ich kann nicht glauben. Phantastisch, phantastisch.« Vladimir umarmte ihn wie einen Bruder. Adam war fast zu Tränen gerührt. Als hätte er einen im Krieg verschollenen Bruder wiedergefunden.

»Du mein erste Besuch«, sagte Vladimir und winkte ihn herein.

Vladimir hatte eine Wohnung in Stepney gefunden, in einem gemeinnützigen Wohnungsbauprojekt der zwanziger Jahre – Oystergate Buildings, nahe der Ben Jonson Road. Die schmutzig graue Wohnsiedlung war ausschließlich aus weißglasierten Ziegeln errichtet, die einen merkwürdig farblosen, fast geisterhaften Eindruck erweckten. Nach all den Jahren waren die glasierten Ziegel rissig und fleckig geworden, und die Fassaden, wirr durchbrochen von offenen Aufgängen, schmalen Balkonen und schmiedeeisernen Geländern, wirkten gänzlich anders als die strengen Winkel und Kanten des Shaft. Vladimirs Wohnung bestand aus Bad, Küche, Schlafzimmer und Wohnzimmer. Im Wohnzimmer stand ein neues schwarzes Ledersofa und ein großer Flachbildfernseher. Ansonsten gab es nichts in der kleinen Wohnung, keine Handtücher im Badezimmer, keine Küchenutensilien – nur eine Matratze und ein paar zerwühlte Decken auf dem Schlafzimmerfußboden.

»Du schlafe auf Sofa«, sagte Vladimir.

»Wo hast du die Sachen her?«

Vladimir schwenkte seine Kreditkarte. »Wunderbare Land, das hier.«

Sie gingen los und aßen Chicken-Burger mit Pommes in einem Hähnchen-Imbiss. Adam zahlte, das zumindest konnte er tun, dachte er, und Vladimir schien überhaupt kein Bargeld zu haben – er lebte ausschließlich von dem, was er mit der Kreditkarte bezahlen konnte. Sie kauften ein Sixpack Bier und kehrten zu den Oystergate Buildings zurück. Adam bezahlte Vladimir eine Monatsmiete im Voraus – achtzig Pfund. Am Montag, erklärte ihm Vladimir, werde alles anders, dann beginne sein Job im nahe gelegenen Krankenhaus Bethnal & Bow, Anfangsgehalt zehntausendfünfhundert Pfund jährlich. Er zeigte Adam die Uniform – eine blaue Hose und ein weißes Hemd mit blauen Schulterstücken und blauer Krawatte –, dazu seine Kennkarte am Halsband, mitsamt Foto und dem Namen Primo Belem. Dann bat ihn Vladimir um weitere fünfzig Pfund, die er vom ersten Lohn zurückzahlen wollte. Adam gab ihm auch die – jetzt wurde das Geld langsam knapp, er musste umgehend seine Bank im Uferdreieck aufsuchen.

»Ich hole Affe«, sagte Vladimir. »Letzte Wochenende vor Arbeit. Wir machen Party, wir rauchen Affe – erste Qualität.«

»Großartig«, sagte Adam.

In der Nacht lag er auf dem knarrenden Ledersofa (Vladimir hatte ihm eine seiner Decken geliehen) und dachte an Mhouse und Ly-on. Wieder packte ihn das Selbstmitleid, der Jammer über sein elendes Dasein, über die einzigartige Zwangslage, in der er steckte, über die neue Bedrohung, der er nur durch entschiedenes Agieren hatte entgehen können, wie er hoffte. Er hatte Sehnsucht nach Mhouse und Ly-on, musste er gestehen, nach dem gemeinsamen Leben im Shaft. Aber er tröstete sich damit, dass ihm angesichts seiner traurigen Lage nichts anderes übrig geblieben war, als aus dem Shaft zu verschwinden. Wenigstens Mhouse und Ly-on waren in Sicherheit, das war das Einzige, was wichtig war, das Einzige, worauf es ankam.

31

Seltsam, die Wartezimmer in diesem Land, dachte Ingram. Er war im Begriff, hundertzwanzig Pfund für die zehnminütige Konsultation eines Arztes zu bezahlen, der zu den gefragtesten Medizinern von ganz London gehörte, doch so, wie es hier aussah, konnte er sich genauso gut in einem billigen Provinzhotel der fünfziger Jahre befinden. Die Möbel waren abgeschabte Imitate, der gemusterte Teppich fadenscheinig, an der Wand hing die übliche Serie verstaubter Jagdstiche, auf dem Fensterbrett standen ein paar verdorrte Büropflanzen, auf dem Couchtisch mit den wackligen Beinen lag ein zwei Jahre alter Stapel Illustrierte. In New York, Paris oder Berlin wäre das alles neu und blitzblank, aus Glas und Stahl und strotzend vor Grünpflanzen, um den Wartenden zu signalisieren: Ich bin sehr, sehr erfolgreich, auf dem neuesten Stand der Technik, Sie können mir Ihre Gesundheitsprobleme getrost anvertrauen. Aber hier in London, in der Harley Street ...

Ingram seufzte vernehmlich und lenkte den Blick der Frau auf sich, die ebenfalls wartete und bis auf die Augen verschleiert war. Sie hatte einen kleinen Jungen bei sich, dessen Arm in einer Schlinge lag. Ingram lächelte sie an – vielleicht lächelt sie zurück, dachte er und glaubte zu bemerken, dass sich ihre Augen leicht verzogen. Das Absurde dieser Situation wurde ihm sofort bewusst, aber er bekam keine Gewissheit, und das war das Problem bei der Verschleierung – wenn nicht gar ihr eigentlicher Sinn. Er griff nach einer Nummer von *Horse and Hounds* und blätterte sie durch, warf sie hin und seufzte erneut. Vielleicht sollte er wieder gehen – er kam sich ein wenig albern vor. Nur ein paar Blutstropfen auf dem Kissen und dieses schreckliche, beängstigende Jucken. Sollte er deshalb den Arzt belästigen?

»Ingram, alter Knabe. Kommen Sie rein.«

Sein Arzt, Dr. Lachlan McTurk, war Schotte durch und durch, aber ein Schotte ohne Dialekt, der nur gelegentlich, wenn ihm danach war, ein paar Brocken Schottisch einwarf. Er war so übergewichtig, dass man fast von krankhafter Fettleibigkeit sprechen konnte, hatte dichtes, struppiges, graues Haar und ein rotes Gesicht. Winters wie sommers trug er moosgrüne Anzüge in verschiedenen Schattierungen, er war verheiratet, hatte fünf Kinder, aber obwohl Ingram schon seit gut dreißig Jahren sein Patient war, hatte er Mrs McTurk oder einen seiner Sprösslinge nie zu Gesicht bekommen. McTurk war ein kultivierter Mensch, der sich mit nie erlahmendem Eifer allen möglichen Kunstrichtungen widmete, so dass sich Ingram manchmal fragte, warum er überhaupt Arzt geworden war.

»Wie wär's mit einem winzigen Schluck, Ingram? Es ist bald Mittag.«

»Danke, lieber nicht. Ich habe noch eine ziemlich wichtige Sitzung.«

Lachlan McTurk hatte alle gebotenen Untersuchungen durchgeführt – Blutdruck, Puls, Abtasten, Reflexe, Abhorchen –, aber nichts Auffälliges festgestellt. Er goss sich drei gute Fingerbreit Whisky ein und füllte das Glas am Wasserhahn auf. Dann setzte er sich an seinen Schreibtisch, zündete eine Zigarette an und schrieb etwas in die Patientenakte.

»Wenn Sie ein Auto wären, Ingram, würde ich sagen, Sie haben den TÜV bestanden – mit Bravour.«

»Aber woher kommen diese Blutstropfen? Und warum? Was soll dieses infernalische Jucken?«

»Wer weiß …? Das sind keine Symptome, die ich kenne.«

»Also kein Grund zur Sorge?«

»Nun, Grund zur Sorge haben wir alle. Aber ich würde

meinen, die Sorge um Ihre Gesundheit können Sie hintanstellen.«

»Ich darf mich also verfolgt fühlen.« Ingram zog sein Jackett wieder an. »Was sage ich denn da? Ich meinte, ich darf mich erleichtert fühlen.«

»Rauchen Sie?«

»Seit zwanzig Jahren nicht.«

»Wie viel trinken Sie, so etwa?«

»Ein paar Glas Wein am Tag, annähernd.«

»Sagen wir, eine Flasche. Nein, Sie sind ziemlich gut in Schuss, wenn Sie mein fachliches Urteil hören wollen.«

Ingram überlegte. »Vielleicht nehme ich doch einen kleinen Scotch.« Wenigstens ein kleiner Gegenwert für die hundertzwanzig Pfund, dachte er.

McTurk goss ihm ein. »Haben Sie die neue Inszenierung von *Playboy der Westlichen Welt* gesehen?«, fragte er.

»Äh, nein.«

»Das ist aber ein Muss. Das und die Macke-Ausstellung im Tate Liverpool. Wenn Sie diesen Monat zwei Sachen machen, dann machen Sie die, empfehle ich dringend.«

»Ist vorgemerkt, Lachlan.« Ingram schlürfte seinen Scotch. »Ich muss gestehen, ich hab ein bisschen viel um die Ohren in letzter Zeit. Eine Menge Kleinkram.«

»Ah, der gute alte Stress. Der Stress spielt einem die seltsamsten Streiche.«

»Glauben Sie, es liegt am Stress?«

»Wer weiß ...? Es gibt mehr Dinge zwischen Himmel und Erde, als sich Eure Schulweisheit träumen lässt, Horatio.« McTurk drückte seine Zigarette aus. »Sozusagen. Wissen Sie was? Ich mache ein Blutbild, damit Sie ruhig schlafen können.«

So musste es ja kommen, dachte Ingram. Ein harmloser Arztbesuch, und plötzlich hast du Krankheiten und Probleme, von denen du nichts geahnt hattest. McTurk nahm eine große

Blutprobe aus Ingrams rechter Ellenbeuge und verteilte sie auf mehrere Röhrchen.

»Welche Werte wollen Sie messen?«, fragte Ingram.

»Die ganze Latte. Mal sehen, ob sich was zeigt.«

O gut, dachte Ingram. Noch fünfhundert Pfund obendrauf.

»Sie glauben doch nicht etwa«, begann er zögernd, »ich meine, könnten das eventuell auch Symptome einer, wie sagt man, sexuell übertragbaren Krankheit sein?«

McTurk musterte ihn mit schelmischem Blick. »Nun ja, wenn es hinten blutet und vorne juckt – oder auch umgekehrt –, dann wäre das meine Vermutung. Was haben Sie denn getrieben, Ingram?«

»Nichts, nichts«, versicherte Ingram hastig und ärgerte sich schon, dass er dem Gespräch diese Wendung gegeben hatte. »Hab mich nur gefragt, ob mich meine Jugendsünden einholen.«

»Ja, ja, die Syphilis. Aber keine Sorge, das würden wir sofort hinkriegen, mein Guter. Ohne Quecksilberbäder und dergleichen.«

Beim Gehen fühlte sich Ingram schlapp und deutlich kränker als vorher. Außerdem hatte er ein wenig Kopfschmerzen vom Whisky. Zu blöd.

32

Der Targa umkreiste das kleine Ruderboot, dann zog Joey mit Tempo an ihm vorbei, stromabwärts. Die Flut ging zurück, und Rita hörte das kehlige Schaltgeräusch des Dieselaggregats, als es auf Rückwärtsgang schaltete und der Targa mitten im Strom darauf wartete, dass ihm das Boot zugetrieben wurde. Rita stellte sich mit gezücktem Bootshaken aufs Achterdeck. Sie sah ein Stück Halteleine, das am Boot befestigt war, und griff schnell zu, befestigte es an einer Klampe und zog das Boot heran, um es am Targa anzubinden.

Sie wollten schon die Schicht beenden, da wurde ihnen das herrenlose Boot gemeldet – es war an der Lambeth Bridge gesichtet worden –, daher hatten sie sich noch einmal auf den Weg gemacht, stromaufwärts, Rita mit dem Feldstecher am Bug postiert. Sie entdeckte es, als es aus dem Schatten der Waterloo Bridge kam – kaum drei Meter lang, ein kleiner, schmutzig blauer Glasfiberkahn mit niedrigen Bordwänden, wie sie als Beiboote oder in Bootshäfen verwendet wurden, mit einer Ruderbank und zwei Dollen, aber ohne Ruder, soweit sie sehen konnte, während sie den letzten Halbknoten festzog. Im Boot lag etwas, verborgen unter einer grauen Plastikplane, eine fünf Zentimeter tiefe Wasserlache schwappte hin und her.

»Warte mal«, rief sie Joey zu und griff nach einem Stück Seil. Wenn ich die Leine verlängere, sagte sie sich, zerkratzt dieser dreckige alte Kahn nicht unsere schöne Bordwand, und wir können ihn ins Schlepptau nehmen. Sie kniete sich hin, schob das Seilende durch die Öse am Bug und wollte es verknoten, als sich die Plane bewegte. Sie schrie auf – es war eher eine spontane Schreckreaktion, aber trotzdem sehr peinlich, wie sie fand.

Irgendetwas, irgendjemand bewegte sich unter der Plane, und ihm nächsten Moment schon kam ihr Vater zum Vorschein.

Sie brauchte nur den Bruchteil einer Sekunde, um festzustellen, dass es nicht ihr Vater war, sondern ein anderer stoppelbärtiger älterer Mann mit grauem, zerzaustem Pferdeschwanz.

»Was zum Teufel –«, brummelte der Alte verschlafen, kniete sich hin und starrte hinüber zu Somerset House, als würde ihn die streng klassizistische Fassade aus irgendeinem Grund überraschen. Verblüfft drehte er sich zu Rita um, und Rita fing den verstörten Blick eines Mannes auf, der nicht mehr viel zu verlieren hatte. Sie streckte die Hand aus und half ihm an Bord, in der Nase den unverwechselbaren Geruch der Verwahrlosung, den Gestank der Armut.

»Danke, Darling«, sagte er, als sie ihm Halt gab. Aus nächster Nähe sah sie, dass er eigentlich gar nicht so alt war – um die vierzig –, aber zahnlos, die untere Gesichtshälfte merkwürdig zusammengequetscht, die Lippen vorgeschoben, wie man es bei kleinen Babys sieht. Sie brachte ihn in die Kajüte, knotete das Seil fest und gab Joey das Startsignal. Dann holte sie eine Decke aus dem Schrank, legte sie dem Mann über die Schultern und setzte sich ihm gegenüber.

»Ich hab's nicht geklaut«, sagte er. »Wollte nur ein Nickerchen machen. Herrje, haben Sie mir einen Schreck eingejagt, wie Sie mich geweckt haben!«

»Und wo war das? Wo wollten Sie Ihr Nickerchen machen?«

»Äh.« Er spitzte die feuchten Lippen und dachte nach. »Hampton Court.«

»Da sind Sie ja weit gekommen«, sagte sie. »Aber heben wir uns das fürs Revier auf.«

»Ich hab nichts gemacht«, rief er empört. Er schniefte, zog

die Decke um die Schultern und legte den Pferdeschwanz frei, mit einer Geste, die sie sofort wieder an ihren Vater erinnerte. Plötzlich, beim Gedanken an Jeff, spürte sie die ewige Sorge in sich aufsteigen – was sollte aus ihm werden, wenn er alt und krank wurde? –, doch sie tröstete sich mit dem Gedanken, dass sie sich immer um ihn kümmern würde, dafür sorgen würde, dass es ihm gut ging. Aber ein richtiger Trost ist das auch nicht, sagte sie sich in Anbetracht dieser Situation, denn die verhieß ihr eine Zukunft, die sie alles andere als erstrebenswert fand.

Sie ging hinaus aufs Achterdeck, sah den Kahn im Kielwasser des Targa hüpfen und schlingern und verstärkte unnötigerweise den Knoten des Schlepptaus. Nein, der Gedanke, dass sie auf der Bellerophon alt wurde, behagte ihr gar nicht. Dreißig Jahre, vierzig Jahre ... Je länger sie blieb, umso schwerer würde es, irgendwann wegzukommen, da mochte sie noch so oft mit Umzug drohen, wenn ihr Vater sie ärgerte. Immer wenn sie allein war, niemanden hatte, stellten sich diese Gedanken ein. In der Zeit mit Gary war sie nie von Zukunftsängsten oder morbiden Vorstellungen geplagt worden. Gary wollte sich mit ihr treffen, und sie wusste nicht, was sie davon halten sollte. Es konnte wieder etwas passieren zwischen ihnen, wurde ihr klar, so schnell und so leicht, wie sie die Sache zum Abschluss gebracht hatte.

Sie drehte sich zu dem zahnlosen Mann um, der nun Joey, den schmutzigen Zeigefinger aus der Decke gestreckt, von hinten mit seinem Geschimpfe bedachte. Mit Gary würde es nie etwas Richtiges werden, so viel war ihr klar, und es wäre ein großer Fehler, zu ihm zurückzugehen, nur um für eine Weile Sicherheit zu haben. Schließlich war sie jung und attraktiv. Irgendwo gab es einen Glückspilz, der nur auf sie wartete, und sie würde es merken, wenn sie ihn traf – wie ging gleich dieser Song? Sie versuchte, Text und Melodie zusammenzuklauben, und die Vorfreude auf das Glück, das ihrer harrte, hellte sofort ihre Stimmung auf. Jetzt tat ihr der Zahnlose leid – wie konnte ein Mensch in diesen traurigen Zustand geraten? Auch er war mal ein gehätscheltes Kind gewesen, auf das die Eltern all ihre Hoffnungen und Erwartungen gerichtet hatten ... Was war in seinem Leben so schrecklich schiefgelaufen? Welche Streiche hatte ihm das Schicksal gespielt?

Sie sah auf den Fluss hinaus, während sie unter der Blackfriars Bridge durchrauschten. Shakespeare hatte ein Haus in Blackfriars gehabt, fiel ihr ein, irgendwer hatte ihr das erzählt. Nur eine einzige Themsebrücke hatte es damals gegeben – dafür eine Menge Schiffe, der Fluss war voll von Schiffen und Booten gewesen. Sie lächelte vor sich hin, froh, dass sich ihre Stimmung besserte, dass sie ein Teil dieses Flusses und seiner zeitlosen Betriebsamkeit war.

33

Als Adam am Samstagvormittag aufwachte, drehte ihm der abgestandene Geruch des Affenrauchs fast den Magen um. Vladimir hatte es nicht über sich gebracht, mit der Party bis zum Sonntag zu warten, zumal er die Brocken hochwertigsten Affenstoffs schon in der Tasche trug, also war der Freitagabend zum Feiern ausersehen worden und zum Feiern gab es Anlass genug: ein neuer Name, ein Bankkonto, die Kreditkarte, das Sofa, der Fernseher, die Festanstellung im Krankenhaus, außerdem, was keiner besonderen Erwähnung bedurfte, sein neuer Mitbewohner und Untermieter. Den Affenstoff hatte Adam zwar abgelehnt, dafür aber eine Menge starkes Bier getrunken, im Bemühen, guten Willen zu beweisen, zu zeigen, dass auch er in der Lage war, sich hemmungslos die Kante zu geben. Sie waren vor dem Fernseher in einen Zustand stumpfsinnigen Glotzens verfallen und hatten das Geschehen (irgendeine Bergsteigersendung, wenn er sich recht entsann) mit frei assoziiertem Geblödel begleitet – Vladimir rauchend und trinkend, Adam trinkend und trinkend –, bis sich Vladimir irgendwann hochrappelte und, die Pfeife in der Hand, eiligst in sein Schlafzimmer verzog.

Jetzt, am helllichten Vormittag, drehte sich Adam auf dem Sofa um, das unter ihm quietschte wie ein Nest mit frisch geschlüpften Vögeln, und er sah, dass der Fernseher noch lief, nur ohne Ton. Gepflegte, lächelnde Ansager übermittelten die neuesten Weltnachrichten. Er setzte sich auf, spürte sofort den dumpfen Kopfschmerz und den widerlichen Geschmack im Mund und ging ins Bad, um sich das Gesicht zu waschen und die Zähne zu putzen. Er zog die Jacke über und schlüpfte in die Schuhe, bevor er an Vladimirs Tür klopfte und ihm verkündete, dass er losgehen wolle, um irgendwo zu frühstücken. Als Antwort glaubte er ein Stöhnen oder Ächzen zu vernehmen, aber keine artikulierte Äußerung. Wie sich Vladimir an diesem Morgen fühlen musste, wollte er sich lieber nicht ausmalen – vermutlich hatte er noch ein paar Züge von seiner Affenpfeife genommen, bevor sich sein Verstand endgültig verabschiedet hatte.

Adam kaufte eine Zeitung, fand ein Café, bestellte Tee, Toast und ein komplettes englisches Frühstück (zwei gebratene Eier, geröstete Speckscheiben, Würstchen und Tomaten, Baked Beans, Pilze und Pommes frites) und aß alles restlos auf. Schon war ihm ein wenig wohler, und er machte einen Verdauungsspaziergang zum Mile End Park, wo ihn das Verlangen überkam, sich für ein paar Minuten ins Gras zu legen. Drei Stunden später wachte er auf und wankte verschlafen zurück zu den Oystergate Buildings.

Vladimir war noch immer nicht auf, und diesmal reagierte er überhaupt nicht auf Adams Klopfen. Adam sah eine Weile Pferderennen im Fernsehen und kochte sich mehrere Tassen Tee. Die Küche war inzwischen ein bisschen besser ausgestattet: Adam hatte einen Teekessel besorgt, einen Kochtopf, zwei Tassen, zwei Teller und zwei Bestecke – wie ein mittelloses junges Pärchen, das seinen ersten Hausstand gründet, dachte er. Einen Kühlschrank gab es bislang nicht, daher wurde die Milch auf dem Fensterbrett gelagert.

Er trank seine vierte Tasse Tee und überlegte, wie es weitergehen sollte. Hier in den Oystergate Buildings konnte er vermutlich bleiben, zumindest eine ganze Weile, und seine profitable Bettlerkarriere fortsetzen. Mit Teilzeit-Betteln verdiente er deutlich mehr als Vladimir in seinem einträglichen Job als Krankenpflegehelfer, wie er wusste, zudem plante er, die Blindenmasche, die so prächtig funktionierte, um ein paar tollkühne Varianten zu erweitern.

Oder sollte er die Stadt verlassen und nach Norden gehen, wie er Mhouse erzählt hatte – vielleicht wirklich nach Schottland, nach Edinburgh? Auch dort gab es Blinde, auch dort ließ es sich gut betteln. Aber London, erkannte er, bot ihm etwas, was er nicht missen wollte, etwas ganz Grundlegendes und Wesentliches: Er brauchte die schiere Größe, die Ausdehnung der Stadt, die Millionenzahl ihrer Bewohner, die maximale Anonymität, die sie ihm garantierte. Er dachte an die sechshundert Menschen, die wöchentlich in diesem Land verschwanden, Jungen und Mädchen, Männer und Frauen, die aus dem Haus gingen, im Wissen, dass sie nie wiederkehren würden, oder aus Hoffenstern krochen und in die Nacht flohen, um sich dem großen Geisterheer der Vermissten anzuschließen. Zweihunderttausend vermisste Personen – und die meisten von ihnen hielten sich, wie er vermutete, irgendwo in London auf und entzogen sich jeglicher sozialen Kontrolle – lebten im Untergrund, unregistriert, ungezählt, unbekannt. Nur London war groß und herzlos genug, um diese verschollenen Heerscharen in sich aufzunehmen, die verschwundene Bevölkerung Großbritanniens, nur London konnte sie verkraften, ohne daran zu ersticken.

Nein, dachte er, er würde so weiterleben – von einem Tag zum andern, von der Hand in den Mund, wie es das Klischee wollte. Solange Vladimir seinen Affen unter Kontrolle hielt (Besuche von der Polizei? Besten Dank!), konnte er sich in den Oystergate Buildings sicher fühlen. Das Leben konnte auf seine verlässlich holprige Art weitergehen. Der Gedanke an Vladimir veranlasste ihn, eine Tasse süßen Tee für ihn zu bereiten, und er klopfte erneut an die Tür.

»Vlad? Ich hab dir Tee gekocht, Alter.« Er öffnete die Tür. »Gehen wir und kaufen ein paar –«

Adam sah sofort, dass Vladimir tot war. Er lag verdreht auf der Matratze, den Arm weit ausgestreckt, als hätte er ein letztes Mal zu seiner Affenpfeife und seinen Rauchutensilien greifen wollen. Seine Augen standen offen und auch sein Mund.

Adam ging rückwärts hinaus und schloss die Tür. Er zitterte so sehr, dass der Tee überschwappte. »O verdammt!«, stöhnte er laut. »Nein, nein, nein.« Er verfluchte sein Schicksal, sein sagenhaftes Pech – dann befielen ihn auch schon die Schuldgefühle, der schreckliche Gedanke, dass er Vladimir hätte retten können. Als er frühstücken gegangen war, hatte er Vladimir noch stöhnen, irgendetwas sagen hören. Vielleicht war er da noch am Leben gewesen, in Not irgendwie, aber am Leben und hilfsbedürftig. Wenn er da in sein Zimmer gegangen wäre, hätte er ihm vielleicht helfen können, einen Arzt holen, den Rettungswagen. Aber all diese Gedanken waren nun sinnlos. Er setzte die Tasse ab und ging zurück in Vladimirs Zimmer. Er wusste, es war ratsam, Vladimirs Leiche nicht zu berühren, aber trotzdem schloss er ihm die Augen mit der Fingerspitze, klappte seinen Mund zu und legte ihn gerade hin, die Arme seitlich am Körper. Jetzt sah er aus, als würde er schlafen – irgendwie. Nur die völlige Reglosigkeit war verräterisch. Was fehlte, waren die Hebungen und Senkungen des Brustkorbs, das Beben der Nasenflügel, die kleinen Zuckungen und Ticks, die wir alle unwillkürlich an den Tag legen und die zeigen, dass wir am Leben sind.

Adam vermutete, dass sich Vladimir mit seinem Affen in einen Herz-Kreislauf-Schock hineingeraucht hatte, dass sein geschwächtes Herz einem Anfall erlegen war, nach einer Pfeife zu viel vielleicht, einem finalen, betäubenden, drogengesättigten Adrenalinstoß, dass die kranke Herzklappe, für deren Operation seine netten Dorfnachbarn so großzügig bezahlt hatten, nun endgültig ihren Dienst eingestellt hatte – und Vladimir mitten im seligsten Drogenrausch gestorben war. Vielleicht war das nicht der schlechteste Tod, dachte Adam, als er eine Decke über ihn breitete und sich zu einem langen, nachdenklichen Spaziergang entschloss.

Er hatte es sich schwieriger vorgestellt, die Wohnung mit einem toten Freund zu teilen, der im Nachbarzimmer lag, aber nachdem er Vladimir »aufgebettet«, diskret zugedeckt und die Tür fest geschlossen hatte, stellte Adam fest, dass er ganze Stunden verbringen konnte, ohne ein einziges Mal an die Leiche im Schlafzimmer zu denken.

Er hatte beschlossen, nichts Übereiltes und Unbedachtes zu tun – einfach zu warten und zu überlegen, sich Zeit zu lassen und sorgfältig zu planen –, um dann zu sehen, ob es einen Weg gab, Vladimirs Leiche in angemessener Weise zu entfernen und zu bestatten, ohne Aufmerksamkeit auf den Umstand zu lenken, dass er, Adam Kindred, auf der Flucht befindlich und wegen Mordes gesucht, sich in der Wohnung aufgehalten hatte. Keine leichte Aufgabe. Er dachte den ganzen Sonntag nach, doch die einzige Lösung, die ihm einfiel, bestand darin, einfach wegzugehen und die Behörden später mit einem anonymen Anruf zu benachrichtigen. Vladimir hatte niemanden in den Oystergate Buildings gekannt, auch seine zwei direkten Nachbarn nicht – so lange hatte er hier noch nicht gewohnt, also würde ihn keiner vermissen oder spontan besuchen. Adam schätzte, dass der »Nachbarschaftsgeist« in den Oystergate Buildings eher unterentwickelt war, um nicht zu sagen verkümmert. Schleppend verging der Sonntag. Adam lief durch die Straßen von Stepney, sah im Kino einen schlechten Film, kaufte eine Pizza und nahm sie mit in die Wohnung, wo er sie vorm Fernseher aß.

Am Montagmorgen war ihm immer noch keine kluge Lösung eingefallen, daher entschloss er sich zum Auszug und verstaute seine Sachen wieder in den Plastiktüten. Aber wo sollte er hin? Er dachte daran, zu seinem vertrauten Versteck an der Chelsea Bridge zurückzukehren, und wusste im selben Moment, dass er dort nicht mehr sicher war. Die Polizei hatte das Versteck aufgespürt, der hässliche Kerl vom Grafton Lodge kannte es. Nein, er musste einfach etwas ähnlich Sicheres finden – irgendeinen Winkel in London musste es geben, wo er sich verstecken konnte.

Er zog die Wohnungstür hinter sich zu und überlegte. Vielleicht Hampstead Heath? Weite, offene Flächen ... Er hatte gerade den Schlüssel im Schloss gedreht, als ein Postbote in kurzen Hosen, schweren Stiefeln und einem staubigen blauen Turban die Treppe heraufgestapft kam.

»Wunderbar. Hab ich Sie, Mr Belem?«

Adam drehte sich um. »Mmm?«, brummte er weder bejahend noch verneinend.

»Unterschreiben und mit Druckbuchstaben bitte.«

Adam unterschrieb, schrieb in Druckbuchstaben »P. Belem« und erhielt ein Einschreiben mit dem Wappen von Bethnal & Bow ausgehändigt.

»Schönen Tag noch, Mr Belem«, sagte der Postbote und entfernte sich.

Adam schloss wieder auf und kehrte in die Wohnung zurück.

34

Zu Jonjos gewaltigem Verdruss hatte er fast eine Woche gebraucht, um Mohammed zu finden. Der Kerl schien an fünf verschiedenen Orten zu wohnen, und er hatte Bozzy und seinen Kohorten ziemliche Summen zahlen müssen, um an ihn heranzukommen.

Schließlich spürten sie ihn in einem Reihenhaus in Bethnal Green auf, wo er bei einem Onkel wohnte. Jonjo dachte sich, dass diese Begegnung ohne Bozzys Beisein glatter verlaufen würde, also fuhr er allein nach Bethnal Green und parkte sein Taxi ein paar Schritt von Mohammeds gegenwärtiger Bleibe entfernt. Jonjo sah ihn kommen und gehen – mit Cousins und Freunden –, bis er endlich einmal das Haus allein verließ und auf seinen Primera zusteuerte, offenbar um ein paar Fahrten zu machen. Jonjo musste ihm nur ein paar Minuten folgen, bis Mohammed abrupt hielt – die Warnleuchten blinkten in der Nachmittagssonne – und in einen Supermarkt lief. Jonjo stellte sich mit seinem Taxi neben den Primera, so dass er ihn blockierte, und richtete sich aufs Warten ein.

Schon klopfte es ans Fenster.

»'tschuldigung, aber Sie parken –«

Mit einem Ruck stieß Jonjo die Tür auf und warf Mohammed zu Boden. Jonjo half ihm auf die Beine, klopfte ihm den Staub von der Jeansjacke. Mohammed erkannte ihn sofort.

»Hören Sie, Mann, Sie können nicht einfach –«

»Steig in mein Büro, Mo.«

Sie setzten sich hinten in Jonjos Taxi, Mohammed auf den Klappsitz, Jonjo ihm gegenüber, mit großspurig gespreizten Beinen. Die Türen waren blockiert.

»Ich habe große Familie«, sagte Mohammed. »Onkel, Brüder, Cousins – wenn mir was passiert, sie kennen Bozzy. Er ist tote Mann, klar?«

»Also tu uns allen einen großen Gefallen.« Jonjo beugte sich vor und legte die Hand auf Mohammeds Knie, um seine nervösen Zuckungen zu besänftigen. »Ich tu dir nichts, Mohammed, ich zahle dir Geld.« Er zählte zweihundert Pfund ab und reichte ihm die Scheine. »Nimm.«

Mohammed nahm sie. »Für was?«

»Weil du mir jetzt erzählen wirst, wer mit dir im Taxi saß, als du den Mann nach Chelsea gefahren hast. Und dann wirst du mir zeigen, wo ich diese Person finde, die mit dir im Taxi saß. Dafür kriegst du noch mal dreihundert Pfund.« Jonjo griff in die Jacke und holte einen Batzen Scheine heraus.

»Ich war allein, Mann.«

»Nein, warst du nicht. Du hast mir erzählt, der Mann ist über den Zaun gestiegen, um seinen Regenmantel zu holen – und du hast im Auto gewartet.«

»Na und? Stimmt auch.«

»Warum hat er dann nicht die Mücke gemacht, als du im Auto gewartet hast wie ne Mumie?«

»Äh – ich habe gewarnt. Habe gesagt, ich breche ihm Knochen, wenn er nicht zahlt.«

»Da muss er ja eine Scheißangst gehabt haben.«

»Hatte auch. Deshalb hat gemacht, wie ich sage.«

»Du hast ihm also vertraut. Du hast einfach im Auto gewartet und darauf vertraut, dass er dir seinen Regenmantel bringt.«

»Äh ... ja.«

Jonjo schnappte ihm die zweihundert Pfund wieder weg.

»Selbst der allerbekloppteste, idiotischste Taxifahrer der Welt würde das nicht machen. Wer ist mit Kindred mitgegangen, während du im Taxi gewartet hast? Wie hieß der Kerl?« Jonjo hielt ihm die Scheine unter die Nase. Mohammed starrte sie an und leckte sich die Lippen. Sein Knie fing wieder an zu zucken.

»Mhouse.«

»Ein Mann, der Mouse heißt?«

»Eine Frau.«

Jonjos Gesicht zeigte keine Spur von Überraschung, obwohl ihn diese Neuigkeit sehr überraschte.

»Weißt du, wo sie wohnt?«

»Ja.«

»Bring mich hin, und du kriegst das restliche Geld.«

Jonjo wartete, bis es dunkel war, und fuhr erst dann zum Shaft. Er stieg die Treppen hoch und ging mit schnellen Schritten zu Wohnung L. In der Tasche hatte er ein kleines Brecheisen, das er über dem Schloss in den Türspalt rammte und dann mit seinem vollen Gewicht durchdrückte, bis Holz splitterte und die Schrauben knirschend nachgaben. Er hebelte das Brecheisen am oberen und unteren Ende der Tür in den größer gewordenen Spalt – keine Verriegelung. Nachdem er sich vergewissert hatte, dass ihn niemand beobachtete, sprengte er mit seinem derben Bauarbeiterstiefel das Schloss. Blitzschnell trat er ein, schob die Tür hinter sich zu und blieb im Dunkeln stehen. Es regte sich nichts – die Wohnung war leer. In der Küche brannte Licht, er lief leise zum Wohnzimmer und sah einen Fernseher, Kissen, zwei Sessel. In der Küche bemerkte er das Stromkabel und den Wasserschlauch, die durchs Fenster hereinkamen, und quittierte es mit dem verächtlichen Schnaufen eines rechtschaffenen Steuerzahlers. Diese Leute fressen uns die Butter vom Brot, dachte er. Was ist nur aus dieser Welt –

»Hallo.«

Jonjo drehte sich um, sehr langsam, und erblickte einen kleinen Jungen mit Wuschelkopf. Er stand in der Tür zum

Nachbarzimmer, in einem bekleckerten T-Shirt, das ihm bis über die Knie ging.

»Hallo, Knirps. Keine Angst, ich bin ein Freund. Wo ist deine Mum?«

»Arbeit gegangen.«

»Sie hat mir gesagt, ich soll was für sie holen.«

Er ging an dem Kind vorbei ins Schlafzimmer – Matratze, schmutzige Bettwäsche, Kleiderschrank, ein paar Kartons. Er öffnete den Schrank, wühlte in den Kleidungsstücken, griff in die hinteren Winkel, um nachzusehen, was sich dort verbarg. Er zerrte Schuhe heraus, eine Plastiktüte voller Sexspielzeuge, Dildos. Der Chemiedunst billigen Parfums brannte ihm in den Augen. Dann ertastete er einen schweren Karton – nein, einen Aktenkoffer. Er kannte ihn gut – massive Schlösser, glattes Leder, verstärkt durch Messingbeschläge. Die Schlösser schnappten auf – der Koffer war leer. Aber er gehörte Kindred – das Puzzle fügte sich allmählich zusammen, es wurde spannend. Der kleine verschlafene Junge sah neugierig zu, er stand an den Türrahmen gelehnt und kratzte sich den Schenkel.

»Wem gehört das?«

»Mum.«

Jonjo durchsuchte das andere Zimmer – eine Matratze, kahle Dielen, noch mehr Kartons mit Krempel. Wie manche Leute so hausten – widerwärtig. Den Aktenkoffer in der Hand, ging er zur Wohnungstür.

»Mach's gut, Kleiner.«

»Bist du Freund von John?«, fragte der kleine Junge.

Jonjo stockte, drehte sich um. »Wer ist John?«

»Wohnt hier, aber jetzt ist weg. Sag ihm, soll wiederkommen. Sag, Ly-on will wiederhaben.«

»Weiß deine Mum, wer John ist?«

»Ja. Hat John sehr, sehr lieb. Große, große Irre.«

»Was immer das heißt.« Jonjo tätschelte ihm den Kopf, sagte gute Nacht und schloss die Tür, so gut es ging.

Bozzy wartete am verwüsteten Spielplatz. Er zeigte auf den Aktenkoffer.

»Wo hast du her?«

»Von der Frau, die Mouse heißt. Kindred hat bei ihr gewohnt.«

»Erzähl kein Scheiß. Die ganze Zeit?«

»Ja. Wo arbeitet sie?«

Bozzy grinste. »Arbeitet? Die schleppt ab. Arme Schweine unten am Cherry Garden Pier.«

Jonjo war verwirrt – wie kam Kindred dazu, bei einer Nutte zu wohnen?

»Bist du sicher?«

»Meinst du, Hunde lecken sich selber? Zwanzig Pfund die Nummer, Mann. Dreißig ohne Gummi. Absolut Spitzenklasse, wenn du verstehst, was ich meine.« Er kicherte.

»Wie kommt man zum Cherry Garden Pier?«

35

Schön, der Fluss heute Nacht, dachte sie, und voll bis an den Rand. Es war die quirlende Schwärze, der Beginn der Flutumkehr, die riesige Wassermasse machte sich auf die Rückreise in die Nordsee. Der dunkle Strom floss schnell dahin, doch die Lichtreflexe auf der bewegten Oberfläche standen still. Mhouse sah seine Kraft, seinen magischen Sog – nicht, dass sie es so ausgedrückt hätte, aber der Fluss fesselte ihre Aufmerksamkeit und ließ sie eine Weile lang vergessen, wie beschissen es heute lief.

Eine ruhige Nacht? – Von wegen. Sie war ein paar Stunden um den Cherry Garden Pier gestrichen, die Straßen rauf, die Gassen runter, und hatte nach Kundschaft Ausschau gehalten. Ein Mädchen traf sie, das glaubte, auf dem Weg nach King's Cross zu sein, und sich dabei bis nach Rotherhithe verlaufen hatte. Sogar in den Southwark Park war sie gegangen, wo sich die Schwulen rumtrieben, und einer wollte mit ihr an den Teich, zu einem Schuppen, den sie benutzen könnten. Aber sie sagte ihm klipp und klar, wohin er sich den Schuppen stecken konnte.

Sie zündete sich eine Zigarette an. Stromabwärts sah sie das große Klinikum St. Botolph, jedes Fenster hell erleuchtet. Schöne Stromrechnung müssen die haben, dachte sie – schade, dass John 1603 weg ist. War wie ein Geldhahn, man musste nur ein bisschen dran drehen, wenn wieder Ebbe war. Brauchst du hundert Pfund? Dann schlaf eine Nacht mit John. War ja ein anständiger Kerl gewesen (dabei war sie nicht sonderlich scharf auf Männer mit Bart, um ehrlich zu sein) – sanft, freundlich, hilfsbereit –, und er hatte eine Schwäche für sie. Ja, absolut, und wie, das wusste sie genau, das war so unübersehbar wie die Nase in seinem Gesicht. Ly-on mochte ihn auch, und er schien Ly-on zu mögen. Also ließ sie sich ab und zu mal vögeln, kassierte einen netten Nebenverdienst, und er hatte ein Dach über dem Kopf, inklusive Satelliten-TV. Warum war er dann Hals über Kopf verschwunden? Jetzt hatte sie Schulden bei Mr Quality und Margo, sie zogen schon die Daumenschrauben an. Eine Masse Geld. Und wenn sich Mr Q. von seiner anderen Seite zeigte, dann Gnade Gott ...

Sie überlegte, ob sie John 1603 aufspüren konnte, ihm das Zimmer wieder anbieten, vielleicht ein bisschen billiger alles in allem. Wie willst du denn das machen, dumme Ziege? Ich könnte in der Kirche fragen, dachte sie – dort war er doch öfter, und die wussten vielleicht, wo er steckte. Vielleicht gefällt's ihm nicht in Schottland und er kommt zurück zum Shaft, zu Mhouse und Ly-on, seiner kleinen Familie. Vielleicht wollte er auch am liebsten –

»Hallo, Darling.«

Sie drehte sich um und sah den Mann auf der Uferpromenade stehen. Wo kam der her? Sie ging langsam auf ihn zu und zog ihr Bustier zu, damit die Busenspalte besser zur Geltung kam. Busenspalte funktionierte immer – komischerweise.

»Was darf's denn sein, Schatz?«, fragte sie.

»Ich hab ein Auto hier um die Ecke.« Er zeigte mit dem Daumen über die Schulter. »Wie wär's mit ner kleinen Spritztour?«

»Tut mir leid, Schatz. Kein Auto. Komm mit, und du kriegst siebten Himmel.«

Sie lief los in Richtung King's Stair Gardens und hörte seine Schritte folgen. Es gab da einen unbenutzten Eingang zu einer Art Pumpstation, der tief reinging, stockdunkel dort – die Leute konnten vorbeigehen, ohne zu merken, was sich da drinnen tat.

Sie ging vor ihm hinein und spürte eher, als dass sie sah, wie der Mann den Eingang ausfüllte. Ein Riesenkerl. Sie griff nach seinem Hosenstall – rausholen und die Hände einsetzen, das war ihre Masche. Es ihnen besorgen, bevor sie wissen, wie ihnen geschieht. Bevor sie auf dumme Gedanken kommen.

Ihr Handgelenk wurde von seiner Pranke gepackt.

»Hey, nicht so eilig, Süße. Ich weiß selbst, was ich will.«

»Kostet vierzig Pfund«, sagte sie. »Fünfzig ohne Gummi. Wenn du Zimmer willst, macht das hundert die halbe Stunde.«

Sie klickte ihr Feuerzeug an. Das machte die Kerle immer nervös, wenn man ihnen ins Gesicht leuchtete, und hielt sie von ihren kleinen Gemeinheiten ab. Die Flamme erhellte sein breites Gesicht, sie sah die blonden Wimpern, das fliehende Kinn mit der Kerbe, die im Licht der tanzenden Flamme noch tiefer schien, als sie es war. Irgendwie kam er ihr bekannt vor.

»Kenn ich dich?«, fragte sie. »Hatte ich dich schon mal?«

»Nein, außer du arbeitest auch in Chelsea.«

»In Chelsea war ich nie, Süßer.«

»O doch, das warst du.«

Er packte sie an der Kehle, hob sie hoch und drückte sie gegen die Wand, dass ihr die Luft abgepresst wurde.

»Wo ist Adam Kindred?«, hauchte er ihr ins Gesicht. »Spuck's aus, und ich tu dir nichts.«

Außer einem Würgelaut brachte sie nichts heraus. Mit beiden Händen hielt sie sein Handgelenk – es fühlte sich an wie ein dicker Ast –, ihre Fußspitzen berührten gerade so den Boden. Er lockerte den Griff, ließ sie ein paar Zentimeter sinken.

»Ich kenne nicht.«

»Wie wär's mit John?«

Und jetzt, aus irgendeinem Grund, fiel es ihr wieder ein. Das war der Kerl, den sie vor dem Shaft gesehen hatte, wie er aus dem Taxi stieg, an einem Abend vor ein paar Wochen. Erst war ihr das Taxi aufgefallen, dann war sie an dem Mann vorbeigegangen, dem großen hässlichen Kerl mit der Kinnspalte, der ihr jetzt die Kehle zupresste. Aber was hatte der mit John 1603 zu tun?«

»Welcher John?«, sagte sie. »Es gibt viele Johns.«

»Wie wär's mit dem John, der bei dir gewohnt hat? Fangen wir doch mit dem an.«

Dass er sie so schnell in die Enge getrieben hatte, entmutigte sie. Woher zum Teufel wusste er das? Wer hatte ihm das erzählt? Eine schreckliche Ahnung stieg in ihr auf. Plötzlich war ihr klar, dass sie sich gegen diesen großen, starken Mann wehren musste, dass sie um ihr Leben kämpfen musste – wie bei diesem üblen Kunden, als sie das letzte Mal in ein Auto gestiegen war. Sie hatte keine andere Wahl.

»Erzähl mir von John«, sagte er.

»Dieses Schwein«, zischte sie. »Abgehauen nach Schottland. Letzte Woche.«

»Was? Schottland?«

Sie spürte seine Überraschung, und als er seinen Klammergriff weiter lockerte, wusste sie, dass ihr Moment gekommen war. Sie rammte ihm das Knie in die Eier, mit voller Wucht, und hörte seinen Aufschrei, während sie sich wegduckte und losrannte.

Aber in Sekunden war er ihr auf den Fersen, mit ihren hochhackigen Stiefeln kam sie einfach nicht voran. Er erwischte sie kurz vor der Uferpromenade, wo die Laternen standen, drehte ihr die Hände auf den Rücken und schob sie vor sich her, zurück in die Dunkelheit von King's Stairs Gardens, und dort machte er was Komisches mit ihr – seine Finger gruben sich tief in ihren Nacken, ein Daumen presste sich auf die Stelle hinter ihrem Ohr – und sie spürte, wie ihre linke Körperhälfte taub wurde, dazu ein Kribbeln in der linken Hand.

Mit rechts schlug sie ihm ins Gesicht, grub die Nägel in seine Wange, spürte abgekratzte Haut unter den Fingern. Zu spät sah sie die Rückhand, sie wollte sich noch wegducken, aber er schlug so hart zu, dass ihre letzte Erinnerung ein Gefühl des Fliegens war – Mhouse hob vom Boden ab und flog durch die Luft wie ein kleines Vögelchen.

Und dann – nichts.

36

Goran, der diensthabende Chefpflegehelfer, kam in den Pausenraum und musterte die sechs Pflegehelfer, die dort herumsaßen – Zeitung lasen, Handys bearbeiteten, schliefen –, und schaute auf seine Liste.

»Okay ... Wellington und Primo gehen auf Station 10 – Mrs Manning für Chirurgie.« Er stockte. »Hallo, rufe Primo, wo ist Primo, Pflegezentrale für Primo ...«

Adam reagierte nicht sofort, weil er für einen Moment vergessen hatte, dass er jetzt Primo war, aber dann stand er schnell auf und steckte als Zeichen des Einverständnisses beide Daumen in die Luft. Wellington hievte sich aus dem Sessel, rubbelte sein graues Haar mit der flachen Hand und blickte ihn auffordernd an.

»Komm, Primo, das wird Spaß, Mann.«

Beim Warten auf den Lastenfahrstuhl, der sie zu Station 10 bringen sollte, sah Adam sein Spiegelbild im zerkratzten Edelstahl der Lifteinfassung. Der Glanz der Deckenlichter auf seiner Glatze erinnerte an eine Art Strahlenkappe – oder einen in der Entstehung begriffenen Heiligenschein. Er strich mit der Hand über seine glänzende Schädelplatte, über die nachwachsenden Stoppeln, und lächelte still vor sich hin. Das war sein zweiter Arbeitstag, und inzwischen besaß er auch eine ungefähre Vorstellung, was mit Vladimirs Leiche zu geschehen hatte. Er surfte auf der Welle des Geschehens, wie er das für sich formulierte, navigierte, wie es kam, in der turbulenten Flut der Ereignisse, die ihn vorwärtstrug. Einfach reagieren, sagte er sich. Zum Nachdenken ist später noch Zeit.

Erst als der Postbote gegangen und er in die Wohnung

zurückgekehrt war, war ihm die geniale Einfachheit und schlichte Eleganz des Plans aufgefallen, den er spontan und fast ungewollt vor der Tür gefasst hatte – des Plans, der ihm ermöglichte, die Empfangsquittung des Postboten ohne Zögern mit »P. Belem« zu unterzeichnen. Er war geradewegs ins Bad weitergelaufen, wo es ihn unerwartete Mühe gekostet hatte, sein Kopfhaar zu entfernen und seinen Vollbart auf ein Kinnbärtchen nach Vladimirs Vorbild zurückzustutzen. Einigermaßen geschockt studierte er sein neues Spiegelbild und stellte eine frappierende Gruppenähnlichkeit fest. Er sah aus wie tausende andere Männer in London, vielleicht sogar zehntausende: den Kopf völlig kahlgeschoren, um die Lippen und am Kinn einen mickrigen Restbestand von Bart. Niemand würde auch nur einen Moment zögern, Adam mit Vladimirs Passbild zu identifizieren. Die Augen waren ein bisschen anders, die Nase gestreckter, aber nach den landläufigen Ansprüchen an ein eingeschweißtes Passfoto war aus Adam allein mithilfe von Schere und Rasierer ein rundum überzeugender und glaubwürdiger »Primo Belem« geworden.

Und so hatte er den Beweis angetreten: Mit Vladimirs Uniform angetan, war er in der Krankenhausverwaltung vorstellig geworden, hatte sich für sein Zuspätkommen entschuldigt und war zur Pflegezentrale geschickt worden. Dort präsentierte er Goran seinen Dienstausweis, füllte einen Fragebogen aus, gab das Formular ab, das mit dem Einschreiben gekommen war, und wurde schließlich einem Wellington Barker vorgestellt, der ihn einarbeiten sollte. So einfach war das gegangen. Am Tage arbeiteten zwanzig Pflegehelfer im Krankenhaus, nachts waren sie zu sechst. Eine polyglotte Gesellschaft, wie man sie selten sah. Niemand interessierte sich für ihn, niemand stellte Fragen, keiner kannte mehr von ihm als seinen Namen. Und »Primo« ging ihm ebenso leicht von der Zunge wie »John«.

Auf Station 10 zeigte sich, was Wellington mit »Spaß«

gemeint hatte. Mrs Manning war eine fettleibige Fünfunddreißigjährige, die zur Magenverkleinerung in die Chirurgie gebracht werden sollte. Ihr dürrer Ehemann und drei dicke Kinder waren ängstlich um ihr mit Spielkarten und Maskottchen übersätes Bett versammelt. Wellington zeigte Adam, wie der Flaschenzug funktionierte (Pflegehelfer bei Bethnal & Bow war ein Anlernberuf), zusammen hoben sie Mrs Manning aus dem Bett und senkten sie auf die ächzende Transportliege, um sie per Lift zum OP zu befördern.

Auf dem Weg machte sie lustige Bemerkungen – »Wenn ich zurückkomme, werden Sie mich nicht wiedererkennen« –, doch unter ihrer aufgekratzten Stimmung witterte Adam die Angst vor der Zukunft, der neuen Mrs Manning, genauso wie er unter dem dreifachen Kinn und den ausufernden Hängebacken ihr einstmals hübsches Gesicht erahnte. Er wollte sie beschwichtigen – keine Sorge, Mrs Manning, es ist gar nicht so schlecht, ein anderer Mensch zu werden –, aber er lächelte nur und schwieg.

»Unglaublich, was die heutzutage können«, sagte Adam, nachdem sie Mrs Manning in der Patientenschlange vor der Anästhesie abgestellt hatten.

»Ja, weißt du ...« Wellington zog eine Grimasse. »Fett geht weg, aber dann ist nicht zu Ende.« Adam hörte genau zu – seit achtzehn Jahren schon war Wellington im Bethnal & Bow, und er wusste, wovon er redete. In dieser Zeit hatte sich das Krankenhaus einen guten Ruf in der Behandlung krankhafter Fettleibigkeit erworben.

»Fett geht weg, verstehst du, aber dann schwabbelt alles rum, alles leere Haut. Wie schlappe Wäscheleine. Dann kommen drei Jahre OPs, wo alles weggeschnippelt wird.« Wellington sah ihn unglücklich an. »Denk an die Narben, Mann. Sieht nicht gut aus.« Wahrscheinlich hatte Mrs Manning allen Grund zur Angst.

Am Ende der Schicht war Adam erledigt. Neben ihren Hol-

und Bringdiensten hatten sie zehn Tische in einem abgetrennten Bereich der Cafeteria aufgestellt, wo ein Empfang für Regionalbeamte des staatlichen Gesundheitswesens stattfinden sollte, hatten Blutproben ins Labor befördert, Krankenakten ins Archiv transportiert, Beutel mit menschlichen Gewebeabfällen aus den OPs zur Verbrennung gebracht und mehrere Fahrten mit einem Elektrokarren gemacht, um leere Sauerstoffflaschen auf einen wartenden Lkw umzuladen und neue Gasflaschen einzulagern.

Auf dem Weg zurück zu den Oystergate Buildings besuchte er einen Elektro-Discounter und bestellte einen Kühlschrank. Die Marke sei ihm egal, sagte er, Hauptsache, das Ding könne am nächsten Morgen geliefert werden. Er zahlte mit Vladimirs Kreditkarte (freundlicherweise hatte Vladimir seine Pinnummer auf einem Zettel in der Brieftasche notiert) und unterschrieb ein zweites Mal mit »P. Belem«. Dann, in einem Baumarkt, fragte er einen bulligen Verkäufer nach einem Schiebeding zum Liefern von schweren Lasten und wurde mit müder Verachtung aufgeklärt, dass das Ding, das er suche, eine zusammenklappbare Sackkarre mit breiter Auflagefläche sei. Diese wurde ihm gebracht, und er kaufte sie – zusammen mit einem blauen Overall mit Reißverschluss, einer giftgrünen Warnweste und einer Baseballkappe mit Bauarbeiter-Piktogramm.

Am nächsten Tag hatte er Nachtschicht, also den Tag über frei. Er hatte schon überlegt, dass sich sein Vorhaben bei Tageslicht paradoxerweise viel unauffälliger durchführen ließ als in finsterer Nacht. Am Tage würde er keinerlei Aufmerksamkeit erregen – bei Nacht aber höchst verdächtig wirken.

Der Kühlschrank kam um zehn Uhr vormittags, gebracht von zwei fluchenden Männern. – »Warum kein Lift? Was für Scheißapartments!« Unter Murren halfen sie ihm, den Kühlschrank aus der widerspenstigen Kartonverpackung zu befreien, in der Fensternische aufzustellen und anzuschließen.

Adam gefiel das beruhigende Summen. Und den Karton, sagte er, wolle er behalten, wenn es ihnen nichts ausmache.

Als die Männer gegangen waren, trug er den leeren Karton in Vladimirs Zimmer und schlug die Decke zurück, unter der seine Leiche lag. Vladimir sah nicht mehr aus, als würde er schlafen – er sah sehr tot aus. Seine Haut war wachsbleich, sein Gesicht leicht verzerrt, die Wangen hohl, die geschlossenen Augen eingesunken. Jetzt kam der schwerste Teil, wie Adam wusste, während er die Gummihandschuhe überzog. Sein Grauen überwindend, lagerte er Vladimir um, so dass er mit angezogenen Beinen auf der Seite ruhte. Er war überraschend beweglich – Adam hatte Leichenstarre erwartet, aber dann fiel ihm ein, dass der Rigor mortis nach etwa vierundzwanzig bis sechsunddreißig Stunden verschwand und die Muskulatur wieder erschlaffte. Gott sei Dank. Er rollte Vladimirs mageren Körper in den Kühlschrankkarton, stellte ihn wieder aufrecht und verklebte ihn mit reichlich Paketband. Dann schnitt er mit einem Küchenmesser Klappen und Schlitze in die untere Hälfte des Kartons. Er stieg in den blauen Overall, legte die Warnweste an, setzte die Kappe auf und rollte den Karton auf der Sackkarre aus der Wohnung. Nachdem er die vier Treppen Stufe für Stufe überwunden hatte, verließ er die Oystergate Buildings.

Er hielt sich an die Seiten- und Nebenstraßen und bewegte sich auf Umwegen in Richtung Limehouse Cut, eines Kanals, der etwa eine Meile entfernt war und den Bow River mit dem Limehouse Basin verband. Er selbst wirkte völlig unauffällig, wie ihm bewusst war – ein normaler Lieferant an einem ganz gewöhnlichen Werktag, der einen neuen Kühlschrank seiner häuslichen Bestimmung zuführen wollte. Niemand würdigte ihn eines Blickes.

Er brauchte eine halbe Stunde, um Vladimir in die Gegend zu befördern, die er am Vortag ausgekundschaftet hatte. Seine Hände waren wund und seine Schultern schmerzten, aber diese Zufahrtsstraße zu einem Gewerbegebiet führte zum Kanal, und dort befand sich ein Tor zum Treidelpfad, der neben dem Kanal verlief, bis er am Gaswerk, etliche hundert Meter weiter, in den Bow Creek mündete. Von Wohnhäusern oder anderen Gebäuden aus hatte man keinen Einblick, nur die kahlen Giebel von Lagerhäusern und stacheldrahtumzäunte, von verwitternden Plastiktüten übersäte Lkw-Parkplätze säumten den Kanal. Er schien wenig benutzt, dieser Pfad – aus den Rissen der niedrigen Ufermauer wucherten dicke Büschel Sommerflieder, Schmetterlinge umtanzten die blasslila Blüten. Er wartete, um einen Lieferwagen passieren zu lassen – und blieb wiederum unbehelligt: Die Lagerhäuser ringsum machten plausibel, dass er hier mit der Sackkarre und einem großen Karton unterwegs war. Als der Lieferwagen außer Sicht war, bugsierte er die Sackkarre behutsam zum Treidelpfad und schob sie ein paar Meter vom Zugangstor fort. Er zog die Karre unter dem Karton weg und hob ihn auf die Ufermauer.

Ein Blick in die Runde: Soeben kam die Sonne hinter den Schönwetterwolken hervor und bestrahlte die Szenerie, die Schmetterlinge taumelten wie geblendet. Vom Spielplatz einer nahen Schule hörte er Kindergeschrei, und irgendwo wurden Motorräder getestet oder es fand eine Art Rennen statt, denn plötzlich wurde die Luft vom Aufheulen starker Motoren erfüllt. Er schaute sich ein letztes Mal um, dann kippte er den Karton in den Kanal. Er traf mit einem lauten Klatschen auf und schaukelte munter auf den Wellen, bis er sich mit dem Wasser füllte, das durch die Klappen und Schlitze eindrang. Langsam richtete sich der Karton schräg auf, dann sank er allmählich tiefer und verschwand, hier und da Blasen werfend, unter der Oberfläche.

Eigentlich musste er jetzt etwas sagen – zum Gedenken an Vladimir. »Ruhe in Frieden« kam ihm ein wenig taktlos vor, also begnügte er sich mit einem gemurmelten »Auf Wiedersehen, Vlad – und vielen Dank«, bevor er auch die neue zusammenklappbare Sackkarre mit breiter Auflagefläche ins Wasser warf, zum anderen Gerümpel am Boden des Kanals, den Autoreifen und Einkaufswagen, den eisernen Bettgestellen und verrosteten Herden, den ausgebrannten Autowracks.

Im Fortgehen überlegte er, wie viel Zeit bis zu Vladimirs Entdeckung vergehen würde. Der Karton konnte eine Weile halten, bevor er zerfiel. Eine Woche? Einen Monat? Es war nicht weiter wichtig, wie er wusste. Die letzte und größte Wohltat, die ihm Vladimir erwiesen hatte, war das Geschenk seiner absoluten Anonymität. *Vladimir wer?* Selbst Adam wusste nicht, wie er mit Nachnamen hieß oder aus welchem Teil der ehemaligen Sowjetunion er stammte. Und selbst wenn sie ihn fanden und identifizieren konnten – ach ja, das ist er, der vermisste Herzpatient, der die Hilfsaktion seines Dorfes zur Flucht genutzt hatte –, würde niemand seinen traurigen Drogentod mit Primo Belem in Verbindung bringen, einem quicklebendigen und kerngesunden Mitarbeiter im Krankenhaus Bethnal & Bow.

Adam schlenderte zurück zu den Oystergate Buildings, so ruhig und gefasst wie noch nie, seit dieser ganze Irrsinn angefangen hatte. Jetzt hatte er einen Namen, eine Wohnung, einen Job, er besaß einen Pass, hatte Geld, eine Kreditkarte – bald konnte er sich ein Handy besorgen ... Jetzt durfte man mit Fug und Recht behaupten, dass Adam Kindred nicht mehr existierte, wurde ihm schlagartig klar – Adam Kindred war überflüssig geworden, wurde nicht mehr gebraucht, konnte verschwinden. Und er war wirklich aus der Welt verschwunden, war tief, tief in den Untergrund abgetaucht. Vor ihm lag ein neues Leben mit neuen Möglichkeiten – die Zukunft gehörte Primo Belem.

37

Candys Gesicht erstarrte zur Maske, zu einer schlechten Parodie von Schock und Entsetzen.

»Nein«, sagte sie.

»Doch.«

»Nein.«

»Ich fürchte, doch.«

»Der Hund? Niemals!«

»Ich kann's mir auch nicht erklären, Candy-Baby«, sagte Jonjo und versuchte, ebenso fassungslos zu wirken. »Ich habe mich gebückt, um ihm den Futternapf hinzustellen, und er hat einfach zugeschnappt.« Jonjo improvisierte eine Erklärung dafür, warum seine linke Wange von einer breiten, mit Pflastern verklebten Mullbinde bedeckt war. Er schämte sich ein wenig, den Hund zu beschuldigen – es gab keine harmlosere Kreatur unter der Sonne –, aber etwas Besseres fiel ihm in der Eile nicht ein. Candy war zufällig in die Garage gekommen, als er seine Golfschläger ins Taxi lud, und hatte bei seinem Anblick den routinemäßigen »O mein Gott, was ist denn mit dir passiert?«-Schrei ausgestoßen.

»Er beißt doch sonst nicht«, sagte sie. »Ich meine, ich küsse ihn –«

»Den Hund küssen, das solltest du aber nicht, Candy.«

»Nur einen kleinen Schmatzer auf die Nase. Nein, nein, irgendwas muss ihn dazu getrieben haben, irgendwas muss ihm in die Knochen gefahren sein. Armer, armer Jonjo.« Sie strich ihm über den borstigen Schädel und schmiegte sich an seine Brust, küsste seine unversehrte Wange. »Komm heute Abend zu mir rüber. Ich koch dir einen schönen Teller Suppe.«

Sie küsste ihn noch einmal, diesmal auf den Mund, und Jonjo zuckte zusammen wie im Schmerz. Seit dem Abend neulich war alles anders – seit dem Essen in trauter Zweisamkeit, dem der Sex gefolgt war, genauso vorhersehbar wie der Brandy und die Pralinen nach der Mahlzeit. Sie hatte sich in sein Leben gedrängt, mit dem ganzen Taktgefühl einer übereifrigen Sozialarbeiterin, wie er empfand, sie rief ihn an, schickte SMS, überfiel ihn unangemeldet, kaufte ihm Geschenke, die er nicht wollte – Kleidung, Lebensmittel, Getränke, kleine Aufmerksamkeiten.

»Heut Abend hab ich zu tun, Liebling, tut mir leid.« Fang nie was mit der Nachbarin an, nahm er sich für sein nächstes Leben vor.

»Soll ich den Hund nehmen? Wo ist er? Ich führe ihn Gassi, rupfe ein Hühnchen mit ihm. Sein Herrchen zu beißen, also wirklich!«

Er brachte ihr den Hund und fuhr auf eine Beruhigungsrunde zum Golfplatz Roding Valley. Am ersten Loch machte er eine Neun, am zweiten, einem kurzen Par drei, brauchte er fünf Schläge, am dritten Tee schoss er den Ball ins angrenzende Klärwerk von Chigwell. Er gab auf und lief wutentbrannt zum Clubhaus zurück. Wie hatte er auch glauben können, dass Golf ein geeignetes Mittel gegen den Schlamassel war, als der sich sein Leben gegenwärtig darstellte?

An der Bar trank er ein Glas O-Saft mit Gin und versuchte, Bilanz zu ziehen. Seine zerkratzte Wange klopfte, als hätte er Wundfieber. Diese verfluchte Nutte. Normalerweise hätte er sie einfach liegen lassen, aber unter ihren Fingernägeln befanden sich Proben von seiner Haut, seinem Blut und seiner DNA – also musste sie im Fluss entsorgt werden.

Er bestellte noch einen Gin. Es wäre besser gewesen, zu Hause zu bleiben und sich mit einem ordentlichen Schluck zu kurieren, aber dann wäre ja wieder Candy über ihn hergefallen ... Um auf andere Gedanken zu kommen, holte er die

Punktekarte heraus und schrieb »KINDRED = JOHN« drauf. Er hatte die kleine Hure nicht umbringen wollen – irgendwann hätte sie alles ausgeplaudert –, aber als sie angefangen hatte, ihn zu treten und zu kratzen, hatte er überreagiert. Getreu der Maxime von Sergeant Snell (einfach zuschlagen, den Reflexen vertrauen) hatte er ihr den bewährten Rückhandschwinger versetzt (man sieht ihn niemals kommen), und sie war mit dem Kopf voran gegen die Mauer geflogen. Er glaubte sogar, das Knacken ihres Halswirbels gehört zu haben, aber ob es so war oder nicht: An der komischen Art, wie sie schlaff zu Boden fiel und liegen blieb, hatte er erkannt, dass sie tot war – oder so gut wie tot.

Eine Weile lang war er fluchend hin und her gelaufen, ein Papiertaschentuch an die blutende Wange gepresst, dann hatte er sich unauffällig umgeschaut, ob die Luft rein war – kein Mensch in Sicht. Er hob sie auf, hielt sie aufrecht wie eine Betrunkene und ging mit ihr zur Uferbrüstung. Immer Ausschau nach Überwachungskameras haltend, lehnte er sie an die Brüstung, gab ihr leichte Ohrfeigen und redete auf sie ein, als wollte er sie aus der Bewusstlosigkeit holen – für den Fall, dass ihn jemand beobachtete. Die Flut ging zurück, mit schneller Strömung, wie er sah, also warf er sie kurzerhand über die Brüstung, und nach einer Sekunde war sie verschwunden.

Jonjo saß mit Bozzy und einer Bohnenstange, die sich Mr Quality nannte, in einer Grünanlage unweit des Shaft. Bozzy hatte Mr Quality mitgebracht, und Jonjo musste dafür fünfzig Pfund »Beratungsgebühr« abdrücken. Ein paar müde junge Mütter und ihre lärmenden Kleinkinder waren ein Stück weiter versammelt, ein alter Streuner durchsuchte methodisch die Abfallkörbe.

»Bei mir kostet kein Mehrwertsteuer.« Mr Quality steckte die Scheine ein und lachte hechelnd wie über einen Witz.

»Ich suche einen Mann namens John«, sagte Jonjo, um Beherrschung bemüht. »Er hat bei einer Nutte mit dem Namen Mhouse gewohnt, und die Wohnung gehört Ihnen, glaube ich. Ein paar Wochen hat er dort gewohnt.«

»Ich kenne Mhouse«, sagte Mr Quality. »Wir sind gute Freund.«

»Wunderbar – also wer ist dieser Kerl, dieser John?«

»John 1603.«

»Wie bitte? Noch mal.«

Mr Quality sagte es noch mal.

»Was soll das bedeuten? 1603 ist kein Name, das ist ein Jahr, eine Zahl.«

»So hat Mhouse genannt: John 1603.«

Jonjo blickte Bozzy an, um sich bestätigen zu lassen, dass Mr Quality nicht alle Tassen im Schrank hatte.

Bozzy zuckte die Schultern. »Ich hab nix Ahnung, Mann.«

»Dann verpiss dich lieber gleich.«

Bozzy erhob sich mit aller ihm zu Gebote stehenden Würde und ging beleidigt davon.

Jonjo wandte sich zurück zu Mr Quality, der sich, soweit Jonjo das beurteilen konnte, einen sehr dünnen Joint angesteckt hatte. Dieses Land ging vor die Hunde, ja, es nahm die Hunde mit offenen Armen auf. Aber er riss sich zusammen.

»Wie sah er aus, dieser John 1603?«

»Weiße Mann wie Sie. Dreißig Jahre. Lange schwarze Haar, dicke schwarze Bart.«

Ah, dicker schwarzer Bart, dachte Jonjo. Das erklärt manches.

»Weißt du, wo er ist?«

»Ist nicht bei Mhouse, dann weiß nicht, wo.«

Mr Quality machte sich davon, um fünfzig Pfund reicher. Der verdient ein paar saftige Arschtritte, dachte Jonjo. Arrogantes Arschloch, lacht mich aus, raucht seine Joints mitten am Tag, einfach so, in der öffentlichen Grünanlage, und es spielen kleine Kinder auf dem Rasen, verdammt nochmal. Hier müsste man mal mit der Feuerspritze aufräumen. Seucheneinsatz. Er atmete tief durch. John 1603, was sollte das heißen? Das musste doch irgendeine Bedeutung haben ... Warum hatte sich Kindred einen so verrückten Namen gesucht? Aber während er grübelte, besserte sich seine Laune, der Gedanke an ein heilsames Strafgericht verblasste: Die Sache machte Fortschritte – aus dem nichtssagenden »John« war ein vielversprechender »John 1603« geworden, er hatte eine Beschreibung seines Aussehens und einen Mann getroffen, der Kindred kannte, erst vor kurzem mit ihm gesprochen hatte. So viel zur Arbeit der Londoner Polizei. Er hatte das Gefühl, ein gutes Stück vorangekommen zu sein.

Zurück im Shaft, lief er auf dem schlammigen Platz herum, an dem der Aufgang mit der Wohnung L lag, und sah sich die Bewohner an, die da kamen und gingen. Dann stieg er die Treppe zur Wohnung hoch und klopfte an, nur der Form halber. Vielleicht sollte er noch einmal hinein, vielleicht hatte er etwas übersehen. Aber die Tür war repariert und wieder fest verschlossen. Hatte Mr Quality etwa schon einen neuen Mieter?

»Sie ist nicht da. Sie ist weg.«

Jonjo drehte sich zu der zahnlosen Alten mit der Kittelschürze um, die sich aus der Nachbartür herausbeugte.

»Entschuldigung, Madam«, sagte Jonjo höflich. »Ich suche einen Freund von mir, namens John. Ich glaube, er hat hier gewohnt.«

»Der ist auch weg. Die sind beide abgehauen und haben den kleinen Jungen im Stich gelassen. Ekelhaft ist das. Unmoralisch.«

Jonjo ging auf sie zu. »Kannten Sie John?«

Die Frau reckte ihr Kinn. »Nicht direkt. Man könnte sagen, ich war bekannt mit ihm.«

»Jemand sagte mir, er nannte sich John 1603.«

»Ja, allerdings. So hieß er.«

»Warum sollte sich denn jemand so nennen?«

»Weil er ein Mitglied der Kirche war«, sagte sie mit ziemlicher Empörung. »Obwohl sie beide abgehauen sind und uns so schrecklich enttäuscht haben.«

Jonjo strahlte. Er konnte sein Glück nicht fassen. Dieser Tag, der sich angelassen hatte wie ein echter Scheißtag, verwandelte sich in einen Glückstag.

»Und welche Kirche wäre das, wenn ich fragen darf?«

»Die Church of John Christ, natürlich.«

38

Das Wort »Jucken« in ein halbes Dutzend Suchmaschinen einzugeben war wenig sinnvoll gewesen. Eigentlich das glatte Gegenteil von sinnvoll, dachte Ingram. Nämlich absolut sinnlos, um nicht zu sagen entsetzlich. Die einfache Suche nach einem Stückchen Information hatte ihn mit einer Flut von Ergebnissen überschwemmt, hatte ihm Zehntausende mögliche Antworten geliefert. Hätte er sich doch nur von diesem infernalischen Computer ferngehalten und einfach Lachlan McTurk angerufen, um ihn noch einmal um Rat zu fragen – von Mensch zu Mensch. Jetzt musste er damit rechnen, von einer der vielleicht hundert ekelerregenden Krankheiten befallen zu sein, die ihm das Stichwort geliefert hatte – manche von ihnen hochgradig unangenehm, besonders die sexuell übertragbaren. Zudem hatte er nicht geahnt, dass Illustrationen im Internet so leicht verfügbar waren – es war erschreckend, was Krankheiten mit dem menschlichen Körper anstellen konnten. Und dass es Menschen gab, die mit derart ekelhaften Geschwüren, Pusteln, Ausschlägen, Schwellungen, Verwesungserscheinungen herumliefen ...

Überinformation – das war der Fluch der modernen Welt, äußerst beunruhigend. Aber das Jucken schien immer häufiger aufzutreten. Jetzt schätzte er, dass sein Körper täglich ein halbes Dutzend Mal von diesem teuflischen Juckreiz heimgesucht wurde. Leicht zu stillen durch Daumendruck und kräftiges Kratzen, aber ohne erkennbares Muster. Am Kopf, an den Füßen, an Bauch, Ellbogen, Ohrläppchen, Hodensack. Was war die Ursache? Konnte das gewöhnlicher Stress sein – konnte Stress einen in dieser Weise peinigen?

Ingram versuchte, diese unerquicklichen Gedanken von sich fernzuhalten, während er sich auf sein Gespräch mit Burton Keegan vorbereitete. Er hatte ihn zu zehn Uhr in sein Büro bestellt – um zehn nach zehn teilte ihm Mrs Prendergast über die Sprechanlage mit, Mr Keegan habe angerufen, er werde sich ein wenig verspäten. Um zehn Uhr vierzig endlich erschien er, voller Entschuldigungen – sein Sohn habe Probleme mit der Sonderschule, er reagiere hysterisch auf einen neuen Lehrer. Mit Überraschung vernahm Ingram, dass Keegan ein behindertes Kind mit Asperger-Syndrom hatte – worauf sein Zorn sogleich verebbte.

Keegan setzte sich, Kaffee und Mineralwasser wurden bestellt und gebracht, es folgte die übliche Plauderei über die Firma, das Wetter, Keegans bevorstehende Heimreise in die USA, dann ging Ingram zum Angriff über.

»Mich treibt da etwas um, Burton, und deshalb wollte ich Sie sprechen, unter vier Augen.«

»Ich dachte mir schon, dass es Schwierigkeiten gibt.«

»Keine ›Schwierigkeiten‹, sondern eine einfache Frage, und sie lautet: Hatten Sie am Nachmittag des Tages, als Philip Wang ermordet wurde, eine Besprechung mit ihm?«

Fast gelang es Keegan, sein Erschrecken zu verbergen. »Ja, stimmt«, sagte er.

»Trotzdem haben Sie das der Polizei und auch mir verschwiegen. Warum?«

»Weil es nicht wichtig war – ein reines Routinegespräch.«

»Warum haben Sie mich belogen?«

Keegan blickte ihm in die Augen. »Ich hatte es vergessen.«

Ingram bemerkte, dass sich Keegan nach seinem anfänglichen Stolpern wieder fing. »Worum ging es in dem Gespräch?«, fragte er.

Keegan räusperte sich. »Soweit ich mich erinnere, hatte Philip alle britischen Kliniken besucht, die wir für die dritte Testphase von Zembla-4 benutzen. Er war begeistert von unseren Fortschritten und wollte mich drängen, die englische und amerikanische Zulassung auf den Weg zu bringen.«

In jeder guten Lüge, dachte Ingram, muss ein Körnchen Wahrheit stecken. Als Spion lernt man so etwas, oder? Da Keegan die Klinikbesuche erwähnt hatte, konnte Ingram sie nicht mehr als Munition gegen ihn verwenden.

»Wie merkwürdig«, sagte er. »Das genaue Gegenteil von dem, was Philip mir zwei Tage zuvor erzählt hatte.«

Keegan lächelte. »Ich nehme an, er hat seine Meinung geändert. Er war sehr aufgekratzt, er bestand darauf, dass wir schnell handeln.«

»Es lässt sich ja nicht nachprüfen, nicht wahr?«, sagte Ingram. Wenigstens wusste er endlich, woran er war. Keegan und Wang waren offenbar völlig gegensätzlicher Meinung gewesen. »Seltsam, der Gedanke, dass Sie der Letzte waren, der ihn hungrig gesehen hat.«

»Wie meinen Sie das – hungrig?«

»Ich sagte lebendig.«

»Sie sagten, ich sei der Letzte gewesen, der ihn hungrig gesehen hat. Tut mir leid. Ich habe es genau gehört.«

»Na gut, ein Versprecher. Sie waren der Letzte, der ihn lebend gesehen hat.«

»Keineswegs. Sein Mörder, Adam Kindred, hat ihn als Letzter lebend gesehen«, sagte Keegan gelassen und sachlich und blickte auf die Uhr. »Tut mir leid, dass ich Sie unterbreche, Ingram, aber ich muss jetzt weg.« Er stand auf.

»Das Gespräch ist nicht vorbei, Burton. Ich habe noch Fragen.«

»Schicken Sie mir eine E-Mail. Wir haben heute Wichtiges zu tun. All das Reden über Philip bringt uns nicht voran.«

Jetzt stand Ingram auf. »Das wird nicht einfach so beiseitegeschoben –«

»Wenn Sie sich beschweren wollen, rufen Sie Alfredo an, schlage ich vor. Danke für den Kaffee.« Er verließ das Büro.

Ingram spürte ein bohrendes Jucken an der linken Wade, gegen das er anging, indem er sein Bein an der scharfen Glaskante des Coffeetable rieb. Wahrscheinlich lag es doch am Stress.

39

Burton Keegan goss Paul de Freitas noch ein wenig Scotch nach.

»Lieber nicht«, sagte de Freitas. »Oder lieber doch.«

»Bist du bereit?«

»Auf geht's.«

Sie befanden sich in Keegans Büro im Obergeschoss seiner Stadtvilla in Notting Hill, direkt unter dem Dach, mit einem schönen Blick auf das dämmrige Ladbroke Grove. Hier oben stand sein abhörsicheres Telefon. Ihre Frauen räumten unten in der Küche die Reste des Abendessens weg.

Während Keegan Alfredo Rilkes Privatnummer wählte, spürte er, wie sich seine Schultern spannten und ihm der Mund trocken wurde. Es wurde nie zur Selbstverständlichkeit, immer war da dieses Gefühl der Anspannung, der Erwartung des Unvorhergesehenen, wenn man mit Alfredo sprach – selbst nach zehn Jahren der Zusammenarbeit, der engsten Kooperation. Es waren noch zwanzig Sekunden bis zur verabredeten Anrufzeit.

»Burton«, sagte Rilke. »Schön, dich zu hören. Wie ist das Wetter in London?«

»Überraschend gut.« Keegan spürte, wie seine Hände zu schwitzen begannen – der Plauderton war immer ein böses Omen. »Paul ist hier bei mir. Darf ich auf Freisprechen umschalten?«

»Sicher. Hi, Paul. Wie geht's der schönen Mrs de Freitas?«

»Hervorragend. Wie geht's dir, Alfredo?«

Zu leutselig, dachte Keegan besorgt.

»Übrigens, ich warte immer noch – ich warte auf Nachrichten von euch beiden.« Rilke wechselte den Ton. Keegan gab de Freitas ein Zeichen, den Mund zu halten.

»Wir haben ein Problem mit Ingram«, sagte Keegan. »Er weiß Bescheid über mein Treffen mit Philip Wang an seinem letzten Tag. Ich glaube, er hegt da irgendwelche Vermutungen.«

Von Rilke kam ein langes Schweigen, und Keegan begann, seinen Nacken zu massieren.

»Hat er eine Ahnung, wovon bei dem Treffen die Rede war?«, fragte Rilke jetzt.

»Nein. Ich sagte ihm, Philip sei begeistert gewesen, hat auf ein beschleunigtes Zulassungsverfahren gedrungen, in England und den Staaten.«

»Ich will, dass ihr extrem nett zu Ingram seid, bis das alles ausgestanden ist. Habt ihr verstanden?« Jetzt wurde seine Stimme scharf. »Was hat ihn misstrauisch gemacht? Habt ihr ihm Anlass dazu gegeben?«

»Ich bin immer extrem nett zu ihm«, sagte Keegan, ohne Rilkes Frage zu beantworten. »Ich glaube einfach, er mag mich nicht.«

»Dann sorg dafür, dass er dich mag. Entschuldige dich. Halt ihn bei Laune. Was tut sich sonst bei euch?«

»Alles läuft gut«, sagte Keegan. »Unsere Leute sind dabei, Zembla-4 anzupreisen. Bei allen, die was zu melden haben. Wir fahren die humanitäre Schiene.«

»Wir sind optimistisch, dass wir Vorrangstatus kriegen«, rief de Freitas dazwischen. »Hast du den letzten WHO-Bericht über Asthma gesehen? Die Menschheit braucht Zembla-4. Das Timing könnte nicht besser sein.«

Keegan bereute jetzt, ihm den Extra-Scotch eingeschenkt zu haben. Geschwätzigkeit kam nicht gut an bei Alfredo Rilke. Er zog das Gespräch wieder an sich.

»Wir glauben, der humanitären Schiene und der beschleunigten Zulassung gibt es nichts entgegenzusetzen. Manche dieser neuen Aids-Mittel wurden innerhalb von Monaten, Wochen freigegeben.«

»Wie steht es mit Marketing-Analysen?«, fragte Rilke. »Von uns finanziert. Das müsst ihr alles vorbereitet haben.«

»Haben wir«, log Keegan. Manchmal, wenn auch selten, vergaß er, dass Rilke auf pharmazeutischem Gebiet beschlagener war als jeder andere. Er machte sich eine Notiz: »Marketing-Analysen«. Darauf hätte er selber kommen können, es war offensichtlich – humanitäre Schiene, beschleunigte Zulassung, vom Lizenzinhaber finanzierte Marketing-Analysen. Es lag auf der Hand – zumindest in der Theorie.

»Täglich sterben Kinder daran«, rief de Freitas und ignorierte Keegans vor den Mund gehaltenen Zeigefinger. »Die Ergebnisse sind überwältigend, Alfredo. Exemplarisch, großartig. Alles ist bereit.«

Wieder verstummte Rilke. Dann sagte er: »Kommt nächste Woche mit den ersten Advertorials raus.«

»Soll ich Ingram informieren?«

»Das übernehme ich.«

»Wie sieht's beim FDA in Washington aus?«, fragte Keegan. »Sind die zufrieden mit den europäischen Testergebnissen?«

»Ich glaube schon«, sagte Rilke. »Unsere Leute sind da dicht dran – dicht dran an Leuten, die dicht dran sind –, obwohl keiner so genau weiß, wie dicht der eine am anderen dran ist. Es heißt, dass sie zufrieden sind. Also« – er zögerte kurz – »ihr könnt die Zulassung beantragen, simultan, wenn die Werbung einen Monat gelaufen ist.« Keegan und de Freitas schauten sich mit großen Augen an. »Danach brauchen wir die Meinungsseiten.«

»Ist so gut wie erledigt.« Keegan sah die Strategie klar vor sich. »Es ist alles bereit.« Das Wundermittel ankündigen, es ins Gespräch bringen, die Presse darüber schreiben lassen, dann fangen die Asthmatiker an, beim Arzt danach zu fragen. Es gibt Millionen und Abermillionen Asthmaleidende auf der Welt – eine mächtige Lobby, die einen riesigen Druck ausübt. Niemand möchte sich Trödelei vorwerfen lassen, bürokratische Hemmnisse, kleinliche Bedenken, wenn es darum geht, Kinder vor entsetzlichen Leiden, vorm Tod zu bewahren.

»Wir fangen sofort an«, sagte Keegan. »Ich wünsche dir einen schönen A–«

»Nur noch eine Sache.«

»Klar.«

»Wurde dieser Kindred inzwischen gefunden? Das ist der Faktor, der mir den Schlaf raubt. Der Mann könnte uns alles kaputtmachen.«

»Wir sind an ihm dran, so die letzte Meldung. Vor ein paar Tagen erst wurde er in London gesichtet. Wir haben eine neue Beschreibung. Einen neuen Namen, den er benutzt. Es ist nur eine Frage der Zeit.«

Jetzt zog sich Rilkes Schweigen bedrohlich in die Länge.

»Das ist mir nicht gut genug, Burton.«

Der Tadel traf ihn hart, obwohl er mit sanfter Stimme vorgebracht wurde. Keegan spürte, wie ihm die Luft wegblieb, sein Magen krampfte sich zusammen. »Tut mir leid«, presste er hervor. »Wir können uns nicht erklären, wie Kindred –«

»Wie oft muss ich noch darum bitten? Macht es zur Priorität. Bringt eure Leute auf Trab.«

Keegan legte auf, ihm war übel. Würde ich meine Hände ausstrecken, dachte er, würden sie zittern. »Warum ist der denn so wild auf Kindred?«, fragte de Freitas ahnungslos, mit dem übersteigerten Selbstgefühl eines Angetrunkenen. »Was kann der uns denn tun? Ist doch alles gelaufen, oder?« In schlechtem Cockney-Akzent fügte er hinzu: »Kindred is Toast, Mann.«

»Tja«, erwiderte Keegan vage. Aber er geriet ins Grübeln. Das war das erste Mal in zehn Jahren, dass Alfredo Rilke eine Besorgnis äußerte. Das hieß, die Lage war ernst. »Geh schon mal runter, Paul«, sagte er. »Und nimm deinen Scotch mit.«

De Freitas trollte sich, und Keegan dachte an den Nachmittag mit Philip Wang zurück ... der freundliche, dickliche, sanfte Philip Wang in einer Erregung, die gar nicht zu ihm passte.

Mit schriller Stimme beschwor er alles Schlimme auf sie herab – den Tod von Kindern, Vertuschungsmanöver, Fälschung von Forschungsdaten. Die Tests würden abgebrochen, er werde sich persönlich ans Gesundheitsministerium wenden. Beim Aufzählen der Verstöße wurde er fast so wütend, als wäre eins seiner eigenen Kinder gestorben. Keegan hatte versucht, die Wogen zu glätten, aber es kam ihm mit erschreckender Klarheit zu Bewusstsein, dass Wang im Alleingang fast alles herausgefunden hatte, was bei den Tests von Zembla-4 gelaufen war – er war sogar beeindruckt von Wangs detektivischem Spürsinn, ohne deshalb weniger erschrocken zu sein, aber er hatte sich sofort wieder unter Kontrolle.

Philip hatte von bestimmten Anzeichen in den »Negativberichten« gesprochen, die ihn stutzig machten: Solche Berichte mussten angefertigt werden, wenn Patienten vorzeitig aus den Untersuchungen ausschieden, weil sich scheinbar harmlose Nebenwirkungen zeigten: Atemnot oder erhöhte Temperatur. Die Symptome kamen ihm – angesichts der milden Wirkungen von Zembla-4 –, seltsam vor, daher beschloss er, persönliche Nachforschungen anzustellen, und als er die vier Kliniken besucht und die Akten genau durchgesehen hatte, stellte er zu seinem großen Entsetzen fest, dass von den knapp fünfzig Abbrechern (bei Tests dieser Größenordnung eine völlig normale Zahl) kurze Zeit später vierzehn auf der Intensivstation gestorben waren.

»Diese Todesfälle haben keinen Bezug zu Zembla-4«, hatte Keegan sofort versichert. »Die Kinder waren schon vorher sehr, sehr krank, vergessen Sie das nicht. Wir haben in den letzten drei Jahren tausende Kinder mit Zembla-4 behandelt. Diese Zahl ist statistisch nicht signifikant.«

»Ich weiß, was hier passiert«, hatte Philip Wang darauf erwidert. »Das Gleiche wie bei Taldurene.«

»Die Todesfälle bei Taldurene sind nach wie vor umstritten«, behauptete Keegan in der Hoffnung, überzeugend zu klingen. Wie jeder andere in der Pharmabranche wusste auch er Bescheid: Fünf von fünfzehn Probanden waren bei einem bestimmten Taldurene-Test der dritten Phase an Nierenversagen gestorben, und weil die Patienten bereits Hepatitis hatten, wurden die Todesfälle nicht mit dem getesteten Medikament in Verbindung gebracht. Ein verhängnisvoller Fehler, wie sich zeigen sollte.

Wang wollte sich nicht beruhigen. Er erinnerte Keegan daran, dass es nicht seine Idee gewesen war, das Medikament an den Kindern in der De-Vere-Klinik zu testen. »Nicht nur Kinder leiden an Asthma«, sagte er. »Ich wollte Studien für alle Altersklassen. Ich entwickle kein Medikament, das nur für Kinder bestimmt ist.«

»Solche Studien haben Sie doch. In Italien und Mexiko wurde genau das gemacht«, sagte Keegan. »Wir dachten nur, dass wir in Großbritannien –«

»Sie dachten, hier können Sie auf kürzestem Weg das beschleunigte Zulassungsverfahren erreichen, den Dringlichkeitsstatus von Zembla-4. Sie suchen sich eine Nischengruppe aus – Kinder. Weisen einen dringenden medizinischen Bedarf nach. Wie kann das Ministerium dann noch zögern? Ich weiß, wie so was läuft.«

»Ihr Zynismus überrascht mich, Philip.«

An diesem Punkt war Wang wieder wütend geworden. Sehr geschickt und in allen Einzelheiten hatte er erklärt, wie der Betrug organisiert worden war, warum weder die Eltern noch das medizinische Personal der De-Vere-Kliniken Verdacht geschöpft hatten, selbst nach dem Auftreten von Todesfällen nur zufällige Tragödien dahinter vermutet hatten und keine Fehlwirkung von Zembla-4. Das Klinikpersonal erzeugte nur die Daten und leitete sie weiter. Die Auswertung lag in den Händen von Calenture-Deutz. Wenn es bei einem schwerkranken Kind im Test zu Komplikationen kam, wurde es als Testabbrecher verbucht, nicht als Todesfall. Und Todesfälle gehörten nun einmal zum traurigen Alltag eines jeden Krankenhauses. Die Tests liefen unbehindert weiter.

»Welche Anzeichen gab es?«, bohrte Wang weiter. »Wie haben Sie es geschafft, die Kinder vier oder fünf Tage vorher aus der Klinik zu holen? Irgendwelche Anzeichen muss es gegeben haben. Das möchte ich von Ihnen hören. Ich möchte wissen, welche Wirkungen Zembla-4 bei diesen Kindern ausgelöst hat.«

»Ich weiß nicht, wovon Sie reden«, hatte Keegan geantwortet. Immerhin hatte er einige bürokratische Versäumnisse eingeräumt und seine stille Empörung darüber zum Ausdruck gebracht.

»Sehen Sie, Philip, ich bin genauso aufgebracht wie Sie. Wir werden diese Sache prüfen, noch einmal alles auf den Kopf stellen, den Dingen auf den Grund gehen. Alles wird sofort gestoppt, von dieser Sekunde an, alles. Bis wir wissen, woran wir sind ...« Er hatte immer weitergeredet, ihn beschwichtigt, über den grünen Klee gelobt, strengste Maßnahmen versprochen, sollten sich irgendwelche Manipulationsvorwürfe erhärten – bis sich Philip Wang beruhigte und ein wenig besänftigt wirkte. So hatten sie sich auch verabschiedet, nicht unbedingt als Freunde, aber mit einem Handschlag an der Tür.

Sofort danach hatte er Rilke angerufen. Rilke hatte ihm stumm zugehört und ihm dann in ruhigen, nachdrücklichen Worten erklärt, was zu geschehen hatte – ohne jeden Aufschub. Wer angerufen werden musste, welche Worte gebraucht werden mussten.

Keegan hatte so etwas wie ein Déjà-vu, als er jetzt zum Hörer des abhörsicheren Telefons griff und die Nummer eintippte.

»Hi«, sagte er zu der Frau, die sich meldete. »Ich möchte bitte Major Tim Delaporte sprechen ... Ja, ich weiß, es ist spät, aber er erwartet meinen Anruf ... Mein Name ist Mr Apache. Vielen Dank.«

40

Platanen, Eichen, Kastanien, Ginkgos – Adam registrierte die Bäume auf dem Weg zur Arbeit, als würde er durch sein eigenes Arboretum streifen. Es war Hochsommer, und das dichte, in der Morgensonne leuchtende Laub versetzte ihn in eine demütige Euphorie – wenn man sich einen solchen Gemütszustand überhaupt vorstellen konnte. Die Euphorie verdankte er der Sonne und der Natur, die Demut ergab sich aus der Art der Beschäftigung, der er zustrebte, ihren Nachteilen und Misshelligkeiten, besonders im Hinblick auf seinen früheren Beruf. Aber warum sollte er sich beklagen? Er war quasi in seiner eigenen Wohnung aufgewacht, hatte heiß geduscht, zum Frühstück Kaffee und Toast genossen und besaß einen festen Job, auch wenn er relativ schlecht bezahlt war. Das war jetzt sein Alltag, und die Bedeutung eines geregelten Alltags war nicht zu unterschätzen, ließ doch ein geregelter Alltag alles andere aufregender und wechselvoller erscheinen.

Zusammen mit Harpeet, dem diensthabenden Chefpflegehelfer, checkte er ein und lief weiter zum »Gemeinschaftsraum«, wie er den Pausenraum bei sich nannte – eine kleine persönliche Reminiszenz an sein Vorleben als Akademiker. Drei verschlafene Kollegen saßen hier herum, die letzten Nachtschichtler, die jetzt Dienstschluss hatten. Adam warf einen Blick auf die Wanduhr – zwanzig Minuten vor der Zeit, Mr Überpünktlich. Seinen ersten Lohncheck hatte er schon zur Bank getragen, er hatte eine erste Rechnung bekommen (Wasser) und sie bezahlt – von außen betrachtet musste sein Leben fast völlig normal erscheinen.

»Hey, Primo, wie geht?«

Das war Severiano, einer, den er mochte. Er hatte etwa zur gleichen Zeit wie er bei Bethnal & Bow angefangen und war unter anderem hier, um sein Englisch aufzubessern. Sie begrüßten sich mit einem angedeuteten Händedruck, einem gegenseitigen Abklatschen, wie Tennisspieler nach einem Match.

»Na, wie war Wochenende?«

»Ruhig«, sagte Adam. »Bin zu Hause geblieben und hab ferngesehen.« Auf alle Fragen suchte er möglichst nichtssagende und banale Antworten.

Er goss sich Tee in einen Styroporbecher, griff nach einer liegen gebliebenen Zeitung, um sich zum Sportteil durchzublättern und nebenbei zu sehen, was sich sonst noch so tat. Es war Sommer, die Fußballsaison war vorüber, aber seinen Kollegen gegenüber fühlte er sich noch immer im Rückstand. Einziges Gesprächsthema neben der Arbeit schien Fußball zu sein – Fußball der vergangenen Saison und Fußball der kommenden Saison. Ein wenig verstand auch er vom englischen Fußball, aber nach so vielen Jahren in den USA hatte er den Anschluss verloren – seitdem hatte sich beim Fußball unglaublich viel verändert, und wenn er sich zwanglos mit seinen Kollegen unterhalten oder gar einer von ihnen werden wollte, musste er noch einiges lernen. Gleich in der ersten Woche war er nach seiner Mannschaft gefragt worden, und er hatte den ersten Namen genannt, der ihm einfiel – Manchester United. Die Beschimpfungen, die er daraufhin erntete, der blanke Hass, der ihm entgegenschlug, hatten ihn erstaunt. Seitdem war es, als würde er jeden Morgen in der Kluft von Manchester United antreten, er wurde zur Zielscheibe für plumpe Witze über die Nordengländer und obszöne Bemerkungen über die Mitglieder »seiner« Mannschaft (obwohl ihm die Namen überhaupt nichts sagten). Einer hatte ihm direkt ins Gesicht geschrien: »Du wohnst in Stepney und bist für Manchester United – du Wichser!« Adam quittierte es mit einem Lächeln – welchen schrecklichen Fauxpas hatte er begangen? Also befasste er sich intensiver mit dem englischen Fußball, um sich für den Tag zu wappnen, da er öffentlich die Fronten wechseln und zu einem Londoner Club überlaufen würde, der ihm nicht ganz so viel Ärger einbrachte.

Beim Blättern blieb sein Blick an einem Foto hängen – es war eine Art Wiedererkennen, so als würde man seinen eigenen Namen in einer Liste von vielen tausenden anderen aufblitzen sehen. Er blätterte zurück – es war kein Foto, es war eine erkennungsdienstliche Skizze. Die Augen der abgebildeten Person waren geschlossen, aber sie hatte eine deutliche Ähnlichkeit mit Mhouse – eine unverkennbare Ähnlichkeit. Beim Lesen befiel ihn eine entsetzliche Vorahnung, die ihm das Blut gefrieren ließ. »Junge Frau – Anfang zwanzig – unidentifiziert, Unfalltod nicht ausgeschlossen ...« Adam wurde schwindlig. Dann las er von Tätowierungen und, in Großbuchstaben gedruckt, die Worte MHOUSE LY-ON.

Die Zeitung in der Hand, ging er hinaus auf den Personalparkplatz, an die frische Luft, in seinem Kopf überschlugen sich die Mutmaßungen. Nein, nicht Mhouse, sagte er sich, bitte nicht. Er las den Artikel erneut. Leichenfund in der Themse bei Greenwich ... fortgeschrittene Verwesung, offenbar seit vielen Tagen im Wasser. Sachdienliche Hinweise nimmt entgegen ... und am Ende eine Telefonnummer.

Er lief auf und ab, kämpfte gegen die böse Gewissheit an, in seinem Kopf braute sich eine Szene zusammen, der Auftritt eines großen, bulligen Mannes mit fliehendem Kinn. Aber wieso? Als der Mann im Shaft aufgetaucht war, hatte er sofort die Flucht ergriffen – Minuten später war er weg gewesen. Eine Spur konnte es nicht geben ... Aber Mhouse war tot, da gab es keinen Zweifel. Was wurde nun aus Ly-on? Adam begriff, dass er die Polizei informieren musste, dass er es Ly-on schuldig war – niemand im Shaft würde es tun. Vielleicht fände dann seine Mutter ihre letzte Ruhe – in gewisser Weise.

Er ging zum Automaten in der Eingangshalle und nahm

den Hörer ab. Und legte wieder auf. Er musste erst nachdenken – die Risiken waren immens. Also listete er die Gründe auf, den Anruf zu unterlassen, und kam zu dem Schluss, dass diese Gründe schlichtweg vernünftig waren und jeder in seiner Situation gut beraten war, sie zu beherzigen. Aber er wusste schon, dass er keine durchdachte, logische Entscheidung treffen würde. Er musste nur an Mhouse denken, die tot und kalt in irgendeinem Stahlfach lag, mit einem nummerierten Zettel an der großen Zehe, und schon krampfte sich alles in ihm zusammen. So konnte er sie nicht liegen lassen. Zum Teufel mit den Risiken – das ganze Leben war ein einziges Risiko, und wenn man das einmal akzeptierte, öffnete sich der Weg für ein aktives, instinktbetontes Vorgehen, das nichts mit Vernunft zu tun hatte und alles mit der eigenen Wesensart und dem eigenen Lebensstil. Niemand wusste, wer er war. Nicht Adam Kindred würde die Identifikation vornehmen, sondern Primo Belem, ein zufälliger Bekannter des namenlosen Opfers. Er konnte ohne weiteres seinen Namen und seine Adresse angeben – das hatte er schon ein Dutzend Mal getan, selbst bei der Polizei. Von einem Gewaltverbrechen stand nichts in der Zeitung, vielleicht also ging es nur um eine einfache Identifikation. Mhouse würde ihren Namen zurückbekommen, und Ly-on würde eines Tages erfahren, was mit seiner Mutter passiert war. Wichtiger noch war Adam das Gefühl, dass er Mhouse dies schuldig war. Seine wilde, unberechenbare Samariterin hatte es verdient. Es gab keinen anderen Weg. Er nahm den Hörer wieder auf.

»Marine Support Unit«, sagte eine Stimme.

»Hallo ...« Was sagte man in so einem Fall? »Ich habe gerade die Zeitung gesehen. Die Frauenleiche in der Themse bei Greenwich. Ich glaube, ich weiß, wer das ist.«

Er zog einen Stift aus der Tasche und notierte sich, was er tun und wohin er sich wenden sollte. Er sagte, er würde am Abend nach Schichtende dorthin kommen, und legte auf.

Mhouse war tot. Mit dieser Tatsache musste er fertig werden. Auch mit der nicht minder entsetzlichen Tatsache, dass er – ohne es zu wollen – ihren Tod verursacht hatte. Wer immer es war, der so hartnäckig Jagd auf ihn machte, hatte Mhouse getötet, beim Versuch, etwas von ihr zu erfahren. Ein würgendes Gefühl der Schuld stieg in ihm hoch wie Galle, er schaffte es gerade noch hinaus zum Parkplatz, bevor er sich erbrach.

41

Der Sonnenuntergang färbte den Fluss orange, übergoss die braunen Fluten der Themse mit orangefarbenem Licht wie ein fauvistischer Maler. Rita hielt einen Moment inne, um diese wundersame Lichterscheinung zu registrieren, und einen weiteren Moment, um sie zu bestaunen, bevor sie sich wegwandte und weiterging, vom Bürocontainer hinüber zum Hauptgebäude der MSU. Auf dem schmalen Durchgang zum Haupteingang kam ihr ein schlanker junger Mann entgegen, der einen Zettel in der Hand hielt und aussah, als hätte er sich verlaufen. Er trug einen Nadelstreifenanzug mit geöffnetem Hemdkragen, das Haar war kurz rasiert, nur ein paar dunkle Stoppeln zierten seinen Kopf und ein schmuckes Bärtchen das Kinn.

»Kann ich helfen?«, fragte sie.

»Ich bin gekommen, um eine Tote zu identifizieren«, sagte er, »ich weiß nicht, wo ich mich hinwenden soll.«

Ihre Blicke trafen sich, so wie es täglich bei vielen Leuten passierte. Aber warum war manchmal ein Blickwechsel besonders eindringlich?, fragte sich Rita, warum erlebt man einen Blickkontakt intensiver als andere? Auf jeden Fall unterschied sich dieser, so viel war klar, von den Dutzend anderen, die sie an diesem Tag gehabt hatte. Irgendetwas hatte er ausgelöst, irgendeine Nervenzuckung, die ein besonderes Gefühl signalisierte, ein gesteigertes Interesse. Das muss ein tief verwurzelter Instinkt sein, dachte sie, der sich der Kontrolle durch den Verstand entzieht – das Tier in uns, das nach dem passenden Partner sucht.

»Wir haben hier einen provisorischen Leichenraum«, sagte

sie. »Er liegt da hinten. Ich bringe Sie hin.« Sie machte kehrt und brachte ihn zu Container 4.

»War das in der Zeitung veröffentlicht?«, fragte sie auf dem Weg.

»Ja.«

»Mein Bedauern. Ein Familienmitglied?«

»Nein. Nur eine ... jemand, den ich kannte.« Er konnte das Würgen in seiner Stimme nicht unterdrücken, wie ihr auffiel, und sie sah, wie nervös er war, wie schwer ihm das Ganze fiel.

Vor Container 4 blieben sie stehen, das Kühlaggregat an der Rückseite summte vernehmlich.

Sie brachte ihn zum Leichenwart und erklärte ihm, dass er einen Fragebogen ausfüllen müsse.

»Name?«, fragte der Leichenwart.

»Belem.« Dann gab der Mann seine Personalien an und erhielt einen weißen Plastikumhang und Überzüge für die Schuhe.

»Wissen Sie was«, sagte Rita, die Mitleid mit ihm bekam, als er sich den Umhang überzog, mit einem Gesicht, als würde ihm erst jetzt klar, was ihm bevorstand. »Ich hole Ihnen eine Tasse Tee, die stelle ich Ihnen hier hin.«

»Vielen Dank«, sagte er. Er setzte sich und stand wieder auf, als ihm der Leichenwart die Tür aufhielt.

Das würde nicht leicht für ihn werden, dachte sich Rita. Die provisorische Leichenkammer war hier eingerichtet worden, weil die MSU jedes Jahr fünfzig bis sechzig Leichen aus dem Fluss fischte, im Durchschnitt jede Woche eine. Außerhalb des Wassers schritt die Verwesung schnell voran, und wenn sie nicht binnen einer Woche identifiziert waren, wurden sie zu den großen Londoner Leichenhäusern transportiert, wo sie bis zum Abschluss der Ermittlungen verblieben. Irgendein Zusammenhang zwischen den Gezeiten und dem gewundenen Flussverlauf führte dazu, dass mehr als die Hälfte der Leichen im Bereich von Greenwich gefunden wurden, in dem weiten

Südbogen, den der Fluss um die Isle of Dogs beschrieb. Oft hatten die Toten schon lange im Wasser gelegen, waren aufgedunsen und halb verwest oder sie waren durch die Kollision mit vorbeifahrenden Schiffen schwer entstellt oder die Möwen hatten ihnen die Augen ausgehackt – ganz zu schweigen von den Gewalttaten, die sie möglicherweise erlitten hatten, bevor sie im Wasser gelandet waren.

Die einzige Leiche, die sie mit Joey gefunden hatte, war ein leichtsinniger Trunkenbold gewesen. Der war nachts bei Ebbe auf eine Sandbank an der Southwark Bridge gegangen, um zu urinieren, und dabei bis zur Hüfte im weichen Schlamm versunken. Dort blieb er stecken, bis die Flut stieg, ohne dass jemand sein verzweifeltes Schreien und Winken bemerkt hätte. Als am Morgen die Ebbe kam, lag er, das Gesicht nach unten, noch immer im Schlamm. Aber dieser Fall hier, der in der Zeitung gestanden hatte – DB 23 (die dreiundzwanzigste Wasserleiche des Jahres) –, war etwas anders, wie sie wusste. Sie war vom Flussverkehr herumgestoßen worden. Sie hatte einen Schädelbruch, eine Nackenfraktur, ein halbes Bein fehlte, zerfetzt von einer Schiffsschraube. Rita stellte sich den Mann vor – Belem –, der nun vor dem Laken stand und darauf wartete, dass das Gesicht enthüllt wurde. Kein netter Anblick.

Sie drückte auf den Knopf des Getränkeautomaten und sah Wasser in den Plastikbecher strömen. Dann nahm sie Milch und Zucker, ein Rührstäbchen und ging zurück zu Container 4. Belem kam heraus, bleich, die Hand vorm Mund, und sah aus wie kurz vor der Ohnmacht.

»Kommen Sie, setzen Sie sich einen Moment«, sagte sie. »Den Papierkram können wir später erledigen.«

Sie brachte ihn in den Aufenthaltsraum, wo er Milch und Zucker in seinen Tee tat und mit dem Plastikstäbchen umrührte – ohne ein Wort zu sagen, völlig in sich versunken, den Blick starr auf die Plastikfläche des Tisches gerichtet. Dann nippte er an seinem Tee und blickte auf.

»Sie war's, stimmt's?«, fragte Rita.

»Ja.«

»Kannten Sie sie lange?«

»Nein, nicht sehr.«

»Wissen Sie, wie sie hieß? Wo sie wohnte?«

»Ja. Sie hieß Mhouse.« Er buchstabierte den Namen und nannte ihre Adresse. »Ihr Sohn wurde Ly-on genannt. Ein siebenjähriges Kind. Das erklärt die Tätowierung.«

»Stimmt. Mhouse. Und der Nachname?«

»Ich muss gestehen, das weiß ich nicht ... Ihren Nachnamen kenne ich nicht.« Dieses Eingeständnis schien ihn sichtlich zu verstören.

»Wir geben das alles an den diensthabenden Offizier. Der wird sich um die Einzelheiten kümmern. Lassen Sie die Tasse einfach stehen.«

Sie brachte ihn zurück zur Anmeldung, wo ihn weitere Befragungen erwarteten. Während der Diensthabende die passenden Fragebögen hervorkramte, gab sie Belem die Hand.

»Mein herzliches Beileid, Mr Belem«, sagte sie.

»Danke für Ihre Hilfe, Sie waren sehr nett. Das weiß ich zu schätzen.«

»Gern geschehen.«

Dann fragte er sie nach ihrem Namen – sie hatte es schon erwartet. Das gehörte auch zu ihren Tests.

»Rita Nashe«, sagte sie und lächelte ihn an. Keine schlechte Partie, dachte sie. Groß, schlank, hübsche Augen. Offensichtlich intelligent. Normalerweise mochte sie diese kurzgeschorenen Bärtchentypen nicht, aber ihm stand das irgendwie.

»Ich bin Primo«, sagte er. »Primo Belem.«

»Nett, Sie kennenzulernen, Primo«, sagte sie. »Ich hab jetzt Feierabend – und mach mich besser auf den Weg.«

»Einen Moment noch, Mrs Nashe –« Jetzt wirkte er wieder verstört.

»Sicher, was gibt's?«

»Geht man davon aus, dass sie getötet wurde?«

Rita überlegte. »Getötet? Sie fragen, ob sie getötet – ermordet wurde? Es könnte ein Sturz gewesen sein. Sie könnte sich betrunken haben –«

»Ich weiß nicht«, sagte Primo Belem. »Ich kann mir einfach nicht vorstellen, wie sie tot im Fluss gelandet sein könnte. Da fehlt mir jede Erklärung.«

»Sie könnte sich umgebracht haben. Wir haben Dutzende von Selbstmorden –«

»Sie hätte sich niemals umgebracht.«

»Wie können Sie das wissen?«

»Wegen ihres Sohns. Sie hätte Ly-on niemals alleingelassen. Niemals.«

Rita und Joey achteten auf jeden ihrer Schritte, als sie durch den Shaft liefen, auf dem Weg zu Aufgang 14, Level 3, Wohnung L. Nie hatte sich Rita so unsicher gefühlt. Es war drei Uhr nachmittags, aber die wenigen Menschen, die ihnen entgegenkamen, wichen ihnen entweder aus oder blieben stehen und starrten sie an, als hätten sie noch nie Polizisten gesehen.

»Verrückt«, sagte sie zu Joey. »Sind wir hier in England?«

»Lass uns hinne machen, Rita.« Nervös blickte er über die Schulter. »Rufen wir lieber die Jungs vom Revier Rotherhithe.«

»Noch liegt der Fall bei der MSU.«

»Wir sind von der Wasserpolizei, Rita. Was haben wir hier zu suchen?«

»Danke, Joey, dass du mitkommst. Ist nur so ein Gefühl. Ich will was nachsehen, zu meinem eigenen Vergnügen.«

Vor Aufgang 14 schaute sie sich um – vernagelte Fenster, überall Gerümpel, Abfälle, Graffiti. Rita hatte in Erfahrung gebracht, dass der Shaft in ein oder zwei Jahren abgerissen werden sollte – trotz seines geschützten Status als Architekturdenkmal des 20. Jahrhunderts. Das zum Geschwür verkommene Utopia inmitten des rapide aufstrebenden Stadtteils Rotherhithe sollte weichen, seine Tage waren gezählt. Ein Kind kam um die Ecke, ein kleines Mädchen, völlig nackt. Es sah die Polizisten, schrie auf und rannte davon.

»Warte du hier unten, Joey«, sagte sie. »Lass mich zur Wohnung gehen.«

»Wenn was ist, dann komme ich«, sagte er. »Bleib nicht so lange.«

Sie stieg die Treppe zum dritten Level hinauf, betrat den Quergang, blickte über die Balustrade nach unten und winkte ihm zu.

Dann klopfte sie an die Tür von Wohnung L. Klopfte noch einmal.

»Wer ist da?«, kam eine Stimme.

»Polizei.«

Die Tür wurde aufgeschlossen, und ein langer, dürrer Mensch im braunen Trainingsanzug stand breit lächelnd vor ihr. Sie bemerkte, dass er silberne Ringe an allen Fingern hatte, auch an den Daumen.

»Gott gedankt. Endlich Polizei. Wir hier sehe nie Polizei. Willkomm, willkomm.«

Sie sagte, sie wolle ihm ein paar Fragen stellen. Nix Problem, sagte er. In der dunklen Wohnung hinter ihm sah sie eine Frau mit Kindern wirtschaften, sie hörte Babygeschrei, zwei Männer in knöchellangen weißen Dishdashas tauchten auf und verschwanden schnell in einem Zimmer. Das Gespräch würde auf der Türschwelle stattfinden, er machte keine Anstalten, sie hereinzubitten.

»Ich ziehe Erkundigungen ein – über eine Frau. Ihr Name ist Mhouse. Das hier war ihre Wohnung.«

»Sie miete bei mir. Dann renne weg. Fünf Monaten sie schulde. Viele Geld.«

»Sie sind der Vermieter.«

»Ja, Madam. Auch Vorsitzende von Shaftesbury Estate Einwohnerverband SEE.«

»Und Ihr Name ist?«

»Mr Quality. Abdul-latif Quality. Ist hier mein Wohnung.«

»Wer wohnt hier jetzt?«

»Das sein Asyls. Ich habe Genehmigung von Stadtrat. Sie können prüfen.«

»Wissen Sie, wohin diese Mhouse ist?«

»Nein. Wenn ich wüsste, ich würde suchen gehen. Ich will mein Geld.«

»Sie ist tot.«

Mr Quality verzog keine Miene und zuckte die Schultern. »Gott ist groß. Nun kann ich pfeife auf Geld.«

»Wir vermuten, dass ihr Tod kein Unfall war. Kennen Sie jemanden, der sie vielleicht bedroht hat, der ihr etwas antun wollte?« Rita strich sich über die Stirn und stellte fest, dass ihre Hand feucht war. Warum schwitzte sie so? »Hatte sie irgendwelche Feinde, hat ihr jemand nachgestellt, wurde sie beobachtet?«

Mr Quality spitzte nachdenklich die Lippen. »Ich hab nix gesehen, nie.«

Ritas Blick verfinsterte sich. Als sie Primo Belem erzählt hatte, dass sie zum Shaft wollte, hatte er sie gebeten, sich auch nach dem kleinen Jungen, nach Ly-on zu erkundigen.

»Wissen Sie, wo ihr Sohn ist?«

»Ich glaube, sie renne weg mit Sohn.«

Rita blickte zur Seite. Eine alte Frau kam die Treppe hoch und bog in den Gang ein. Als sie Rita sah, zeigte sie ein nervöses, zahnloses Lächeln, drehte um und eilte wieder die Treppe hinab.

»Wer ist die Frau?«

»Ich habe nie gesehen.« Er grinste. »Hier in Shaft Leute kommen und gehen. Sie sind fertig, Officer?«

»Könnte sein, dass ich noch weitere Fragen an Sie habe.«

»Sehr erfreut. Mit Polizei immer gern.«

»Wo wohnen Sie?«

»Hier.« Er zeigte ins Dunkel hinter sich. »Sie finde mich immer hier.«

Rita spürte, wie sich eine seltsame Ohnmacht in ihr breitmachte. Alles Gute und Schlechte, das sie mit ihrer Rolle als Polizistin zu verbinden gewohnt war – Ansehen, Respekt, verweigerter Respekt, Verachtung, Misstrauen, Vorurteil, feindselige Reflexe –, hatte hier im Shaft einfach keine Gültigkeit. Sie war hier die Fremde, nicht die »Asyls«. Wer hier nicht richtig tickte, war sie, nicht diese Leute. Sie wollte weg von diesem Mr Quality, so schnell wie möglich, und das war nicht die Einstellung, die von ihr zu erwarten war. Sie war eine Beamtin, die dafür bezahlt wurde, dass sie für Recht und Ordnung sorgte. Noch nie im Leben hatte sie sich so fehl am Platz gefühlt.

»Danke, Mr Quality.«

»Mein Vergnügen.«

Er schloss die Tür, und sie ging die Treppe hinab zu Joey.

»Komm weg hier, Joe.«

Rita und Primo Belem saßen in einem Café mit französischem Imbissangebot. Es nannte sich Jem-Bo-Coo und lag in der Wapping High Street, nicht weit von der MSU entfernt. Sie war nicht in Uniform gekommen und trug ihr Haar offen. Er hatte sie schon erwartet, an einem hinteren Tisch, neben den zum Verkauf aufgereihten Weinflaschen, und sie hatte sein fast komisch anmutendes Stutzen registriert, als er sie in Zivil sah. Er trug wieder seinen Nadelstreifen, und zum ersten Mal fiel ihr auf, dass Hose und Jackett nicht recht zusammenpassten. Seine Personalien kannte sie vom Kontaktformular, das er beim Diensthabenden hinterlassen hatte, sie wusste, wo er wohnte – Oystergate Buildings, Stepney – und dass er als Pflegehelfer im Krankenhaus Bethnal & Bow arbeitete, allerdings erst seit ein paar Wochen. Alles an seiner Erscheinung, seinem Akzent, seiner Wortwahl stand im deutlichen Widerspruch zu seiner Anstellung als ungelernte Hilfskraft. Da musste etwas dahinterstecken. Und sie war begierig darauf, das Geheimnis zu lüften.

Sie bestellte einen Kaffee, setzte sich und erzählte ihm von ihrem Besuch im Shaft.

»Als ich an ihre Tür klopfte, machte mir ein Mann auf, der sagte, dass er dort wohnt – ein Mr Abdul-latif Q'Alitti.«

Primo nickte. »Ja. Von dem hab ich gehört. Mister Quality, der Mann für alles.«

»Vorsitzender des Mieterverbands Shaftesbury Estate. Ich habe mich erkundigt. Im Gemeinderat weiß man genau über ihn Bescheid. Nichts im Shaft läuft ohne Mr Quality.«

»Irgendeine Spur von dem Jungen?«

»Nein, leider nicht. Mr Quality sagte, er wisse nichts über ihn.«

Das schien ihn aufzuregen. »Ich frage mich –«, begann er und brach ab. »Haben Sie Hunger? Kann ich Ihnen ein Muffin bestellen?« Sie hatte wirklich Hunger, also gingen sie an die Theke und einigten sich darauf, sich ein Blaubeer-Muffin zu teilen.

»Warum, glauben Sie, könnte diese Mhouse ermordet worden sein?« Sie saß ihm gegenüber und pickte Blaubeeren aus ihrer Hälfte.

»Ich weiß nicht«, antwortete er vage. »Der Shaft ist ein heißes Pflaster. Ich hab da eine Weile gewohnt«, fügte er hinzu. »So hab ich Mhouse kennengelernt.«

»Glauben Sie, dass Mr Quality etwas damit zu tun haben könnte?«

»Nein, das glaube ich nicht. Nicht er.«

»Jemand anders?«

»Nein ... nein. Die Sache scheint mir nur verdächtig.«

»Wir brauchen Hinweise, wenn wir weiterkommen wollen.«

»Ich weiß ... tut mir leid.«

Sie lächelte ihm zu und nahm einen Bissen von ihrem halben Muffin. »Auf mich wirken Sie so, als hätten Sie Gespenster gesehen.«

»Ich glaube, ich stehe immer noch ein bisschen unter Schock. Erst diese Zeitungsmeldung, dann der Anblick ihrer Leiche ...«

Sie beugte sich vor und streckte ihm die Hand mit dem restlichen Muffin entgegen. »Erklären Sie mir das: Welches Motiv könnte ein Täter haben, diese Mhouse zu töten?«

»Ich weiß es nicht.«

»Wovon hat sie gelebt?«

»Gelegenheitsjobs.«

»Sexindustrie? Drogen?«

Primo blies die Backen auf. »Ich weiß es nicht.«

»Wenn sie Prostituierte war, könnte sie eine Akte haben.«

»Wie kommen Sie darauf, dass sie Prostituierte war?«

»Wollen Sie etwa behaupten, sie war keine?«

Er reagierte mit einem verblüfften Lächeln. »All diese Fragen überlasse ich Ihnen«, sagte er. »Ich weiß nichts darüber.«

»Primo«, sagte sie. Ihre Stimme wurde etwas strenger, ihr Gesicht ernster. »Erzählen Sie mir wirklich alles, was Sie wissen?«

»Ja, natürlich – o Gott, die Zeit. Ich muss mich beeilen, meine Schicht fängt in vierzig Minuten an.«

Sie standen auf, warfen ihre Pappbecher und die Reste des Muffins in den Abfallcontainer.

»Sie haben mir sehr geholfen«, sagte er. »Ich werde mal schauen, ob ich den Jungen irgendwie aufspüren kann.«

»Es gibt noch eine Autopsie«, sagte sie. »Vielleicht wissen wir dann mehr.«

»Das bezweifle ich«, erwiderte er mit einer gewissen Bitterkeit. »Na ja, man kann nie wissen.« Er reichte ihr die Hand. »Tausend Dank, Rita.«

Sie nahm seine Hand und hielt sie zwei oder drei Sekunden zu lange fest.

»Hören Sie, Primo«, sagte sie, ein wenig erstaunt über ihre Kühnheit. Aber sie wollte nicht, dass die frische Bekanntschaft hier und jetzt ihr Ende fand, sie wollte ihr eine Chance geben, wissen, wohin die Reise ging. »Was halten Sie davon, wenn wir uns wiedersehen, auf einen Drink? Wir könnten auch etwas essen – indisch oder chinesisch, was immer. Und ich erstatte Ihnen Bericht.« Sie spürte, wie es in ihm arbeitete, wie er die möglichen Folgen, Komplikationen, Aussichten bedachte.

»Sie müssen ja nicht«, sagte sie.

»Doch, ich komme gern.« Er strahlte. »Sehr gern sogar. Tolle Idee.«

42

Das italienische Restaurant mit den gelben Markisen existierte noch – warum auch nicht? Als Adam vorbeiging, war ein Kellner dabei, den Bürgersteig mit dem Schlauch abzuspritzen, drinnen deckten andere Kellner die Tische zum Lunch. Adam rief sich jenen Abend ins Gedächtnis zurück. Ihm war, als hätte das alles in einem anderen Jahrhundert stattgefunden, in einem Paralleluniversum. Aber hier hatte alles angefangen – alles, was seitdem passiert war, ging auf die Begegnung mit Philip Wang zurück, dem Gast zwei Tische weiter. Er hatte übellaunig gewirkt, irgendwie zerstreut, hatte Sachen fallen lassen, sich einmal auch mit dem Taschentuch die Stirn abgewischt. Und dann natürlich hatte er seine Akte vergessen, die unter den Nebentisch gefallen war. Ein Mann mit Problemen, wie es schien. Aber Problemen welcher Art und welcher Dringlichkeit? Hatte er etwas Unrechtes getan, etwas gestohlen vielleicht? Dann wiederum, als Adam ihm angeboten hatte, ihm die Akte nach Hause zu bringen, hatte er erleichtert gewirkt und relativ gelöst, hatte ihn sogar zu einem Drink hinaufgebeten ...

Adam lief weiter, durch die kleinen Seitenstraßen Richtung Fluss. Wenn mit Wang alles angefangen hatte, dann musste er mehr über diesen Mann und seine Tätigkeit herausbekommen. Hatte er für die Regierung gearbeitet? Irgendwelche Missstände aufgedeckt? War er für einen Geheimdienst tätig und hatte die Nase in Dinge gesteckt, die ihn nichts angingen? Adam schüttelte den Kopf. Verschwörungstheorien ließen sich beliebig fortspinnen. Lieber mit den Fakten anfangen: Philip Wang hatte das Klinikum St. Botolph als Experte beraten – vielleicht sollte er dieser Fährte folgen.

An der Auffahrt zur Chelsea Bridge setzte sich Adam auf eine Bank, um zu sehen, ob sich im Uferdreieck oder in der Umgebung irgendetwas tat. Er wartete auf eine Verkehrsflaute, passierte schlendernd ein paarmal die Pforte. Alles schien ruhig. Ein Pärchen beim Power-Walking stakte vorbei, und als es weit genug weg war, kletterte er über die Pforte und zwängte sich zu seiner Lichtung durch.

Es war ein seltsames Gefühl, an diesen Ort zurückzukehren, nach allem, was ihm widerfahren war, seit er hier das erste Mal kampiert hatte. Ihm war, als hätte er ganze Lebensabschnitte zu dichtgedrängten Wochen komprimiert, als hätte er die Erfahrungsspanne eines ganzen Lebens im Eiltempo durchlaufen, als wären seine Tage gezählt. Eine Weile stand er da, die Hände in die Hüften gestützt, und ließ alles auf sich wirken, langsam, mit allen Sinnen. Der Unrat auf der Lichtung hatte sich vermehrt, was seinen Hausherrenstolz ein wenig verletzte. Er hob einen vergilbten Zeitungsfetzen auf, zerknüllte ihn und ließ ihn wieder fallen. Dann kniete er an seinem Versteck nieder, klappte die Grasnarbe über der Kassette hoch und nahm zweihundert Pfund und Wangs Aufzeichnungen heraus. Einen Moment hielt er inne und sah sich die Namenliste mit den unverständlichen Vermerken an. Es konnte gar keinen Zweifel geben – hiermit musste er beginnen.

Auf der U-Bahnfahrt zurück nach Stepney fiel ihm wieder die Polizistin ein, Rita Nashe. Sie war groß und schlank, hatte ein schmales Gesicht – hübsch, aber von fast männlicher Strenge, wenn sie das Haar hochsteckte. Mit losem Haar wirkte sie ganz anders – er dachte an das gewisse Kribbeln, das ihn bei ihrem Eintreten ins Café durchfahren hatte, weil sie so gar nicht wie eine Polizistin aussah, und tadelte sich sofort für diesen Gedanken: Als ob sich das Aussehen von Polizistinnen nach einem bestimmten Schema richtete. Genauso gut hätte man sagen können, dass er aussah wie der typische Krankenpflegehelfer. Nein, entschied er für sich, es war, weil er sie zuerst in

Uniform gesehen hatte, am Tag der Leichenschau – er musste die uniformierte Rita in seinem Gedächtnisspeicher durch das Bild einer hübschen, schlanken, jungen Frau ersetzen, einer Frau in Jeans und mit schulterlangem braunem Haar, so wie sie ihm im Café gegenübersaß, Blaubeeren aus ihrem Muffin pickte und ihn anstrahlte. Die Begegnung war offenbar ganz normal und entspannt verlaufen – Primo Belem zu sein änderte alles; die Komplikationen, die er befürchtet hatte, stellten sich nicht ein. Er rief sich ihr Gesicht ins Gedächtnis – Ritas Gesicht. Die Figur ließ sich wegen ihrer Jacke schlecht beurteilen ... Ein Glück, dass sie die Initiative ergriffen und ihn zum Kaffee eingeladen hatte – er hätte nicht den Mut gehabt.

43

Der City Airport wird nicht interessanter, wenn man ihn öfter sieht, dachte Jonjo. Er setzte sich möglichst nahe an die Treppe der Cafeteria, trank einen Schluck Cappuccino und nahm sich das Rätsel vor. SREIBGMAR. Wörter mit vier Buchstaben und länger, alle mit R: GRIM, GRAB, RAGE ... Beim Aufblicken sah er Darren kommen. Jonjos Begrüßungslächeln fiel dürftig aus, auch Darrens Lächeln geriet eher zur Grimasse, wie ihm auffiel – der Überbringer schlechter Nachrichten, dachte Jonjo.

»Fass dich kurz, Dar, ich hab zu tun. Ich bin dicht an ihm dran.«

»Das kommt nicht von mir, Jonjo, das musst du wissen.«

»Ist doch klar. Spuck's aus.«

»Den Fall Kindred bist du los.«

Das war ein echter Schock, das hatte er nicht erwartet – nur ein bisschen mehr Generve, ein bisschen mehr Druck. Irgendwie riss er sich zusammen, obwohl er plötzlich heftigen Stuhldrang spürte. Aber jetzt konnte er unmöglich zur Toilette gehen.

»Du willst mich wohl verarschen.«

»Nein, Jonjo. Ich hab dir doch gesagt: Die Kacke ist gewaltig am Dampfen. Die verstehen einfach nicht, wieso du diesen pickligen Professor noch immer nicht erwischt hast. Warum du ihn einfach nicht findest.«

»Weil er schlau ist – eben ein pickliger Professor und nicht irgendein dummes Arschloch«, sagte Jonjo mit beherrschtem Nachdruck und schob nach: »Wer sind eigentlich ›die‹, wenn ich fragen darf?«

»Ich weiß es nicht«, sagte Darren und schien um Verständnis zu werben. »Ich weiß es wirklich nicht – hab nicht die geringste Ahnung.« Jonjo glaubte ihm, und Darren redete weiter: »Da ist eine Ebene und noch eine und noch eine drüber. Ich weiß nicht, wer mir diese SMS schickt, diese Anweisungen. Ich werde bezahlt – und mache, was mir gesagt wird.«

»Okay, okay. Ist ja gut.«

Jonjo überlegte hin und her, während seine Wut immer größer wurde. Dann sagte er: »In der Endkonsequenz heißt das, dass ihr Kindred laufen lasst. Ich hab doch diesem Typ gesagt, ›Bob‹ oder wie er hieß, dass ich dicht an ihm dran bin. Jetzt bin ich noch dichter an ihm dran. Pfeift ihr mich jetzt zurück, ist Kindred über alle Berge. Das kannst du ›denen‹ ausrichten.«

»Es gibt jetzt eine andere Agenda – Moment mal.« Darren zückte sein Handy und telefonierte mit gedämpfter Stimme. »Ich hab ihm gesagt, er soll draußen warten«, entschuldigte sich Darren bei Jonjo. »Erst wollte ich mit dir allein sprechen.«

Eine Minute später sah Jonjo einen Riesenkerl im Fahrstuhl hochkommen: dunkles, kurzgeschorenes Haar, großer hängender Schnauzbart wie in einem Italo-Western.

»Das ist Yuri«, sagte Darren.

Jonjo starrte Darren fassungslos an.

»Yuri war zwölf Jahre bei Speznaz. Tschetschenien. Antiterrorkommando.«

»Ist ja phantastisch«, sagte Jonjo. »Kann er Englisch?«

»Ich sprechen auf Englisch«, versicherte Yuri.

»Erzähl ihm einfach alles, was du weißt«, sagte Darren.

Jonjo sah Darren an, wie peinlich ihm die Sache war. Er senkte den Blick auf das Zeitungsrätsel, und vor seinen Augen formte sich wie von ungefähr das Wort AMBRA. Was zum Teufel sollte das sein? Er gab sich einen Ruck und erzählte Yuri alles, was er meinte, preisgeben zu können.

»Kindred hat ein paar Wochen im Shaftesbury Estate gewohnt, Rotherhithe – Aufgang 14, Level 3, Wohnung L. Bei einer Prostituierten, die sich Mhouse nannte. Kindred trägt jetzt langes Haar und einen Bart und den Namen John. Er wohnt dort nicht mehr, und die Prostituierte«, er stockte kurz, »ist weggelaufen.«

»Danke«, sagte Yuri schleppend. »Ich gehen zu das Shaftesbury. Ich stellen Frage – ich kriegen Antwort.«

»Viel Glück, Kumpel«, sagte Jonjo kühl und stand auf. »War nett, dich zu sehen, Darren. Dir auch viel Glück.«

Darren wirkte ein wenig gekränkt, weil der Vorwurf auch auf ihn abfärbte. Er erhob sich und schob Jonjo einen dicken Umschlag zu.

»Das halbe Honorar – es geht nicht gegen dich.«

»Ja, ja, ich weiß. Zieh Leine.«

Ohne sich umzusehen, verließ Jonjo die Cafeteria.

Bischof Yemi machte eine Kunstpause und fasste seine spärliche Gemeinde ins Auge, wie um ein wenig Begeisterung, ein wenig Glaubenseifer zu schüren.

»Stellt euch einmal vor – stellt euch vor, ihr seid Johannes, der eigentliche Christus, und die Römer kommen mit ihren Schwertern und Lanzen. Was macht ihr dann? Und dann tritt euer Jünger Jesus, der Sohn des Zimmermanns, vor euch hin. Herr, sagt er, lass mich für dich Christus sein – im Dienst der Sache. Während sie mich gefangen nehmen und peinigen, kannst du entfliehen, den Kampf um die Verbreitung des Evangeliums fortführen.« Bischof Yemi hielt erneut inne. »Das ist ein großartiger Plan, sagt Johannes. Jesus wird gefangen genommen, er stirbt den Kreuzestod, die Römer denken, sie haben den Richtigen erwischt. Doch Johannes entkommt auf die sonnige Insel Patmos und verfasst seine Offenbarung. Es steht alles drin. Lest das Evangelium des Johannes. Nur der wahre Christus konnte dieses Evangelium predigen, nur der wahre Gottessohn!«

Interessanter Gedanke, dachte Jonjo. Er saß in der ersten

Reihe, an der Brust ein Abzeichen mit der Aufschrift »JOHN 1794«. Da ist sicher was dran. Hatte ganz schön Mumm, dieser Jesus, sich auf diese Weise zu opfern. Jonjo versetzte sich in seine Lage: Dass dein Boss entwischt ist und alle ausgetrickst hat, war dir sicher auch eine Hilfe, als du da am Kreuz hingst, mit Nägeln durch Hände und Füße. Doch die Worte »entwischt« und »ausgetrickst« erinnerten ihn in unguter Weise an sein eigenes Missgeschick. Er riskierte einen heimlichen Blick auf die Uhr – der Bischof redete schon vierzig Minuten. Und Jonjo, der einzige neue John an diesem Abend, kam sich in der ersten Reihe vor wie auf dem Präsentierteller. Er drehte sich zu seinen Mit-Johns um – ein armseliges Häuflein Penner und Idioten, dachte er sich, aber das Wissen, dass Kindred auch ein John gewesen war, 191 Nummern vor ihm in der Reihe der Johns, und hier auf dieser Bank gesessen hatte, machte ihm wieder Mut. Er war ihm dicht auf den Fersen, die Leute hier mussten ihn gekannt haben, mussten wissen, wo er wohnte. Er unterdrückte ein Gähnen hinter vorgehaltener Hand. Der Bischof wandte sich dem weltweiten Übel der Börsenspekulation und der Hedgefonds zu und würzte seine Polemik mit Versen aus der Offenbarung. Reden konnte er, der Bischof, das musste man im lassen – aber warum zum Teufel kam er nicht zum Ende?

Dann wurde ein Essen serviert, Steak mit Nierenpastete, eigentlich ganz lecker, fand Jonjo, genau das Richtige für seinen Hunger. In der Tasche hatte er das Fahndungsblatt mit dem Foto von Kindred, dem er mit schwarzem Filzstift einen Bart aufgemalt hatte. Er zeigte es den drei anderen Junkies an seinem Tisch, aber die behaupteten, ihn nicht zu kennen.

»Nie gesehen«, sagte der eine.

»Er ist auch ein John«, versicherte Jonjo. »Freund von mir. War öfter hier. Ich bin auf der Suche nach ihm.«

»Nie gesehen«, wiederholte der Junkie.

»Nö«, bekräftigte der andere.

Als das Mahl zu Ende war und die Leute allmählich aufstanden, schob sich Jonjo zwischen die hinausgehenden Johns und hielt so vielen, wie er konnte, das Bild vor die Nase, aber ohne Erfolg. Nur bedauerndes Achselzucken und Kopfschütteln. Draußen vor der Kirche überlegte er: Es waren an dem Abend nur um die zwanzig Leute gekommen. Wenn er John 1794 war, hatte er heute nur einen winzigen Teil der Gemeinde getroffen. Unverdrossen stapfte er von dannen – er musste eben wiederkommen und es weiter versuchen.

Er stieg in sein Taxi und startete den Motor. Noch immer nagte die Wut an ihm, stellte er fest, das Gefühl des Verrats, die Empörung über die Rücksichtslosigkeit, mit der man ihn abserviert hatte, ihm einen Job weggenommen hatte, für den keiner so qualifiziert war wie er. Ein klares Misstrauensvotum – in ihren Augen war er gescheitert. Wer immer »sie« waren ...

Und was sollte dann Yuri, dieser schnauzbärtige Trampel, im Shaft ausrichten? Man konnte ja Bozzy einen Tipp geben, dann würden er und seine Leute mit ihm Ringelreihen tanzen, während Jonjo Case in aller Ruhe seiner Spürnase folgte und ihnen Kindred präsentierte – auf dieselbe Weise, stieß ihm jetzt auf, wie Jesus für Johannes in die Bresche gesprungen war. Nette Analogie, dachte er. Und dafür war Dankbarkeit zu erwarten, eine gewisse Rehabilitierung, eine ansehnliche Geldprämie. Er fuhr an und lächelte wieder. Er musste sich nur Druck machen, die Kindred-Spur war noch warm und wurde immer wärmer, früher oder später würde er einen von diesen idiotischen Johns auftreiben, der Kindred wiedererkannte. Es war nur eine Frage der Zeit.

44

Die malvenfarbenen Overalls mit Reißverschluss, im Klinikum St. Botolph »Kampfanzüge« genannt, waren, wie Adam fand, ein gewaltiger Fortschritt gegenüber den Lakaienuniformen mit Schulterstücken und passenden Krawatten im Stil der achtziger Jahre, die bei Bethnal & Bow Verwendung fanden. In seinem Kampfanzug kam sich Adam wie ein Sanitäter im Einsatz vor, wie soeben aus dem landenden Hubschrauber gesprungen, aus dem bremsenden Jeep, um erste Hilfe zu leisten, um Leben zu retten. Der Umstand, dass er lediglich auf dem Weg zur De-Vere-Klinik war, um einen Ordner mit Rechnungen zur Buchhaltung zu bringen, tat seinem Gefühl, ein – wenn auch kleines – Rädchen im großen Getriebe des Klinikgiganten St. Botolph zu sein, nicht den geringsten Abbruch. Insgeheim liebten alle Angestellten ihre schicken Overalls, egal in welcher Farbe. Der Design-Guru, der sich diese Kleiderordnung ausgedacht hatte, verstand eindeutig mehr von Psychologie als mancher Seelenforscher. Sogar die Reinigungskräfte versahen ihre Arbeit mit Stolz – dank ihrer giftgrünen Overalls, denn auf diese Weise putzten sie nicht einfach, sondern führten einen gerechten Krieg gegen Krankenhaus- und andere Keime.

Als der Lift in der Etage der De-Vere-Klinik hielt, ermahnte sich Adam zur Wachsamkeit. Das war der sechste oder siebte Besuch in der De-Vere-Klinik in den zwei Wochen seiner Anstellung im St. Bot, der Domäne von Philip Wang. Allmählich wurde er wiedererkannt und entwickelte den lockeren Plauderton eines vertrauten Kollegen, obwohl es stets mehr als hundert Pflegehelfer gab, die im St. Botolph Dienst taten – sei es im OP-Bereich, auf den Stationen oder im Verkehr zwischen den Stationen. »Hey, Primo«, rief man jetzt. »Primo ist da.« Bei seinem letzten Besuch hatte man ihm eine Tasse Tee angeboten. Er wollte, dass ihnen seine Anwesenheit zur Gewohnheit wurde, dass er kommen und gehen konnte, ohne jemandem aufzufallen.

Die Versetzung von Bethnal & Bow zu St. Botolph war verblüffend einfach vonstatten gegangen. Rizal, einer der Chefpflegehelfer, hatte einen Bruder, Jejomar, der im St. Botolph arbeitete. Es gehörte zu den Eigenheiten des britischen Gesundheitswesens, dass die Hol- und Bringedienste der Krankenhäuser notorisch unterbesetzt waren, folglich stützte man sich auf Agenturen, um dem Mangel abzuhelfen. Primo Belem wurde mit Freuden empfangen. Als erfahrener Pflegehelfer mit guten Referenzen und einem Pflegepass hatte er sogar schon eine kleine Gehaltserhöhung bekommen (zweihundert Pfund im Jahr zusätzlich), und die Verwaltung hatte durchblicken lassen, dass ihm der Weg zu weiteren Beförderungen offenstand, wenn er ihn denn gehen wolle. Ein paar Abendkurse seien zu absolvieren, eine Grundausbildung in Personalführung, und er könne ohne weiteres ein paar Stufen höher steigen – die Welt der Krankenpfleger war ein Sprungbrett.

Als er die Unterlagen in der De-Vere-Klinik abholen wollte, herrschte eine ungewöhnliche und deutlich spürbare Aufregung unter den Schwestern. Sie schnatterten laut, lachten, zeigten sich gegenseitig Zeitschriften. Eine schnitt eine Seite aus und hängte sie ans Schwarze Brett, neben den Gesundheitstipps und den Ferienfotos und Postkarten dankbarer Expatienten.

»Hey, Corazon«, sprach er eine Schwester an, die er kannte. »Was ist denn hier los?«

Sie zeigte ihm einen doppelseitigen Artikel im *Nursing Monthly* mit der Überschrift ASTHMA HEILBAR? Adam überflog den Text – eine verschwommen-pathetische Absichtserklärung. Es gehe um ein Medikament, das diese Geißel der Menschheit ein für alle Mal beseitige.

»Wir machen hier klinische Erprobung«, sagte Corazon gerührt. »Seit drei Jahre. Jetzt endlich ist geschafft.«

»Welche klinische Erprobung?«

»Von Zembla-4.«

Sie zeigte ihm die Stellen im Artikel.

»Hier wird das getestet? Zembla-4? Meinen Glückwunsch.« Ein bisschen Lob kann nicht schaden, dachte er. »Das ist ja toll. Meine Nichte hat fürchterliches Asthma. Manchmal kriegt sie kaum Luft.«

»Diese Mittel kann helfen«, sagte Corazon mit echter Überzeugung. »Ich habe Wirkung gesehen, unglaublich. Sagen Sie ihr, sie soll sprechen mit Arzt.«

»Vielleicht könnte sie hierherkommen«, sagte Adam. Er kannte sich jetzt gut in der De-Vere-Klinik aus. Zwanzig bequeme, mit Badezimmern versehene Krankenzimmer, aufgereiht an einem breiten, mit Läufern ausgelegten Korridor.

Corazon zog bedauernd die Schultern hoch. »Ist privat, wissen Sie? Teuer.«

»Sie meinen, es gibt nur reiche Kinder in dieser Klinik?«

»Nein, nein«, sagte Corazon. »Sind normale Kinder. De-Vere-Stiftung zahlt alles. Aber sie suchen Kinder aus. Ist Ihre Nichte sehr, sehr krank, vielleicht sie wird genommen.« Sie senkte vertraulich die Stimme. »Sie gehen zu Arzt, sagen, Ihre Nichte ist sehr, sehr krank. Können Sie schicken zu St. Bot? Und sie kommt hierher, De-Vere-Klinik – für umsonst.«

»Umsonst?«

»Ja. Die Ärzte, sie schicken uns kranke Kinder. Wunderbare Sache. Nur hier kriegen Zembla-4.«

»Ist ja toll. Vielleicht versuche ich das ... Wer leitet überhaupt die Klinik?«

»Wir hatten viele Chefärzte. Jetzt ist Dr. Ziegler. Ist gerade in USA, wegen Zulassung von Zembla-4.«

»Natürlich. Also arbeitet er für Calenture-Deutz.«

»Ja. Alle unsere Ärzte werden bezahlt von Calenture-Deutz. Wir alle kriegen Zulage von Calenture-Deutz. Deshalb wir sind sehr froh.«

Adam nahm seinen Aktenstapel und lieferte ihn pflichtgemäß in der Buchhaltung ab, Hauptgebäude, dritte Etage.

Zurück im Pausenraum, nahm er sich Wangs Liste vor. Er hatte mehrere Kopien machen lassen und das kostbare Original wieder im Versteck an der Chelsea Bridge vergraben. Unter St. Botolph waren fünf Namen aufgelistet: Lee Moore, Charles Vandela, Latifah Gray, Brianna Dumont-Cole und Erin Kosteckova. Fünf Kinder, die in den drei Jahren vor Wangs Tod in der De-Vere-Klinik behandelt worden waren.

Er ging ans Münztelefon im Flur, warf seine Münzen ein und wählte die Verwaltung.

»Hallo«, sagte er, als schließlich jemand abnahm. »Vielleicht können Sie mir helfen. Ich komme gerade aus Südafrika zurück. Meine Patentochter ist bei Ihnen Patientin. Ich möchte gern wissen, auf welcher Station sie liegt. Sie heißt« – er las den Namen von der Liste ab – »Brianna Dumont-Cole.«

»Einen Moment, bitte.«

Es entstand eine längere Pause. Er wurde gebeten, den Namen zu wiederholen. Im Hintergrund hörte er das trockene Klacken einer Computertastatur.

»Es scheint da einen Irrtum zu geben, Sir.«

»Nein, nein. Ich möchte sie nur mit meinem Besuch überraschen. Ich war mehrere Monate außer Landes. Hab sie fast ein Jahr nicht gesehen ... Hallo?«

»Brianna ist leider verstorben, Sir. Vor vier Monaten. Es tut mir schrecklich leid. Die Angehörigen wissen alles Nähere.«

Adam legte wortlos auf.

Er brauchte zwei Tage und viele Pfundmünzen, um die Namen auf Wangs Liste abzuarbeiten. Vier Kliniken, gelegen in

Aberdeen, Manchester, Southampton und London. Seine Vermutung, dass es sich bei allen Namen auf Wangs Liste um tote Kinder handelte, bestätigte sich. Nach den ersten fünf Anfragen wechselte er die Taktik – er setzte den Tod der Kinder bereits voraus. Er hatte sich eine Reihe von Begründungen für seine Anfragen zurechtgelegt: Ein Erinnerungspark sei in Planung, ein Gedenkstein, eine Hilfsaktion, eine Schulfeier für eins der verstorbenen Kinder. Könnten Sie mir das Sterbedatum bestätigen? Kein Problem. Wir wollen Geld spenden. Können Sie uns eine geeignete Pflegeeinrichtung nennen? Vielen verbindlichen Dank. Mein Onkel würde gern mit dem seinerzeit zuständigen Arzt sprechen. Das wird leider nicht möglich sein, Sir. Ganz gleich, welche Begründung, welche sentimentale Lüge er vorbrachte – alle Antworten bestätigten ihm, dass sämtliche vierzehn Kinder auf Wangs Liste in den vier DeVere-Kliniken verstorben waren, während dort über mehrere Jahre hinweg kostspielige und aufwendige Untersuchungen zur Wirksamkeit eines neuen Asthmamedikaments mit dem Namen Zembla-4 stattgefunden hatten.

Zembla-4 ...

Adam setzte sich in ein Internetcafé, tippte »Zembla-4« in die Suchmaschine ein, und sofort listete sie alle relevanten Informationen auf. Zembla-4, Calenture-Deutz Plc. Die Website von Calenture-Deutz war noch nicht aktualisiert – sie zeigte das Foto eines strahlenden Philip Wang, Leiter der Abteilung Forschung und Entwicklung, ohne Hinweis auf sein plötzliches Ableben. Adam wurde von seltsamen Gefühlen beschlichen – er musste an seine letzte Begegnung mit Wang denken. Es gab auch ein Foto des Aufsichtsratsvorsitzenden und CEOs von Calenture-Deutz, eines Ingram Fryzer – grauhaarig, glattes Gesicht –, darunter eine tendenziöse Erklärung im Namen des Aufsichtsrats und des Forscherteams, in welcher die sittliche Integrität und die hochherzigen Ideale der Firma beschworen wurden. Es folgte eine Liste der übrigen Aufsichtsratsmitglieder und eine Reihe von Bildschirmdarstellungen, unterlegt mit moderner Graphik (Reagenzgläser, Computer, smarte Männer in weißen Laborkitteln, lachende Kinder auf einer Wiese) und Stimmungsmusik (ein elektronisches Ostinato in Dur-Tönen), die sichtlich bemüht waren, die Suche nach wirksameren pharmazeutischen Produkten mit den hohen Idealen von Calenture-Deutz in Einklang zu bringen.

Als Adam die Website wegklickte, wusste er mehr, aber er war, wie er nach einigem Nachdenken feststellte, nicht klüger geworden. Er beschloss, sich auf die fünf toten Kinder von St. Botolph zu konzentrieren. Was er jetzt brauchte, war Zugang zu den Computern des Klinikums.

Als er das Pub in Battersea betrat, The White Duchess, sah er Rita an der Bar sitzen, eine Flasche Bier in der Hand. Er küsste sie auf die Wange – was er sich jetzt erlauben konnte, nachdem er das erste Date (bei einem Chinesen) mit einer höflichen Umarmung beendet hatte. Sie trug Jeans und offenbar drei weite T-Shirts übereinander, ihr Haar hatte sie locker zum Pferdeschwanz gebunden. Wenn sie keine Uniform trug, schien sie sich betont lässig zu kleiden – fast so wie eine Studentin vom McVay-Campus, dachte Adam. Er fand ihren Stil verführerisch – niemand hätte in ihr eine Polizistin vermutet.

In der Ecke baute eine kleine Band ihre Instrumente auf – für die im Fenster angekündigte »LIVE MUSIC«.

»Hattest du einen Termin?«, fragte sie. »Sehr schick.« Adam trug seinen anderen Anzug. Er hatte nur zwei, doch wenn er sich weiter mit Rita traf, musste er seine Garderobe öfter variieren, wie ihm klar wurde.

»Sie wollen mich befördern«, sagte er. »Und ich sträube mich.«

Was ist beim zweiten Date anders?, fragte er sich. Der Unterschied besteht darin, dass alles offen ist. Beim ersten Date ist man tastend, vorsichtig, unsicher, und das ist sein eigentlicher Zweck, selbst wenn man vorgibt, sich zu amüsieren: Ein Hintertürchen bleibt immer offen für den Fall, dass man sich verkalkuliert hat … Beim ersten Date hatten sie vage von ihren Jobs erzählt. Adam hatte auf ein Paar seelische Krisen angespielt, eine Reihe von Klinikaufenthalten, um seine gegenwärtige Stellung am unteren Ende der Nahrungskette zu begründen. »Um mich selbst zu finden«, sagte er. Rita hatte sich, was ihren Hintergrund betraf, ebenso bedeckt gehalten und gewisse Fragen geschickt umschifft – zum Beispiel wusste Adam nicht, wo sie wohnte. Aber nachdem das zweite Date (von Adam angeregt) vereinbart worden war, fielen alle Unsicherheiten und Vorsichtsmaßnahmen weg. Jetzt, während sie an der Bar saßen und das Jazz-Trio spielte, konnte er den Stimmungsumschwung fast mit Händen greifen. Beiden war klar, dass es die pure erotische Anziehung war, die sie hierhergelockt hatte. Als er sich, um zu bestellen, nach dem Barmann reckte, kam sein Knie mit ihrem Schenkel in Kontakt und verweilte dort. Sie stießen mit den Bierflaschen an.

»Primo«, sagte sie. »Gefällt mir, der Name. Aber du hast keinen italienischen Akzent.«

»Weil ich in Bristol geboren und aufgewachsen bin«, sagte er. »Ich kann kein Wort Italienisch. Okay, eins oder zwei, vielleicht.« Er zog die Schultern hoch. »Ich bin Einwanderer dritter Generation.«

»Und wo kommt deine Familie ursprünglich her?«, fragte sie, und Adam dachte sich: Lieber keine weiteren Fragen nach meiner Herkunft, in unserem wohlverstandenen Interesse.

»Brescia«, entschied er sich nach einem kurzen Blick auf seine innere Italien-Karte. »Und bevor du fragst: Ich bin nie dort gewesen.«

»Möchtest du etwas essen?«

»Ja«, sagte er. »Ich sterbe vor Hunger.«

Sie traten hinaus in die milde Nacht – es war nicht richtig dunkel geworden, irgendein Leuchten am Himmel sorgte dafür, dass alles auf nebelhafte Weise sichtbar blieb.

»Moment mal«, sagte Rita. Sie kramte in ihrer Handtasche nach dem Handy und verschickte, als sie es gefunden hatte, schnell eine SMS. Adam ging beiseite und hörte, wie die Band ihren Set mit einem Trommelwirbel und nachzitterndem Beckenschlag beendete. Er war ein wenig betrunken, spürte aber auch einen gewissen Taumel, der nichts mit Alkohol zu tun hatte – eher mit dem Gefühl, dass der Abend noch nicht zu Ende war.

»Möchtest du bei mir noch eine Tasse Kaffee trinken?«, fragte sie.

»Das wäre nicht schlecht.«

»Ich wohne zwei Minuten entfernt. Deshalb habe ich dich ins sonnige Battersea gelockt.«

Adam sagte nichts.

»Hier lang.« Sie zeigte flussabwärts, und sie setzten sich in Bewegung. Nach ein paar Schritten nahm sie seine Hand.

»Das war schön heute Abend«, sagte sie.

»Finde ich auch.«

»Besser als der Chinese.«

»Das ist das Problem beim ersten Date – zu viele Unbekannte, zu viel steht auf dem Spiel. Von einer Sekunde auf die nächste kann sich alles ändern ... zumindest ist das meine Erfahrung – meine Theorie.«

»Diese Theorie musst du mir irgendwann mal erklären«, sagte sie.

Während er sich noch fragte, ob das der Moment war, sie zu küssen, führte sie ihn über die Straße in Richtung Fluss.

»Ich wohne auf einem Hausboot, zusammen mit meinem Vater.«

Adam sagte nichts.

»Kein Kommentar?«

»Doch, find ich gut. Ich glaube, dass ... Nein, wirklich. Toll.«

»Ich möchte, dass du ihn kennenlernst. Deshalb hab ich ihm eine SMS geschickt.«

»Aha. Sehr gut.«

Nachdem sie eine Metallpforte aufgeschlossen hatte, liefen sie über eine Stahlbrücke zu einem großen Liegeplatz hinunter. Hier schienen alle möglichen Schiffe zu ankern, manche mit erleuchteten Fenstern, und Adam musste an ein schwimmendes Dorf denken. Sie überquerten schwankende Gangways, die zwischen den Schiffen verliefen.

»Wo sind wir?«, fragte er.

»Am Nine Elms Pier. Offenbar standen hier in der Mitte des 17. Jahrhunderts neun Ulmen.«

»Wirklich? Ist ja erstaunlich ...«

»Daher der Name.«

»Ja, das hab ich verstanden.«

»Dann sag doch was.«

Adam sagte nichts. Er sah ihr an, dass sie ein bisschen nervös war.

Sie kamen zu einem Seitenarm, in dem ein paar größere Schiffe festgemacht hatten. Vor ihm lag eine Art Hochseetrawler, daneben ein umgebauter Schleppkahn, dann etwas, was eher an ein umfunktioniertes Kriegsschiff erinnerte, aber noch immer schlachtschiffgrau gestrichen war.

»Hier wären wir«, sagte sie und blieb davor stehen. »Die gute Bellerophon.«

Ein weiteres Tor, und sie stiegen über eine steile Gangway an Deck. Ziemlich geräumig, dachte Adam, während er sich umsah, könnte ein Minensuchboot sein oder ein großes Patrouillenboot. Rita öffnete eine Stahltür, Licht strömte heraus, steile Stufen führten nach unten.

»Rückwärts runtersteigen«, sagte sie, »nach Navy-Art.«

Adam gehorchte und wurde von einer tiefen Stimme empfangen: »Willkommen an Bord.«

Er fand sich in einem düsteren Wohnzimmer wieder, ein paar funzelige Lampen brannten, es war eng, mit niedrigen Decken, aber ausgefüllt mit einem Sortiment verschiedener Sessel auf dunkelbraunem Flokati. Eine Wand bestand aus Bücherregalen. Es roch nach Räucherstäbchen, in der Ecke lief der Fernseher, ohne Ton.

Ein Mann Mitte sechzig, mit hagerem Gesicht und langem, spärlichem Haar, das zum Pferdeschwanz gebunden war, erhob sich aus dem Sessel und griff nach einer Krücke, bevor er die beiden begrüßte. Adam sah einen Rollstuhl in der Ecke stehen. Der Mann bewegte sich mit sichtlicher Mühe auf ihn zu, fast so, als würde er Beinprothesen tragen.

»Dad, das ist Primo. Primo, das ist mein Dad, Jeff Nashe.«

»Nett, dich kennenzulernen, Primo«, sagte Jeff und streckte ihm die umgedrehte linke Hand zur Begrüßung entgegen. Adam schüttelte sie zögernd und unbeholfen, aber der Alte hielt seine Hand fest. »Erste Frage: Du bist kein verdammter Bulle, oder?«

»Ich bin Krankenpflegehelfer.«

Jeff Nashe blickte seine Tochter zweifelnd an. »Ist das wahr?«

»Ja.«

»Endlich mal einer mit einem anständigen Job«, sagte Nashe.

Adam merkte, dass Nashe, der jetzt erst seine Hand losließ, ein bisschen bekifft war. Er hatte ein markantes Gesicht, hohe Wangenknochen, eine schmale Hakennase, war aber jenseits von Gut und Böse – Tränensäcke unter den Augen, der Hippie-Pferdeschwanz dünn und grau. Trotzdem sah man, von wem Rita ihr Aussehen geerbt hatte.

»Kaffee, Tee oder ein Glas Wein?«, fragte sie.

»Ein Glas Wein wäre nicht übel«, sagte Adam.

»Das Gleiche für mich«, sagte Nashe. »Bring die Flasche, Darling.«

Sie setzten sich vor dem stummen Fernseher in die Sessel – es lief der Nachrichtenkanal. Nashe ließ den Fernseher nicht aus den Augen, während er sich eine Zigarette rollte, als würde er auf eine bestimmte Meldung warten. Er reichte Adam Tabak und Zigarettenpapier, Adam lehnte dankend ab.

»Wie du siehst, bin ich Halbinvalide«, sagte Nashe. »Opfer eines Betriebsunfalls. Seit siebzehn Jahren prozessiere ich.«

»Tut mir leid, das zu hören.«

»Nein, tut es nicht. Ist dir scheißegal.«

Er mühte sich wieder aus dem Sessel und ging ohne Krücke zum Bücherregal, gar nicht mal unflott, wie Adam feststellte. Er zog ein Buch heraus und warf es Adam in den Schoß.

»Das war ich vor dem Unfall«, sagte er.

Adam nahm das Buch in Augenschein, eine große Broschüre mit dem Titel: *Lebenskultur der Spätmoderne. Die lateinamerikanische Herausforderung*. Darunter der Name des Autors, Jeff Nashe.

»Faszinierend«, sagte Adam.

»Zweiundvierzig Unis und Colleges hatten das Buch in den Siebzigern auf ihrer Leseliste.«

Im nächsten Moment kam Rita mit der Weinflasche und drei Gläsern herein. Sie schaltete den Fernseher aus und stellte das Buch ins Regal zurück.

»Tut mir leid«, sagte Rita. »Das macht er immer.«

»Weil es mir wichtig ist«, sagte Nashe gereizt. »Ich weiß, was er denkt. Er denkt, ich bin irgendein Trauerkloß. Einer von vorgestern. Ich will nicht, dass dein Verehrer mich bedauert.«

»Er ist nicht mein Verehrer, und er bedauert dich nicht, okay?«, sagte Rita mit ziemlichem Nachdruck. »Also setz dich und trink ein Glas Wein.«

Er gehorchte, und Rita schenkte ein. Nachdem alle einen Schluck genommen hatten, schenkte sie nach.

»So, Primo«, sagte Nashe. »Wie hast du bei den letzten Wahlen gewählt?«

Auf Deck spürte man die Brise, die von Westen her den Fluss herabwehte. Die Blätter in Ritas Gärtchen gerieten in Bewegung, die Palmwedel raschelten und klapperten wie Stricknadeln. Sie saßen inmitten des künstlichen Dickichts, vorn an der Lafette des Buggeschützes, und rauchten einen Joint. Das Wasser stieg wieder, Adam konnte spüren, wie sich die Bellerophon langsam aus ihrem Schlammbett hob.

»Normalerweise rauche ich nicht«, sagte Rita. »Und ich sollte mich nicht so von ihm auf die Palme bringen lassen. Aber ich wollte, dass du ihn kennenlernst – damit du im Bilde bist. Er hat sich ziemlich blöd benommen heute – ein bisschen zu selbstgefällig. Meist ist er viel lockerer, wenn Besuch da ist.« Sie inhalierte und reichte Adam den Joint, der pflichtschuldig paffte und ihn zurückgab. Irgendeine auffällige Wirkung konnte er nicht spüren.

»Manchmal muss ich ein paar Minuten neben mich treten.« Sie stieß eine Rauchwolke aus und musterte ihn. »Schöner Abend.«

»Keine Sorge, Officer«, sagte Adam. »Ich werd's nicht verraten.«

»Danke, Sir, sehr nett.« Mit seitlich geneigtem Kopf lächelte sie ihm zu.

»Was ist mit deinem Vater passiert?«, fragte er.

»Er war Dozent für Lateinamerikanistik am Polytechnikum East Battersea.« Sie verstummte für eine Weile. »Eines Abends fiel er die Bibliothekstreppe runter und verletzte sich schwer am Rücken.«

»Das war's?«

»Das war's. Er klagte, sie gingen in Revision, er hat gewonnen. Seitdem hat er nicht mehr gearbeitet. Das war der Betriebsunfall.« Sie nahm einen kräftigen Zug von ihrem Joint.

»Lateinamerikanistik. Deshalb also heißt dein Bruder Ernesto.«

»Ernesto Guevara Nashe. Ich bin nach einer Margarita Camilo benannt – sie war mit Castros Rebellenarmee in den Bergen der Sierra Maestra. Margarita Camilo Nashe, Ihnen zu Diensten.«

Also heißt sie Margarita, dachte Adam. »Dann gibt es sicher einen starken Draht nach Lateinamerika in deiner Familie.«

»Nein, nein. Er war nie dort. Weder in Mittel- noch in Südamerika.«

»Aber er hat Lateinamerikanistik gelehrt. Und das Buch.«

»Sagen wir, da gab es Ende der Sechziger eine unbesetzte Stelle, eine Karrierechance. Er war Historiker und kam nirgends unter. Dann haben sie die Fachrichtung in East Battersea eröffnet, und er bekam einen Job angeboten.« Sie zuckte die Schultern. »Plötzlich war er Lateinamerika-Experte. Aber seien wir fair – es hat ihm Spaß gemacht. Er war eine Art virtueller Revolutionär, bis er die Treppe runterfiel.«

»Spricht er Spanisch?«

»Du etwa?« Sie lachte laut über diese Frage. *»Habla español, amigo?«* Der Joint begann seine magische Wirkung zu entfalten. Und Adam fing an zu verstehen, warum sie Polizistin geworden war.

»Ich geh dann mal lieber.« Adam stand auf – und stolperte, weil sich die Bellerophon im selben Augenblick aus dem Schlamm befreite und zu schwanken begann. Rita fing ihn auf.

Der Kuss kam wie eine große, betörende Befreiung für Adam. Er spürte das Kribbeln im Bauch, als sich ihre Zunge in seinen Mund vortastete, und er drückte Rita fest an sich. Aber gleichzeitig sagte eine andere Stimme in seinem Kopf: Das geht ein bisschen schnell, ein bisschen hastig.

Sie lösten sich voneinander.

»Das geht ein bisschen schnell, ein bisschen hastig«, sagte Rita. »Aber ich beschwere mich nicht.«

»Das dachte ich auch gerade.«

»Du könntest wieder mit runterkommen. Ich bin schon groß. Ich hab mein eigenes Zimmer.«

»Heute lieber nicht, glaube ich.«

»Das ist vernünftig. Primo Belem, kluger Mann. Danke, alles klar.« Sie war high.

Sie brachte ihn über die Gangway zurück zum Ufer, hielt sich mit beiden Händen an seinem Arm fest, den Kopf an seiner Schulter. Und sie küssten sich wieder, mit mehr Entschiedenheit, mehr Gefühl. Was hat es eigentlich auf sich mit dem Küssen?, dachte Adam. Was ist eigentlich so spannend daran, an diesem Zusammentreffen von vier Lippen, zwei Mündern, zwei Zungen? Manchmal können einem diese ersten Küsse den Kopf verdrehen, stellte er fest und staunte über diese absurde Schwäche in ihm, die genau das wollte: sich den Kopf verdrehen lassen, ihr ein Geständnis machen, seine Gefühle zum Ausdruck bringen. Nach zwei Küssen? – Lächerlich, dachte er und widerstand.

45

Sehr eindrucksvoll, das neue Advertorial, dachte Ingram, man kann es nicht anders sagen – gediegende Gestaltung, starke Wirkung. Zwei strahlende blonde Kinder, Mädchen und Junge, blicken liebevoll zu einer wirklich unglaublich attraktiven – um nicht zu sagen umwerfend schönen – jungen Mutter auf, die ebenso liebevoll auf sie herabblickt. Die Farben leuchtend, brillant: Gold- und Cremetöne, allerzartestes Gelb. ASTHMA ENDLICH HEILBAR? lautete die Headline, gehalten in dunklem, selbstbewusstem Förstergrün. Abgedruckt war auch eine Sentenz von ihm, etwas von der Kraft des Guten in einer gefährlichen Welt – unterzeichnet von Ingram Fryzer, Aufsichtsratsvorsitzender und CEO von Calenture-Deutz, sogar mit seiner echten Unterschrift. Wo haben sie die her?, fragte er sich. Dann fiel ihm ein, dass sie routinemäßig in allen Broschüren und Prospekten der Firma verwendet wurde. Ja, alles an dieser Doppelseite verhieß Großartiges, eine bessere Zukunft, zum Greifen nah. So sorgenfrei können alle leben, versprach die Aufmachung. Wir müssen uns nicht länger um das Schicksal dieser hübschen Kinder und dieser schönen Mütter sorgen. Wir wollen nicht, dass sie leiden müssen.

Ingram klappte die Zeitschrift zu. Eigentlich musste er jetzt Stolz empfinden – dieses Medikament war von seiner Firma entwickelt worden (mit Unterstützung von Rilke Pharmaceuticals natürlich), und der Erfolg würde ihm und Calenture-Deutz gewaltigen Auftrieb geben ... Er schlug die Doppelseite noch einmal auf – interessant: kein Rilke-Logo, nur das von Calenture-Deutz. Aus dem Entwurf, den ihm Rilke vorgelegt hatte, hatte er noch geschlossen, dass Rilke Pharma ihm den Erfolg streitig machen wollte. Vielleicht hielt sich Alfredo klug bedeckt und wartete auf die Zulassung, den behördlichen Stempel, bevor er selbst ins Rampenlicht trat.

Ingram seufzte hörbar – immer seufzte er in Lachlans Wartezimmer, fiel ihm auf, aber diesmal war er allein. Ja, er durfte stolz auf sich sein, verdammt nochmal! Er hatte jahrelange Arbeit und Mühe investiert, viele Millionen Pfund, und das Medikament stand vielleicht nur ein paar Wochen oder Monate vor der Zulassung. Es würde der Welt sehr viel Gutes bringen, es würde Qualen lindern, das menschliche Los erleichtern, dieses Jammertal erträglicher gestalten – und doch fühlte er sich unglücklich, elend, kraftlos, sogar wütend. Wie hatte er das zulassen können? Warum hatte er sich von Burton Keegan und Alfredo Rilke ausbooten lassen? Doch die einfache, brutale Antwort auf seine empörte Frage war ihm schon klar – Geld. Vielleicht war es das, was seine Stimmung so niederdrückte. Die Schuld. Er hatte sich kaufen lassen, mit sehr viel Geld. Und jetzt war er ein Eunuch. Genau das war er, ein Aufsichtsratseunuch, ein kastrierter CEO, ein potenzgestörter Vorstands–

»Ihren Tee haben Sie sicher getrunken, Ingram«, rief Dr. Lachlan McTurk mit der meckernden Stimme eines schottischen Geizkragens und winkte ihn mit dem Finger ins Sprechzimmer.

Ingram zeigte ihm die Werbeseiten. »Haben Sie das gesehen?«

»Nein, noch nicht. Aber mehrere Patienten haben mich schon nach Ihrer Wunderdroge gefragt. Die Presse ist voll des Lobes. Mein Glückwunsch – sieht aus, als hätten Sie einen Volltreffer gelandet.«

»Danke. Ja, ich glaube auch ...« Ingram wartete auf den warmen Schwall, die kleine Aufwallung von Stolz und Selbstgefühl, aber nichts geschah, er fühlte sich einfach nur matt und niedergeschlagen.

Lachlan kramte in seinen Unterlagen. »Und ich schätze, Sie verdienen damit ein geradezu unverschämtes Geld.«

»Mag sein«, erwiderte Ingram. »Aber die Frage ist: Bleibt mir noch die Zeit, es zu zeigen?«

»Ihr Geld zu zeigen?«

»Ich wollte sagen: genießen.« Ingrams Blick verfinsterte sich.

»Genießen und zeigen – demonstrativer Wohlstand.« Lachlan kicherte inbrünstig und erstaunlich mädchenhaft für einen so beleibten Mann. »Aber Ihnen fehlt nichts. Cholesterin ein bisschen hoch – willkommen im Club. Leberwerte an der Obergrenze – also beim Alkohol ein wenig kürzer treten. Kein Übergewicht für einen Mann Ihres Alters. Alle Tests ohne Befund. Für meine Begriffe sind Sie kerngesund.«

»Ich habe immer noch dieses schreckliche Jucken. Das Blut auf dem Kissen. Sehr beunruhigend, finde ich.« Das klang wehleidiger, als er beabsichtigt hatte. Zum Stoizismus war er heute nicht aufgelegt. »Auch passieren mir immer diese Versprecher. Ich will ein bestimmtes Wort sagen, aber in Wirklichkeit sage ich ein anderes.«

»Aha, Katachrese.«

»Ist es das, was ich habe?«

»Nein, nein«, versicherte Lachlan hastig. »Das ist nur der linguistische Begriff für das Phänomen. Ein widersprüchlicher Wortgebrauch, aus Versehen natürlich. Eine Art unbeabsichtigter Metaphernbruch. ›Zeigen‹ für ›genießen‹ ist übrigens gar nicht mal schlecht.«

»Aber manchmal meine ich ›Unterhaltung‹, und ich sage ›Temperatur‹. Wo ist da die Logik?«

»Alles hängt zusammen, besonders Wörter. Vielleicht haben Sie sich unbewusst an eine besonders ›heiße‹ Unterhaltung erinnert.«

»Wenn alles zusammenhängt, glauben Sie, dass diese Katachrese auch mit dem Jucken und den Blutflecken zusammenhängt?«

Lachlan musterte ihn eindringlich, fast misstrauisch. »Was ich Ihnen verschreiben könnte, ist ein sehr kräftiges Antidepressivum. Sie gehen wie auf Wolken.«

»Nein danke.« Reiß dich zusammen, Ingram, ermahnte er sich. »Ich bin erleichtert. Danke, Lachlan.«

»Lassen Sie mich wissen, wenn Ihre Wunderdroge auf dem Markt einschlägt. Dann kaufe ich ein paar Aktien.«

Ingram zog die Socken an und stellte fest, dass seine niedergedrückte Stimmung wieder zurückgekehrt war, wenn sie ihn denn je verlassen hatte. Vielleicht hätte er sich die angebotenen Glückspillen doch verschreiben lassen sollen – ein bisschen künstliche Euphorie konnte ihm jetzt von Nutzen sein. Er stand auf, stieg in seine Slipper und griff nach der Krawatte. Selbst der Besuch bei Phyllis hatte seine Laune nicht gebessert. Jetzt kam sie herein, gekleidet in einen roten Seidenkimono mit züngelndem, schuppigem Golddrachen, und trug zwei Gläser, in denen Eiswürfel klimperten.

»Ein großer Wodka-Tonic, der Herr«, sagte sie und reichte ihm sein Glas. »Cheers, Jack.« Sie blies ihm einen Kuss zu. »Kostet auch nicht extra.«

Sie stießen an, und Ingram nahm zwei kräftige Schlucke, um den klaren, trockenen Geschmack des Wodkas zu genießen.

»Phyllis«, begann er und versuchte, möglichst spontan zu klingen. »Ich habe gerade überlegt: Hättest du Lust – ich meine, glaubst du, wir könnten so etwas wie einen kleinen gemeinsamen Urlaub arrangieren?« Er band sich die Krawatte. »Eine kurze Atempause. Vier oder fünf Tage. Irgendwas Exotisches, Sonniges.«

»Mit einigen Herren hab ich schon Ferien gemacht, klar. Wär mal ein netter Tapetenwechsel.«

Sie setzte sich aufs Bett und ließ den Kimono so aufklaffen, dass er ihre linke Brust sehen konnte. »Woran hattest du gedacht, Liebling?«

»Marokko, dachte ich mir, da gibt es ein super Hotel –«

»Nein, kein Mittelmeer.«

»Florida, Karibik? Südafrika?«

»Schon besser.«

»Ich würde dich dann in der Villa –«

»Hotel. Keine Villa, Liebling. Da gibt's keinen Zimmerservice.«

»Gut, Hotel. Und du fliegst gesondert –«

»Businessclass.« Sie zog den Umhang wieder zu.

»Versteht sich von selbst. Wir machen uns drei wunderschöne Tage, dann fliegst du zurück.«

»Lieber nicht, Jack. Bei solchen Ferien verliere ich Geld. Für mich ist so was nicht die reine Freude, um ehrlich zu sein. Nein danke, lieber nicht.«

»Wir könnten uns was im Radio suchen, wenn dir das lieber ist – ich meine, im Osten: Sri Lanka, Thailand.«

»Nein. Vergiss es lieber.«

Sie erhob sich und strich ihm mit dem Handrücken über die Wange, um ihr Mitgefühl zu demonstrieren. »Was ist mit dir los, Jack, mein Kleiner? Ich dachte mir schon, dass dir heute was fehlt.«

Ingram erzählte etwas von Stress im Beruf – er hatte ihr einmal gesagt, dass er Pharmazeut war. Er wolle seinen Laden verkaufen – genau das war's, die Firma verkaufen –, sich endlich mal Ferien gönnen.

»Du hast die Firma aufgebaut, also sollst du auch was davon haben«, sagte sie. »Spare lieber dein Geld. Du hast es dir verdient. So eine Reise mit mir könntest du dir gar nicht leisten. Und ich will dich nicht ausnehmen.«

»Gut. Kein Problem. Wahrscheinlich hast du recht.«

Auf der U-Bahnfahrt zurück nach Victoria spürte Ingram, wie sich seine Stimmung besserte, obwohl Phyllis seine Pläne durchkreuzt hatte. Die Idee war ihm vor Tagen gekommen, und jetzt fragte er sich, wieso. Vielleicht war es das simple

Bedürfnis nach Abwechslung – eine kleine Eskapade mit einer neuen, sehr kurzfristigen, unkomplizierten Partnerin (Meredith würde nichts davon ahnen – er flog häufig zu Konferenzen und Besprechungen ins Ausland). Ein bisschen Meer, ein bisschen Sonne, gutes Essen, guter Wein, unkomplizierter, ungehemmter Sex auf Verlangen ... So schlecht war die Idee gar nicht – schließlich gab es noch andere »Phyllisse« auf der Welt.

Er musterte die Fahrgäste: schmuddelige, zusammengesackte, ausdruckslose, mürrische Londoner, ein paar lesend, andere an ihre Kopfhörer gestöpselt, eine hübsche Blonde schien auf einem Minifernseher fernzusehen – war das überhaupt möglich? –, und er spürte, wie sich seine Stimmung besserte, während er sich mögliche Ferienreisen mit anderen Phyllissen ausmalte und sich gleichzeitig fragte, wie viel zusätzlichen Profit Zembla-4 abwerfen würde. »Der kastrierte Milliardär« – damit konnte er leben. Vielleicht würde seine neue Phyllis nach dem Verkaufsstart mit dem Privatjet einschweben, und er persönlich würde nie wieder den Fuß in eine Linienmaschine setzen. Er musste an den kleinen Trick mit dem roten Kimono denken – ihn einfach so aufklaffen zu lassen. Phyllis wusste, welchen Knopf man drücken musste, wie man ihn erregen konnte. Das war das Problem mit einer Neuen – es wäre einfach nicht dasselbe.

Während er auf dem Bahnsteig zum Ausgang lief, fühlte er sich schon gekräftigter, ermutigter, wie immer nach einem Phyllis-Besuch. Hör auf zu winseln, sagte er sich, lass Keegan und Rilke in den Ring steigen, die Beinarbeit machen, die Lobby-Arbeit, das komplizierte Hin und Her mit den Zulassungsbehörden. Leg ihnen keine Steine in den Weg, Hauptsache, am Ende stimmt das Geld.

Beim Gedanken an Keegan fiel ihm die letzte, so unerfreulich verlaufene Besprechung ein. Er konnte sich ziemlich genau denken, was passiert war, als Philip Wang an jenem Nachmittag bei Keegan erschienen war. Philip musste bei der klinischen Erprobung von Zembla-4 irgendeinen Fehler aufgedeckt haben, einen Fehler, der ihn erzürnte, und deshalb hatte er bei Keegan vorgesprochen, an jenem verhängnisvollen Nachmittag. Keegan hatte gelogen, was den Inhalt des Gesprächs betraf, keineswegs überzeugend, und in der Umkehrung der Lüge – »Philip war begeistert« – steckte die Wahrheit: Philip war verstört, Philip war misstrauisch, vielleicht sogar wütend gewesen. Er spann den Faden weiter: Philip wollte an die Öffentlichkeit gehen. Konnte das der Grund seines Besuchs gewesen sein? Und ist es nicht merkwürdig, dass er am selben Abend von Kindred ermordet wurde, diesem ominösen Klimaforscher? Nein, nein, lass das, ermahnte sich Ingram, das geht zu weit. Es war einer dieser fürchterlichen, erschreckenden, unerklärlichen Zufälle. Unmöglich ...

Trotzdem. Er wusste immer noch nicht, was Philip herausgefunden hatte, was ihn bewogen hatte, Keegan zur Rede zu stellen. Das war die Kernfrage. Vielleicht sollte er Keegan noch einmal vorladen, ein bisschen bluffen, so tun, als wüsste er, weshalb Wang zu ihm gekommen war, was er Keegan vorzuwerfen hatte. Ingram überlegte weiter. Keegan hatte Wang empfangen, daher war hundertprozentig davon auszugehen, dass auch Alfredo Rilke informiert war. Also wussten Keegan und Rilke, welche Probleme es mit Zembla-4 gab, was Philip Wang so in Rage brachte ... Er schüttelte den Kopf, wie um eine lästige Fliege abzuwehren. Aber so schlimm konnte es nicht gewesen sein, denn Alfredo selbst hatte das Zulassungsverfahren in Gang gesetzt. Nein, es war nur eine furchtbare, schreckliche Tragödie.

Luigi erwartete ihn am Eccleston Square. Er lief mit einem Poliertuch um den Wagen und entfernte irgendwelche Schmier- oder Wasserflecken von der schimmernden Bentley-Karosse. Ingram schlüpfte auf den Rücksitz, und Luigi sagte, bevor er die Wagentür zuschlug: »Sie haben einen Anruf von Ihrem Sohn, Signore. Er verspätet sich ein paar Minuten.«

»Wie wär's mit einem Dessert, Forty? – Nate?«, korrigierte sich Ingram hastig. Ingram schob ihm die Speisekarte hin.

»Ich fahr mal lieber los, Dad, wir haben noch einen Job bei –«

»Dann wenigstens Kaffee. Du bist erst eine halbe Stunde hier.«

»Na gut.«

Ingram winkte dem Kellner und gab die Bestellung auf. Dass sich Fortunatus äußerst unwohl fühlte, war nicht zu übersehen. Dabei hatte er viel Mühe auf die Wahl des Restaurants verwendet – nicht zu pompös, nicht zu teuer, nicht zu förmlich, aber doch etwas Besonderes. Das war ihr erster gemeinsamer Lunch seit ... es fiel ihm nicht ein. Seit Fortys Schulzeit? Sicher nicht, oder? Jedenfalls hatte er beschlossen, dass es der Auftakt zu einer ganzen Reihe von Begegnungen werden sollte: Er und sein Sohn würden sich viel öfter sehen als früher.

Das Restaurant war berühmt: Gewöhnliche Gäste mussten sechs Monate vorher buchen, und doch hatte Ingram – bei früheren Gelegenheiten – viele junge Leute in extrem nachlässiger, um nicht zu sagen schäbiger Garderobe gesehen, und manche darunter mit berühmtem Namen. Selbst heute, zur Mittagszeit, saß da dieser Fernsehsprecher, die geadelte Balletttänzerin, die Schauspielerin mit dem überdrehten Lachen. Ingram machte Forty unauffällig darauf aufmerksam, aber Forty konnte nichts mit ihnen anfangen. Und das Restaurant, trotz seines modischen Anklangs bei den Eliten, bot nach wie vor die Annehmlichkeiten einer traditionellen Gastronomie. Die bunten Bleiglasfenster hätten den Theaterstars der dreißiger Jahre sehr entsprochen, die Tischwäsche war gediegen und makellos gestärkt, das Silberbesteck schwer und unmodisch im Entwurf, das Speisenangebot eine wohltuende Mischung aus englischer Hausmannskost und der neuesten Fusion-Cuisine. Und trotz alledem fühlte sich Forty so unwohl hier, dass sich Ingrams eigene Schultermuskulatur vor lauter Mitgefühl verkrampfte.

»Sieh mal, ist das nicht der Knabe aus der Quizshow im Fernsehen?«

»Wir haben kein Fernsehen, Dad.«

»Wie geht's Ronaldinho?«

»Rodinaldo.«

»Richtig.«

Er musterte seinen unrasierten, kahlen Sohn, der in seiner schweren Nahkampfjacke schwitzte, und beim Anblick der schwarzen Fingernägel, unter denen sich Rindenmulch oder Komposterde befinden mochte, spürte er, wie sich ein Schluchzen durch seine Kehle presste. Er wollte ihn in die Arme nehmen und streicheln, er wollte ihn baden, bis er sauber und rosig aussah, trocknen in dicken weißen Tüchern.

»Forty – Nate –, ich möchte, dass du Ingram zu mir sagst. Würdest du das tun?«

»Das kann ich nicht, Dad, tut mir leid.«

»Kannst du's nicht versuchen?«

»Es funktioniert nicht, Dad. Ich kann's einfach nicht.«

»Das muss ich respektieren. Nein, nein, geht in Ordnung.«

Eine Weile nippten sie schweigend an ihrem Kaffee. Ingram musste sich damit abfinden, obwohl er geglaubt hatte, dass sich ihr Verhältnis lockerer gestalten, dass sich die Chance zu einer wahren Freundschaft ergeben würde, wenn sie sich mit Vornamen anredeten – ohne dass ihnen die alte Vater-Sohn-Beziehung ständig dazwischenfunkte.

»Wie läuft das Geschäft? Du weißt, ich will gern investieren.«

»Wir kommen zurecht. Wir haben mehr Arbeit, als wir schaffen.«

»Dann stellt doch Leute ein. Expandiert. Ich kann euch helfen bei diesem Kram, Forty. Kapitalisierung, neuer Betrieb –«

»Wir wollen nicht expandieren, verstehst du das nicht?«

Irgendetwas an Fortys vorgeschobenem Kinn und seinem sturen Blick versetzte ihn in eine Rührung, wie er sie lange nicht gespürt hatte. Mit einem dicken Kloß im Hals sagte er leise zu seinem Jüngsten: »Ich hab dich lieb, Forty. Ich möchte mehr Zeit mit dir verbringen. Treffen wir uns doch jede Woche oder so, damit wir uns besser kennenlernen.«

»Dad, bitte nicht weinen. Die Leute gucken.«

Ingram strich sich mit dem Handrücken über die Wange und stellte fest, dass sie feucht war. Was war mit ihm los? Das musste eine Art Nervenzusammenbruch –

»Hey, Familie! Wer hat denn euch Gesindel reingelassen?«

Ingram blickte auf, in das Gesicht von Ivo Redcastle, der an den Tisch getreten war. Ivo trug eine Schlangenlederjacke und enge Jeans, die Sonnenbrille hatte er in sein dichtes, blauschwarzes Haar geschoben.

»Alles in Ordnung, Junge?«, sagte Ivo und starrte Ingram neugierig an.

»Kleiner Hustenanfall.«

»Forty, gut, dich zu sehen, Mann.« Er wollte Forty einen Soul-Handshake geben, aber Forty wusste nicht, wie man den erwiderte, und Ivo begnügte sich mit einem High-Five.

»Hallo, Onkel Ivo. Ich muss jetzt los, Dad. Danke fürs Essen. Bye.«

Forty war so schnell verschwunden, fast aus dem Lokal gerannt, dass Ingram Ivo am liebsten skalpiert hätte, weil er ihm die Abschiedsumarmung vermasselt hatte. Er stand auf, mit stoischer Miene, ließ drei Fünfzigpfundscheine auf dem Tisch und lief, eskortiert von Ivo, zum Ausgang.

»Wo warst du?«, fragte Ingram. »Ich hab dich nicht gesehen, als wir reinkamen.«

»Am anderen Ende, bei den Touris«, sagte Ivo. »Etwas diskreter.« Er musterte Ingram erneut. »Wenn ich dich kaltblütigen Hund nicht besser kennen würde, würde ich sagen, du hast geheult.«

»Das hat mit meiner Allergie zu tun. Kann ich dich irgendwo absetzen?«

Sie verließen das Restaurant, das übliche Grüppchen von Paparazzi blieb unbeeindruckt.

»Nein danke«, sagte Ivo. »Ich hab einen Termin in Soho. Mit einem Filmproduzenten.«

»Wie läuft's mit den T-Shirts?«

»Äh ... komisch, dass du mich das fragst, aber die Dinge entwickeln sich. Ich hatte gerade einen interessanten Anruf.«

»Nur zu früh geh'n Sommers Pforten zu, Ivo.«

»Wie bitte?«

»Die Zeit bleibt nicht stehen.«

»Übrigens«, begann Ivo – und Ingram bemerkte, dass er in seinen einschmeichelnden, bettelnden Ton verfiel –, »es könnte sein, dass ich mit dir darüber reden muss. Kleines Problem mit dem Cashflow. Falls dieser Kerl nicht mit dem Geld rüberkommt. Was er aber tut, da bin ich sicher.«

Ein Motorroller startete mit surrendem Geräusch, das zu einem Hornissensummen anschwoll, während er sich näherte, neben ihnen abbremste und fast zum Stehen kam.

»Hey, Ivo!«, brüllte der Fahrer durch das Visier seines Helms, und Ivo schaute natürlich hin. Ingram fand es seltsam, dass dieser Paparazzo eine Wegwerfkamera benutzte. Ivo setzte seine Sonnenbrille auf und freute sich wie ein Schneekönig.

»Verfluchte Aasbande«, rief er. »Können einen nicht in Ruhe lassen.«

»War schön, dich zu treffen«, sagte Ingram und lief weiter, zu Luigi und dem Bentley.

»Ach ja. Tolle Werbung, hat mir gefallen!«, rief ihm Ivo über die Schulter nach, während er sich auf den Weg machte, die West Street hinauf zum Cambridge Circus und dem Gassengewirr von Soho.

46

Es fügt sich alles ziemlich gut zusammen, dachte Adam. Er beugte sich über Amardeeps Schulter und studierte den Bildschirm. Sie verglichen die Dienstprotokolle der Pflegehelfer mit den Aufzeichnungen der Überwachungskameras desselben Tages.

»Da ist sie.« Amardeep zeigte auf das Bild. »Transportiert aus der De-Vere-Klinik zur Intensivstation, am vierten.« Sein Finger suchte im Protokoll. »Von OPP 35.« Und fand den Namen in der Liste. »Das war Agapios. Dann ...« Er klickte sich durch zu den Überwachungsbildern. »Dann deckte sie ab – am siebten, drei Tage später. Siehst du?«

»Deckte ab?«

»So heißt das hier in St. Bot. Sie deckte ab – sie starb ... also haben wir sie in die Pathologie gebracht.«

»Und der nächste Fall?«

Amardeep scrollte sich zum nächsten Namen auf Adams Liste, dann suchte er die Überwachungsbilder. Dasselbe Resultat – abtransportiert am siebzehnten, abgedeckt am dreiundzwanzigsten desselben Monats. Alle fünf Kinder, die Wang auf seiner Liste unter St. Botolph verzeichnet hatte, waren auf der Intensivstation gestorben.

»Können wir die Todesursache ermitteln?«

»Das hier ist das Dienstprotokoll der Pflegehelfer«, sagte Amardeep ein wenig gekränkt. »Dafür brauchst du die Patientenakten. Wozu willst du das überhaupt wissen?«

Adam stellte fest, dass Amardeep extrem lange Wimpern hatte. »Bei de Vere wollten sie ein paar Angaben dazu«, erwiderte er vage. »Ziemlich lästig, die Sache, aber vielen Dank.«

Nach der Arbeit breitete Adam seine wachsende Materialsammlung auf dem Fußboden der Wohnung in den Oystergate Buildings aus. Vor dem Flachbildfernseher platzierte er die wichtigsten Dokumente und Ausdrucke der »Zembla-Akte«, wie er das Konvolut inzwischen nannte – ohne sich an der reißerischen Bezeichnung weiter zu stören. Das Schlüsseldokument war die Kopie der Liste, auf der Wang die Namen der vierzehn toten Kinder verzeichnet hatte. Gleich danach kamen das Zertifikat für den Online-Kauf von zehn Calenture-Deutz-Standardaktien (vierhundertsechzig Pence das Stück) und die Glanzbroschüre, die er als neuer Aktionär von der Firma zugeschickt bekommen hatte. Er schlug die Seite mit der geschraubten Vorrede auf (wer hatte diesen Mist eigentlich verzapft?) und las die Unterschrift: Ingram Fryzer, Aufsichtsratsvorsitzender und CEO, mit Foto und ausladender Unterschrift – die horizontalen Linien des I von »Ingram« waren deutlich abgesetzt, weshalb das Gebilde eher an ein mathematisches Symbol erinnerte als an einen Buchstaben. Zusammen mit der Broschüre hatte er eine Einladung zu einer Pressekonferenz erhalten, die allen Aktionären offenstand und Anfang nächsten Monats im Queen Charlotte Conference Center, London WC2, stattfinden sollte.

Adam hatte auch ein Advertorial für Zembla-4 aus einer Hochglanzillustrierten ausgeschnitten, das legte er neben die Ausdrucke von Fachartikeln aus dem Internet – in denen die Heilwirkung von Zembla-4 in den höchsten Tönen gepriesen wurde – und neben ein Farbfoto von Ivo, Lord Redcastle, das er am Tag zuvor nahe einem Restaurant in Covent Garden geschossen hatte.

Über Ivo, den Lord, hatte er ein gesondertes Dossier angelegt. Es enthielt seinen Eintrag in Burkes Verzeichnis des irischen Landadels, einen Illustriertenbericht über sein Haus in Notting Hill und eine vernichtende Glosse über die Werkschau seiner neuen und dritten Ehefrau. Adam hatte nach einer

Schwachstelle bei Calenture-Deutz gesucht und war, nachdem er die Aufsichtsratsmitglieder im Internet auf ihren Hintergrund abgeklopft hatte, ziemlich schnell zur Überzeugung gelangt, dass Lord Redcastle der aussichtsreichste Kandidat war.

Was ihn selbst betraf, hatte Adam vor allem das Ziel, sich vor weiterer Verfolgung zu schützen. Er wollte nicht länger von diesem Mann gejagt werden, der – wer immer er war – mit Calenture-Deutz und Zembla-4 im Zusammenhang stand, so viel war sicher. Und er wollte, sofern das überhaupt möglich war, sein altes Leben zurückhaben. Irgendwie, durch eine groteske Verkettung von Zufällen, war er in eine finstere Verschwörung hineingeraten, aus der er sich mit eigener Kraft befreien musste – mithilfe von List, Ausdauer und einschlägigen Informationen. Aber hinter diesem Hauptanliegen stand auch das Verlangen, den gewaltsamen Tod von Mhouse in irgendeiner Weise zu rächen, und er war überzeugt, dass er beides nur dann unter einen Hut bringen konnte, wenn er seinen Angriff gegen Calenture-Deutz richtete, statt sich diesem bezahlten Killer entgegenzustellen. Wenn sich die Firma selbst gefährdet oder bedroht fühlte, würde sie vielleicht den Rückzug antreten.

Philip Wang hatte ihm, ohne es zu beabsichtigen, das Material in die Hände gespielt, mit dem er die Firma möglicherweise gewaltig unter Druck setzen konnte. Noch wusste er nicht genau, was es mit den vierzehn Todesfällen auf sich hatte, aber er war sich mehr als sicher, dass sie die Ursache einer massiven Vertuschungsaktion darstellten. Mit anderen Worten, er verfügte über vierzehn rauchende Colts. Irgendetwas war bei der klinischen Erprobung von Zembla-4 schiefgelaufen – so sehr, dass die schwer erkrankten Kinder in aller Eile von der De-Vere-Klinik auf die Intensivstation verlegt werden mussten. Und egal, worin die fatalen Auswirkungen dieses Medikaments bestanden hatten – sie waren der Grund dafür, dass Philip Wang sterben musste und dass auch Mhouse zu Tode gekommen war. Aller Wahrscheinlichkeit nach – wenn das Glück dem Mörder holder gewesen wäre – wäre auch er ermordet worden, damit das Geheimnis, worin immer es bestand, gewahrt blieb.

Er ging in die Küche und machte sich eine Tasse Tee. Diese Gedanken wühlten ihn immer auf, immer schob sich die brutale Realität zwischen seine geduldigen Überlegungen – aufdringlich, unwillkommen. Plötzliche Alarmsignale bei einem kleinen Asthmapatienten, ein Mediziner in den Diensten von Calenture-Deutz, der die unausweichlichen Folgen erkennt, Pflegehelfer, die man eiligst herbeiruft, um den verräterischen Fall auf die Intensivstation abzuschieben, die stillschweigende Manipulation der Patientenakten. Schwerkranke Kinder: Hunderte, tausende hatten Zembla-4 erhalten und davon profitiert, aber vierzehn waren gestorben ... Eine statistische Zwangsläufigkeit. Aber warum diese Gewalt, diese Skrupellosigkeit? Waren da irgendwelche staatlichen, irgendwelche Sicherheitsinteressen im Spiel? Worum ging es da? Was geschah, wenn die vierzehn Todesfälle an die Öffentlichkeit gelangten? Hier unterbrach er seinen Gedankengang – nein, in diese Richtung durfte er nicht spekulieren. Der Tod chronisch kranker Kinder reichte für sich genommen nicht aus, es musste da noch mehr geben. Sicher hatte es eine Bewandtnis, dass die schwerkranken Kinder von St. Botolph schon mehrere Tage vor ihrem Tod auf die Intensivstation verlegt worden waren. Auf diese Weise wurde ihre Zugehörigkeit zur De-Vere-Klinik verdunkelt, wenn nicht gar aus den Akten getilgt. Wie viele Kinder starben jede Woche in St. Botolph? Ein Dutzend? Mehrere Dutzend? Es war ein riesiger Klinikkomplex mit einer großen Kinderabteilung. Fünf Todesfälle in der De-Vere-Klinik, wo ein neues Medikament getestet wurde, hätten einen Skandal ausgelöst oder die Klinik ins Gerede gebracht. Adam wäre jede Wette eingegangen, dass die anderen Todesfälle auf Wangs Liste ebenfalls auf Intensivstationen eingetreten waren. Am Anfang hatten also Symptome gestanden, die als Warnsignale gedeutet wurden.

Irgendein Arzt, oder wer immer die Tests überwachte, musste diese Signale erkannt haben. Bringt sie schnell weg, in ein paar Tagen sind sie tot ... Er trank seinen Tee aus. Was er jetzt brauchte, war ein Fachmann für Arzneimittel, ein Kenner der Pharmabranche.

Er ging zurück ins Wohnzimmer und nahm sich einen anderen Ordner vor. In dem sammelte er aktuelle Artikel aus den großen Tageszeitungen und Nachrichtenmagazinen, die sich mit der Pharmaproduktion und den Machenschaften der Pharmaindustrie befassten, um herauszufinden, welcher Journalist am besten dazu geeignet war, seine lückenhafte Beweiskette zu interpretieren. In die engere Auswahl waren drei Namen gekommen: Einer schrieb für *The Times*, einer für *The Economist* und einer für ein Fachblatt mit dem Titel *Global Finance Bulletin*, das er in der U-Bahn gefunden hatte. Die trockene, faktenreiche Darstellung ohne Illustrationen (außer Tabellen und Kurven) schien sich an Regierungspolitiker, Lobbyisten und Investor zu richten – das Abonnement für jährlich vier Nummern kostete stattliche zweihundertachtzig Pfund. Die Zeitschrift erschien in London, und es gab einen Autor, Aaron Lalandusse, der in jeder Nummer über die Pharmaindustrie berichtete. Adam hatte das Gefühl, dass dieser Lalandusse der richtige Mann für ihn war.

Das Handyklingeln erschreckte ihn – er hatte sich noch immer nicht so recht an das Ding gewöhnt, ein Symbol seines neuen, wenn auch bescheidenen sozialen Aufstiegs. Entweder war es das Krankenhaus oder es war Rita.

»Hallo, Fremder«, begrüßte ihn Rita. »Gehst du mir aus dem Weg?«

»Tut mir leid«, sagte er. »Ich hatte zu tun, irrsinnig viel zu tun. Ich wollte dich anrufen.«

»Wo bist du?«

»Zu Hause.«

»Ich habe um sechs Dienstschluss. Und du?«

»Ich bin erst morgen wieder dran. Wollen wir irgendwo was trinken gehen?«

»Wo?«

»Ich kann zu dir kommen. Ich hab jetzt einen Motorroller. Gestern gekauft.«

»Hey, du bist berädert.«

»Kommt mich insgesamt billiger.«

»Das sagen sie alle.«

»Egal. Ich könnte nach Battersea rüberflitzen.«

»Treffen wir uns doch in der Mitte.« Sie nannte den Namen eines Pubs am Fluss, das sie kannte, und er versprach, sie um sieben dort zu erwarten.

»Deinen Motorroller lass lieber zu Hause.«

»Warum?«

»Weil ich keinen Helm habe.«

47

Irgendwas haben die beim Kochen versiebt, dachte Jonjo. Eier in Curry? Wer hatte sich das ausgedacht? Er nahm seinen Teller von der Theke und beäugte misstrauisch die drei weißen Eier, die neben der Portion Reis in einer olivgrünen, klumpigen Sauce schwammen. Einen Bogen um die Junkies machend, steuerte er auf einen bärtigen Mann zu, der allein am Tisch saß und aussah wie die Comicfigur eines Hexenmeisters: langer grauer Bart, langes graues, in der Mitte gescheiteltes Haar. Jonjo knurrte einen Gruß, setzte sich zu ihm und machte sich über seine Mahlzeit her. Die Klumpen in der Sauce waren Rosinen, stellte er fest – nicht auszudenken, wie das roch, wenn es am anderen Ende wieder rauskam. Er zermanschte die Eier und verrührte das Ganze zu einem Brei. Nach neunzig Minuten Predigt auf die Gratismahlzeit verzichten? Kam gar nicht in Frage.

Er zog das zusammengefaltete Zeitungsfoto von Kindred aus der Tasche, strich es auf dem Tisch glatt und schob es dem Graubart hin.

»Kennst du den? Der war auch mal ein John, genau wie wir.«

Der Graubart blickte auf das Bild, dann auf Jonjo. »Warum willst du das wissen?«

»Ich will ihn finden. Ist ein Freund von mir.«

»Nie gesehen«, sagte der Graubart. »Wenn du mich jetzt entschuldigst. Mir wird ein bisschen übel.« Er stand auf, ließ seinen halbvollen Teller stehen und entfernte sich eiligen Schrittes.

Jonjo kippte den Rest auf seinen Teller und vermanschte

die neuen Eier mit seinem Mix. Gar nicht mal schlecht, diese Eier in Curry.

Ein anderer John setzte sich zu ihm – ein Kerl, der grässlich aussah, mit schütteren Locken und irgendwelchen Hautproblemen. Wie dicker Plastikbrei, der Falten warf.

»Der gute Thrale zickt mal wieder, was?« Er streckte die Hand aus. »Turpin, Vince Turpin.«

»John 1794«, sagte John, ohne die Hand zu beachten.

»Nett, dich kennenzulernen, John.« Turpin lächelte unbeeindruckt, als wäre er alle Arten von Missachtung gewöhnt, und entblößte seine weit auseinanderstehenden Zähne. Dann machte er sich daran, die Eier in kleine Stücke zu schneiden.

»Bist du verheiratet, John?«, fragte Turpin im freundlichsten Ton.

»Nein.«

»Dann hast du entweder Glück oder sehr viel Verstand. Ich war oft verheiratet und kann dir bestätigen, dass neunzig Prozent meiner Probleme von meinen Frauen kommen.«

»Was du nicht sagst.« Jonjo schaufelte sich gematschten Curry in den Mund. Er nahm alles zurück – der Fraß schmeckte hervorragend.

»Die Kinder sind ein Segen, das muss ich sagen. Die machen allen Kummer wett.«

»Ich hab einen Hund«, sagte Jonjo. »Schon der wächst mir über den Kopf.«

Jonjo leerte hastig seinen Teller. Nur schnell weg von diesem Freak, diesem grusligen Elefantenmann. Er stand auf und setzte sich wieder, weil ihm das Kindred-Foto einfiel. Er legte es neben Turpins Teller.

»Kennst du den Kerl? Der kam auch hierher.«

Turpin runzelte die Stirn, zeigte mit der Gabel auf das Foto und umkreiste Kindreds Gesicht mit den Zinken.

»Sieht aus wie John 1603. Wir sind am selben Tag eingetreten.« Er zog seinen Schal beiseite und enthüllte das Abzeichen.

John 1604, las Jonjo. Er zwang sich, Ruhe zu bewahren, aber er spürte, wie sein Herz schneller schlug – wieder ein Schritt näher an Kindred.

»Das ist der Mann«, sagte er. »Ein Kumpel von mir. Ich bin auf der Suche nach ihm.«

»Der ist seit Wochen nicht hier gewesen. Kam fast jeden Abend. Netter Kerl, gepflegte Sprache, wie Thrale.« Er zeigte mit der Gabel auf den Graubart. »Bisschen was Besseres.«

Jonjo senkte die Stimme. »Er hat ziemlich viel Geld geerbt. Weißt du, wo er wohnt?«

»Geld, sagst du? Nein, keine Ahnung.«

»Schade. Wer mir hilft, John 1603 zu finden, kriegt eine Belohnung von zwei Riesen.« Jonjo lächelte und wiederholte: »Zwei Riesen. Zweitausend Pfund.«

»Lass mich drüber nachdenken«, sagte Turpin. »Ich muss mich umhören. Vielleicht weiß jemand was.«

Jonjo schrieb seine Handynummer auf und reichte ihm den Zettel.

»Klingel durch, wenn du ihn siehst. Denk dran, zwei Riesen. Cash.«

Er nahm seinen Teller und brachte ihn zur Essenausgabe zurück. Erwarte nicht zu viel, sagte er sich. Von den Schwachköpfen und Spinnern, aus denen sich die Gemeinde der Church of John Christ zusammensetzte, so viel war klar, konnte er kaum etwas erwarten. Trotzdem hatte dieser Turpin etwas Schlaues und Berechnendes, und in seinen Augen hatte es schlau und berechnend geblitzt, als er von der Belohnung hörte. Jonjo verließ die Kirche und ging zu seinem Taxi, während die Curry-Eier schon begannen, in seinem Bauch zu rumoren. Auf so einen Drecksack wie Turpin wollte er nicht angewiesen sein. Aber im Moment war er sein einziger Lichtblick.

48

Das Erste, was Rita beim Aufwachen sah, war Primo. Er lag neben ihr und schaute sie an. Mit halbwachem Behagen gähnte sie, räkelte sich und schob ein Bein über seinen Schenkel.

»Hallo, du«, sagte sie. »Guten Morgen.«

Sein sanfter Kuss roch und schmeckte nach Zahnpasta – ein umsichtiger Mann, dieser Primo. Als sie seine Hände auf ihren Brüsten, auf ihrem Rücken spürte, griff sie nach unten und nahm seinen Schwanz in die Hand.

»Ich muss zur Arbeit«, sagte er. »Und keiner bedauert das so sehr wie ich.«

»Doch, ich.«

»Lass dir Zeit. Zieh einfach die Tür hinter dir zu.«

Er gab ihr noch einen Kuss und schlüpfte aus dem Bett, Rita schaute ihm beim Anziehen zu. Jetzt, in ihrem schläfrigen Wohlbehagen, kam ihr der gestrige Abend wieder in den Sinn. Sie hatten auf der Terrasse des Pubs gesessen, auf die Themse hinausgeschaut, die Finger ineinandergehakt, unter gelegentlichen Küssen, während es allmählich dunkel wurde, und sie war fast vergangen vor Erwartung, denn in dieser Nacht musste es passieren, da gab es keinen Zweifel. Sie hatte viel von ihrer Arbeit erzählt, ihrer Familie – fast das ganze Gespräch bestritten, wie ihr nun auffiel –, und ein bisschen zu viel getrunken, bevor sie in den Bus nach Stepney gestiegen waren.

Er schaute noch einmal ins Schlafzimmer. »Ich ruf dich an. Heute wird's ein langer Tag.«

»Mach's gut, Primo«, rief sie ihm nach und, etwas lauter: »Danke!«

Sie hörte die Wohnungstür zuschlagen und eine Minute

später das Knattern des startenden Motorrollers. Sie räkelte sich behaglich. Ob sie noch eine Runde Schlaf einschieben sollte? Das hier war eine ganz besondere Art von Glück, wurde ihr klar, und wenn sie jetzt einschlief, konnte es passieren, dass sie erst nach Stunden wieder aufwachte.

Sie wusch sich das Gesicht und zog sich an, machte sich eine Tasse Kaffee in der winzigen Küche, aß ein wenig Buttertoast und träumte vor sich hin – wenn sie nun hier in Stepney wohnte, zusammen mit Primo? Gleich darauf musste sie über sich selbst lachen. Nicht so voreilig, Mädchen, halt dein Herz lieber im Zaum, du kennst ihn doch so gut wie gar nicht.

Was tatsächlich stimmt, dachte sie, während sie sich in der kleinen Wohnung umblickte, die aus irgendeinem Grund aussah, als wäre er gestern erst eingezogen. Es gab ein Bett, einen Fernseher, ein Ledersofa. Seine wenigen Sachen schien er in Kartons aufzubewahren: ein paar Hemden, ein Pullover, ein Anzug, Jeans, Turnschuhe. In einem anderen Karton lagen Socken und Unterwäsche. Die Wohnung war sauber, die Küche fast ohne Vorräte, ein paar Büchsen, etwas Milch, Cornflakes. Aus dieser Wohnung auszuziehen dauert nur wenige Minuten, dachte sie. Keine Bücher, keine Bilder an der Wand, keine Dekorationen, keine Souvenirs, nichts von dem persönlichen Krimskrams, der sich im Lauf eines Lebens ansammelt, auch wenn man ihn nicht will. Was, so fragte sie sich, verraten diese vier Räume über Primo Belem?

Ein weiterer Karton im Wohnzimmer war voll mit Zeitungsausschnitten, Computerausdrucken, und was ihr als Erstes in die Finger geriet, war eine Werbeseite für irgendein Medikament. Sie hatte ein schlechtes Gewissen, weil sie in seinen Sachen kramte, aber schließlich hatte er ihr die Wohnung zur freien Verfügung überlassen, also war er davon ausgegangen, dass sie ein bisschen schnüffeln würde. Sie blätterte in den Papieren, die im Karton lagen, alles medizinischer Kram offenbar, dann eine Glanzbroschüre mit dem Namen einer Pharmafirma – Calenture-Deutz –, der ihr irgendetwas sagte. Das hängt sicher mit seiner Arbeit im Krankenhaus zusammen, dachte sie, und legte alles so sorgfältig wie möglich zurück. Sie sah sich ein weiteres Mal in der Wohnung um und entdeckte endlich doch ein kleines Bild, das sich hinter einem angelehnten Schneidebrett verbarg. Das Foto war aus einer Zeitschrift ausgeschnitten und zeigte eine bergige Wüstenlandschaft mit seltsam geformten Wolken. In der Bildmitte stand eine Art Obelisk. Sie schaute genauer hin – nein, es war ein Gebäude, ein schmaler Wolkenkratzer mitten in der Wüste. Sie las, was von der Bildunterschrift noch erhalten war: »Die größte und höchste Wolkenkammer der Welt. Sie gehört zum westlichen Campus von –« Die restliche Unterschrift war mit der Schere abgeschnitten. Behutsam stellte sie das Bild zurück. Nimm ihn, wie er ist, sagte sie sich. Du willst ihn, er will dich, Ende der Geschichte.

Sie zog die Wohnungstür hinter sich zu. Primo Belem war ein Mann, der entweder nichts oder alles zu verbergen hatte. Und sie hatte keine Eile, herauszufinden, zu welcher Sorte er gehörte.

Es wurde einer dieser dunstigen Tage auf dem Fluss, ein dünner Wolkenschleier hüllte die Sonne ein und tauchte alles in eine schwere, goldene Atmosphäre, weichte die harten Konturen der Gebäude auf, ließ die Bäume am Chelsea-Ufer ein wenig verträumt und verschwommen erscheinen. Rita stand an Deck der Bellerophon und wässerte die Pflanzen. Ihre Gedanken wanderten zu der vergangenen Nacht. Dreimal hatten sie sich geliebt – ihr persönlicher Rekord. Wann waren sie überhaupt eingeschlafen? Um vier? Oder später? Kein Wunder, dass sie müde war wie nach einem stundenlangen Workout.

»Warum grinst du denn so blöd?«

Sie drehte sich um und sah ihren Vater steifbeinig übers Vorderdeck kommen. Er schien heute besser zu laufen – oder hatte vergessen, dass er eigentlich eine Krücke benutzen sollte.

Sie sagte nichts und strahlte noch mehr.

»Hast du dich vergnügt, letzte Nacht?«

»Ja«, sagte sie. »Es war sehr schön.«

»Mit dem italienischen Pflegehelfer.«

»Zufällig ja.«

Er drehte sich eine Zigarette.

»Der sah aber nicht italienisch aus.«

»Er ist Einwanderer dritter Generation. Und du siehst auch nicht gerade englisch aus, wenn du's genau wissen willst.« Sie drehte den Wasserhahn zu und legte den Schlauch ordentlich zusammengerollt darunter.

»Dad«, sagte sie und kam sich schon lächerlich vor, bevor sie ihre Frage ausgesprochen hatte. »Was würdest du sagen, wenn ich ausziehe?«

»Das wird verdammt nochmal Zeit.«

49

Drei stattliche Säulen aus Pfundmünzen stapelten sich auf dem Telefon, und in seinen Taschen lastete das Gewicht von weiteren Münzen.

»Das kostet aber vierzehn Pfund«, sagte die Vermittlung.

Folgsam warf Adam die Münzen ein.

»Mit einer Kreditkarte wäre es bedeutend bequemer«, sagte die Vermittlung.

»Meine Kreditkarte wurde gestohlen.«

»Oh, tut mir leid. Danke, ich verbinde Sie.«

Adam stand in einer Telefonzelle auf dem Leicester Square. Es war zehn Uhr abends, aber in Australien war der nächste Morgen schon angebrochen. Er hörte das Rufsignal, jetzt musste im Haus seiner Schwester in Sydney das Telefon klingen.

»Hallo? Ja?« Das war Ray, sein Schwager.

»Könnte ich bitte Francis Kindred sprechen?«, sagte er neutral und geschäftsmäßig.

»Worum geht's?«

»Um eine Überweisung aus Großbritannien.«

»Warten Sie.«

Nach einer Weile hörte er die Fistelstimme seines Vaters.

»Hallo? Ich glaube, das muss ein Irrtum sein.«

Adam spürte, wie ihm die Tränen kamen.

»Dad – ich bin's, Adam ...« Schweigen. »Dad?«

»Bist du gesund und munter?«

»Ja. Mir geht's gut. Ich hab's nicht getan, Dad.«

»Das weiß ich.«

»Ich musste mich eine Weile verstecken. Sie dachten, ich

wäre der Täter – alles sprach gegen mich.« Das Telefon piepte, und er warf Münzen nach.

»Geh zur Polizei, Ad. Die klären das auf.«

»Nein, das tun sie nicht. Das muss ich selbst machen. Aber ich wollte euch wissen lassen, dass es mir gut geht.«

»Tja. Da fällt mir ein Stein vom Herzen. Emma und ich – wir wollten kommen. Bei der Suche helfen. Vielleicht noch einen weiteren Aufruf im Fernsehen starten.«

Adam schluckte, um Beherrschung bemüht. »Von dem ersten habe ich gehört«, sagte er. »Jetzt ist es nicht mehr nötig, Dad.«

»Die kamen hierher zu uns. Polizei – und andere Leute. Geheimdienst, glauben wir. Haben uns Löcher in den Bauch gefragt. Und vergreifen sich immer noch an unserer Post – wir merken, dass sie unsere Briefe öffnen.«

»Das ist es, was ich meine. Die Sache hängt zu hoch, da sind andere Kräfte am Werk, andere Interessen. Hör zu, ich rufe dich von Zeit zu Zeit an – und lass dich wissen, wenn ich alles geregelt habe.« Wieder das Piepen, und weitere Münzen folgten. »Dieser Anruf wird wahrscheinlich zurückverfolgt – du kannst ihnen sagen, dass wir miteinander gesprochen haben. Aber ich bin am Leben, und es geht mir gut, Dad.« Bei dieser Feststellung war ihm wieder zum Heulen zumute.

»Dann pass auf dich auf, Sohn. Oh, und danke für den Anruf.«

»Liebe Grüße an Emma und die Jungs.«

»Wird gemacht.«

»Okay, Dad. Mach's gut.«

Er legte auf, wischte die Tränen ab und verfluchte sich selbst. Er hätte sagen sollen: »Ich hab dich lieb, Dad.« Aber so etwas war in der Familie Kindred nicht üblich. Er sammelte die restlichen Münzen ein, wischte die Sprechmuschel mit einem Papiertaschentuch ab und verließ die Zelle. Dann streifte er die OP-Handschuhe ab, warf sie in einen Papierkorb und steuerte auf den U-Bahn-Eingang zu. Er hatte Lust, irgendwo zu warten und zu sehen, wie lange es dauerte, bis die Polizei kam – es wäre ein nützlicher Gradmesser für die Intensität der Fahndung gewesen –, aber er hatte Dringenderes zu erledigen.

Seinen Vater anzurufen war ein kalkuliertes Risiko gewesen, das wusste er, aber das Bedürfnis hatte ihn schon seit Wochen geplagt. Und die Tatsache, dass er es nun gewagt hatte, war von symbolischem Gewicht für ihn. Es war ein Zeichen, dass die Dinge ihrer Lösung zustrebten. Das Crescendo schwoll an und wurde unüberhörbar. Er versuchte sich vorzustellen, wie sein Vater mit der Neuigkeit umging. Wahrscheinlich war er froh, dass sein Sohn in Sicherheit war, dass er noch lebte. Oder er hatte sich gar nicht so große Sorgen gemacht – seine Stimme hatte weder überrascht noch gerührt geklungen –, vielleicht hatte er einfach verdrängt, dass nach seinem Sohn gefahndet wurde – irgendwo am anderen Ende der Welt. Francis Kindred genoss seinen Ruhestand mit seiner Tochter und den Enkelkindern – was sollte er tun, wenn sein missratener Sohn kopfüber ins Verderben stürzte? So leicht ließ sich Francis Kindred nicht aus der Ruhe bringen. Trotzdem: Adam war erleichtert, er hatte seine Pflicht getan. Und es war ein kleiner Schritt zu seiner Rückkehr in die menschliche Gesellschaft. Auf absurde Weise hatte er das Gefühl, seine Familie wiedergefunden zu haben.

Am späten Nachmittag des nächsten Tages beobachtete Adam den Mann, den er nun als Ingram Fryzer kannte. Fryzer verließ den Glasturm, in dem sich die Büros von Calenture-Deutz befanden, überquerte die kleine Plaza und schlüpfte auf den Rücksitz des geparkten Bentley. Adam verfolgte das aus fünfzig Metern Entfernung, von seinem Motorroller aus. Er startete den Motor. Fast zwei Stunden hatte er gewartet – es war kurz nach achtzehn Uhr. Vorhin hatte er bei Calenture-Deutz angerufen, sich als Journalist von der *Times* ausgegeben, um ein

Interview mit Ingram Fryzer gebeten und eine brüske Abfuhr erhalten. Mr Fryzer sei in einer Sitzung und nicht zu sprechen, er solle sich an Pippa Deere, die Pressesprecherin von Calenture-Deutz wenden. Da er nun wusste, dass Fryzer im Hause war, machte es ihm nichts aus, draußen zu warten, bis der auf Hochglanz polierte Bentley majestätisch um die Ecke bog und in der reservierten Parkbucht hielt. Sekunden später verließ Fryzer das Gebäude. Er wirkte ausgesprochen harmlos – hochgewachsen, dunkler Anzug, dichtes graues Haar. Adam fiel es schwer, irgendwelche Empfindungen gegen diesen Mann zu mobilisieren.

Er folgte dem Bentley durch London bis zu Fryzers großem Wohnhaus in Kensington, wo er in der Einfahrt hielt. Der Fahrer sprang heraus und hielt Fryzer die Wagentür auf. Adam gab Gas und fuhr weiter nach Notting Hill. Er hatte in Erfahrung bringen wollen, wo Fryzer wohnte – und in welcher Entfernung von seinem Schwager, Lord Redcastle. Und wie sich zeigte, wohnten sie hinreichend weit voneinander entfernt.

Brauchbare Informationen über Fryzer zu erhalten war keine leichte Sache gewesen. Fryzer schien sehr zurückgezogen zu leben, seine Lebensdaten gaben nicht viel her: Besuch einer halbwegs ordentlichen Public School, ein mittelmäßiger Oxford-Abschluss, ein kurzes Intermezzo bei einer Londoner Investmentbank, bevor er in den Achtzigern, auf dem Höhepunkt des Thatcher-Booms, ins Immobiliengeschäft einstieg. Die interessanteste Entdeckung, die Adam machte, war der Mädchenname seiner Mutter: Felicity de Vere. Als Mittzwanziger hatte Fryzer geheiratet, eine Lady Meredith Cannon, Tochter des Earl of Concannon. Der Ehebund war mit drei Kindern gesegnet. Dann, in den Neunzigern, hatte Fryzer dem Immobiliengeschäft aus unerfindlichen Gründen den Rücken gekehrt und sich der Pharmazie zugewandt, indem er die kleine Firma Calenture erwarb, deren Verkaufsschlager das Heuschnupfenmittel Bynogol war (erhältlich als Tablette und als Inhalationspräparat). Kurze Zeit später hieß die Firma Calenture-Deutz. (Adam konnte nicht in Erfahrung bringen, woher der Beiname »Deutz« stammte, und vermutete darin so etwas wie eine kosmetische Korrektur, eine clevere Marketingidee: Es klang einfach bedeutender als das läppische »Calenture« und verlieh der Firma eine Aura teutonischer Akkuratesse.) Die Firma jedenfalls legte ein stetiges Wachstum vor, bis sie einen sicheren Platz unter den Marktführern erobert hatte. Es fand sich nichts, was Anlass zu Verdächtigungen gab, nichts, was auf unseriöse Geschäftspraktiken schließen ließ.

Umso üppiger sprudelten die Informationen über Ivo, Lord Redcastle. Ivo war mit der schlecht gestalteten, schlecht funktionierenden Website der Firma RedEntInc.com im Internet vertreten, die aber immerhin die Adresse seines Büros in Earl's Court und eine Telefonnummer preisgab. Aus einer Telefonzelle hatte Adam das Büro angerufen, und eine Frau, die sich Sam nannte – »Sam am Apparat« –, hatte ihm erklärt, Ivo sei zum Lunch.

»Es geht doch nicht etwa um die T-Shirts, oder?«, hatte sie gefragt – mit gespannter Erwartung, wie ihr Tonfall verriet.

»Doch«, log Adam spontan, und sofort erhielt er Ivos Handynummer.

»Er wird bestimmt mit Ihnen reden wollen.«

Als Adam anrief, meldete sich Ivo persönlich. Im Hintergrund hörte er Geschirrklappern, Restaurantgeräusche. Als Erstes ließ ihn Ivo wissen, wo er speiste, als würde ihm die Adresse einen besonderen Status verleihen.

»Es geht um die T-Shirts«, sagte Adam.

»Sind Sie interessiert?«

»Absolut.«

Adam erklärte, er sei am Tage unabkömmlich, also lud Ivo ihn für den Abend in sein Haus ein, nannte ihm die Adresse in Notting Hill samt Postleitzahl und Festnetznummer. Adam kündigte seinen Besuch für zwanzig Uhr an, ohne die geringste Absicht, dort zu erscheinen. Er brauchte nur die Adresse. Aber da er nun wusste, wo sich Ivo aufhielt, beschloss er, sich davon zu überzeugen, dass er den richtigen Mann erwischt hatte. Ivos Aussehen kannte er nur von einem kleinen Foto in der Broschüre von Calenture-Deutz. Er kaufte eine Wegwerfkamera und wartete vor dem Restaurant, bis jemand erschien, der dem Foto ähnlich sah. Er fuhr langsam an ihm vorbei, rief seinen Namen, und als Ivo Redcastle aufblickte, machte Adam den Schnappschuss für seine Materialsammlung. Und nun wusste er, dass es sich bei dem anderen Mann um Fryzer handelte. Vielleicht hatten sie über Calenture-Deutz gesprochen ... die erfolgreichen klinischen Tests ... die bevorstehende Pressekonferenz ...

Adam lächelte vor sich hin, als er in den Ladbroke Grove einbog und nach Ivos Hausnummer suchte – da war das Haus, eine schlanke Stuckvilla mit separatem Parkplatz. Zwei Männer trugen gerade ein großes abstraktes Gemälde hinein. Adam hielt auf der anderen Straßenseite und tat, als würde er seinen A–Z Straßenatlas konsultieren. Über der Haustür schien eine Überwachungskamera montiert zu sein, er musste sich vorsehen. Adam gab Gas und fuhr weiter – zur Nachtschicht im St. Botolph. Im Moment brauchte er seine freie Zeit am Tage, der einzige Nachteil war, dass er Rita seit ihrer gemeinsamen Nacht nicht mehr gesehen hatte ... Er musste sie noch anrufen – sie hatten jeden Tag miteinander telefoniert –, und er träumte von ihrem nackten Körper, während er auf dem Motorroller ostwärts durch London fuhr. Höchste Zeit für ein neues Rendezvous. Sie wusste es noch nicht, aber er hatte die Familie Nashe schon in seine Pläne eingespannt.

»Und? Ist er so richtig für Sie?«

»Ideal.«

Es handelte sich um einen Notizblock, wie er in besseren Hotels neben dem Telefon oder auf dem Schreibtisch ausgelegt wird: hundert Blatt, der Rücken aus steifem Karton. Und auf den Kopf jeder Seite, in blauschwarzen Großbuchstaben, war der Name INGRAM FRYZER gedruckt.

»Hätten Sie gleich ein Dutzend bestellt, wäre es wesentlich günstiger geworden«, sagte die Frau im Copyshop.

»Soll ein Geschenk werden«, sagte Adam und schob ihr einen Zwanzigpfundschein hin. »Könnte sein, dass ich noch nachbestelle.«

Sein Handy klingelte, als er das Geschäft verließ.

»Hallo?«

»Primo Belem?«

»Ja.«

»Hier Aaron Lalandusse. Ich habe Ihre sehr interessante Nachricht bekommen.«

»Können wir uns treffen?«

»Besitzen Sie wirklich all diese Unterlagen?«

»Aber ja.«

Lalandusse schlug ein Pub in Covent Garden vor, nicht weit von seiner Redaktion in Holborn, und Adam sagte zu. Die Dinge kamen ins Rollen. Er rief Rita an und fragte, ob sie sich auf der Bellerophon treffen könnten.

»Aber mein Dad ist zu Hause.«

»Ich weiß. Ich muss etwas mit ihm besprechen.«

50

»Kann ich Ihnen etwas anbieten? Einen Drink?« Alfredo Rilke schaute in der Minibar seines Hotelzimmers nach. »Chips sind da, oder Crisps, wie Sie hier sagen, ein bisschen Schokolade, ein Nugatkeks.«

»Ist auch Weißwein da?«, fragte Ingram, der plötzlich Lust auf Alkohol verspürte. Rilke hatte eine Etage im Zenith Travel Inn am Flughafen Heathrow gemietet und Ingram dorthin bestellt, was eine äußerst lästige Fahrt nach Heathrow erforderte – mitten im abendlichen Stoßverkehr. Warum mietet er nicht das Claridge oder das Dorchester, verflucht nochmal, dachte Ingram.

Rilke schraubte den Verschluss der Flasche ab und goss einen Weißwein ein, der entschieden zu warm war, wie Ingram sofort beim Entgegennehmen des Glases merkte. Wozu war er der vierzehntreichste Mann der Welt oder was immer er war, wenn er sich solchen Stillosigkeiten aussetzte?

»Cheers.« Ingram hob das Glas. »Sehr gut, dass wir uns sehen, Alfredo.«

»Ich schlage hier für die nächsten Tage mein Hauptquartier auf.«

»Ausgezeichnet. Sie können zu unserer Pressekonferenz kommen.«

»Im Geiste bin ich bei Ihnen, Ingram.« Er schwieg einen Moment und sammelte sich, als hätte er eine wichtige Mitteilung zu machen. »Ich wollte, dass Sie erfahren, was ich soeben – vor einer Stunde – inoffiziell, vertraulich erfahren habe: Wir bekommen die amerikanische Zulassung. Zembla-4 wird als Medikament empfohlen.«

Ingram holte tief Luft, jetzt brauchte er Sauerstoff. Er spürte, wie seine Hände zu zittern begannen, und setzte das Glas ab.

»Das als ›gute Nachricht‹ zu bezeichnen wäre eine arge Untertreibung. Das bedeutet, dass die englische Zulassung bald folgt.« In seinem Kopf überschlugen sich die Gedanken. »Aber woher wissen Sie das? Aus inoffizieller Quelle, sagen Sie?«

»Ja. Sagen wir, es ist uns zu Ohren gekommen. Unsere Leute wissen, wie sie den Gehalt und den Tenor der Gutachten zu deuten haben. Der Beratungsausschuss wird ebenfalls sehr positiv entscheiden. *We heard it on the grapevine*, wie es in dem Song so schön heißt.« Rilke lächelte. »Schauen Sie nicht so besorgt, Ingram. Wir verkaufen kein Heroin. Wir schmuggeln kein waffenfähiges Uran in die Schurkenstaaten. Zembla-4 wird im Laufe seiner Schutzfrist Millionen Leben retten. Es ist ein Segen für die Menschheit.«

»Natürlich.« Ingram bemühte sich um Gelassenheit. »Auf der Pressekonferenz darf ich das also auf keinen Fall erwähnen?«

»Nein, mit keinem Sterbenswörtchen. Nur das Tagesgeschäft. Aber ich stelle sicher, dass Sie rechtzeitig die Details unseres Übernahmeangebots erfahren. Es wird sehr großzügig ausfallen. Einige Analysten werden sagen, mehr als großzügig. Aber nicht so großzügig, um bohrende Fragen zu provozieren.«

»Ich verstehe«, sagte Fryzer, ohne das Geringste zu verstehen, und fragte sich, worauf das Ganze hinauslief.

»Und dann kriegen wir die amerikanische Zulassung.« Rilke breitete die Hände aus, wie um zu sagen: Schau, wie einfach alles ist.

»Die Anteilseigner könnten sich ein wenig irritiert zeigen.«

»Sie werden zufrieden sein. Wir machen ihnen ein gutes Angebot. Zur Beruhigung bekommen sie ein paar Rilke-Aktien.«

»Aber wenn die Zulassung für Zembla-4 kommt, werden sie vermuten, dass wir Bescheid wussten.«

»Wie sollten wir denn? Das amerikanische Gesundheitsministerium trifft seine Entscheidungen unter äußerster Geheimhaltung. Nichts ist sicher. Jeder vierte Zulassungsantrag wird abgelehnt.«

»Tjaaa ... Wo soll Zembla-4 produziert werden?«

»Überlassen Sie das mir. Es wird nicht mehr Ihre Firma sein, Ingram. Die Zeiten der komplizierten Klimmzüge sind dann vorbei. Ich denke, Sie werden in den Ruhestand gehen und sich an Ihrem Geld erfreuen.«

»Wirklich?«, fragte Ingram – und verwandelte die Frage schnell in eine Bestätigung. »Ja, wirklich. Sie haben ganz recht.«

Er trank noch mehr von dem warmen Wein. Irgendwo im Finanzteil wird man die Schlagzeile »Rilke Pharma schluckt Calenture-Deutz« lesen, dachte er. Keine große Sache vor dem Verkaufsstart von Zembla-4. Aber jede Menge Applaus für Alfredo Rilkes geradezu unheimliches Gespür, für ein paar hundert Millionen einen solchen Fisch an Land zu ziehen – ein Blockbuster-Medikament mit zwanzigjährigem Patentschutz. Ein garantierter Milliardenumsatz für zwei Jahrzehnte. Wie würde sich das auf den Aktienkurs von Rilke Pharma auswirken? Nicht dass Ingram ein Problem damit hatte, er würde seinen bescheidenen Anteil an den Einnahmen kassieren. Klar, dachte er, als Aktionär von Calenture-Deutz, der Rilkes großzügiges Angebot mit Freuden akzeptiert hat, würde ich mich ärgern, dass der große Geldstrom an mir vorbeifließt. Ich würde sogar unbequeme Fragen stellen. Warum die Firma verkaufen, wenn das neue Medikament kurz vor der Zulassung steht? Er schaute zu Rilke hinüber, der sinnierend am Fenster stand und den Verkehr auf der M4 betrachtete.

»Und meine Argumentation gegenüber den Aktionären wäre –«

»Dass Sie die Zulassung von Zembla-4 nicht garantieren können. Nicht alle Anträge gehen durch. Nur ein paar Dutzend Medikamente pro Jahr kriegen die Zulassung. Das hervorragende Angebot von Rilke Pharma ist so verlockend, dass man es nicht ausschlagen kann. Streichen Sie jetzt Ihren Gewinn ein, statt zu riskieren, dass ein nicht zugelassenes Medikament in der Schublade verschwindet und die ganzen Entwicklungskosten abgeschrieben werden müssen. Ein kluger Schachzug.« Rilke trat auf ihn zu und legte ihm die große Hand auf die Schulter. »Niemand wird Ihre Entscheidung anfechten, Ingram, glauben Sie mir. Sie handeln einfach nur verantwortungsvoll als CEO. Alle werden sie einen netten Gewinn einstreichen. Ihre hellsichtigeren Aktionäre werden sich dann schon für Rilke-Aktien anstelle des Geldes entschieden haben – diese Leute wollen keine allzu kritischen Fragen. Und natürlich erfährt keiner etwas von unserer netten Übereinkunft.« Rilke lächelte. »Das ist einer der Gründe, weshalb ich Sie in diese charmanten Hotels bitte.«

»Wohl wahr. Ja ...« Ingram wollte seiner Begeisterung ein wenig nachhelfen und trank einen weiteren Schluck – nein, es ging nicht, der Wein war einfach ungenießbar. Er stellte ihn ab. Eigentlich war ihm ein wenig übel. Zu Hause würde er eine anständige Flasche entkorken, angemessen feiern. Dann kam ihm ein unangenehmer Gedanke, der ihm auch diese tröstliche Vorstellung verdarb.

»Diesen Kindred haben wir nie gefunden«, sagte er. »Tut mir leid.«

»Das spielt jetzt keine Rolle mehr«, erwiderte Rilke mit einem beschwichtigenden Lächeln. »Jetzt, wo wir die Zulassung in der Tasche haben, ist Kindred aus dem Rennen.«

»Das ist sehr beruhigend«, sagte Ingram. »Sagen Sie – gibt es eigentlich Brandy in diesem Kühlschrank? Mir ist ein bisschen übel.«

51

Das gerahmte Poster warb für eine Paul-Klee-Ausstellung in Basel 1982 – ANDACHT ZUM KLEINEN war ihr Titel – und zeigte ein Aquarell des Malers, eine nächtliche Landschaft mit einem spitzgiebligen Haus, stilisierten Kiefern und einem dicken bleichen Mond am Himmel. Am unteren Rand des Aquarells sah man die Signatur von Paul Klee und den Bildtitel in seiner dürren Kupferstecherhandschrift: *Etwas Licht in dieser Dunkelheit.*

Rita blickte Primo an, der das Poster sorgfältig betrachtete.

»Gefällt es dir?«, fragte sie.

»Es ist schön, ich danke dir.« Er gab ihr einen Kuss.

»Ein Housewarming-Geschenk«, sagte sie. »Diese Wohnung braucht etwas Wärme.« Sie überreichte ihm noch ein Päckchen.

»Das sollst du nicht«, sagte er und wickelte eine Schachtel aus, in der ein kleiner Hammer und ein Bilderhaken steckte.

»Keine Ausreden«, erwiderte sie.

Sie suchten einen Platz im Wohnzimmer aus, schlugen den Haken ein und hängten das Bild auf.

»Jetzt ist die Wohnung wie verwandelt.« Adam trat einen Schritt zurück, um das Poster zu bewundern. »Was bedeutet ›Andacht zum Kleinen‹?«

»Ich hab es nachgeschlagen. Es bedeutet, man soll auch die kleinen Dinge verehren, glaube ich.«

Primo ließ es ein paar Sekunden auf sich wirken. »Sehr treffend«, sagte er. »Feiern wir es mit einem Drink.«

Auf dem Weg von Battersea hatten sie irgendwo eine Pizza gegessen und eine Flasche Rotwein gekauft. Sie setzten sich mit ihren Gläsern aufs Sofa und sahen die Spätnachrichten im Fernsehen. Rita schmiegte sich an seine Schulter.

»Dieses Sofa müssen wir austauschen«, sagte sie. »Das ist ein richtiges Gangstersofa. Wo hast du das her?«

»Es war billig, und ich hatte keine Zeit«, sagte er. »Keine Sorge, wir tauschen es aus.«

Rita war nicht sicher, ob er das eigentliche Thema der Unterhaltung begriff.

»Wie hat sich Dad benommen?«, fragte sie. »Ich dachte, es wäre das Beste, euch beide allein zu lassen.«

»Ich hab ihm einen Vorschlag gemacht – ich brauche seine Hilfe in einer Sache. Er wird ernsthaft drüber nachdenken, sagt er.«

»Was für ein Vorschlag?«

»Es hat mit dem Krankenhaus zu tun. Mit einem neuen Medikament. Genauer gesagt, habe ich ihm ein Geschenk gemacht. Ich habe ihm eine Aktie gekauft, eine Beteiligung an einer Pharmafirma.«

»Du willst ihn doch nicht etwa zum Kapitalisten machen?«

»Er schien ganz erfreut.«

»Solange es legal ist«, sagte sie und küsste seinen Hals. »Und jetzt machen wir uns nackig, oder?«

52

Auf dem Bildschirm vor ihm erschien der Schriftzug inpharmation.com, schwarz und rot, die Lettern pharma pulsten orangerot. Adam registrierte sich – als Pseudonym wählte er »chelseabridge« –, loggte ein und suchte nach dem Forum für Zembla-4. Nachdem er ein paar Blogs gelesen hatte – die meisten stammten von Asthmakranken, die aus der Zeitung von dem Medikament erfahren hatten und sich fragten, ob und wann es erhältlich sein würde –, schrieb er seinen eigenen Beitrag, tippte die Namen der toten Kinder und der Krankenhäuser ein, in denen sie ums Leben gekommen waren, und fügte zur Erklärung hinzu, dass sie sämtlich an einer klinischen Erprobung von Zembla-4 teilgenommen hatten – bis zu ihrem überraschenden Tod. Dabei beließ er es. Er hielt sich genau an Aaron Lalandusse' Instruktionen: Einen ersten Beitrag verfassen, alle zwei, drei Tage einen neuen hinzufügen, verfolgen, was daraus wird.

Aaron Lalandusse war ein unrasierter Mittdreißiger mit Brille und wirrem Lockenkopf, er sah aus, als hätte er in seinen Sachen geschlafen, doch seine volltönende, tiefe Stimme bewies Adam, dass er es mit einem ernstzunehmenden Fachmann und nicht mit einem spätpubertären Spinner zu tun hatte. Aufmerksam studierte er Adams Namenliste und die anderen Dokumente, während seine Lippen kleine Schmatzgeräusche von sich gaben.

»Hmmm ... ja ...«, sagte er, dann: »Heilige Scheiße!«

Ohne Philip Wangs Tod zu erwähnen, erklärte Adam, er sei bei seiner Arbeit in St. Botolph auf die Namenliste gestoßen und habe, um der Sache auf den Grund zu gehen, weitere Nachforschungen angestellt.

»Das ist hochbrisantes Material«, sagte Lalandusse. »Mit anderen Worten, wenn Sie sich irren, dann müssen Sie mit einer beispiellosen Schadenersatzklage rechnen.«

Adam zeigte auf die rätselhaften Vermerke neben den Namen. »Das ist vermutlich die Handschrift von Dr. Wang, dem verstorbenen Chef für Forschung und Entwicklung bei Calenture-Deutz. Aber ich bin mir nicht sicher, was die Angaben bedeuten.«

»Ich nehme an, das sind die täglichen Dosierungen«, sagte Lalandusse. »Aber ich muss da noch ein bisschen recherchieren.« Er hielt die Liste gegen das Licht. »Das ist eine Kopie – ich muss das Original sehen. Ohne das Original kann ich mich zu der Sache nicht äußern.«

»Das Original lässt sich beschaffen«, sagte Adam.

Sie hatten sich in einem kleinen holzgetäfelten Pub in Covent Garden verabredet. Die grelle Abendsonne fiel schräg durch die mattierten Scheiben und ließ die im Schatten gelegene Bar wie ein düsteres Kellergewölbe erscheinen. Der passende Ort für eine Verschwörung, dachte Adam, als Lalandusse aufstand, um zwei neue Flaschen Bier zu holen.

Lalandusse hatte ihm darauf von der Macht der Blogger erzählt und das weitere Vorgehen skizziert, wie er es sich vorstellte. Erst ein wenig anfüttern und sehen, was passierte. Vielleicht hatten Leute, die in anderen De-Vere-Kliniken arbeiteten, etwas dazu beizutragen. Oder ehemalige Angestellte von Calenture-Deutz wollten ihren Frust loswerden. Irgendwann würde die Gerüchteküche des Internets nur so brodeln vor Mutmaßungen und Verdächtigungen, und die Firma sähe sich gezwungen, eine Presseerklärung herauszugeben.

»Sie kennen ja diese Art von Stellungnahmen«, sagte Lalandusse. »Aus der Luft gegriffene Behauptungen, wird es heißen, bösartige Unterstellungen, die es nicht wert sind, einer Antwort gewürdigt zu werden – und so weiter.«

»Was dann?«

»Dann kann ich meine Story im Bulletin veröffentlichen – eben weil sie dann zur Story geworden ist.« Er überlegte. »Vielleicht können wir mit einer lebenslangen Gewohnheit brechen und ein Faksimile Ihrer Liste abdrucken.« Jetzt strahlte er – der Lausbub in ihm besiegte den abgebrühten Journalisten. »Dann ist die Kacke wirklich am Dampfen.«

Zufrieden lächelnd klickte Adam die Website weg. Er saß in einem großen Internetcafé in der Edgeware Road. Lalandusse hatte ihm geraten, nur große Cafés mit vielen Terminals aufzusuchen, sie ständig zu wechseln und immer bar zu bezahlen. »Die werden nach Ihnen fahnden«, sagte er. »Sie haben ja keine Ahnung, was bei diesen neuen Medikamenten alles auf dem Spiel steht. Es geht da um gigantische Summen.« Er lachte. »Die werden versuchen, Sie umzulegen.« Dann unterdrückte er sein Lachen. »Keine Sorge, ich mache nur Spaß.«

Adam parkte seinen Motorroller auf dem Bürgersteig und schloss ihn am Gitterzaun an, dann stieg er über den Zaun ins Uferdreieck und zwängte sich durch die Büsche zu seinem alten Versteck. Es war schon spät, fast elf Uhr abends, die Lichterketten auf der Chelsea Bridge leuchteten in die schwarzblaue Nacht – vier strahlende Spitzen wie ein riesiges viermastiges Zirkuszelt. Er grub seine Kassette aus und faltete Wangs Liste sorgfältig zusammen, bevor er sie in die Jackentasche schob. Hundertachtzig Pfund waren von seinem Vermögen noch übrig, und er beschloss, sie einzustecken. Sein Leben im Dreieck war endgültig vorüber, seit er als Primo Belem in die menschliche Gesellschaft zurückgekehrt war. Er erhob sich, warf einen Blick in die Runde und dachte an die Wochen zurück, als diese kleine Lichtung zwischen den Büschen und Bäumen sein einziges Zuhause gewesen war. Ob er jemals hierher zurückkommen würde? Ja, vielleicht auf einem Nostalgie-Trip in ferner Zukunft.

Amüsiert von dieser Vorstellung kletterte er zurück auf

die Straße und holte den Helm aus der Box hinter dem Fahrersitz.

»Nanu, wenn das nicht mein alter Kirchenfreund John 1603 ist!«

Vor Schreck macht sein Herz einen gewaltigen Sprung. Er drehte sich langsam um und erblickte Vincent Turpin, der mit unsicherem Schritt aus dem Schatten trat.

»Du hast ja keine Ahnung, wie viele Nächte ich schon hier an der Chelsea Bridge verbracht habe«, sagte Turpin. »Keine Ahnung ... Nacht für Nacht.« Jetzt war er so nahe, dass Adam seine Fahne roch. »Hätte dich fast nicht wiedererkannt, Kumpel, so kahlrasiert, mit dem Bärtchen und so. Musste direkt zweimal gucken. Das ist doch John, dachte ich mir. Aber todsicher. John 1603. Weißt du noch, die Nacht, als wir hier waren, das erste Mal? Wie du plötzlich abgetaucht bist, damit ich nicht sehe, wo du dich verkrochen hast? Na ja, du hast mich nicht gesehen, aber ich dich. Ich hab gesehen, wie du über den Zaun bist. Hab ich mir gemerkt, zum Glück.«

»Nett, dich zu sehen, Vince«, sagte Adam. »Aber ich hab's ein bisschen eilig.«

»Paar Minuten Zeit für ein Schwätzchen mit dem alten Vince wirst du doch haben, oder? Sieh mal einer an: Schmucker kleiner Motorroller – rrrm! rrrm! –, und rausgeputzt nach der neuesten Mode. Muss dir ja richtig gut gehen, John.« Turpin nahm ihn beim Arm und zog ihn zur Brückenauffahrt, zu einer hölzernen Bank mit Blick auf das Lister Hospital jenseits der großen Ampelkreuzung. Adam setzte sich und spürte, wie sein Mund trocken wurde.

»Was kann ich für dich tun, Vince?«

»Jemand ist hinter dir her, Kumpel. Echt ekelhafter Typ. Riesenkerl mit einer Kerbe im Kinn, und potthässlich. Der kam in die Kirche und hat nach dir gefragt.«

»Kenne ich nicht«, sagte Adam. Mit einem Mal fühlte sich sein Herz bleischwer an. Er hat meine Spur bis zur Kirche verfolgt, dachte er, vielleicht ist er auf diese Weise an Mhouse geraten.

»Er sagte, du bist ein guter Freund«, fuhr Turpin fort. »Sagte, du bist zu Geld gekommen. Sagte, er will mir zwei Riesen zahlen, wenn ich dich finde.«

Adam überlegte: Ich muss hier nur wegkommen. Ich bin in Sicherheit.

»Aber das will ich nicht – wenn du nicht willst.«

»Das wäre mir sehr recht, Vince.«

»Die Sache ist nur: Du musst nicht glauben, du kannst den alten Vince mit ein paar leeren Sprüchen abspeisen und dann verschwinden.« Turpin lächelte wieder. »Denn als ich dich mit deinem schmucken kleinen Roller anrauschen sah, hab ich mir die Mühe gemacht, die Nummer zu notieren – und mir zu merken.« Er legte die Hand auf Adams Arm. »Wenn ich dem hässlichen Typ die Nummer gebe, hat er dich im Nu am Schlafittchen. Und der ist zu allem fähig – Exbulle, würde ich tippen.« Turpin packte fester zu und zog Adam dicht an sein faltig gedunsenes Gesicht. »Wenn der hässliche Typ mir zwei Riesen zahlt, sagt mir mein Gefühl, dass du vier Riesen zahlst, damit ich die Klappe halte.«

»Ich habe keine viertausend.«

»Ich will ja nicht alles auf einmal, John 1603. Nein, nein, das würde ich nur verprassen, ich verschwenderisches Arschloch. Ich will es häppchenweise, ein- oder zweimal die Woche, wie eine Art Stütze, mal hundert, mal zweihundert, damit der alte Vince über die Runden kommt. Damit er gerade so die Kurve kriegt – und die Klappe hält.«

»Na gut«, sagte Adam. »Ich glaube, da können wir uns einigen.« Angesichts dieser Tatsachen, begriff Adam, konnte er nur auf Zeit spielen. Er würde Turpin in den nächsten Tagen und Wochen mit Geld füttern, während er seinen Zembla-4-Plan vorantrieb. Alles, was er brauchte, war Zeit. Er suchte in der Tasche nach dem Geldbündel.

»Ich kann dir jetzt hundertfünfzig Pfund geben«, sagte er und begann die Scheine abzuzählen.

»Da nehme ich doch lieber gleich das Ganze«, sagte Turpin und packte das Geld mit seinen großen Händen. »Wir treffen uns wieder, zur selben Zeit, nächsten Mittwoch.« Er grinste Adam an und entblößte zwei Reihen weit auseinanderstehender Zähne. »Und keine Scherze, John. Du kannst den Roller gleich morgen verkaufen, abfackeln oder im Fluss versenken – irgendwas sagt mir, dass der hässliche Typ trotzdem weiß, wie er dich findet.«

»Okay«, sagte Adam. »Ich werde hier sein, keine Sorge.«

»Dann kannst du gleich zweihundert mitbringen, John. Freu mich aufs Wiedersehen.« Er stand auf, winkte ihm kurz zu und lief die Brücke hinauf, Richtung Battersea.

In nachdenklicher Stimmung fuhr Adam zurück nach Stepney. Turpin hatte recht. Alles, was sein Verfolger – der hässliche Typ – brauchte, war die Nummer des Motorrollers. Jetzt gab es ein Stück Papier und eine Datenspur, die vom Motorroller direkt zu Primo Belem und seiner Wohnung in den Oystergate Buildings führte, selbst wenn er den Roller verschwinden ließ oder verkaufte, selbst wenn er in eine andere Wohnung umzog. Er hatte eine neue Spur gelegt, und diesmal führte sie direkt zu ihm. Er musste wieder die Identität wechseln, durfte nicht mehr Primo Belem sein – aber wie sollte er das anstellen? Wieder in den Untergrund gehen? Bleib ruhig, sagte er sich, bald hat sich das alles erledigt. Er würde Turpin vorübergehend ein Schweigegeld zahlen und sich im Übrigen nicht von seinem Hauptziel abbringen lassen: Am besten war es, einfach so weiterzumachen, als hätte diese unglückselige Begegnung nie stattgefunden.

53

Ivo, Lord Redcastle, fragte sich, ob er irgendein böses Omen übersehen hatte. Außerdem fragte er sich, ob er seinen Verstand noch beisammen hatte. Dieser Kerl zum Beispiel, der ihn wegen der T-Shirts angerufen hatte – er hatte ihn nicht mal nach dem Namen gefragt. Und er wollte Unternehmer sein? Lächerlich. Schlimmer noch war, dass er einen fremden, namenlosen Mann auf einen Drink in sein Haus eingeladen hatte, um die T-Shirt-Krise in den Griff zu kriegen, und der hatte sich nicht mal die Mühe gemacht zu erscheinen. Klar, er hatte gerade seine zweite Bloody Mary vor sich – und eine ganze Flasche Wein zum Lunch getrunken. Vielleicht war das der Grund, weshalb er nicht so richtig geradeaus gedacht hatte. Jedenfalls war es echt deprimierend, dass der Kerl einfach nicht gekommen war (und er hatte sich fies gegenüber Smika benommen, wie er zugeben musste, sich dann später am Abend viel zu viel Koks reingezogen, um die Sache in einem bessren Licht zu sehen – und einen vollen Absturz hingelegt). Da gab es überhaupt nichts zu beschönigen, aber er war ziemlich sauer auf sich, weil er vor Ingram mit den T-Shirts geprahlt hatte, als wäre das T-Shirt-Problem endlich gelöst. Volltrottel. Idiot.

In den Tagen darauf waren die Anwaltsbriefe eingetrudelt, drei an der Zahl, entsetzlich lange Episteln, die sein komplettes Versagen als Mensch und Unternehmer dokumentierten und die gewaltigen Summen auflisteten, die er diversen Gläubigern schuldete. Noch beunruhigender – auf eine direkte, existentielle Art – war das JPEG, das ihm Dimitrios gemailt hatte. Es zeigte einen lodernden Scheiterhaufen aus zehntausend seiner T-Shirts an einem Strand von Mykonos. Er hatte Dimitrios immer für einen anständigen Kerl gehalten, fast einen Partner in ihm gesehen, obwohl er ihn so gut auch wieder nicht kannte ... Aber das schlug dem Fass den Boden aus, das überstieg ja nun alles Dagewesene – und so weiter.

Was jedoch sollte er mit der allerneuesten Nachricht anfangen? Es war erst zehn Uhr morgens, trotzdem verspürte Ivo das Bedürfnis nach einem Drink. Er entkorkte eine Flasche gut gekühlten Chablis vom Vorrat in seinem heimischen Bürokühlschrank und rief Sam bei RedEntInc in Earls Court an.

»Irgendwelche Neuigkeiten, was diesen Anruf betrifft?«, fragte er. Seine Hoffnung war, dass die Rückverfolgung des Anrufs die Nummer des Mannes erbrachte, der ihn wegen der T-Shirts kontaktiert hatte. Er hatte nicht nur nicht nach seinem Namen gefragt, sondern auch vergessen, sich eine Rückrufnummer nennen zu lassen.

»Ich glaube, wir haben die Nummer«, sagte Sam.

»Du hast doch der Polizei erzählt, dass der Anruf obszön war. Echt obszön?«

»Absolut – deshalb waren sie ja so hilfsbereit. Sie sagen, der Anruf kam von einem öffentlichen Telefon am Sloane Square.«

»Scheiße. Danke, Sam.«

Ivo nahm zwei große Schlucke von seinem Chablis – ein großartiges Morgengetränk, dachte er, leicht und süffig – und griff nach dem Zettel, der seiner Überwachungskamera zufolge morgens um sieben Uhr siebenundvierzig von einem behelmten Motorradkurier durch den Briefschlitz gesteckt worden war.

Auf dem Umschlag stand nichts weiter als sein Vorname IVO in Großbuchstaben, drinnen steckte ein Blatt aus Ingrams Notizblock, der ihm in großen Druckbuchstaben mitteilte: »C-D-AKTIEN SOFORT VERKAUFEN. ICH WEISS VON NICHTS. I.«

Das »I« war als Ingrams Initiale erkennbar – die zwei Querlinien setzten sich deutlich vom senkrechten Strich ab. Unverwechselbar.

Schauen wir den Tatsachen ins Auge, sagte sich Ivo. Ich bin restlos pleite – oder so pleite, wie es Leute wie ich überhaupt nur sein können.

Das ganze T-Shirt-Debakel/Fiasko kostete ihn Zehntausende. Eine wankende Pyramide aus unbezahlten Rechnungen türmte sich auf seinem Schreibtisch. Die Miete für Smikas Galerie und die Kosten für die Vernissage mussten noch beglichen werden. Vom Schulgeld für Poppy und Toby ganz zu schweigen.

Und nun diese Nachricht, von einem Boten überbracht ... Vielleicht hatte Ingram bei dem Zusammentreffen im Restaurant gespürt, welche Krise sich da zusammenbraute, und ihm eine halb anonyme Rettungsleine zugeworfen, mit eingebauter Rückversicherung. »C-D-AKTIEN SOFORT VERKAUFEN ...« Natürlich musste Ingram so tun, als hätte er nichts damit zu tun: Er konnte so etwas nicht offen empfehlen, höchstens im Rahmen der Familie. Aber ein Geheimnis konnte Ivo für sich behalten. Er musste die Sache nur schnell gegenchecken.

Er rief Ingram auf seinem Handy an.

»Ingram, Baby, hier Ivo. Hast du eine Sekunde?«

»Ich muss gleich in die Sitzung.«

»Ich erwäge gerade, meine Beteiligung an Calenture zu verkaufen. Liquiditätsprobleme.«

»Nicht verkaufen, Ivo. Sei kein Trottel. Nicht verkaufen!«

»Klar, verstanden. Danke, mein Junge.«

Er rief seinen Börsenmakler Jock Tait an, Seniorpartner bei Swabold, Tait und Cohen. Nach einem knappen Austausch von Höflichkeiten kam er zur Sache.

»Jock – hypothetische Frage. Könntest du noch heute meine Calenture-Aktien abstoßen? Ich meine, sofort?«

»Alle?«

»Hypothetisch.«

Tait zögerte und zierte sich und bat um zehn Minuten Zeit. Ivo trank noch ein Glas Chablis und hörte ein wenig Musik, um herunterzukommen, bis Jock zurückrief. Ja, er könne verkaufen, sagte Jock, es gebe einen einzelnen Interessenten, der den ganzen Anteil übernehmen würde.

»Wie viel würde das bringen?«, fragte Ivo.

»Nun ... annähernd 4,20 pro Aktie, sagen wir etwa 1,8 Millionen, abzüglich Provision natürlich.«

»Sie sagen, es gibt einen Käufer.«

»Ja.«

»Dann verkaufen. Sell, sell, sell.«

Schweigen am anderen Ende.

»Jock?«

»Was wird denn Ingram dazu sagen?«, fragte Jock vorsichtig. »Der Markt könnte ein falsches Signal bekommen. Aber das geht mich nichts an.«

»Genau. Doch Sie können sich beruhigen – Ingram ist da ganz locker. Trotzdem: Behalten Sie die Sache für sich. *Omertà*.«

»Ist so gut wie erledigt«, sagte Jock.

Ivo legte auf, trank sein Glas aus und füllte nach. Ein seltsames Gefühl – sich binnen einer halben Stunde vom angstgeplagten Beinahe-Bankrotteur zum Millionär zu mausern. Verrückte Welt. Im Grunde war er ja ein guter Kerl, der Ingram – *au fond* –, obwohl Ivo genau wusste, dass sie sich eigentlich beide nicht leiden konnten. Hatte etwa Meredith bei dieser verdeckten Rettungsmission die Hand im Spiel? Die liebe Merry. Immer hielt sie eine schützende Hand über ihren kleinen Bruder. Sie war es gewesen, die ihn gegen Ingrams Willen in den Aufsichtsrat von Calenture-Deutz hineingedrückt hatte, um ihrem (abgesehen vom Treuhandvermögen) weitgehend mittellosen Bruder ein nettes Einkommen zu sichern. Und nun das. Ivo würde in der Lage sein, alle auszuzahlen, selbst diese Drecksau auf der Insel Mykonos – und trotzdem noch eine Million flüssig haben (abzüglich Steuern, natürlich). Vielleicht, überlegte er, ist es an der Zeit, das Londoner Domizil aufzugeben und wieder eine irische Adresse zu haben ...

Er goss sich ein Glas nach. Er könnte mit Smika zum Lunch gehen und die Sache feiern – in aller Diskretion. Am besten würde er ihr gar nichts von dem Geld sagen – nur von einem Filmprojekt reden, das sich positiv entwickle. Und überhaupt sicherstellen, dass das Geld gar nicht erst auf seinem Konto landete, sondern für eine Weile auf der Isle of Man gebunkert wurde. Er griff zum Telefon und wählte Ingrams Festanschluss, in der Hoffnung, den Anrufbeantworter zu erwischen. Wenn sich jemand meldete, würde er einfach auflegen. Anrufbeantworter – Gott sei Dank.

»Sie haben den Anschluss von Ingram und Meredith Fryzer gewählt. Bitte hinterlassen Sie eine Nachricht.«

»Ingram, hier Ivo. Ich will dir nur danke sagen. Vielen Dank und Gottes Segen.«

Ivo legte auf. Ingram würde wissen, worauf sich das bezog – auch ohne geheimnistuerische Rückversicherungen. Alles im Hause Redcastle war plötzlich wohlbestellt. Er verließ sein Arbeitszimmer und rief die Treppe zu Smikas Atelier hinauf:

»Darling, wie wär's mit einem netten Lunch?«

54

Es gab einen ziemlichen Andrang, wie Ingram sehen konnte, als ihn Luigi vor dem Eingang des Queen Charlotte Conference Center in Covent Garden vorbeifuhr – mehrere Dutzend Leute standen immer noch Schlange, um sich als Anteilseigner anzumelden und mit Informationsmaterial einzudecken. Können alle diese Leute Teile von meiner Firma besitzen?, fragte er sich ungläubig, mit Blick auf die langsam vorrückende Schlange. Offenbar befand er sich wieder in dem schon gewohnten Zustand verunsicherten Staunens, in den er immer dann geriet, wenn er bei Aktionärsversammlungen Gelegenheit hatte, die Amateurspekulanten mit ihren feierlichen Mienen zu beobachten – diese Mums und Dads, diese Exzentriker mit ihren Thermosflaschen und Butterbrotpaketen. Hunderte, tausende Individuen in aller Welt, die ein kleines Stück von Calenture-Deutz besaßen – auf dem Papier zumindest – und hier auftauchten, zusammen mit den smarten jungen Managerinnen und Managern von den Rentenfonds, den Banken und Sparkassen, um zu hören, was der Aufsichtsratsvorsitzende über das Wohlergehen der Firma zu berichten hatte, in die sie investiert hatten. Das kam ihm ungeheuerlich vor, und wie bei jeder Aktionärsversammlung fühlte er sich auch diesmal in einem Zwiespalt befangen: War das der gesunde Ausdruck eines demokratischen, berechenbaren Kapitalismus oder ein Hinweis darauf, dass dieses System hoffnungslos lasch geworden, aufgeweicht war? Angemessene Sorgfalt, faires Handeln, unternehmerische Verantwortung – oder nackter, seelenloser Kommerz, der gezwungen wird, jährlich über sein Tun und Trachten Rechenschaft abzulegen und sich damit der Gnade von Rivalen, bestimmten Interessengruppen, eigensüchtigen Investoren und irgendwelchen Verrückten auszuliefern?

Und von den Letzteren, dachte Ingram, gibt es ganz besondere Prachtexemplare. Eben schoben sie einen älteren Mann mit Pferdeschwanz im Rollstuhl vorbei, der ein Poster mit der Aufschrift »ZEMBLA-4 TÖTET KINDER« in die Höhe hielt – darunter eine Web-Adresse, die Ingram nicht entziffern konnte. Da musste er nun wirklich lachen. An solche Poster war er gewöhnt – er hatte Schlimmeres gesehen, einmal sogar, es war Jahre her, ein Transparent mit der Aufschrift »FRYZER = MENGELE«. Er lächelte erneut. Dieses Medikament ist eigens entwickelt worden, um das Leben von Kindern zu *retten*, meine Herrschaften. Genau das war das Problem, wenn man sich der Öffentlichkeit stellte – selbst einer interessierten Öffentlichkeit. Solche Aktionärsversammlungen wurden Wochen vorher angekündigt, Diskretion war ein Ding der Unmöglichkeit, die wüstesten Verdächtigungen machten die Runde – man brauchte nicht mal Aktionär zu sein, um Unruhe zu stiften. Die »Pharma-Lobby« war heutzutage schon ein legitimes Angriffsziel – wie die Banken, Waffenhändler, Ölgesellschaften –, jeder anarchistisch-militante Ökofreak konnte sich erlauben, seinen symbolischen Protest zu zelebrieren, selbst gegen eine völlig harmlose, mittelgroße Pharmafirma wie Calenture-Deutz. Bei einer Aktionärsversammlung war Ingrams Zweitausendpfundanzug von einem Demonstranten, der eine Totenkopfmaske trug, mit grüner Farbe besprayt worden, bei einer anderen hatten Leute mit Lendentüchern und aufgemalten Wunden und Geschwüren vor dem Versammlungsort auf der Straße gelegen und ihren Gifttod vorgetäuscht. Alle öffentlichen Auftritte der Firma wurden grundsätzlich bekämpft und von Demos begleitet – hirnloses Affengebrüll drang in den Saal, wenn der Geschäftsbericht verlesen wurde, das Gebäude wurde mit Transparenten bespannt, junge Leute mit Gasmasken bildeten schweigende Menschenketten –, da war es fast schon eine Erholung, wenn sie es in diesem Jahr nur mit einem einzigen Idioten zu tun hatten. Die Wachen würden sich drum kümmern, aber je schneller der Spuk vorüber war, desto besser.

Als er aus dem Wagen stieg, erlitt Ingram einen seiner neuen Ohnmachtsanfälle. Er schwankte, Luigi hielt ihn am Ellbogen fest, und nach ein paar tiefen Atemzügen war es vorbei. Blutflecken, starker Juckreiz, Ohnmachtsanfälle, Wortverwechslungen. Dazu kamen, wenn er ehrlich war, gelegentliche Übelkeit und kurze Kopfschmerzattacken – so kurz, dass sie schon vorüber waren, bevor er nach den Tabletten griff. Das konnte nur der Stress sein – Stress infolge der heiklen Geschäfte mit Rilke und Rilke Pharma, des Ärgers mit Keegan und de Freitas, ganz zu schweigen von äußerlichen Faktoren wie der brutalen Ermordung seines Chefentwicklers: All diese Symptome rührten von dem Druck her, der auf ihm lastete – auch er war schließlich nur ein Mensch.

Lachlan McTurk hatte gesagt, er habe nun alle Untersuchungen durchgeführt – ohne Befund –, nur der Ganzkörper-Ultraschall und ein Gehirn-MRT böten sich noch an, folglich stehe ihm das als Nächstes bevor. Weiter könne er nichts veranlassen, so Lachlan, er gebe keinerlei Anhaltspunkte. Vielleicht musste erst die ganze Aufregung um die Zembla-4-Zulassung vorbei sein, der Verkauf der Firma an Rilke Pharma in trockenen Tüchern, damit er zu seiner alten Form zurückfand – robust, unkompliziert, normal.

Er betrat das Gebäude durch den Nebeneingang und wurde durch Korridore zur einer Art Garderobe geführt, wo sich der Aufsichtsrat von Calenture-Deutz versammelte, bevor er das Podium betrat. Pippa Deere umschwirrte ihn, ließ ihn mit einem Ansteckmikro ausrüsten. Alle internationalen Videoschaltungen seien überprüft und voll funktionstüchtig, versicherte sie ihm. Ja, ja, schön. Ingram konnte sich nicht recht konzentrieren – noch immer war ihm ein wenig schwindlig, und er bestellte eine Tasse Kaffee, um die wiederkehrende Übelkeit zu bekämpfen. Er lächelte und nickte seinen Kollegen zu – den Medizinern und Oxford-Professoren, dem Exminister und dem Bankenboss –, und da waren auch seine zwei Plagegeister, Keegan und de Freitas, die wissend zu ihm herüberschauten –

Jemand nahm ihn sanft beim Ellbogen, er drehte sich um und sah sich mit seinem »Lord an Bord« konfrontiert, seinem Schwager Ivo im smarten dunklen Anzug. Das dichte schwarze Haar hatte er mit Gel gebändigt.

»Ivo ...« Ingram zog den Namen in die Länge und fand einen guten Vorwand, sich zu unterbrechen, indem er die von Pippa gereichte Tasse entgegennahm. Nach einem Gesprächsthema suchend, nahm er einen hastigen Schluck. »Hast du den Verrückten da draußen gesehen?«

Ivo zog es vor, mit einer Gegenfrage zu reagieren.

»Hast du meine Nachricht bekommen?«

»Ja. Aber nicht verstanden.«

»Genau.«

»Genau was?«

»Ich wusste, dass du das sagen würdest.« Ivo zog das Unterlid seines rechten Auges nach unten. »*Genau.*«

»Warum sprichst du mir eine Nachricht auf, die ich nicht verstehe? Wofür dankst du mir?«

Ivo beugte sich näher. »Für das, was du getan hast.«

»Ich hab doch nichts getan.«

»*Quod erat demonstrandum*. Q. E. D.«

»Was ist demonstriert worden?« Allmählich ging ihm diese Rätselei auf die Nerven.

Ivo seufzte. »Ich musste dir einfach danken, Herrgott nochmal. War doch nur vernünftig. Angemessen.«

»Aber wofür?«

»Für das, was du getan hast.«

»Ich hab nichts getan.«

»Du hast nicht nichts getan.«

Ingram kam sich langsam vor wie in einem Stück von Pinter, verwickelt in einen absurden Dialog, der nicht zu beenden war.

Er wiederholte seinen Satz mit schwerer Betonung: »Ich. Habe. Nichts. Getan.«

»Ich weiß.«

»Du räumst also ein, dass ich nichts getan habe.«

»Ja, sozusagen. Aber ich danke dir trotzdem.«

»Wofür?«

»Für das ›Nichtstun‹.« Ivo machte theatralische Gänsefüßchen mit den Fingern. »Ich weiß, dass du's weißt. Und du weißt, dass ich weiß, dass du's weißt.« Ivo tippte sich an die Nase. »Ich kann Gedanken lesen«, sagte er verschwörerisch.

»Ich weiß nicht, wovon du redest, verdammt nochmal.«

»Genau. Ich hab begriffen, keine Sorge. Bist ein Prachtkerl, Ingram.«

Pippa Deere unterbrach sie, um sie zum Podium zu bitten, auf ihre vorbereiteten Plätze.

Ingram zwang sich wachzubleiben, während Professor Marcus Vintage, der den Vorsitz der Pressekonferenz innehatte, in seinem monotonen Yorkshire-Akzent über die Fortschritte der Firma sprach, den plötzlichen und tragischen Tod von Professor Philip Wang (Stille im Saal), dann, ohne Zembla-4 erwähnt zu haben, dem Geschäftsführer Edward Anthony das Wort erteilte, der einen kurzen Geschäftsbericht vorlegen würde. Der Saal war fast gefüllt, wie Ingram sah, voll von Anteilseignern, die offenbar gespannt zuhörten. Er warf einen Blick auf die Tagesordnung: Begrüßung durch den Vorsitzenden, Begrüßung durch den Geschäftsführer, Statement von Ingram Fryzer, CEO. »Statement« – das war die Gelegenheit, bei der er seine kleine Bombe zünden würde. Noch ahnen die nicht, dachte er mit einem Blick aufs Publikum, dass sie alle reicher aus dem Saal hinausgehen, als sie hereingekommen sind. Theoretisch, zumindest. Er gestattete sich ein feines Lächeln.

Es kam ihm vor wie Stunden, bis er endlich ans Mikrofon gerufen wurde, obwohl ihn ein Blick auf die Uhr belehrte, dass nur fünfunddreißig Minuten vergangen waren. Ingram wartete, bis der gedämpfte Applaus verklungen war, und faltete sein Manuskript auf.

»Meine Lords, Ladys und Gentlemen. Ich möchte Ihnen eine kurze, besondere Ankündigung machen, betreffend die Zukunft unserer Firma. Wie Sie wissen, hält Rilke Pharmaceutical zwanzig Prozent Anteile an Calenture-Deutz. Ich möchte Sie heute davon in Kenntnis setzen, dass ich dem Verkauf meiner persönlichen Anteile an Rilke Pharmaceutical zugestimmt habe. Damit erhält Rilke Pharmaceutical die Kontrollmehrheit an Calenture-Deutz.« Im Saal herrschte Totenstille. »Rilke Pharma hingegen«, fuhr Ingram fort, »schlägt die völlige Übernahme von Calenture-Deutz vor, verbunden mit dem Angebot des Aktientauschs oder, als Alternative, der Auszahlung. Rilke bietet sechshundert Pence pro Aktie und liegt damit zwanzig Prozent über dem gegenwärtigen Kurs. Gemeinsam mit dem gesamten Aufsichtsrat von Calenture-Deutz empfehle ich Ihnen dringend, dieses großzügige Angebot zu akzeptieren. Als Zeitpunkt der Übernahme streben wir –«

»Tagesordnung!«, kam ein lauter Ruf aus den hinteren Reihen.

Ingram spürte ein bohrendes Jucken in der linken Fußsohle und trat hinter dem Stehpult kräftig auf, um es niederzustampfen.

Marcus Vintage sah ihn fragend an – sollte er dem Zwischenrufer das Wort erteilen? Unterdrücktes Getuschel machte sich breit, das Geräusch, das entsteht, wenn Leute geschockt sind und hastig kalkulieren, wie viel Gewinn sie machen werden. Ingram nickte seine Zustimmung zu Vintage hinüber und sah sein ins Riesenhafte vergrößertes Bild auf der Videowand Zustimmung nicken ... Die Hand vor den Augen, um sich vor den Scheinwerfern zu schützen, schaute er in den Saal, um nach dem Störenfried zu suchen. Die Wachen strebten auf den älteren Mann mit Pferdeschwanz zu, aber jemand hatte ihm bereits ein Mikro gereicht.

»Ich möchte den Aufsichtsrat fragen«, rief der Mann, seine Stimme klang nasal und aggressiv, »ob er uns die genaue Zahl der Kinder nennen kann, die während der klinischen Erprobung von Zembla-4 ums Leben gekommen sind.«

Aufschreie der Empörung, ein kollektives Luftschnappen, bevor sich die Wachen auf den Mann gestürzt, ihm das Mikro entrissen und ihn mitsamt seinem Rollstuhl aus dem Saal trugen, während er immer weiter rief: »Wir wollen Antworten! Wir wollen die Wahrheit!« Ingram sah, dass ein Mann vom Videoteam die Kamera schwenkte und die resolute Entfernung des Rollstuhlfahrers auf die Videowand projizierte.

Jetzt applaudierte das Publikum. Warum?, fragte sich Ingram. Galt der Applaus seiner eigenen Courage, dem Sieg über die Anarchie, der Aussicht auf Gewinne? Professor Vintage schlug mit dem Hammer aufs Podium und rief mit kippender Stimme: »Bitte Ruhe! Bitte Ruhe!« Ingram spürte, wie ihm das Blut aus dem Kopf wich und es dunkel um ihn wurde. Das Stehpult mit beiden Händen packend, hielt er sich aufrecht. Der Saal beruhigte sich, die Leute, die aufgestanden waren, um den Vorfall zu verfolgen, setzten sich wieder. Ingram atmete tief durch, während er sein Manuskript ordnete, nun von der Angst befallen, jeden Moment erbrechen zu müssen.

»Wie ich ausführen wollte, bevor ich auf unfeine Art unterbrochen wurde ...« Gelächter. »... wird die Übernahme von Calenture-Deutz durch Rilke Pharmaceutical für die kommenden Wochen angestrebt, sobald die dafür erforderlichen Maßnahmen getroffen wurden. Calenture-Deutz wird als Marke fortbestehen, aber wir werden unsere Tätigkeit unter dem einzigartigen Schutzschirm und Kapitaldach der drittgrößten Pharmafirma der Welt fortsetzen. Als Ihr Aufsichtsratsvorsitzender und CEO kann ich Ihnen gar nicht eindringlich genug empfehlen, dieses äußerst großzügige Angebot zu akzeptieren.«

Lautstarker Applaus, frenetischer Jubel hallte durch den Saal. Ingram schaute auf die Videowand, um zu sehen, wie ihm alle applaudierten – da waren Keegan und de Freitas, sie klatschten auch, aber eher förmlich, ohne die Begeisterung, die im Saal herrschte. Wie werden ihre Bonusse ausfallen?, fragte sich Ingram. Jetzt schaute Keegan zu ihm herüber und nickte kurz, als sich ihre Blicke trafen – aber ohne zu lächeln. Eher, dachte Ingram, sieht er ein bisschen besorgt aus. De Freitas hörte auf zu klatschen und flüsterte Keegan etwas ins Ohr. Ingram machte eine knappe Verbeugung zum Saal und begab sich mit unsicheren Schritten zurück auf seinen Platz.

Da auch andere Leute die Toilette benutzten, versuchte er, geräuschlos zu erbrechen, was sich jedoch als schwierig erwies. Wiederholt drückte er die Spülung, um sein Würgen zu übertönen. Großer Gott, dachte er, das muss irgendeine Lebensmittelvergiftung sein. Er fühlte sich völlig leergepumpt, wie ausgewrungen. Er tupfte sich den Mund ab, kontrollierte, ob Hemd und Krawatte etwas abbekommen hatten, und spülte zum siebten Mal. Ein komisches Gefühl, wenn man sich so richtig auskotzt, dachte er beim Entriegeln der Toilettentür. Man fühlt sich grässlich und zugleich viel besser. Man wird zu einem primitiven Organismus im Stadium der Kontraktion, die Entleerung des Magens wird zum einzigen Ziel und Zweck, alle höheren Lebensfunktionen sind ausgeschaltet. Aber irgendwie ist das nicht nur anstrengend, sondern es wirkt auch verjüngend – wie eine kurze Rückkehr zu dem Urwesen, das man einmal war, eine Zeitreise ins versunkene animalische Ich. Er war allein im Vorraum, alle waren schon zum Lunch. Langsam und sorgfältig wusch er sich die Hände, um wieder zur Ruhe zu kommen – vielleicht sollte er doch noch einmal zu Lachlan gehen, ein letztes Mal.

Er trat auf den Korridor hinaus, wo ihn Ivo schon erwartete.

»Alles in Ordnung, Ivo. Schön, dass du gewartet hast. Keine Sorge, ich fühle mich schon –«

»Ich scheiß drauf, wie du dich fühlst, du mieses Stück. Hasst du mich wirklich so sehr? Wie konntest du mir das antun? Meiner Familie?«

Ingram seufzte. »Du redest schon den ganzen Tag in Rätseln. Was ist es denn nun?«

»Sechshundert Pence die Aktie.«

»Ein exzellentes Gebot.«

»Ich habe für vierhundertachtzig verkauft.«

»Was verkauft?«

»Alle meine Anteile an Calenture-Deutz. Vor drei Tagen.«

»Dann bist du eben ein Trottel.«

»Du hast mir gesagt, ich soll verkaufen.«

Ingram blickte ihn an. »Bist du verrückt? Ich hab dir das Gegenteil gesagt.«

»Genau.«

»Hör auf, ständig ›genau‹ zu sagen.«

Ivo rückte ihm bedrohlich auf die Pelle, für einen Moment dachte Ingram, er wolle ihn schlagen, aber Ivo sagte mit zitternder Stimme: »Dafür kriege ich dich dran. Ich mach dich kaputt.«

Mit großen Schritten lief er auf den Ausgang zu und stieß Verwünschungen aus, ohne sich noch einmal umzudrehen. »So ein dreckiger Hund. Und das in der eigenen Familie, so ein Wichser. In der eigenen Familie!« Ingram wurde augenblicklich von Juckreiz befallen, am linken Gesäß und am Kinn, und kratzte sich an beiden Stellen gleichzeitig.

»Mr Fryzer?«

Es war Pippa Deere. Sie sah ein wenig besorgt aus, ihre Nase und ihre Wangen glänzten.

»Was ist, Pippa? Ich fühle mich nicht besonders – das Faksimile werde ich wohl schwänzen.«

»Wie bitte?« Pippa Deeres Gesicht verriet Verblüffung.

»Das Essen. Ich werde das Essen schwänzen.«

»Es sind Journalisten da, die wollen Sie sprechen.«

»Journalisten? Wozu brauchen die mich? Sie haben die Pressemitteilung, da steht alles drin.«

»Ja, natürlich. Sie wollen trotzdem mit Ihnen reden.«

»Sagen Sie ihnen, ich empfange sie nächste Woche.«

»Es geht um die Frage zur Tagesordnung.«

»Grundgütiger!« Ingram blickte flehend zur Decke. »Irgendein durchgeknallter Idiot faselt irgendwelchen Schwachsinn, und ich soll dazu Stellung nehmen? Diese Protestierer haben wir ständig. Niemand wollte mit mir reden, als ich mit grüner Farbe besprüht wurde. Wer hat den überhaupt reingelassen? Wozu haben wir Sicherheitskräfte angefordert?«

Pippa Deere war den Tränen nahe. »Es hat sich herausgestellt, dass der Mann Aktionär ist. Als er hinausgetragen wurde, ist er aus dem Rollstuhl gefallen und hat sich eine Schnittwunde am Kopf zugezogen. Er wurde von ein paar Journalisten interviewt ...« Sie schniefte. »Ich hab die Aufnahme nur einmal gehört, aber er sagte etwas von vierzehn Kindern, die bei der Erprobung von Zembla-4 gestorben sind. Es tut mir schrecklich leid, Mr Fryzer. Ich weiß nicht, was ich tun soll.«

Ingram spürte, wie sich Müdigkeit auf ihn niedersenkte, ein großer, schwerer Mantel aus Müdigkeit.

»Das ist eine bösartige, niederträchtige, unsinnige Behauptung. Also gut, bringen Sie mich zu den Herren von der Presse.«

55

»Ich kann dir gar nicht genug danken, Primo«, sagte Jeff Nashe, fast heiser vor Rührung. »Das war absolut großartig. Seit meinem Unfall hab ich mich nicht mehr so ... *lebendig* gefühlt.«

»Du warst spitze«, sagte Adam. »Es hätte nicht besser laufen können.«

Er schob Jeff im Rollstuhl durch den Kingsway zur Haltestelle, wo sie den Bus nach Battersea nehmen konnten. Jeffs Schnittwunde (an der Stirn) war von einem der Wachmänner verbunden worden, die ihn aus dem Konferenzzentrum geschafft hatten. Es war eher eine Platzwunde als eine Schnittwunde – und jetzt von einem Klebeverband verdeckt –, aber das Blut, das ihm übers Gesicht gelaufen war, bot den perfekten visuellen Beweis für die Brutalität des Hinauswurfs – hirnlose Brachialgewalt, ausgeübt von faschistoiden Schlägern, um einen alten Mann im Rollstuhl von einer Versammlung auszuschließen, die zu besuchen er jedes Recht hatte und in der er lediglich seine Pflichten als Anteilseigner einer Aktiengesellschaft wahrzunehmen gedachte. Das war es mehr oder weniger, was Jeff den Journalisten erzählt hatte – wütend, beredt und lautstark. Zwei Reporter hatten sein blutüberströmtes Gesicht fotografiert, und Adam hoffte inständig, dass die Fotos ihren Weg in die morgigen Zeitungen fanden.

Es war Aaron Lalandusse gewesen, der seine Journalistenkollegen auf die Aktionärsversammlung und den zu erwartenden Eklat aufmerksam gemacht hatte. Jeff hatte bei der Veranstaltung, die andernfalls zu einem hohlen und selbstgefälligen Ritual geworden wäre, kräftige persönliche Akzente gesetzt – und sein Auftritt wurde durch die Beweisdokumente auf der Website inpharmation.com wirksam untermauert. Calenture-Deutz würde natürlich alles leugnen, die Pressemitteilungen würden sich ausschließlich auf die bevorstehende Übernahme durch Rilke Pharmaceutical beziehen, aber jetzt waren die Gerüchte und Gegengerüchte im Umlauf, genügend Vorwürfe und Dementis, um die allgemeine Neugier und weitere Nachforschungen zu stimulieren. Aaron hatte alles, was er brauchte, um seinen Beitrag für das *Global Finance Bulletin* zu schreiben – den eigentlichen Zweck der ganzen Übung.

Adam, ebenfalls Aktionär von Calenture-Deutz, war mit im Saal gewesen. Er hatte Jeff mitsamt Rollstuhl und Poster im Taxi zum Konferenzzentrum gebracht, doch während Jeff auf seinen Auftritt wartete, hatte Adam das Verhalten von Lord Redcastle studiert. Er konnte nicht erkennen, ob sein kleiner Streich geglückt war – nicht dass er gegenüber der Sensation des Tages merklich ins Gewicht fiel. Auf die Idee hatte ihn eine Bemerkung von Lalandusse gebracht. Wir brauchen einen simultanen Plan B, hatte Lalandusse empfohlen, keinen Notfallplan, der erst danach zum Einsatz kommt: Es war immer gut, einen mächtigen Feind von zwei Flanken anzugreifen. »Du verstehst: Mit beiden Händen an der Gurgel packen und gleichzeitig das Knie in die Eier rammen.« Und nach allem, was Adam über die Aufsichtsratsmitglieder von Calenture-Deutz in Erfahrung gebracht hatte, bot sich Ivo, Lord Redcastle, als das geeignetste Opfer seines Destabilisierungsversuchs an – obwohl ihn auch der Exminister gereizt hätte.

Im Verlauf der Versammlung behielt er Redcastle genau im Auge – der wirkte ernst und nachdenklich, applaudierte pflichtgemäß, hielt sich in allem an die anderen Aufsichtsratsmitglieder, ohne jemals eigene Reaktionen zu zeigen. Er lässt sich nichts anmerken, dachte Adam. Nichts an seinem Verhalten verrät, dass er nun ein reicheres, aber anteilsfreies Aufsichtsratsmitglied ist – und er tadelte sich sofort für seine Spekulationen. Wie sieht ein Mann aus, der sämtliche Firmenanteile verkauft hat? Vielleicht hatte Redcastle das gar nicht getan, aber er wirkte überhaupt nicht beglückt, als Fryzer die geplante Übernahme verkündete. Die Hauptsache aber war, dass Jeffs Frage zur Tagesordnung so viel Trubel erzeugt hatte, dass sich für Aaron Lalandusse der willkommene Anlass bot, die klinische Erprobung von Zembla-4 pointiert zu hinterfragen. Phase eins war gut, sogar sehr gut gelaufen.

Sie gelangten zur Bushaltestelle. Jeff Nashe erhob sich aus dem Rollstuhl und klappte ihn zusammen.

»Ich hasse es, mich mit diesem Ding in Busse und Bahnen zu quälen«, sagte er. »Mach dir keine Sorgen, Primo, ich schaff's allein nach Hause.«

»Aber Rita hat mich zum Abendessen eingeladen«, sagte Primo.

Rita hatte Lasagne und eine große Schüssel Salat gemacht und für danach Käse und Weintrauben vorbereitet. Ihr Schreck beim Anblick des verletzten Vaters verflog sofort, als sie merkte, dass er sich in einem Zustand größter Euphorie befand. Adam lernte jetzt auch ihren Bruder Ernesto kennen, der zehn Minuten nach ihm und Jeff auf der Bellerophon eintraf.

»Was hast du denn mit ihm angestellt?«, fragte Rita. »Ich hab ihn noch nie so glücklich gesehen.«

»Rebirthing, so nennt man das, glaube ich«, erwiderte Adam. »Der Altachtundsechziger lebt wieder auf. Und ich muss sagen, er war großartig. Vielleicht steht es morgen in allen Zeitungen.«

Während sie die Lasagne in der Kombüse begutachtete, zog er sie an sich und küsste sie.

»Und worum geht es da, Primo?«, fragte sie. »Warum verleitest du meinen Dad dazu, eine Pharmafirma zu attackieren?«

»Nicht zu attackieren. Er sollte nur ein paar unangenehme Fragen stellen ... Ich bin da hinter eine Sache gekommen, im Krankenhaus«, erklärte er und bemühte sich, nicht allzu sehr zu lügen. »Und ich dachte, warum soll man ihnen das durchgehen lassen? Aber mach dir keine Sorgen. Jeff ist aus der Sache raus. Er hatte seinen Auftritt, und jetzt hängt es an der großen Glocke.«

»Warum hast du dich nicht selbst zu Wort gemeldet?«

Gute Frage, dachte Adam. »Wegen meines Jobs«, improvisierte er. »Ich will ihn nicht verlieren. Interessenkonflikt. Calenture-Deutz pumpt eine Menge Geld in das Krankenhaus.«

»Ach ja?« Sie musterte ihn skeptisch. »Als Weltverbesserer hab ich dich bisher nicht erlebt.«

»Sollten wir nicht alle Weltverbesserer sein?«, fragte er ein wenig defensiv. »Und wäre das nicht auch die beste Beschreibung deines Jobs?«

»Eins zu null für dich«, sagte sie und verscheuchte ihn aus der Kombüse.

Im Wohnzimmer unterhielt er sich mit Ernesto, der nach Dubai gehen wollte.

»Vierzig Prozent aller Turmkräne weltweit stehen zurzeit in Dubai«, sagte Ernesto. »Dubai ist das Eldorado der Turmkräne. Ich wäre blöd, wenn ich da nicht einsteigen würde – ich kann mein Jahreseinkommen glatt vervierfachen.«

Jeff kam die steile Treppe vom Deck herunter und brachte einen exotischen Hauch von Marihuana mit. In der Hand hielt er eine Büchse Speyhawk.

»Primo«, sagte er leicht schwankend, obwohl das Schiff fest im Schlick ruhte. »Weißt du, warum ich dieses Schiff Bellerophon getauft habe?«

»Keine Ahnung.«

»Weil Bellerophon das Ungeheuer Chimera erschlagen hat. Ein feuerspeiendes Ungetüm, halb Löwe, halb Ziege, wenn mich meine klassische Bildung nicht täuscht.« Er nahm einen Schluck aus der Büchse.

»Guter Name.«

»Heute haben wir die moderne Chimera erschlagen.«

»Erschlagen wäre ein bisschen hochgegriffen. Wir haben ihr ein paar Kratzer verpasst, wenn wir Glück haben. Dank deiner Hilfe.«

Jeff reckte die Faust über den Kopf. »Venceremos!«, brüllte er aus vollem Hals.

»Hallo?« Rita kam mit der dampfenden Lasagne herein. »Jungs, jetzt gibt's was zu futtern.«

Adam aß Lasagne und Salat und trank Wein – so viel, dass er in eine milde Art von Delirium verfiel. Jeff und Ernesto debattierten darüber, ob man für eine dynastische Diktatur wie Dubai arbeiten durfte und welche moralische Schande das bedeutete, während Rita versuchte, die Wogen zu glätten. Adam hörte die Stimmen nur bruchstückhaft und wie von weit her und begnügte sich damit, ihr beim Einschenken und Auftun zuzusehen, als wäre sie in einen Hohlraum eingeschlossen, zu dem nur er Zutritt hatte. Wie gebannt starrte er ihr markantes Gesicht an, er verfolgte, wie sie mit energischer Geste eine Strähne hinters Ohr strich, ließ sich von der geschmeidigen Grazie verzaubern, mit der sie Schüsseln und Teller auf dem Tisch herumschob – und ihrem Vater den Mund zuhielt, wenn er zu ausfällig wurde. Endlich war sie wieder da, die vertraute Empfindung eines innerlichen Schmelzens, der Ablösung des Verstands durch das Gefühl.

Doch sein alkoholbedingter Empfindungsrausch wurde durch eine leise, beharrlich bohrende Stimme im Hinterkopf gestört, es war wie das Summen einer Fliege oder der dünne Sirenengesang eines Moskitos. Es mochte ja alles sehr gut gelaufen sein an diesem Tag, aber es gab da noch ein kleines Problem: Was sollte er mit Vince Turpin machen?

56

Die Blätter an den Pflanzen sahen so grün und glänzend aus, dass sie Jonjo vorkamen, als wären sie aus Blechen gestanzt und mit Emaille lackiert. Er sah sich im Foyer der Risk Averse Group um – da schienen noch mehr Topfpflanzen herumzustehen als beim letzten Mal. Die mussten jemanden bezahlen, der die Blätter abstaubte und polierte, die sahen so üppig und gesund aus, dass sie schon fast künstlich wirkten, was ja ihrem eigentlichen Zweck zuwiderlief, das Kohlendioxid im Foyer aufzusaugen und Sauerstoff zu erzeugen oder was immer die Pflanzen machten – Photo-irgendwas ...

Jonjo ließ seine Gedanken schweifen, weil er sich langweilte, weil er das Warten satthatte. Er sah auf die Uhr – jetzt schon fast vierzig Minuten. Das konnten die nicht mit ihm machen, das war unmöglich – schließlich hatten *sie* ihn zu diesem Treffen mit Major Tim Delaporte bestellt, verflixt und zugenäht! Er stand auf und steuerte auf die Blondine am Empfang zu.

»Noch fünf Minuten«, sagte sie, bevor er auch nur eine Silbe äußern konnte. »Er ist auf Konferenzschaltung, lässt sich entschuldigen.«

»Oh, schon gut – kein Problem.«

»Kann ich Ihnen was bringen? Wasser? Cappuccino?«

»Tasse Tee, bitte«, sagte Jonjo. »Milch und zweimal Zucker, danke.«

Es zeigte sich, dass Major Tim an die zwanzig Minuten brauchte, um seine Telefonkonferenz zu beenden. Der Tee war längst ausgetrunken und der beigelegte Schokokeks verzehrt. Jonjo war drauf und dran, Bescheid zu geben, er könne nicht länger warten, als er von einer Sekretärin aufgerufen und durch einen langen gewundenen Korridor zum Büro von Major Tim geführt wurde.

Der hing noch immer am Telefon und winkte Jonjo auf einen Stuhl. Jonjo studierte seine zehn Fingernägel in allen Einzelheiten, während Major Tim das Gespräch zu Ende brachte – es klang, als würde er mit seiner Frau besprechen, wer am Abend zum Essen kam. Hölle nochmal, dachte Jonjo.

»Jonjo.« Major Tim streckte die Hand über den Tisch, um ihn zu begrüßen. »Tut mir leid, dass Sie warten mussten. Verrückter Tag. Wie läuft es so?«

Alles laufe prima, sagte Jonjo, er freue sich über die Gelegenheit, mal direkt mit Major Tim zu reden, denn er habe seine Meinung zu Irak und Afghanistan und überhaupt allen arabischen Ländern geändert, er sei bereit, dorthin zu gehen, mehr als bereit –

Major Tim hob die Hand und stoppte Jonjos Redefluss.

»Leute wie Sie haben die Risk Averse Group zu dem gemacht, was sie ist«, sagte Major Tim feierlich, mit Rührung in der Stimme. »Wir hätten nicht zu der Größe wachsen können, die wir heute haben, wir hätten nicht diese weltweite Präsenz, diesen guten Ruf ohne Leute Ihres Kalibers und Ihrer Qualitäten.«

»Sie sind der beste Offizier, unter dem ich je gedient habe, Sir. Da ist nicht dran zu rütteln.« So was hörten Offiziere immer gern.

»Umso schwerer fällt es mir, Ihnen zu sagen, dass wir Sie gehen lassen.«

»Wie bitte?«

»Sie sind aus dem Rennen, Jonjo. Wir werden überschwemmt von jungen Soldaten unter dreißig – ich frage mich, wer überhaupt noch da draußen für uns kämpft. Daher strukturieren wir hier bei der RAG unser Personal um. Sie wissen ja, wie es bei der Armee läuft, Jonjo. Wer als Erster reingeht, kommt als Erster raus.«

Major Tim stand auf. Jonjo bemerkte das tiefe Dunkelblau seines Anzugs, so dunkel, dass es fast schwarz war, die straff sitzende Taille seines Jacketts, das weiße Hemd unter der duftig aprikotfarbenen Seidenkrawatte.

»Ich wollte es Ihnen persönlich mitteilen, von Mann zu Mann, nicht mit einem dieser grässlichen Formbriefe. Ich wollte Ihnen danken – als Kamerad. Sie haben uns alle Ehre gemacht, und das zu unserem beiderseitigen Vorteil, Jonjo. Da stimmen Sie mir sicher zu.«

Jonjo spürte einen befremdlichen Kloß im Hals. »Sie werden doch Ihre altgedienten Leute nicht ausmustern, Sir?«

»Wir mustern Sie nicht aus – Sie kommen auf unsere Reserveliste.« Er lachte trocken. »Für den Fall, dass die Yanks in noch mehr Länder einmarschieren. Nein – jetzt müssen die jungen Leute ran. Wir brauchen Soldaten mit IT-Ausbildung, Nachrichtentechnik, Sprachen, organisatorischen Fähigkeiten.« Er lachte wieder. »Die alten Zeiten sind vorbei – wir können nicht einfach draufhauen und die Schweinehunde kaltmachen.«

Irgendwie fühlte sich Jonjo zur Tür geschoben. Major Tim schüttelte ihm die Hand und tätschelte ihm den Rücken.

»Es gibt eine Menge Sicherheitsfirmen da draußen, Jonjo. Nicht so spannend wie Risk Averse, aber Sie finden Ihr Auskommen. Wir schreiben Ihnen jede Empfehlung, die Sie wollen, glänzende Beurteilungen et cetera.«

Einen letzten Versuch ist es wert, dachte Jonjo. Er senkte die Stimme. »Ich bin an Kindred dran, Sir ... Ich hab ihn schon so gut wie sicher.«

Major Tim lächelte vage. »Ich weiß nicht, wovon Sie reden, alter Junge.«

»Kindred – ich hab eine neue Spur. Ein Nummernschild. Es ist nur eine Frage der Zeit, dann hab ich ihn.«

»Ich versteh Sie nicht, Jonjo. Funkstörung.« Er trat in sein Büro zurück, die Hand erhoben. »Wir bleiben in Kontakt. Machen Sie's gut.«

Jonjo lief langsam durch den gewundenen Korridor ins üppig wuchernde Grün des Foyers zurück und zermarterte sich den Kopf. Irgendwas ging hier vor, irgendwas stank gewaltig zum Himmel – so sehr, dass Jonjo Case es mit dem Arsch riechen konnte. Er hatte den Namen Kindred zweimal genannt. Major Tim hätte ihn mit Sicherheit wiederholt, wenn er ihn nicht gekannt hätte – *Kindred? Welcher Kindred?* So machte man das, wenn man mit einem unbekannten Namen konfrontiert wurde. Das war das normale Verhalten, wenn man einen Namen nicht kannte. *Kindred? Den Namen hab ich nie gehört, Jonjo.* Aber nein, nichts dergleichen. Ein leerer Blick, die blanke Ablehnung. Ein Flattern der Angst regte sich in seiner Brust. Nein, er hat gewusst, wovon ich rede, also was steckt dahinter? Warum haben sie mich zu diesem Termin bestellt? Das kann es nicht gewesen sein. Mich verarschst du nicht, Major Tim. Er hatte über eine Stunde dort rumgesessen, dazu kam die Fahrzeit mit allem Drum und Dran –

Draußen vor dem Gebäude rief er Darren an. Er spürte, wie sich die Spannung in ihm aufbaute, die Angst war weg. Es war derselbe Adrenalinstoß wie vor einem Kampfeinsatz.

»Darren – hier Jonjo.«

»Hey, Jonjo, was macht die –«

»Was geht hier vor sich? Was zum Teufel ist hier los?«

»Was soll denn los sein? Nichts ... ich weiß von nichts.«

»Dann im Namen von Terry, spuck's aus. Sag's mir. Ich hab Terry ein halbes Dutzend Mal das Leben gerettet. Terry würde mich nicht im Stich lassen. Niemals.«

Schweigen. Dann sagte Darren: »Du hast zwei Stunden, schätze ich. Sie werden wahrscheinlich wie Cops aussehen.«

»Zwei Stunden für was?«

»Zwei Stunden, um zu verschwinden. Einzupacken und zu verschwinden. Die haben dich am Arsch, Mann.«

Jonjo klickte das Gespräch weg.

Eine halbe Stunde saß er da und beobachtete sein Haus, um sicherzugehen, dass niemand drin war. Dann erst schlenderte er hinüber, schloss die Haustür auf und ging hinein.

Der Hund freute sich über sein Erscheinen, zeigte aber deutliche Verwirrung, weil Jonjo ihn nicht beachtete, sondern mit scharfem Blick von Zimmer zu Zimmer ging. Sie waren gut gewesen, aber nicht gut genug. Die Stühle standen fast genau an der richtigen Stelle, eine Tür, die offengestanden hatte, war geschlossen. Was hatten sie gesucht?

Unten in der Garage sah er dann, dass seine Waffen verschwunden waren – alle. Die Tomcat, die 1911, die 870er Express Security – und die Munition. Er suchte nach einem Meißel und klopfte den locker einzementierten Ziegelstein aus der Garagenrückwand. In der Höhlung dahinter, eingewickelt in dicke Plastikfolie, befanden sich eine 9 mm Glock, zehntausend Pfund in Scheinen und ein unbenutztes Handy mit Ladegerät. Mehr brauchte er nicht. Einpacken und verschwinden, hatte Darren gesagt. Zu Befehl.

57

Ingram fühlte sich ein wenig überfordert. Eine Schwester war ins Zimmer gekommen und hatte Besuch angekündigt. Hinter ihr waren zwei junge Männer hereingeschlüpft, hatten eine schnelle Durchsuchung vorgenommen und sie höflich hinauseskortiert. Dann trat Alfredo Rilke ein, in der Hand einen Blumenstrauß – voll erblühte, fast schon welkende Rosen, ein sicheres Zeichen für Todesgedanken –, und zog einen Stuhl ans Bett, während sich die Männer an der Tür postierten.

Rilke zog etwas aus der Tasche, was aussah wie ein kleines, altmodisches Transistorradio, und schaltete es ein. Ingram spitzte die Ohren: nichts.

»Ultraschall«, sagte Rilke. »Störfrequenzen – niemand kann uns abhören.«

»Alfredo«, sagte Ingram vorwurfsvoll, »das ist eine der besten und teuersten Privatkliniken Londons, um nicht zu sagen, der Welt. Dieses Zimmer ist nicht verwanzt – ich schwöre es bei meinem Leben.« Schon wünschte er, das nicht gesagt zu haben – angesichts seines gegenwärtigen Gesundheitszustands.

Rilke überhörte es.

»Also, wie geht es Ihnen, Ingram?«

»Ich fühle mich ausgezeichnet – abgesehen von diesen seltsamen Symptomen ab und zu –, aber offenbar habe ich ein Gewächs im Gehirn.« Er schwieg eine Weile. »Mein Arzt hatte mir ein MRT empfohlen, und dabei haben sie es festgestellt.«

Rilke krümmte sich vor Mitgefühl und sagte leise etwas auf Spanisch, was Ingram nicht genau verstand und wie *»madre de dios«* klang. Es kam sehr selten vor, dass man Rilke spanisch sprechen hörte.

»Ingram, Ingram, Ingram ...«

»Alfredo ...«

»Was machen wir denn jetzt?«

»Wie soll ich das wissen?«

»Es schmerzt mich zu sagen, was ich Ihnen jetzt sagen muss.«

»Nun, ich stehe vor einer Gehirnoperation, Alfredo. Meine Prioritäten sind klar geordnet. Meine Abwehrkräfte sind gewaltig, seien Sie unbesorgt.«

Rilke senkte den Blick und zupfte an Ingrams Bettdecke, dann hob er den Kopf und sah ihm direkt in die Augen.

»Ich werde Ihre Firma nicht kaufen.«

Trotz seiner gewaltigen Abwehrkräfte war Ingram überrascht, er zuckte ein wenig hoch. Aber der Gedanke an die bevorstehende Gehirnoperation – sie würden sein Gehirn »entrümpeln«, hatten sie gesagt – gab ihm ein wenig Haltung zurück.

»Diese irrsinnigen Behauptungen, es wären Kinder gestorben – sind die der Grund?«

»Nein, nein, nein.« Mit beiden Händen verjagte Rilke unsichtbare Fliegen. »Damit werden wir fertig. Sie haben bereits gegen zwei Zeitungen und drei Illustrierte geklagt. Es gibt eine einstweilige Verfügung, die weitere Pressespekulationen unterbindet.«

»Ich? Ich habe geklagt?«

»Calenture-Deutz hat geklagt. Burton hat die Anwälte einbestellt, und sie haben ganze Arbeit geleistet. Es ist ein Skandal.« Das Wort »Skandal«, dachte Ingram, spricht er so unbeteiligt aus, als würde er sagen: *Es ist ein Schneeglöckchen* oder *Es ist eine Wurst* oder etwas ähnlich Belangloses.

»Böswillige, gehässige Lügen«, sagte Ingram. »Das ist die wahre Kehrseite unseres Geschäfts.«

»Mit Lügen werden wir ohne weiteres fertig. Die hätten wir ›ausgesessen‹. Kein Problem.« Rilke sprach so, als hätte er den

Satz eben erst eingeübt. Sein Gesichtsausdruck änderte sich – Ingram konnte ihn nur als betrübt bezeichnen. »Ja, wir stecken Vorwürfe ein – jede Woche – wegen unserer Produkte. Wir befassen uns damit, schaffen sie aus der Welt. Aber dieses Mal, muss ich leider sagen, gibt es eine Komplikation.«

»Eine Komplikation?«

»Ihr Schwager, Lord Redcastle.«

»Ivo ...«

»Er hat vierhunderttausend Anteile abgestoßen, und das zwei Tage bevor Sie die Übernahme von Calenture-Deutz bekannt gegeben haben.«

»Ich weiß.«

Rilke hob sein Ultraschallgerät höher.

»Es tut mir leid, das zu hören.«

»Ivo ist ein Trottel. Ein kompletter Idiot.«

»Ein Idiot, der offenbar wusste, dass etwas passieren würde. Dass da etwas faul war im Heringsfass.« Rilke erklärte ihm, wie sich die Sache aus seiner Sicht darstellte: Ivo hatte seine Anteile sämtlich verkauft. Dann kam die Ankündigung der Übernahme. Dann die Vorwürfe wegen der ums Leben gekommenen Kinder. »Haben Sie den Absturz der Calenture-Aktie mitbekommen?«

»Ich war zwei Tage in der Hand von Ärzten. Untersuchungen, Untersuchungen und noch mehr Untersuchungen. Ich stehe vor einer Gehirnoperation.«

»Ihre Firma hat zweiundachtzig Prozent ihres Werts verloren.«

»Das ist absurd.«

Rilke zuckte die Schultern. »Dem Markt gefällt nicht, was er da erlebt. Ein Aufsichtsratsmitglied, das seine Anteile abstößt. Da vermutet jeder, dass er die negative Entwicklung vorausgesehen hat. Dass bei der Erprobung von Zembla-4 irgendetwas vertuscht wurde.«

»Aber es wurde doch nichts vertuscht, oder?« Ingram dachte an Philip Wang, und allmählich wurde ihm die Sache klar. Wie eine beschlagene Frontscheibe, die langsam durchsichtig wurde. Was hatte Philip Wang herausgefunden?

»Natürlich wurde nichts vertuscht«, sagte Rilke mit eiserner Gewissheit. »Aber die Firma wird jetzt umgekrempelt, auseinandergenommen, weil Ihr Schwager so gehandelt hat. Rilke Pharma kann sich damit nicht in Verbindung bringen lassen. Ich bin sicher, Sie verstehen das.«

»Ivo ist ein Mann ohne Geld. Er hat ein Vermögen auf dumme, hirnrissige Geschäfte verschwendet. Er war pleite, er brauchte Geld.«

»Ich hoffe, das können Sie den Ermittlern erklären.«

»Welchen Ermittlern?«

»Von der Finanzaufsicht, dem Betrugsderzenat – wer weiß das schon?« Da Ingram ungläubig reagierte, fügte er hinzu: »Das hätte Ihnen wirklich jemand sagen müssen, Ingram. Der Handel mit Calenture-Deutz-Aktien wurde ausgesetzt, die Finanzaufsicht hat ein Verfahren eröffnet.«

Ingram versuchte, Wut gegen Ivo zu empfinden, aber zu seiner gelinden Verblüffung gelang ihm das nicht. Er spürte ein ironisches Lachen aus seiner Brust aufsteigen und hustete es weg.

Rilke breitete die Hände aus. »Sie verstehen sicher unsere Lage: Rilke Pharma muss das Angebot zurückziehen. Burton wird bleiben – als kommissarischer CEO – und sehen, was sich retten lässt.«

»Retten?«

»Wir haben eine Menge Geld für Zembla-4 ausgegeben, Ingram. Wir müssen einen Weg finden, unsere Investition zurückzuholen. Wir können PRO-Vyril übernehmen, das Inhalationspräparat gegen Heuschnupfen, ein paar weitere Produktlinien vielleicht. Nicht alles ist verloren.« Er griff nach Ingrams Hand und presste sie. »Es ist vorbei, Ingram. Wir hätten es fast geschafft. Und es wäre eine großartige Sache geworden.«

Er rief nach seinen zwei Männern und stand auf, nachdem er das Gerät abgeschaltet und in die Tasche gesteckt hatte.

»Aber was ist mit Zembla-4? Den Zulassungen? Das amerikanische Gesundheitsministerium hat doch –«

»Es hat seine Zustimmung heute Morgen zurückgezogen. Das englische Ministerium hat das Verfahren angesichts dieses Skandals gestoppt. Es wird kein Zembla-4 geben, Ingram. Wir werden das Asthma nicht heilen.«

Rilke beugte sich über Ingram und küsste ihn auf die Wange.

»Ich mag Sie, Ingram. Ich hatte mich sehr auf unseren gemeinsamen Triumph gefreut. Und nun bin ich betroffen wegen Ihres Gesundheitszustands. Ich wünsche Ihnen *buena suerte.*«

Er ging aus dem Zimmer, und einer seiner Lakaien schloss die Tür hinter ihm.

58

Aaron Lalandusse zog die Stirn kraus und zuckte resigniert die Schultern. »Da kann ich nichts machen. Sie wollen keinen meiner Beiträge über Zembla-4 und Calenture-Deutz bringen. Ich darf nicht mal die Namen erwähnen. Da lauern ganze Armeen von Anwälten, die nur darauf warten, dass sie zuschlagen können.«

»Aber das ist doch Irrsinn«, sagte Adam.

»Klar ist es das«, erwiderte Lalandusse. »Aber bis jetzt haben wir nur Indizien. Das musst du zugeben. Keinen rauchenden Colt. Was wir brauchen, ist eine leidtragende Familie. Eine Aktennotiz. Klar, es ist alles im Internet ... zusammen mit zehntausend anderen Verschwörungstheorien. Ich glaube, du bist da einer großen Sauerei auf die Spur gekommen. Das juristische Aufgebot, das sie gegen uns in Stellung bringen, scheint dafür zu sprechen, aber – von journalistischer Seite sind uns die Hände gebunden.«

Adam saß da und grübelte.

»Ich an deiner Stelle würde mich erst einmal zurücklehnen«, sagte Lalandusse. »Die Aktien von Calenture-Deutz werden nicht mehr gehandelt, Rilke Pharma verzichtet auf die Übernahme, wie es aussieht. Keine Arzneimittelbehörde der Welt wird es wagen, Zembla-4 zuzulassen, nachdem all die Gerüchte über die Todesfälle im Umlauf sind.« Er strahlte. »Ich an deiner Stelle würde mich richtig freuen.«

»Vierzehn Kinder sind während der klinischen Erprobung von Zembla-4 gestorben«, sagte Adam. »Das ist einfach Tatsache. Und sie haben diese Tatsache vertuscht, um eine Zulassung zu bekommen – um Milliarden und Abermilliarden an einem potentiell tödlichen Medikament zu verdienen.« Am liebsten hätte er hinzugefügt: Sie gingen bei ihrem Vertuschungsmanöver so weit, dass sie den Leiter ihrer Forschungsabteilung ermorden ließen, als er hinter ihre Machenschaften kam; so weit, dass sie auch ihn, Adam Kindred, zu töten versuchten, weil er zum Zeugen des Mordes geworden war und einen Schlüsselbeweis in den Händen hielt; so weit, dass sie beim Versuch, ihn zu töten, eine junge Frau, genannt Mhouse, ermordet und ihren Sohn zur Waise gemacht hatten. Er spürte seine Ohnmacht, spürte seine Bedeutungslosigkeit. Was konnte er schon ausrichten? Also sagte er nur: »Jemand sollte dafür zur Verantwortung gezogen werden. Einige Leute sollten dafür büßen. Fryzer sollte verhaftet werden, wegen Totschlags.«

»Ein edles Unterfangen, Primo«, sagte Lalandusse. »Willst du es mit den Anwälten von Calenture-Deutz aufnehmen? Mein Verleger jedenfalls hat das Handtuch geworfen. Und mit ihm anscheinend die gesamte britische Presse.« Er trank seine Bierflasche aus. »Versteh mich nicht falsch: Die Story bleibt, aber es kann eine Weile dauern, bis sie rauskommt ... Hast du was dagegen, wenn wir rausgehen? Ich muss eine rauchen.«

Adam und Lalandusse stellten sich vor dem Pub unter die Markise, es fiel ein feiner, beständiger Nieselregen. Lalandusse zündete sich umständlich eine Zigarette an und paffte drauflos wie ein Schulmädchen.

»Was denkst du? Was wird jetzt passieren?«

»Ich vermute, sie werden Calenture-Deutz zerschlagen – ein Notverkauf –, die profitablen Segmente verscherbeln. Sie haben einen neuen Geschäftsführer – der alte ist entlassen. Angeblich wegen Krankheit.«

»Fryzer?« Adam wartete, bis Lalandusse seinen Hustenanfall überstanden hatte.

»Ja – ’tschuldigung. ›Krankheit‹ ist der naheliegendste Euphemismus, wenn man seine Firma zerstört hat.«

»Was ist mit Redcastle passiert?«

»Aus dem Aufsichtsrat geflogen, achtkantig. Und außer Landes geflohen, bevor das Betrugsdezernat zugreifen konnte. Er soll sich in Spanien aufhalten, hab ich gehört. Wird sich für den Rest seines Lebens verstecken müssen.«

Adam gönnte sich ein kurzes Gefühl der Erleichterung. Vielleicht bedeutete dieser Totalzusammenbruch, dass er endlich in Sicherheit war – diese Leute, wer immer sie waren, würden von ihm ablassen, würden nicht mehr versuchen, ihn umzubringen. Warum einen Adam Kindred behelligen, wenn es kein Zembla-4 mehr gab, das es zu schützen galt? Sicher wurde die Jagd jetzt abgeblasen ... Und das war schon ein gutes Gefühl, trotz all der offenen Fragen, die ihm durch den Kopf schwirrten, trotz all der Schuldgefühle wegen Mhouse ... Was war aus Ly-on geworden? Kümmerte sich jemand um ihn? Pflegeeltern? An die beiden zu denken, sich sein Leben mit Mhouse und Ly-on im Shaft ins Gedächtnis zu rufen, war die seltsamste Erfahrung – wie die Biographie eines anderen Menschen. Trotzdem, irgendwohin musste Ly-on verschwunden sein, und wenn sich die Lage jetzt beruhigte, musste er unbedingt nachforschen, was aus ihm geworden war.

Lalandusse steckte sich eine zweite Zigarette an – es kostete ihn drei Streichhölzer und einen weiteren Hustenfall, das Ding zum Qualmen zu bringen. Übung macht den Meister, dachte Adam.

»Ich geh dann mal«, sagte Adam. »Ich hab eine Verabredung.« Er schüttelte Lalandusse die Hand. »Danke, Aaron«, sagte er, »für deine phantastische Hilfe.«

»Nein, ich hab dir zu danken ... Sieht ganz so aus, als hättest du eine Killerdroge gestoppt, die schon in den Startlöchern saß. Das kommt nicht alle Tage vor. Ich melde mich bei dir, wenn ich alles aufschreibe. Könnte ein Buch draus werden – wenn sich die Aufregung gelegt hat.«

»Ja. Sehen wir mal, ob wir diesen Bösewicht, Ingram Fryzer, festnageln können.«

»Darauf kannst du wetten.«

Adam verabschiedete sich und ging in Richtung U-Bahn.

Er saß auf der Bank an der Chelsea Bridge und wartete auf Turpin – der sich Zeit ließ. Es war schon elf Uhr durch und nur wenig Verkehr auf dem Embankment. Bei seiner Ankunft hatte er eine Weile auf der Brücke gestanden und, in Erinnerungen versunken, zum Uferdreieck hinübergeschaut. Die Ebbe hatte gerade eingesetzt, mit einer kräftigen Strömung Richtung Nordsee. Während er wartete, war ein starker Regenschauer heraufgezogen, und er hatte unter den Bäumen am Dreieck Schutz gesucht. Ein paar Leute eilten vorbei, die Köpfe unter Schirmen versteckt, aber die Straßen waren überraschend leer. Adam nahm eine Wollmütze aus der Tasche und zog sie tief ins Gesicht, bis zu den Augenbrauen. Die Nacht war kühl, er fröstelte.

Rita hatte er benachrichtigt – er müsse länger arbeiten und hoffe, gegen Mitternacht zu Hause zu sein. Sie besaß jetzt ihre eigenen Schlüssel zur Wohnung in den Oystergate Buildings, und sie fragte, ob sie ihm etwas zu essen machen solle. Nein, sagte er, mach dir nicht die Mühe, ich schlüpfe einfach nur ins Bett. Der Gedanke, zu Rita ins Bett zu schlüpfen, unter der Decke nach ihrem warmen Körper zu tasten, erregte ihn, er stand auf und lief ein wenig auf und ab. Wie gern er jetzt bei ihr wäre! Statt auf seinen Erpresser Vince Turpin zu warten, diese Figur aus der Vergangenheit, die ihn noch immer mit seinen Geldforderungen belästigte. Das war die dritte Zahlung an Turpin, weitere zweihundert Pfund. Seine Vorräte gingen zur Neige, und er musste Rita schon anpumpen, um über die Runden zu kommen. Das würde das letzte Mal sein, beschloss er – jetzt, nachdem er mit Lalandusse gesprochen und erfahren hatte, wie es um Calenture-Deutz stand. Sie haben mehr als genug Ärger in ihrer Firma, dachte er. Was wollen die da noch von mir? Sicher haben sie ihre Bluthunde zurückgepfiffen.

Er sah Turpin durch die Chelsea Bridge Road torkeln. An der Fußgängerampel vor dem Lister Hospital überquerte er die Straße und stoppte mit erhobenem Arm den nicht vorhandenen Verkehr. Als er Adam entdeckte, fing er sich und bremste seine Schritte. Auf dem Leib trug er eine glänzende neue Lederjacke mit zu langen Ärmeln. Da also steckt mein Geld, dachte Adam.

»Haste was zu rauchen?«, fragte Turpin und blies ihm seinen Bieratem ins Gesicht.

»Ich rauche nicht«, antwortete Adam, übergab ihm das Geld und verfolgte, wie Turpin umständlich die Scheine zählte.

»Das ist zu wenig. Ich sagte, dreihundert Pfund.«

»Du sagtest zweihundert. Wie beim letzten Mal.«

»Das geht immer ein bisschen nach oben, John. Böser Junge. Vince ist nicht erfreut.«

»Du sagtest zweihundert. Dafür kann ich nichts.«

»Pass mal auf, mein Sonnenschein. Jetzt, wo du so erfolgreich bist, hast du bestimmt eine Kreditkarte. Gehen wir zum Automaten. Sehen wir, wie viel wir kriegen – könnte nen kleinen Cashflow vertragen.«

»Nein, das war's. Mehr gibt es nicht.«

Turpin seufzte theatralisch. »Du machst es mir sehr leicht, zwei Riesen zu verdienen, John. Ich muss nur den hässlichen Typ anrufen. Ihm die Nummer von deinem Motorroller nennen. Wo ist der überhaupt? Schon verkauft?« Während Turpin sein betrunkenes Geschwätz fortsetzte, dachte Adam: Aber natürlich hat er's ihm erzählt! Seine zwei Riesen hat er längst kassiert. Warum sollte sich ein Turpin ehrlich verhalten? Das war doch sonst nicht seine Art. Nie im Leben! Adam rief sich seine Worte ins Gedächtnis: *Ich krieg das Geld von dir oder ich krieg das Geld von ihm. Ich hab seine Telefonnummer. Ich muss nur anrufen, das Kennzeichen durchgeben – und Bingo. Zweitausend Pfund für Mr Turpin, und vielen Dank. Ist gar kein Problem für mich.*

Adam dachte scharf nach. Er musste von hier weg, weg vom

Uferdreieck. War es das Risiko wert, Turpin wegen hundert Pfund zu verprellen? Besser war es, ihn bei Laune zu halten, Zeit zu gewinnen – Zeit, die er brauchte, um einen Ausweg zu finden, um die Spur, die zu Primo Belem führte, ein für alle Mal auszulöschen, um sich endgültig in Sicherheit zu bringen. Aber vielleicht war er ja schon in Sicherheit: Der Mann, der ihn umbringen sollte, verlangte vermutlich Geld dafür. Und wenn Calenture-Deutz pleite war –

»Komm schon. Du bist am Drücker, Johnnie.«

»Na gut«, sagte Adam und wandte sich Richtung Chelsea. »Am Sloane Square ist ein Geldautomat.«

»Ich bin doch nicht blöd!«, rief Turpin. »Vielleicht hast du Freunde, die den guten Vince am Sloane Square erwarten. Nein, mein Guter, wir gehen lieber nach Battersea.«

Sie machten sich auf den Weg über die Brücke, Turpin wollte sich an Adams Arm festhalten, er schien immer betrunkener zu werden.

Adam schüttelte ihn ab. »Fass mich bloß nicht an«, sagte er.

Turpin blieb wütend stehen und hielt sich stattdessen am Brückengeländer fest. »So kannst du nicht mit mir reden. Wer bin ich denn? Ein Dreck? Wenn hier einer auf die Fresse fällt, bist du das, du dummes Arschloch. Dein Schnürsenkel ist offen.« Turpin fand diesen Umstand sehr komisch und krümmte sich vor Lachen.

Adam blickte nach unten und sah seinen rechten Schnürsenkel auf dem nassen Fußweg nachschleifen. Turpin, noch immer lachend, lehnte sich an das rot-weiße, dicke Gusseisengeländer der Brücke, die Ellbogen aufgestützt – wie ein Betrunkener, der es sich an der Bar bequem macht, dachte Adam. Ein Nachtbus rumpelte vorbei, die Lichter des Oberdecks huschten über Turpins faltiges Dickhäutergesicht.

»Ich hab heute einen lustigen Witz gehört«, sagte Turpin. »Ganz schön gelacht. Lachen ist gesund. Reinigt Körper und Seele, sagen die Ärzte.«

Adam bückte sich, um seinen Schuh zuzubinden.

»Sagt eine Sozialarbeiterin zu einem kleinen Mädchen«, begann Turpin seinen Witz, »so einem hübschen kleinen Ding, sagt sie: Weißt du, wann deine Mummy ihre Periode hat? – Den kennst du schon, oder?«

»Nein«, sagte Adam und band vorsichtshalber auch seinen anderen Schnürsenkel neu.

»Ist verdammt gut. Du schmeißt dich weg. Also, da sagt das kleine Mädchen zu der Sozialarbeiterin« – jetzt verfiel Turpin in ein kreischendes Falsett –, »ja, Miss, ich weiß, wann meine Mummy ihre Periode hat. Die Sozialarbeiterin: Und woran merkst du das? Da sagt das kleine Mädchen: Weil Daddys Schwanz dann immer so komisch schmeckt.« Turpin konnte sich kaum halten vor Lachen.

Plötzlich, mit einem Erkenntnisblitz, wurde Adam klar, was er tun konnte, hier und jetzt, und wie einfach es sein würde. Zum Allermindesten wäre dieser Akt der Selbstjustiz ein kleines Stück Vergeltung für all das Leid, das Turpin seinen vielen Kindern und Frauen angetan hatte. Während sich Turpin noch immer über seinen Witz ausschüttete, streckte Adam den Arm vor, schob zwei Finger unter Turpins rechtes Hosenbein, packte zu und erhob sich ruckartig vom Boden. Turpin rutschte so schnell und reibungslos übers Geländer, dass er nur noch Zeit für einen überraschten Aufschrei fand. Seine Hände griffen hilflos ins Leere, dann verschwand er im dunklen Schatten der Brückenbeleuchtung. Adam hörte das Aufklatschen seines Körpers. Einen kurzen Moment dachte er daran, auf die andere Seite zu rennen und nach ihm zu sehen, aber die Fahrbahn der Chelsea Bridge ließ sich nicht so einfach überqueren – er hätte zwei beachtliche Barrieren zu beiden Seiten der Fahrbahn überwinden müssen –, außerdem war es dunkel, und die starke Strömung würde Turpin viel zu schnell davontragen. Also hielt er sich nicht länger auf und lief weiter, Richtung Battersea. Es war alles so schnell gegangen – kein

Mensch auf der Brücke, kein Auto in Sicht. Erst waren da zwei Männer gewesen, im nächsten Augenblick nur noch einer. So einfach war das. Turpin ist weg, dachte Adam im Gehen, und zu seinem gelinden Erstaunen empfand er nichts, er fühlte sich in keiner Weise verändert, in keiner Weise schuldig. Es war ein einfacher Akt gewesen, eine spontane Entscheidung, Turpin aus der Welt zu schaffen, als hätte ihn ein Ziegelstein erschlagen oder ein Auto überfahren. Ein tödlicher Unfall. Mit ruhigen, stetigen Schritten lief Adam weiter nach Battersea. Dort stieg er in den Bus und fuhr zu Rita.

59

Sehr seltsam, so eine Lebensreise, dachte Ingram. Der Weg von der Wiege bis zur Bahre führt einen an Orte, von denen man nichts geahnt hat. Er saß aufrecht in seinem Krankenhausbett, an einen dicken Berg Kissen gelehnt, sein narbenübersäter Kopf war in einen schmucken, turbanartigen Verband gehüllt. In der Armvene hatte er einen Tropf, und sein linkes Auge war von einer schwarzen Piratenklappe verdeckt – die er sich selbst ausgebeten hatte, um zu probieren, ob sie gegen das Feuerwerk half, das in seinem linken Auge vor einem graukörnig wabernden Hintergrund Funken sprühte und Lichtgarben verschoss und das Einzige war, was ihm seine linke Netzhaut gegenwärtig an Seheindrücken lieferte. Ohne das von außen einfallende Licht, so schien es ihm, wurde das pyrotechnische Geschehen merklich eingedämmt, nur gelegentlich ließ ihn eine Supernova oder Atombombenexplosion zusammenzucken, doch abgesehen davon fühlte er sich recht gut, wenn man Beschwerden wie Übelkeit, Mundtrockenheit und Benommenheit unter diesen Umständen als normal betrachtete. Er konnte sprechen, er konnte lesen (mit einem Auge), er konnte denken, er konnte essen – obwohl er keinen Hunger verspürte –, er konnte trinken, er hatte Stuhlgang, wenn auch unter Mühen und mit magerem Ergebnis. Wonach er gierte, waren süße Kaltgetränke – alle Besucher bat er, gekühlte Cola mitzubringen, ob Pepsi, Coke oder irgendwelche Discountermarken, war ihm egal.

Seit der Operation – der dringend gebotenen »Entrümpelung« seines Gehirns – waren drei Tage vergangen, und er war aufgeklärt worden, dass man seinen Tumor zusammen mit anderem Gewebe entfernt hatte. Jetzt stand ihm die Chemotherapie bevor, und er durfte Besucher empfangen. Seine Frau Meredith war vor fünf Minuten gegangen – erfolglos bemüht, ihre Tränen vor ihm zu verbergen.

Jetzt saß Lachlan McTurk mit seinem ganzen Gewicht auf Ingrams Bettkante und trank aus dem Zahnputzglas den Malt Whisky, den er als Geschenk mitgebracht hatte.

»Der wird Ihnen gefallen, Ingram«, sagte McTurk. »Speyside. Aberlour. Ich weiß, dass Sie Westküste nicht mögen.«

»Danke, Lachlan. Ich bin gespannt.«

McTurk schenkte sich nach.

»Wer war Ihr Chirurg?«, fragte er.

»Mr Gulzar Shah«, sagte Ingram. Der hatte vor einer Stunde kurz hereingeschaut, ein großer, hagerer Mann mit weicher Stimme und so dunklen Augenschatten, dass man glauben konnte, er hätte Schminke aufgetragen.

»Oh. Sehr guter Mann. Spitzenkraft. Hat er Ihnen eine Abschlussdiagnose genannt?«

»Glioblastoma multiforme.« Ingram sprach die Bezeichnung sorgfältig aus. »Ich glaube, das hat er gesagt.«

»Äh ... ja ... hmmm. O Gott ... ja ...«

»Sie klingen wunderbar beruhigend, Lachlan. Mr Shah sagte, er möchte noch weitere Biopsie-Befunde abwarten, bevor er es bestätigt. Aber das war sein vorläufiges Urteil.«

»Das ist definitiv etwas, was man nicht haben möchte, alter Junge. Mehr will ich nicht dazu sagen. Sehr unangenehm.«

»Tja, ich scheine es aber zu haben. Ich kann's mir nicht aussuchen.«

»Ja, ich glaube auch.«

»Sie sind mein Arzt, Lachlan – wie lautet Ihre Prognose?«

Lachlan schlürfte seinen Whisky, überlegte, saugte an seinen Zähnen.

»Nun ... dem üblichen Verlauf nach sind Sie wahrscheinlich in drei Monaten tot. Aber lassen Sie nicht alle Hoffnung fahren. Bei zehn Prozent der Erkrankten kommt es zu einer Remission – manche haben fünf Jahre durchgehalten. Man kann nie wissen. Sie könnten die große Ausnahme sein. Sie könnten der medizinischen Wissenschaft ein Schnippchen schlagen, ein langes, erfülltes Leben führen. Allerdings ist das ein seltener und sehr bösartiger Tumor.« Lachlan tätschelte ihm die Hand. »Ganz außergewöhnlich. Trotzdem, ich verwette mein ganzes Geld auf Sie, Ingram. Ich gebe Ihnen noch fünf Jahre – mindestens.«

»Vielen Dank.«

Es klopfte an die Tür.

»Ich mach mich davon, Laddie«, sagte Lachlan im schönsten Schottisch. Er schob Ingram die Whiskyflasche hin. »Gönnen Sie sich ein Schlückchen. Wozu sich einschränken, nicht wahr? Kopf hoch!«

Im Hinausgehen traf er auf Ingrams Steuerberater, Chandrakant Das. Chandrakant befand sich offensichtlich in einem Zustand des Schocks. Eine Weile lang brachte er kein Wort heraus. Mit verkniffenem Gesicht und feuchten Augen stand er am Bett, umfasste Ingrams Finger mit beiden Händen und blickte schwer atmend zu Boden, bis er nach einer Minute die Fassung zurückgewann.

»Ich fühle mich überraschend gut, Chandra«, sagte Ingram, um ihn aufzumuntern. »Ich weiß, dass alles um mich zusammenbricht, aber ich fühle mich gesund genug, um mich nach dem Stand meiner Finanzen zu erkundigen. Deshalb habe ich Sie hergebeten. Ich bitte um Entschuldigung.«

Endlich fand Chandra die Sprache wieder. »Es steht nicht gut, Ingram. Nicht gut, nicht gut, nicht gut.«

Chandra schilderte ihm die Lage. Der Aktienkurs von Calenture-Deutz lag gegenwärtig bei siebenunddreißig Pence und war immer noch auf Talfahrt. Rilke Pharma hatte den Anteilseignern ein Übernahmeangebot auf der Grundlage von fünfzig Pence pro Aktie gemacht, sich aber anders besonnen, als die Firma weiter rapide an Wert verlor. Ingram war seiner Ämter enthoben worden, und nur seine »gesundheitliche Krise« hielt das Betrugsdezernat vom Zugriff ab.

»Aber ich habe keinen Penny an diesem Fiasko verdient«, sagte Ingram. »Ich hab ein Vermögen verloren. Was wollen die dann von mir?«

»Ihr Schwager hat sich mit 1,8 Millionen Pfund ins Ausland abgesetzt«, sagte Chandra erbittert. »In Spanien kommen sie nicht an ihn heran, also halten sie sich an Sie. Es heißt, Sie hätten ihm geraten zu verkaufen. Ein klarer Fall von Insiderhandel.«

»Im Gegenteil. Ich habe ihm ausdrücklich geraten, nicht zu verkaufen.«

»Können Sie das beweisen?«

Ingram verstummte.

»Ich möchte nicht, dass Sie sich Sorgen machen, Ingram. Burton Keegan kümmert sich um alles und hält die Polizei in Schach. Es würde nicht gut aussehen, wenn sie einen Mann verhaftet, der so nahe dem – der so schwer krank ist.«

»Der gute alte Burton.«

Chandra nahm erneut seine Hand und sagte mit aufrichtigem Gefühl: »Ich bin so froh, Sie zu sehen, Ingram. Und es tut mir so leid, was da passiert ist.«

Ingram zog die Stirn kraus und befreite sich sanft aus Chandras Griff. »Genau das ist es. Ich verstehe einfach nicht, wie das passieren konnte. Das ist es, was mich beschäftigt. Alles schien gut zu laufen, alles war, wie es sein sollte.«

Chandra zuckte die Schultern, breitete die Hände aus. »Wer sind wir, um das zu beurteilen? Um die richtigen Antworten zu finden? Wer kann schon voraussagen, was das Leben bringt?«

»Sehr wahr.«

Ingram bat Chandra, ihm einen Zentimeter von Lachlans Whisky einzuschenken. Er kostete vorsichtig, der Whisky brannte in der Kehle. Ingram schmeckte gebrannte Gerste,

Torf, klare schottische Bäche. Der Whisky machte ihn übermütig.

»Ich möchte wissen, wo ich stehe, Chandra. Die Gesamtbilanz. Schonen Sie mich nicht. Jetzt, wo alles ins Rutschen geraten ist.«

»Ich habe vorher noch schnell eine Übersicht gemacht«, sagte Chandra, und die Nachwirkungen seines Erschreckens zeichneten sich für einen Moment in seinem Gesicht ab. »Es steht nicht gut ... Letzten Monat lag Ihr Vermögen bei mehr als zweihundert Millionen Pfund. Und jetzt ...« Er zog sein Handy heraus und tippte Zahlen ein. Ingram fragte sich kurz, wen er jetzt anrief, dann fiel ihm ein, dass man neuerdings mit dem Handy alles machen konnte, einfach alles.

Chandra hielt das Handy von sich fort, als würde er die Zahlen anzweifeln, die er dort las. »Jetzt würde ich sagen, dass Ihr Vermögen bei zehn Millionen liegt, plus/minus hunderttausend. Über den Daumen gepeilt.« Chandra lächelte. »Nicht gerechnet natürlich Ihre Liegenschaften.«

»Es gibt also noch ein Licht in der Finsternis.«

»Ein Fünkchen Licht, Ingram. Sie können immer noch einigermaßen gut leben. Sie sind kein armer Mann. Aber Sie müssen haushalten.«

Er reichte Ingram ein paar Dokumente zur Unterschrift. Gut möglich, dass er jetzt den Verzicht auf sein verbliebenes Vermögen besiegelte, aber er traute Chandra. Und ohne dieses Vertrauen war kein Leben möglich, wie er gerade erst bitter hatte erfahren müssen. Chandra würde dafür sorgen, dass er zurechtkam, dass Meredith und die Familie mit dem zurechtkamen, was geblieben war. Möglicherweise mussten sie kürzertreten, den Gürtel enger schnallen, aber, wie Chandra gesagt hatte, er war kein armer Mann. Zumindest ist das zu hoffen, dachte er, plötzlich weniger zuversichtlich. Wer kann schon voraussagen, was das Leben bringt?, hatte Chandra ihn erinnert.

Chandra sammelte seine Papiere ein, schüttelte Ingram die

Hand und versicherte ihm, alles werde gut. Als er ging, steckte eine Schwester den Kopf durch die Tür.

»Sind Sie in der Lage, weitere Besucher zu empfangen, Mr Fryzer? Mr Shah meinte, Sie sollen sich nicht überanstrengen.«

»Hängt ganz davon ab, wer es ist«, sagte Ingram und dachte im Stillen: Wenn es das Betrugsdezernat ist, bin ich im Koma.

»Es ist Ihr Sohn.«

»Oh, gern. Das geht in Ordnung.« Er rief: »Junge, komm rein.«

Fortunatus betrat das Zimmer.

»Ich bin's, Dad.«

Er hatte einen Blumenstrauß in der schmutzigen Hand, dunkelrote Blumen mit wächsernen Blättern, deren starker Duft sofort das Zimmer erfüllte. Forty überreichte ihm die Blumen.

»Was sind das für welche?«, fragte Ingram maßlos gerührt.

»Freesien. Meine Lieblingsblumen. Ich hab sie eben für dich geschnitten. Wir machen gerade einen Garten in der Nähe.«

Forty sah aus, als käme er frisch vom Fronteinsatz – die gewohnte dreckige Nahkampfjacke über ausgebeulten, ölverschmierten Jeans, sein Schädel war jetzt kahl wie ein Ei. Ingram bestaunte seinen Sohn wie ein Wunderwesen.

»Wie geht's dir, Dad?«

»Ich habe beschlossen, deine Haartracht zu übernehmen. Ich will aussehen wie du.«

Fortunatus lachte nervös.

»Sie haben mir alle Haare abrasiert und das halbe Gehirn rausgenommen.«

»So weit mussten sie doch nicht gehen«, sagte Forty.

Sie lachten beide darüber. Ingram lachte lauter und spürte, wie sein ganzer Körper vom Lachen erschüttert wurde.

»Ich hab dich lieb, Forty«, sagte er. »Deshalb will ich so aussehen wie du.«

»Dad«, sagte Forty verlegen. »Bitte nicht weinen.«

60

Seltsam, das eigene Gesicht in der Zeitung zu sehen, dachte Jonjo. Besonders wenn man nie vorher in der Zeitung stand. Das Foto war etwa fünfzehn Jahre alt, schätzte er, aus seiner Zeit bei der Army, und darunter stand: »John-Joseph Case, gesucht als Zeuge im Zusammenhang mit dem Mord an Dr. Philip Wang.« Er knüllte die Zeitung zu einer Kugel und warf sie gegen das Rückfenster seines Campers. Sie prallte von der schräggestellten Plexiglasscheibe ab und fiel auf den Teppichbelag, wo sich der Hund sofort auf sie stürzte, vor Jonjos Füßen ablegte und schwanzwedelnd darauf wartete, dass das neue Spiel weiterging.

Jonjo nahm den Hund in den Arm und drehte ihn auf den Rücken wie ein Baby. Dem Hund gefiel es, so gehalten zu werden, und er leckte Jonjo mit seiner großen nassen Zunge das Gesicht ab. Jonjo drückte den Hund an sich, verwirrt von den Empfindungen, die ihn durchfuhren. »Tut mir leid, aber es geht nicht anders«, sagte er und setzte ihn behutsam auf dem Boden ab. Bis zur Flutspitze waren es noch zwei Stunden, keine Zeit zum Trödeln.

Verunsichert durch seinen neuen Bekanntheitsgrad, betrat Jonjo die winzige Toilette und besah sich im Spiegel über dem Waschbecken. Der schwarze Bart machte sich ganz gut, doch wenn er weiter so schnell wuchs, musste er ihn bald nachfärben, und irgendwie, auf eine komische Art, fand er, dass ihm das Dunkle ziemlich gut stand – besser jedenfalls als sein gewohnter rötlich brauner Bürstenschnitt, und als Extrabonus kam dazu, dass sein auffälligstes Kennzeichen, die Kinnspalte, nun von seiner Gesichtsbehaarung verdeckt wurde. Vielleicht hätte er sich den Bart viel früher zulegen sollen, überlegte er, aber zumindest sah er jetzt nicht aus wie das Bild in der Zeitung. Jetzt mache ich schon Kindred nach, dachte er beklommen, gucke mir von ihm ab, wie man untertaucht, wie man sich unsichtbar macht. Bis jetzt (danke, kann mich nicht beklagen) war sein Leben ziemlich glatt verlaufen – bis zum Auftritt von Kindred. Er hatte den Falklandkrieg überstanden, Nordirland, Golfkrieg 1, Bosnien, Golfkrieg 2, Irak und Afghanistan – doch kaum war ihm dieser Kindred in die Quere gekommen, ging alles in die Hose. Bloß nicht aufregen, ermahnte er sich.

Er schob die Glock in die Tasche und griff nach dem Spaten.

»Na komm, Junge«, sagte er. »Gassi gehen.«

Er stieg aus dem Camper und holte tief Luft. Es war ein sonniger Nachmittag – dünne Wolkenschleier wanderten hoch oben von Südosten her über den Himmel –, ein typischer englischer Sommertag mit einer kühlen Brise von der Themsemündung her. Er hatte sich einen neuen Campingplatz gesucht, nicht weit von der Küste, auf Canvey Island, Essex – eine seltsam eingesunkene, von Deichen umschlossene Themse-Insel zwischen Basildon und Southend-on-Sea, eine abgeschiedene Gegend mit stillgelegten Raffinerien, grasüberwachsenen Betonstraßen und rostigen Straßenlampen, aber auch riesigen neuen, stacheldrahtumzäunten Raffinerien und Ölsilos, die nachts in helles Licht getaucht waren, Dampffontänen und orangegelbe Stichflammen ausstießen und die gewaltigen Tanker abfertigten, die an den stählernen, in die Flussmündung ragenden Piers festgemacht hatten. Hier und da am Deich erinnerten schmucke Art-déco-Cafés an die Zeiten, als die Insel den Londonern noch als bequem erreichbarer Ferienort gedient hatte, doch nun, soweit er es nach den ersten paar Tagen beurteilen konnte, sehr eigenwillige Öffnungszeiten befolgten: Manchmal hatte man Glück, manchmal nicht.

Er hielt sich bei seinem Aufenthalt auf Canvey Island möglichst bedeckt, machte Spaziergänge mit dem Hund, zweimal hatte er die Insel auf dem Deich umrundet, einmal im Uhrzeigersinn, einmal entgegen. Auf seine Campingnachbarn zu beiden Seiten ließ er sich nicht zu sehr ein, und er achtete darauf, dass die Gespräche kurz und dennoch freundlich verliefen.

Das Problem war der Hund. Bassets waren immer ein Problem. Er konnte keine zehn Schritt gehen, ohne dass Kinder kamen und den Hund streicheln wollten, ohne dass irgendeine Mutter rief: Ach, was für ein liebes Hundchen, oder ihm irgendein Hundekenner Vorträge über Rassen und Hundezucht halten wollte. Da konnte er auch gleich ein Schild vor sich hertragen: VON DER POLIZEI GESUCHTER MANN MIT INTERESSANTEM, STREICHELBAREM HUND AUF DER FLUCHT. So ein Hund war genau das, was man nicht brauchte, wenn die Polizei hinter einem her war. Er verfluchte sich für seine Sentimentalität – er hätte den Hund bei Candy lassen sollen. Einen Zettel durch die Tür schieben mit der Bitte, sich um ihn zu kümmern, er müsse für ein paar Monate ins Ausland oder so. Candy wäre begeistert gewesen – gar kein Problem.

Er nahm den Hund und verließ den Campingplatz, ohne jemandem zu begegnen, lief ostwärts durch die Stadt in Richtung Smallgains Creek, von wo man zum Bootshafen und zum Jachtclub gelangte. Er überquerte den Deich, kam am Gebäude des Jachtclubs vorbei und suchte hinter der Bootswerft nach dem Pfad, der durchs Watt führte – oder durch die Butenmarsch, wie man hier dazu sagte, bis nach Canvey Point, dem östlichsten Vorsprung der Insel.

Inzwischen war ihm klar geworden, wie sie mit ihm hatten verfahren wollen. Sie wären, wie Darren ihm angekündigt hatte, bei ihm erschienen und hätten ihn mitgenommen. Da sie seine Waffen schon vorher aus dem Haus geholt hatten, hätten sie ihn einfach eingesackt und in aller Ruhe abgeknallt, dann seine Leiche auf Nimmerwiedersehen verschwinden lassen – Ende des Problems, Plan A. Aber da er sich rechtzeitig verdrückt hatte (Danke, Darren), waren sie auf Plan B umgestiegen. Der Zeitungsartikel sagte alles: Durchsuchung seines Hauses aufgrund eines »anonymen Hinweises«, Sicherstellung eines Fotos von Dr. Philip Wang, einer Lageskizze des Anne Boleyn House in Chelsea, einer goldenen Uhr aus dem Besitz von Dr. Wang, der Abgleich seiner DNA mit Spuren in Wangs Wohnung.

Ich bin doch nicht blöd, sagte sich Jonjo, während er den Pfad entlangstapfte, der von der Werft wegführte, und weil er nicht blöd war, wusste er genau, dass sie ihn in die Pfanne gehauen hatten, nach allen Regeln der Kunst. Selbst wenn er im Fall seiner Festnahme auspackte, alles erzählte, was er wusste, würden sie ihn wegen Mordes drankriegen. Zwischen seinen Jobs und der Risk Averse Group oder den Leuten, in deren Auftrag sie handelte, ließ sich nicht die geringste Verbindung herstellen. Alles, was er sagte, würde man als wilde, haltlose Anschuldigungen interpretieren. Vielleicht wurde es ein bisschen peinlich für die RAG (er stellte sich Major Tims verständnislos staunendes Gesicht vor), aber ein Exsöldner, erst vor kurzem in Unehren entlassen, war ja geradezu prädestiniert für eine Paranoia, sein traumatisiertes Hirn musste ja die abwegigsten Schauermärchen aushecken.

Nein, das lief so nicht, er musste verschwinden, auf Tauchstation gehen – und fertig. Genau wie Kindred. Jonjo erkannte die Ironie, die darin lag, und sie gefiel ihm überhaupt nicht. Aber wenigstens war er gut ausgebildet, hatte er Vorkehrungen für den Ernstfall und unvorhergesehene Schwierigkeiten getroffen. Er hatte über das unbenutzte Handy mit seinem Freund Giel Hoekstra telefoniert, der in einem Häuschen bei Rotterdam wohnte. Kennengelernt hatten sie sich beim Bosnien-Einsatz, sie hatten einiges mitgemacht, und eingedenk der Risiken und Gefahren, die ihnen im späteren Leben daraus erwachsen konnten, hatten sie Pläne geschmiedet und sich gegenseitige Hilfe versprochen, falls es einmal nötig werden sollte: Rettungsschirme bereitzulegen, Hintertüren offenzuhalten, Unterschlüpfe zu organisieren, Zufluchtshäfen zu öffnen bei stürmischer See. Er hätte sich auch an Norton in St. Paul, Minnesota, wenden können, an Aled in Aberystwyth, Wales, Campbell in Glasgow, Schottland, Jean-Claude in Nantes, Frankreich, oder ein halbes Dutzend andere – aber Giel war im Moment der geeignete Mann.

Er hatte Giel nur gesagt, er müsse England verlassen, sofort und inkognito. Per Schiff, hatte Giel nach kurzem Überlegen entschieden. Fahr in einen kleinen Küstenort mit funktionierendem Hafen. Canvey Island, hatte Jonjo spontan erwidert, dort findest du mich. Canvey Island in der Themsemündung, Ort seiner Kindheitsferien. Sie hatten sich auf Datum und Uhrzeit geeinigt, und Giel hatte einen provisorischen Plan entworfen. Von Canvey Island zu einem anderen kleinen Küstenort mit belebtem Jachthafen, wo ein ständiges Kommen und Gehen herrschte – Havenhoofd, so hieß er, nahe Rotterdam. Dann von Rotterdam nach Amsterdam zu einer Wohnung, die Giels Schwester gehörte. »Machst du eben ein paar Wochen den Touristen«, so Giel. »Ich habe Freunde. Für solche wie dich gibt es immer viel zu tun, Jonjo. So viel Arbeit, wie du willst, wir besorgen dir einen neuen Pass, du wirst Holländer.« Gott sei Dank hab ich das Geld beiseitegeschafft, sagte sich Jonjo. Er hatte das Taxi entsorgt, zweitausend Pfund in bar für den alten Camper bezahlt und war aus London verschwunden – ostwärts durch Essex, Richtung Küste, Richtung Freiheit.

Auf Canvey machte er Station und wartete auf Giel Hoekstra. Einerseits war er stolz auf seine Überlebenskunst, andererseits kochte es in ihm, weil er gezwungen war, sich auf sie zu verlassen. Was wurde nun aus seinem Haus, aus seinen Sachen? Vergiss es, sagte er sich, einfach nicht dran denken. Du bist frei, der Rest ist Geschichte, kommt auf den Müll. Und Major Tim Delaporte kriegt den Spitzenplatz auf seiner Hassliste. Nein, nicht ganz – der Platz ganz oben war auf Dauer für Adam Kindred reserviert.

Jonjo blieb stehen. Ein paar hundert Meter war er jetzt vom Jachtclub und der Bootswerft entfernt, alles schien ruhig. Er ließ den Hund von der Leine und lief querfeldein durch das struppige braune Gras der Marsch, bis er zum schmalen Strand kam. Er drehte sich einmal im Kreis und sah niemanden. Der Hund tobte im Sand umher, beschnüffelte Treibgut und jagte den Krabben nach, wedelte aufgeregt mit dem Schwanz. Wenn Jonjo übers Wasser blickte, sah er den hohen Schornstein des Kraftwerks von Grain auf der Halbinsel Hoo, jenseits der Themsemündung. Das ist schon Kent dort drüben, dachte er beiläufig, eine Meile etwa entfernt. Er lief zurück zum Dünenrand, wo der Strandhafer begann, steckte mit dem Spaten ein Rechteck ab, grub sich durch den mit Muscheln durchsetzten Kies bis zu einer sandig-feuchten Lehmschicht durch und hob eine hundegroße, halbmetertiefe Grube aus, deren Boden sich sofort mit Wasser bedeckte. Dann pfiff er nach dem Hund, und schon hörte er ihn vom Strand her näher hecheln.

»Komm«, sagte Jonjo. »Spring rein.«

Der Hund beschnüffelte den Rand der Grube, unschlüssig offenbar, was dieses neue Spiel bedeutete. Jonjo setzte den Stiefel auf den Hundeleib und schob ihn ins Loch. Der Hund plumpste hinein.

»Platz«, sagte Jonjo. »Platz, mein Junge.«

Der Hund setzte sich gehorsam in die Grube.

Jonjo zog seine Glock heraus. Er hielt sie dicht ans Bein und schaute sich noch einmal um, für den Fall, dass irgendwelche Ausflügler noch vor der Flut zum Canvey Point hinüberwollten, aber es war niemand zu sehen. Gegenüber, auf der anderen Seite der Mündung des Benfleet Creek, sah er die belebten Straßen von Southend-on-Sea und den weit ins Meer ragenden Pier, und kam sich sehr verloren vor – ein Mann mit Hund auf dem äußersten, kahlen Zipfel einer kleinen Insel in der Themsemündung – und gleichzeitig bedrängt und beobachtet: Ganz Essex tummelte sich dort drüben auf der anderen Seite, nur eine halbe Meile entfernt.

Er blickte auf den Hund hinab und wurde plötzlich von merkwürdigen Empfindungen heimgesucht – als ob es in seinem Kopf zu summen anfing. Er richtete die Pistole auf den Hund.

»Tut mir leid, Junge«, sagte er. »Du bist mein guter Hund, und du weißt es.«

Seine Stimme klang irgendwie komisch und krächzend, und er merkte, dass er weinte. Scheiße! Musste das sein? Seit er zwölf war, hatte er nicht mehr geflennt, das hatte er hinter sich gebracht, ein für alle Mal. Lachhaft war das, widerlich. Kein Wunder, dass ihm die RAG den Laufpass gegeben hatte. Er verfluchte sich selbst – reiß dich zusammen, du Memme, das nennt sich nun Soldat, und du dachtest, du bist der geborene Killer. Er zielte auf den Kopf des Hundes. Der Hund schaute zu ihm auf, arglos blinzelnd, noch immer ein wenig hechelnd vom Herumtoben.

Jetzt den Abzug ziehen. Langsam.

Bei Flut, so hatten sie es verabredet, erwartete ihn Giel Hoekstra auf dem Kai der Brinkman's Wharf, wo Boote anlegen durften. Giel lief rauchend auf und ab, ein stämmiger, untersetzter Kerl mit halblangem Haar, das er zu einem kurzen Pferdeschwanz gebunden hatte. Hat ganz schön zugelegt seit dem letzten Mal, dachte Jonjo und war ihm jetzt sehr zugetan. Sie umarmten sich kurz und klopften sich auf die Schulter. Giel zeigte ihm den Kajütenkreuzer, mit dem er den Kanal überquert hatte: weiß und schnittig, zwei klotzige Außenbordmotoren am Heck.

»Drei Stunden brauchen wir, bis wir in Havenhoofd sein«, sagte er. »Nette kleine Marina. Keiner stellt Fragen. Ich bin der Freund von Hafenmeister.« Er grinste. »Sagen wir, der neue Freund.«

»Ich kann dir alles bezahlen«, sagte Jonjo und streckte ihm einen Packen Scheine hin. »Guck nach. Alles Euros.«

»Ist doch nicht nötig, Jonjo.« Giel tat gekränkt. »Hey, ich mach das für dich, und eines Tages, da machst du das für Giel Hoekstra.«

»Ist dein Geld, Giel.«

Irgendwas war anders an dieser Stimme. Giel nahm das Geld.

Giel war zum Pinkeln an den Bug gegangen. Jonjo stand in der Kajüte, hielt das Steuerrad, hinter sich das weiße brodelnde Kielwasser, und genoss das Gefühl, ein so starkes Boot zu lenken. Weg von England, der Zukunft entgegen. Das alles durchdringende Vibrieren der beiden Motoren bestärkte ihn in seinem zielstrebigen Vorwärtsdrang, dem Gefühl, dass kein Hindernis ihn aufhalten konnte.

Er atmete tief durch. Den Hund hatte er aus der Grube gezogen, er hatte ihm das Halsband umgelegt und war zurück zum Jachtclub und zur Bootswerft gelaufen. Dort hatte er ihm das Halsband mit der Hundemarke abgenommen, die Leine zur fachgerechten Schlinge geknotet und den Hund in der Nähe des Jachtclubs ans Geländer gebunden. Er gab ihm einen Klaps, sagte ihm heiser Adieu und schritt davon. Natürlich schaute er sich noch einmal um und sah den Hund völlig sorglos dort sitzen, sein Fell lecken. Jonjo warf das Halsband in den Smallgains Creek und lief weiter. Einmal Bellen, einmal Jaulen – war das zu viel verlangt? Irgendwer würde sich seiner annehmen, binnen zehn Minuten, das war eben das Besondere an den Bassets – sie waren unwiderstehlich.

Noch immer war er zufrieden mit dieser Lösung des Hundeproblems, merkwürdig erleichtert über seine Schwäche, und gab sich dem Vibrieren der Motoren hin, das sich durch die Deckplanken hindurch in seinen Beinen nach oben fortsetzte, fast sexuell erregend, auf eine seltsame Art. Ruhig und zielstrebig. Ja, das konnte sein Motto werden. Jetzt war er frei, jetzt hatte er alles und jeden hinter sich gelassen. Und mit ruhiger Zielstrebigkeit würde er sein ganzes Tun auf einen einzigen Punkt ausrichten. Er würde Adam Kindred aufspüren. Er kannte die Nummer des Motorrollers – er hatte diesem Dreckskerl tausend Pfund dafür bezahlt –, und mehr als die Nummer brauchte er nicht. Das war Kindreds Untergang: Jetzt hatte er eine Spur, die direkt zu ihm führte, eine Spur, die es vorher nicht gegeben hatte. Wenn sich die Wogen geglättet hatten, wenn die Luft rein war, wenn keiner mehr an John-Joseph Case dachte, würde er von Amsterdam nach England zurückkommen, heimlich, still und leise, und Adam Kindred zur Strecke bringen.

61

Allhallows-on-Sea. Ein schöner Name für einen Ort, einen Küstenort in Kent, an der Themsemündung gelegen. Adam blickte nach Norden, zum Canvey Island hinüber, das etwa eine Meile entfernt lag, in Essex. Genau hier, dachte er, könnte die Linie verlaufen, wo der Fluss endet und das Meer beginnt. Er wandte sich nach Osten und schaute zu den hohen Wolken auf – Cirrostratus –, die von Süden heraufzogen, beleuchtet von der kräftigen Nachmittagssonne dieses Spätsommertags. Das konnte schlechtes Wetter bedeuten, wenn nicht gar Sturm ... Man kam sich hier vor wie am äußersten Rand von England, umgeben vom Meer, der europäische Kontinent direkt hinterm Horizont. Die Luft war ein wenig dunstig, und in der Brise, die von der Themsemündung hereinwehte, spürte man schon einen kühlen Hauch. Das war der Herbst, der sich da ankündigte – endlich – und dieses Irrsinnsjahr seinem Ende näher brachte.

Allhallows-on-Sea mit dem riesigen Camping- und Rummelplatz hatten sie hinter sich gelassen, und sie liefen auf dem Küstenpfad in Richtung Egypt Bay: Adam, Rita und Ly-on. Zur Linken erstreckten sich die weiten kentischen Marschen mit ihren gewundenen Kanälen, ihren Deichen und Entwässerungsgräben, rechts strahlte die Flussmündung in perlmutternem Glanz, auf dem Weg hinter ihnen dehnten sich ihre langen Schlagschatten, wenn der Wolkenschleier aufriss und die Sonne durchkam. Sie schlenderten gemächlich dahin, in den Händen die Plastiktüten mit dem Picknick. Ly-on sprang immer mal hinunter zu dem schmalen Strand, um etwas aufzulesen oder einen Stein übers Wasser zu werfen. Er war größer geworden, seit Adam ihn das letzte Mal gesehen hatte, und der Kugelbauch war weg. Doch ob es ihm jetzt besser ging als früher, ließ sich nicht entscheiden.

Als Adam, von seinem Gewissen geplagt, die Suche nach Ly-on aufgenommen hatte, war er nicht zum Shaft gegangen – zu viele Gefahren, zu viele Leute, die ihn wiedererkennen konnten –, sondern hatte stattdessen die Church of John besucht. Dort war Mhouse schließlich ein und aus gegangen, vielleicht konnte ihm dort jemand weiterhelfen und wusste, was aus ihrem Sohn geworden war. Er steckte noch einmal sein Abzeichen an und ging zum Büro von Bischof Yemi. Der Bischof sei nicht da, hieß es, er sei zu einem Treffen mit dem Londoner Bürgermeister im Rathaus. Adam sagte, er würde wiederkommen, aber im Davongehen sah er, dass Mrs Darling gerade die Tür zum Abendgottesdienst öffnete – John 17 persönlich. Sie bereitete auch den Empfangstisch vor, auf dem schon ein paar leere Abzeichen lagen – für den Fall, dass sich der ein oder andere Konvertit einfand.

Adam stellte sich vor: John 1603.

»Ich erinnere mich«, sagte sie misstrauisch. »Du hast dich gemausert, John.«

»Erinnerst du dich an Mhouse?«

»Aber natürlich. Arme kleine Mhousie, Gott segne sie. Schrecklich, was ihr passiert ist. Schrecklich.«

»Weißt du, was aus Ly-on geworden ist?«

»Ly-on geht es sehr gut, er ist gut versorgt.«

Diese Nachricht erleichterte ihn – so sehr, dass er weiche Knie bekam.

»Wo ist er? Weißt du das?«

»Im Waisenhaus der Church of John, in Eltham.«

»Kann ich ihn besuchen?«

»Das musst du mit dem Direktor besprechen – aber da du ein John bist, denke ich, wird es gehen.«

»Wer ist der Direktor?«

»Moment – ich hole einen Brief, auf dem sein Name steht.« Sie kam mit einem Briefbogen zurück und zeigte auf den Briefkopf: Kazimierz Bednarczyk, Direktor für Sonderprojekte. Adam bestaunte den teuren roten Prägedruck – THE CHURCH OF JOHN mit dem stilisierten Sonnenaufgang und dem staatlichen Siegel der Gemeinnützigkeit. Die Liste der »Ehrenmitglieder« verzeichnete einige mindere Prominente – einen frommen Hinterbänkler, den Moderator einer Katzenshow, den wiedergeborenen Sänger einer Boy-Band. Die Church of John war nicht untätig, das sah man sofort, Bischof Yemi konnte frohgemut in die Zukunft blicken.

Später am Abend wählte Adam die Telefonnummer, die auf dem Brief stand, und eine freundliche junge Frau erklärte ihm, sie hätten tatsächlich einen Jungen namens Ly-on im Waisenhaus. Ly-on Smith – niemand kannte seinen Familiennamen, auch Ly-on selbst nicht, daher hatte man ihm bis zu einer späteren Adoption den Namen Smith zugeteilt. Adam sagte, er sei ein Freund der Familie und würde ihn gern für einen Tag abholen, wenn das möglich sei. O ja, wir unterstützen Besuche und Ausflüge, war die Antwort. Erforderlich seien ein kurzes Gespräch mit Mr Bednarczyk und natürlich die Gebühr von hundert Pfund.

»Eine Gebühr?«

»Ja, die Gebühr für den Ausgang.«

Adam gab seinen Namen an und machte einen Termin für den folgenden Samstag.

Am Samstagvormittag mieteten Adam und Rita ein Auto und fuhren nach Eltham. Adam hatte Rita erzählt, dass er den Jungen besuchen wolle, um zu sehen, wie er sich entwickelte, ob es ihm gut ging und er wohlversorgt war. Eine prima Idee, fand Rita. Sie sei gern bereit, als Fahrerin zu fungieren, und freue sich auf Ly-on. Auf der Hinfahrt hielten sie an einem Supermarkt, besorgten Sandwiches, Kuchen, Eierpasteten, Mineralwasser, Saft und Cola, eine Decke, Pappteller und -tassen, ein paar Plastikbestecke. Als sie an einem Spielzeugladen vorbeifuhren, kam Rita auf die Idee, Strandspiele zu kaufen – ein Frisbee, ein Diabolo, ein paar Schläger mit Gummiball.

Das Waisenhaus der Church of John in Eltham – Adam bemerkte, dass die Kirche nach ihrem überraschenden Aufstieg immer öfter auf den Zusatz »Christ« verzichtete – war eine viktorianische Backsteinvilla mit großem Garten, den Vorgarten hatte man in einen Parkplatz umgewandelt. Rita wartete im Auto, während Adam zu seinem Treffen mit Mr Bednarczyk ins Haus ging.

Der Geruch nach Küche, Bohnerwachs, staubigen Heizkörpern und blätternder Farbe empfing ihn. Wie eine alte Schule, dachte er. Eine Schule, die bessere Tage gesehen und unter schwindenden Schülerzahlen zu leiden hat. Durch ein Fenster sah er ein halbes Dutzend kleine Jungen. Sie trugen Jeans und einheitliche grüne Jacken und jagten einen Fußball über einen löchrigen Rasen, der von einer hohen Thujahecke umgeben war. Aus einem Raum weiter oben tönte kindliches Klavierspiel, schwerfällig und falsch. Eine junge Frau mit erhitztem Gesicht kam, Eimer und Schrubber in der Hand, die Treppe herunter.

»Ich möchte zu Mr Bednarczyk«, sagte Adam.

»Den Korridor runter, erste Tür links.«

Adam folgte ihrer Anweisung und fand die Tür mit dem Plastikschild »K. Bednarczyk«. Er klopfte an, eine Stimme sagte »herein«.

Kazimierz Bednarczyk saß an einem mit Papieren überladenen Schreibtisch, durch das verstaubte Lamellenrollo sah man auf den Parkplatz hinaus. Adam entdeckte den Mietwagen und Rita, die an der frischen Luft umherging und mit den Armen kreiste, um sich Bewegung zu verschaffen. Weder Bednarczyks platinblond gefärbtes Haar noch sein hübsch gestutzter Bart vermochten es, den Mann zu verleugnen, den Adam als Gavin Thrale kannte. Ein paar Sekunden musterten sie sich gegenseitig. Thrale zeigte keinerlei Regung.

»Mr Belem«, sagte er und streckte ihm die Hand zum Gruß. »Nehmen Sie Platz.«

Sie schüttelten sich die Hand, Adam setzte sich.

»Was haben Sie sich für heute vorgenommen?«

»Ich dachte, wir fahren an die Küste, suchen uns einen Strand, machen Picknick.«

»Klingt sehr ansprechend. Ly-on müsste gegen sechs zurück sein.«

»Ich verstehe. Das ist kein Problem.«

»Füllen Sie das einfach aus und unterschreiben Sie – hier.« Thrale schob ihm einen Ausgangsschein zu. »Auf die Gebühr können wir verzichten, glaube ich – da ich sehe, dass Sie es sind.«

»Danke«, sagte Adam.

Während Adam den Schein ausfüllte, griff Thrale zum Telefon, tippte eine Nummer ein und fragte: »Ist Ly-on bereit? Gut. Er soll im Flur warten.«

Sie saßen und musterten sich gegenseitig.

»Wie geht es Ihnen?«, fragte Adam.

»Erstaunlich gut, wenn man bedenkt. Und Ihnen?«

»Mir auch.«

»Die Kirche war sehr gut zu mir«, sagte Thrale vorsichtig. »Ich glaube, Sie haben dieses Angebot auch bekommen.«

»Ja. Aber bei mir hat es zeitlich nicht gepasst.«

»Bischof Yemi ist ein sehr entgegenkommender Mensch.«

»Man könnte sagen, ein bemerkenswerter Mensch.«

»Vielleicht haben Sie gehört, dass er fürs Parlament kandidiert. Rotherhithe East. Als Konservativer.«

»Wirklich. Ein bemerkenswerter Mensch.«

»Meine Freunde nennen mich Kazio«, sagte Thrale.

»Ich bin Primo.«

»Wie wär's, wenn wir uns mal treffen, Primo? Auf einen Drink? Die Dinge bereden?«

»Ich bin mir nicht sicher, ob das eine gute Idee wäre, Kazio.«

»Ja ... wahrscheinlich haben Sie recht. Seltsam, wie das Leben so spielt, nicht wahr?« Thrale erhob sich.

Sie gingen durch den Korridor zum Flur, wo Ly-on wartete, in Jeans und grüner Jacke.

»John!«, schrie er, als er Adam sah, und rannte auf ihn zu. Adam ging in die Knie, und sie umarmten sich.

»Ich wusste, du kommst zu Ly-on«, sagte er strahlend. »Große, große Irre, Mann.«

Adam stand auf, ein wenig gerührt, während Ly-on seine Tasche holte.

»Sie kannten seine Mutter, vermutlich.«

»Ja. Sie hat manchmal Essen ausgeteilt, in der Kirche. Sie werden sich vielleicht erinnern«, sagte Adam.

»Diese Zeit liegt für mich wie hinter einem Schleier, muss ich gestehen«, sagte Thrale. »Genießen Sie den Tag, Mr Belem«, fügte er hinzu, als Ly-on wiederkam.

»Danke, Mr Bednarczyk.«

Adam, Rita und Ly-on waren weitergefahren, ostwärts Richtung Rochester und Chatham, bis Adam den Wegweiser zur Halbinsel Hoo sah und sagte: »Fahren wir zur Halbinsel Hoo. Klingt interessant.«

»Hoo«, machte ihn Ly-on nach. »Hoo, hoo, hoo.«

Irgendwann sahen sie den Wegweiser »Allhallows-on-Sea« und »Strand« und durchfuhren den Ort, bis die Straße an einem Campingplatz endete. Dort umrundeten sie den Vergnügungspark mit seinen stationären Zirkuswagen und dem überdachten Schwimmbad und ließen das Auto stehen, als sich die Fahrbahn in einen Fußweg verwandelte. Dabei stellten sie fest, dass die gekauften Spiele fehlten – das Frisbee, das Diabolo, die Schläger mit dem Gummiball. Rita erinnerte sich, die Tasche im Spielzeugladen abgestellt zu haben – in der Annahme, Adam würde sie mitnehmen und im Kofferraum verstauen. Vielleicht stand sie noch dort, und Adam schlug vor, auf dem Rückweg noch einmal am Laden vorbeizufahren – Spiele konnten sie improvisieren. Also nahmen sie die Plastiktüten mit dem Picknick und machten sich auf den Weg – immer den Küstenpfad entlang, Richtung Egypt Bay.

Am Rand der Bucht fanden sie eine geeignete Stelle, breiteten die Decke aus und aßen ihre Sandwiches, Pasteten und Kuchen. Adam kam sich vor wie in einer Zeitschleife – das flache Marschland hinter sich, die leuchtende Wasserfläche der Themsemündung vor sich, und weit draußen die dunstige Küste von Essex mit Canvey Island, Maplin Sands und Foulness. Ly-on zog die Jeans aus und wechselte in die Badehose – hinter einem Handtuch, das Adam ihm vorhielt. Er planschte im Flachen und schrie: »John, du hast versprochen, dass du mir zeigst, wie man schwimmt!«

Adam schaute die Küste auf und ab. Ein wenig weiter lag ein leerer Tanker auf Reede – dort, wo nach den napoleonischen Kriegen die Gefangenenschiffe geankert hatten, wie er wusste, alte, verrottende Dreidecker voller Sträflinge, die nach Übersee verschifft werden sollten, nach Australien, wo jetzt sein Vater, seine Schwester und seine Neffen lebten. Nicht dran denken, sagte sich Adam. Um sich abzulenken, fragte er sich, was die Sträflinge wohl empfunden hatten bei ihrem letzten Blick auf England, auf die flache Küste von Kent und die dunklen Marschen von Cooling, den Kopf voller verzweifelter Fluchtgedanken –

»Es scheint ihm gut zu gehen«, sagte Rita und zeigte auf Ly-on. »Redet nicht über seine Mom.«

»Tja«, sagte Adam. »Hoffentlich.«

Rita setzte die Sonnenbrille auf und legte sich auf den Rücken, um die angenehm milde Sonnenwärme zu genießen. Doch Adam, der, die Arme um die Knie gelegt, neben ihr saß und Ly-on beobachtete, sah sich in einen Aufruhr der Gefühle verwickelt: Der Gedanke an Gefängnisschiffe und fliehende Sträflinge hatte in ihm die Frage ausgelöst, ob Turpins Leiche so weit flussabwärts getrieben sein konnte.

Seit seiner Tat hatte er kaum an Turpin gedacht, und auch Schuldgefühle plagten ihn nicht. Manchmal glaubte er, dass es an ihm lag, dass irgendetwas mit ihm passiert war, weil ihn diese Tat so wenig belastete – als hätte ihn sein neues Leben und all das, was er in den letzten Monaten durchgemacht hatte, in irgendeiner tiefgreifenden Weise verändert, verhärtet. Vielleicht stimmte das, vielleicht war er wirklich ein anderer Mensch geworden. Aber soweit es Turpin betraf, sah er keinen beklagenswerten Verlust – er konnte sich nicht vorstellen, dass ihn seine Frauen und Kinder vermissten, wenn sie darüber rätselten, warum er so plötzlich aus ihrem Leben verschwunden war. Warum also sollte er sich Vorwürfe machen? Schließlich hatte er nichts weiter getan, als ihn in den Fluss zu kippen. Nur hoffte er irgendwie, dass Turpins Leiche vom Fluss fortgespült worden war, zusammen mit all dem anderen Unrat, dass es Turpins Leiche trotz aller Gegenströmungen und Rückstaus durch die Flusswindungen an der Isle of Dogs geschafft hatte, dass ihn die zurückweichende Flut in jener Nacht an Greenwich und Woolwich, Thamesmead und Gravesend vorbeigetrieben und schließlich den abgrundtiefen, eisigen Wassermassen der Nordsee überantwortet hatte. Doch irgendwann würde er wieder auftauchen, gedunsen und halb verwest im Uferkies stranden, auf Foulness Island, in der Medwaymündung oder noch weiter entfernt, an einem Strand von Nordfrankreich, Belgien oder Holland – und niemand würde viel Aufhebens um den ertrunkenen Vincent Turpin machen.

Er legte sich neben Rita und küsste sie sanft.

»Du bist so still«, sagte er.

»Ich habe nachgedacht«, sagte sie und richtete sich auf. »Weißt du noch, der Mord, von dem ich dir erzählt habe? Der Mann, den ich in Chelsea ermordet aufgefunden habe?«

Adam nickte. Sie hatten schon mehrmals darüber geredet, ohne dass Adam viel gesagt hatte – nur zugehört. Es bewies ihm einmal mehr, was er immer vermutet hatte: Dass die unendlich vielen Verbindungslinien zwischen zwei Einzelwesen – mochten sie eng oder weit gespannt sein, sich berühren oder überdecken – fast immer unentdeckt und unerkannt blieben, ein riesiges, unsichtbares Netzwerk der möglichen, der wahrscheinlichen, der beinahe erfolgten Begegnungen. Irgendwann in seinem Leben erhaschte jeder mal einen kurzen Blick auf dieses Netzwerk – beglückt und staunend oder mit dem Gruselschauder, der einen bei einem übernatürlichen Phänomen überrieselt. Die komplexe Verflochtenheit aller menschlichen Existenz konnte beruhigend und verstörend wirken – zu gleichen Maßen. Anfangs war Adam verblüfft gewesen, als er feststellte, dass der tote Philip Wang nicht nur in seinem, sondern auch in Ritas Leben eine Rolle spielte, aber nach und nach war es ihm fast selbstverständlich vorgekommen. Woher sollte er auch wissen, wie viele unsichtbare Korrespondenzen, Anziehungen, Bindungen zwischen ihnen bestanden? Wie sollten sie jemals ihre Koordinaten in dem großen Netzwerk bestimmen, das alle Menschen miteinander verband?

»Was ist mit dem Mann?«, fragte Adam.

»Hast du das hier gesehen?« Sie holte einen Zeitungsausschnitt aus ihrer Handtasche.

Es war das Foto eines Soldaten in Kampfmontur, der Bildunterschrift war zu entnehmen, dass er John-Joseph Case hieß und von der Polizei als Zeuge im Mordfall Philip Wang gesucht wurde.

Adam schaute das Foto an und gab sich Mühe, keinerlei Regung zu zeigen. Der Mann sah jünger aus als der, den er gesehen hatte – auf den Pflastersteinen des Hofes hinter dem Grafton Lodge liegend. Aber der aggressive Blick, das schwache Kinn mit der tiefen Kerbe gehörten eindeutig zu dem Mann, der in all diesen Wochen und Monaten hinter ihm her gewesen war. »Der hässliche Typ«, hatte ihn Turpin genannt.

»Was ist mit dem Mann?«, fragte Adam erneut.

»Das war der, den ich verhaftet hatte«, sagte Rita. »Der mit den zwei Automatikpistolen. Den sie dann laufen ließen.«

»Aha ...«, sagte Adam und spürte, wie sich sein Nacken zusammenkrampfte.

»Jetzt suchen sie ihn wegen Mordes. Genau wegen dieses Mordes. Ist das nicht ein irrsinniger Zufall?«

»Das solltest du denen aber sagen«, meinte Adam. »Dank dir hatten sie ihn erwischt, dann haben sie ihn laufen lassen. Unglaublich, die Sache. Kommt mir vor wie eine Verschwörung.«

»Du und deine gewagten Behauptungen!«, sagte sie. »Schlafende Hunde soll man lieber nicht wecken. Ich hab dir ja erzählt, was passiert ist, als ich versucht habe, Druck zu machen.«

»Na und?«, sagte Adam ein wenig zu voreilig und ruderte zurück. »Das ist natürlich deine Sache. Aber ich finde, dass man den Leuten solche Fehler nicht durchgehen lassen darf. Wenn der Mann schuldig ist, muss er bestraft werden.«

»Fehler? Eben hast du noch von einer Verschwörung geredet.« Sie grübelte mit angestrengter Miene. »Vielleicht erklärt sich dann, was er in Chelsea gesucht hat. Vielleicht war dieser Wang in eine Geheimdienstaffäre verwickelt ...«

»Könnte sein.«

In dem Moment kam Ly-on vom Strand hoch, seine Hand umklammerte etwas. Er öffnete vorsichtig die Hand und zeigte ihnen eine kleine, halb durchsichtige Krabbe.

»Das ist eine Seespinne«, sagte er. »Hab ich gefangt.«

Adam und Rita gratulierten und rieten ihm, die Spinne wieder ins Wasser zu setzen. Er war einverstanden und rannte zurück an den Strand.

Adam überlegte fieberhaft – wenn dieser John-Joseph Case der Mann war, den sie suchten, konnte er vielleicht bald seine Freiheit zurückgewinnen. Vielleicht bin ich wirklich frei –

schon jetzt, dachte er. Ich könnte wieder Adam Kindred sein ... Er blickte in die Wolken hinauf, die sich langsam zusammenschoben.

»Primo?«, fragte Rita. »Alles in Ordnung?«

»Ich hab nur nachgedacht, geträumt ...«

Rita steckte den Zeitungsausschnitt weg, stand auf und reckte sich. »Ich versteh das einfach nicht«, sagte sie verzagt.

»Man kann nie wissen, wie das Leben spielt«, orakelte er und warf plötzlich einen Blick über die Schulter nach hinten, ins Marschland.

Rita lachte ihn aus. »Bleib locker, Junge.«

»Ich weiß nicht. Mir war, als würde uns jemand beobachten.«

»Ach ja? Irgendein Monster, das aus dem Sumpf gekrochen kommt, dich von hinten packt – und dein ganzes Leben auf den Kopf stellt?«

»Das ist schon passiert.« Er griff nach ihren Händen und zog sie nach unten. Sie legte sich neben ihn auf den Rücken.

»Was?«, fragte sie. »Wie meinst du das?«

»Hey, John«, rief Ly-on vom Strand. »Ich hab noch eine gefangt.«

»Warum nennt er dich John?«, fragte Rita, die Lippen an seinem Hals.

»Das war nur ein Spitzname, den wir verwendet haben.«

»Ach ja?«

»Ja.«

Jetzt küsste er sie auf den Mund, seine Zunge stieß gegen ihre Zähne, seine Hand streichelte ihre Brust. Sie presste ihren Schenkel gegen ihn.

»Glaubst du, wir könnten hier draußen leben?« Sein Mund tastete sich unter ihrem Ohr entlang.

»Hier? Das Pendeln wäre ja die Hölle, oder?«

»Vermutlich ... Aber diese Gegend hat was.«

»Willst du in einem Wohnwagen leben?«

»Nein, nein, nein. In einem Haus. Ich habe überlegt, wir könnten ein kleines Haus in Allhallows kaufen. Ein Cottage. Werfen unsere Löhne zusammen, nehmen einen Kredit auf und leben hier draußen, an der Themsemündung.«

»Werfen unsere Löhne zusammen, nehmen einen Kredit auf, kaufen ein Haus ...« Rita rückte ein paar Zentimeter von ihm ab, damit sie ihm in die Augen sehen konnte. »Ist das ein Heiratsantrag?«

»Ich nehme an«, sagte Adam. »Was meinst du?«

Sie küsste ihn. »Möglich ist alles. Man kann nie wissen, wie das Leben spielt.«

»Wohl wahr.«

Sie lagen nebeneinander im Gras, auf der kentischen Seite der Themsemündung, hinter sich die weite Marschlandschaft, und schwiegen. Er griff nach ihrer Hand, ihre Finger verflochten sich ineinander.

»Ich liebe dich, Rita«, sagte er leise und empfand eine gewaltige Schwäche im Angesicht seines gewaltigen Verlangens nach ihr.

»Ich liebe dich auch«, erwiderte Rita mit ruhiger Stimme.

Er spürte ein inneres Aufatmen, Erleichterung. Es war so ruhig und selbstverständlich gesagt worden, als ob das, was sie füreinander empfanden, ein Teil der Natur war, genauso offen vor ihnen ausgebreitet wie die Marschlandschaft, die weite Flussmündung und die Wolken über ihren Köpfen.

»Und ich weiß genau, dass du Adam heißt.«

Nun war es Adam, der von ihr abrückte, um ihr in die Augen zu sehen.

»Was hast du gesagt?«

»Was?«

»Was du gerade gesagt hast.«

Sie überlegte, überrascht, dass sie es wiederholen sollte.

»Ich sagte, ich weiß genau, dass ich diese Spiele hatte, ich hatte sie wirklich.«

»Ach, du meinst die Spiele –«

»Das Frisbee, die Tennisschläger, das Diabolo. Ich kann nicht glauben, dass ich sie im Laden irgendwo abgestellt habe. Jemand muss sie gestohlen haben.«

»Nein, nein. Wir waren ein bisschen in Eile«, sagte Adam beschwichtigend und spielte auf Zeit, um sich zu beruhigen. »All das Zeug, das wir gekauft hatten. Essen, Trinken, Pappgeschirr, die Decke. Wir müssen die Sachen irgendwo vergessen haben.«

»Auf dem Rückweg sehen wir nach.«

»Ja.«

Adam richtete sich langsam auf. Irgendwann musste sie ja dahinterkommen, dachte er, ohne ihre Hand loszulassen. Das Netzwerk enthüllte sich. Sie war eine kluge junge Frau, eine Polizistin und viel zu intelligent, um ihm nicht eines Tages, eines baldigen Tages auf die Schliche zu kommen. Und da sie jetzt zusammenlebten, würde es nicht zu vermeiden sein, dass in ihren alltäglichen Gesprächen, ihren freimütigen Bekenntnissen immer wieder ungewollte Hinweise auf sein Vorleben auftauchten, so viele, dass eine kluge junge Frau gar nicht anders konnte, als stutzig zu werden, Rückschlüsse zu ziehen. Vielleicht konnte er ihr eines Tages alles erzählen, alles beichten ...

Plötzlich fühlte er sich ganz leicht und gewichtslos, als würde er davonschweben, wenn sie seine Hand losließe. Diesen Tag würde ich mit offenen Armen willkommen heißen, dachte er. Er würde seine Erlösung bedeuten, eine Erlösung der wundersamen Art. Für ein paar Sekunden spürte er ein atemberaubendes Glücksgefühl: Mit Ritas Hilfe konnte er vielleicht sein altes Leben zurückerobern, wieder Adam Kindred werden, welche Gefahren auch immer damit verbunden waren – wieder Adam Kindred sein und die Wolken dazu bringen, dass sie ihren Regen hergaben. Er hatte die starke Gewissheit, dass jetzt alles gut wurde, obwohl er sich gleichzeitig eingestehen musste, das so etwas in der komplizierten, schwierigen Welt der Sterblichen unmöglich war. Aber wenigstens hatte er Rita, und das war alles, worauf es ankam. Jetzt hatte er Rita.

Und das bleibt, dachte Adam. Das und die Sonne und das blaue Meer.